序

　　經濟學是研究如何管理與運用自然有限資源以滿足人類最大而持久物質生活幸福慾望的科學。人類最基本的慾望有兩個，即維持生命的慾望與延續生命的慾望，這兩個慾望的滿足都與物質生活幸福有關，因此經濟學是一門非常重要的科學。正因為如此，所以近一、兩百年來尤其是近數十年來經濟學的發展可謂非常迅速，不但在理論方面規模大具，同時在應用方面亦日趨廣泛。時至今日，除去與經濟直接有關的科系將其列為必修科目以外，其他與經濟間接有關的科系亦多將其列為選修科目。事實上，作為一個現代化的國民每個人都需要懂得一點經濟學，因為非如此不足以在現代社會中安身立命也。

　　著者是學農業經濟的，雖然過去也唸過不少經濟學，但是與正統的經濟學者相較則仍有相當大的一段距離，實在不敢貿然去嘗試寫一本經濟學。然而卻在數年前有一個機會讓我得償宿願，講授大一經濟學，於是乃利用此難得的機會，以做老學生的心情竭盡所能地把這門課教好。為不辜負此一機會，同時對學生也有所交待，除去多方參考以外，復對經濟學的體系作一番整理，其目的當然是幫助學生融會貫通。由於這一點小小的心血受到相關人士的肯定，於是乃鼓足勇氣編寫這本書，希望能對初學經濟學的人有所幫助。

　　本書有下列諸項特點：

　　第一、本書仍採傳統的寫法，即先講個體、後講總體。新的寫法則反是，即先講總體、後講個體，其原因為經濟問題的解決應該是先解決總體的問題，然後在總體的規畫下再分別解決各個體的問題。然而總體為個體的總合，個體的內涵比總體的內涵為簡單，先講個體後講總體不但在講解上比較方便，同時也使學生容易瞭解。

　　第二、經濟學是一種科學，任何科學均有一個科學體系，而任何科學體系亦均有若干個基本公設，由此基本公設導出整個科學體系。著者參考有關先進學者的見解，找出經濟學的五個基本公設，為經濟學建立一個上層理論架構，如此經濟學的推理體系才算完整。此外，許多科學均有所謂中間定律或中間工具的導出，其目的在簡化推理過程。經濟學的中間工具是供需分析法，是由五個基本公設導出的。

　　第三、本書對每個論點均不但說明「其然」，同時亦說明其「所以然」，其目的在使讀者能徹底瞭解經濟學的道理，從而能登堂入室。

　　第四、書中廣泛使用系統表及系統圖，時時幫助讀者融會貫通。此外，在每章之末還有一個摘要，摘要也是以系統表及系統圖的方式呈現的，其目的當然也是幫助讀者融會貫通。

　　第五、除去書中不斷地有系統表及系統圖的出現以外，同時在講完個體以後還有一個「個體經濟學總論」，講完總體以後還有一個「總體經濟學總論」，講完全部經濟學以後還有一個「經濟學總論」。前兩個總論是分別把個體與總體的理論綜合起來，看看有什麼共通的原則貫穿其間；最後一個總論是把整個經濟學綜合起來，看看有什麼更進一步的共通原則貫穿其間。如果讀者能徹底瞭解這些原則，則對經濟學的精義即可謂思過半矣。

　　萬丈高樓從地起，大一的「經濟學原理」是所有經濟學中最基本亦最重要的一門課程，如果能把這門課唸好，亦即能徹底掌握經濟學的基本原理與基本架構，則以此為基礎向前邁進才能真正的登堂入室、更上層樓，否則無異緣木求魚。

　　經濟現象異常複雜，連帶地也使經濟理論複雜異常，著者自知所學有限，謬誤之處必多，尚祈海內高明不吝指正，以匡不逮是幸。

陳　超　塵　謹識

民國八十四年四月十四日
於國立臺灣大學

大學叢書

經濟學原理

陳超塵編著

臺灣商務印書館發行

經濟學原理

目　次

第 壹 篇　經濟現象與經濟學

第一章　經濟現象與經濟問題

第二章　經濟學的形成與特質

第三章　需求與供給

第 貳 篇　產品的消費與生產

第四章　消費者的選擇

第五章　生產理論與成本分析

第　參　篇　市場結構與價格決定

第 肆 篇　生產要素的需求與供給

第 伍 篇　全面均衡、市場失靈與個體經濟學總論

第　捌　篇　凱因斯學派的總體經濟理論

第二十二章　財政政策與貨幣政策

第　拾　篇　其他學派的總體經濟理論

第二十三章　古典學派的總體經濟理論

第二十四章　重貨幣派與理性預期學派的總體經濟理論

第拾貳篇　經濟成長與總體經濟學總論

第二十八章　經濟成長

第二十九章　總體經濟學總論

第拾參篇　比較經濟制度

第三十章　比較經濟制度

第拾肆篇　經濟學總論

第三十一章　經濟學總論

經濟學原理

第 壹 篇
經濟現象與經濟學

　　經濟學為經濟現象的一個模型，因此欲建立經濟學，必須先瞭解經濟現象。又社會科學絕大多數都是先有問題，為解決問題乃加以研究，如此即形成一套有系統的學問。經濟學亦是如此，先有經濟問題，為解決經濟問題而產生經濟學。因此本書開宗明義第一章先說明經濟現象與經濟問題，以便未來據以建立經濟學。建立經濟學必須注意兩件事情：其一為經濟學是種科學，任何科學均有一個科學體系，科學體系是由若干個基本公設或定律為基礎推演而得，經濟學亦是如此。因此欲建立經濟學的科學體系，必須先將經濟學的基本公設找出來。另一為經濟學的建立必須配合經濟現象的特質，如此才能解決經濟問題而形成一套有系統的學問。凡此均屬經濟學的形成與特質的問題，將在第二章中討論之。此外，許多科學為簡化其推理體系，乃有某種中間定理或中間工具的產生，經濟學亦是如此。經濟學的中間工具是供需分析法，供需分析法的基本要素是需求與供給，此將在第三章中討論之。

第一章　經濟現象與經濟問題

一、現代經濟社會的基本特質

現代經濟社會的特質很多，其中最基本亦最重要的有兩個，其一為分工與交換，另一為私有財產與經濟自由，茲說明如下：

1. 分工與交換　自有人類以來即有分工（division of labor）與交換（exchange），只不過其範圍隨著社會的進步日益擴大而已。原始社會中，男人負責狩獵並保護婦孺的安全，女人則照顧小孩並處理有關雜務，其範圍僅及於少數幾個人的小集團，在這小範圍內只有粗略的分工，尚談不上交換。進入農業社會以後，分工與交換的範圍漸行擴大，不同的農人可能生產不同的農產品，事後進行交換；農人與非農人之間亦必須進行交換，以農產品換取工業產品及有關服務。殆至近代社會，分工更趨精細，社會中任何一個人如不進行交換幾乎無法生存，至少是活得單調無味。

然則人們為什麼要分工與交換呢？當然是因為分工與交換對人們有利的緣故。分工的好處有二：其一是一個人專注於一項工作其技術易於專精，從而提高生產效率；另一是生產規模可以擴大節省成本，亦可提高生產效率。人類的需求是多樣性的，不能只靠一種物品過活，因此分工以後必須交換，以自己多餘的物品去交換自己不足的物品。由此看來交換好像是分工的後續行動，有分工一定有交換，但事實並不盡然。如果交換對雙方或其中任何一方無利，則交換是不能達成的，如果交換不能達成，則分工亦無必要。假定一個社會中只有兩個人，令其為張三與李四，張三專門生產稻米，李四專門蓋房子。分

工的結果，張三有飯吃，但沒有房子住；李四有房子住，但沒有飯吃，因此他們之間必須進行交換。張三的稻米很多，稻米對他而言其效用（utility）較低；張三缺少房子，房子對他而言其效用較高；張三以低效用的稻米去交換高效用的房子，這對張三是有利的。反之，李四的房子很多，房子對他而言其效用較低；李四缺少稻米，稻米對他而言其效用較高；李四以低效用的房子去交換高效用的稻米，這對李四是有利的。由於交換對雙方都有利，於是一拍即合乃進行交換。但是如果張三的稻米並不太多，或者張三對房子的需求並不強烈，或者交換比例對張三不利，則交換是不能達成的。由此可知，交換對雙方都有利時始能達成，有交換可能才有分工，這是一定的順序。又由上述可看出，交換能使稻米及房子在張三與李四之間作適當的分配，而使雙方獲得更多的滿足，因此交換的功能是能提高物品的分派效率。

綜上所述可知，分工能提高物品的生產效率，交換能提高物品的分派效率，生產效率與分派效率合為經濟效率（economic efficiency）。生產效率（productive efficiency）是指在固定數量的資源之下生產更多的產品，分派效率（allocative efficiency）是指對產品作適當的分配使人們獲得更多的滿足，凡此均能提高人們的物質生活幸福。由於分工與交換能提高經濟效率，因此現代社會乃盛行分工，不但在行職業上是愈分愈細，同時在地域上亦日趨擴大。

分工與交換將社會大眾結合在一起，人們在經濟上不但互為依存，同時也互相影響，因而使得整個經濟社會複雜化。分工包含行職業分工與地域分工兩方面，行業的分工如農業與工業的分工，職業的分工如經理與助理員的分工，地域的分工如美國生產玉米臺灣生產成衣的分工。行業分工產生不同的產業，職業分工產生不同的專家，地域分工產生不同的經濟區域，在在均使經濟社會複雜化。至於交換其影響至少有兩方面，其一是商業與服務業的興盛，分工的範圍愈大則商業與服務業愈是興盛，由地區性的貿易擴展為國際貿易。另一是貨

幣的產生，貨幣是一種交換媒介，有了這種媒介以後不但可以方便交換，同時也產生了一些問題，諸如物價水準、利率及匯率等問題，而使經濟社會更加複雜。綜合以上所述，可知分工與交換一方面可以提高經濟效率，另一方面也使經濟社會複雜化。

2. 私有財產與經濟自由　財產是可以滿足人類慾望而可據為己有的物品及權利，私有財產則是個人對其擁有所有權的物品及權利。所有權包含兩種涵義，其一是財產所有者對其具有處分的權利，包括變賣、出租、典押及贈與等。另一是財產所有者對其具有使用的權利，例如土地所有者可以使用其土地，房屋所有者可以使用其房屋等。所有權受法律的保障，他人不得侵犯。

經濟自由包括三方面，即企業自由、就業自由與消費自由。所謂企業自由，即企業的經營者可以按照自己的意志去經營他所認為有利或者是喜歡的企業。例如有人願意經營農業，有人願意經營工業；在農業中有人願意種水稻，有人願意養豬。如果沒有人為的限制，這種願望多半是能達成的，除非自己的能力有限，這就是所謂的企業自由。所謂就業自由，即資源的所有者可以按照自己的意志將資源投入他所認為有利或者是喜歡的行職業。例如土地所有者可以將自己的土地用於農業生產或者是工業生產，勞動者可以將自己的勞力用於生產事業或者是教育事業。如果沒有人為的限制，這種願望也多半是能達成的，除非本身的性質或能力的限制，這就是所謂的就業自由。所謂消費自由，即消費者可以按照自己的意志去選擇自己所喜歡的產品或服務來消費。如果沒有人為的限制，這種願望也多半是能達成的，除非他的所得有限，這就是所謂的消費自由。

經濟自由是有限度的，不能為所欲為，除去本身的限制以外，尚有所謂人為的限制。人為限制中最重要的即是私有財產制度，如果土地不是自己的，就不能按照自己的意志去加以利用；如果資本不是自己的，亦不能按照自己的意志去加以利用，果爾，則企業自由即受到限制。如果沒有私有財產，勞動者為生活所逼對工作即不能多所選

擇，就業自由即受到限制。如果沒有私有財產，消費者的財富有限，消費自由即受到限制。孟子曰：「有恆產斯有恆心」，所謂恆產就是私有財產，所謂恆心就是經濟自由，沒有私有財產，經濟自由就受到很大的限制。

私有財產的範圍有大有小，此與一個國家的經濟制度有關。自由經濟制度之下，私有財產的範圍較大；統制經濟制度之下，私有財產的範圍較小。由於私有財產制度直接影響經濟自由，因此某些國家為達成某種經濟目標，乃以私有財產制度為手段影響經濟自由，從而形成不同的經濟制度，關於此點將在本書第三十章即「比較經濟制度」一章中詳細說明之。經濟制度不同，人們的經濟行為即有所不同，不過儘管在不同的經濟制度下人們有不同的經濟行為，但每個經濟社會所面對的經濟情勢及人的本性則是大體相似的，只是一些人為的措施略有不同而已。本書所討論的範圍，主要是在基本經濟情勢及人類的本性下人們的經濟行為；其次是自由經濟制度下的一些人為措施；最後才談到不同經濟制度下的特質與問題。

綜合以上所述，可知私有財產與經濟自由是一個經濟社會的基礎，私有財產制度影響經濟自由，經濟自由影響經濟行為。分工與交換是一個經濟社會的通則，分工與交換不但能提高經濟效率，使人們獲得更多的滿足；同時也佼經濟社會複雜化，牽一髮而動全身。現代經濟社會特別是現代的自由經濟社會，是建立在私有財產及經濟自由的基礎上，遵循分工與交換的通則而運作的。

二、經濟社會的外在情勢

前述經濟社會是在私有財產及經濟自由的基礎上，遵循分工與交換的通則而運作的，然而究竟如何運作？對此首先必須瞭解經濟社會的外在情勢，然後再進一步瞭解經濟社會的內在情勢，最後才能談到如何運作。

1. 經濟活動的基本過程　所謂經濟活動，即是人類謀求生活的活動，簡稱為謀生活動。人類為了謀求生活，乃進行種種活動，由於必須通過分工與交換，於是乃使經濟社會異常的複雜。然而不管經濟社會如何的複雜，其中有一個基本過程是永遠不變的，即是

　　　　取得資源 → 進行生產 → 提供消費 → 獲得滿足

人們對物品及服務的滿足很少是永久性的，絕大多數是暫時性的，過了一段時間以後又有需要。例如人們天天要吃飯、月月要理髮、年年要添幾件新衣服，因此這個基本過程是不斷地在反覆進行著的，永無休止。各種經濟活動看來好像是雜亂紛紜，事實上是完全圍繞著這個基本過程在進行的。科學的研究起先都是歸納，所謂歸納就是設法從雜亂無章的現象中把規律找出來，上述經濟活動的基本過程就是我們雜亂紛紜經濟現象中的一個規律。

2. 經濟單位的意義與特質　所謂經濟單位，即是參與經濟活動的團體或組織，如家戶、廠商、政府及國際貿易部門等。所謂家戶（household）是指一群人在一起營共同生活的集合，所謂廠商（firm）是指利用資源亦即生產要素進行產品或服務生產的事業單位。在現代自由經濟社會中，任何經濟單位其身分都是雙元性的（duality），所謂雙元性即是有進有出，其身分是雙重的，這是私有財產制度及分工與交換的產物。就家戶而言，家戶不但是產品的購用者，同時也是生產要素的提供者。就廠商而言，廠商不但是產品的提供者，同時也是生產要素的購用者。政府及國際貿易部門也是如此，政府提供服務，但也向公務員購用勞力及向廠商購用物品；國際貿易部門有出口，但也有進口。

3. 經濟活動周流的意義與形成　所謂經濟活動周流（cyclical flow of economic activities），就是經濟活動循著一定的軌跡周而復始轉動所形成的周流。假定一個社會中只有家戶及廠商兩個部門，廠商向家戶購買生產要素，其支出即為廠商的成本支出；廠商應用生產要素製造產品，再將產品賣給家戶，其收入即為廠商的銷售收入。

相反地，家户將生產要素賣給廠商，其收入即為家户的所得；家户以此所得向廠商購買產品，其支出即為家户的消費支出。在此過程中有兩股周流，其一是實物周流（見下圖中的外圈），另一是貨幣周流（見下圖中的內圈）。實物周流由廠商向家户購買生產要素開始，廠商應用此生產要素製造產品，然後將產品賣給家户，家户消費此產品獲得滿足。過一段時間家户對此產品又有需求，於是乃繼續提供生產要素，廠商繼續生產，家户繼續購用，如此即形成一股周流。相反地，貨幣周流亦由廠商開始，廠商付錢向家户購買生產要素，廠商因此產生成本支出，同時家户亦因而獲致所得；家户以此所得購買廠商的產品，家户因此產生消費支出，廠商亦因而獲致銷售收入。過一段時間家户對此產品又有需求，於是乃繼續作消費支出向廠商購買產品，廠商有了銷售收入以後乃繼續作成本支出向家户購買生產要素進行生產，如此亦形成一股周流。在現代交換經濟社會中，買東西要付錢，賣東西可收錢，這是天經地義的事，因此實物周流與貨幣周流乃呈反方向進行，實物周流沿順時鐘方向前進，貨幣周流沿反時鐘方向前進。

又上列周流中家户與廠商進行兩項交易，即生產要素的交易與產品的交易。就生產要素的交易而言，廠商是買方，家户是賣方。就產品的交易而言，家户是買方，廠商是賣方。市場是買賣雙方交易的場所，這個場所可以是有形的，也可以是無形的。生產要素的交易形成要素市場，產品的交易形成產品市場。由於此周流係以市場為中心，故亦稱之為市場周流。茲將經濟活動周流以圖解方式表明如圖1-1。

下列圖形是經濟活動周流的示意圖，實際狀況比此複雜多了。家户、廠商、產品市場及要素市場均不止一個，而且其間的關係是綜錯複雜的。例如廠商生產一種產品需要多種不同的生產要素，反之，一種生產要素也可以生產多種不同的產品。又如家户，一個家户可能提供多種不同的生產要素，同時也購用多種不同的產品。產品市場與要

圖1—1　經濟活動周流（市場周流）

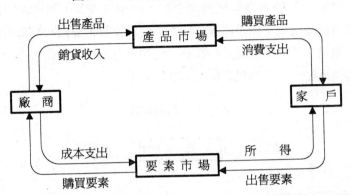

素市場的情況比較單純，一種產品可以形成一個市場，一種要素也可以形成一個市場，因此經濟學是以一種產品的市場或一種要素的市場為研究主體，以其為中心再擴及與各該市場有關的家戶與廠商。其情形如下：

圖1—2　產品市場與廠商及家戶間的關係

圖1—3　要素市場與家戶及廠商間的關係

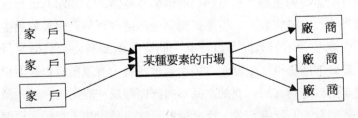

　　上述是以一種產品的市場或一種要素的市場為對象加以探討，是屬局部性的。為瞭解整個經濟的全貌，必須將經濟活動周流加以彙總。經濟活動周流有兩股周流，即實物周流與貨幣周流。實物周流不能加以彙總，因各種產品及各種要素的品質及單位均不盡相同。貨幣周流即無此限制，可加以彙總，其結果如下：

圖1－4　　所得周流

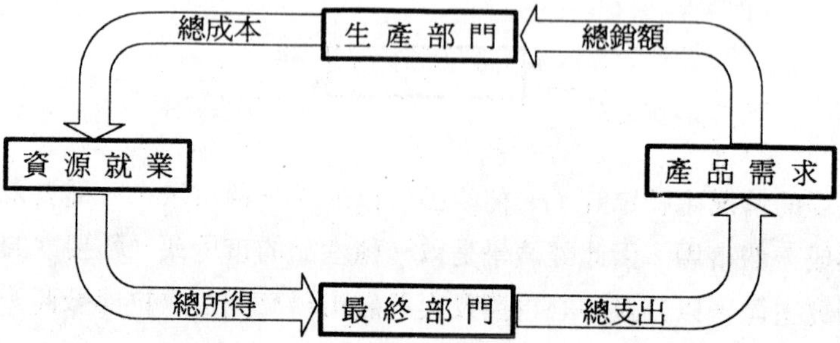

　　此圖與圖1－1的位置略有不同，只要將圖1－1按順時鐘方向旋轉90度，其相關位置即與本圖完全印合。

　　所有廠商的集合即為生產部門。最終部門除去所有家戶以外，尚包含政府及國際貿易亦即所謂的國外部門在內。所謂最終部門，即產品與服務的最終消費部門。國外部門雖不一定是最終消費單位，但是它把產品與服務運到國外去，從本國的觀點來看這些產品及服務是一去不回，如同最終消費一樣。最終部門對產品有需求乃作種種支出以購用其所需要的產品；生產部門為供應這些產品的需求乃進行生產，經銷售後乃有銷售收入；生產部門為生產這些產品乃需要購用生產要素，生產要素不但因此得以就業，同時生產部門尚須負擔購用的成本；最終部門提供生產要素，因而獲致所得，有了所得以後即可用作消費支出以購用其所需要的產品；如此即形成一股周流。過一段時間最終部門對產品又有需求，因此這股周流也是川流不息的。這個周流

之中如果沒有特殊的變動，在穩定狀態下，整個經濟社會的總支出、總銷額、總成本及總所得此四者是相等的，此外總所得代表一個經濟社會富裕的程度，比較重要，因此該一周流稱之為所得周流。

綜合以上所述，可知經濟活動周流就其原始形態而言，只能以某一種產品或某一種要素的市場為中心加以研究。如果要探討整個經濟的情況，則必須將經濟活動周流的內圈亦即貨幣周流加以綜合，作成所謂的所得周流才能進行。

4. 經濟活動形成周流的原因　最後談到經濟活動為什麼會形成周流，這與經濟活動的基本過程以及經濟單位的雙元性有關。經濟活動周流的整個過程就是經濟活動的基本過程，由資源到生產，由生產到消費，由消費到滿足，滿足了以後，過一段時間又有需要，如此周而復始形成周流。此外，如果經濟單位不是雙元性的，例如家戶只購用產品，不提供要素，那麼他們的所得從那裡來，沒有所得當然不能購用產品，如此周流即行中斷。由此可知，產生經濟活動周流的基本要素是經濟活動的基本過程，而經濟活動周流能首尾銜接周而復始則是經濟單位的雙元性。周流是宇宙現象的一個通則，不但經濟現象有，其他現象也有，生態系統即是一例。

三、經濟社會的內在情勢

前述經濟社會從外面看是一直在轉的，正常情況下沒有外力的干預也可以轉得很好，由此可知其中一定有一種機制能使它保持平衡，這就是經濟社會的內在情勢。茲說明如下：

1. 資源有限、慾望無窮、產生矛盾　地球上的資源一般說來其數量是有限的，由於人口不斷的增加與社會不斷的進步，對產品及服務的需求乃日漸增多，相對地資源乃日漸稀少。人們的慾望隨著社會的進步而不斷提高，在原始社會中人們只求溫飽，談不上什麼享受。殆至近世，由於社會的進步，人們除溫飽以外，還要追求更多更現代化

的享受，同時隨著社會的進步，人們的慾望不但是愈來愈多，同時也愈來愈強烈，因此可以說人類的慾望是無窮的。由於自然的資源有限，而人類的慾望無窮，因此乃產生一種「矛盾」。正如同做大餅一樣，由於麵粉有限，大餅不能做得太大，現在有許多人想分食這塊大餅，某人多吃一點，別人就會少吃一點，因此在分食者之間他們的利害是互相衝突的。這種情勢不但經濟上有，同時政治上及社會上也有，可以說是自然界的一種共通情勢。

　　由於自然的資源有限，人類的慾望無窮，因此資源相對於慾望而言可說是稀少的，此即經濟學中所謂的稀少律（law of scarcity）。一種物品如果需要支付代價才能取得，則這種物品稱之為經濟財（economic goods）；如果不需要支付代價，則稱之為自由財（free goods）。隨著人口的增加及社會的進步，自由財日漸減少，經濟財日漸增多。例如水，過去是自由財，現在尤其是在都市裡變成經濟財，必須支付代價才能取得。自由財減少，經濟財增多，此表示資源相對的日趨稀少。經濟學研究的對象是經濟財，因為只有經濟財才會產生經濟問題也。

　2. 效用遞減、報酬遞減、自願讓步　上述自然資源有限、人類慾望無窮，在此情勢下經濟社會似乎一定會形成一個你爭我奪的局面，但事實並非完全如此。上蒼給了我們一個矛盾的社會，但也給了我們一顆願意化解的心。就消費者而言，一個人消費一種產品，如果消費得太多，其效用是不會隨著消費量成比例增加的。就以吃饅頭為例，一個人肚子餓的時候，第一個饅頭對他而言效用很大，吃下第一個饅頭以後再吃第二個，同樣的一個饅頭因為吃的順序不同，其所產生的淨效用即不同，淨效用亦稱之為邊際效用。一般說來第二個饅頭的邊際效用較第一個饅頭的邊際效用為低，第三個又不如第二個，第四個又不如第三個，如此一直遞減下去，此即經濟學中所謂的「邊際效用遞減法則」，其詳細情形將在第四章即消費者的選擇一章中說明之。如果饅頭吃得很多，最後一個饅頭對消費者而言其效用必定很低。一

般説來，消費者的所得是有限的，多吃饅頭就會少吃其他東西，如果其他東西最後一單位對消費者滿足的程度亦即邊際效用超過此最後一個饅頭，則消費者即會捨去此最後一個饅頭而多消費一單位其他東西。由此可知，消費者為求在有限的所得之下獲得最大的滿足，對任何產品的消費都會適可而止的。一意孤行對他只有壞處，所以消費者願意讓步，適時退出饅頭爭取的行列。由上述可看出，促使消費者讓步的主要原因是消費者的所得有限，而他能夠從善如流則是基於人類的理性。所謂理性行為（rational behavior），即是最大滿足與最小犧牲的行為，簡言之即是避凶趨吉的行為，再簡言之即是自利的行為。

　　就生產者而言，其情形與消費者完全相似。在固定的生產規模之下，假定已經到達最適當的產量，如果生產者希望生產更多的產品，由於已經超過最適產量，生產者必須負擔更多的成本才能獲得此額外的產量，反過來講就是生產者付出同樣的成本只能得到較少的產量。就以水稻生產為例，在一公頃的土地上，投下一百公斤的肥料，可以獲得一千公斤的稻米；再投下一百公斤的肥料，稻米的產量除去原有的一千公斤以外只能增加八百公斤；再增投一百公斤的肥料，稻米的產量除去原有的一千八百公斤以外只能增加六百公斤。每次投入一百公斤肥料所獲得稻米的淨產量亦即所謂的邊際報酬是遞減的，此即經濟學中所謂的「邊際報酬遞減法則」，其詳細情形將在第五章即生產理論與生產成本一章中說明之。生產者受生產規模的限制，產量超過一定數額以後，生產成本即不斷增高乃至無利可圖，在此情況下生產者即願意讓步。由上述可看出，促使生產者讓步的主要原因是生產者的生產規模有限，其次是生產者具有理性，不做虧本生意。

　　綜合以上所述，可知消費者受邊際效用遞減法則的影響，加之所得有限，因此每個消費者都會自我約束。同樣情形，生產者受邊際報酬遞減法則的影響，加之生產規模的限制，因此每個生產者也會自我約束。既然生產者與消費者都會自我約束，因此在通常情況下大家都

會讓步而維持一個均衡的局面。

3. 經濟社會的內在情勢是矛盾統一　綜合以上所述，可知自然資源有限及人類慾望無窮，使社會中各個經濟單位之間存有矛盾；邊際效用遞減及邊際報酬遞減，使社會中各個經濟單位均願意讓步；因此經濟社會的內在情勢是「矛盾統一」，正因為如此，所以經濟活動周流在正常情況下能保持平衡，不會出軌。

四、經濟問題的發生與解決

經濟活動周流保持平衡並不代表經濟社會中沒有問題。均衡點不止一個，如果問題獲得妥善的解決，則所達到的均衡即是好的均衡，反之即不是好的均衡。例如一個國家實施自由經濟制度，它有一個均衡點；實施統制經濟制度，它有另一個均衡點，雖然經濟活動周流都是同樣地在轉，外面看不出來，但裡面是不一樣的。茲先說明經濟社會擁有那些問題，然後再說明這些問題如何解決。

1. 經濟問題的發生與內涵　前述自然資源有限，但人類的慾望無窮，致使經濟社會的內部產生矛盾，這個矛盾就是問題，必須獲得妥善的解決，才能國泰民安，由上列情勢所衍生出來的經濟問題共有五個，即

(1)生產什麼及生產多少的問題。

(2)如何生產的問題。

(3)為誰生產的問題。

(4)如何維持經濟穩定的問題。

(5)如何促進經濟成長的問題。

這五個經濟問題如果獲得妥善的解決，即能在有限的資源之下使社會大眾獲得最大的滿足。人類的慾望很多，但自然的資源有限，在此情況下必須對產品的種類妥加選擇，生產的數量妥為決定，才能在有限的資源之下使人們獲得最大的滿足，這是生產什麼及生產多少的

問題。生產同一種產品可以使用不同的資源，例如生產稻米可以使用勞力也可以使用農業機械，到底用那些資源來生產才能在有限的資源之下使人們獲得最大的滿足，這是如何生產的問題。買東西要付錢，因此一個人的所得愈多即能享受較多的生產成果，所得由何而來，如何分配，這是為誰生產的問題。如果所得分配得宜，亦能在有限的資源之下使社會獲得最大的滿足。至於如何維持經濟的穩定以及如何促進經濟的成長，這兩個問題比較複雜，留待以後再加說明。總括一句話，就是這五個經濟問題如果獲得妥善的解決，即能在有限的資源之下使社會大眾獲得最大的滿足。

2. 解決經濟問題的自然手段　前述經濟社會的內在情勢是矛盾統一的，其意為經濟社會中雖有矛盾，但也存有一種機制能自動地解決問題，而使經濟社會和諧運作。這個機制即為所謂的價格機能（price mechanism），亦稱之為市場機能（market mechanism）。所謂價格機能，即是經濟活動按照價格高低自動調節的機制，其詳細情形將在第三章即需求與供給一章中說明之。現在只說明價格機能如何解決上列五個經濟問題，茲順次說明如下：

消費者如果對某種產品的需求甚為殷切，他就願意出高價購買，生產者因感生產有利乃願意生產，這樣生產什麼的問題即行解決。消費者出的價錢愈高，則生產者願意生產的數量亦愈多，反之則否，這樣生產多少的問題即行解決。假定生產一種產品，有兩種生產要素可以互相替代，如果其中一種要素的價格相對地較低，則生產者即願意應用這種要素進行生產，這樣如何生產的問題即行解決。每個人所擁有生產要素的種類及數量均可能不同，一個人如果他所擁有要素的價格比較高，同時數量也比較多，則這個人的所得即比較多，所得多即能享受較多的生產成果，這樣為誰生產的問題即行解決。至於如何維持經濟的穩定以及如何促進經濟的成長，這兩個問題的解決也與價格機能有關，因其情形比較複雜，將留待以後再加說明。總之價格機能能解決經濟問題，而使經濟社會和諧運作。

價格（price）為物品交換價值以貨幣單位表示的結果。物品對人而言有兩種價值，即使用價值與交換價值。所謂使用價值（use value），即一種物品如果可以用於生產或消費而使人們獲得滿足，則這種物品即謂之具有使用價值。所謂交換價值（exchange value），即一種物品如果可以用來向別人交換自己所需要的物品，則這種物品即謂之具有交換價值。物品的使用價值與交換價值通常不一致，例如水的使用價值很高，不喝水就活不下去；但水的交換價值很低，因為水很豐富，很容易取得。反之，金鋼鑽的使用價值不高，因為金鋼鑽不是生活必需品；但金鋼鑽的交換價值很高，因為金鋼鑽很稀少。由此可知，稀少性（scarcity）是決定物品交換價值的重要因素，此即一般所謂的「物以稀為貴」的道理。

價格因交換而產生，藉著人們的自利心而形成一種調節經濟活動的機制，這種機制來自自然，不是人為造成的，因此價格機能為解決經濟問題的一種「自然手段」。正因為如此，所以經濟學大師英儒亞當斯密（Adam Smith）稱其為「一隻看不見的手」（an invisible hand）。如果再向前追究，為什麼價格機能對經濟活動具有自動調節的作用，此與經濟社會的內在情勢有關。如果不是資源有限慾望無窮，即沒有矛盾；沒有矛盾，價格的高低即無意義。如果不是邊際效用遞減與邊際報酬遞減以及人類的理性行為在運作，亦即矛盾之後沒有統一，價格即不可能與經濟活動交互影響而產生一種往復性的自動調節機制。綜合以上所述，可知價格之所以產生是因為交換，而價格之所以有機能是因為經濟社會的內在情勢，亦即矛盾統一的情勢。由此可看出，經濟現象是整體的，互有關聯，有什麼因就有什麼果，反過來有什麼果必定有什麼因，如果能把經濟現象的前因後果弄清楚，即可對整個經濟社會有深入的瞭解，果爾，對未來經濟理論的領悟亦有所幫助，因為經濟理論為經濟現象的一個模型也。

3. 經濟目標　前述如果所有經濟問題都能獲得妥善的解決，即能在有限的資源之下使人們獲得最大的滿足，這是一個籠統的說法。為

使上列陳述具體化，乃提出四個衡量的標準，即效率（efficien-cy）、公平（equity）、穩定（stability）與成長（growth）。一個經濟社會如能合於此四個標準，即能在有限的資源之下使人們獲得最大的滿足，因此此四個標準即為一個國家或社會所追求的經濟目標。至於為什麼一個國家或社會達於此四個經濟目標以後，即能在有限的資源之下使人們獲得最大的滿足，茲說明如下：

　　所謂效率是指經濟效率，經濟效率包括生產效率及分派效率兩方面。如果一個經濟社會能人盡其才、地盡其利生產社會最需要的產品，則生產效率較高。如果產品在社會大眾之間按照消費者的購買能力及慾望強弱作適當的分配亦即物盡其用，則分派效率較高。公平是所得與財富分配的問題，一般說來所得與財富分配愈平均，就整個社會而言其滿足程度亦愈大。一個社會如果所得與財富分配不平均，則有錢的人必因消費過多而致邊際效用甚低，窮苦的人必因消費不足而致邊際效用甚高。如果有錢的人減少一單位的消費，其效用失去不多；窮苦的人增加一單位的消費，其效用增加很多；因此所得與財富分配愈平均，則整個社會的滿足程度即愈大。

　　效率與公平是看經濟社會的內部其運作是否良好，而穩定與成長則是看經濟社會的整體其運作是否良好。一個經濟社會就整體來看如果能保持穩定且能持續成長，則此經濟社會即是一個健康的經濟社會。經濟社會是否穩定主要是看兩個經濟指標，即物價水準與就業水準。物價水準不穩定輕則影響生產的秩序及人民生活的安定，重則使整個經濟崩潰，民國三十七年大陸撤守前的惡性通貨膨脹即是一例。就業水準特別是勞動的就業水準影響一般社會大眾的所得水準。如果有一些人找不到工作，則這些人即沒有所得；如果社會上又沒有適當的救濟制度，則這些人因為生活無著很可能會形成嚴重的社會問題，甚至嚴重的政治問題。所謂成長即是一個國家或社會的國民總生產不斷增加的過程，經濟成長亦稱之為經濟發展（economic develop-ment）。國民總生產增加以後，國民所得即行增加；國民所得增加

以後，國民生活水準即能提高，因此成長的目的是在使經濟社會在可能範圍之內更富裕更繁榮。

　　綜合以上所述，可知四個經濟目標可分為兩組，效率與公平是看經濟社會內部是否運作良好，穩定與成長是看經濟社會整體是否運作良好。前者是細部的，後者是整體的，如果細部與整體都進行得很好，亦即四個經濟目標都能達成，則在有限的資源之下即能使社會大衆獲得最大的滿足。話雖如此說，但裡面還有些問題，即此四個經濟目標不是完全沒有衝突的。就效率與公平而言，為了要爭取效率，有時不得不犧牲若干公平；反之，為了要爭取公平，有時也不得不犧牲若干效率；效率與公平在某種程度上是相互抵換的。公平與均等不同，公平是立足點的平等，均等是齊頭的平等。公平允許所得與財富分配有某種程度的不均，但這種不均應有其限度同時也要合理，否則將引起嚴重的社會問題。如果所得與財富的分配絕對平均，則社會將失去生產誘因，使效率下降。總之，效率與公平相互之間必須協調與兼顧，如果同一時期不能兼顧，至少在不同時期要兼顧。同樣情形，在穩定與成長之間亦有某種程度的抵換。經濟成長打破原有的均衡進入另一個均衡，在此過程中一定會產生一些波動，如此經濟社會即難以保持穩定。反之，為了要保持經濟穩定，則經濟成長的速度即不能太快，否則將因步調不一而產生波動。除此而外，穩定與效率之間以及成長與公平之間亦有相當密切的關係。總之，效率、公平、穩定與成長四個經濟目標不是孤立的，其間存有相當複雜的關係，必須有適當的協調與兼顧，才能在有限的資源之下使社會大衆獲得最大而持久的滿足。

　　4. 解決經濟問題的人爲手段　　前述解決經濟問題的自然手段為價格機能，價格機能是經由價格與經濟活動相生相剋的互動關係以解決經濟問題，除掉人們的自利心以外，幾乎不需要其他幫助，就能自行運作，這是價格機能成為解決經濟問題重要手段的基本原因。世界上沒有一件事情是十全十美的，價格機能也不例外。價格機能有兩個弱

點，其一是價格機能只能在正常情況下運作良好，如果碰到特殊情況價格機能也會失靈。此點說明價格機能是中性的（neutral），只知默默耕耘，不管是非。正因為如此，情況正常的時候，它能把經濟問題解決得很好；情況不正常的時候，它非但不能解決問題，有時還會助紂為虐把問題弄得更糟。價格機能的另一個弱點，是價格機能只能在既定情況下做分內的事，分外的事亦即改變既定情況價格機能即無能為力。

由於價格機能有這兩種弱點，因此在解決經濟問題的時候，除去價格機能這種自然手段以外，還需要人為手段的幫助才行，否則不能妥善解決經濟問題而達於上述四個經濟目標。解決經濟問題的人為手段主要是政府的經濟政策（economic policy），例如社會上發生嚴重失業的時候，價格機能即無能為力，必須有適當的政策才能解決問題。政策為達於目標所採策略的方針，在此方針下釐定若干方案，然後集合人力物力推行這些方案。如果政策的方向正確，同時方案也執行得非常徹底，即能解決問題而達於既定目標。

綜合以上所述，可知價格機能是解決經濟問題的自然手段，經濟政策是解決經濟問題的人為手段。價格機能好像是一條牛，在正常情況下它可以把田耕得很好，如果碰上地面凹凸不平或土壤太硬等特殊情況，它就有困難了，此時必須有人為的助力才能把田耕好。就耕田一事而言，牛為主，人為的助力為輔。經濟社會也是一樣，解決經濟問題是以價格機能為主，經濟政策為輔，如果不用價格機能，事事均依賴經濟政策或經濟管制，這不但是行不通的，同時也是吃力不討好的。因此一個正常的經濟社會都是讓價格機能儘量充分運作，只有碰到特殊情況價格機能無能為力的時候才動用經濟政策。「人定勝天」這句話是鼓勵人上進的，人那裡能夠勝得了天，人只有順從天理、應合人性，亦即所謂的「順天應人」才能生生不息而達於理想的境地。

摘　要

經濟現象與經濟問題

現 代 經 濟 社 會 的 基 本 特 質	
分 工 與 交　　換	分工——各人均專注於一項生產工作，其目的在提升資源的生產效率。 交換——互通有無，其目的在提升產品的分派效率。 影響{①分工與交換能提升經濟效率，使人們的自利心有用武之地。 ②分工與交換將人們結合在一起，使經濟社會複雜化。
私有財產 與 經濟自由	私有財產——能據為己有的物品及權利，據有者擁有所有權及使用權。 經濟自由——包括企業自由、就業自由及消費自由。 影響——私有財產助長經濟自由，有經濟自由才有價格機能，有價格機能才能發揮人們的自利心，而使經濟效率提升。
結　　果	現代經濟社會是在私有財產及經濟自由的基礎上，遵循分工與交換的通則而運作的。

經 濟 社 會 的 情 勢	
外在情勢 (周流不息)	謀生活動過程——取得資源→進行生產→提供消費→獲得滿足。 經濟單位雙元性——生產者購用資源，推出產品；消費者提供資源，購用產品。 經濟活動周流{形成——謀生活動過程不斷重複，加上經濟單位雙元性，形成周流。 內涵——外圈為實物周流，內圈為貨幣周流，兩者互為反向。 呈現{市場周流——即原始周流，以產品市場及要素市場為中心。 所得周流——貨幣周流的彙總，表現總體經濟運行。
內在情勢 (矛盾統一)	資源有限、慾望無窮、產生矛盾。 邊際效用遞減，消費者願意讓步；邊際報酬遞減，生產者願意讓步。 在上述情勢下，加上人們的自利心，矛盾乃得統一，亦即達於均衡。

經 濟 問 題 的 發 生 與 解 決	
發　　生	資源有限、慾望無窮，產生經濟問題。
種　　類	個體經濟問題{(1)生產什麼及生產多少的問題，即如何配合消費者需要的問題。 (2)如何生產的問題，即如何提升生產效率的問題。 (3)為誰生產的問題，即所得分配的問題。

	總體經濟問題	(4)如何維持經濟穩定的問題，即維持物價與就業穩定的問題。 (5)如何促進經濟成長的問題，即如何使社會更富裕的問題。
解　　決	主要靠價格機能，價格機能無能力時才動用經濟政策。	

經 濟 目 標 的 意 義 與 達 成	
目　　標	經濟效率、經濟公平、經濟穩定及經濟成長。
目　　的	止於至善。
解　　決	改變現狀主要靠經濟政策，政策實施後的操作則靠價格機能。

經濟社會的架構

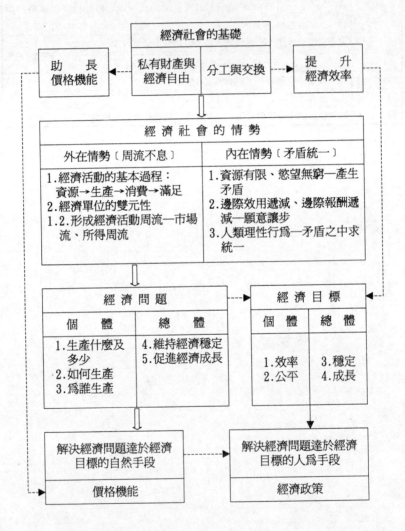

問 題

1. 分工與交換對經濟社會產生些什麼影響？分工與交換以何者為先？何故？

2. 私有財產制度對經濟社會有什麼影響？其內涵如何？

3. 何謂經濟自由？其內涵如何？經濟自由對經濟社會有什麼影響？

4. 經濟社會的外在情勢如何？為什麼會有這種情勢？

5. 何謂經濟活動周流？其內涵如何？經濟活動為什麼會形成周流？其基本原因何在？

6. 經濟社會的內在情勢如何？為什麼會形成這種情勢？這種情勢對整個經濟社會有什麼樣的影響？

7. 經濟社會所追求的目標有幾？其內涵及相互間的關係如何？為什麼要追求這些目標？

8. 經濟社會有那些經濟問題？由何產生？

9. 解決經濟問題的方法有那兩種？為什麼會有這兩種方法？

10. 何謂價格機能？如何形成？其特質為何？

11. 何謂經濟政策？為什麼會有經濟政策？

12. 價格機能與經濟政策的特質為何？其相互間有什麼關係？

13. 價格機能如何解決經濟問題？有無限制？

14. 經濟政策如何解決經濟問題？有無限制？

15. 就本章的內容而言，那些項目是自然產生的？那些項目是人為的？試分別說明其特質及相互間關係。

第二章　經濟學的形成與特質

一、科學的意義與結構

經濟學是一種科學，因此欲瞭解經濟學的形成與特質，必須先瞭解科學的意義與結構。

1. 科學的意義與特質　科學（science）是有系統的知識，知識（knowledge）是經過證實的事實，事實（fact）是觀察到的現象，亦即是經驗。例如我國北方如果第一年冬天下雪很多，第二年即可豐收，因此我國北方有一個農諺叫做「瑞雪兆豐年」，這是經驗，不是知識。經驗用科學方法證實後才成為知識，例如上列經驗用科學方法證實後，才知道如果第一年冬天下雪很多，則天氣必定很冷，躲在土壤裡的害蟲凍死很多，如此第二年的蟲害即少。又如果第一年冬天下雪很多，則地下水必定豐富，如此第二年的灌溉水即不虞匱乏。蟲害少，灌溉水又不成問題，作物生長良好，當然可以豐收，如此即成為知識。將有關農業的知識按照邏輯推理的順序排成體系，其結果即為所謂的農業科學，或簡稱農學。由上述可知，科學的特質有二，即「實證性」與「系統性」。因此未經證實的事實不能構成科學，同時無系統的知識亦不得稱為科學。

構成科學的基本元素為科學定律，科學定律之於科學體系猶如磚塊之於整幢房子。

2. 科學定律的意義與功能　科學定律（scientific law）為合於下列三個條件的一種「一般化的陳述」（a statement of generalization）。三個條件為：

(1)科學定律的適用性不受時空的限制。

(2)科學定律為多個不同範疇概念的複合體。

(3)科學定律的陳述合乎邏輯。

例如古典力學中的萬有引力定律,說明「任何兩物體間引力的大小,與其質量的乘積成正比、距離的平方成反比」。此定律任何物體皆能適用,是一個一般化的陳述。此定律不受時空的限制,任何時間及任何地點均能適用。此定律包含任何、兩個、物體、之間、引力、大小……等概念,且屬於不同範疇。引力的大小與質量的大小成正比、距離的大小成反比,合乎邏輯。綜上所述可知,萬有引力定律不但是一個一般化的陳述,同時合於上列三個條件,因此是一個科學定律無疑。

科學定律的功能有二:即解釋現在與預測未來。由於科學定律的陳述合乎邏輯,故能解釋現在;由於科學定律是一種一般化的陳述,故能預測未來。例如應用萬有引力定律即能解釋樹上的蘋果為何落向地面,而不飛向太空。解釋現在的目的在滿足人類的好奇心。又例如應用氣象學的定律即能預測颱風是否要來,如果要來即加以防範以減少損失。預測未來的目的在增強人類對環境的控制能力從而提高其福祉。今天社會之所以進步,主要是拜科學之賜,科學不但幫我們認識環境,同時還幫我們控制環境,尤其是控制環境這是科學積極性的功能。

3. 科學體系的意義與功能　一種科學有許多定律,以其中某幾個最基本的定律為出發點,應用邏輯向下推演,將其他定律逐步加以連貫所形成的體系,稱之為科學體系(scientific system)。科學體系形如金字塔,上小下大。例如平面幾何學的體系即是以五條幾何公理為出發點,應用邏輯向下推演,將其他定理逐步加以連貫所形成的體系。五條幾何公理為直線公理、平面公理、角的公理、圓的公理以及平行線公理,由此五條公理即可推得平面幾何學所有的定理。又如古典力學的體系即是以牛頓的力學三定律為出發點,應用邏輯向下推

演，將其他定律逐步加以連貫所形成的體系。牛頓的力學三定律為慣性定律、加速度定律及反作用定律，由此三定律即可推得古典力學所有的定律。其他科學的情形亦莫不是如此。

　　科學體系的功能有三：即執簡馭繁、觸類旁通與溫故知新。一個人如果能把一種科學的科學體系整理出來，則此人即能徹底瞭解並掌握這門科學，此即所謂的執簡馭繁。一個人如果能掌握一種科學的科學體系，則此人即能前引後申、旁敲側擊而擴大知識的用途，此即所謂的觸類旁通。一個人如果想要發現點新東西，則此人必須到科學體系裡面去找門徑、找靈感，如此發現新事物的工作即能事半功倍，此即所謂的溫故知新。

　　4. 社會科學的特質　　社會科學在邏輯上雖然與其他科學是相通的，但是社會科學研究的對象與其他科學不同，因此社會科學乃具有某些特殊的性質。社會科學研究的對象為人類的社會行為，人類的社會行為與人的特性有關。茲由人的特性來看社會科學的特質，其情形如下：

　　第一、人是一種複雜的生物，因此社會現象非常複雜，複雜到一個程度必須將某些次要的因素捨去，而僅就少數重要的項目來加以研究，因此社會科學的定律多為有條件的定律（conditional law）。所謂有條件的定律，即是當所設定的條件出現時，則該定律成立；反之則否。因此社會科學的定律（簡稱社會律 social law）不像自然科學的定律（簡稱自然律 natural law）能夠放之四海皆準。

　　第二、人是一種貪得無厭的生物。其他生物只有兩種基本慾望，即維持生命的慾望與延續生命的慾望。而人則除這兩種基本慾望以外，還有其他各式各樣的慾望，不但種類繁多，而且貪得無厭，因此可以說人類的慾望是無窮的。自然的資源有限，而人類的慾望無窮，因此人類經常處於矛盾的情勢之中。為能在矛盾的情勢之下取得有利的地位，於是乃你爭我奪，不但經濟現象是如此，其他社會現象亦是如此。

　　第三、人是一種有理性的生物。人心之不同各如其面，儘管人看起來都不一樣，但是有一點是相同的，即是所有的人都是自私的。也正由於人有這麼一點相同，所以社會現象才有規律，社會科學也才能建立得起來，否則社會現象一定是亂七八糟，毫無規律可尋。由此可知，人類的理性行為為社會科學的一個基本假定，無此假定社會科學即建立不起來。所謂理性行為（rational behavior），即是最大滿足與最小犧牲的行為，簡言之即是避凶趨吉的行為，再簡言之即是自利的行為。

　　第四、人是一種有理想的生物。人不但有醜陋的一面，同時也有光明的一面，這是人稱為萬物之靈的原因。正因為如此，所以人不但要求真，同時還要求善。善就是人類的理想。自然科學與人無關，因此自然科學只有一個要求，即是求真，也就是把實際現象反映出來就行了。社會科學則不然，除了求真以外，還要求善。求善的第一步是要訂出善的標準，所謂善的標準即是社會所追求的目標。就經濟而言，經濟社會所追求的目標有四個，即效率、公平、穩定與成長，這四個目標就是我們評判一個經濟社會是否達於至善的標準。求善的第二步即是要有求善的方法，求善的方法必須能改變現狀達於目標，改變現狀達於目標的方法即是政策。就經濟社會而言，求真的方法是「價格機能」，求善的方法是「經濟政策」。

　　經濟學為社會科學之一種，以上所提到的各種特質必將對經濟學有所影響，殆無疑義。

二、經濟學的形成

　　要建立經濟學的體系，第一步先要把經濟學最上層的基本公設找出來，然後才能談到其他問題。

　　1. 經濟學的基本公設　　前述任何科學均有一個科學體系，而任何科學體系亦均是從幾個最基本的定律亦即是幾個最基本的公設開始進

行推理得到整個體系，經濟學自不例外。一種科學的基本公設必須從其最基本的共通性狀裡面去找，經濟學亦是如此。經濟現象最基本的性狀為經濟社會的外在情勢及內在情勢，經濟社會的外在情勢是周流不息，內在情勢是矛盾統一。經濟社會為什麼會周流不息，是因為經濟社會不斷地重複著經濟活動的基本過程。經濟活動的基本過程為「取得資源、進行生產、提供消費、獲得滿足」，因此我們知道經濟學最基本的公設必定與資源、生產、消費與滿足這四個項目有關。

　　經濟社會的內在情勢是矛盾統一。經濟社會為什麼會有矛盾，是因為資源有限與慾望無窮；經濟社會為什麼會自行統一，是因為邊際效用遞減與邊際報酬遞減；經濟社會為什麼能在矛盾的情勢之下自行統一，是因為人類有理性，懂得避凶趨吉。資源有限與資源有關，慾望無窮與滿足有關，邊際效用遞減與消費有關，邊際報酬遞減與生產有關，而人類的理性則是社會科學的基本公設。綜合以上所述，可知在涵蓋經濟社會的內在及外在情勢以及社會科學的基本特質之下，經濟學最上層的基本公設應即為下列五個：

(1)資源——自然資源有限
(2)慾望——人類慾望無窮
(3)消費——邊際效用遞減
(4)生產——邊際報酬遞減
(5)人性——人類理性行為

　　現在還可以用反證的方法來說明這五個公設就是經濟學最上層的基本公設。第一、如果資源不是有限而是無限的，則人們可以予取予求，如此即不會發生經濟問題，沒有經濟問題當然沒有經濟學。第二、如果人類的慾望不是無限而是有限的，則人們不會你爭我奪，如此亦不會發生經濟問題。第三、如果邊際效用不是遞減而是遞增的，則人們永遠得不到最大滿足，互相殘殺的結果最後只剩下一個人，此時這個人雖仍有經濟問題，但也無法解決了。第四、如果邊際報酬不是遞減而是遞增的，則生產者必互相爭奪資源，把世界上所有資源都

給了一個生產者，他仍然感到不足，因其邊際報酬仍在遞增也，此時這個生產者雖仍有經濟問題，但也無法解決了。第五、如果人類不是有理性而是無理性的，則社會必定是亂七八糟，無規律可尋，經濟現象沒有規律當然也沒有經濟學。綜合以上所述，可知上述五個基本公設每個都是必要的，缺少其中任何一個經濟學即建立不起來。

　　上述五個基本公設為建立經濟學所必要的，然而是否已經充分了呢？如果不充分，則經濟學不是建立不起來，即是不能涵蓋經濟現象的全部。經濟現象的特質主要是表現在經濟社會的內在情勢與外在情勢上，其他如經濟問題及其解決，以及如何達於經濟目標等，都是由這兩種情勢衍生而出的。因此經濟學的基本公設只要能涵蓋經濟社會的內在情勢與外在情勢，即能涵蓋經濟現象的全部。上述前四個公設與資源、生產、消費及滿足有關，亦即與經濟活動的基本過程有關，故能涵蓋經濟社會的外在情勢。資源有限與慾望無窮使社會產生矛盾，邊際效用遞減與邊際報酬遞減使大家願意讓步，而人類的理性行為則是在經濟社會具有矛盾的情勢之下迫使大家讓步而達於均衡的原動力。由此可知，上述五個基本公設亦能涵蓋經濟社會的內在情勢，亦即能說明經濟社會矛盾統一的情勢。

　　綜合以上所述，可知上蒼怕我們太懶散，所以故意給我們一個有矛盾的社會，促使我們自立自強，否則就會被淘汰。同時上蒼也怕我們鬥得太厲害，弄得大家都活不下去，所以也埋下一些剋制的因子，讓我們知所節制，不要恣意胡為，自掘墳墓。反過來講，我們的社會甚至我們的世界之所以有今天這樣的形貌，必定有其道理，這個道理我們的老祖宗早就知道了，所以創出陰陽五行等相生相剋的道理來說明宇宙萬物的變化。相生相剋就同一時點而言形成矛盾統一，就不同時點而言形成循環周流。經濟現象為宇宙現象的一環，自應有這種情勢。

　　2. 經濟理論架構對經濟情勢的配合　　理論上由五個基本公設可以推得全部的經濟理論，但其呈現的方式亦即其理論架構（theoretical framework）不一定能適合我們的需要。所謂適合我們的需要，是指理論架構是否能配合經濟社會的內外情勢、經濟問題的性質及其解決方式、以及經濟目標的種類及其達成的途徑等，果爾，即謂之能適合我們的需要。茲首先說明經濟學的理論架構如何配合經濟社會的內外情勢。就經濟社會的外在情勢而言，有兩個特徵，其一為經濟活動是周流不息的，另一為經濟活動周流的呈現方式。經濟活動周流的呈現方式有兩種，其一為以市場為中心的呈現方式，此種方式只能以某一種產品或某一種要素的市場為研究對象；另一呈現方式為所得周流，可以整個經濟體系為研究對象。以某一種產品或某一種要素市場為研究對象的經濟理論稱為個體經濟學（microeconomics），以所得周流亦即整個經濟體系為研究對象的經濟理論稱為總體經濟學（macroeconomics）。經濟活動周流中含有兩種市場，即產品市場與要素市場，一般是先討論產品市場，然後再討論要素市場。所得周流中含有兩個主要的項目，即產品需求與資源就業，一般是先討論產品需求，然後再討論資源就業。個體經濟學是局部性的，總體經濟學是整體性的，兩相結合即能涵蓋經濟活動周流的全部，亦即能反映經濟社會的外在情勢。

　　經濟社會的內在情勢是矛盾統一。就以局部性的情況而言，無論是產品市場或是要素市場均有兩方參加，買賣兩方不但其利害關係是對立的，同時均能自我約束而達於均衡。這種情勢即是所謂的矛盾統一，因此以市場為討論對象能配合經濟社會的內在情勢，此即個體經濟學中以市場為主體加以分析的原因。至於所得周流，產品需求代表產品的買方，資源就業代表產品的賣方，因資源是用來生產的。買賣兩方亦同樣處於矛盾統一的情勢之中，其原因為總體為個體的彙總，個體有此性質，總體亦應有此性質。由此可知，總體經濟學的理論架構亦能配合經濟社會的內在情勢。

　3. 經濟理論架構對經濟問題及其解決方式的配合　前述經濟問題的發生是因為資源有限及慾望無窮，由此情勢衍生出五個比較具體的

經濟問題，即生產什麼及生產多少的問題、如何生產的問題、為誰生產的問題、如何維持經濟穩定的問題、以及如何促進經濟成長的問題。這五個經濟問題如果獲得妥善的解決，即能在有限的資源之下使人們獲得最大的滿足。產品市場決定產品的價格及交易量，如此生產什麼及生產多少的問題即行解決。要素市場決定要素的價格及交易量，如此如何生產及為誰生產的問題即行解決。由此可知，個體經濟學以市場為討論對象，不但在配合經濟社會的內在情勢，同時亦在配合經濟問題的呈現與解決。個體經濟理論主要解決三個經濟問題，即生產什麼及生產多少的問題、如何生產的問題、以及為誰生產的問題。

在總體經濟方面，產品的總需求稱為總合需求，資源就業決定產品的總供給，產品的總供給稱為總合供給。總合需求與總合供給決定兩個水準，即物價水準與所得水準，這兩個水準是總體經濟的指標。如果物價水準及所得水準不穩定，則整個經濟即不穩定；如果所得水準不斷提高，則整個經濟即在成長。因此總體經濟理論可以解決兩個經濟問題，即如何維持經濟穩定的問題與如何促進經濟成長的問題。綜合以上所述，可知總體經濟學以總合供需為討論對象，不但在配合經濟社會的內在情勢，同時亦在配合經濟問題的呈現與解決。

上述經濟學無論是個體還是總體其理論架構均能配合經濟問題的呈現與解決，而且呈現與解決的方式頗有類似之處。即無論產品市場、要素市場或是總體經濟均有兩方參與，同時這兩方不但是處於對立的情勢，而且均願自我約束以達於均衡，這種情勢即是前述矛盾統一的情勢。既然經濟問題是以這種型態呈現出來，則解決問題的方法亦最好能配合這種情勢，如此即能前後呼應，一氣呵成。符合矛盾統一情勢的方法即為所謂的供需分析法，供需分析法不但能符合矛盾統一的情勢解決經濟問題，同時較直接應用五個基本公設進行推理解決問題來得方便，凡此均將在第三章即需求與供給一章中說明之。

4. 經濟理論架構對經濟目標及其達成途徑的配合　前述經濟目標

有四個，即效率、公平、穩定與成長。如果生產什麼及生產多少的問題以及如何生產的問題獲得妥善的解決，則經濟效率的目標即能達成。如果為誰生產的問題獲得妥善的解決，則經濟公平的目標即能達成。這三個經濟問題是個體經濟學探討的對象，因此個體經濟學也要進一步探討如何達成效率與公平這兩個經濟目標。又如果維持經濟穩定的問題獲得妥善的解決，則經濟穩定的目標即能達成；如果促進經濟成長的問題獲得妥善的解決，則經濟成長的目標即能達成。這兩個經濟問題是總體經濟學探討的對象，因此總體經濟學也要進一步探討如何達成經濟穩定與經濟成長這兩個經濟目標。

前述價格機能是解決經濟問題的一種自然手段，沒有任何外力參與，因此根據價格機能所建立的一套經濟學稱為實證經濟學（positive economics）。所謂實證，即是實事求是，是什麼就講什麼（what is to be）。由於實證經濟學完全反映事實，因此實證經濟學亦稱為唯真經濟學。然而價格機能不是萬能的，當情況不正常或是碰到某些特殊問題的時候，價格機能不能達成經濟效率的目標。在通常情況下，價格機能不能達成經濟公平的目標。遇有外力干涉的時候，價格機能非但不能維持經濟的穩定，有時反而會助紂為虐，使情況更糟。在通常情況下，價格機能不能促使經濟的成長，因經濟成長是打破一個均衡進入另一個均衡的過程，必須有外力的幫助才行。既然價格機能有這許多弱點，自然應該加以探討，首先探討這些弱點會為經濟社會帶來些什麼不良的影響，其次是如何改弦更張才能改善這些不良影響，最後是用什麼手段來消除這些不良影響而達於經濟目標。為達於經濟目標彌補價格機能不足的這套經濟理論，稱之為規範經濟學（normative economics）。所謂規範，是指好的目標與應有的做法（what ought to be）。由於規範經濟學所談的是好的目標與應有的做法，故亦稱之為唯善經濟學。規範經濟學建立在實證經濟學的基礎上，針對經濟目標加以修正即可，不必另起爐灶。規範經濟學中最有名的是英儒皮古氏（Arthur Pigou, 1877～1959）所著的《福

利經濟學》（ *Economics of Welfare* ）。

5. 經濟理論架構對經濟問題及其解決過程的配合　前述沒有社會問題就沒有社會科學，經濟學也是如此，因此經濟學的理論架構也可以說是講解的順序應該儘量配合經濟問題的發生、呈現與解決此一過程。經濟學按照問題解決的過程順次分為三套，第一套是說明沒有外力干預的情況下經濟社會自行運作的經濟理論，這也就是前面所提到的實證經濟學。第二套說明是什麼原因使經濟社會發生問題，是價格機能的失靈抑或是外來的衝擊，以及問題的象徵與嚴重的程度如何。第三套是說明解決問題的方法，此時價格機能已無能為力，當然是用經濟政策，採用什麼政策，其效果如何，均在討論之列。如果把經濟社會看做是一個人，第一套理論相當於人的「生理」，說明一個人在正常情況下其生理機能如何運作。第二套理論相當於「病理」，說明一個人生病的時候，其病徵如何，病因何在，以及嚴重到什麼程度等。第三套理論相當於「藥理」，說明什麼病用什麼藥，為什麼要用這種藥，其效果如何，有沒有後遺症等。醫學系所要唸的東西很多，但主要就是這三門課程，即生理、病理與藥理，其他課程均可視為這三門課程的輔助課程。不但經濟學是如此，事實上所有的科學都是如此。因此我們在學習一門科學的時候，一定要把這門科學的生理、病理及藥理都弄清楚，才能得窺全豹、豁然而通。

三、經濟學的意義與範圍

1. 經濟學的定義　討論至此我們可以對經濟學下定義了，「經濟學（economics）為研究如何管理與運用自然有限資源以滿足人類最大而持久物質生活幸福慾望的科學」。這是經濟學職能面的定義，管理與運用自然有限資源這是手段，滿足人類最大而持久物質生活幸福慾望這是目標，應用手段達於目標這是職能。上列定義中有四個字特別重要，即「管理」與「運用」，經濟學的職能是指導人們如何管理

與如何運用自然有限資源，才能使其物質生活幸福慾望獲得最大而持久的滿足。經濟學還有一個定義，即「經濟學為研究人類經濟行為的科學」，這是經濟學行為面的定義。此定義比較籠統，故一般甚少應用。

2. 經濟學的範圍與分類　經濟學首先按照研究主體的大小分為兩類，即個體經濟學與總體經濟學。個體經濟學以市場為研究對象，經濟活動周流中有兩種市場，即產品市場與要素市場，一般先討論產品市場，然後再討論要素市場。產品市場的買方為家戶亦即消費者，賣方為廠商亦即生產者，首先討論消費者的行為，然後再討論生產者的行為，最後兩相會合決定產品的價格及交易量。要素市場的買方為廠商亦即要素的購用者，賣方為家戶亦即要素的提供者，首先討論要素購用者的行為，然後再討論要素提供者的行為，最後兩相會合決定要素的價格及交易量。以上所討論者為單獨一種產品或單獨一種要素價格與交易量的決定，這是局部性的。但是經濟現象是整體的，牽一髮動全身，因此在瞭解局部情況以後，必須將所有的產品及所有的要素放在一起，探討其在交互影響下所達成的均衡，這種均衡稱之為全面均衡。除此而外，前述價格機能有其弱點，因此個體經濟學最後必須討論價格機能有那些弱點，應當如何補救才能達於效率與公平兩個經濟目標。

在總體經濟學方面，其首要任務是決定整個經濟社會的物價水準與所得水準，為達於此目的必須先設法導出總合需求與總合供給，總合需求與貨幣市場有關，所以還要先介紹貨幣的需求與供給。物價水準與所得水準決定了以後，就可以探討通貨膨脹與失業兩個問題，最後談到解決這兩個問題的方法，即財政政策與貨幣政策。這整個是一套，包括生理、病理及藥理全部在內。說明這套內容的經濟理論有好幾套，最當令的是凱恩斯學派的理論，因此上面這一套內容主要是根據凱恩斯學派的理論來加以說明的。等到凱派理論介紹完畢以後，再簡略地介紹其他學派的理論，最後談到總體經濟理論的發展與爭論。

另外一項與總合需求有關的即是國際貿易，國際貿易不但有理論，同時也有政策。除此而外，國際貿易也連帶地產生國際金融問題，亦必須加以探討。總體經濟學最後討論的一個項目是經濟成長，亦同時包括理論與實務兩方面。

以上所談的是個體經濟學與總體經濟學的全部內容，除此而外還有兩個項目與這兩套經濟學都有關係的。其一為分析方法，這套方法是配合經濟社會內在情勢亦即矛盾統一情勢建立而成的，稱之為供需分析法。由於這套方法個體經濟學與總體經濟學都要用到，因此放在最前面講。另一個項目就是比較經濟制度，這個項目與所有經濟理論都有關係，因此放在最後講。

綜合以上所述，茲以圖解的方法將經濟學的體系列如次頁之表。

3. 經濟學的特質 綜合以上所述，可知經濟學的特質至少應有下列五點：

(1)經濟學是一種科學——因為經濟學的定律必須通過事實的考驗，凡不能通過事實考驗的定律，不是被加以修正，就是被淘汰而成為歷史的陳蹟，這在經濟學發展的過程中是屢見不鮮的。此外經濟學是一種有系統的學問，這在經濟學的形成一節中可以看得很清楚。經濟學同時具有實證性與系統性，因此是一種科學。

(2)經濟學是一種社會科學——經濟學的任務主要在闡明如何「管理」與「運用」自然有限資源以滿足人類最大而持久物質生活幸福慾望一事，其重點在管理與運用。人類管理與運用資源的方式與其文明的程度有密切的關係，人類文明的程度愈高,則資源的管理與運用亦愈為有效。文明是人類社會所創造出來的,因此經濟學是一種社會科學。

(3)經濟定律是一種有條件的定律——由於經濟現象十分複雜，必須將一些次要的因素捨去，而僅就少數比較重要的項目來加以研究，始有可能，因此經濟學的定律多為有條件的定律。

(4)理性行為是經濟學的一個基本公設——如果沒有這個公設，經濟學即建立不起來。張三要最大滿足，李四不要最大滿足，如此適合

經濟學的系統

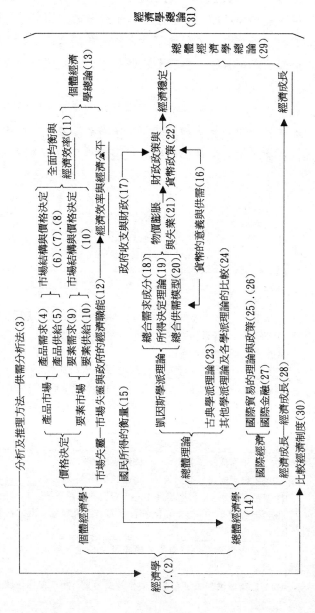

註：圖中的號碼代表講解的順序及章次。

張三的定律，即不適合李四。經濟定律如果不具有普遍性，亦即經濟定律如果不是一種一般化的陳述，即不成其為一個科學定律，果爾，則經濟學亦不成其為一種科學了。因此人類的理性行為為經濟學的一個基本公設，不可或缺。事實上這個基本公設是經得起考驗的，因為自私是人類的天性。

　　(5)經濟學是一種以解決問題為導向的科學——如同其他社會科學一樣，經濟社會也是先有經濟問題，後有經濟學。既然經濟學是因為解決問題而產生的，因此經濟學的呈現多少是以解決經濟問題為導向的。

摘　要

經濟學的形成與特質

經 濟 學 的 演 繹 體 系		
基本公設	(1)資源——自然資源有限 (2)慾望——人類慾望無窮 (3)消費——邊際效用遞減 (4)生產——邊際報酬遞減	由謀生活動過程的四個主要環節而來，即 資源→生產→消費→滿足。
	(5)人性——人類理性行為——所有社會科學的基本公設。	
推理方式	理論上經濟學的整個理論體系均可由此五個基本公設推演而得，但為簡化推理過程，可先由此五個基本公設導出需求與供給兩個項目，然後根據需求與供給進行分析，如此即比較簡單。	
經 濟 學 的 呈 現 方 式		
配合外在情　勢	(1)以市場周流為研究對象——個體經濟學。 (2)以所得周流為研究對象——總體經濟學。	
配合內在情　勢	(1)個體經濟學——以市場為中心，買賣兩方矛盾統一。 (2)總體經濟學——以產品的總合供需為研究對象，兩方情勢亦是矛盾統一。	
配合經濟問　題	(1)產品市場供需決定產品的價格及交易量，解決生產什麼及多少的問題。 (2)要素市場供需決定要素的價格及交易量，解決如何生產及為誰生產的問題。	

	(3)總合供需決定物價水準及就業水準，由此可進一步解決穩定與成長的問題。
配合經濟 目　　標	(1)實證經濟學──實事求是。完全由價格機能推理而得。 (2)規範經濟學──應該如何。加入經濟政策改變現狀達於至善。
配合問題 的解決過 程	(1)生理──說明經濟社會的客觀性狀──實證經濟學。 (2)病理──說明經濟社會不能達於至善的原因與後果──規範經濟學。 (3)藥理──說明用何種方法解決問題達於至善──經濟政策。
經　濟　學　的　意　義　與　特　質	
經濟學的 定　　義	(1)職能面的定義──經濟學為研究如何管理與運用自然有限資源以滿足人類最大而持久物質生活幸福慾望的科學。 (2)行為面的定義──經濟學為研究人類經濟行為的科學。
經濟學的 特　　質	(1)經濟學是一種科學──因其同時具有實證性及系統性。 (2)經濟學是一種社會科學──因管理與運用資源的方式受人類文明程度的影響，文明是人類創造出來的。 (3)經濟定律是有條件的定律──因經濟現象太複雜，建立定律時將次要因素捨去，因此不能放之四海皆準。 (4)理性行為是經濟學的基本公設──否則經濟現象沒有規律，經濟定律失去一般性。 (5)經濟學是一種以解決問題為導向的科學──因為是先有經濟問題，後有經濟學。

經濟學的形成

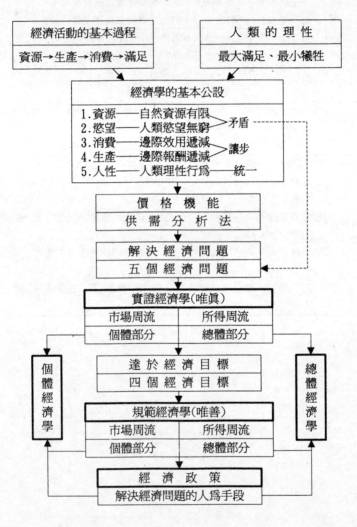

問　題

1. 何謂科學？科學的特質為何？為何科學須具備此特質？
2. 何謂科學定律？科學定律有何功能？因何有此功能？
3. 何謂科學體系？科學體系有何功能？因何有此功能？
4. 經濟學的基本公設為何？由何而來？這些公設是否既必要又充分？
5. 經濟學的體系如何配合經濟社會的外在情勢？
6. 經濟學的體系如何配合經濟社會的內在情勢？
7. 經濟學的體系如何配合經濟問題及其解決之法？
8. 經濟學的體系如何配合經濟社會所追求的目標？
9. 經濟學的定義為何？為什麼要這樣定義？
10. 經濟學有何特質？由何而來？

第三章 需求與供給

　　任何一種物品的交易均有買賣兩方，就產品的交易而言，買方為家戶，賣方為廠商。買方根據其所得及對產品滿足的程度，訂出一個購買計畫，即在各種不同價格水準下準備購買多少的計畫。賣方根據其生產能量及獲利的多寡訂出一個銷售計畫，即在各種不同價格水準下準備出售多少的計畫。然後雙方進行討價還價，直至在某一價格水準下，賣方願意出售的數量恰好等於買方願意購買的數量為止，如此交易即行達成，價格亦因而決定。此價格即為市場對該產品評價的結果，買賣雙方都願意接受。在價格決定以前，買賣雙方都不知道何一價格能夠成交，為便於討價還價，買賣雙方都需要有一系列的價格與數量的組合，而不是單獨一個組合。除產品市場以外，要素市場及總合供需的情形亦是如此。綜上所述可知本章的內容應順次包含三部分，即第一為買方的購買計畫，亦即所謂的需求；第二為賣方的銷售計畫，亦即所謂的供給；第三為根據需求與供給以決定價格與交易量。

一、需求的意義與特質

　　1. 個別需求的意義　一個經濟單位在某特定時間內，對某物品在不同價格水準下需求量的表列（schedule），稱為個別需求（individual demand）。例如某家戶一星期內對蔬菜的需求如表 3－1。

　　注意：此整個表列稱為「需求」，而不是指某一特定價格水準下的某一個特定的「需求量」。例如下表中，當蔬菜價格為每公斤 10 元的時候，該家戶一星期內願意購買 20 公斤，此 20 公斤即為一個特

表3-1 某家戶一星期內對蔬菜的需求表列

價　格 （元／公斤）	需　求　量 （公斤）
10	20
15	18
20	16
25	14
30	12

定的需求量，而非需求。

此需求亦即此需求表列即為該家戶的一個購買計畫，在一星期內當蔬菜價格為每公斤10元的時候，該家戶願意購買20公斤；每公斤為15元的時候，願意購買18公斤；餘依此類推。該家户有了購買計畫以後，當其實際購買時即能以調整購買量為手段討價還價，從而使其在有限的所得下獲得最大的滿足。

2. 需求曲線的意義與功能　需求表列以坐標圖中的一條曲線表示者，稱為需求曲線（demand curve）。就上一例題而言，其需求曲線如圖3-1。

將價格定在縱軸上，需求量定在橫軸上。價格與需求量的每一個組合，可在坐標圖中決定一點，五個組合決定五點。通過各點以曲線（直線為曲線中的一種特殊情形）連綴之，即得所謂的需求曲線。由此可知，所謂需求曲線，實際即為需求表列以圖形表示的結果，兩者毫無區別。然則為什麼要以需求曲線來表示需求表列呢？其原因有二，其一為看圖比識字容易，將需求表列繪成需求曲線一眼即可看出其特質所在。另一為根據需求曲線可進行某些初步分析，比直接根據需求表列分析來得方便。因為圖形有此優點，因此未來說明各種經濟理論時，將大量採用圖形。

還有一點要加以說明的，就是需求關係到底是價格為自變數，還

圖3-1　某家戶一星期內對蔬菜的需求曲線

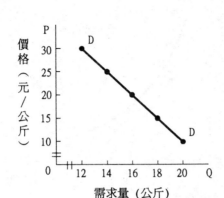

是需求量為自變數。一般說來應該是價格為自變數，需求量為因變數，因為消費者是根據價格來決定需求量，而非根據需求量來決定價格。價格低的時候多買一點，價格高的時候少買一點。數學上的慣例是自變數定在橫軸上，因變數定在縱軸上。但是上面的圖形正好相反，其原因為經濟學中許多圖形均放在一起比較，甚至併在同一個圖形之內，為求統一起見，習慣上將實物的數量定在橫軸上，貨幣的數額定在縱軸上。

3. 需求函數的意義與功能　需求曲線以函數式表示者，稱為需求函數（demand function）。例如上述例題的需求函數為：

$$Q = f(P)$$

即　　$Q = 24 - 0.4P$

上述例題的需求函數正好是一條直線，如果不是直線，甚且不是有規律的曲線時，則必須用統計方法根據實際資料加以配合。設有十二對價格及需求量的資料，每對資料可在坐標圖中決定一點，十二對資料決定十二點，其情形如圖3-2。

然後用最小平方法配合一條二次拋物線，其式如下：

圖3-2 需求曲線的配合

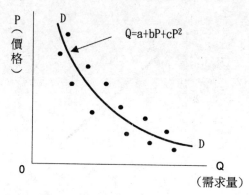

$$Q=a+bP+cP^2$$

式中 a、b 及 c 的數值可根據實際資料加以估計，如此即獲得一個確定的需求函數。

將需求表列化為需求曲線再化為需求函數，其目的在便於用數學方法進行分析。例如對需求函數進行微分可求得表示需求性狀的某種量數，容後說明。

在科學上如果要引用數學方法進行研究，通常須經過下列過程：

品質性狀 → 數量化 → 圖形化 → 函數化

例如智力是一種品質性狀，欲使其能用數學方法加以分析，首先必須求算智力商數將其化為數量，接著按每個人的年齡及智力商數繪成散布圖，然後用統計方法配合一條曲線予以函數化，最後用數學方法對此函數進行分析。這是一般科學研究的步驟，經濟學也是如此。不過經濟學比其他社會科學幸運多了，因為經濟變數絕大多數均為量的變數，可省去數量化的過程，直接從圖形化開始，然後函數化，最後進行數學分析，數理經濟學就是這樣來的。

4. 需求法則 在其他條件不變的情況下，物品的需求量與其價格呈反方向變化，此即所謂的需求法則（law of demand）。例如上列某家戶對蔬菜的需求即符合此一法則，菜價高的時候，需求量少；低

的時候，需求量多。需求法則由邊際效用遞減法則（或邊際報酬遞減法則）而來，此將在未來有關章節中說明之。

5. 需求法則的例外　主要有兩種，茲分別說明如下：

(1)炫耀性物品的需求——炫耀性的物品如金鋼鑽，價錢越高反而越有人買，其目的在炫耀自己的財富與地位。由此可知，炫耀性的物品其需求量與價格呈同方向變化，而不是呈反方向變化，違反一般需求法則。炫耀性物品需求的理論由韋伯倫氏（ Thorstien Veblen ）所提出，故炫耀性物品（ conspicuous goods ）亦稱之為韋伯倫物品（ Veblen goods ）。

(2)季芬物品的需求——一種物品其品質較低，但消費支出占全部支出的比例很大。例如本省早期貧苦農民用作主食的甘藷，當甘藷價格上漲時，因無餘力購用其他高級食品來補充，因此不得不增購甘藷以填飽肚子。此時甘藷即為所謂的季芬物品（ Giffen goods ），其需求量隨價格的上漲而增加，違反一般需求法則。季芬（ Robert Giffen ）為十九世紀英國的一位經濟學家，他發現當小麥價格上漲因而使麵包價格上漲時，一般勞工家庭非但不減少麵包的消費，反而增加麵包的消費，其情形與上述甘藷的需求完全相似。其原因將在第四章即消費者選擇一章中說明之。

炫耀性的物品在一般社會中並不普遍，至少不是民生必需品；而季芬物品在富裕的社會中亦鮮少存在；故一般說來，需求法則仍然是相當符合實際情況的，不失其一般性。

6. 市場需求的意義　一種物品在同一時間及同一市場區域內各個別經濟單位需求的水平相加和，即為所謂的市場需求（ market demand ）。假定一個社會中只有甲、乙、丙三個經濟單位，對某一物品而言每個經濟單位均有其個別需求曲線，將三條曲線按水平方式相加，即分別在同一價格下將三個個別需求量加起來，如此即得市場需求曲線，其情形如下：

當價格為 OP' 時，甲的需求量為 OQ'_1，乙的需求量為 OQ'_2，

圖3－3　市場需求曲線的形成

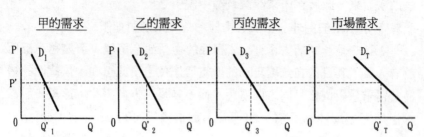

丙的需求量為 OQ'_3，三者需求量之和即為在價格 OP' 下市場的總需求量，即 $OQ'_T=OQ'_1+OQ'_2+OQ'_3$。當價格為另一個數值時，根據三條個別需求曲線又可決定三個個別需求量，其和即為該另一價格下的市場總需求量。如此循序進行，即可獲得整條市場需求曲線。求取市場需求的目的在未來據此與市場供給共同決定價格。

二、需求彈性與需求改變

1. 需求的性狀　需求有兩個重要的性狀，即需求曲線本身的性狀及需求的改變，因為這兩種性狀影響未來價格的決定，故必須先加以說明。

2. 需求曲線本身的性狀　需求曲線本身的形狀顯示一種產品需求的特質，然而需求不但牽涉到物品的計價單位及計量單位，同時曲線的形狀有彎有直、有長有短，其情形甚為複雜，很難一眼看出其特質的所在，因此不同物品的需求乃不能互相比較。其解決之法為設法以一個簡單的數字來代表一條複雜的曲線，此一簡單數字即為所謂的需求彈性係數，如此不同物品的需求即能互相比較。此一技巧在經濟學中常常用到，讀者宜特別注意。

3. 需求彈性係數的作成　其過程如下：

　　(1)需求曲線不但很長，同時變化多端。為簡化彈性係數的求取過

程，首先將需求曲線分割為若干小段，每一個小段可近似地看做是一個直線線段，如此曲線形狀不規則的問題即行解決，其情形見下圖。然後設法建立一個計算公式，此公式的外形對每一個線段而言均屬一致，只是式中各符號所代表的數值隨線段的不同而異而已，如此計算公式即能適用於需求曲線的每一個線段，因而得以簡化。

圖3－4　需求曲線的分割

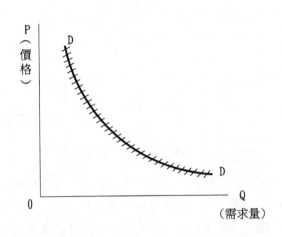

(2)為說明方便起見，取需求曲線的一個小段，視其為一個直線線段，並將其縱橫比度擴大，其情形如圖3－5。

任何一個直線線段其特徵有二：即線段的斜率與線段的位置。上列線段的斜率為 $\triangle P/\triangle Q$，前述需求曲線的坐標為配合其他有關曲線的坐標，乃將 P 與 Q 顛倒，因此上列線段的斜率實際應為 $\triangle Q/\triangle P$。線段的位置可以坐標點 (Q,P) 表示之，同理 P 與 Q 必須顛倒，故表示位置的坐標點實際應為 (P,Q)。

(3)需求關係是一種價與量的關係，因此彈性係數的計算公式中必須同時含有 P 及 Q 在內。又需求關係主要是顯示數量對價格的反應，因此 P 應該在分母，Q 應該在分子。

(4)首先將表示線段斜率的量數納入彈性係數的計算公式中，其式

圖3-5　需求曲線任一小段擴大後的情形

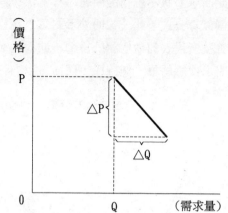

如下：

$$\varepsilon^{\mathrm{D}} \sim \frac{\triangle Q}{\triangle P}$$

(5)然後再設法將線段的位置（P,Q）納入公式中。在此有一項考慮，即為使不同物品的需求彈性係數能互相比較，則此係數必須是一個不名數，因此在將（P,Q）納入公式的同時必須使得計算結果亦能成為一個無單位的係數。其法為在上式中的 $\triangle Q$ 下除以 Q，即 $\triangle Q／Q$；在 $\triangle P$ 下除以 P，即 $\triangle P／P$。如此不但將表示線段位置的因子容納進去，同時也將其結果化為一個無單位的係數。其結果如下：

$$\varepsilon^{\mathrm{D}} = \frac{\triangle Q/Q}{\triangle P/P} \cdots\cdots\cdots\cdots\cdots\cdots\cdots\cdots\cdots\cdots\cdots ①$$

$$= \frac{\triangle Q}{\triangle P} \cdot \frac{P}{Q} \cdots\cdots\cdots\cdots\cdots\cdots\cdots\cdots\cdots\cdots\cdots ②$$

式中 ε^{D} 代表需求彈性係數。

由上列第二式可看出，$\triangle Q／\triangle P$ 表示線段的斜率，$P／Q$ 表示線段的位置。此即需求彈性係數的計算公式，代入有關數值即可求得確定的需求彈性係數。

4. 需求彈性係數的意義　由上列第一式可看出，需求彈性係數為「當價格變化百分之一的時候，需求量平均可有百分之幾的變化」。由此可知，需求彈性係數是一個相對的數字，不但價格與數量是相對的，同時價格本身及數量本身亦是相對的。其原因為不如此非但不能表示價量之間的變化關係，同時不同物品的彈性係數亦不能互相比較。今後經濟學中還有許多係數，其求算方式亦均與此相似。

需求彈性係數有三種，即需求的價格彈性係數（coefficient of price elasticity of demand）、需求的所得彈性係數（coefficient of income elasticity of demand）及需求的交叉彈性係數（coefficient of cross elasticity of demand）。其中以需求的價格彈性係數為最重要，故簡稱其為需求彈性係數。其他兩種彈性係數則分別簡稱為所得彈性係數及交叉彈性係數，將在第四章中說明之。

5. 需求彈性係數的計算公式　為適應不同的情況，需求彈性係數的計算公式有三種大同小異的形式，茲分別介紹如下：

　(1)弧彈性──取需求曲線的一段，該一線段為一個弧，一個線段有兩個端點，令其坐標為（P_1, Q_1）及（P_2, Q_2）。假定（P_1, Q_1）為價格及需求量變化前的坐標，（P_2, Q_2）為變化後的坐標。今以變化前的坐標代表線段的位置，則需求彈性係數的計算公式如下：

$$\varepsilon^D = \frac{\frac{\triangle Q}{Q}}{\frac{\triangle P}{P}} = \frac{\frac{Q_2 - Q_1}{Q_1}}{\frac{P_2 - P_1}{P_1}}$$

$$= \frac{Q_2 - Q_1}{P_2 - P_1} \cdot \frac{P_1}{Q_1}$$

此需求彈性係數是根據曲線的一段亦即一個弧的線段求算而得，故稱之為弧彈性（arc elasticity）。

　(2)平均彈性──此法與上法大體相似，僅線段的位置不是以變化前的坐標為代表，而是取變化前及變化後兩坐標點的平均價格及平均

數量的坐標點為代表,即

$$\left(\frac{P_1+P_2}{2}, \frac{Q_1+Q_2}{2}\right)$$

此時需求彈性係數的計算公式改為:

$$\mathcal{E}^D = \frac{\dfrac{\triangle Q}{Q}}{\dfrac{\triangle P}{P}} = \frac{Q_2-Q_1}{\left(\dfrac{Q_2+Q_1}{2}\right)} \bigg/ \frac{P_2-P_1}{\left(\dfrac{P_2+P_1}{2}\right)}$$

$$= \frac{Q_2-Q_1}{P_2-P_1} \cdot \frac{P_2+P_1}{Q_2+Q_1}$$

由於代表線段位置的坐標點,其價格及數量分別取變化前後的平均數,故所求得的彈性係數稱為平均彈性 (average elasticity) 。當變化前後的兩個坐標點相距較遠時,宜用平均彈性的計算公式求算需求彈性係數,否則其結果因坐標點的不同將有甚大的差異。

(3)點彈性——如果需求曲線是一條連續函數曲線,即可求算其點彈性。取曲線上的一點,令其坐標為 (P, Q) 。曲線在該點切線的斜率為 dQ / dP。其情形見下圖:

圖3-6　點彈性的作成

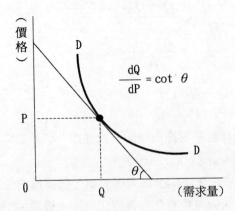

代有關各值入需求彈性係數的定義式即得點彈性（point elasticity）的計算公式，其式如下：

$$\varepsilon^D = \frac{\triangle Q}{\triangle P} \cdot \frac{P}{Q} = \frac{dQ}{dP} \cdot \frac{P}{Q}$$

此式僅適用於需求函數為已知且為連續函數的情況。

就前面所舉的例題而言，當蔬菜價格每公斤由 15 元漲至 20 元時，需求量由 18 公斤減至 16 公斤。應用弧彈性的計算公式求得該家戶對蔬菜的需求彈性係數如下：

已知 $P_1 = 15$，$P_2 = 20$，$Q_1 = 18$，$Q_2 = 16$，代入下式得：

$$\varepsilon^D = \frac{Q_2 - Q_1}{P_2 - P_1} \cdot \frac{P_1}{Q_1}$$

$$= \frac{16 - 18}{20 - 15} \cdot \frac{15}{18} = \frac{-2}{5} \cdot \frac{15}{18}$$

$$= -0.33$$

由此可知，當蔬菜價格變化 1% 時，需求量平均向反方向變化 0.33%。

6. 需求彈性係數的性質　由上列計算結果可看出，需求彈性係數有兩種性質，即符號的正負與絕對值的大小，茲分別說明如下：

(1)符號的正負──在通常情況下，需求彈性係數為負數，因需求量與價格呈反方向變化，此即一般所謂的需求法則。在計算公式中，若需求量與價格呈反方向變化，則 $\triangle Q / \triangle P$ 為負數，P / Q 恆為正數，因此所求得的彈性係數為負數。這是正常情況，當然也有例外，炫耀性物品及季芬物品的需求彈性係數為正數，因其需求量與價格呈同方向變化也。

(2)絕對值的大小──分為五個等級，茲分別說明其涵義如下：

i) 若 $\varepsilon^D = 0$，則稱該物品的需求為完全無彈性（absolutely inelastic），意即不論價格如何變化，需求量始終不變，亦即需求量對價格變化毫無反應。需求完全沒有彈性的物品可以說沒有，食鹽可

勉強算是一個，價格雖有甚大的變化，需求量不致有太大變化。

ii) 若 $0<|\varepsilon^D|<1$，則稱該物品的需求為相當缺乏彈性（relatively inelastic）。此時需求量的相對變化幅度小於價格的相對變化幅度，意即需求量對價格變化的反應雖有但不劇烈。多數民生必需品的需求即是如此，對價格的反應比較遲鈍。

iii) 若 $|\varepsilon^D|=1$，則稱該物品的需求為有單位彈性（unity elasticity）。此時需求量的相對變化幅度與價格的相對變化幅度相等，意即價格變化百分之幾，需求量即變化百分之幾，兩者完全相等，只是方向不同而已。單位彈性是一種特殊情況，完全合於此情形的物品很少，接近單位彈性的物品應該有，而且為數不少。

iv) 若 $1<|\varepsilon^D|<\infty$，則稱該物品的需求為相當富有彈性（relatively elastic）。此時需求量的相對變化幅度大於價格的相對變化幅度，意即需求量對價格變化的反應相當劇烈。多數奢侈品的需求即是如此，對價格的反應比較強烈。

v) 若 $|\varepsilon^D|=\infty$，則稱該物品的需求為完全有彈性（absolutely elastic）。此時價格無變化，而需求量有變化；或價格微有變化，而需求量即有甚大的變化，意即需求量對價格變化的反應非常劇烈。需求完全有彈性的物品可說沒有，很難找到適當的例子。

茲將上列五種情況以圖形表示如圖3-7。

綜合以上所述，可知所謂彈性，是指需求量對價格變化的敏感度，敏感度愈大，需求的彈性即愈大。需求彈性係數以其絕對值的大小表示需求彈性的大小，彈性係數的絕對值以1為分界點，低於1時，表示需求缺乏彈性；高於1時，表示需求富有彈性。

一般說來，需求曲線愈陡峭，則需求彈性愈小；愈平坦，則需求彈性愈大，此由上圖可以看得很清楚。這是一般情形，如果需求曲線特別貼近橫軸或特別貼近縱軸（見下圖中的第三圖），其情況即稍有不同。

7. 同一條需求曲線上各點的需求彈性不定相等　茲先介紹同一條

圖3-7　不同彈性下的需求曲線

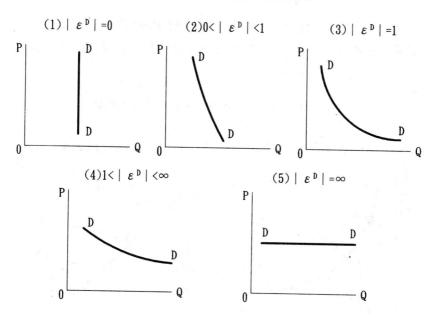

需求曲線上各點需求彈性相等的情形，然後再介紹不相等的情形，這樣對後一種情形更容易瞭解。設有一個雙曲線函數如下：

$$PQ = c$$

式中 c 為常數。略加變化即得雙曲線式的需求函數，其式如下：

$$Q = \frac{c}{P}$$

對 P 微分 Q 得：

$$\frac{dQ}{dP} = -\frac{c}{P^2}$$

代各值入下式即得該需求曲線的彈性係數：

$$\varepsilon^D = \frac{dQ}{dP} \cdot \frac{P}{Q} = -\frac{c}{P^2} \cdot \frac{P}{Q}$$

$$= -\frac{c}{PQ} = -\frac{c}{c} = -1$$

上列求算過程僅為符號運算，並未將實際數值代入。由此可知，該雙曲線式需求曲線上任一點其彈性係數均為－1，其情形見下列左圖：

圖3－8　同一條需求曲線上各點的彈性係數

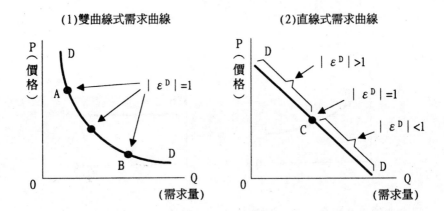

(1)雙曲線式需求曲線　　　　　　(2)直線式需求曲線

由上列左圖可看出，A 點的 dQ/dP 較小，但 P/Q 較大，相乘後 $|\varepsilon^D|$ 適中；相反地 B 點的 dQ/dP 較大，但 P/Q 較小，相乘後 $|\varepsilon^D|$ 亦適中。當需求曲線為雙曲線時，$\triangle Q/\triangle P$ 的絕對值與 P/Q 互為倒數，故曲線上各點的彈性係數均為－1。

設有另一條直線式的需求曲線，其情形見上列右圖。已知雙曲線式的需求曲線其任一點的彈性係數均為－1，因此直線式的需求曲線其各點的彈性係數均不相等。就直線式的需求曲線而言，直線上各點的斜率 $\triangle Q/\triangle P$ 均相同，所不同的是各點的位置，亦即 P/Q 不同，因此各點的需求彈性不同。假定有一點 C 其需求彈性係數的絕對值為1，則位於此點左上方各點需求彈性係數的絕對值必大於1，因此時各點的 P/Q 大於 C 點的 P/Q。反之，位於 C 點右下方各點

需求彈性係數的絕對值必小於1，因此時各點的 P/Q 小於 C 點的 P/Q。

8.需求的改變　需求的改變（change in demand）是指整條需求曲線的改變，而不是指需求量沿著需求曲線的改變。需求改變主要有兩種情形，即增加的改變與減少的改變，茲分述如下：

(1)增加的改變——所謂增加的改變，是指在同一價格水準下需求量增加。在圖形上即需求曲線整條向右方水平移動，換為另一個位置，其情形見下列左圖。圖中需求曲線由 DD 右移為 $D'D'$，此表示需求作增加的改變，在同等價格下需求量增加。

(2)減少的改變——所謂減少的改變，是指在同一價格水準下需求量減少。在圖形上即需求曲線整條向左方水平移動，換為另外一個位置，其情形見下列右圖。圖中需求曲線由 DD 左移為 $D''D''$，此表示需求作減少的改變，在同等價格下需求量減少。

圖3-9　需求的改變

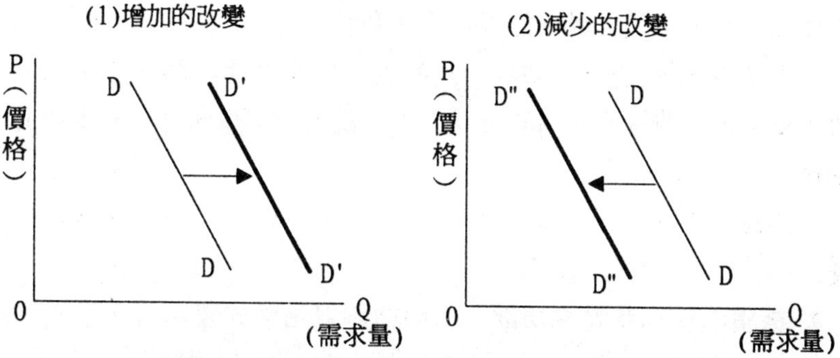

需求改變的原因將在以後有關章節中說明之。

三、供給的意義與特質

1. 個別供給的意義　一個經濟單位在某特定時間內，對某物品在

不同價格下供給量的表列，稱為個別供給（individual supply）。
例如某農場一星期內對蔬菜的供給如下：

表3-2　某農場一星期內對蔬菜的供給表列

價　　格 （元／公斤）	供　給　量 （百公斤）
10	6
15	7
20	8
25	9
30	10

　　注意：此整個表列稱為「供給」，而不是指某一特定價格水準下
的某一個特定的「供給量」。

　　此供給亦即此供給表列即為該農場的一個銷售計畫，該農場有了
銷售計畫以後，當其實際銷售時即能以調整銷售量為手段討價還價，
從而使其在有限的資源下獲得最大的利潤。

　　2. 供給曲線的意義與功能　供給表列以坐標圖中的一條曲線表示
者，稱為供給曲線（supply curve）。就上一例題而言，其供給曲線
如圖3-10。

　　同樣情形，供給曲線不但一目了然，同時進行分析時亦比較方
便。

　　3. 供給函數的意義與功能　供給曲線以函數式表示者，稱為供給
函數（supply function）。例如上述例題的供給函數為：

$$Q = g(P)$$

即　　$Q = 4 + 0.2P$

　　同樣情形，如果實際資料所呈現的供給關係不為簡整的曲線時，
可用最小平方法進行曲線配合，而得適當的供給函數，根據供給函數
即可進行有關數理分析。

圖3－10　某農場一星期對蔬菜的供給曲線

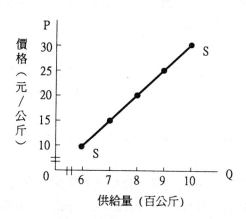

供給量（百公斤）

4. 供給法則　在其他條件不變的情況下，物品的供給量與其價格呈同方向變化，此即所謂的供給法則（law of supply）。例如上列某農場對蔬菜的供給即符合此一法則，菜價低的時候，供給量少；高的時候，供給量多。供給法則由邊際報酬遞減法則（或邊際效用遞減法則）而來，此將在未來有關章節中說明之。

5. 市場供給的意義　一種物品在同一時間及同一市場區域內各個別經濟單位供給的水平相加和，即為所謂的市場供給（market supply）。假定一個社會中只有甲、乙、丙三個經濟單位，對某一

圖3－11　市場供給曲線的形成

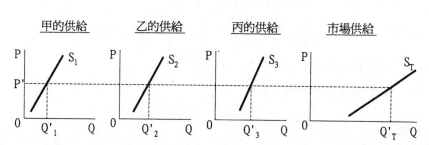

物品而言每個經濟單位均有其個別供給曲線，將三條曲線按水平方式相加，即分別在同一價格水準下將三個個別供給量加起來，如此即得市場供給曲線，其情形如圖3－11。

$$OQ'_T = OQ'_1 + OQ'_2 + OQ'_3$$

市場供給形成的方式與市場需求者完全相同，毋庸贅述。同樣理由，求取市場供給的目的在未來據此與市場需求共同決定價格。

四、供給彈性與供給改變

1. 供給的性狀 與需求一樣，供給亦有兩個重要的性狀，即供給曲線本身的性狀與供給的改變。同樣理由，因為這兩種性狀影響未來價格的決定，故必須先加以說明。同樣情形，供給曲線本身的性狀可以供給彈性係數說明之。

2. 供給彈性係數的意義 供給彈性係數（coefficient of elasticity of supply）為「當價格變化百分之一的時候，供給量平均可有百分之幾的變化」。此定義與需求彈性係數的定義完全相似，僅將需求量改成供給量即可。同樣理由，計算供給彈性係數的目的在測度供給量對價格變化的敏感度，敏感或不敏感。

3. 供給彈性係數的計算公式 與需求彈性係數的計算公式完全相同，計有三種，茲列舉如下：

⑴弧彈性——其式如下：

$$\varepsilon^s = \frac{\triangle Q / Q}{\triangle P / P} = \frac{\triangle Q}{\triangle P} \cdot \frac{P}{Q}$$

式中ε^s代表供給彈性係數。

⑵平均彈性——其式如下：

$$\mathcal{E}^s = \frac{\triangle Q \Big/ \dfrac{Q_1 + Q_2}{2}}{\triangle P \Big/ \dfrac{P_1 + P_2}{2}}$$

$$= \frac{Q_2 - Q_1}{P_2 - P_1} \cdot \frac{P_2 + P_1}{Q_2 + Q_1}$$

(3)點彈性——其式如下：

$$\mathcal{E}^s = \frac{\mathrm{d}Q \Big/ Q}{\mathrm{d}P \Big/ P} = \frac{\mathrm{d}Q}{\mathrm{d}P} \cdot \frac{P}{Q}$$

就上一例題而言，當蔬菜價格每公斤由15元漲至20元時，供給量由700公斤增加至800公斤。應用弧彈性的計算公式，求得該農場蔬菜的供給彈性係數如下：

已知 $P = 15$，$Q = 700$，$\triangle P = 20 - 15 = 5$，$\triangle Q = 800 - 700 = 100$，代入公式得：

$$\mathcal{E}^s = \frac{\triangle Q}{\triangle P} \cdot \frac{P}{Q} = \frac{100}{5} \cdot \frac{15}{700} = 0.43$$

意即當蔬菜價格變化1%時，該農場的供給量平均向同方向變化0.43%。

4. 供給彈性係數的性質 與需求彈性係數一樣，有兩種性質，即符號的正負與數值的大小，茲分別說明如下：

(1)符號的正負——供給彈性係數為正值，因物品的價格及供給量呈同方向變化也。由計算公式可看出，因 $\triangle Q / \triangle P$ 及 P/Q 均為正值，故 $\mathcal{E}^s$ 為正值。

(2)數值的大小——供給彈性係數亦同樣分為五個等級，茲列舉如下：

i) 若 $\mathcal{E}^s = 0$，則稱該物品的供給為完全無彈性。稀有的古董及珍品全世界只有這一個，其供給完全無彈性。

ii) 若 $0 < \mathcal{E}^s < 1$，則稱該物品的供給為相當缺乏彈性。生產比

較有困難的產品其供給缺乏彈性，農產品的生產困難甚多，故多數農產品的供給均缺乏彈性。

iii) 若 $\varepsilon^s = 1$，則稱該產品的供給有單位彈性。

iv) 若 $1 < \varepsilon^s < \infty$，則稱該產品的供給為相當富有彈性。生產較少有困難的產品其供給富有彈性，工業產品的生產困難較少，故多數工業產品的供給均富有彈性。

v) 若 $\varepsilon^s = \infty$，則稱該物品的供給為完全有彈性。供給完全有彈性的物品亦可說沒有，很難找到適當的例子。

茲將上述五種情況以圖形表示如下：

圖3-12　不同彈性下的供給曲線

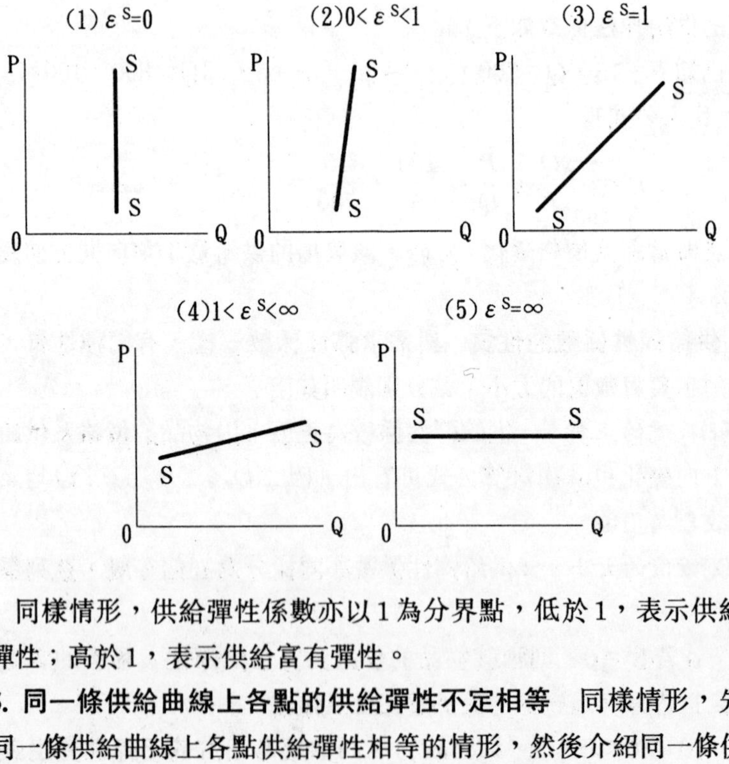

(1) $\varepsilon^s = 0$　　　(2) $0 < \varepsilon^s < 1$　　　(3) $\varepsilon^s = 1$

(4) $1 < \varepsilon^s < \infty$　　　(5) $\varepsilon^s = \infty$

同樣情形，供給彈性係數亦以1為分界點，低於1，表示供給缺乏彈性；高於1，表示供給富有彈性。

5. 同一條供給曲線上各點的供給彈性不定相等　同樣情形，先介紹同一條供給曲線上各點供給彈性相等的情形，然後介紹同一條供給

曲線上各點供給彈性不相等的情形，這樣對後一種情形比較容易瞭解，茲分別說明如下：

任何直線式的供給曲線如果其延長線通過原點，見下列左圖，則線上各點的供給彈性係數均為1。就以 S_1 供給曲線為例，線上任一點的斜率 $\triangle Q \diagup \triangle P$ 均相等，線上任一點的位置指標 $P \diagup Q$ 亦均相等，且兩者互為倒數，故線上任一點的彈性係數均相等，且均等於1。其他 S_2 及 S_3 所代表的供給曲線亦是如此，毋庸贅述。由此可知，凡在原點延長線上的供給曲線，其任一點的供給彈性係數均為1。

圖3－13　同一條供給曲線上各點的彈性係數

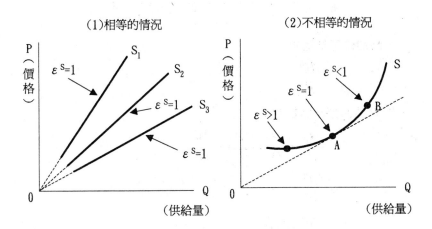

當供給曲線為曲線式的時候，其情形見上列右圖，各點中只有一點（令其為 A）其切線通過原點，則 A 點的彈性係數為1，前已提及。在 A 點右上方曲線上各點的彈性係數均小於1，茲以圖解方式說明如圖3－14。

令 A 點右上方曲線上的一點為 B，B 點處的切線為 BD，由此知 B 點處曲線的斜率為：

$$\frac{\triangle Q}{\triangle P} = \frac{\overline{DC}}{\overline{BC}}$$

圖3－14　供給彈性係數小於一的情況

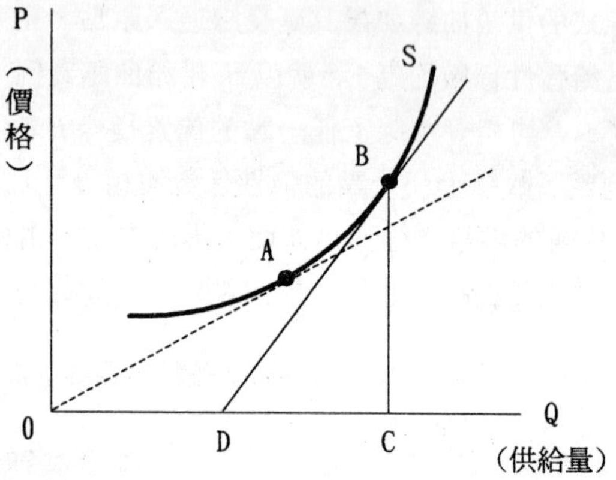

B點的位置指標為：

$$\frac{P}{Q}=\frac{\overline{BC}}{\overline{OC}}$$

則 B 點的彈性係數為：

$$\varepsilon^{s}=\frac{\triangle Q}{\triangle P}\cdot\frac{P}{Q}=\frac{\overline{DC}}{\overline{BC}}\cdot\frac{\overline{BC}}{\overline{OC}}$$

$$=\frac{\overline{DC}}{\overline{OC}}$$

$$\because\quad \overline{DC}<\overline{OC}$$

$$\therefore\quad \varepsilon^{s}<1$$

同理可證得 A 點左下方曲線上任一點的彈性係數大於1，讀者可試自證明之。

6. 供給的改變　同樣情形，供給的改變（change in supply）是指整條供給曲線的改變，而不是指供給量沿著供給曲線的改變。同理供給的改變亦有兩種情形，即增加的改變與減少的改變，茲分述如下：

(1)增加的改變──所謂增加的改變，是指在同一價格水準下供給

量增加。在圖形上即供給曲線整條向右方水平移動，其情形見下列左圖。圖中供給曲線由 SS 右移至 S′S′。

(2)減少的改變——所謂減少的改變，是指在同一價格水準下供給量減少。在圖形上即供給曲線整條向左方水平移動，其情形見下列右圖。圖中供給曲線由 SS 左移至 S″S″。

圖3-15　供給的改變

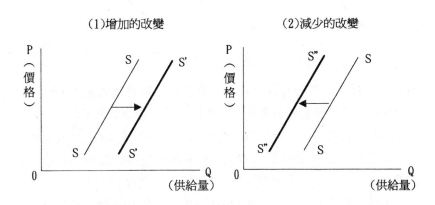

供給改變的原因將在以後有關章節中說明之。

五、價格決定的意義與特質

需求與供給均介紹完畢以後，即可進一步說明如何根據市場需求與市場供給以決定價格，茲說明如下。

1. 價格決定的意義　所謂價格決定（price determination），即是根據物品的市場需求與市場供給以決定其價格。茲繪圖說明如下：

(1)圖中的 e 點為供需兩曲線的交點，稱之為均衡點（equilibrium point）。均衡點的價格簡稱均衡價格為 OP_e，交易量為 OQ_e。

(2)若市價為 OP_1（見下列左圖），高於均衡價格 OP_e，在此價格

圖3－16　價格決定的模型

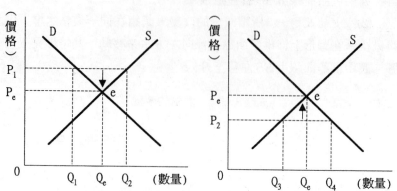

下，供方願意提供的數量為 OQ_2，求方願意購買的數量為 OQ_1，其結果供過於求。由於供方各單位競售的結果，迫使價格下降。

(3)若市價為 OP_2（見上列右圖），低於均衡價格 OP_e，在此價格下，求方願意購買的數量為 OQ_4，供方願意提供的數量為 OQ_3，其結果求過於供。由於求方各單位競購的結果，迫使價格上升。

(4)經往復調整，直至達於均衡點 e 為止。在均衡價格 OP_e 下，求方願意購買的數量正好等於供方願意提供的數量，即 OQ_e。此均衡價格即為市場所決定的價格。

所謂均衡，是指各種力量達於平衡狀態不再有變動的意思。各種力量中必須有部分是相反的，否則不可能形成均衡。在價格決定的過程中，供需是兩種相反的力量，因此在通常情況下，供需能達成均衡而決定價格。

有了價格決定的模型以後，即可進一步說明供需彈性及供需改變對價格決定的影響，茲分述如下。

2. 交易區域　就需求者而言，需求曲線的下方為需求者願意購買的區域，因其中任一點所代表的價格均低於其願意支付的價格，見下列左圖。

就供給者而言，供給曲線上方為供給者願意銷售的區域，因其中

圖3－17　交易區域

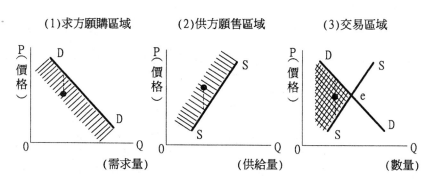

(1)求方願購區域　　　(2)供方願售區域　　　(3)交易區域

任一點所代表的價格均高於其願意接受的價格，見上列中圖。

　　兩個區域的重疊部分即為供求雙方的交易區域，見上列右圖。此區域內的任一點其所代表的價格，對求方而言低於其願意支付的價格，對供方而言高於其願意接受的價格。此一結果看起來好像對雙方都有利，其實並不盡然。其原因為如果此點不為供需的均衡點（即 e 點），亦即當交易量未達到均衡點的交易量時，多數情況下，對求方而言在既有所得下未能獲得最大的滿足，對供方而言在既有產能下未能獲得最大的利潤。在正常情況下，均衡點為最好的交易點，不但價格是雙方願意接受的價格，同時數量也是使資源能作有效利用而使社會獲得最大滿足的數量。

　3. 買賣不成的情況　主要有兩種，茲分別列舉如下：

　　⑴窮小子買金鋼鑽——買方因所得有限，故需求曲線甚低；賣方因鑽石昂貴，故供給曲線甚高。其結果供需曲線在現實區域內亦即在第一象限內無交點，因而在現實區域內無交易區域，在此情況下，交易當然不能達成，其情形見下圖。

　　⑵向大糧商買鳥食——買方因需求量有限，故需求曲線偏向左方；賣方因供給量龐大，故供給曲線偏向右方。其結果供需曲線在現實區域內亦即在第一象限內無交點，因而在現實區域內無交易區域，

圖3-18　窮小子買金鋼鑽

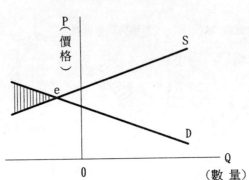

此情況下，交易當然亦不能達成，其情形見下圖：

圖3-19　向大糧商買鳥食

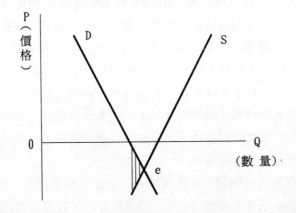

　　在綜合以上所述，可知不是每項交易都能達成的，如果雙方的條件南轅北轍，則雖有價格機能，亦無能為力。由此可知，價格機能並非萬靈丹，只有在有交易可能的情況下，才能發揮其功能。

　　4. 供需彈性對價格決定的影響　　有四種情形，茲分別說明如下：

　　(1)若供需均富有彈性，則其交易區域較小且呈水平狀態，如此均衡價格即較易出現，其情形見下列(1)圖。

(2)若供需均缺乏彈性，則其交易區域較大，如此均衡價格即不易出現，其情形見下列(2)圖。

(3)若供給富有彈性而需求缺乏彈性，則其交易區域偏向於均衡點的左上方，如此市價即有高於均衡價格的傾向，其情形見下列(3)圖。

(4)若供給缺乏彈性而需求富有彈性，則其交易區域偏向於均衡點的左下方，如此市價即有低於均衡價格的傾向，其情形見下列(4)圖。

圖3-20　供需彈性對價格決定的影響

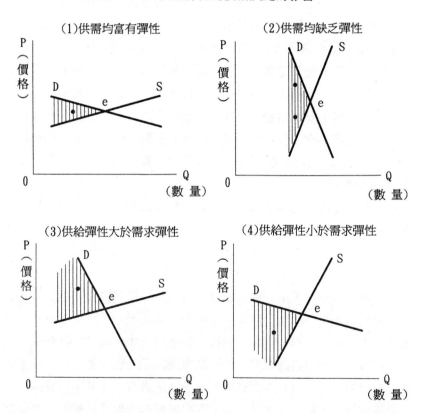

以上是從交易區域來看供需彈性對價格決定的影響，現在再從彈性的大小直接來看對價格決定的影響。彈性較大的一方能以量制價，

故所決定的價格一般說來對其較為有利。若供需均富有彈性，雙方均能以量制價，誰都不讓誰，在此情況下只有均衡價格是雙方都願意接受的。若供需均缺乏彈性，雙方均不能以量制價，誰都沒有辦法控制誰，在此情況下只要在交易區域以內，是否為均衡價格已無法控制。若供給彈性大於需求彈性，賣方能以量制價，而買方則否，此時市價有高於均衡價格的傾向而有利於賣方。若供給彈性小於需求彈性，買方能以量制價，而賣方則否，此時市價有低於均衡價格的傾向而有利於買方。綜合以上所述，可知在價格決定的過程中，對彈性較大的一方比較有利，因其能以量制價也。

5. **供需改變與價格決定** 計有八種情形，茲分述如下：

(1)當供給不變而需求增加時，價格會上漲，其情形見下列(1)圖。

(2)當供給不變而需求減少時，價格會下跌，其情形見下列(2)圖。

(3)當需求不變而供給增加時，價格會下跌，其情形見下列(3)圖。

(4)當需求不變而供給減少時，價格會上漲，其情形見下列(4)圖。

(5)當需求增加而供給減少時，價格會以較大的幅度上漲，其情形見下列(5)圖。

(6)當供給增加而需求減少時，價格會以較大的幅度下跌，其情形見下列(6)圖。

(7)當供需均增加時，價格不變或微有變動，其情形見下列(7)圖。

(8)當供需均減少時，價格不變或微有變動，其情形見下列(8)圖。

上面八種情況看來好像很複雜，其實很簡單，只要記住四句話就行。即供給增加，價格下降；供給減少，價格上升；需求增加，價格上升；需求減少，價格下降。然後單獨使用或加以適當的組合即可。

供需改變對價格的影響，此一原理通常是反過來應用的。即如果要提高價格，則必須減少供給或（及）增加需要；如果要降低價格，則必須增加供給或（及）減少需要。很多價格政策就是根據這個原理來釐訂的。

6. **物以稀為貴的道理** 有兩種情形，茲分述如下：

圖3-21　供需改變與價格決定

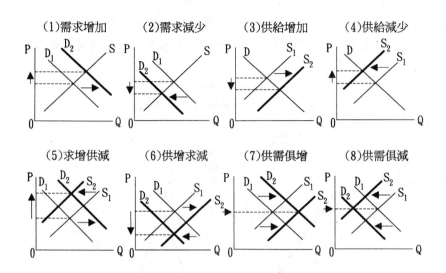

(1)需求增加　　(2)需求減少　　(3)供給增加　　(4)供給減少

(5)求增供減　　(6)供增求減　　(7)供需俱增　　(8)供需俱減

⑴同一物品若供給減少，則價格上升，其情形見圖3-22。

圖3-22　同一物品的物以稀爲貴

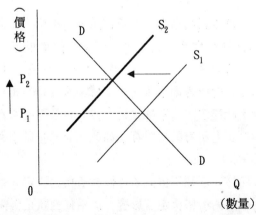

供給減少表示物品稀少，價格上升表示物品貴重，這是同一種物品物以稀爲貴的道理。

　(2)不同物品如果供給相對於需求為稀少，則其價格較高。茲以水及金鋼鑽為例說明之。水的需求雖多，但供給更多，相對的不稀少，因此其市場價格甚低，其情形見下列左圖。反之，金鋼鑽的需求雖少，但供給更少，相對的稀少，因此其市場價格甚高，其情形見下列右圖。

　　　　　圖3－23　　不同物品的物以稀爲貴

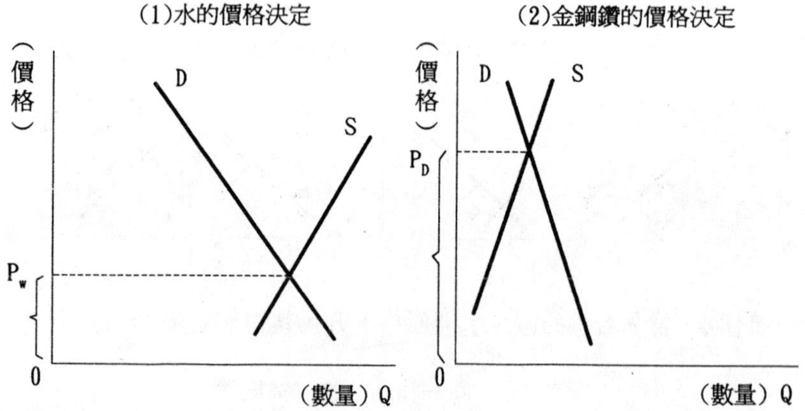

稀有性是一個相對的概念。一種物品供給很少，如果需求更少，則此物品即不是稀有物品。反之，一種物品供給很多，如果需求更多，則此物品即是稀有物品。在經濟學中，很多概念都是相對的概念，因為一個項目的影響因素很多，如果不將其化為相對數亦即相對的概念，則既不能認定，又不能比較，稀有性及彈性係數即是兩個最明顯的例子。事實上所有的科學都是如此，有的時候相對數比絕對數還要來得重要。

　　綜合以上所述，可知不但供需彈性對價格的決定有影響，同時供需改變亦很明顯的對價格決定有影響。這兩種性狀是供需曲線的兩種基本性狀，供需決定價格，所以這兩種性狀會影響價格的決定，這是很自然的。

六、供需分析法的由來及功能

1. 經濟學中的價值論　早在一百多年以前，經濟學家就知道經濟
問題的解決要靠對物品的評價才行，於是設法建立一套評價的方法，
亦即所謂的價值論（theory of value）。物品的價值有兩種，即使
用價值（use value）與交換價值（exchange value），前已提及。
經濟學家所關心的是物品的交換價值，因為這種價值才能解決經濟問
題。物品交換價值以貨幣單位表示者，稱為價格，價格的高低即能解
決經濟問題，前在第一章中即已說明過。最早的一套價值論為「勞動
價值學說」，此說認為一切自然資源都是上帝賦與的，不需支付任何
代價。將資源化為產品必須耗用勞動，因此勞動是使物品產生價值的
唯一來源，故可根據所耗勞動的多寡以評定物品的價值，從而進行交
換。例如做一張桌子耗用十個勞動，做一張椅子耗用兩個勞動，因此
桌子的價值為椅子的五倍。進行交換時，一張桌子可換得五張椅子。
此說雖甚簡單明瞭，但有一個缺點，即產品的生產除勞動外，尚有其
他生產要素，如土地、資本及企業家的才能等，因此僅以所耗勞動的
多寡來評價是不周全的。為消除此缺點，乃有所謂生產費價值學說的
提出。

　　所謂「生產費價值學說」，即是根據產品生產所耗全部費用的多
寡以評定產品的價值。生產費除勞動的工資外，尚包含使用土地的地
租、使用資本的利息、以及企業家工作的酬勞等。此學說較勞動價值
學說為周全，但尚有一個嚴重的缺點不能解決，即不論是勞動價值學
說或是生產費價值學說都是根據生產者的觀點來進行評價的，沒有顧
及到消費者是否願意購買。例如做一張桌子，因其生產效率極低，其
全部生產費多達一百萬元。就生產者而言，他的的確確是花了這麼多
的錢；就消費者而言，實在不願意花一百萬元去買這張桌子，因消費
者就效用滿足的觀點來看，這張桌子不值一百萬元也。

　　另外一批奧國學派的經濟學家發現一種矛盾現象，即是水的使用
價值很高，但交換價值很低；反之，金鋼鑽的使用價值不高，但交換
價值很高；此即有名的「水與鑽石矛盾的問題」。為解釋此現象，乃
創立一種新的學說，即所謂的「邊際效用價值學說」。此學說認為產
品的價值是根據其最後一單位消費所產生邊際效用的大小來評定的。
水因為非常豐富，可以儘量消費，因而其最後一單位消費的邊際效用
甚低，故其交換價值低。金鋼鑽因為非常稀少，不能儘量消費，因而
其最後一單位消費的邊際效用甚高，故其交換價值高。此學說雖能解
決水與鑽石的矛盾，但有一個缺點，即此學說只涉及消費面，沒有顧
及生產面。一種產品就消費者的觀點來看只值十塊錢，但生產者在此
價格下不願生產，因其不夠成本也。

　2. 供需分析法的由來　上面所舉的三種價值學說都是偏頗的，不
是偏向生產面，就是偏向消費面，對物品的評價不能同時為買賣雙方
所接受。為解決此問題，本世紀初葉，集新古典學派大成的英國經濟
學家馬歇爾氏（Alfred Marshall），根據生產費價值學說導出供
給，根據邊際效用價值學說導出需求，然後根據供需以決定產品的價
格亦即其交換價值。此法不但顧及生產面，同時顧及消費面，因此根
據供需所決定的價格，買賣雙方都願意接受，而成為一個實際存在的
價格。綜合以上所述，茲將價值論的各種學說繪圖表明其系統如次
頁。

　　由此可知，供需分析法是一套價值論。由於此法是根據供需兩個
相反的力量來決定價格，如同剪刀的兩片，故稱其為剪刀式的價值
論。前面所提到的三種學說均分別偏向於其中的一方，猶之剪刀兩片
中的一片，故所評定的價格常致偏頗，不能同時為供需雙方所接受。
前在第一章中提及經濟社會的內在情勢是矛盾統一的，矛盾至少有兩
方而且其力量相反，供需分析法正好配合這種情勢，故能對物品作出
供需雙方都能接受的價格，而使矛盾得以統一。

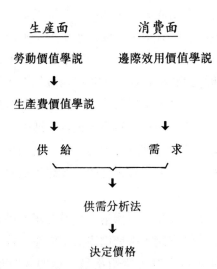

3. 供需分析法與經濟學基本假定的關係　　由第二章的說明知,經濟學的基本公設有五個,即

(1)資源──自然資源有限

(2)慾望──人類慾望無窮

(3)消費──邊際效用遞減

(4)生產──邊際報酬遞減

(5)人性──人類理性行為

現在看看這五個基本公設與供需有什麼關係。就需求曲線而言,需求曲線停留在某一個位置上,不向右移動是因為資源有限因而所得有限,不能盡情消費;不向左移動是因為慾望無窮,在既有所得下該消費多少就消費多少,如此才能獲得最大的滿足。需求曲線的斜率是負的,是因為邊際效用遞減,其原因將在第四章中說明之。最後消費者為什麼會讓其需求曲線停留在該一適當的位置上以及具有某一適當的斜率,換言之即消費者為什麼會有某一適當的需求曲線,是因為其具有理性。綜合以上所述,可知需求曲線與四個基本公設有關,即(1)資源有限、(2)慾望無窮、(3)效用遞減及(5)理性行為。

　　就供給曲線而言，供給曲線停留在某一個位置上，不向右移動是因為資源有限因而生產能量有限，不能盡情生產；不向左移動是因為慾望無窮，在既有生產能量下該生產多少就生產多少，如此才能獲得最大的利潤。供給曲線的斜率是正的，是因為邊際報酬遞減，其原因將在第五章中說明之。最後生產者為什麼會讓其供給曲線停留在該一適當的位置上以及具有某一適當的斜率，換言之即生產者為什麼會有某一適當的供給曲線，是因為其具有理性。綜合以上所述，可知供給曲線與四個基本公設有關，即(1)資源有限、(2)慾望無窮、(4)報酬遞減及(5)理性行為。

　　需求曲線與(1)、(2)、(3)、(5)四個基本公設有關，供給曲線與(1)、(2)、(4)、(5)四個基本公設有關，根據供需決定價格，就等於根據(1)、(2)、(3)、(4)、(5)五個基本公設決定價格是一樣的。但基本公設有五個，而供需曲線只有兩條，根據兩個東西決定一個東西，當然較五個東西決定一個東西來得方便。因此經濟學中，是根據五個基本公設先導出需求與供給，然後再根據供需決定價格並進行分析。其過程如次頁系統圖。

　　由下圖可看出，根據供需決定價格就等於根據五個基本公設決定價格，但在推理過程上前者較後者簡化太多了。一種科學如果有五個基本公設，則其推理的複雜程度為：

$$\binom{5}{1}+\binom{5}{2}+\binom{5}{3}+\binom{5}{4}+\binom{5}{5}=(1+1)^5-1=2^5-1=31$$

　　共有31種不同的推理方式。一種科學如果只有兩個基本公設（或兩個中間法則例如需求與供給），則其推理的複雜程度降為：

$$\binom{2}{1}+\binom{2}{2}=(1+1)^2-1=2^2-1=3$$

　　共有3種不同的推理方式。由此可知，當基本公設由五個減至兩

經濟學的推理過程

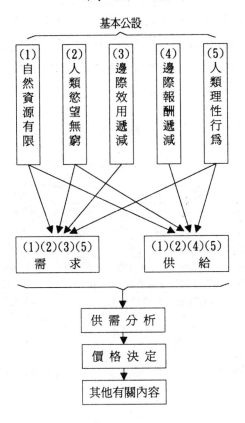

個的時候，其推理的複雜程度至少降低十倍。在經濟學中，先根據五個基本公設導出需求與供給，然後將五個基本公設拋開，完全根據供需來進行分析，如此複雜的程度即可降低十倍。不但經濟學是如此，許多科學亦常常引用某種中間定理以簡化其推理過程，機率論就是一個例子。機率論有三條公理，先由三條公理導出兩個運算定理，即加法定理與乘法定理，然後將三條公理拋開，完全用這兩個運算定理來進行推理而得其他有關內容，其複雜的程度由 7（＝2^3-1）降低至 3（＝2^2-1），降低一倍以上。

　　綜合以上所述，可知供需分析法能用以對物品進行評價，因此是一套價值論。此外，供需分析法在經濟學的推理過程中是一種居關鍵地位的中間定理或中間工具，使推理過程大為簡化，因此供需分析法也是一套方法論。今後所討論的內容幾乎都是按照同一個過程進行的，即先導出需求曲線，然後再導出供給曲線，最後根據供需決定價格與有關數量，可說沒有例外。

摘　要

需求與供給

	需　求	供　給
定　義	需求為在不同價格下需求量的表列。	供給為在不同價格下供給量的表列。
種　類	個別需求→（水平相加）→市場需求	個別供給→（水平相加）→市場供給
顯　示	需求表列→需求曲線→需求函數	供給表列→供給曲線→供給函數
法　則	需求法則——價格與需求量成反變。 例外——炫耀性物品、季芬物品。	供給法則——價格與供給量成正變。 例外——反曲勞動供給曲線。
彈　性	定義——需求量變化率與價格變化率之比。 公式 弧彈性——$\varepsilon^D=\dfrac{\triangle Q}{\triangle P}\cdot\dfrac{P}{Q}$ 平均彈性——$\varepsilon^D=\dfrac{Q_2-Q_1}{P_2-P_1}\cdot\dfrac{P_1+P_2}{Q_1+Q_2}$ 點彈性——$\varepsilon^D=\dfrac{dQ}{dP}\cdot\dfrac{P}{Q}$ 性質 符號——通常為負數 大小 $\lvert\varepsilon^D\rvert=0$，無彈性 $0<\lvert\varepsilon^D\rvert<1$，缺乏彈性 $\lvert\varepsilon^D\rvert=1$，單位彈性 $1<\lvert\varepsilon^D\rvert<\infty$，富有彈性 $\lvert\varepsilon^D\rvert=\infty$，完全彈性	定義——供給量變化率與價格變化率之比。 公式 弧彈性——$\varepsilon^S=\dfrac{Q}{\triangle P}\cdot\dfrac{P}{Q}$ 平均彈性——$\varepsilon^S=\dfrac{Q_2-Q_1}{P_2-P_1}\cdot\dfrac{P_1+P_2}{Q_1+Q_2}$ 點彈性——$\varepsilon^S=\dfrac{dQ}{dP}\cdot\dfrac{P}{Q}$ 性質 符號——通常為正數 大小 $\varepsilon^S=0$，無彈性 $0<\varepsilon^S<1$，缺乏彈性 $\varepsilon^S=1$，單位彈性 $1<\varepsilon^S<\infty$，富有彈性 $\varepsilon^S=\infty$，完全彈性

改　變	定義——整條需求曲線的改變。 種類 { 增加的改變——需求曲線右移 　　　　減少的改變——需求曲線左移	定義——整條供給曲線的改變。 種類 { 增加的改變——供給曲線右移 　　　　減少的改變——供給曲線左移

價　格　決　定

意　　義	供需曲線的交點即為供需的均衡點，均衡點的價格即為供需所決定的價格。
供需彈性 與 價格決定	(1)若 $\lvert\varepsilon^D\rvert$ 與 $\lvert\varepsilon^S\rvert$ 均大，則均衡價格容易出現。 (2)若 $\lvert\varepsilon^D\rvert$ 與 $\lvert\varepsilon^S\rvert$ 均小，則均衡價格不易出現。 (3)若 $\lvert\varepsilon^D\rvert>\lvert\varepsilon^S\rvert$ ，則價格有偏低的可能。 (4)若 $\lvert\varepsilon^D\rvert<\lvert\varepsilon^S\rvert$ ，則價格有偏高的可能。　　　　　註：$\otimes$ 代表不變
供需改變 與 價格決定	(1)若 $D\otimes$ ，$S\uparrow$ ；則 $P\downarrow$ ，$Q\uparrow$ 　　　(5)若 $D\uparrow$ ，$S\uparrow$ ；則 $P\otimes$ ，$Q\uparrow\uparrow$ (2)若 $D\otimes$ ，$S\downarrow$ ；則 $P\uparrow$ ，$Q\downarrow$ 　　　(6)若 $D\downarrow$ ，$S\downarrow$ ；則 $P\otimes$ ，$Q\downarrow\downarrow$ (3)若 $S\otimes$ ，$D\uparrow$ ；則 $P\uparrow$ ，$Q\uparrow$ 　　　(7)若 $D\uparrow$ ，$S\downarrow$ ；則 $P\uparrow\uparrow$ ，$Q\otimes$ (4)若 $S\otimes$ ，$D\downarrow$ ；則 $P\downarrow$ ，$Q\downarrow$ 　　　(8)若 $D\downarrow$ ，$S\uparrow$ ；則 $P\downarrow\downarrow$ ，$Q\otimes$
其他性質	(1)物以稀為貴——同一產品當供給減少時，價格上升。不同物品當供給相對於需求為少時，價格較高。 (2)價格機能並非萬能——均衡價格可能為負數，均衡交易量亦可能為負數。

供　需　分　析　法　的　特　性

價值論	勞動價值說 → 生產費價值說 → 供給 } 決定價格（交換價值） 邊際效用價值說　　　　　→ 需求 根據供需兩種相反的力量決定價格，故本法稱為剪刀式的價值論。
方法論	(1)自然資源有限 (2)人類慾望無窮 } 需求(1) } (3)邊際效用遞減 (4)邊際報酬遞減 } 供給(2) } 決定價格（或其他有關項目）→ 其他內容 (5)人類理性行為 　供需分析法是一種中間工具，可簡化經濟學的推理過程。
實　證　性	供需分析符合經濟基本情勢，即矛盾統一，故為一種重要的分析工具。

供需分析法的內涵

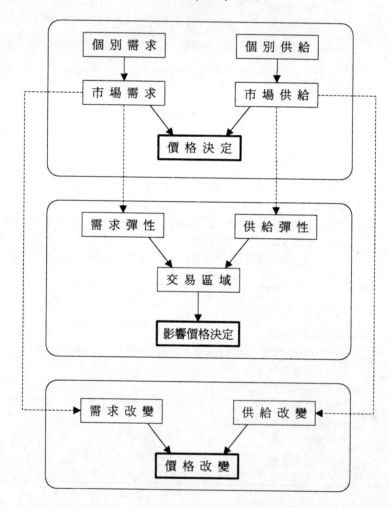

問 題

1. 何謂個別需求？需求與需求量有何不同？在經濟學中為什麼要有需求這個項目？

2. 何謂市場需求？由何而來？

3. 需求表列、需求曲線及需求函數三者有何相似與相異之處？為什麼同一個東西要用三種不同的方式表示？

4. 表示需求曲線的坐標圖，通常均將價格定在縱軸上，數量定在橫軸上，與一般習慣相反，何故？

5. 何謂需求律？為什麼需求會有這種性狀？

6. 何謂需求彈性係數？其功能何在？為達於此功能需求彈性係數的計算公式是如何加以建構的？

7. 何謂需求改變？與需求量的改變有何不同？

8. 何謂個別供給？何謂市場供給？在經濟學中為什麼要有供給這個項目？

9. 何謂供給律？為什麼供給會有這種性狀？

10. 何謂供給彈性係數？其功能何在？

11. 何謂供給改變？與供給量的改變有何不同？

12. 何謂價格決定？根據供需為什麼能決定物品的價格？

13. 供需彈性的大小對價格決定有何影響？其政策涵義為何？

14. 供需的改變對價格的高低有何影響？其政策涵義為何？

15. 對物品評價的目的何在？其理論有那幾種？演變過程如何？各有何特質？

16. 供需分析法由何而來？為什麼稱其為剪刀式的價值論？

17. 供需分析法與經濟學的五個基本公設有何關聯？因而有何種特質與功能？

第 貳 篇

產品的消費與生產

　　自本章開始起直至第十三章止，共有十章的篇幅用以討論個體經濟學。在個體經濟學中，先討論實證的部分，然後再討論規範的部分，最後才是個體經濟學的總論。在實證部分方面，先討論產品市場，然後再討論要素市場。在產品市場方面，先討論產品的需求，然後再討論產品的供給，最後才討論在不同市場結構下價格的決定。欲導出產品的需求曲線，必須先討論消費者的行為（亦即消費者的選擇），此將在第四章中說明之。欲導出產品的供給曲線，必須先討論生產者的行為（即生產理論與成本分析），此將在第五章中說明之。由此可知，本篇的主要任務有兩個，其一為由消費者的行為導出需求曲線，另一為由生產者的行為先導出成本曲線。至於如何由成本曲線導出供給曲線（在某些市場結構下廠商的供給曲線不存在），將在下一篇即市場結構與價格決定一篇中說明之。

第四章　消費者的選擇

　　本章主要討論產品市場的買方亦即產品的消費者其需求曲線如何導出，誘導需求曲線的方法有兩種，即邊際效用分析法與無異曲線分析法，茲順次說明如下：

一、效用的意義與特質

　　1. 效用的意義　效用（utility）為物品滿足人類慾望的能力。一種物品如其對人類慾望滿足的程度愈高，則其效用愈高；反之則否。物品本身無所謂效用，是人們消費了以後才產生的。效用是一種主觀的感受，因人而異，一種物品對張三可能產生很大的效用，對李四可能不生任何效用或效用甚微。

　　2. 消費與效用的關係　一般人都有這樣的經驗，就是一種產品的消費，當消費量不斷增加時，其總效用起先逐漸增加，達於某一限度後，總效用即不增反減。假定效用可以測量，則某人對某產品消費所產生的總效用應與表4-1例題相似。

　　所謂總效用（total utility，簡寫為TU），是指全部消費量所產生的效用。就上一例題而言，當總消費量為1單位時，總效用為8單位；當總消費量為2單位時，總效用為18單位；餘依此類推。

　　所謂邊際效用（marginal utility，簡寫為MU），是指當消費量不斷增加時，每階段最後一單位消費所產生的淨效用。就上一例題而言，第一單位消費的邊際效用為8單位，第二單位消費的邊際效用為10單位，餘依此類推。邊際效用由總效用取遞差而得，即

$$MU = \frac{\triangle TU}{\triangle Q}$$

表4-1　某人對某產品消費所產生的效用

消費量 （Q）	總效用 （TU）	邊際效用 （MU）
0	0	
1	8	8
2	18	10
3	26	8
4	32	6
5	36	4
6	38	2
7	38	0
8	36	-2
9	32	-4

例如第四單位消費的邊際效用為：

$$MU_4 = \frac{\triangle TU}{\triangle Q} = \frac{TU_4 - TU_3}{Q_4 - Q_3}$$

$$= \frac{32 - 26}{4 - 3} = \frac{6}{1} = 6$$

　　產品每個單位都是同質的，由於消費順序的不同，其所產生的效用亦即邊際效用亦不同。一般說來，最早消費的單位其對消費者滿足的程度較大，亦即其所產生的邊際效用較高。往後因消費者的慾望逐漸降低，所以愈到後來每單位消費的淨效用亦即其邊際效用愈低。當消費者的消費達到飽和的時候，亦即消費者對該產品的慾望降至0的時候，此時總效用達於極大，同時邊際效用亦降至0。過此消費者如再進行消費，則非但不能滿足其慾望，反而因消費過度而使其感到痛

苦,此時邊際效用成為負數,而使總效用開始下降。綜合以上所述,茲以圖形表示總效用及邊際效用變化的情形如下:

圖4-1 總效用及邊際效用的變化

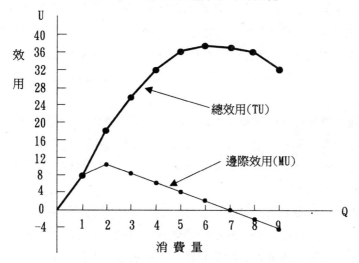

由上面的說明知,總效用與邊際效用間有下列關係:

(1)當總效用隨消費量的增加而增加時,邊際效用為正數。

(2)當總效用隨消費量的增加而減少時,邊際效用為負數。

(3)當總效用達於最高點時,邊際效用為0。

有了總效用以後,為什麼還要求算其邊際效用呢?其原因有三:

(1)由邊際效用的變化反過來去瞭解總效用的變化比較方便。當邊際效用為正時,總效用不斷增加;當邊際效用為負時,總效用不斷減少;因此當邊際效用為0時,總效用達於極大。現實的情況即是如此,參閱第一章吃饅頭的例子。

(2)邊際效用的變化比較有一致性,即除開始時稍有不同外,其後即不斷下降。而總效用則否。因此有關效用變化的法則是根據邊際效用設定的,而非根據總效用設定。邊際效用變化的法則即所謂的邊際效用遞減法則,此將在下節中說明之。

(3)未來的分析都是根據邊際效用進行的，其原因為欲使總效用為極大，只要使邊際效用等於0即可。因此邊際效用成為達於最適情況的關鍵數值，未來有關項目的導出均必須根據邊際效用進行，如此才能獲得最適情況下的結果。關於此點將在有關章節中詳細說明之。

3. 邊際效用遞減法則　消費者對一種產品的消費，當消費量不斷增加時，其邊際效用起先可能有暫短的增加，其後即不斷減少，此即所謂的「邊際效用遞減法則」（law of diminishing marginal utility）。

邊際效用遞減法則為人們消費時的一個普遍法則，這是一個客觀事實，而為經濟學中的一個基本公設。經濟學中許多定律都是由這個法則導出的，無此法則，經濟學就好像桌子少了一條腿一樣，無法建立起來。

邊際效用遞減法則為什麼要特別加上「邊際」兩個字呢？除去上面所列舉的各項原因外，還有一個更重要的原因，即是價格決定於邊際效用的多寡，而非總效用的多寡，此將在下一大節中說明之。

二、邊際效用分析法

1. 消費者均衡　假定市場中只有X與Y兩種商品，一個消費者應如何將其有限的所得分配在這兩種商品的消費上，如此始能獲得最大的滿足。分配的原則是：「最後一塊錢用在X商品上所獲得的邊際效用，等於此最後一塊錢用在Y商品上所獲得的邊際效用」。此即所謂的「消費者均衡」（Consumer's equilibrium）。茲以數學公式表示如下：

$$\frac{MU_X}{P_X} = \frac{MU_Y}{P_Y}$$

式中MU_X及MU_Y分別代表X及Y兩商品的邊際效用。P_X及P_Y分別代表X及Y兩商品的價格。

MU_X / P_X成為最後一塊錢用在X商品上所獲得的邊際效用，MU_Y / P_Y成為最後一塊錢用在Y商品上所獲得的邊際效用。茲討論如下：

(1)若$MU_X / P_X > MU_Y / P_Y$，減少Y的消費，將餘款用在X的消費上，可在固定耗費下使總效用增加。由邊際效用遞減法則知，當Y消費量減少時，MU_Y會提高，MU_Y / P_Y因而加大；反之，當X消費量增加時，MU_X會降低，MU_X / P_X因而縮小；如此MU_X / P_X大於MU_Y / P_Y的程度即行降低。如此繼續調整，直至$MU_X / P_X = MU_Y / P_Y$為止。

(2)若$MU_X / P_X < MU_Y / P_Y$，減少X的消費，將餘款用在Y的消費上，可在固定耗費下使總效用增加。由邊際效用遞減法則知，當X消費量減少時，MU_X會提高，MU_X / P_X因而加大；反之，當Y消費量增加時，MU_Y會降低，MU_Y / P_Y因而縮小；如此MU_X / P_X小於MU_Y / P_Y的程度即行降低。如此繼續調整，直至$MU_X / P_X = MU_Y / P_Y$為止。

(3)故當$MU_X / P_X = MU_Y / P_Y$時，可在固定耗費下，使總效用為最大。

以上所述者為經濟學中的「三段論法」，其目的在證得均衡條件，這種論法今後會常常用到，讀者宜特別注意。

當產品有n種時，則消費者的均衡為：

$$\frac{MU_1}{P_1} = \frac{MU_2}{P_2} = \cdots\cdots\cdots\cdots \frac{MU_n}{P_n}$$

由此可知，對任何產品而言，最後一塊錢所獲得的邊際效用均相等時，消費者的選擇最佳，亦即能在有限的所得下獲得最大的滿足。

2. 消費者均衡成立的條件　由上面的說明可看出，消費者均衡成立的條件有二：其一為消費者的所得必須是有限的。如果所得不是有限而是無限的，則消費者可以盡情消費，直至每種產品的邊際效用均達於0為止，而無選擇的問題，無選擇問題，當然即無所謂消費者均

衡。另一為各種產品的邊際效用均必須是遞減的。如果邊際效用不是遞減而是遞增的，則選擇總效用為最大的一種產品進行消費，可在有限所得下獲得最大的滿足，此時雖有選擇的問題，但無消費者均衡。由此可知，消費者均衡成立的條件有二，即所得有限與邊際效用遞減，兩者缺一不可。

3. 消費者均衡與邊際效用有關的原因　由於邊際效用是遞減的，產品最後一單位每一塊錢所獲得的邊際效用均較以前各單位者為低，因此欲在有限的所得下獲得最大的滿足，只要對各產品的最後單位加以調整即可，不必牽動前面的單位，因此消費者均衡與產品的邊際效用直接有關。

再由數學的觀點來看，在某種限制下所建立的目標函數，其極大值的求取是對目標函數進行微分，令其等於0求解，其結果即為目標函數成為極大的條件。假定某種限制為所得限制，目標函數的因變數為總效用，自變數為消費量，則微分的結果即為其邊際效用，以此所建立的條件即為消費者均衡。由此可知，由微積分求極大的過程來看，消費者均衡必定與產品的邊際效用有關。

經濟社會中合於此情勢的現象很多，其均衡條件均與其邊際值有關，如生產者均衡及廠商均衡等，很少例外。事實上這種情勢就是第一章中所講的經濟社會的內在情勢，亦即矛盾統一的情勢。在此情勢下，邊際值成為統一的條件，亦即均衡的條件。讀者如果能將這些項目之間的關係弄清楚，即能對經濟學有深入的瞭解。以上三節所述者為經濟學中的重要概念，讀者一定要將它徹底弄懂，這樣往下唸的時候才能事半功倍。

4. 由消費者均衡導出需求曲線　假定消費者以其所得(I)購買某特定產品(X)，餘款(M)用以購買其他產品，其情形如下：

$$I = P_X \cdot X + M$$

式中P_X代表產品X的價格，X代表產品X的數量。為使在固定所得下獲得最大的滿足，消費者均衡的條件為：

$$\frac{MU_X}{P_X} = \frac{MU_M}{P_M}$$

貨幣的價格就是貨幣的單位，即$P_M = 1$，代入上式得：

$$\frac{MU_X}{P_X} = MU_M$$

$$\therefore \quad P_X = \frac{MU_X}{MU_M}$$

根據此式即可求得P_X而導出消費者對產品X的需求表列，其結果如下：

表4－2　應用邊際效用分析法導出需求表列

X的數量 X	X的邊際效用 MU_X	貨幣的邊際效用 MU_M	X的需求價格 $P_X = \dfrac{MU_X}{MU_M}$
2	20	2	10
3	14	2	7
4	10	2	5
5	6	2	3
6	4	2	2
7	2	2	1

　　產品X的邊際效用假定其可以測量，其結果見上表第二欄。由邊際效用遞減法則知，產品X的邊際效用必定是遞減的。一個人所擁有的貨幣在購買物品之前，每一塊錢的效用皆相等，因為每一塊錢皆有同等機會用以購買物品也。由於每一塊錢的效用皆相等，因此貨幣的邊際效用即等於其平均效用而為一個常數。貨幣一如其他商品，一個人所擁有的貨幣愈多，則其邊際效用即愈低，反之則否，因此貨幣邊際效用的高低反映一個人所得及財富的多寡。今假定這個人的所得亦即貨幣多到一個程度，其邊際效用恰好等於2，見上表第三欄。第二

欄的數字除以第三欄的數字，即得各需求量下的需求價格，亦即消費
者願意支付的價格，其結果見上表第四欄。第一欄為產品X的需求
量，第四欄為產品X的需求價格，因此該兩欄即為產品X的需求表
列。根據需求表列即可繪成需求曲線，其結果見下列右圖。為與需求
曲線相對照而便於比較，可根據X的數量及X的邊際效用亦即第一及
第二兩欄的數字可繪成邊際效用曲線，其結果見下列左圖。

圖4－2　邊際效用曲線及需求曲線的比較

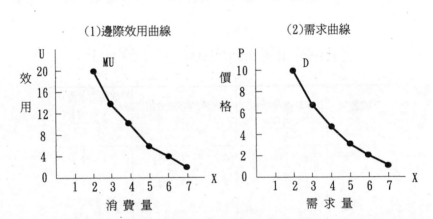

(1)邊際效用曲線　　　　　　(2)需求曲線

首先看上列右圖，由於產品X的邊際效用是遞減的，而貨幣的邊
際效用是固定不變的，因此產品X的需求價格P_X（$=MU_X/MU_M$）
亦是遞減的。需求價格與需求量成反方向變化，因此需求曲線的斜率
為負。其次看上列左圖，已知貨幣的邊際效用不變，由$P_X=MU_X/$
MU_M知，P_X與MU_X成正比，故知邊際效用曲線與需求曲線完全相
似，僅其縱坐標的比度略有不同而已。

5. 價格決定於物品最後消費單位邊際效用的大小　已知

$$\frac{MU_X}{P_X}=MU_M=\lambda（常數）$$

由於MU_M為一常數（決定於所得的多寡），如此物品價格與其

最後消費單位的邊際效用成一固定比例。價格當然是決定於物品的供需，價格決定了以後，消費量亦隨之決定，此價格必與該消費量最後一單位的邊際效用成正比，邊際效用高，價格即高；邊際效用低，價格即低。又由上節說明知，需求價格是由物品的邊際效用及貨幣的邊際效用導出的，貨幣的邊際效用不變，因此價格決定於物品最後消費單位邊際效用的大小。

　　根據上面所獲得的結論，即可解釋水與鑽石的矛盾。水的需求很多，但供給更多，相對的不稀少，其最後消費單位的邊際效用甚低，故價格甚低。反之，鑽石的需求雖少，但供給更少，相對的稀少，其最後消費單位的邊際效用甚高，故價格甚高。

　　6. 消費者剩餘　由需求的性質知，物品最初的消費單位消費者願意出高價購買，因其邊際效用較高也。其後隨消費量的增加其邊際效用逐漸降低，消費者所願付的價格亦隨之降低。市場價格是由供需來決定的，價格決定了以後，消費者按同一市場價格購買其願意購買的全部數量，而不是按照其願意支付的價格逐個購買其願意購買的全部數量。如此消費者願意支付的總價款大於其實際支付的總價款，其差額即為所謂的「消費者剩餘」（consumer's supplus）。其情形見下圖：

圖4－3　消費者剩餘

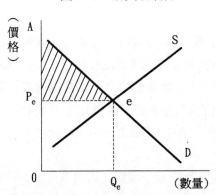

　　消費者願意支付的總價款為四邊形$OAeQ_e$，實際支付的總價款為長方形OP_eeQ_e，其差額即三角形P_eAe即為消費者的剩餘。

　　以上所述者為以貨幣為單位的消費者剩餘。以貨幣為單位的消費者剩餘乘以貨幣的邊際效用，即得以效用為單位的消費者剩餘。

　　消費者剩餘是來自物品的交換，而非供方的損失。事實上生產者在物品交換中亦獲得剩餘，稱之為生產者剩餘。物品交換的雙方均以自己多餘的產品去換取自己不足的產品，雙方均獲得利益亦即所謂的剩餘，此點在第一章中即已提及。

三、無異曲線的意義與特質

　1. 無異曲線分析法的由來　　由於效用是人類的一種主觀感受，無法以客觀的方式來衡量，因此效用分析法是一種缺乏客觀基礎的分析方法。為解決此困難，英國經濟學家席克斯氏（J. R. Hicks）創立一套方法，稱為「無異曲線分析法」，以取代邊際效用分析法。其法乃假定有兩種可以互相替代的物品，以其中一種物品的邊際效用去度量另一種物品的邊際效用，化為所謂的「邊際替代率」，如此即可巧妙地避開效用不能測量的難題。此外，根據無異曲線進行分析，能借助圖形進行分析，方便甚多，此為無異曲線分析法能取代效用分析法的另一重要原因。

　2. 無異曲線的意義　　設有X與Y兩種物品，其消費量的組合有無數種，這些組合可按其給予消費者滿足程度的大小加以分類。具有同一滿足程度的各個X與Y消費量的組合，可據以繪製一條曲線，由於線上各點所代表X與Y消費量的組合均能給予消費者以同等滿足，故該曲線稱之為「無異曲線」（indifference curve）。茲舉例說明如表4－3。

　　表中每一個組合均能給予消費者以同等滿足，只管是同等滿足，而不管其滿足多少，如此即可避開效用不能測量的問題。根據表4－3

資料可繪成圖4－4。

表4－3　同一滿足程度下兩物品消費量的組合

物品組合	X物品數量	Y物品數量
a	1	38
b	2	22
c	3	13
d	4	8
e	5	5
f	6	3
g	7	2

圖4－4　無異曲線舉隅

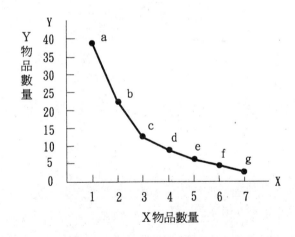

3. **無異曲線的性質**　有下列五個基本性質：

　　(1)無異曲線各點切線的斜率均為負數——只要兩種物品的邊際效用均為正數，在保持總效用不變的條件下，增加一種物品的消費，必須同時減少另一種物品的消費；反之亦然。因此兩種物品的增量

（｜increment）是相反的，即若△X為正，則△Y即為負；反之，若
△X為負，則△Y即為正。如此切線的斜率必為負數，即

$$\lim_{\triangle X \to 0} = \frac{\triangle Y}{\triangle X} = \frac{\mathrm{d}Y}{\mathrm{d}X} < 0$$

　　(2)任何兩無異曲線不可能相交──首先假定其可以相交，其情形
見下圖，然後證明其為不可能。

圖4－5　　兩條無異曲線相交的謬誤

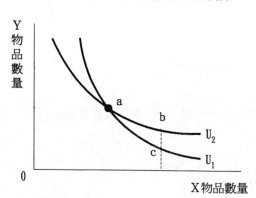

　　設U_1與U_2兩條無異曲線相交於a點，在U_2上取一點b，在U_1上取
一點c，令b、c所代表的消費組合其X的數量相等，但b組合中Y的數
量較c組合為多，很顯然地b較c給予消費者更多的滿足。但b與a同在
一條無異曲線U_2上，其滿足的程度相等；而c與a同在另一條無異曲
線U_1上，其滿足的程度亦相等。經由a的居間連繫，b與c的滿足程度
相等，此結論顯然自相矛盾，故任何兩條無異曲線不可能相交。

　　(3)平面上任一點必有一條唯一的無異曲線通過──如果物品可以
細分，則平面上任何一點都可以代表X與Y的一個組合，此組合必產
生某一數額的總效用。由(2)的性質知，經由此點不可能有一條以上的
無異曲線通過。因此平面上任一點必只有一條唯一的無異曲線通過。

　　(4)愈位於右上方的無異曲線其效用愈高──其情形如下：

圖4-6　無異曲線的位置與效用的高低

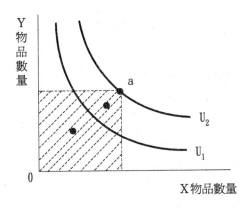

　　在無異曲線U_2上取一點a，則a組合中所含X與Y的數量必分別較其左下方區域內任一點所含X與Y的數量為多。若X與Y的邊際效用均為正數，則a點所代表的組合其總效用必較其左下方任一點者為大。今將a點沿U_2曲線移動，則各點左下方區域的總合必涵蓋U_2曲線左下的整個區域，意即U_2所代表的總效用必較其左下方任何無異曲線為高。因此愈位於右上方的無異曲線其效用愈高。

　　(5)無異曲線凸向原點——此性質由邊際效用遞減法則而來。就同一條無異曲線而言，當X的數量較多時，Y的數量必較少；此時X的邊際效用甚低，Y的邊際效用甚高；減少Y的數量，必須以較多的X來補充，始能維持總效用不變；因此無異曲線愈向右下方延伸則愈平坦。反之，當Y的數量較多時，X的數量必較少；此時Y的邊際效用甚低，X的邊際效用甚高；減少X的數量，必須以較多的Y來補充，始能維持總效用不變；因此無異曲線愈向左上方延伸則愈陡峭。綜合以上推論，可知無異曲線必凸向原點。這是兩種產品可以互相替代的情況，如果兩種產品不能互相替代，則上列說明必須加以修正，但無異曲線凸向原點的性質則仍然維持不變，讀者可試自繪圖瞭解之。

4. 邊際替代率的意義　茲以前述例題為例說明之，根據表4－3的資料求得X替代Y的邊際替代率如下：

表4－4　X替代Y的邊際替代率

物品組合	X物品數量 X	Y物品數量 Y	△X	△Y	X替代Y的 邊際替代率 △Y／△X
a	1	38	1	－16	－16
b	2	22	1	－9	－9
c	3	13	1	－5	－5
d	4	8	1	－3	－3
e	5	5	1	－2	－2
f	6	3	1	－1	－1
g	7	2			

根據上表資料可繪得下列圖形：

圖4－7　X替代Y的邊際替代率

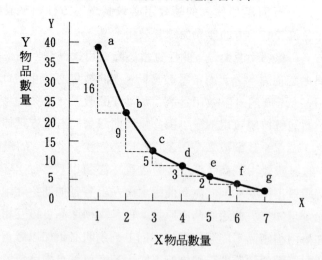

在總效用不變的條件下，物品組合由a移至b時，X的數量由1單位增加為2單位，Y的數量由38單位減少為22單位，此時X替代Y的邊際替代率為：

$$MRS_{XY} = \frac{\triangle Y}{\triangle X} = \frac{22-38}{2-1} = \frac{-16}{1} = -16$$

式中MRS_{XY}代表X替代Y的邊際替代率。

同樣情形，在總效用不變的條件下，物品組合由b移至c時，X的數量由2單位增加為3單位，Y的數量由22單位減少為13單位，此時X替代Y的邊際替代率為：

$$MRS_{XY} = \frac{\triangle Y}{\triangle X} = \frac{13-22}{3-2} = \frac{-9}{1} = -9$$

餘依此類推。由此可知，所謂邊際替代率（marginal rate of substitution，簡寫為MRS），是指在維持總效用不變的情況下，某產品一單位可以取代另一產品的單位數。兩種物品的邊際替代率不但隨無異曲線亦即總效用的不同而異，同時亦隨物品組合的不同而異。此外，邊際替代率通常為負數，因一種物品的數量增加時，另一種物品的數量必因之減少也。

就上表所求得的第一個邊際替代率而言，X增加1單位，Y減少16單位，可維持總效用不變。意指此時X1單位的邊際效用等於Y16單位的邊際效用，換言之即X1單位的邊際效用等於Y平均1單位邊際效用的16倍。後面這一句話代表一種特殊的意義，就是X的邊際效用以Y的邊際效用為單位加以測量，其結果即為X替代Y的邊際替代率。由此可知，無異曲線分析法是以邊際替代率取代邊際效用進行分析，如此即可避開效用不能測量的困難。邊際替代率實際即為兩物品邊際效用之比，為一個相對數，前在第三章中提及相對數尤較絕對數為重要，邊際替代率又提供一個重要的範例。由此可獲得一個原則，即是絕對數不能解決問題的時候，就設法用相對數，經濟學中這種例子很多。不但經濟學是如此，其他科學亦是如此，其原因為一種現象的影

響因素很多，欲能以一個簡單的數字說明其間的相互變化關係，必須用相對數。相對數可以是簡單的，也可以是複合的，前者如邊際替代率，後者如需求彈性係數，需求彈性係數為相對數的相對數。

5. 邊際替代率遞減法則　設有X與Y兩種物品，在總效用不變的情況下，隨著X數量的增加，X替代Y的邊際替代率其絕對值逐漸降低（見上表最後一欄），此現象即為所謂的「邊際替代率遞減法則」（law of diminishing marginal rate of substitution）。

　　隨著X的增加，X的邊際效用降低；隨著Y的減少，Y的邊際效用增加；因此X與Y邊際效用之比亦即X替代Y的邊際替代率其絕對值隨著X的增加而降低。由此可知，邊際替代率遞減法則由邊際效用遞減法則演變而來，只是為避免效用不能測量的困難，將其形式略加變化而已。由於邊際替代率係直接由邊際效用而來，故仍保有邊際效用的性質，即邊際替代率的絕對值隨某一物品消費量的增加而遞減。

四、無異曲線分析法

　　其主要目的在導出需求曲線，其過程如下：

1. 預算線的意義　假定一個消費者以其全部所得I購買X與Y兩種物品，其關係如下：

$$P_X \cdot X + P_Y \cdot Y = I$$

式中P_X及P_Y分別代表X及Y兩種物品的價格。

假定$I = 100$元，$P_X = 2$元，$P_Y = 4$元，代入上式得：

$$2 \cdot X + 4 \cdot Y = 100$$

即　　$Y = 25 - 0.5X$

根據此式可在坐標圖中畫一條直線，其形如圖4-8。

　　此直線稱之為「預算線」（budget line），因該直線上的每一點均代表消費者將所得分配於X及Y兩物品消費上的一種預算。預算線上每一點所代表X與Y的購買量正好把100元所得用光；預算線左下

圖4-8　某消費者的預算線

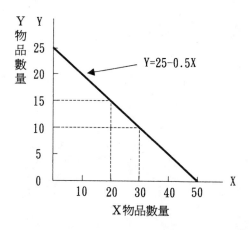

方的區域，其中每一點所代表X與Y的購買量其總價款均低於100元；預算線右上方的區域，其中每一點所代表X與Y的購買量其總價款均超過100元。因此預算線亦稱之為「消費可能線」（consumption possibility curve），意即消費不能超出此線進入右上方的區域也。又此直線的斜率的絕對值即為X與Y兩物品價格之比，故預算線又稱之為「價格線」（price line）。已知

$$Y = 25 - 0.5X$$

$$\therefore \quad \left| \frac{\triangle Y}{\triangle X} \right| = 0.5 = \frac{2}{4} = \frac{P_X}{P_Y}$$

2. 消費者均衡　假定一個消費者有三條無異曲線，即U_1、U_2及U_3，U_3的總效用大於U_2的總效用，U_2的總效用又大於U_1的總效用。其情形見圖4-9。

由下圖可看出，預算線與無異曲線U_3不接觸，意指消費者在所得的限制下不可能獲得U_3所代表的總效用。預算線與無異曲線U_1相交於兩點，任一點均能給予消費者以同等滿足，但不是在所得限制下的最大滿足。只有與預算線相切的無異曲線U_2，才能在所得限制下

圖4－9　消費者的均衡

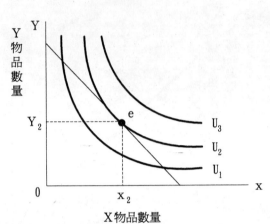

給予消費者最大滿足。切點 e 即為所謂的均衡點，該點的坐標為（X_2，Y_2），代表消費者在所得限制下 X 與 Y 兩物品最適當的購買量。

均衡點處 U_2 切線的斜率，即為 U_2 在該點的邊際替代率 MRS_{XY}；均衡點處 U_2 的切線即為消費者的預算線，預算線的斜率為 $\triangle Y / \triangle X = -P_X / P_Y$；如此消費者均衡的條件為：

$$MRS_{XY} = -\frac{P_X}{P_v}$$

已知　　$$MRS_{XY} = -\frac{MU_X}{MU_Y}$$

$\therefore$　　$$\frac{MU_X}{MU_Y} = \frac{P_X}{P_Y}$$

即　　$$\frac{MU_X}{P_X} = \frac{MU_Y}{P_Y}$$

故知無異曲線分析法下消費者均衡的條件，與邊際效用分析法下消費者均衡的條件是相通的，只是其外形不同而已，這是無異曲線分

析法避開效用不能測量問題所產生的後果。綜合以上所述，可知在無異曲線分析法下，無異曲線與預算線相切就是消費者均衡，同時切點所代表X與Y兩物品的購買量即為消費者在所得限制下最適當的購買量。

3. 應用無異曲線分析法導出需求曲線　其過程如下：

(1)價格的變化──假定物品X的價格發生變化，每單位由2元上升至3元及4元，則預算線的改變如下：

　a)當$P_X = 2$時：　$Y = 25 - 0.5X$
　b)當$P_X = 3$時：　$Y = 25 - 0.75X$
　c)當$P_X = 4$時：　$Y = 25 - X$

茲分別繪圖表明如下：

圖4-10　價格變化對預算線的影響

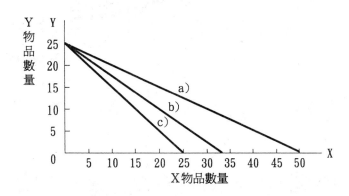

物品Y的價格不變，消費者的所得如全數用以購買Y，則Y的最大購買量不變，其結果預算線在Y軸上的截距不變。X的價格變化，其價格愈高，則X的最大購買量愈少，其結果預算線在X軸上的截距愈向左移動。其情形見上圖。

(2)均衡點的變更──消費者為獲得最大的滿足，當X價格變化因而使預算線改變時，必與不同的無異曲線相切，如此均衡點亦隨之改

變，其情形見下列上圖。由該一圖形可看出，當$P_x=2$時，由其所決定的預算線與無異曲線U_1切於e_1點；當$P_x=3$時，由其所決定的預算線與無異曲線U_2切於e_2點；當$P_x=4$時，由其所決定的預算線與無異曲線U_3切於e_3點。

圖4-11　需求曲線的導出

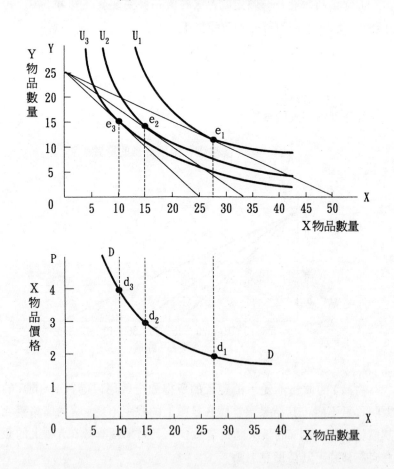

(3)需求曲線的導出──取各個均衡點下X的數量，及通過各該點預算線所代表的X的價格，予以配對，即得需求表列，將其繪成圖形

即得需求曲線，其情形見上列下圖。由該一圖形可看出，d_1點的橫坐標為e_1點所決定的X的數量，縱坐標為通過e_1點預算線所代表的X的價格，即$P_X=2$；d_2點的橫坐標為e_2點所決定的X的數量，縱坐標為通過e_2點預算線所代表的X的價格，即$P_X=3$；餘依此類推。

　　應用無異曲線分析法誘導需求曲線，與應用邊際效用分析法誘導需求曲線，其原理是一致的，只不過在程序上互相顛倒而已。邊際效用分析法是先決定數量再決定價格，無異曲線分析法則是先決定價格再決定數量。其原因為邊際效用分析是先根據物品的數量決定其邊際效用，然後再根據該邊際效用及貨幣的邊際效用決定物品的價格；無異曲線分析法是先根據物品的價格決定預算線，然後再根據預算線及無異曲線的切點決定物品的數量。

　　4. 需求曲線的內在特質　由上述誘導過程可看出，需求曲線有兩個重要的內在特質：其一，需求曲線上每一點都是消費者在固定所得下當價格為某一水準時物品最適當的需求量，意即需求曲線上每一點都是消費者均衡的產物，沒有例外。根據此需求曲線消費者可立於不敗之地，在任何情況下均可獲得該情況下的最大滿足。前在第二章中曾提及經濟學有一個重要的假定，即假定人是有理性的，有理性的人必定會追求對其最有利的結果。因此實證經濟學所有的理論或模型均必須根據此原則建立，同時環環相扣，形成一套理念一致且有系統的學問。需求曲線的導出是其中的一環，自應合於此原則，必須根據邊際效用遞減法則及消費者均衡導出。邊際效用遞減是物的本性，消費者均衡是人的本性，實證經濟學即是探討此本性，特別是人的本性與物的本性如何加以結合的問題。

　　需求曲線的另一個內在特質是物品的需求曲線與其邊際效用曲線直接有關，需求曲線上任一點的需求價格即為同一點需求量下的邊際效用與貨幣的邊際效用之商，但貨幣的邊際效用為常數，故需求曲線上各點的需求價格與各該點需求量下的邊際效用成正比。故知需求曲線與物品的邊際效用曲線是完全相似的，根據需求曲線決定價格就等

於根據物品的邊際效用決定價格，兩者的效果是相同的。但前者較後
者更為具體，將所得有限及消費者理性行為的因素考慮進去，而便於
進行有關分析，這是有了邊際效用遞減法則以後為什麼還要進一步導
出需求曲線的原因。所得有限代表資源有限，理性行為除去人類避凶
趨吉的本性外，尚包含慾望無窮的本性在內。由此可知，需求與經濟
學的四個基本公設有關，即資源有限、慾望無窮、邊際效用遞減及理
性行為，關於此點前在第三章中即已提及。需求的導出過程說明此四
個基本公設如何加以巧妙的結合，而導出一個簡單明瞭且便於應用的
結果。

綜合以上所述，吾人可獲得兩點結論：第一、所有的科學都是一
樣，其體系的擴展都是由簡而繁，由最基本的公設開始逐步導出考慮
層面較廣的定律或模型。第二、在擴展的過程中，其他因素必須與主
體因素巧妙的結合，如此才能形成一個簡單明瞭而具有實際意義與用
途的定律。

五、產品需求的彈性

1. 影響需求彈性的因素 前在第三章中即已說明過，需求曲線本
身的性狀可以需求彈性係數的大小加以說明。然而究竟那些因素影響
一種產品的需求彈性係數呢？茲列舉如下：

(1)一種產品必需的程度愈大，則其需求彈性愈小。例如鹽為生活
必需品，其必需的程度甚大，價格雖有變化，消費量不致有太大的變
化，因此其需求彈性甚小。

(2)一種產品其消費支出在全部支出中所占的比例愈大，則其需求
彈性愈大。因此同一種產品對貧苦家庭而言其需求彈性較大，對富有
家庭而言其需求彈性較小。例如食米對貧苦家庭而言其消費支出占全
部支出的比例較大，當價格上漲時，為免對其他消費支出造成太大的
影響，不得不減少食米的消費，而以其他廉價的食品代替。反之，當

價格下跌時，消費者變得比較富裕，乃有餘力增加食米的消費，而減少其他廉價食品的消費。因此對貧苦的家庭而言，食米的需求彈性相對地較大。對富有家庭而言，食米的消費支出在其全部支出中所占的比例較小，價格雖有變化，對其他消費支出不致有太大的影響，因此其消費量變化甚微，甚至無變化。因此對富有的家庭而言，食米的需求彈性相對比較小。

(3)一種產品其用途愈多，則需求彈性愈大。例如玉米最早是食用，其後用作牲畜的飼料，再次用以榨油，最近又用以製造玉米糖漿。當其用途不斷增加時，其需求曲線逐漸向右移動且漸趨平坦，因價格上漲時各種用途的需求量均形減少，價格下跌時各種用途的需求量均行增加。故知一種產品的用途愈多，則其需求彈性相對地愈大。

(4)一種產品其市場寬度愈大，則需求彈性愈大。所謂市場寬度是指產品銷售的範圍，包括地域的範圍及消費階層的範圍。例如豬肉過去是自給自足的，現在則除去供應國內消費外尚可以外銷，這是市場水平寬度的擴大。又如汽車過去是有錢人的專利品，現在則中產階級亦能享受，這是市場縱深寬度的擴大。同樣情形，一種產品如其市場寬度愈大，則其需求曲線愈向右移動且漸趨平坦，故其需求彈性愈大。

(5)一種產品其代替品愈多、愈重要，則需求彈性愈大。例如樟腦過去沒有代替品，其需求彈性較小。現在有了代替品即人造樟腦，則天然樟腦的需求彈性即行加大，價格上漲時可以用人工樟腦代替天然樟腦，因而其需求量大幅減少。

2. 時間的長短對需求彈性的影響　一種產品在極短期內其需求彈性較大，因短期內消費者可以暫時調整其消費量。例如蔬菜當颱風來臨價格高漲時，幾天之內不吃蔬菜其影響不大，長期即不行，故在極短期內蔬菜的需求彈性較大。時間加長，需求彈性即漸行縮小，因時間較長，整個時段內總消費量不易大幅調整。蔬菜的需求即是一個明顯的例子，三兩天不吃蔬菜還可以，經年累月不吃蔬菜是不行的。時

間再加長，長到十年以上，則需求彈性反而又回升，因在長時期內消費者的消費習慣會改變。例如米價如果長期偏高，則消費者可以改吃饅頭，時間一久消費者習慣吃饅頭，就不再吃米飯了，此時米價即行下跌，如此食米的需求彈性即行加大。由此可知，一種價格政策在短期內行之有效，在長期內即不盡然，因長期內消費者的消費習慣會改變也。

3. 需求彈性與消費者支出的關係　分為三種情形，茲分述如下：

(1)若需求彈性係數的絕對值小於1，則消費者的支出隨消費量的增加而減少，其情形見下列左圖。因$|\varepsilon^D|<1$，價格下降的幅度大於需求量增加的幅度，故消費者的支出隨需求量的增加而減少。多數農產品的需求即是如此。

(2)若需求彈性係數的絕對值大於1，則消費者的支出隨消費量的增加而增加，其情形見下列中圖。因$|\varepsilon^D|>1$，價格下降的幅度小於需求量增加的幅度，故消費者的支出隨需求量的增加而增加。多數工業產品的需求即是如此。

(3)若需求彈性係數的絕對值等於1，則消費者的支出不隨需求量的變化而變化，其情形見下列右圖。因$|\varepsilon^D|=1$，價格下降的幅度等於需求量增加的幅度，故消費者的支出不隨需求量的變化而變化。

圖4-12　需求彈性與消費者支出的關係

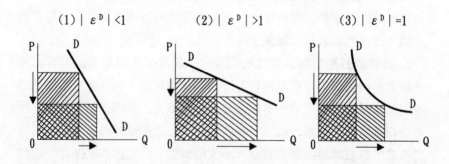

(1) $|\varepsilon^D|<1$　　(2) $|\varepsilon^D|>1$　　(3) $|\varepsilon^D|=1$

綜合以上所述，可知需求彈性具有甚多的政策涵義。由第三章的說明知需求彈性係數為表示需求曲線本身性狀的一個具體指標，故在實際應用時常以需求彈性係數代替需求曲線以進行有關分析。

六、產品需求的改變

1. 需求模型中所含的假定　一個需求表列或一條需求曲線之所以看起來如此簡單，是因為其中含有四個假定在內。換言之，即需求表列或需求曲線是在下列四個假定下成立的：

(1)消費人口數量及其組成不變。

(2)所得水準及其分配不變。

(3)代替品的價格不變。

(4)消費者的偏好不變。

這四個假定只要有一個改變，需求即隨之改變。人口的增減通常使需求作同方向的改變。消費偏好的改變，如果偏向於本產品，則需求作增加的改變；如果偏向於其代替品，則需求作減少的改變。人口數量及消費者的偏好這兩個因素比較單純，不再作進一步的探討。所餘兩個因素即所得水準及代替品的價格將詳細加以討論。

前在第一章中曾提及經濟現象非常複雜，牽一髮而動全身，其解決之法是將某些次要的因素捨去，專就重要的因素來建立模型。然而重要的因素仍為數不少，為便於瞭解，通常是先就最重要的因素建立模型，亦即先假定其他條件不變（other things being equal），然後將此假定放鬆，逐步加入其他影響因素，如此模型即逐漸繁複而更接近事實。

2. 所得改變對需求的影響　茲逐步說明如下：

(1)預算線──所得改變後，預算線即隨之改變。假定消費者購用一種特定產品X，餘款M用以購買其他產品，在三種不同所得水準I_1、I_2及I_3下，其預算線如下：

a)當$I=I_1$時：　　$M=I_1-P_X \cdot X$

b)當$I=I_2$時：　　$M=I_2-P_X \cdot X$

c)當$I=I_3$時：　　$M=I_3-P_X \cdot X$

若$I_1<I_2<I_3$，則三條預算線如下：

圖4-13　　所得改變對預算線的影響

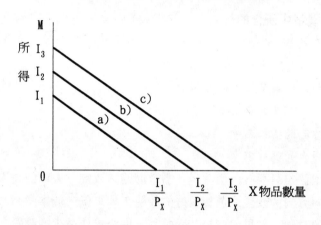

就$I=I_1$的情況而言，當$M=0$時，$X=I_1/P_X$；當$X=0$時，$M=I_1$；如此即可繪成a)所代表的預算線。餘依此類推。

(2)消費者均衡——三條預算線分別切於一條無異曲線，其切點分別令其為a、b及c，其情形見圖4-14。

a、b及c三點分別代表I_1、I_2及I_3三種不同所得水準下的消費者均衡，三種不同所得水準下產品X最適當的購買量分別依次為OQ_1，OQ_2及OQ_3。

(3)所得消費曲線——由圖4-14可看出，在所得I_1下，產品X最適當的購買量亦即消費量為OQ_1；在所得I_2下，產品最適當的消費量為OQ_2；在所得I_3下，產品X最適當的消費量為OQ_3。根據此三對資料可繪成圖4-15。

此即所謂的「所得消費曲線」（income consumption curve）

圖4－14　所得改變對消費者均衡的影響

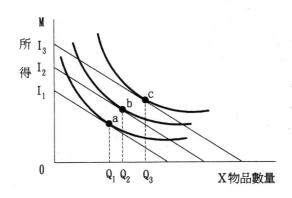

圖4－15　所得消費曲線

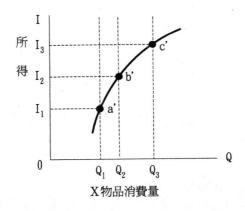

。此曲線説明當所得發生變化時，X物品的消費量作何種方向及
程度的變化。又此曲線由恩格爾氏所發現（並非由其導出），故亦稱
之為「恩格爾曲線」（Engel curve）。恩氏發現一般家庭的糧食消
費支出隨所得的增加而增加，但其速度則低於所得增加的速度，此即
有名的「恩格爾法則」（Engel's law）。恩格爾曲線可用以測量一
個家庭或一個國家富裕的程度，一個家庭或一個國家如其糧食消費支

出占總支出的比例愈高，則該家庭或該國家即愈為貧窮；反之則否。

3. 所得彈性　可瞭解一種產品所得消費曲線的形狀，同時為使不同產品的所得消費曲線能互相比較，其最佳辦法即根據產品的所得消費曲線求算其所得彈性係數。所得彈性係數的正確名稱為「需求的所得彈性係數」（coefficient of income elasticity of demand）。其計算公式如下：

$$\mathcal{E}^I = \frac{\triangle Q}{\triangle I} \cdot \frac{I}{Q} \quad\quad （弧彈性）$$

或　　$$\mathcal{E}^I = \frac{(Q_2 - Q_1)}{(I_2 - I_1)} \cdot \frac{(I_1 + I_2)}{(Q_1 + Q_2)} \quad\quad （平均彈性）$$

或　　$$\mathcal{E}^I = \frac{dQ}{dI} \cdot \frac{I}{Q} \quad\quad （點彈性）$$

式中$\mathcal{E}^I$代表所得彈性係數。

其性質如下：

⑴若$\mathcal{E}^I > 1$，表示消費量的增加率超過所得的增加率，此種產品是屬「奢侈品」。

⑵若$0 < \mathcal{E}^I < 1$，表示消費量的增加率低於所得的增加率，此種產品是屬「必需品」。

⑶若$\mathcal{E}^I < 0$，表示所得增加時，消費量反而減少，此種產品是屬「劣等品」。黑白電視即是一例。

奢侈品及必需品均為「正常品」；劣等品為「非正常品」，是一種不為消費者歡迎的產品。

所得彈性為某產品消費量的變化對所得變化的敏感度及喜惡態度。表示所得彈性大小及正負的數字稱為所得彈性係數（income elasticity）。

4. 所得效果與替代效果　假定一個消費者只購用X與Y兩種產品，其價格分別為P_X及P_Y。若P_X降為P'_X，則將產生下列結果，其情形見

下圖：

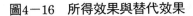

圖4-16　所得效果與替代效果

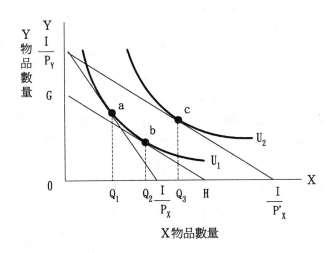

X物品數量

茲說明如下：

(1)當X的價格由P_X降至P'_X時，預算線的上端不動，下端由（$I/P_X,O$）右移至（$I/P'_X,O$）；均衡點由a移至c；X的消費量由OQ_1增至OQ_3，其增加額為Q_1Q_3。

(2)畫一條預算線GH，切U_1於b點，且平行於U_2在c點的切線。b點的總效用與a點相同。

(3)X的價格下降，間接使消費者的所得增多，均衡點由b移至c是因為所得增加的緣故，亦即在X消費量的增加額Q_1Q_3中，Q_2Q_3部分是所得增加的效果。

(4)由a點移至b點，總效用沒有變化，但X與Y兩物品消費量的組合不同，X消費量增加Q_1Q_2，其目的在取代Y消費量的減少，因此Q_1Q_2部分是物品X對Y的替代效果。

(5)綜合以上所述，可知Q_1Q_3為X物品價格下降的效果，稱為價格效果（price effect）；Q_2Q_3為因價格下降間接使所得增加的效果，

稱為所得效果（income effect）；Q_1Q_2為均衡點沿U_1移動所產生的效果，稱為替代效果（substitution effect）。由此得下列關係：

$$Q_1Q_3 = Q_2Q_3 + Q_1Q_2$$

即　　（價格效果）＝（所得效果）＋（替代效果）

此一關係由斯勒茲凱氏所發現，故稱之為「斯勒茲凱關係」（Slutsky relation）。

5. 交叉彈性　由上節分析知，當一種產品價格變化時，將產生替代效果，使另一種產品的數量將因替代而隨之變化。為測量此種替代效果。乃有所謂「交叉彈性係數」的計算，交叉彈性係數的全名為「需求的交叉彈性係數」（coefficient of cross elasticity of demand），其計算公式如下：

$$\varepsilon_{XY} = \frac{\triangle Q_Y / Q_Y}{\triangle P_X / P_X} = \frac{\triangle Q_Y}{\triangle P_X} \cdot \frac{P_X}{Q_Y} \qquad （弧彈性）$$

或　　$$\varepsilon_{XY} = \frac{(Q'_Y - Q_Y)}{(P'_X - P_X)} \cdot \frac{(P_X + P'_X)}{(Q_Y + Q'_Y)} \qquad （平均彈性）$$

或　　$$\varepsilon_{XY} = \frac{dQ_Y}{dP_X} \cdot \frac{P_X}{Q_Y} \qquad （點彈性）$$

式中ε_{XY}代表X替代Y的交叉彈性係數，P_X及P'_X分別代表變化前後X的價格，Q_Y及Q'_Y分別代表變化前後Y的數量。

注意：由上列公式所求得的交叉彈性係數，尚含有所得效果在內，並非純粹的替代效果。交叉彈性係數只說明一種物品價格的變化對另一種物品的數量有什麼樣的影響，而不問其成分如何。

交叉彈性係數的性質如下：

(1)當$\varepsilon_{XY} > 0$時，X價格的上升將引起Y消費量的增加，故知X與Y兩產品間有替代關係。例如米與麵即是兩種替代產品，米價的上升會引起麵粉消費量的增加。

(2)當$\varepsilon_{XY} < 0$時，X價格的上升將引起Y消費量的減少，故知X與Y

兩產品間有互補關係。例如咖啡與糖即是兩種互補產品，咖啡價格的上升將引起糖消費量的減少。

(3)當$\varepsilon_{XY}=0$時，X價格的變化對Y的消費量無影響，故知X與Y兩產品間無關係。例如鷄蛋與燈泡即是兩種無關的產品，鷄蛋價格的變化對燈泡的消費量無影響。

摘　要

消費者的選擇

需求曲線的導出		
方法	效用分析法	無異曲線分析法
基體的意義與性質	效用的意義——效用為慾望滿足的程度。 性質 $\begin{cases} MU \text{——起先可能有暫短的上升，其後即不斷的下降} \\ TU \text{——} TU = \Sigma MU，TU \text{先升後降} \\ \text{關係} \begin{cases} (1) \text{當} MU>0 \text{時，} TU \text{上升} \\ (2) \text{當} MU<0 \text{時，} TU \text{下降} \\ (3) \text{故當} MU=0 \text{時，} TU \text{極大} \end{cases} \end{cases}$ 式中 $TU=$ 總效用，$MU=$ 邊際效用	無異曲線的意義——給予消費者同等滿足下，兩物品消費量各種組合所構成的曲線。 性質 $\begin{cases} (1) \text{無異曲線任一點切線的斜率均為負數} \\ (2) \text{無兩條無異曲線相交} \\ (3) \text{平面上任一點必有一條唯一的無異曲線通過} \\ (4) \text{愈向右上方的無異曲線效用愈高} \\ (5) \text{無異曲線凸向原點} \end{cases}$
邊際效用遞減法則	邊際效用的意義——物品消費最後一單位所產生的淨效用。 邊際效用遞減法則——物品消費各單位所產生的邊際效用，起先可能有暫短的上升，其後即不斷的下降。	邊際替代率的意義——維持總效用不變，X 增加一單位可代替 Y 的單位數，即 $MRS_{XY} = \triangle Y / \triangle X$ 邊際替代率遞減法則——維持總效用不變，當 X 消費量增加時，其能代替 Y 的邊際替代率 MRS_{XY} 不斷下降。
↓ 消費者的均衡	$\dfrac{MU_X}{P_X} = \dfrac{MU_Y}{P_Y}$ （各種物品最後一單位的邊際益本比相等）由於邊際效用是遞減的，只要調整各物品的最後消費單位即可，因前面的消費單位其邊際益本比均較高也。	$MRS_{XY} = \dfrac{\triangle Y}{\triangle X} = \dfrac{P_X}{P_Y}$ 即　$\triangle Y \cdot P_Y = \triangle X \cdot P_X$ （維持總效用不變，X 與 Y 的邊際支出相等）
↓ 需求曲線的導出	已知 $\dfrac{MU_X}{P_X} = \dfrac{MU_M}{P_M} = MU_M = \lambda$（常數） $\therefore \quad P_X = \dfrac{MU_X}{\lambda}$ 已知 X →決定 MU_X →決定 $\dfrac{MU_X}{\lambda} = P_X$ 每決定 X 的一個數值，即能決定 P_X 的一個數值，如此即獲得需求表列。	預算線—— $I = P_X \cdot X + P_Y \cdot Y$ 已知 P_X →決定預算線→與一條無異曲線相切→決定 X 每決定 P_X 的一個數值，即能決定 X 的一個數值，如此即獲得需求表列。
特質	(1)效用是主觀感受，難以測量。 (2)需求線的導出是先決定 X，後決定 P_X。	(1)無異曲線可避免效用不能測量的缺點。 (2)需求線的導出是先決定 P_X，後決定 X。

需 求 的 性 質	
需 求 彈 性	需 求 改 變

需 求 彈 性		需 求 改 變	
影 響 因 素	(1)物品必需性愈大，需求彈性愈小。 (2)物品消費支出占總支出之比例愈大，需求彈性愈大。 (3)物品用途愈多，需求彈性愈大。 (4)物品市場寬度愈大，需求彈性愈大。 (5)物品之替代品愈多愈重要，需求彈性愈大。	影響因素	(1)消費人口的數量及組成 (2)可支用所得的多寡及分配 (3)代替品價格的變化 (4)消費偏好的改變
	(1)時間很短，彈性較大，因可調整消費。 (2)時間適中，彈性縮小，因難調整消費。 (3)時間很長，彈性加大，因偏好可能改變。	所 得 改 變 對 需 求 之 影 響	預算線——$I = P_x \cdot X + M$，（M其他支出） 所得變化→預算線變化→切於一條不同的無異曲線→決定X的消費量 每決定I的一個數值，即決定X的一個值，如此即得所得消費曲線。 所得彈性——消費量變化率與所得變化率之比，即 $$\varepsilon^I = \frac{\triangle Q / Q}{\triangle I / I}$$ 性質 (1)若$\varepsilon^I > 0$，該物品為正常品 (2)若$\varepsilon^I < 0$，該物品為劣等品 恩格爾法則——糧食消費支出隨所得的增加而增加，但幅度則低於所得增加的幅度。
需求彈性與消費支出	(1)當$|\varepsilon^D| < 1$時，消費支出隨消費量的增加而減少。 (2)當$|\varepsilon^D| > 1$時，消費支出隨消費量的增加而增加。 (3)當$|\varepsilon^D| = 1$時，消費支出不隨消費量的變化而變化。		

效 用 與 價 格		物品替代性對需求之影響	替代彈性——彼物品消費量變化率與此物品價格變化率之比，即
			$$\varepsilon_{xy} = \frac{\triangle Q_y / Q_y}{\triangle P_x / P_x}$$
			    (1)若$\varepsilon_{xy} > 0$，兩物品替代
			性質 (2)若$\varepsilon_{xy} < 0$，兩物品互補
			    (3)若$\varepsilon_{xy} = 0$，兩物品無關

價格決定於最後消費單位邊際效用的多寡。 已知$P_x = \dfrac{MU_x}{MU_M} = \dfrac{MU_x}{\lambda}$，（$\lambda$為常數） 即 $P_x \propto MU_x$ 由此可解釋水與鑽石的矛盾。			
消費者剩餘——消費者的付價與最後消費單位的邊際效用成正比，低於以前各單位所願付的價格，如此即產生消費者剩餘。此剩餘為交換之利，並非供方之損失。		斯勒茲凱關係——應用無異曲線圖可證得： （價格效果）=（所得效果）+（替代效果）	

產品需求曲線的導出與性質

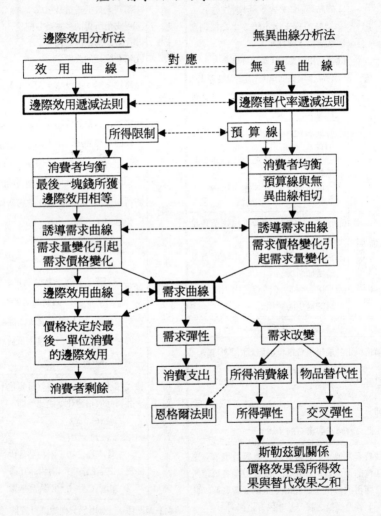

問　題

1. 何謂效用？總效用曲線與邊際效用曲線各有何性狀？其間的關係又如何？何故？

2. 何謂消費者的均衡？如何根據邊際效用分析法導出消費者的均衡？其基本原理為何？

3. 在邊際效用分析法下，如何根據消費者的均衡導出消費者對某產品的個別需求曲線？

4. 價格決定於物品的邊際效用，何故？試根據邊際效用分析法誘導需求曲線的過程說明之。

5. 何謂消費者的剩餘？由何而來？在經濟分析上有何功能？

6. 何謂無異曲線？有何特性？這些特性與效用曲線的性狀有何關係？試對照說明之。

7. 有了邊際效用分析法以後，為什麼還要無異曲線分析法？後者是用什麼方法解決前者的難題？除此而外，無異曲線分析法還有那些優點？

8. 邊際效用遞減法則與邊際替代率遞減法則有何關聯？為什麼後者可以代替前者進行有關分析或推理？

9. 何謂預算線？如何與無異曲線結合導出消費者的均衡？

10. 應用無異曲線分析法如何導出消費者對某產品的個別需求曲線？因何其過程與邊際效用分析法者相似但相反？

11. 能否根據需求曲線的誘導過程，說明需求曲線與資源有限、慾望無窮、邊際效用遞減及人類理性行為四個基本公設有關？

12. 為什麼物品的需求彈性是有容乃大、無欲則剛？試說明其理由，並說明如何進一步影響生產者的收入？

13. 何謂所得消費曲線？由何而來？在經濟分析上有何特殊意義與用途？

14. 如何求算所得彈性係數？其數值的大小及正負代表何種意義？何故？

15. 如何求算交叉彈性係數？其數值的大小及正負代表何種意義？何故？

16. 何謂斯勒茲凱關係？由何而來？試繪圖說明之。此關係在政策上有何涵義？

第五章　生產理論與成本分析

在產品的生產方面其理論包含兩部分，其一為生產本身的性質，即生產要素與產品之間的關係，此即本章所將討論的生產理論及成本分析，其目的在說明生產關係應如何調整始能使成本最低。另一為生產者應如何面對市場情勢決定最適產量，以獲取最大利潤，此將在下一篇即市場結構與價格決定一篇中說明之。調整生產關係降低生產成本這是對生產作內在的控制，面對市場情勢決定最適產量這是對生產作外在的控制，如果這兩方面都控制得很好，則生產者即能獲得最大的利潤。

一、生產的基本性質

1. 生產的意義　生產（production）為生產者（producer）集合生產要素（factors of production）以製造產品（product）的過程。產品為能滿足人類慾望的物品（goods）及服務（service）。例如一個農業生產者集合土地、勞動以及農具、肥料與農藥等資本財以生產稻米，此過程即為所謂的生產。其產品為稻米，能滿足人類的慾望。以上是從生產的過程來看生產的意義，如果從生產的效果來看，則生產為創造物品效用的過程。例如一根木頭其效用不高，如果將其做成桌子其效用即提高，當然做桌子除去木頭以外還需要其他生產要素，如木匠的勞動與做桌子的工具等。效用按其性質可分為四種，即形式效用、時間效用、空間效用與佔有效用。所謂形式效用即改變物品的形式所增加的效用，例如將木頭做成桌子其形式效用增加。所謂時間效用即改變物品供應的時間所增加的效用，例如將稻米由新穀登

場貯藏至青黃不接時銷售其時間效用增加。所謂空間效用即改變物品所在地區所增加的效用,例如將糧食由餘糧地區運至缺糧地區銷售其空間效用增加。所謂占有效用即改變物品的所有權所增加的效用,例如原不屬於自己的財物一旦取得其所有權其占有效用增加,因所有權亦能滿足人類的慾望也。生產者亦稱之為廠商(firms),廠商是一個生產單位。

2. 生產要素的意義與種類 凡能用於生產的有形及無形的物質及能力,均稱之為生產要素。例如土地是有形的生產要素,陽光是無形的生產要素。生產要素的種類很多,可大別為四類,即土地、資本、勞動及企業才能,茲分別說明如下:

(1)土地──廣義的土地(land)包括地表的陸地及海洋、地下的礦藏、以及地上的空氣、水及陽光等。換言之,即除去人類及人類所創造的事物以外,其他有形及無形的資源均為廣義的土地。至於狹義的土地,則僅指地球表面的陸地。經濟學中所謂的土地是指廣義的土地,而非狹義的土地。

(2)資本──資本(capital)為生產工具的總稱,包括用於生產的廠房、設施、機器設備及存貨等。金錢只是資本的外衣,並非經濟學中所謂的資本。

(3)勞動──勞動(labor)為人類用於生產事業的操勞,包括勞心與勞力兩方面。

(4)企業才能──企業才能(enterpreneurship)為企業家的才能。企業家負責企業的決策並承擔企業的風險,這是一種特殊性質的勞動,對企業經營的成敗有很大的影響,因此有必要與一般勞動分開,成為另一種生產要素。

3. 短期與長期 所謂短期(short run),是指生產者在此期間內有些生產要素的數量是不能變更的,特別是決定生產規模的要素,如廠地、廠房及機器設備等。所謂長期(long run),是指生產者在此期間內所有生產要素的數量均能變更,當然包括決定生產規模的要素

在內。質言之，即短期內生產者不能改變其生產規模，長期內可以改變其生產規模。生產規模能否改變對生產關係、生產成本、以至於未來的銷售量及價格等均有很大的影響，故在討論生產關係之前，先介紹短期與長期的概念與區別。

4. 生產函數的意義 生產函數（production function）為要素投入（input）與產品產出（output）間的一種技術關係。假定生產一種產品需要 A、B、C、D 四種要素，產品的產量為 Q，則生產函數的一般型式為：

$$Q=f(A、B、C、D)$$

式中 f 為函數的符號，代表一種特定的生產技術關係。

長期內所有要素的數量均能改變，其生產函數即為上列型式。短期內假定要素 C 與 D 的數量不能改變，則生產函數可寫成下列型式：

$$Q=f(A，B \mid C，D)$$

一豎前面的兩個要素即 A 與 B 短期內可變，一豎後面的兩個要素即 C 與 D 短期內不變，此生產函數即為在要素 C、D 不變的條件下要素 A、B 與產量 Q 間的生產關係。

介紹生產函數的目的有二：其一為指明要素與產量間有函數關係，且要素的數量為自變數，產品的數量為因變數。另一為指明要素與產量間有一種特殊的生產技術關係，隨要素及產品的不同而異。這兩個概念對未來的分析有相當的影響。

5. 生產關係的意義與性質 所謂生產關係（production relation），即要素投入與產品產出間的關係。假定生產一種產品需用多種不同的生產要素，但其中只有一種是可變的，其投入量與產品產出量的變化如表 5−1。

茲先說明各種產量的意義如下：

(1)總產量（total product，簡寫為 TP）──為在某特定生產規模下，某特定數量要素所生產產品的全部數量。總產量通常起先隨要

素投入的增加而增加，達於最高點後即不斷減少，見下表第二欄。

表5-1　一種可變要素的投入與產出間的關係

要素投入量 （ X ）	總　產　量 （ TP ）	平均產量 （ AP ）	邊際產量 （ MP ）
0	0		
1	6	6.0	6
2	18	9.0	12
3	27	9.0	9
4	33	8.3	6
5	36	7.2	3
6	36	6.0	0
7	33	4.7	−3
8	27	3.4	−6

根據上表資料可繪成下列圖形：

圖5-1　一種可變要素的投入與產出間的關係

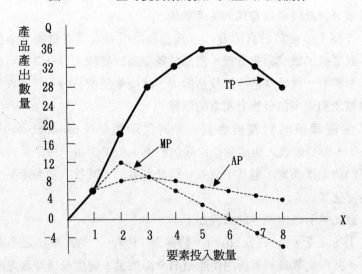

(2)平均產量（average product，簡寫為 AP）——即總產量除以要素投入量之商。其計算公式如下：

$$AP = \frac{TP}{X}$$

平均產量通常亦起先隨要素投入的增加而增加，達於最高點後即不斷下降，見上表第三欄。

(3)邊際產量（marginal product，簡寫為 MP）——即要素最後一單位投入所獲得的淨產量。邊際產量由總產量取遞差而得，即

$$MP = \frac{\triangle TP}{\triangle X}$$

邊際產量通常起先可能有暫短的上升，其後即不斷下降，甚至可能出現負數，見上表第四欄。

茲再說明各種產量曲線相互間的關係，其情形如下：

(1)當 TP 曲線上升時，MP 為正；下降時，MP 為負；故當 TP 為極大時，$MP=0$。其情形與效用曲線的性質完全相同。

(2)AP 曲線的最高點出現較 TP 曲線的最高點為早，此因 TP 在 AP 曲線最高點以前上升較快，以後上升較慢之故，否則 TP 曲線不可能有最高點。

(3)當 $MP>AP$ 時，AP 曲線上升；$MP<AP$ 時，AP 曲線下降；故 MP 曲線通過 AP 曲線的最高點。

6. 邊際報酬遞減法則　由上面的說明知，在其他條件不變的情況下，生產者應用一種生產要素生產一種產品的時候，當要素投入不斷增加時，產品的邊際產量起先可能有暫短的增加，其後即不斷減少，此種現象即為所謂的「邊際報酬遞減法則」（law of diminishing marginal return）。邊際報酬遞減法則與邊際效用遞減法則完全相似，僅前者為生產的基本法則、後者為消費的基本法則而已。

二、企業組合與資源配置

1. 生產關係的種類　可分為三類：

(1)產品—要素關係——即一種可變要素生產一種產品的關係。

(2)要素—要素關係——即兩種或兩種以上可變要素生產一種產品的關係。

(3)產品—產品關係——即一種可變要素同時生產兩種或兩種以上產品的關係。

茲分別說明如下：

2. 生產一種產品所用要素中只有一種可變的情況　此即上一大節所介紹的生產關係，亦即是一種產品—要素關係。假定要素用量及產品產量均可無窮細分，則圖5-1中的曲線可畫成圓滑曲線，其形如下：

圖5-2　生產的三個階段

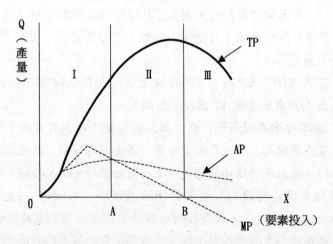

以 AP 曲線的最高點為界及以 $MP=0$ 為界，將要素投入量 X 的範圍劃分為三個區域，其情形如上圖。茲分析如下：

(1)在區域 I 中，AP 不斷上升，此表示要素的生產力尚不斷提高，因此生產不應停留在此區域內，應該繼續投入要素，以爭取更高的生產力，如此可使產品的單位成本降低。區域 I 可稱為生產力尚未充分發揮的階段。

(2)在區域 III 中，$MP<0$，TP 開始下降，此表示生產要素投入過多，非但不能增加生產，反而使總產量減少，使生產者蒙受雙重損失，一重是資源的浪費，另一重是總產量的減少。區域 III 可稱為生產不經濟的階段。

(3)在區域 II 中，AP 雖開始下降，但仍相當高；同時 $MP>0$，繼續投入，仍有額外的產出。區域 II 可稱生產的經濟階段。

綜合以上所述，可知區域 I 中要素的生產力尚未充分發揮，不是最有利的生產階段。區域 III 中要素的邊際生產力為負，總產量開始下降，此種情形非但無利，反而有害，因此也不是有利的生產階段。區域 II 則無上述兩區域的缺點，故為生產的經濟階段。至於選取區域 II 中的那一點，此與要素及產品的價格有關，茲說明如下。

3. 最適投入量的決定　令 P_X 代表要素的價格，P_Y 代表產品的價格，則最適產量亦即最適投入量的均衡條件為：

$$MP \cdot P_Y = P_X$$

即　　$MR = P_X$

式中 MR 代表邊際收益（marginal return），即 $MR = MP \cdot P_Y$。

茲說明如下：

(1)當 $MR>P_X$ 時，繼續投入仍屬有利。當投入增加時，MP 降低，MR 隨之降低，則 MR 大於 P_X 的程度即行降低。如此繼續增加投入，直至 $MR=P_X$ 為止。

(2)當 $MR<P_X$ 時，減少投入較為有利。當投入減少時，MP 升高，MR 隨之升高，則 MR 小於 P_X 的程度即行降低。如此繼續減少投入，直至 $MR=P_X$ 為止。

(3)故當 $MR = P_x$ 時，最為有利。

4. 生產一種產品所用要素中有兩種可變的情況　設有 X 與 Y 兩種
生產要素，共同生產一種產品，該兩要素的投入應如何配置，始能在
某特定產量下使總成本為最低。其配置的原則為：「最後一塊錢用在
X 要素上所獲得的邊際產量，等於此最後一塊錢用在 Y 要素上所獲得
的邊際產量」，茲以數學公式表示如下：

$$\frac{MP_x}{P_x} = \frac{MP_Y}{P_Y}$$

式中 MF_x 及 MP_Y 分別代表 X 與 Y 兩要素的邊際產量，P_x 及 P_Y
分別代表 X 與 Y 兩要素的價格。

此即為要素配置的生產者均衡。此均衡條件與消費者的均衡條件
完全相似，因此不需進一步地加以論證。

當生產要素有 n 個可變的時候，其配置的最適條件亦即生產者均
衡為：

$$\frac{MP_1}{P_1} = \frac{MP_2}{P_2} = \cdots\cdots = \frac{MP_n}{P_n}$$

意指最後一塊錢用在任一種生產要素上所獲得的邊際產量均必須
相等，如此才能在某特定產量下使總成本為最低。

5. 一種可變要素同時生產兩種產品的情況　設有 X 與 Y 兩種產
品，同用一種生產要素進行生產，則該要素應如何分派於這兩種產品
的生產上，方能使其利用效率最高。首先假定生產要素的數量固定，
此固定數量的生產要素如何分派在兩種產品的生產上，其分派的原則
是：「最後一單位生產要素用在 X 產品生產上所獲得的邊際收益，
等於用在 Y 產品生產上所獲得的邊際收益」，茲以數學公式表示如
下：

$$MP_x \cdot P_x = MP_Y \cdot P_Y$$

即　　　$MR_x = MR_Y$

式中 MP_x 及 MP_Y 分別代表 X 與 Y 兩產品的邊際產量，P_x 及 P_Y

分別代表 X 與 Y 兩產品的價格，MR_x 及 MR_Y 分別代表 X 與 Y 兩產品的邊際收益。

兹論證如下：

(1)當 $MR_x > MR_Y$ 時，減少 Y 的生產，增加 X 的生產，較為有利。當 X 的產量增加時，MP_x 下降，MR_x 隨之下降；當 Y 的產量減少時，MP_Y 上升，MR_Y 隨之上升；結果使 MP_x 大於 MP_Y 的程度降低。如此繼續調整，直至 $MR_x = MR_Y$ 為止。

(2)當 $MR_x < MR_Y$ 時，減少 X 的生產，增加 Y 的生產，較為有利。當 X 的產量減少時，MP_x 上升，MR_x 隨之上升；當 Y 的產量增加時，MP_Y 下降，MR_Y 隨之下降；結果使 MR_x 小於 MR_Y 的程度降低。如此繼續調整，直至 $MR_x = MR_Y$ 為止。

(3)故當 $MR_x = MR_Y$ 時，最為有利。

這是生產要素總量固定的情況。如果生產要素的總量不固定，則須進一步決定要素最適當的投入總量。由第3節的說明知，當產品的邊際收益等於要素的價格時，可使生產者獲得最大的利潤。將此原則予以引申擴大，用在兩種產品的生產上，其分派的原則為：

$$MR_x = MR_Y = P_f$$

式中 P_f 代表生產要素的價格。

這是兩個均衡條件結合在一起的均衡條件，不但能決定要素最適的投入總量，同時可決定要素在 X 與 Y 兩產品生產上的最適分派數量。

當一種可變要素分派在 n 種產品生產上的時候，其均衡條件為：

$$MR_1 = MR_2 = \cdots\cdots = MR_n = P_f$$

意指要素最後一單位用於任一種產品的生產上其邊際收益均等於要素的價格時，才能使要素的分派效果最佳。

6. 結語　以上三種生產關係均衡的論證都用到邊際報酬遞減法則，只是沒有特別指明而已。由上列討論知，生產理論中有許多內容與法則，與消費理論是相似的，這是因為生產理論探討的是「物與物

之間的關係」，消費理論探討的是「人與物之間的關係」。天地萬物之中，人也是其中之一，尤其在「食色性也」的時候更是如此。不論是物與物的結合或是人與物的結合，都有一個最適當的結合點，過猶不及其效率均降低，這是總效用曲線與總產量曲線均為先升後降的原因，同時也是邊際效用及邊際報酬均為遞減的原因，同時也是消費者均衡與生產者均衡完全相似的原因。

　　為什麼物與物的結合或是人與物的結合有一個最佳的結合點呢？這是因為宇宙中有許多因子，其中有些因子是相生的，有些因子是相剋的，相生相剋的結果乃產生均衡，均衡點即為在宇宙現況下物與物或人與物最適當的結合點。所有的科學均在尋找其研究對象的均衡點，然後將其連貫起來即成為一套有系統的學問，經濟學亦是如此。

三、短期成本分析

1. 成本的意義　成本（cost）為進行生產所耗的一切費用。包括土地的地租、廠房及機器設備的折舊及維修費用、原材料的購買支付、僱用勞動的工資、企業家的報酬以及其他有關費用等。

2. 機會成本的意義　所謂「機會成本」（opportunity cost），是指為生產此一產品而放棄其他產品生產所獲得的最高收益；易言之，即生產要素放棄最佳利用機會的代價。欲在既有要素之下獲得最高的收益，必須選擇最適當的企業亦即最適當的產品進行生產，最適當的產品不一定是價格最高的產品，也不一定是產量最多的產品，而是在既有要素之下產量與價格的乘積亦即收益為最高的產品。生產者的收益即為消費者的支出，消費者願意支付這麼多的錢去購用這些產品，表示這些產品能夠給予消費者這麼多的滿足。在既有的要素之下進行生產而使消費者獲得最大的滿足，則此要素的利用效率最高。由此可知，機會成本是衡量要素是否已作最有效利用的標準，生產者的收益如能達於其機會成本，即表示其要素的利用效率已達於最高。欲使要

素的利用效率最高,首先對任何可能生產的產品而言其生產成本均必須是最低,亦即其生產效率必須是最高;其次是這些產品的銷售能獲得最多的收益,亦即其分派效率最高;生產與分派的效率最高即能在有限的資源下使社會獲得最大的滿足。

經濟學中所建立的模型都是最理想的模型。亦即效率最高的模型,其原因有三:第一、效率最高的模型是唯一的(uniqueness),第二、效率最高的模型是進行評比的標準,第三、最有效率的境界是社會追求的目標。「因此本章所列舉的成本曲線其每一點均是在某特定生產規模下某特定產量的最低成本」,亦即生產效率為最高時的成本,沒有例外。

3. 短期成本的種類 在短期內有部分成本是固定的,有部分成本是變動的。假定某產品短期的生產成本如下:

表5-2 某產品短期的生產成本

產品 數量 (Q)	總固定 成本 (TFC)	總變動 成本 (TVC)	總成本 (TC)	平均固 定成本 (AFC)	平均變 動成本 (AVC)	平均 成本 (AC)	邊際 成本 (MC)
0	20	—	20	—	—	—	—
1	20	3	23	20.0	3.0	23.0	3.0
2	20	5	25	10.0	2.5	12.5	2.0
3	20	8	28	6.7	2.7	9.4	3.0
4	20	13	33	5.0	3.3	8.3	5.0
5	20	21	41	4.0	4.2	8.2	8.0
6	20	33	53	3.3	5.5	8.8	12.0
7	20	50	70	2.9	7.1	10.0	17.0
8	20	67	87	2.5	8.4	10.9	23.0
9	20	97	117	2.2	10.8	13.0	30.0

短期成本分為兩大類,茲分別說明如下:

(1)彙總成本——共有三種,茲分別介紹如下:

i)總成本（total cost，簡寫為 TC）──即生產某一數量產品所耗的全部成本。總成本通常隨產量的增加而增加，見上表第四欄。

ii)總固定成本（total fixed cost，簡寫為 TFC）──即短期內不能變動要素的全部成本。總固定成本通常為一個固定常數，不隨產量的變化而變化，見上表第二欄。

iii)總變動成本（total variable cost，簡寫為 TVC）──即短期內可變動要素的全部成本。總變動成本通常隨產量的增加而增加，見上表第三欄。

上列三種總成本的關係如下：

$$TC = TFC + TVC$$

(2)單位成本──共有四種，茲分別介紹如下：

i)平均總成本（average total cost，簡寫為 ATC）──簡稱平均成本（ AC ），為總成本（ TC ）與產量（ Q ）之商，即

$$AC = \frac{TC}{Q}$$

平均成本通常隨產量的增加而先降後升，見上表第七欄。

ii)平均固定成本（avevrage fixed cost，簡寫為 AFC）──為總固定成本（ TFC ）與產量（ Q ）之商，即

$$AFC = \frac{TFC}{Q}$$

因總固定成本永遠不變，故平均固定成本隨產量的增加而減少，見上表第五欄。

iii)平均變動成本（average variable cost，簡寫為 AVC）──為總變動成本（ TVC ）與產量（ Q ）之商，即

$$AVC = \frac{TVC}{Q}$$

平均變動成本通常隨產量的增加而先降後升，見上表第六欄。

上列三種平均成本的關係如下：

$$AC = \frac{TC}{Q} = \frac{TFC}{Q} + \frac{TVC}{Q}$$

即　　$AC = AFC + AVC$

iv) 邊際成本（marginal cost，簡寫為 MC）──為生產最後一單位產品所耗的淨成本，即

$$MC = \frac{\triangle TC}{\triangle Q}$$

或　　$MC = \dfrac{\triangle\,(\,TFC + TVC\,)}{\triangle Q} = \dfrac{\triangle TFC}{\triangle Q} + \dfrac{\triangle TVC}{\triangle Q}$

$$= 0 + \frac{\triangle TVC}{\triangle Q} = \frac{\triangle TVC}{\triangle Q}$$

故知邊際成本僅與總變動成本有關，而與總固定成本無關。邊際成本起先可能有暫短的下降，其後即隨產量的增加而不斷上升，見上表最後一欄。

4. 各種短期成本曲線的性狀及其相互間關係　茲分別說明如下：

⑴各種總成本曲線的性狀及其相互間關係──根據上表前四欄的資料繪圖並加以圓滑，其結果如圖5-3。

注意：TC曲線上每一點都是在某特定生產規模下某特定產量的最低成本，關於此點在機會成本一節中即已提及，否則曲線的形狀不是這個樣子的。

茲說明其性狀及關係如下：

i)TC曲線是一條三次曲線，前段向下彎（concave downward），形如伏碗；後段而上彎（concave upward），形如仰盂；兩段之間有一個轉向點（point of inflection），即虛線通過的點。轉向點以前邊際成本遞減，轉向點以後邊際成本遞增。

ii)TFC曲線為一條水平線，因TFC固定不變。

iii)TVC曲線的形狀與TC曲線完全相似，只是其縱坐標低一個常數，該常數為TFC。

圖5－3　各種總成本曲線

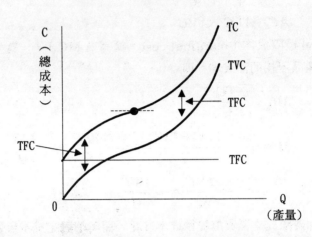

(2)各種單位成本曲線的性狀及其相互間關係──根據上表第一欄
及最後四欄的資料繪圖並加以圓滑，其結果如下：

圖5－4　各種單位成本曲線

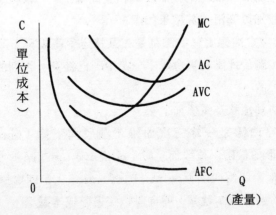

茲說明其性狀及關係如下：

　　i)因 *MP* 曲線起先有暫短的上升，其後即不斷下降，而 *MC* 與
MP 成反比，故 *MC* 曲線起先有暫短的下降，其後即不斷上升。

ii) 當 $MC<AVC$ 時，AVC 曲線不斷下降；當 $MC>AVC$ 時，AVC 曲線不斷上升；故 AVC 曲線先降後升，且 MC 曲線通過 AVC 曲線的最低點。

iii) 當 $MC<AC$ 時，AC 曲線不斷下降；當 $MC>AC$ 時，AC 曲線不斷上升；故 AC 曲線亦先降後升，且 MC 曲線通過 AC 曲線的最低點。

iv) 因 TFC 固定，而 Q 不斷增加，故 TFC 曲線隨 Q 的增加而不斷下降。

v) 因 $AFC>0$，故 AC 曲線全程高於 AVC 曲線。

vi) 因 AFC 曲線不斷下降，AC 中含有 AFC 的成分在內，故 AC 曲線的最低點出現較 AVC 曲線者為遲。

(3)總成本曲線與各種單位成本曲線間的關係——根據上表資料繪圖並加以圓滑，其結果如下圖。

圖 5-5 上圖為總成本曲線，下圖為各種單位成本曲線。茲說明其關係如下：

i)TC 曲線轉向點（下列上圖中的 a 點）處的 MC 最低（下列下圖中的 a' 點）。MC 相當於 TC 曲線各點切線的斜率，在轉向點以前，TC 曲線各點切線的斜率隨 Q 的增加而下降；轉向點以後，TC 曲線各點切線的斜率隨 Q 的增加而上升；故 TC 曲線轉向點處的 MC 最低。

ii) 就下列上圖而言，令 $OC_0 = TFC$，由 C_0 引一條直線與 TC 曲線切於 b 點，則 b 點的產量 OQ_2 即為 AVC 最低點的產量。其原因為由 C_0 引直線與 TC 曲線的其他任何點相交，該直線的斜率亦即其 AVC 均較 b 點切線的斜率亦即其 AVC 為大也。

iii) 就下列上圖而言，由原點 O 引一條直線與 TC 曲線切於 c 點，則 c 點的產量 OQ_3 即為 AC 曲線最低點的產量。其原因為由 O 引直線與 TC 曲線的其他任何點相交，該直線的斜率亦即其 AC 均較 c 點切線的斜率亦即其 AC 為大也。

圖5-5　總成本曲線與各種單位成本曲線間的關係

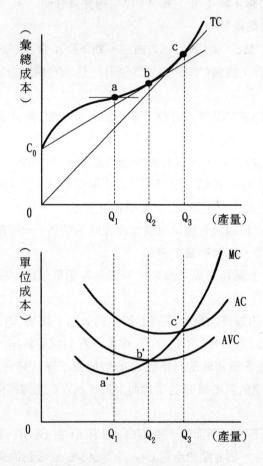

5.短期成本曲線的其他涵義　茲分別說明如下：

　　(1)成本曲線與產量曲線相似但相反，因成本曲線係由產量曲線將自變數與因變數互換並乘以有關價格而得。MP曲線與MC曲線相似但相反，MP曲線起先有暫短的上升，其後即不斷下降；MC曲線則反是，起先有暫短的下降，其後即不斷上升。AP曲線與AC曲線亦相似但相反，AP曲線向下彎，AC曲線向上彎。TP曲線與TC的情

形比較複雜，應該也是相似但相反的。將產量曲線反轉過來化為成本曲線，其目的在瞭解不同產量下的成本為何，而便於未來與產品價格比較決定最大利潤與最適產量。也正因為如此，所以未來由成本曲線所導出的有關項目其性質也是相似但相反的，例如由成本曲線所導出的供給曲線其斜率即為正值而非負值。經濟學有時為了某種目的必須將橫軸與縱軸對調、自變數與因變數互換、甚至將坐標軸旋轉45度，如此即產生相似但相反的結果，讀者宜特別注意，否則將因小小的變化而產生大大的困惑，覺得經濟學是一門很難唸的課程。然而實際情況並非如此，一個問題只要知道它的來龍去脈，只要知道它的變化機制，即能智珠在握，無啥難處。事實上，所有的科學都是一樣，經過顛三倒四再加上些文字迷障以後即令人莫測高深。

(2)成本曲線雖然先知道 TC 曲線，然後再導出 MC 等曲線。但影響的路線則是相反的，就影響的先後而言，因為 MP 是遞減的，結果 MC 是遞增的，然後由 MC 曲線決定 TC 曲線（先對 MC 累加然後再加上固定成本），最後再根據 TC 曲線求得 AC 曲線。由此知，TC 曲線的形狀是決定於 MC 曲線的形狀，而非 MC 曲線的形狀決定於 TC 曲線的形狀。其整個影響路線如下：

邊際報酬遞減法則 → 邊際產量遞減 → 邊際成本遞升 → 決定 TC 曲線的形狀 → 決定 AC 及 AVC 曲線的形狀

(3)由前述第一種生產關係亦即產量曲線的分析知，要素投入的範圍亦即產品生產的範圍可劃分為三個階段，即區域 I 為生產力尚未充分發揮的階段，區域 II 為生產的經濟階段，區域 III 為生產不經濟的階段。既然成本曲線是由產量曲線所導出，則三個生產階段亦可顯示在成本曲線圖上，其情形如圖5-6。

茲說明如下：

i) 就區域 I 而言，AC 逐漸下降，表示要素的生產力尚未充分發揮，生產不應停留在此階段內。

ii) 就區域 III 而言，$MC=\infty$，當然是一個生產不經濟的階

段。

iii) 就區域 II 而言，*AC* 開始上升，表示要素生產力開始下降，但仍相當高，只要邊際收益 *MR* 能概括邊際成本 *MC*，生產即屬有利，故此區域為生產的經濟階段。同時由此可看出，在某種市場結構下，未來廠商的供給曲線即為此階段內的 *MC* 曲線。

圖5-6 生產三階段的另一種表示方式

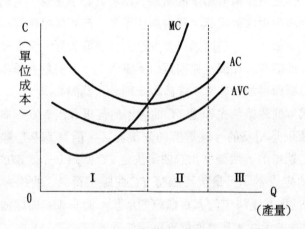

綜合以上所述，可知成本曲線之所以有這些性狀，主要是因為兩個原因，其一為邊際報酬遞減法則，另一為生產者均衡，讀者如果能將這兩個原因與成本曲線間的關係弄清楚，即能對成本曲線的性狀有深入的瞭解。

四、長期成本分析

1.長期成本的特性 在長期內，所有生產要素的數量均可改變，因此除 *TC* 外，不再有所謂 *TFC* 及 *TVC*；除 *AC* 及 *MC* 外，不再有所謂 *AFC* 及 *AVC*。為區別長期與短期，通常在 *AC* 及 *MC* 之前加上一個字母 *L* 或 *S*，例如長期平均成本為 *LAC*，短期平均成本為

SAC；長期邊際成本為LMC，短期邊際成本為SMC等。

　　長期為短期的延續，此為長期成本曲線可由短期成本曲線導出的原因。

　　2. 長期平均成本曲線的誘導　假定時間夠長，一個廠商可以不斷改變其生產規模，因此該廠商具有多套不同生產規模下的短期成本曲線，其情形如下：

圖5-7　長期平均成本曲線的誘導

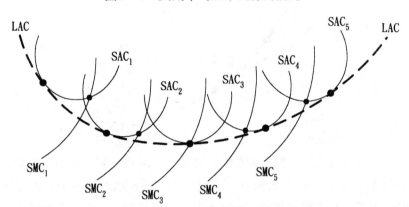

　　由上圖可看出，該廠商在長期間一共經歷了五個不同的生產規模，各個生產規模以其短期平均成本曲線為代表，按照規模的大小順次為SAC_1、SAC_2、SAC_3、SAC_4及SAC_5。長期平均成本曲線（LAC）為各個短期平均成本曲線（SAC）的包絡線（envelope）。所謂包絡線，即是包在外面的曲線，如果SAC曲線的個數夠多，亦即生產規模變更的次數夠多，則此包絡線亦即該廠商的LAC曲線即近似地成為一條圓滑曲線，見上圖中的虛線。

　　包絡線並不是所有SAC曲線最低點的連線，只有在LAC曲線最低點處，與LAC曲線相切的那一條SAC曲線的最低點，才落在LAC曲線上，即上圖中的SAC_3曲線。在LAC曲線最低點的左方，LAC曲線與各個SAC曲線的切點均在各該SAC曲線最低點的左

邊；其意為當生產尚未達到 *LAC* 曲線最低點以前，生產者均迫不及待地擴大其生產規模，因為如此可降低其生產成本。在 *LAC* 曲線最低點的右方，*LAC* 曲線與各個 *SAC* 曲線的切點均在各該 *SAC* 曲線最低點的右邊；其意為當生產超過 *LAC* 曲線最低點以後，生產者均不急於擴大生產規模，因如此反較有利也。

圖5－8　未達 *LAC* 曲線最低點前的情況

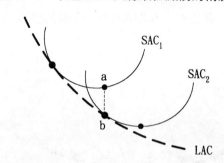

茲以未達 *LAC* 曲線最低點的情況加以說明，圖中 SAC_1 曲線的最低點為 a，在同一產量下，SAC_2 曲線的 b 點雖非 SAC_2 的最低點，但其所代表的平均成本較 SAC_1 曲線最低點 a 所代表者尤低，故捨 a 而取 b，亦即由 SAC_1 曲線所代表的生產規模擴大為 SAC_2 曲線所代表的生產規模，較為有利。由此可知，當 *LAC* 曲線下降時，生產者均提早擴大其生產規模，以使成本降低；反之，當 *LAC* 曲線上升時，生產者均延後擴大其生產規模，以免過度提高成本。同時由此可知，*LAC* 曲線亦即各個 *SAC* 曲線的包絡線並非所有 *SAC* 曲線最低點的連線，只有在 *LAC* 曲線最低點處才與某一特定 *SAC* 曲線的最低點重合。

3. 長期邊際成本曲線的誘導　茲繪圖說明如圖5－9。

由下圖可看出，SAC_1 曲線與 *LAC* 曲線相切於 a_1 點，由 a_1 點引垂線與 SMC_1 曲線相交於 b_1 點；SAC_1 曲線中只有 a_1 點在長期中具有實際意義（即真正被採用），其他各點均無實際意義。SMC_1 曲線

中只有 b_1 點具有實際意義，其他各點均無實際意義。同理 SAC_2 曲
線中只有 a_2 點及 SMC_2 曲線中只有 b_2 點具有實際意義。餘依此類
推。連綴 a_1、a_2、a_3、a_4 及 a_5 各點即成 LAC 曲線，連綴 b_1、b_2、
b_3、b_4 及 b_5 各點即成 LMC 曲線。當然 a_1 與 b_1 必須在同一條垂線
上，a_2 與 b_2 必須在同一條垂線上，餘依此類推。

圖5-9　長期邊際成本曲線的誘導

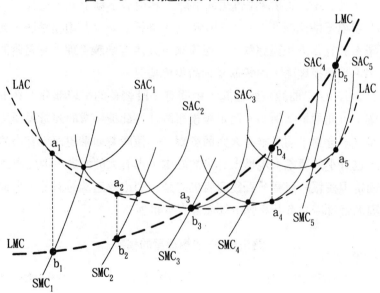

4.長期成本曲線的性狀　長期成本曲線的性狀與短期成本曲線者完
全相似。LAC曲線先降後升；LMC曲線起先可能有些微的下降，其
後即不斷上升；LMC 曲線通過 LAC 曲線的最低點。其原因很簡
單，短期成本與長期成本的主要不同點，在於短期成本中有部分是固
定不變的，而長期成本中則所有成本都是可變的。在短期中，平均固
定成本曲線隨產量的增加而不斷下降，變化單純，不影響其他短期單
位成本曲線的性狀。故長期成本曲線的性狀與短期成本曲線者完全相
似。

5.規模經濟的意義 長期平均成本曲線當然是先降後升的,但升降的快慢在生產規模上具有不同的意義,有三種情形,茲分述如下:

(1)若 *LAC* 曲線下降的區間很長,一直到產量很大的時候才開始上升,此種情形稱為「規模報酬遞增」(見下列左圖),亦稱之為具有規模經濟,此種產業適宜於大規模經營。一般說來,凡固定投資龐大的產業多具有規模經濟,如電訊、電力、自來水及鍊鋼等產業。

(2)若 *LAC* 曲線只作暫短的下降,其後即不斷上升,此種情形稱為「規模報酬遞減」(見下列中圖),亦稱之為不具規模經濟,此種產業不適宜作大規模經營。一般說來,凡內容龐雜管理上有困難的產業多不具規模經濟,如餐飲及食品零售業等。

(3)若 *LAC* 曲線兩頭翹起,中間有一段較長的平坦部分(見下列右圖),此種情形稱為「固定規模報酬」。此種產業的經營規模可大可小,不會對平均成本有太大的影響。一種產業如果規模小有小的好處,也有小的壞處;規模大有大的好處,也有大的壞處,則此產業即屬固定規模報酬產業。百貨商店也許是一個比較適當的例子,小百貨店與大百貨店各有其利弊,故能並存於世。

圖5-10 規模經濟的種類

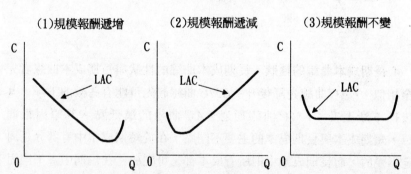

綜合以上所述,可知所謂「規模經濟」(economies of scale),是指產業是否適宜作大規模經營,如果適宜作大規模經營,則稱

具有規模經濟；否則即不具規模經濟。規模經濟只問是否適宜作大規模經營，而不含大規模經營就是好、小規模經營就是不好的意思在內。一種產業如果適宜作小規模經營，就應該小規模經營，如此一樣有利。此與寫大字用大筆、寫小字用小筆的道理是一樣的。

摘　要

生產理論與成本分析

生　產　關　係	
意義	生產關係為要素投入與產品產出間的關係。
產出種類	**種類與性質** 　*MP*——為要素 *X* 不斷增加時，其最後一單位所產出的淨產量。*MP* 隨 *X* 的增加，起先可能有暫短的增加，其後即不斷的下降。 　*TP*——為全部要素投入的總產量。$TP=\Sigma MP$。*TP* 先升後降。 　*AP*——$AP=TP／X$。*AP* 亦先升後降，但下降較 *MP* 為遲，較 *TP* 為早。 **相互間關係** 　(i)當 *MP*>0 時，*TP*↑；當 *MP*<0 時，*TP*↓；故當 *MP*=0 時，*TP*=極大。 　(2)當 *MP*>*AP* 時，*AP*↑；當 *MP*<*AP* 時，*AP*↓；故當 *MP*=*AP* 時，*AP*=極大。
生產階段	以 *AP*=極大為界並以 *MP*=0 為界，將投入區域分為三個階段。 第一階段——*AP* 不斷上升，此表示要素生產力尚不斷上升，生產不應停留在此階段。 第二階段——*AP* 雖下降，但仍相當高；且 *MP*>0，有投入即有產出；故此階段為生產的經濟區域。 第三階段——*MP*<0，增加投入，產出反減；故此階段為生產不經濟區域。

邊　際　報　酬　遞　減　法　則	
意義	當要素投入不斷增加時，產品的邊際生產量起先可能有暫短的上升，其後即不斷的下降，此即所謂的邊際報酬遞減法則。

生　產　者　的　均　衡	
意義	在其他條件不變的情況下，生產者對生產要素作最有效分派與配置的方式，稱之為生產者的均衡。
均衡條件	(1)多種生產要素生產一種產品的情況——其均衡條件如下： $$\frac{MP_1}{P_1}=\frac{MP_2}{P_2}=\cdots\cdots=\frac{MP_n}{P_n}$$　　（各種要素每一塊錢所獲邊際產量皆相等） (2)一種要素生產多種產品的情況——其均衡條件如下： 　$MP_1 \cdot P_1=MP_2 \cdot P_2=\cdots\cdots=MP_n \cdot P_n$ 　即　$MR_1=MR_2=\cdots\cdots=MR_n$（要素一單位用於各產品的生產所獲邊際收益皆相等） (3)多種要素生產多種產品的情況——假定有 *m* 種要素，*n* 種產品，其均衡條件共有 $m+n$ 個式子。

成 本 的 意 義 與 特 質	
意義	成本的意義——進行產品生產所耗的一切費用，稱之為成本。 機會成本的意義——為生產此一產品而放棄其他產品生產所獲得的最高收益。
成 本 特 質	(1)生產一種產品，如果只用一種可變要素，問題很簡單，根據生產關係，將自變數及因變數對調，再乘上要素單價，並加上固定成本，即得各產量下的總成本。 (2)生產一種產品，如果用多種可變要素，則必須先通過生產者的均衡，將各可變要素作最有利的配置，然後乘上各要素的單價並將可變成本彙總，再加上固定成本，最後將自因變數對調，即得各產量下的總成本。 (3)如果是多種可變要素生產多種產品，必須先通過上列(3)的均衡條件，然後按照上列程序求得各種產品各產量下的總成本。 　(2)及(3)的情況，在求算成本時均必須先通過生產者的均衡，因此所求得的成本均為在各該產量下的最低成本。
短 期 成 本 分 析	
意義	短期的意義——所謂短期是指在此期間內生產規模不能改變。
成 本 種 類	成本曲線由產量曲線互換縱橫坐標（即自因變數對調）而得，故兩者相似但相反。 種類　彙總成本 $\begin{cases}TVC——由0開始不斷上升，前段向下凹，後段向上凹。\\ TFC——為一固定數值，不隨產量變化。\\ TC=TVC+TFC，TC形狀與TVC同，但高一截。\end{cases}$ 　　　單位成本 $\begin{cases}MC=\triangle TC／\triangle Q，MC起先有暫短的下降，其後即不斷上升。\\ AVC=TVC／Q，AVC先降後升。\\ AFC=TFC／Q，AFC隨Q之增加不斷下降。\\ AC=TC／Q=AVC+AFC，AC亦先降後升。\end{cases}$ 關係 $\begin{cases}(1)當MC<AVC時，AVC↓；當MC>AVC時，AVC↑；故當MC\\ \quad =AVC時，AVC=極小。\\ (2)當MC<AC時，AC↓；當MC>AC時，AC↑；故當MC=AC\\ \quad 時，AC=極小。\\ (3)因AC中含有AFC，故AC最低點出現較AVC最低點為遲。\end{cases}$

生產階段	以 AVC 最低點為界並以 $MC \rightarrow \infty$ 為界，將產量區域劃分為三個階段： 第一階段——AVC 不斷下降，表示生產力尚未充分發揮，生產不應停留於此階段。 第二階段——AVC 雖開始上升，但尚不算太高，且 $MC<\infty$；故此階段為生產的經濟區域。 第三階段——$MC=\infty$，增加生產絕對不利，此階段為生產不經濟區域。

長 期 成 本 分 析

意義	長期的意義——所謂長期是指在此期間內生產規模可以改變，其結果所有成本均為可變成本。
成本導出	長期為短期的延續，長期成本曲線可由短期成本曲線導出。 (1) LAC 曲線為各個 SAC 曲線的包絡線。每條 SAC 曲線只有一點納入包絡線中。 (2)一條 SAC 曲線其納入包絡線的一點，在同一生產規模下與此點有關的 SMC 亦納入 LMC 曲線中。各生產規模下均有一點 SMC 納入 LMC 曲線中，如此即形成 LMC 曲線。
關係	當 $LMC<LAC$ 時，LAC 曲線下降；當 $LMC>LAC$ 時，LAC 曲線上升；故當 $LMC=LAC$ 時，LAC 為最低，其情形與短期成本曲線相似。
規模經濟	(1)規模報酬遞減——即 LAC 曲線起先有暫短的下降，其後即不斷的上升。此種產業不適宜作大規模經營，稱為規模不經濟。 (2)規模報酬遞增——即 LAC 曲線不斷的下降，至產量很大的時候才開始上升。此種產業適宜作大規模經營，稱為有規模經濟。 (3)固定規模報酬——即 LAC 曲線中間有很長一段平坦的部分。此種產業經營規模可大可小，稱為固定規模經濟。

生產者均衡與成本曲線

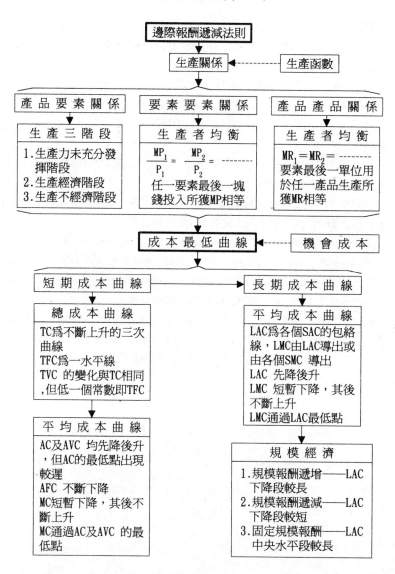

邊際報酬遞減法則

生產關係 ◄------ 生產函數

產品要素關係	要素要素關係	產品產品關係

生 產 三 階 段
1. 生產力未充分發揮階段
2. 生產經濟階段
3. 生產不經濟階段

生 產 者 均 衡
$$\frac{MP_1}{P_1} = \frac{MP_2}{P_2} = \text{-------}$$
任一要素最後一塊錢投入所獲MP相等

生 產 者 均 衡
$MR_1 = MR_2 = \text{-------}$
要素最後一單位用於任一產品生產所獲MR相等

成 本 最 低 曲 線 ◄------ 機 會 成 本

短 期 成 本 曲 線 ➝ 長 期 成 本 曲 線

總 成 本 曲 線
TC為不斷上升的三次曲線
TFC為一水平線
TVC 的變化與TC相同，但低一個常數即TFC

平 均 成 本 曲 線
LAC為各個SAC的包絡線，LMC由LAC導出或由各個SMC 導出
LAC 先降後升
LMC 短暫下降，其後不斷上升
LMC通過LAC最低點

平 均 成 本 曲 線
AC及AVC 均先降後升，但AC的最低點出現較遲
AFC 不斷下降
MC短暫下降，其後不斷上升
MC通過AC及AVC 的最低點

規 模 經 濟
1. 規模報酬遞增——LAC下降段較長
2. 規模報酬遞減——LAC下降段較短
3. 固定規模報酬——LAC中央水平段較長

問 題

1. 何謂生產？何謂生產函數？

2. 一種要素生產一種產品的生產關係，試根據邊際報酬遞減法則說明各種產量曲線應有的性狀。

3. 就上題而言，各種產量曲線本身的性狀及相互間的關係中，有那些純粹是數學上的關係，這些關係如果沒有邊際報酬遞減法則是否亦成立？

4. 生產一種產品所用要素中只有一種可變的情況，其生產可分為那三個階段？各有何特質？何故？

5. 生產一種產品所用要素中有兩種可變的情況，其生產者均衡為何？合於此均衡即可在其他條件不變的情況下使成本為最低，何故？

6. 一種可變要素同時生產兩種產品的情況，其生產者均衡為何？合於此均衡即可在其他條件不變的情況下使成本為最低，何故？

7. 何謂成本？何謂機會成本？機會成本在經濟分析上有何特殊意義？

8. 短期與長期在生產上有何意義？因而在經濟分析上產生何種影響？

9. 就短期成本而言，各種總成本曲線的性狀如何？為何有此性狀？各種單位成本曲線的性狀如何？其間有何關係？為何有此關係？

10. 長期平均成本曲線如何由不同生產規模下的短期平均成本曲線導出？長期邊際成本曲線如何由不同生產規模下的短期邊際成本曲線導出？長期平均成本曲線與長期邊際成本曲線間有何關係？何故有此關係？

11. 長期平均成本曲線的形狀在經濟上有何特殊意義？

12. 何謂規模經濟？有那幾種型態？各有何特殊意義？

第 參 篇

市場結構與價格決定

　　任何一個廠商欲獲取最大利潤，必須注意兩件事情，其一為設法使生產成本為最低，另一為設法使產品銷售獲得最大的淨收益。欲使生產成本為最低，廠商必須遵循上一章所討論的生產理論及成本分析的原則進行生產。欲使銷售淨收益亦即利潤為最大，廠商除去設法控制成本外，尚須在產品市場中占有有利的地位，以爭取最有利的售價及最有利的銷售量。廠商能否在市場中占有有利的地位，此與市場的結構有關。市場結構最重要的有四種，即完全競爭市場、獨占市場、獨占性競爭市場及寡占市場，後兩者合稱為不完全競爭市場。完全競爭市場下廠商的產銷行為將在第六章中說明之，獨占市場下廠商的產銷行為將在第七章中說明之，不完全競爭市場下廠商的產銷行為將在第八章中說明。

第六章　完全競爭市場

一、市場結構的意義與種類

1.市場的意義與功能　市場（market）為物品買賣雙方交易的場所，可以是有形的，也可以是無形的。市場的功能有三：第一、市場為物品集散的中心，使物品的產銷管道得以暢通。第二、交易者可免個別尋找買主或賣主之煩。第三、市場的交易量大，其所決定的價格可代表全部供需亦即市場供需的均衡價格。

2.市場結構的意義與影響因素　影響價格的因素很多，直接間接均影響物品的供需，從而影響價格的決定。就以產品市場賣方的情況而言，其情形如下：

(1)廠商的個數是否很多，同時每個廠商的供給量是否都很少。果爾，則每個廠商對市場價格均無影響力，而成為價格的接受者（price taker）。反之，若廠商的個數很少，甚至少到只剩一個，則此廠商對市場價格即有影響力，而成為價格的操縱者（price maker）。

(2)產品是否為同質。如果產品為同質，不同廠商的產品彼此可互相替代，而削弱廠商對市場價格的影響力；反之，如果產品不為同質，則廠商對其產品的售價即有相當的影響力。

(3)每個廠商是否都能獲得充分的市場資訊。如果每個廠商都能獲得充分的市場資訊，則任一廠商均不能對市場價格具有更多的影響力。反之，如果不是每個廠商都能獲得充分的市場資訊，則獲得較多較重要資訊的廠商對市場價格即具有較大的影響力，反之則否。

(4)是否有進入產業的障礙。如果有，則已進入產業的廠商對市場價格具有較大的影響力。「產業」（industry）為生產某種產品所有廠商的集合。進入障礙分為兩大類，即自然障礙與人為障礙，其詳細情形將在以後有關章節中說明之。

上述各種因素均使廠商對價格具有不同的影響力，從而影響市場價格的決定。影響市場價格決定的各項因素所形成的一種特定的市場型態，稱之為「市場結構」（market structure）。市場的結構不同，價格決定的方式及結果均不同。不同的價格及交易量對廠商的收益以至利潤乃有甚大的影響。

3. 市場結構的種類　由上述知市場結構主要是看買方及賣方分別是否對價格具有影響力，現在就根據對價格影響力的大小將買方或賣方分為四類，然後再將各種類型的買方及賣方配在一起形成不同的市場結構。就買方或賣方單方面而言，其情形如下：

(1)完全競爭——即買方（或賣方）各個體對價格毫無影響力，均為價格的接受者。

(2)獨占性競爭——即買方（或賣方）各個體對價格具有部分影響力。

(3)寡占——即買方（或賣方）各個體對價格具有相當的影響力。

(4)獨占——即買方（或賣方）僅有的一個個體對價格具有絕對的影響力，而成為價格的操縱者。

以上是指一個個體對價格是否有影響力，如果將買方或賣方的全部個體合起來其情形即不同。例如完全競爭，每個個體對價格均無影響力，但合起來形成市場需求或市場供給以後對價格即有影響力，但這種影響力為供需正常關係的影響力，而非市場結構不同所產生的影響力。

買方或賣方按其對價格影響力的大小均可分為四類，然後對不同類別的買方及不同類別的賣方配對，共可形成十六種不同的市場結構，其情形如下：

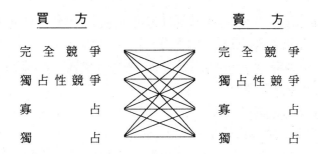

買　方　　　　　　　　　　賣　方

完　全　競　爭　　　　　　完　全　競　爭

獨　占　性　競　爭　　　　獨　占　性　競　爭

寡　　　　　占　　　　　　寡　　　　　占

獨　　　　　占　　　　　　獨　　　　　占

就產品市場而言，買方多為完全競爭，賣方則四種情況都有，因此常見的產品市場的市場結構有下列四種，即

(1)完全競爭市場（ perfect competition market ）──即買賣雙方均為完全競爭的市場。

(2)獨占性競爭市場（ monopolistic competition market ）──即買方為完全競爭、賣方為獨占性競爭的市場。

(3)寡占市場（ oligopoly market ）──即買方為完全競爭、賣方為寡占的市場。

(4)獨占市場（ monopoly market ）──即買方為完全競爭、賣方為獨占的市場。

4.產品市場四種主要市場結構形成的條件　所謂產品市場的四種主要市場結構，是指上一節最後所提到的四種市場結構，即完全競爭市場、獨占性競爭市場、寡占市場及獨占市場。各種市場的買方均為完全競爭，賣方則分別為完全競爭、獨占性競爭、寡占及獨占。茲再對各種市場的賣方詳細定義如下：

(1)完全競爭市場形成的條件──就賣方而言，其條件有四，即

i) 廠商個數很多，每個廠商的產量都很少。

ii) 各廠商的產品均為同質。

iii) 各廠商對產銷均擁有完全資訊。

iv) 各廠商均能自由進出產業。

因此之故，任一廠商對價格均無影響力，價格水準由市場供給及

市場需求決定。完全合於上述條件的市場可以說没有，勉強可稱為完全競爭市場的多數是農產品的市場。

(2)獨占性競爭市場形成的條件——就賣方而言，其條件有三，即

　　i) 廠商個數很多。

　　ii) 各廠商的產品為異質。

　　iii) 進出產業尚稱容易。

因此之故，各廠商對其產品的價格有部分決定的力量。多數日用品如成衣及化妝品等的市場即為此種結構的市場。

(3)寡占市場形成的條件——就賣方而言，其條件亦有三個，即

　　i) 廠商個數少。

　　ii) 各廠商產銷互相牽制。

　　iii) 進出產業困難。

因此之故，各廠商對產品的價格包括本身產品的價格及其他廠商產品的價格均有相當的影響力。最明顯的例子就是汽車產業，廠商為數不多，且互相牽制，進出產業也相當困難。

(4)獨占市場形成的條件——就賣方而言，其條件亦有三個，即

　　i) 產業中只有一家廠商。

　　ii) 產品無近似的代替品。

　　iii) 無其他廠商進出產業。

因此之故，獨占廠商對價格有絕對的影響力。如我國的電信、電力及石油等市場即為此種結構的市場。

在上述四種市場中，產品的買方亦即消費者都是完全競爭的，其意指消費者的人數衆多，且每個消費者購買的數量都很少，對價格毫無影響力。

5.市場結構不同對廠商的影響　　不同市場結構下，廠商的成本曲線不受影響，受影響的是廠商的收益，從而影響其利潤的多寡。前述在不同市場結構下，廠商對價格的影響力不同，因此其所面對的需求線不同，其結果收益曲線亦因之不同，關於此點將在以後有關章節中說

明之。由此可知，市場結構對廠商的影響是其收益面，而非成本面。

　　市場結構的意義與種類介紹完畢以後，即可進一步説明不同市場結構下廠商的產銷決策問題，亦即決定最適產銷數量的問題。本章先討論完全競爭市場下廠商的產銷決策，其他三種市場廠商的產銷決策將留待在下兩章中説明之。又由上一章的説明知，廠商的生產成本有短期與長期之別，因此廠商的產銷決策亦應分為短期與長期兩種，兹分述如下。

二、完全競爭廠商的短期均衡

　　兹逐步説明如下：

　　1.完全競爭市場下廠商所面對的需求線　完全競爭市場中，廠商為數甚多，且每個廠商的生產量均很少，不足以影響市價。市價決定於市場的總需求與總供給，市價一經決定以後，廠商不論其產量的多寡，均以同一價格出售其產品，因此廠商所面對的需求線為一條水平線，其高度即為市價，其情形見下列左圖：

　　　　圖6-1　個別廠商所面對的需求線及收益線

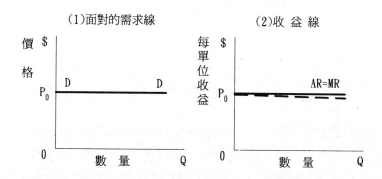

上圖中的 P_0 即為市價，由市場總需求及總供給決定。

　　2.廠商的收益曲線　廠商所面對的需求線其上每一點所代表的數量

及價格,是指產量為某一特定數量時均可以同一特定價格出售,因此廠商所面對的需求線即為其平均收益(AR)線。在完全競爭市場下,廠商所面對的需求線為一條水平線,故此時廠商的邊際收益(MR)線即為其平均收益線。由此可知,在完全競爭市場下,廠商所面對的需求線、平均收益線及邊際收益線三者是同一條水平線。其情形見上圖。

總收益(TR)為市價(P_0)及銷售量(Q)的相乘積,即

$$TR = P_0 \cdot Q$$

因 P_0 為常數,故廠商的總收益線為一條由原點出發且斜率為正的直線,同時其斜率即為 P_0,即

$$\frac{\mathrm{d}TR}{\mathrm{d}Q} = P_0$$

其情形見下圖:

圖6-2 個別廠商的總收益曲線

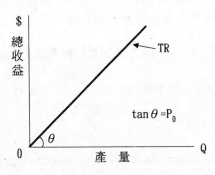

3. 廠商的短期均衡　有了收益曲線以後,即可與成本曲線會合,探討廠商應該生產多少才能獲得最大的利潤,其條件即為所謂的廠商均衡。由於成本曲線有長期與短期之別,因而廠商均衡亦有長期與短期之別。茲先說明廠商的短期均衡,其情形如下:

總收益(TR)與總成本(TC)之差即為廠商的利潤(π),即

$$\pi = TR - TC$$

已知 TR 及 TC 均為產量（Q）的函數，故 π 亦為 Q 的函數。對 Q 微分 π，其結果如下：

$$\frac{\mathrm{d}\pi}{\mathrm{d}Q} = \frac{\mathrm{d}TR}{\mathrm{d}Q} + \frac{\mathrm{d}TC}{\mathrm{d}Q}$$

$$= MR - MC$$

利潤成為極大的必要條件為一階導式等於 0，即

$$\frac{\mathrm{d}\pi}{\mathrm{d}Q} = MR - MC = 0$$

即　　　$MR = MC$

此即為廠商的短期均衡條件。茲以圖形表明如圖 $6-3$。

　　下列上圖及下列下圖是説明同一件事情，只不過上圖是根據總成本曲線及總收益曲線來説明的，下圖是根據單位成本曲線及單位收益曲線來説明的。下列上圖根據 TR 與 TC 的垂直距離亦即 π 為極大以決定最適量 Q_0，當 $Q = Q_0$ 時，TR 的斜率等於 TC 切線的斜率，即 $MR = MC$。下圖則反是，先根據 $MR = MC$ 亦即 MR 曲線與 MC 曲線的交點決定最適產量 Q_0，然後根據 P_0 對 AC 之差與 Q_0 的相乘積決定利潤（見下列下圖的陰影部分），此利潤即為最大利潤。下列兩個圖形中以下面的一個用途較廣，因其不但能明顯的表示 $MR = MC$ 的關係，同時亦便於進一步作其他有關分析。

　　以上是用數學及圖形進行推理，現在再用文字來進行推理，其情形如下：

　　⑴當 $MR > MC$ 時，應增加生產，如此可給予廠商更多的利潤。當產量增加時，因為邊際報酬遞減，故 MC 遞增，其結果 MR 大於 MC 的程度降低。如此繼續進行，直立 $MR = MC$ 時為止。

　　⑵當 $MR < MC$ 時，應減少生產，如此可減少廠商的損失，間接給予廠商更多的利潤。當產量減少時，因為邊際報酬遞增，故 MC 遞減，其結果 MR 小於 MC 的程度降低。如此繼續進行，直至 MR

圖6-3 廠商的短期均衡

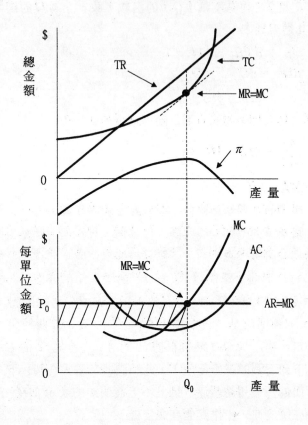

=MC時為止。

　(3)故知當 $MR＝MC$ 時，可使廠商獲得最大的利潤（或負擔最小的虧損）。

　$MR＝MC$ 為所有市場結構下廠商獲得最大利潤的均衡條件。在完全競爭市場下，因 $P_0＝AR＝MR$，故此時廠商最大利潤的均衡條件可改寫為下列形式：

　$P_0＝MC$

意即在完全競爭市場下，當邊際成本等於市價時，可給予廠商最

大利潤（或最小虧損）。

　　由前兩章與本章的討論可看出，不論是生產或是消費，其最大利潤或是最大滿足的均衡條件均與「邊際值」有關。其原因有二：其一、不論是生產或是消費其邊際報酬與邊際效用都是遞減的，如此邊際值即成為是否有利的指標；另一、不論是生產或是消費均有所限制，生產者受制於生產規模，消費者受制於所得水準，如此才有極大或極小的存在。事實上經濟學中所有的問題不是生產的問題，就是消費的問題，或是生產與消費如何配合的問題。為使這些問題的模型成為最有效的模型，則每個環節均有極大或極小的問題，而每個極大或極小的問題其均衡條件均與邊際值有關。讀者如果能將這個道理弄清楚，則對經濟學的本質即可謂思過半矣。還有上面所提到的三段論法，即大於時如何，小於時如何，所以等於時最有效，這一套一定要弄清楚，這是經濟學家的看家本領之一，説來很簡單，不説就不簡單了。

　　4. 短期成本曲線與廠商利潤的關係　在完全競爭市場下，短期內各廠商所面對的需求線是相同的，所不同的是其成本曲線。生產效率較高的廠商，在同一產量下其單位成本較低，反之則較高。因此生產效率較高的廠商可能有額外利潤；生產效率較低的廠商可能虧損；生產效率適中的廠商可能既無額外利潤亦無虧損，而只有合理的利潤。合理利潤通常附加在成本內，不單獨列出。茲將上述三種情況以圖形表明如圖6－4。

　　茲分別説明如下：

　　已知在完全競爭市場下，任何廠商所面對的需求線均為水平線，且其高度同為市價 P_0。又已知在完全競爭市場下，廠商所面對的需求線即為其邊際收益（ MR ）曲線，見下圖中高度為 P_0 的水平線。

　　(1)下列左圖為生產效率較高的廠商，其單位生產成本較低，結果 MR 曲線與 MC 曲線的交點在 AC 曲線的上方，因而有額外利潤，見圖中的陰影部分。此時廠商的最適產量 OQ_1 超過 AC 曲線最低點的

圖6—4　短期成本曲線與廠商利潤的關係

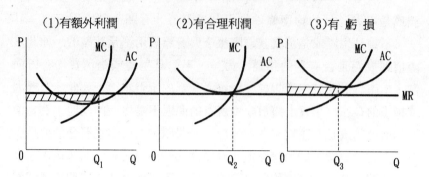

(1)有額外利潤　　　　(2)有合理利潤　　　　(3)有 虧 損

產量，故知其產生在第 II 階段中進行，亦即在生產的經濟階段中進行。

(2)上列右圖為生產效率較低的廠商，其單位生產成本較高，結果 MR 曲線與 MC 曲線的交點在 AC 曲線的下方，因而有虧損，見圖中的陰影部分。此時廠商的最適產量 OQ_3 少於 AC 曲線最低點的產量，故知其生產在第 I 階段中進行，亦即在生產力尚未充分發揮的階段中進行。

(3)上列中圖廠商的生產效率適中，其單位生產成本不高不低，結果 MR 曲線與 MC 曲線的交點正好與 AC 曲線的最低點重合，此時廠商只有合理利潤，既無額外利潤，亦無虧損。

綜上所述可知，在完全競爭市場下，各個廠商所面對的需求線完全相同，盈虧完全決定於其生產效率的高低。

5.廠商的短期停業點　短期內廠商的固定成本不能變更，能變更的是其變動成本。若市價低於廠商的平均變動成本，則停止生產反較有利，因此時非但不能收回固定成本，連變動成本亦不能全部收回也。不生產，至少變動成本不會損失，固定成本當然是完全不能收回。其情形見下圖：

茲分別說明如下：

圖6-5　廠商的短期停業點

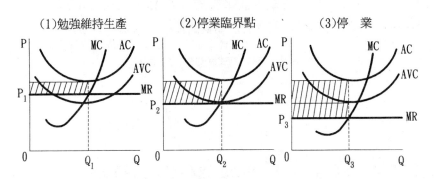

(1)勉強維持生產　　　(2)停業臨界點　　　(3)停　業

　　(1)上列左圖，MR 曲線與 MC 曲線的交點亦即均衡點高於最適產量 OQ_1 下的 AVC，低於其 AC。在完全競爭市場下，$MR=AR$，故此時變動成本可全部收回，但固定成本只能收回一部分，圖中陰影部分即不能收回的固定成本。在此情況下，廠商苦撐待變，因若立即停業，此部分固定成本都不能收回也。

　　(2)上列右圖，MR 曲線與 MC 曲線的交點亦即均衡點同時低於最適產量 OQ_3 下的 AVC 及 AC。同樣情形，在完全競爭市場下，$MR=AR$，故此時不但固定成本全部不能收回，同時變動成本也虧掉一部分，圖中陰影部分上半段為虧掉的全部固定成本，下半段為虧掉的部分變動成本。在此情況下，廠商應立即停業，如此只虧掉全部固定成本，而免再虧掉部分變動成本。

　　(3)上列中圖，MR 曲線與 MC 曲線的交點亦即均衡點正好落在 AVC 曲線的最低點上。同樣情形，在完全競爭市場下，$MR=AR$，故此時變動成本全部可以收回，固定成本則全部不能收回。在此情況下，廠商可以生產，也可以不生產，因為生產也是如此，不生產也是如此，只虧掉全部固定成本，即圖中陰影部分，而變動成本則不會有所虧損，故此點為廠商短期停業的臨界點。

　　6.廠商的短期供給曲線　由上列分析知，在完全競爭市場下，只要

市價 P 高於平均變動成本（AVC）曲線的最低點，廠商即願意生產。已知在完全競爭市場下的廠商均衡為 $MC=MR=AR=P$，即 $MC=P$，據此即可導出廠商的短期供給曲線，其情形見下圖：

圖6-6　廠商短期供給曲線的導出

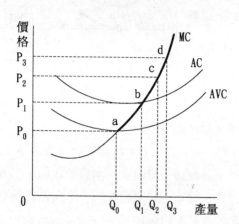

其過程如下：

(1)當市價 $P=P_0$ 時，若 P_0 正好等於 AVC 的最低值，則 $MC=P_0$ 的均衡點 a 必正好落在 AVC 曲線的最低點上，此時廠商即願意開始生產，其最適產量 $Q=Q_0$。P_0 與 Q_0 配對即（Q_0，P_0）成為廠商短期供給曲線的一個坐標點。

(2)當 $P=P_1>P_0$ 時，$MC=P_1$ 的均衡點 b 高於最適產量 $Q=Q_1$ 下的 AVC，此時在短期內廠商當然願意生產。P_1 與 Q_1 配對即（Q_1，P_1）成為廠商短期供給曲線的另一個坐標點。餘依此類推。

(3)綜合以上所述，在完全競爭市場下，只要市價高於至少等於 AVC 的最低值，廠商即願生產；同時在完全競爭市場下，$MR=AR$ $=P$ 為同一條水平線，故各個 $MR=P$ 的均衡點均落在 MC 曲線上。故知 MC 曲線高於 AVC 曲線最低點的一段即為廠商的短期供給曲線，即上圖中較粗的線段。

此結論的成立除去 $MR=MC$ 的均衡條件外，尚需要 $MR=AR$ $=P$ 為同一條水平線的條件，故知此結論只有在完全競爭市場下成立，在其他市場結構下不成立，意即只有在完全競爭市場下廠商才有供給曲線，在其他市場結構下廠商並不是沒有供給，而是供給曲線無法確定，其詳細情形將在下兩章中說明之。

7. 生產者剩餘　前在第三章中曾提及，就產品市場而言，市場供給為各廠商供給的水平相加和。短期的情形亦是如此，即短期市場供給為各廠商短期供給的水平相加和。市場供給與市場需求的均衡點決定市場價格，市場價格決定以後，廠商即按此價格出售其全部所提供的產品。然而由前面的分析知，在短期內只要市價高於平均變動成本的最低點，廠商即願意生產提供銷售。因此若市場供需的均衡價格高於某廠商平均變動成本的最低點，則該廠商即產生生產者剩餘，其情形如下：

圖6－7　某廠商的生產者剩餘

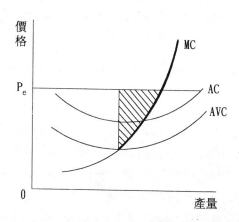

圖中 P_e 為市場供需的均衡價格，陰影部分為該廠商的生產者剩餘。

將各廠商的生產者剩餘予以水平相加，即得全部廠商的生產者剩

餘，其結果如下：

圖6－8　全部廠商的生產者剩餘

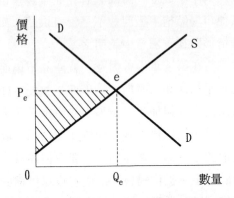

　　由上圖可看出，全部廠商的生產者剩餘，即為市場供給曲線與市價水平線及縱軸所包圍的面積（即上圖中的陰影部分）。與消費者剩餘一樣，生產者剩餘亦為交換之利，並非消費者的損失。事實上，在交換中消費者同樣得到消費者剩餘，參閱第四章的說明。

三、完全競爭市場的長期均衡

　　1.長期調整的內涵　在完全競爭市場下，供給在長期間內的調整主要是靠新廠商的加入與舊廠商的退出，原有廠商生產規模的調整則居於次要地位，其作用只是產業在長期調整過程中的一種臨時應變措施，其原因容後說明。茲先說明原有廠商生產規模的調整，然後再說明新舊廠商的進出對整個產業的影響。

　　2.個別廠商生產規模的調整　茲繪圖說明如圖6－10。

　　茲逐步說明如下：

　　(1)當生產規模尚未達長期平均成本（LAC）曲線的最低點時，不論市價的高低（除非市價很低，低於其LAC曲線的最低點，則退

圖6－9　個別廠商生產規模的調整

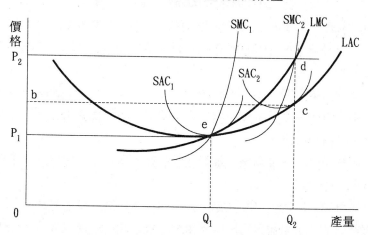

出生產），廠商的生產規模應不斷擴大，以獲取較多的利潤，或負擔較少的損失，此在上一章中即已提及。

(2)生產規模達於 LAC 曲線的最低點以後，若市價 OP_1 正好等於 LAC 曲線的最低點，此時生產規模為短期平均成本曲線 SAC_1 所代表的規模，最適產量為 OQ_1，廠商的總收益及總成本均為 □OP_1eQ_1，只有合理利潤，沒有額外利潤。

(3)當市價由 OP_1 提高至 OP_2 時，生產規模應予擴大，由 SAC_1 調整至 SAC_2，最適產量由 OQ_1 增加至 OQ_2，廠商的總收益增加為 □OP_2dQ_2，總成本增加為 □$ObcQ_2$，此時即有額外利潤，即 □bP_2 dc 所代表的部分。

(4)反之，若市價下降，則廠商應縮小生產規模，降低最適產量，以資因應。如果市價實在太低，低於 LAC 曲線的最低點，則停止生產。

綜合以上所述，可知若市價低於 LAC 曲線的最低點，則廠商應退出生產；若市價高於 LAC 曲線的最低點，則應根據 $LMC＝MR＝AR＝P$ 的均衡條件，調整生產規模及最適產量，以爭取最大利潤。

3. 新舊廠商進出產業的條件與影響　茲逐步說明如下：

(1)若市價高於 LAC 曲線的最低點，廠商有額外利潤，如此將吸引新廠商加入生產。由於市場總供給的增加，迫使價格下降，如此不但使原有廠商的額外利潤消失，同時新廠商亦必須在 LAC 曲線最低點處生產。

(2)若市價低於 LAC 曲線的最低點，則生產效率低的廠商因不堪虧損率先退出生產。由於市場總供給的減少，促使價格上升，如此將減緩舊廠商的退出。

(3)經過多次往復調整，最後達於均衡，即在某一價格水準下，總供給等於總需求。

綜合以上所述，可知在完全競爭市場下，總供給的變化主要是靠新舊廠商的進出來加以調整的。由於廠商互相競爭的緣故，理論上所有廠商都應該在其 LAC 曲線最低點處進行生產，只有合理利潤，沒有額外利潤。實際上，如果有少數廠商得天獨厚或是經營得法，其 LAC 曲線較低，也可能有少許額外利潤。

以上所討論者為在某時點及某價格下市場總供給的構成，現在再進一步探討在長時間內生產成本變化後產業供給的長期變化，從而導出產業的長期供給曲線。

4. 產業長期成本變化與產業長期供給曲線　茲先說明產業長期生產成本的變化，其情形如圖6－10。

一種產業其原來的長期平均成本曲線為 LAC_0，隨著時間的演進，如果其長期平均成本曲線上升為 LAC_1，則此產業即為成本遞增產業；如果長期平均成本曲線下降為 LAC_2，則此產業即為成本遞減產業；如果長期平均成本曲線不變，仍為 LAC_0，則此產業即為成本不變產業。產業的長期成本是否變化，對產業的長期供給曲線有決定性的影響，茲繪圖說明如圖6－11。

茲分別說明如下：

(1)成本遞增產業——假定長時間內需求不斷增加，為資因應，供

圖6－10　產業長期生產成本的變化

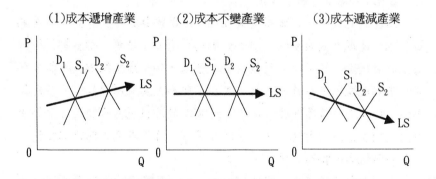

圖6－11　產業的長期供給曲線

(1)成本遞增產業　　　　(2)成本不變產業　　　　(3)成本遞減產業

給也不斷增加。如果有某些因素使廠商的長期生產成本「提高」，則廠商必定在相應提升的價格下才願意生產，如此整個產業的長期供給曲線乃有正斜率，其情形見上列左圖。圖中短期需求由 D_1 增加為 D_2，短期供給由 S_1 增加為 S_2。通過 D_1 與 S_1 的均衡點及 D_2 與 S_2 的均衡點的曲線，即為產業的長期供給曲線，以 LS 表之。由於長期生產成本遞增，故 LS 曲線的斜率為正。

　(2)成本遞減產業──假定長時間內需求不斷增加，為資因應，供

給也不斷增加。如果有某些因素使廠商的長期生產成本「降低」，則廠商在相應下降的價格下亦願意生產，如此整個產業的長期供給曲線乃有負斜率，其情形見上列右圖。圖中短期需求由 D_1 增加為 D_2，短期供給由 S_1 增加為 S_2。通過 D_1 與 S_1 的均衡點及 D_2 與 S_2 的均衡點的曲線，即為產業的長期供給曲線，以 LS 表之。由於長期生產成本遞減，故 LS 曲線的斜率為負。

(3)成本不變產業——假定長時間內需求不斷增加，為資因應，供給也不斷增加。如果廠商的單位生產成本長期間「無變化」，則廠商可在同一價格水準下進行生產，如此整個產業的長期供給曲線為一條水平線，其情形見上列中圖。圖中短期需求由 D_1 增加為 D_2，短期供給由 S_1 增加為 S_2。通過 D_1 與 S_1 的均衡點及 D_2 及 S_2 的均衡點的曲線，即為產業的長期供給曲線，以 LS 表之。由於長期生產成本不變，故 LS 曲線為一條水平線。

綜合以上所述，可知產業的長期供給曲線其斜率完全決定於產業的長期生產成本是否變化。如果產業的長期成本遞增，則長期供給曲線的斜率為正；如果產業的長期成本遞減，則長期供給曲線的斜率為負；如果產業的長期成本不變，則長期供給曲線的斜率為零，亦即長期供給曲線為一條水平線。注意：此處所謂的長期成本變化，是指整條長期成本曲線的變化，而不是指沿著同一條長期成本曲線的變化。

5. 完全競爭的特質 其情形如下：

(1)完全競爭能充分發揮價格機能——完全競爭市場的買賣雙方均處於完全競爭狀態，沒有任何一個生產者或消費者能干預市場價格，市場價格完全由市場總供給及市場總需求決定。市價決定以後，消費者再決定購買多少以使其在有限的所得下獲得最大的滿足，生產者再決定生產多少以使其在既有的生產規模下獲得最大的利潤。一切的一切均在自動的、順利的進行，不摻入任何人為的干預。由此可知，完全競爭能充分發揮價格的機能。

(2)完全競爭能提高生產效率——就長期而言，在完全競爭市場

下，各廠商是在其長期平均成本曲線的最低點處進行生產，因此其利
用資源的效率較高，可在有限的資源下使社會獲得較多的滿足。

　　(3)完全競爭不能解決貧富不均的問題——在完全競爭市場下，生
產者及消費者均不能干預市場的價格。在此情況下，消費者的所得完
全決定於其本身的稟賦（包括能力與財富）以及市場的機能，因此完
全競爭不能解決貧富不均的問題。由此可知，完全競爭能解決「效
率」的問題，不能解決「公平」的問題，關於此點在以後章節中尚有
詳細的說明。

摘　要

完全競爭市場

完全競爭市場的意義與內涵	
定　　義	完全競爭市場為買賣雙方均為完全競爭的市場。
特　　性	任一廠商對市場價格無影響力，而為價格的接受者。
條　　件	(1)廠商數很多，每個廠商的產量很少。　　(2)各廠商的產品均為同質。 (3)各廠商對產銷具有完全資訊。　　(4)各廠商能自由進出產業。

廠商的短期均衡分析	
收　益　線	(1)廠商面對的需求線——為一水平線，其高度即為市場價格。 (2)廠商的平均收益曲線——即為廠商面對的需求線。 (3)廠商的邊際收益曲線——即為其平均收益曲線。
短期均衡	(1)均衡條件——$MC = MR = AR = P$ (2)價格、成本與利潤——若均衡點在 AC 以上，廠商有額外利潤；在 AC 最低點處，有合理利潤；在 AC 以下，有虧損。 (3)停業點——價格低於 AVC 的最低點，廠商即停止生產。
供給曲線	(1)廠商短期供給曲線——MC 曲線高於 AVC 最低點的部分。 (2)市場供給曲線——為各廠商供給曲線之水平相加和。
其　　他	生產者剩餘——為市場供給曲線上方及價格線下方所包圍的部分。

長期均衡分析	
調整方式	產業調整方式——以新舊廠商進出產業為主，原有廠商調整生產規模為輔。
	(1)收益線——面對需求線＝AR 曲線＝MR 曲線（為一水平線）。就長

原有廠商 生產規模 的 調 整	期而言,面對需求線隨價格的變化而變化。 (2)均衡條件——$LMC=MR=AR=P$ (3)長期生產有利階段——在長期內,廠商不應停留在 LAC 最低點以前。 (4)價格、成本與利潤——若均衡點在 LAC 以上,廠商有額外利潤;在 LAC 最低點處,有合理利潤;在 LAC 以下,有虧損。 (5)停業點——市價低於 LAC 最低點,廠商即退出生產。
產業長期 調 整	(1)當市價高於 LAC 最低點時,原有廠商有額外利潤,乃吸引新廠商加入,其結果原有廠商的額外利潤消失,新廠商亦必須在 LAC 最低點處生產。 (2)當市價低於 LAC 最低點時,效率低的廠商率先退出生產。因供給減少,價格上升,使留在產業內的廠商得以在 LAC 最低點進行生產。 (3)因此在長期內,產業的調整主要由新舊廠商的進出而達成,原有廠商生產規模的調整僅為臨時應變措施而已。由於廠商可以自由進出產業,因此絕大多數廠商均在 LAC 最低點處進行生產。
產業長期 供給曲線	(1)成本遞增產業——產業長期供給曲線有正斜率。 (2)成本不變產業——產業長期供給曲線為水平線。 (3)成本遞減產業——產業長期供給曲線有負斜率。

完全競爭廠商的短期均衡

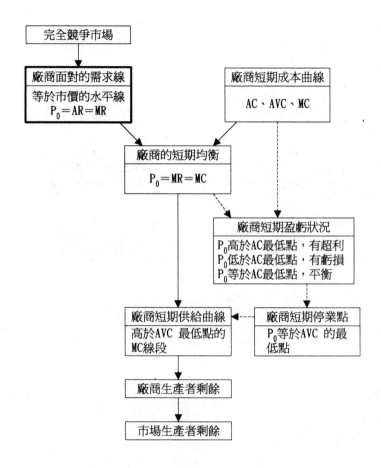

完全競爭市場的長期均衡

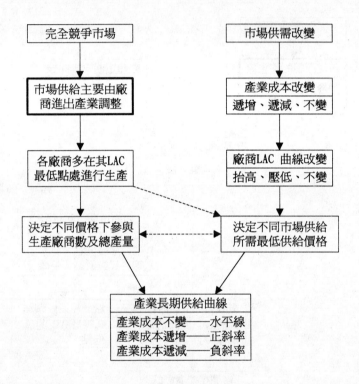

問　題

1. 何謂市場？其功能何在？

2. 何謂市場結構？市場中的買方或賣方可分為那幾種類型？根據何種標準加以分類？

3. 就產品市場而言主要有那四種結構的市場？該四種市場的賣方有何特質？因而產生什麼影響？

4. 完全競爭廠商所面對的產品需求線為一水平線，何故？因而產生何種特質？其影響如何？

5. 廠商短期的均衡條件為 $MR=MC$，何故？試說明之。

6. 完全競爭廠商的短期均衡有那幾種情況？試分別說明之。

7. 何謂廠商的短期停業點？其情況如何？

8. 完全競爭廠商的短期供給曲線為何？由何而來？其他市場結構的廠商是否也有短期供給曲線？何故？

9. 何謂生產者的剩餘？由何而來？

10. 完全競爭廠商長期內如何調整其生產規模？為什麼要調整生產規模？

11. 多數完全競爭廠商長期均在其 LAC 曲線最低點處進行生產，何故？

12. 完全競爭市場供給的改變主要是靠新舊廠商進出產業加以調整，何故？

13. 何謂產業的長期供給曲線？如何得來？是否只有完全競爭市場才有這種供給曲線？

14. 產業的生產成本長期可能發生變化，何故？因而對產業的長期供給曲線有何影響？

15. 在完全競爭市場下，一般說來個別廠商沒有長期供給曲線，何故？

16. 完全競爭有那些特質？因而對整個經濟社會有何影響？

第七章　獨占市場

在各種市場結構中，完全競爭市場為一個極端，獨占市場為另一個極端。完全競爭市場中每個廠商對市價均無影響力，獨占市場中只有一家廠商，對市價有絕對的影響力。獨占市場的主要特徵為整個市場或產業只有一家廠商，且其產品無相近的代替品，因此獨占廠商對市價有絕對的影響力。同樣情形，獨占廠商的成本組成與市場結構無關，有關者為其所面對的需求線，因此獨占廠商在進行產銷時乃有不同的決策行為。茲逐步說明如下：

一、獨占廠商的均衡

1. 獨占廠商所面對的需求線　由於獨占市場中賣方只有一家，因此其所面對的需求線即為市場的需求線，其情形見下列上圖。圖中 DD 即為市場的需求線亦即獨占廠商所面對的需求線。在通常情況下，市場的需求線具有負斜率。

2. 獨占廠商的收益曲線　市場的需求線亦即獨占廠商所面對的需求線即為其平均收益（ AR ）曲線，由 AR 曲線可導出總收益（ TR ）曲線及邊際收益（ MR ）曲線，其情形見圖7-1。

茲說明如下：

(1)由於獨占廠商所面對的需求線亦即其 AR 曲線具有負斜率，故其 MR 曲線必低於 AR 曲線。

(2)當需求彈性係數的絕對值 $|\varepsilon^D|>1$ 時，產品銷售量的增加率大於價格的下降率，故 TR 增加，因此 MR 為正值。

當需求彈性係數的絕對值 $|\varepsilon^D|<1$ 時，產品銷售量的增加率小

圖7—1 獨占廠商的收益曲線

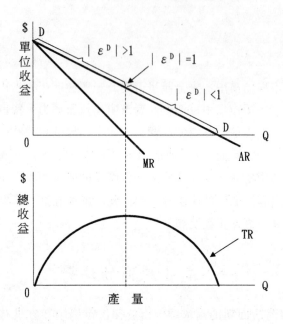

於價格的下降率,故 TR 減少,因此 MR 為負值。

故當需求彈性係數的絕對值 $|\varepsilon^D|=1$ 時,TR 為極大,同時 MR $=0$。

(3)當銷售量由0開始不斷增加時,TR 亦由0開始不斷增加,但其增加率則不斷下降;至需求彈性係數的絕對值 $|\varepsilon^D|=1$ 時,TR 達於最高點;過此即逐漸下降,但其下降率則呈遞增狀態。

3. 獨占廠商的訂價行為 儘管獨占廠商的 AR 曲線及 MR 曲線與完全競爭廠商者不同,但其最大利潤的均衡條件仍為 $MR=MC$。其原因為不論是何種市場結構下的廠商其邊際成本(MC)曲線必定是遞增的,因為邊際報酬是遞減的;不論是何種市場結構下的廠商其 MR 曲線是遞減的,至多是不減也不增,因為邊際效用是遞減的(因 MR 曲線由產品的需求線而來)。根據三段論法,任何市場結構下的

廠商其均衡條件必均為 $MR = MC$。

根據 $MR = MC$ 的均衡條件為獨占廠商進行訂價，其情形如下：

圖 7−2　獨占廠商的訂價

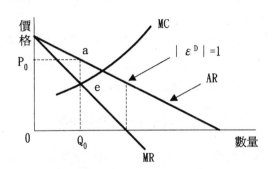

由上圖可看出，MR 曲線與 MC 曲線的交點即為所謂的均衡點，令其為 e。由 e 點引垂線向下與橫軸相交於 Q_0，則 OQ_0 即為最適產量。由 e 點引垂線向上與 AR 曲線相交於 a 點，則 a 點的縱坐標 OP_0 即為市場價格。

由整個訂價過程可看出，$MR = MC$ 為廠商獲得最大利潤的條件，由此決定最適產量，然後再依據其 AR 曲線亦即市場的需求線由最適產量決定市場價格，如此可使獨占廠商獲得最大的利潤。

獨占廠商與完全競爭廠商最大的不同點在於其所面對的需求線亦即其 AR 曲線，獨占廠商的 AR 曲線具有負斜率，因此其產銷決策乃有某些特質，茲列舉如下：

(1)由於獨占廠商的 AR 曲線具有負斜率，因此 MR 曲線有部分在橫軸以下，亦即有部分 $MR < 0$。當 $MR < 0$ 時，廠商不可能進行生產，因此獨占廠商的均衡點必須在 $MR > 0$ 的範圍內。又當 $MR > 0$ 時，市場需求彈性的絕對值 $|\varepsilon^D| > 1$，故知只有當 $|\varepsilon^D| > 1$ 時，獨占廠商才願意生產。

(2)由於獨占廠商的 AR 曲線具有負斜率，因此其 MR 曲線必在

AR 曲線之下，如此 MR 曲線與 MC 曲線的交點亦即其均衡點必在 AR 曲線之下且偏向左邊，使獨占廠商能以量制價而獲得獨占利潤。

(3)由於獨占廠商的 AR 曲線具有負斜率，AR 曲線與 MR 曲線不為同一條曲線，因此獨占廠商只有供給量，沒有供給曲線，其詳細情形將在第5節中說明之。

4. 獨占廠商的短期均衡 在短期內獨占廠商一如其他市場結構的廠商一樣，生產規模固定，其盈虧完全決定於市場的需求。獨占廠商按其短期盈虧狀況共有四種情況，茲分述如下：

圖7-3 獨占廠商的短期均衡

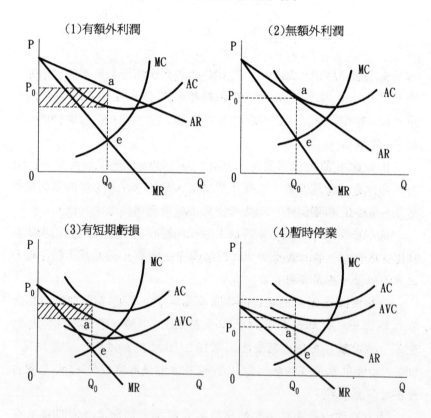

(1)有額外利潤 (2)無額外利潤

(3)有短期虧損 (4)暫時停業

以 AC 代表平均成本、AVC 代表平均變動成本，則

⑴在均衡點處，若 $AR>AC$，則廠商有額外利潤，其情形見上列⑴圖，圖中陰影部分即為額外利潤。

⑵在均衡點處，若 $AR=AC$，此時 AR 曲線與 AC 曲線相切，切點的橫坐標與均衡點的橫坐標相同，則廠商無額外利潤，亦無虧損，其情形見上列⑵圖。

⑶在均衡點處，若 $AC>AR>AVC$，則廠商有短期虧損，其情形見上列⑶圖，圖中陰影部分即為短期虧損。

⑷在均衡點處，若 $AR<AVC$，則廠商暫時停業，其情形見上列⑷圖。

5. 獨占廠商沒有供給曲線　　由圖 7-2 可看出，獨占廠商的供給量 OQ_0 為 $MR=MC$ 均衡點 e 的橫坐標，但價格 OP_0 不是均衡點 e 的縱坐標，而是通過均衡點垂線與 AR 曲線交點 a 的縱坐標。該兩點即 e 與 a 雖在同一條垂線上，但不是一點，因此可能有另一條市場需求線亦即獨占廠商的 AR 曲線，其 MR 曲線與 MC 曲線的交點亦即均衡點仍為同一點，亦即 e 點，因此供給量仍為 OQ_0，但由均衡點所引垂線與新 AR 曲線的交點，其縱坐標即新價格可能與舊價格不同，其情形見圖 7-4。

圖 7-4 中 AR_1 及 MR_1 分別為原有的平均收益曲線及邊際收益曲線，MR_1 曲線與 MC 曲線的交點亦即均衡點為 e，由此所決定的供給量為 OQ_0，價格為 OP_1。假定有另一條平均收益曲線，令其為 AR_2，其邊際收益曲線為 MR_2，而 MR_2 正好通過原均衡點 e，此時廠商的供給量仍為 OQ_0，但因 AR_2 的不同，價格改變為 OP_2。由此可知，獨占廠商在同一個供給量下，由於其所面對的需求線不同，則所決定的價格亦不同。反之，獨占廠商在同一個價格水準下，由於其所面對的需求線不同，則所決定的供給量亦不同。由此可知，獨占廠商只有供給量，沒有供給曲線。

圖7-4　獨占廠商無供給曲線

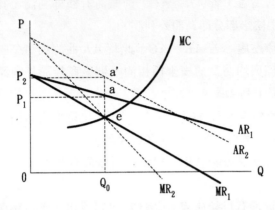

6. 獨占廠商的長期均衡　其情形與上述短期均衡相似，僅將 AC 曲線換成長期平均成本（LAC）曲線、MC 曲線換成長期邊際成本（LMC）曲線及最大利潤的均衡條件改為 $MR=LMC$ 即可。其情形如下：

(1)在均衡點處，若所定價格（即由均衡點引垂線與 AR 曲線交點的縱坐標）大於 LAC，則廠商有額外利潤。

(2)在均衡點處，若所定價格等於 LAC，則廠商無額外利潤，只有合理利潤。

(3)在均衡點處，若所定價格小於 LAC，則廠商有虧損，將退出生產。這種情形可能是市場的需求太少，不足以使一個廠商作經濟生產；或者是這個廠商的生產效率太低。

同樣理由，在長期間內獨占廠商亦無供給曲線。

7. 獨占利潤的維護　獨占廠商有額外利潤時，獨占者必設法予以維護，不讓他人進入產業分一杯羹，而他人亦必千方百計設法進入產業來分一杯羹。果爾，則獨占市場即行變質而成為其他結構的市場。獨占廠商如何設法阻止別人進入產業，亦即獨占廠商如何設立進入障礙，將在下一章中說明之。

二、差別訂價

1. 差別訂價的意義與目的　所謂「差別訂價」（price discrimination），即同一產品在不同時間、不同空間、不同消費階層或不同購買量下，以不同價格出售，其目的在攫取消費者的剩餘，以擴大其獨占利潤。最常見的差別訂價法有三種，即不同市場差別訂價法、階段訂價法及尖峰訂價法。茲分述如下：

2. 不同市場差別訂價法　所謂不同市場差別訂價，即同一種產品在兩個或兩個以上市場中以不同價格出售。例如同一產品在國內市場及國外市場的售價不同，家庭用電、工業用電及商業用電的價格不同，這都是不同市場的差別訂價。不同市場差別訂價的實施有兩個條件，即第一、各個市場能完全分開，否則產品將由低價市場流入高價市場；第二、各個市場的需求彈性不能相同，否則低價市場大家搶著買，高價市場大家不買或買得很少。茲以兩個市場的差別訂價為例加以說明，其情形如下：

圖 7-5　兩個市場的差別訂價

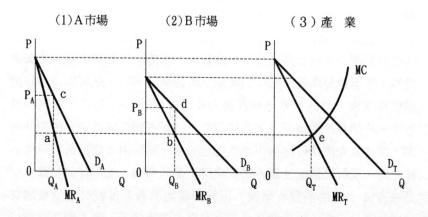

茲逐步說明如下：

(1)根據 A 市場的需求線 D_A 求得獨占廠商的邊際收益線 MR_A，見上列(1)圖。根據 B 市場的需求線 D_B 求得獨占廠商的邊際收益線 MR_B，見上列(2)圖。

(2)求 A、B 兩市場需求線的水平相加和，其結果即為獨占廠商亦即整個產業所面對的總需求線 D_T。求 A、B 兩市場邊際收益曲線的水平相加和，其結果即為獨占廠商亦即整個產業的邊際收益曲線 MR_T，見上列(3)圖。

(3)獨占廠商的 MC 曲線與 MR_T 曲線的交點 e 即為廠商的均衡點。由 e 點引水平線與 MR_1 曲線相交於 a 點，與 MR_2 曲線相交於 b 點。

(4)a 點的橫坐標 OQ_A 即為 A 市場的銷售量。由 a 點引垂線與 D_A 曲線相交於 c 點，c 點的縱坐標 OP_A 即為 A 市場的價格。

(5)b 點的橫坐標 OQ_B 即為 B 市場的銷售量。由 b 點引垂線與 D_B 曲線相交於 d 點，d 點的縱坐標 OP_B 即為 B 市場的價格。

(6)就(3)圖而言，整個產業的最適產量為 e 點的橫坐標 OQ_T，必等於 A、B 兩市場的銷售量之和，即 $OQ_A + OQ_B = OQ_T$。其原因為 MR_T 曲線為 MR_A 及 MR_B 兩曲線的水平相加和，且所採取的 MR_A 與 MR_B 均等於 MR_T，即 $MR_A = MR_B = MR_T$。

由上圖可看出，A 市場由於需求彈性較小，故能用以量制價的方式提高售價；B 市場由於需求彈性較大，不能用以量制價的方式提高價格，甚至還會降低一點；因此兩市場的價格不同。如果兩市場以同樣價格銷售，則此價格必略高於 OP_B，但低於 OP_A 甚多，總銷售量不變。故知在通常情況下，差別訂價可使獨占廠商獲得更多的額外利潤，當然其先決條件是兩市場能完全分開，同時兩市場的需求彈性不能相同。差別訂價能使獨占廠商獲得更多的利潤，此更多的利潤主要是來自 A 市場的消費者剩餘，因該市場的消費者以較高的價格購買相同的產品。其所以如此，是因為其需求彈性較低，獨占廠商有機可

乘，用以量制價的方式將部分消費者剩餘攫來。

　　以上所述者為兩個市場的差別訂價，可以擴展為多個市場的差別訂價，其情形與兩個市場者完全相似，讀者可試自推論之。

　　3. 兩市場需求彈性不能相等的證明　假定需求線為一條具有負斜率的直線，其情形如下：

　　　　圖7－6　需求彈性與價格及邊際收益的關係

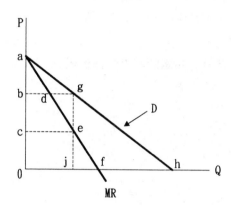

　　為證明兩市場需求彈性不能相等，必須先證明上圖中的 $\overline{of}=\overline{fh}$。令直線式的需求函數為：

$$P = k - lQ \quad\cdots\cdots\cdots\cdots\cdots\cdots\cdots\cdots\cdots\cdots\cdots ①$$

式中 $l > 0$。

　　廠商的總收益為：

$$TR = P \cdot Q = kQ - lQ^2$$

其邊際收益可求得如下：

$$MR = \frac{\mathrm{d}TR}{\mathrm{d}Q} = k - 2lQ \quad\cdots\cdots\cdots\cdots\cdots\cdots\cdots ②$$

當 $P = 0$ 時，由①式解得：

$$Q = \frac{k}{l}$$

此為需求線亦即 AR 曲線在橫軸上的截距，亦即 Oh。當 $P=0$ 時，由上圖可看出 $MR=0$，由②式解得：

$$Q = \frac{k}{2l}$$

此為 MR 曲線在橫軸上的截距，亦即 of。

AR 的截距為 MR 截距的兩倍，故知

$$\overline{of} = \overline{fh}$$

上圖中需求線在 g 點處的需求彈性係數為：

$$\varepsilon^D = \frac{\mathrm{d}Q}{\mathrm{d}P} \cdot \frac{P}{Q}$$

$$= \frac{\overline{bg}}{\overline{ab}} \cdot \frac{\overline{bo}}{\overline{oj}} = \frac{\overline{bg}}{\overline{ab}} \cdot \frac{\overline{bo}}{\overline{bg}} = \frac{\overline{bo}}{\overline{ab}}$$

$\because \quad \overline{of} = \overline{fh}$

$\therefore \quad \overline{bd} = \overline{dg}$

$\because \quad \overline{bd} = \overline{dg}$

$\therefore \quad \overline{ab} = \overline{ge} = \overline{bc}$

代入 ε^D 得：

$$\varepsilon^D = \frac{\overline{bo}}{\overline{ab}} = \frac{\overline{bo}}{\overline{bo} - \overline{co}} = \frac{P}{P - MR} \quad \cdots\cdots\cdots\cdots\cdots\cdots ③$$

根據此式即能證明 A、B 兩市場的需求彈性不能相等。A 市場的需求彈性係數為：

$$\varepsilon_A^D = \frac{P_A}{P_A - MR_A}$$

B 市場的需求彈性係數為：

$$\varepsilon_B^D = \frac{P_B}{P_B - MR_B}$$

假定兩市場的需求彈性相等，即

$$\frac{P_A}{P_A - MR_A} = \frac{P_B}{P_B - MR_B}$$

已知獨占廠商差別訂價最大利潤的條件為：

$$MR_A = MR_B = MR_T$$

代入上式得：

$$\frac{P_A}{P_A - MR_T} = \frac{P_B}{P_B - MR_T}$$

$$\therefore \qquad P_A = P_B$$

故知兩市場的需求彈性不能相等，否則兩市場的價格將完全相等。

4. 階段訂價法　所謂階段訂價，即一種產品依其銷售順序予以不同的訂價。例如某餐飲店規定咖啡第一杯的售價為100元，其後每增加一杯價格均降為60元。又例如某百貨公司規定襯衫一件600元，兩件1,100元，三件1,600元，餘依此類推，意即襯衫第一件是600元，其後每件是500元。階段訂價的目的亦在攫取消費者的剩餘，其目的當然是擴大廠商的利潤。消費者在購買第一單位時，因其需求最為殷切，雖價格稍高亦願意購買，如此其剩餘即被攫去，其情形見下圖：

圖7-7　階段訂價法

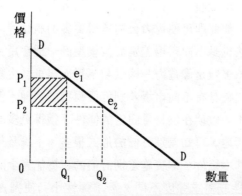

上圖中，DD 為消費者的需求線，購買量為 OQ_1 時，價格為 OP_1
；增購量為 Q_1Q_2 時，價格為 OP_2。圖中陰影部分即為被廠商攫去的
消費者剩餘。

階段訂價法看起來好像與不同市場差別訂價法不同，事實上前者
是後者的一種應用，所不同的是前者發生在同一個消費者身上，而後
者則發生在不同消費者身上。一個消費者其第一個購買單位與第二個
購買單位是可以分開的，因為第一個購買單位為產生第二個購買單位
的先決條件。由於兩個購買單位的需求強度不同，故廠商可以實施差
別訂價，攫取第一個購買單位的消費者剩餘以擴大其利潤。如果將各
個消費者的第一個購買單位看作是一個市場，第二個購買單位看做是
另一個市場，則階段訂價即可看作是兩個不同市場的差別訂價。當然
這種差別訂價畢竟與標準的兩個不同市場的差別訂價有所不同，因階
段訂價的第一個購買單位與第二個購買單位間有順位的關係，因此可
改用圖 7-7 的方式加以說明。

同樣情形，階段訂價可以是兩段的，也可以是多段的，讀者可試
自推論之。

5. 尖峰訂價法 所謂尖峰訂價，即同一種產品在需求大的時候，
提高其售價；需求小的時候，降低其售價，如此可使獨占廠商獲得較
多的利潤。例如電力公司在電力消費尖峰的時候收取較高的電費，以
減少超額需求並增加收益；在低潮的時候收取較低的電費，以減少浪
費而增加收益；如此即可使電力公司獲得更多的利潤。

尖峰訂價法也是不同市場差別訂價模型的一種應用。所不同的是
尖峰訂價的對象多數是像電力一樣供給不變而需求發生變化的產品，
因此其訂價方式雖具有不同市場差別訂價模型的精神，但在細節方面
乃必須加以修正，以期在供給量固定的條件下獲得更多的利潤。

綜合以上所述，可知差別訂價的形式很多，不論是何種形式，均
必須滿足兩個基本條件，即實施差別訂價的市場能完全隔離，及不同
市場的需求彈性或需求強度不同。需求彈性小乃使獨占廠商有機可

乘，用以量制價的方式將消費者的部分剩餘攫去；市場被隔離，高價市場的消費者無法逃避，只有任聽宰割。人生就是如此，一個人的活動空間如果受到限制，同時其為人又缺乏彈性，則其行動必將受制於人，殆無疑義。

三、獨占與完全競爭的比較

　　主要比較兩者的經濟效率，茲首先介紹經濟效率的意義，其情形如下：

　　1. 經濟效率的意義　「經濟效率」（economic efficiency）亦稱「柏雷托最適境界」（Pareto optimality），是指資源的分派運用已達到一種境界，在此境界下資源不論再如何分派，亦不能使某些經濟個體得到更多的利益，同時不損及其他經濟個體的既得利益。一個經濟社會如果其資源的分派運用達到這種境界，則稱已達經濟效率。影響經濟效率的因素很多，可歸納為產品面及所得面兩大類。就所得面而言，一般說來如果社會中的所得及財富分配愈平均，則在其他條件不變的情況下，整個社會的滿足程度會加大。現在假定社會中的所得及財富分配不變，亦即在不損及其他經濟個體利益的前提下，專就產品面來看經濟效率，如果資源的分派達於柏雷托最適境界，則稱已達經濟效率。由此可知，此處所謂的經濟效率是指產品面的經濟效率，不包括所得面的考慮特別是消費能力的考慮在內。

　　經濟效率其內涵包括兩方面，其一為生產效率，另一為分派效率，茲分述如下：

　　2. 生產效率　所謂「生產效率」（production efficiency），是指生產一種產品是否以最低成本的方式進行生產。對此有兩個層次，其一為在某固定產量下廠商是否以最低成本進行生產，另一為各個廠商是否在其長期平均成本（LAC）曲線最低點處進行生產。前者是局部性的，只涉及廠商本身；後者是全面性的，涉及整個產業。茲分

述如下：

(1)在某固定產量下廠商是否以最低成本進行生產的問題。首先要問廠商的生產規模是否恰當，其次要問在已知生產規模下資源的投入結構是否合理。在已知生產規模下各種可變資源的使用比例如果符合生產者均衡的條件，則在該規模下某固定產量的生產成本最低。至於生產規模，則應隨產量的多寡加以調整，使得在某特定產量下成本最低。此成本最低點必落在 LAC 曲線上，因 LAC 曲線為廠商在長期內不斷調整規模以配合不同產量的最低成本曲線。綜合以上所述，可知在長期間內欲使廠商的生產效率最高，則廠商必須沿著其 LAC 曲線以調整其產量。

(2)產業內各廠商是否在其 LAC 曲線最低點處進行生產的問題，此與市場的結構有關。一般說來，只有完全競爭市場才能達到這種境界，完全競爭市場下長期內各廠商多在其 LAC 曲線最低點處進行生產，因此其生產效率較高。

3. 分派效率 所謂「分派效率」（ allocation efficiency ），是指資源在各種不同產業間的分派是否恰當。其條件為同一資源用於各產業的邊際收益等於其機會成本，亦即同一資源一單位用於各種產業的邊際收益皆相等，如此資源在各產業間的分派最恰當，而使其分派效率最高。

4. 經濟效率總括 綜合以上所述，可知經濟效率順次包含下列三個層次，即

(1)廠商層次——其主要關鍵在於短期內廠商是否按照生產者均衡的條件以組合其可變資源，果爾，則短期的生產成本最低。長期內廠商是否適當的調整生產規模並按照生產者均衡的條件以組合其所有的資源，果爾，則長期的生產成本最低。若 LAC 曲線為廠商的長期成本最低曲線，則廠商在長期內應沿著 LAC 曲線以調整其產量，如此其生產效率最高。

(2)產業層次——其主要關鍵在於長期內產業內的各廠商是否均在

其 LAC 曲線最低點處進行生產，果爾，則整個產業的生產效率最高。

(3)社會層次——其主要關鍵在於長期內同一種資源一單位用於各種產業所獲得的邊際收益是否相等，果爾，則資源在各產業間的分派效率最高。

如果上列三個層次的效率都能圓滿達成，同時假定社會中的所得及財富分配不變，則在有限的資源下，可使整個社會獲得最大的滿足，亦即達於柏雷托的最適境界。

上面所討論的純粹是從資源利用的觀點來看經濟效率，即同一資源在各產業間的分派是否適當，不同資源在各產業內的組合是否適當；前者涉及生產什麼及生產多少的問題，後者涉及如何生產的問題。如何生產的問題比較單純，不論短期或長期資源的組合只要合於生產者均衡的條件，同時長期能在 LAC 曲線最低點處進行生產，則產業內的生產效率最高。至於生產什麼及生產多少的問題，此不但與資源在各產業間的分派是否適當有關，同時與各產品的需求有關，而各產品的需求又與消費者的所得與財富分配有關。一般說來，所得與財富的分配愈平均，則在有限的資源下整個社會的滿足愈大。然而所得與財富的分配是否應該平均，用什麼手段來平均，茲事體大，必須詳加考慮才行。為使經濟效率衡量的問題單純化，暫不考慮所得與財富分配的問題，而在既有的所得與財富分配的基礎上來加以探討，這是前面介紹經濟效率的意義時特別指明經濟效率就是柏雷托最適境界的原因。

5. 完全競爭市場與獨占市場生產效率的比較　由第六章的說明知，完全競爭市場由於各廠商互相競爭，迫使其在 LAC 曲線最低點處進行生產。而獨占市場由於廠商只有一家，沒有競爭，同時其所面對的需求線具有負斜率，為求利潤為最大，廠商的最適產量必低於其 LAC 曲線最低點的產量。由此可知，就生產效率的觀點而言，完全競爭市場較獨占市場為有效。

6. 獨占對分派效率的影響　假定一個市場是因為政府法令所形成的獨占市場，例如我國的煙酒公賣制度。獨占廠商為求獲得最大利潤，必限制其生產以提高價格，其情形見下圖：

圖7-8　獨占對分派效率的影響

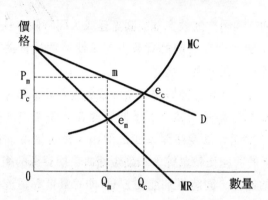

圖中 e_m 為獨占廠商的均衡點，OQ_m 為獨占廠商的供給量，亦即整個市場的供給量，OP_m 為獨占市場的價格。

如果該市場開放，由許多廠商生產，形成完全競爭市場。就短期而言，各廠商的 MC 曲線高於 AVC 的部分即為其供給曲線，各廠商供給曲線亦即其 MC 曲線的水平相加和即為市場的供給。假定此市場供給即為獨占廠商的 MC 曲線，則圖中 MC 曲線即為完全競爭市場的市場供給曲線。在完全競爭市場下，價格與交易量決定於市場供需的均衡點，即圖中的 e_c 點，從而決定交易量為 OQ_c，價格為 OP_c。

完全競爭市場的均衡點 e_c 為 MC 曲線與需求線 D 的交點，獨占廠商的均衡點 e_m 為 MC 曲線與 MR 曲線的交點；由於需求線有負斜率，故完全競爭市場的生產量 OQ_c 大於獨占市場的生產量 OQ_m。由於獨占廠商能以量制價，故獨占市場的價格 OP_m 高於完全競爭市場的價格 OP_c。

一個經濟社會中，如果某些產業是獨占的，另一些產業是完全競

爭的。獨占產業為求高利必定限制其產量，其結果同一資源一單位在獨占產業所獲得的邊際收益高於完全競爭產業，意指獨占產業生產得不夠，而完全競爭產業則生產得過多，如此在有限的資源下不能使整個社會獲得最大的滿足。易言之，即資源的分派效率未達於最適境界，而使社會產生損失。

7. 獨占的社會成本　　茲繪圖說明如下：

圖7-9　獨占的社會成本

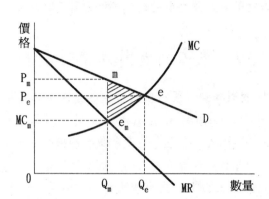

上圖中，獨占廠商的均衡點為 e_m，在此均衡點下，廠商的邊際成本為 MC_m，產品的售價為 OP_m。此時消費者願意付 OP_m 的代價增購一單位產品消費，廠商生產此一單位產品所耗的邊際成本為 MC_m，低於 OP_m。以較低的成本生產去滿足消費者較高的慾望，這對社會是有利的，廠商理應繼續增加生產，直至邊際成本等於市價為止。然而獨占廠商不此之圖，為獲取最大利潤（不是社會的最大福利），乃限制生產，將多餘的資源推給其他產業，生產消費者邊際效用較低的產品，這是整個社會的損失，稱之為獨占的「社會成本」（social cost）。

如果不是獨占市場，而是完全競爭市場，則均衡點應由 e_m 移至 e，產量由 OQ_m 增加至 OQ_e，價格由 OP_m 下降至 OP_e。在 e 點消費者

的付價等於廠商的邊際成本，無社會成本。由此可知，圖中的陰影部分即為獨占的全部社會成本，因在此範圍內市價均高於廠商的邊際成本，對整個社會而言是一種損失。

以上是從社會福利的觀點來探討獨占的社會成本，除此而外，吾人亦可從資源分派效率的觀點來探討獨占的社會成本，兩者是殊途同歸的，此點在上節末尾中即已提及，毋庸贅述。

獨占廠商為求最高利潤，乃限制其生產，使社會產生損失，由此可知，經濟個體的利益與整個社會的經濟福利有時是互相衝突的。

四、獨占的成因與管制方法

1. 獨占的成因與種類　獨占按其發生的原因可分為兩大類，一類為「自然獨占」(natural monopoly)，另一類為「人為獨占」。自然獨占發生的原因有二，其一為產業具有規模經濟，規模愈大，單位成本愈低，因此自然地形成獨占的局面。例如電信、電力、自來水及瓦斯等都是固定投資很大具有規模經濟的產業，因此多為獨占事業。另一原因為產業不具規模經濟，但需求很少，一家廠商的產量足夠供應全部需要，如此亦形成獨占的局面。例如某些用途不廣的醫療器材及藥品的生產常有獨占的現象。

人為獨占顧名思義是產業不具上述自然獨占的條件，而是以人為的手段使其成為獨占事業。人為的手段分為兩種，一種是政府以法令賦與某經濟單位對某產業具有獨占的權利。例如我國的煙酒公賣制度，即是政府制定煙酒公賣法賦與煙酒公賣局獨家生產及銷售煙酒的權利，他人不得經營，否則即屬違法。另一是先進入產業的廠商以人為的手段阻止其他廠商進入產業，如此亦可能形成獨占事業。阻止他人進入產業的方法很多，此將在下一章中說明之。

2. 自然獨占的問題及其管制　需求很少所形成的自然獨占，一方面因為對社會的影響很小，另一方面如果其利潤太高其他廠商會加入

競爭，問題不大，故甚少加以管制。而需求普遍且具有規模經濟的獨占事業，因其對社會的影響很大，故需要加以管制。自然獨占事業管制的內涵包括兩方面，其一是成本管制，另一是訂價管制。自然獨占廠商因無其他競爭者，很可能會發生經營不善而加重其成本的情事，此加重的成本部分將通過產品的訂價轉嫁給消費者，因此自然獨占廠商的生產成本必須加以管制，其法一般是對產品的訂價加以限制，迫使其改善。至於訂價管制，茲繪圖說明如下：

圖7－10　自然獨占產品訂價的管制

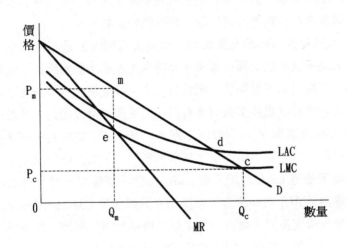

圖中 D 為市場需求線，MR 為獨占廠商的邊際收益曲線，LAC 為廠商的長期平均成本曲線，LMC 為廠商的長期邊際成本曲線。

MR 曲線與 LMC 曲線的交點 e 為獨占廠商最大利潤的均衡點，由此決定最適產量為 OQ_m 及市場價格為 OP_m。這是從獨占廠商獲得最大利潤的觀點所決的產量及價格。如果將其視為一個完全競爭市場，則 LMC 曲線即為市場的供給，市場供給與市場需求的均衡點為 c，由此所決定的產量為 OQ_c，價格為 OP_c。然而在 c 點處，產品的售價 OP_c 低於其 LAC，廠商有淨虧損，不願意生產。為使廠商願意

生產，則均衡點必須由 c 點移至 d 點，d 點處產品的售價等於其
LAC，只有合理利潤，而無額外利潤。由此可知，線段 md 為獨占廠
商的訂價範圍，m 點可給予廠商最大利潤，d 點給予廠商合理利潤，
中間部分愈接近 m 點則廠商所獲利潤愈多，愈接近 d 點則廠商所獲
利潤愈少。如果政府愈是顧及社會的整體利益，包括消費者的利益及
資源利用的效率，則政府愈應壓低其售價，使其接近 d 點。

　　尤有進者，獨占廠商如果有經營不善而使成本加大的情況，此時
其 LAC 及 LMC 曲線會提高，如此其訂價範圍即線段 md 會沿著需求
線向左上方移動，其結果對整個社會將產生不利。為迫使其改善，政
府應限制其在 d 點處訂定售價，甚或低於 d 點。

3. 人爲獨占的問題及其管制　前述人為獨占多是不具規模經濟而
是以人為手段形成的獨占事業，為使其生產成本能夠降低，此種事業
多由一個總公司下設幾個工廠進行生產。在此情況下，首先要決定的
是該公司應設立幾個工廠始最有利。其法假定該公司的工廠數由一個
開始，其後逐個增加，每個工廠有一條 LAC 曲線及一條 LMC 曲
線，逐步予以累加亦即逐步求其水平相加和，如此即得該公司在不同
工廠數下的總 LAC 曲線及總 LMC 曲線。然後與市場的需求線及由
其所導出的 MR 曲線會合，根據 MR 曲線與總 LMC 曲線的交點亦即
均衡點，決定不同工廠數下的產量、價格及額外利潤。然後選取額外
利潤為最大的工廠數，即為該公司的最適工廠數。

　　前述人為獨占發生的原因有兩類，其一為政府法令及政策所給予
的獨占權利，另一為其他人為手段。由政府法令及政策所形成的獨占
事業，有兩種型態，一種是公營的型態，即所謂的公營事業；另一種
是私營的型態。公營事業由政府直接管制，其詳細情形將在下節中說
明之。私營企業政府亦可加以管制，但其方式略有不同，如其產品為
民生必需品，則其售價將由政府加以監督；如為保護幼稚產業所形成
的獨占事業，除去其產品售價將由政府監督外，復用其他有關手段
加以控制，包括保護期限的終止及降低關稅准許進口等。關於其他人

為手段所形成的獨占事業，其他人為手段包括以廣告提高產品知名度並提高銷售成本以阻礙別人進入產業（詳細情形將在下一章中說明之）、以傾銷的方式打擊競爭者迫使其退出產業、以兼併的方式與競爭者同流合污共謀獨占利益，其他方式尚有控制原料來源、控制生產技術及控制銷售管道等，不一而足。對於這些獨占事業政府可以制定法令的方式加以管制，例如美國的反獨占法及我國的公平交易法等，其目的都在限制獨占，尤其是以不法手段所形成的獨占，維持適度的競爭，以保障消費者的權益並擴大社會的福利。除去政府的管制以外，潛在競爭者亦是改善獨占的重要憑藉，如果獨占廠商的利潤太高或是經營不善成本加大，潛在的競爭者必將進入產業發生制衡作用，除非有政府法令的保障。

4. 公營企業的性質與管制　政府自行興辦企業其原因不外有下列六種：

⑴增加財政收入，如我國的煙酒公賣制度。

⑵基於國防安全，如軍方所興辦的各種軍品生產事業。

⑶基於國家的整體利益，如中央銀行例由中央政府經營。

⑷因應大衆需求但利潤微薄甚或有虧損的事業，如自來水及公共汽車等事業。

⑸投資龐大民間無力興辦的事業，如電力、鋼鐵及鐵路運輸等事業。

⑹開發初期風險較大的事業，如石油及各種礦物的開採，以及尖端科技產品的開發等。

各種公營企業由於其性質及任務不同，因此不能完全根據其盈餘的多寡以衡量其績效，而必須根據成本控制、任務達成及影響層面等不同角度來衡量。公營企業的管理機構甚多，除去其直屬部會及地方政府外，最後尚須通過中央的主計、人事以及民意機構的審查與監督。管制公營企業的理論與方法很多，因篇幅所限，不能一一介紹。

摘　要

獨　占　市　場

		獨 占 市 場 的 意 義 與 性 質
定義		獨占市場為買方為完全競爭賣方為獨占的市場。
條件		(1)賣方廠商只有一家。　　　　　(2)產品無近似代替品。 (3)無其他廠商進出產業。
性質		獨占廠商對產品價格有絕對的影響力，而為價格的操縱者。
		獨 占 廠 商 的 收 益 線
收益線		(1)廠商所面對需求線——即為市場的需求線，具有負斜率。 (2)廠商的平均收益線——即為其所面對的需求線。 (3)廠商的邊際收益線——由 AR 曲線求得，在 AR 曲線之下。
關係		(1)當 $\left\|\varepsilon^D\right\|>1$ 時，TR 上升，$MR>0$ (2)當 $\left\|\varepsilon^D\right\|=1$ 時，$TR=$ 極大，$MR=0$ (3)當 $\left\|\varepsilon^D\right\|<1$ 時，TR 下降，$MR<0$
		獨 占 廠 商 的 均 衡
短期	均衡	條件—— $MR=MC$ 限制——均衡點必須在 $MR>0$ 的範圍內，因 MC 不可能為負數也。
短期	利潤	(1)在均衡點處，若 $AR>AC$，則廠商有額外利潤。 (2)在均衡點處，若 $AR=AC$，則廠商無利潤，亦無虧損。 (3)在均衡點處，若 $AC>AR>AVC$，則廠商有短期虧損。 (4)在均衡點處，若 $AR<AVC$，則廠商退出生產。
長期	均衡	條件—— $MR=LMC$ 限制——均衡點必須在 $MR>0$ 的範圍內。
長期	利潤	(1)在均衡點處，若 $AR>LAC$，則廠商有額外利潤。 (2)在均衡點處，若 $AR=LAC$，則廠商無利潤，亦無虧損。 (3)在均衡點處，若 $AR<LAC$，則廠商退出生產。
供給曲線		獨占廠商無供給曲線，因同一供給量下可能出現兩種不同的價格；相反地，同一價格下也可能出現兩種不同的供給量。

差　別　訂　價	
意義	即同一產品在不同時段、地區、消費階層及購買順序課以不同價格。
實施 條件	(1)兩市場能完全隔離。 (2)兩市場的需求彈性不能相同。
均衡	(1)根據 $MR_T=MC$ 決定廠商的均衡點（ $MR_T=MR_1+MR_2$ ）。 (2)已知 MC 的數值，則 $MR_1=MC$ 及 $MR_2=MC$ 分別為兩市場的均衡點。 (3)根據兩市場的均衡點及其 AR_1 及 AR_2 分別決定兩市場的價格。
涵義	差別訂價主要是對需求急切者及鈔票多得不值錢的人課以高價，如此部分消費者剩餘即被獨占廠商取去，以擴大其獨占利潤。

經　濟　效　率		
經濟效率的意義與內涵	意義	資源不論如何再分配運用，也不能使某些經濟個體獲得更多的利益，而不影響其他經濟個體的既得利益，這種境界稱為已達經濟效率，或已達柏雷托最適境界。
	內涵	經濟效率包含「生產效率」及「分派效率」兩方面。
	生產效率	有三個層次： (1)某廠商在某特定生產規模下其成本曲線是否為各產量下最低成本的曲線。 (2)就長期而言，在某特定產量下，廠商是否調整生產規模而以該產量之長期最低成本生產，此點必在 LAC 曲線上。 (3)產業內各廠商是否在其 LAC 最低點處進行生產。
	分派效率	資源在各產業間的分配是否恰當，其原則為資源一單位用於各種產業所獲邊際收益皆相等，則其分派效率最高。
完全競爭產業與獨占產業經濟效率的比較	生產效率	完全競爭市場長期內各廠商多在 LAC 最低點處進行生產，而獨占廠商則否，故就生產效率言，完全競爭較獨占為有效。
	分派效率	獨占廠商為求獲得較多利潤，乃限制生產，其結果獨占產業之產量偏低，完全競爭產業之產量偏高，降低資源的分派效率。
	獨占的社會成本	在獨占市場下，消費者的付價高於廠商的邊際成本，就整個社會而言，以較低的代價即能滿足消費者較高的慾望，但獨占廠商不此之圖，因而產生一種損失，此即所謂的獨占的社會成本。

獨占廠商的均衡

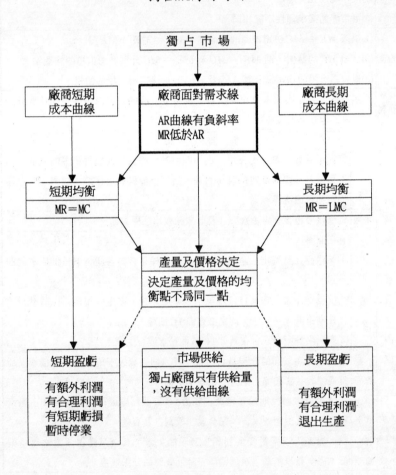

獨占市場與經濟效率

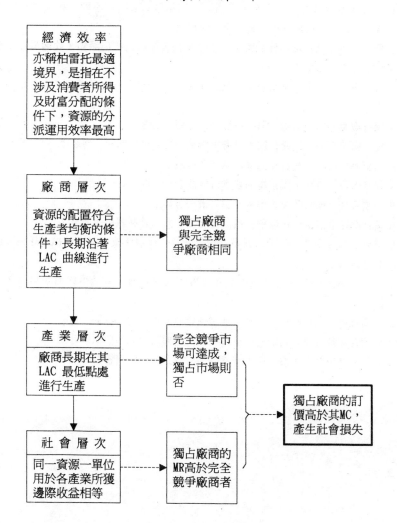

問　題

1. 獨占廠商所面對的產品需求線與完全競爭廠商者有何不同？因而有何種特質？最後產生何種結果？試對照比較說明之。

2. 獨占廠商產品需求彈性絕對值的大小與其邊際收益有何關聯？此關聯在生產決策上有何涵義？

3. 獨占廠商的短期均衡條件與長期均衡條件分別與完全競爭廠商者完全相同，何故？

4. 獨占廠商的短期均衡有那些情況？試分別說明之。

5. 獨占廠商無論短期或長期均只有供給量，沒有供給曲線，何故？

6. 何謂差別訂價？其實施的條件為何？何故？

7. 何謂階段訂價法？與正規的差別訂價法有何不同？

8. 何謂尖峰訂價法？與正規的差別訂價法有何不同？

9. 為什麼差別訂價能提高獨占廠商的利潤？此額外利潤由何而來？

10. 何謂經濟效率？何謂柏雷托最適境界？為什麼經濟效率要根據柏雷托最適境界來衡量？

11. 為什麼獨占廠商的經濟效率就產業層次而言沒有完全競爭廠商來得高？何故？

12. 一個社會中如果有獨占產業，則將使資源的利用效率降低，何故？

13. 何謂自然獨占與人為獨占？這兩種獨占事業政府應如何加以管制？

14. 私營的自然獨占事業政府對其產品的訂價應如何加以管制？

第八章　不完全競爭市場

完全競爭市場與獨占市場為各種市場結構中的兩個極端，在現實社會中較不普遍，比較常見的是介於兩者之間的市場結構，稱為不完全競爭市場。不完全競爭市場可大別為兩種類型，其一為獨占性競爭市場，這種市場比較接近完全競爭市場一邊；另一為寡占市場，這種市場比較接近獨占市場一邊。同樣情形，不管是那一種市場結構，只影響廠商所面對需求線的型態，不影響廠商的生產成本。茲先說明獨占性競爭廠商的產銷決策行為，然後說明寡占廠商的產銷決策行為，最後說明寡占廠商如何設立進入障礙以謀取壟斷利益。

一、獨占性競爭市場

1. 獨占性競爭市場的特徵　獨占性競爭市場的買方為完全競爭，賣方為獨占性競爭。賣方的情況如下：

(1)廠商數很多。

(2)各廠商的產品為異質。

(3)進出產業比較容易。

由於各廠商的產品為異質，故各廠商對其產品的價格有部分影響力。又由於進出產業相當容易，故獨占性競爭廠商對其產品的價格雖有影響力，但影響力不大。

2. 獨占性競爭廠商的短期均衡　茲繪圖說明如圖8-1。

茲逐步說明如下：

(1)廠商所面對的需求線——因為各廠商的產品為異質，對售價有部分影響力，故其所面對的需求線有負斜率；又因為廠商進出產業

圖 8-1　獨占性競爭廠商的短期均衡

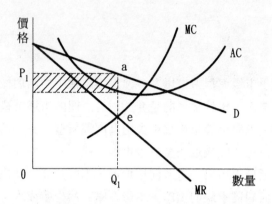

比較容易，具有潛在的競爭，故負斜率不是很大。上圖中 D 所代表的直線即為廠商所面對的需求線，為使圖示比較清楚起見，故將 D 的斜率畫得比較大。

(2)廠商的平均收益（AR）曲線及邊際收益（MR）曲線——廠商所面對的需求線即為其 AR 曲線，由 AR 曲線即可導出 MR 曲線。由於 AR 曲線略有負斜率，故 MR 曲線在 AR 曲線之下，但相距不遠。

(3)廠商的短期均衡——廠商最大利潤的均衡點為 MR 曲線與 MC 曲線的交點即圖中的 e 點，此點的橫坐標 OQ_1 即為最適產量。由 e 點引垂線與其所面對的需求線相交於 a，a 點的縱坐標 OP_1 即為廠商出售產品的最適價格。

(4)廠商短期的經營狀況——有四種情況：

以 AC 代表短期平均成本，AVC 代表短期平均變動成本，則

　i)在均衡點處，若 $AR > AC$，則廠商有額外利潤，見上圖中的陰影部分。

　ii)在均衡點處，若 $AR = AC$，則廠商有合理利潤，無額外利潤。

iii)在均衡點處，若 $AC > AR > AVC$，則廠商有短期虧損。

iv)在均衡點處，若 $AR < AVC$，則廠商暫時停業。

上列四種情況與上一章獨占廠商短期的經營狀況完全相似。

(5)獨占性競爭廠商由於其面對的需求線具有負斜率，故與獨占廠商一樣，只有供給量，沒有供給曲線。

3. 獨占性競爭廠商的長期均衡　　茲繪圖說明如下：

圖8－2　獨占性競爭廠商的長期均衡

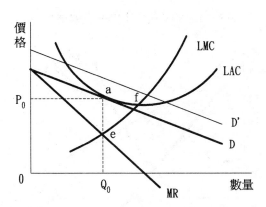

(1)在長期內，廠商為求成本最低，乃不斷調整生產規模以適應不同的產量，因此在長期內廠商的產銷決策是根據其長期成本曲線進行，即長期平均成本（ LAC ）曲線與長期邊際成本（ LMC ）曲線。

(2)廠商所面對的需求線。由於長期內廠商可以進出產業，而使其所面對的需求線發生變化。如果廠商有額外利潤，必將吸引新廠商進入產業參加競爭，如此將使其所面對的需求線下降，上圖中即由 D' 下降至 D。反之，如果廠商有長期虧損，部分經營不善的廠商即退出產業，如此將使廠商所面對的需求線上升。經不斷調整，直至廠商所面對的需求線切於其 LAC 曲線為止，上圖中的 a 點即為兩者的切點。

(3) MR 曲線與 LMC 曲線的交點 e 即為廠商最大利潤的均衡點，

此點必與上列切點 a 在同一條垂線上；否則廠商所面對的需求線必因市場情勢的變化而改變其斜率，經往復調整，直至切點與均衡點同在一條垂線上為止。其詳細情形將在下節中說明之。

　　(4)由於切點 a 與均衡點 e 同在一條垂線上，根據 a 點所決定的價格 OP_0 正好等於 LAC，因此廠商只有合理利潤，沒有額外利潤。

4. 切點與均衡點同在一條垂線上的原因　茲先說明切點在均衡點左方的情形，其情形如下：

圖8－3　切點在均衡點左方的情形

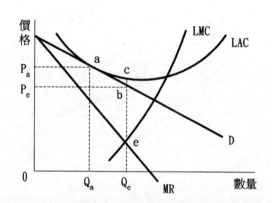

　　上圖中 AR 曲線與 LAC 曲線的切點 a 在 MR 曲線與 LMC 曲線交點亦即均衡點 e 的左方。根據廠商最大利潤的均衡條件亦即 $MR = LMC$ 的條件所決定的最適產量為 OQ_e，價格為 OP_e。但 OP_e 小於 LAC，廠商有長期虧損。為減少虧損，廠商乃限制生產，將供給量由 OQ_e 減至 OQ_a，此時價格為 OP_a，正好等於 LAC，無額外利潤，亦無虧損。以量制價的結果，消費者認為價格太高，轉而消費其他類似的產品，果爾，則此產品的需求彈性加大，廠商所面對的需求線乃漸趨平坦，如此 AR 曲線與 LAC 曲線的切點乃向右偏移，直至達於通過均衡點的垂線為止。反之，如果切點的位置在均衡點的右方，則其推論完全相反，最後導致廠商所面對的需求線漸趨陡峭，而使其與

LAC 曲線的切點向左偏移，直至達於通過均衡點的垂線為止。綜上所述可知，如果廠商所面對需求線與 *LAC* 曲線的切點偏離通過均衡點的垂線，因市場情勢的改變，乃促使其移向該垂線，最後使切點及均衡點同在一條垂線上。此時廠商有合理利潤，願意繼續生產。

5. 獨占性競爭市場的經濟效率　由圖8-2可看出，由於獨占性競爭廠商所面對的需求線具有負斜率，其與 *LAC* 曲線的切點 *a* 不在 *LAC* 最低點 *f* 處，亦即廠商不在 *LAC* 曲線最低點處進行生產，故其經濟效率並未達於最高境界。然而由於獨占性競爭產業進出比較容易，廠商所面對的需求線一般說來比較平坦，因此 *a* 點與 *f* 點距離不遠，亦即廠商的經濟效率雖非最高，但亦相差不多。然而獨占性競爭市場提供多種異質的產品供消費者選擇，消費者在這方面所獲得的滿足可以彌補經濟效率的損失，故對整個社會而言並不一定有害。

6. 結語　綜合以上所述，可知獨占性競爭廠商在進行短期產銷決策時，由於其所面對的需求線具有負斜率，故其行為與獨占廠商甚為相似；而在進行長期產銷決策時，由於廠商進出產業比較容易，其所面對的需求線與 *LAC* 曲線相切，故其行為又與完全競爭廠商相似；因此本市場結構稱為獨占性競爭的原因在此。

二、寡占市場

1. 寡占市場的特徵　寡占市場的買方為完全競爭，賣方為寡占。賣方的情況如下：

(1)廠商數目少。

(2)廠商間產銷互相牽制。

(3)進出產業困難。

因此之故，寡占廠商對市場價格有相當的影響力，但因各廠商互相牽制，其影響力乃有某種形式的變異，茲說明如下。

2. 寡占市場價格的僵固性　寡占市場各廠商產品的售價常固定不

變，除非市場情況有巨大的變化，廠商不會輕易調整價格，此種現象稱為寡占市場價格的僵固性。例如臺灣冷氣機市場由少數幾家廠商寡占，各廠商產品的售價在冬天銷售淡季時並不減價，在夏天銷售旺季時並不漲價，價格呈現僵固現象。除非冷氣機市場有巨大變化，除非廠商的生產成本有巨大變化，各廠商是不會貿然改變價格的。

造成寡占市場價格僵固性的原因很多，但最主要的是廠商間的相互牽制。如果一家廠商貿然漲價，別家廠商可能不跟進，以圖奪取漲價廠商的市場；反之，如果一家廠商貿然降價，別家廠商為恐市場被降價廠商奪去，乃跟著降價，其結果對大家都沒有好處。因此產品價格一經固定以後，除非市場有巨大變化，廠商不敢貿然調整，以免偷雞不著反蝕一把米。

綜合以上所述，可知寡占市場由於廠商數目不多，一家廠商的行動會影響別家廠商的利益，於是乃互相監視，隨時準備反擊，其結果乃形成一種僵局，大家都不敢貿然行動，除非市場有巨大變化，才會打破這個僵局。打破這個僵局以後，可能進入另一個僵局，也可能轉變為另外一種市場結構。這種情形就好像春秋戰國時代的五霸七雄，也好像三國時代的魏、蜀、吳三國一樣，互相勾結，互相攻伐，因此很多寡占廠商特別是日本的廠商競相研究我國的古籍如戰國策及三國志等書，學習其中鈎心鬥角的技巧，以應用於商場的鬥爭上。商場上的鈎心鬥角與很多競賽性或賭博性的遊戲頗為類似，研究這種遊戲的數學稱為賽局理論 (game theory)，因此寡占市場廠商的決策可以賽局理論加以研究。

3. 拗折需求曲線與寡占廠商的短期均衡　上述寡占市場的價格具有僵固性，為解釋此一現象，許多經濟學家乃提出各種大同小異的理論，其中最為人所熟知的即是拗折需求曲線模型，茲繪圖說明如圖 8−4。

茲逐步說明如下：

(1)設 D_2 為某廠商原來所面對的需求線，若提高其產品的售價，

圖8—4　拗折需求曲線

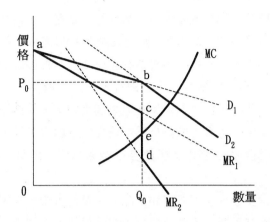

則部分消費者會轉而購買其他廠商的產品，如此其銷售量會以較大幅度的減少，此時其所面對的需求線不再是 D_2，而改為彈性較大的需求線 D_1。

　　反過來講，設 D_1 為該廠商原來所面對的需求線，若降低其產品的售價，則其他廠商為求自保會跟著降價，其結果售價雖然降低了不少，但銷售量增加有限，此時其所面對的需求線不再是 D_1，而改為彈性較小的需求線 D_2。

　　由此可知，在 b 點的左方，廠商所面對的需求線為 D_1 中的 ab 線段；在 b 點的右方，廠商所面對的需求線為 D_2 中的 bD_2 線段。兩者合在一起即 abD_2 所代表的折線即為該廠商所面對的需求線，稱之為「拗折需求曲線」（kinked demand curve）。

　　(2)由此拗折需求曲線即可導出該廠商的 MR 曲線，即圖中的 $acdMR_2$ 折線。其中 cd 段為一條垂線，與需求線拗折點 b 同在一條垂線上。

　　(3)廠商最大利潤的均衡條件為 $MR=MC$，在正常情況下，均衡點 e 會落在 cd 線段內。廠商的生產成本如果微有變化，MC 曲線變

化不大，其與 MR 曲線的交點亦即均衡點仍可能在 cd 線段內，果爾，則廠商的銷售量仍為 OQ_0，售價仍為 OP_0。

(4)如果廠商的生產成本發生巨大變化，或是市場需求發生巨大變化，則均衡點會脫離 cd 線段，如此該廠商的銷售量及價格均會發生變化，直到形成另一條拗折需求曲線，造成另一個僵固價格為止。

4. 寡占廠商無供給曲線　由上圖可看出，當廠商所面對的需求線發生變化時，其拗折點可能停留在原來的垂線上，如此銷售量不變，但價格發生變化；也有可能拗折點停留在原來的水平線上，如此價格不變，但銷售量發生變化；因此寡占廠商只有供給量，沒有供給曲線。

綜合本章及上兩章所述可知，除去完全競爭廠商其所面對的需求線為水平線而有短期供給曲線以外，其他任何市場結構的廠商均只有供給量，沒有供給曲線。

5. 結語　綜合本大節所述，可知寡占市場最主要的特徵是廠商數目少，互相牽制的結果乃使各廠商產品的售價具有僵固性，如此廠商所面對的需求線為一條拗折曲線，其邊際收益曲線有一段為垂線。又廠商所面對的需求線雖然是一條拗折曲線，但具有負斜率，故寡占廠商亦只有供給量，沒有供給曲線。

三、進入障礙

1. 進入障礙的意義與種類　所謂「進入障礙」(barriers to entry)，即是產業內廠商為保持其既得利益而阻止新廠商加入的手段。進入障礙可大別為三類，即

(1)自然障礙──即與產銷有關的自然特質所形成的障礙。例如汽車製造業，其規模經濟甚大，新廠商非有雄厚的資本及高超的技術不能進入產業。

(2)制度障礙──即政府法令所形成的障礙。例如鐵路運輸政府規

定由國家經營，私人企業不能加入。

(3)自設障礙——即產業內廠商自己所設立的障礙。自設障礙主要有兩種，即廣告與勾結，茲分別説明如下：

2. 廣告所形成的障礙 茲繪圖説明如下：

圖8－5 廣告所形成的障礙

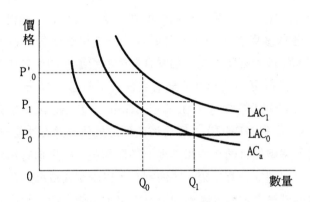

茲逐步説明如下：

(1)上圖中，LAC_0 為沒有廣告支出下廠商的長期平均成本曲線。假定該產業為固定規模報酬產業，意即 LAC 曲線中央有一段較長的平坦部分。在此情況下，原有廠商無法阻止新廠商加入生產。設原有廠商的生產量為 OQ_1，新廠商的生產量為 OQ_0，新廠商的生產量雖然較少，但其單位平均成本是一樣的。若市價為 OP_0，不但原有廠商能夠生存，同時新廠商亦能生存。

(2)為阻止新廠商的加入，原有廠商乃進行廣告投入。設廣告的平均成本曲線為 AC_a，生產成本加上廣告成本後，新的長期平均成本曲線為 LAC_1。若原廠商的產量仍為 OQ_1，則其平均成本提高為 OP_1；若新廠商的產量仍為 OQ_0，則其平均成本提高為 OP'_0，廣告的平均成本隨產量的增加而遞減，因此原廠商的生產成本較低，新廠商的生產成本較高，這樣就可以阻止新廠商的加入。

(3)綜合以上所述，可知由於廣告投資的加入，使原來固定規模報酬的情況變更為規模報酬遞增的情況，因而可以阻止新廠商的加入。

3. 勾結　寡占市場中的各個廠商在產銷方面所達成的一種協議或默契，其目的在減少相互間的競爭，使參與廠商獲得更多利益的一種行為，稱之為「勾結」(collusion)。勾結的方式很多，最常見的一種勾結形式為卡特爾(cartel)。卡特爾是一種組織或是一個會議，參與者共同商定總產量，採用以量制價的方式擴大其利潤，然後再將總產量分配給各個參與者，如此各參與者均能獲得更多的利益。由此可知，所謂卡特爾，實際上是一個聯合壟斷的組織，約束各成員共同控制產量，以獲取更多的利潤。最有名的例子就是 1970 年代所成立的「石油輸出國家組織」(Organization of Petroleum Exporting Countries，簡稱 OPEC)，聯合減產的結果使國際石油價格暴漲。

由於卡特爾的目的在壟斷市場，獲取暴利，嚴重損害消費者的利益。因此有些國家乃有反獨占法的制定，以限制或取締這些組織。此外卡特爾的成員亦常因分贓不勻違反協定，而使卡特爾解體。

綜合以上所述，可知任何形式的勾結都是將寡占市場的廠商結合起來，形成獨占或類似獨占的結構，應用以量制價的方式，以獲取更多的利潤。

四、各種市場結構下廠商產銷行為的比較

至此四種不同市場結構廠商的產銷行為均已討論完畢，現在將其放在一起加以綜合比較，看看其間究有何相似與相異之點，並指出其關鍵所在。茲逐步說明如下：

1. 各種市場結構形成的條件及其直接影響的比較　決定市場結構最主要的因素為產業所含廠商數的多寡，其次才是產品是否為同質。如果廠商數很多，同時產品為同質，則此市場即為完全競爭市場或接近完全競爭市場。如果廠商只有一家，則此市場即為獨占市場。完全

競爭市場與獨占市場為兩個極端，居於兩者之間的還有兩種市場，即獨占性競爭市場與寡占市場。獨占性競爭市場的廠商數很多，但產品為異質；寡占市場的廠商數不多，產品可能為同質，亦可能為異質。因此獨占性競爭市場比較接近完全競爭市場一邊，寡占市場比較接近獨占市場一邊，其情形如下：

完全競爭市場 ⟷ 獨占性競爭市場 ⟷ 寡占市場 ⟷ 獨占市場

市場中廠商數愈多，同時產品愈為同質，則廠商對產品價格的影響力即愈小；反之即愈大。由此知完全競爭廠商對產品價格毫無影響力，為價格的接受者；獨占廠商對產品價格有絕對的影響力，為價格操縱者；獨占性競爭廠商因產品為異質，對價格有部分影響力；寡占廠商因廠商數目少，對價格有相當的影響力。此外，正因為寡占市場的廠商數目少，因此互相牽制，使價格產生僵固的現象。

對價格影響力的大小直接影響廠商面對需求線的斜率。完全競爭廠商對產品價格毫無影響力，因此其面對的需求線為一條水平線；獨占廠商所面對的需求線即為市場的需求線，市場需求線通常具有負斜率；獨占性競爭廠商對產品價格具有部分影響力，因此其所面對的需求線稍有負斜率；寡占廠商由於互相牽制，因此其所面對的需求線為一條拗折曲線，拗折點前後具有不同的負斜率。

廠商所面對的需求線即為其平均收益（AR）曲線，由此即可導出其邊際收益（MR）曲線。若 AR 曲線具有負斜率，則 MR 曲線必在 AR 曲線之下。廠商面對需求線的負斜率愈大，則 MR 曲線愈遠離其 AR 曲線；反之則愈接近其 AR 曲線。完全競爭廠商所面對的需求線為一條水平線，因此其 MR 曲線即為同一條水平線；獨占廠商及獨占性競爭廠商所面對的需求線具有負斜率，因此其 MR 曲線在 AR 曲線之下；寡占廠商所面對的需求線為一條拗折曲線，因此其 MR 曲線不但在 AR 曲線之下，同時在拗折點處 MR 曲線為垂線段。

綜合以上所述，可知形成不同市場結構的條件決定廠商對價格的影響力，廠商對價格的影響力決定其所面對的需求線，廠商面對的需

各種市場結構下廠商產銷行為的比較（買方均為完全競爭）

市場結構	形成條件	對價格的影響力	廠商面對的需求線	MR曲線	均衡條件	短期均衡狀況（利潤狀況）	供給曲線
完全競爭	(1)廠商數很多 (2)產品同質 (3)訊息完全資訊 (4)進出產業自由	對價格無影響力，為價格的接受者	為一水平線，高度等於市價	與AR曲線為同一條水平線，如此MR亦等於市價	$MR=MC$	在均衡點處：（$P=AR=MR=MC$）(1)若$AR>AC$，則廠商有額外利潤(2)若$AR=AC$，則廠商無利潤，亦無虧損(3)若$AC>AR>AVC$，則廠商有短期虧損(4)若$AR<AVC$，則廠商退出生產	MC曲線在AVC曲線最低點以上的部分
獨占	(1)只有一家廠商 (2)無近似代替品 (3)限制進入	對價格有絕對影響力，為價格的操縱者	即為市場的需求線，有負斜率	MR曲線在AR曲線之下；$\lvert\varepsilon\rvert=1$時，$MR=0$，$TR=$極大	$MR=MC$ 均衡點在$MR>0$的範圍內	其狀況與上述完全競爭者相似，僅獨占廠商所面對的需求線為負斜率，因此$P>AR>MR=MC$	無。因同一銷量下可能出現兩種不同的價格，反之亦然
獨占性競爭	(1)廠商數目多 (2)產品異質 (3)進出產業相當容易	對價格有部分影響力	需求線有負斜率	MR曲線在AR線之下，但相距不遠	$MR=MC$	其狀況與獨占廠商者完全相似，僅獨占性競爭廠商的AR及MC曲線較為相近而已	無。其理同上
寡占	(1)廠商數目少 (2)產品互相替代 (3)進入產業困難	對價格有相當影響力，但因互相牽制，故價格僵固化	折的需求線物折，折點前彈性大，折點後彈性小	MR曲線在AR線之下，折線之下，MR曲線為垂直	$MR=MC$ MC雖有變化，均衡點不致超出MR的垂線段	其狀況與獨占廠商者完全相似，僅寡占廠商的需求線呈折型態，均衡價格及產量特別穩定而已	無，其理同上
比較	廠商的多寡最重要，其次才是產品是否為同質	對價格影響愈多，廠商愈同質產品愈同質，格愈無影響力	對價格愈有影響力，需求線的負斜率愈大	需求線的斜率愈大，AR與MR的垂直距離愈大	各種市場皆同，因$MR=MC$是普遍法則	廠商有無利潤，與需求線高低的關係最大，故四種盈虧情況四種的廠商皆可能出現	需求線有斜率後，一量一價的情況就會出現

各種市場結構下廠商產銷行為的比較（買方均為完全競爭）（續）

均衡條件	長期均衡狀況	供給	市場供給曲線　短期	長期	生產效率	分派效率	進入障礙
$MR=LMC$	由於廠商所面對需求線為水平線，同時由於廠商可自由進出產業，因此長期多數廠商均衡點即在LAC曲線最低點處，亦無虧損	廠商在LAC最低點處生產，只有供給量，亦沒有供給曲線	為各廠商短期供給曲線之水平相加和	有供給曲線，供給曲線決定於廠商數的多寡，價格決定於產業的遞增、遞減或不變	長期多數廠商均在其LAC最低點處進行生產，生產效率最高	若各產業均為完全競爭，則資源進行的分派效率最高	無法設立障礙
$MR=LMC$	在均衡點處：（$P=AR>MR=LMC$） (1)若$AR>LAC$，則廠商有額外利潤 (2)若$AR=LAC$，則廠商無利潤，亦無虧損 (3)若$AR<LAC$，則廠商停止生產	面對需求線有斜率，只有供給量，沒有供給線	只有一家廠商，面對需求線有負斜率，故無供給曲線	同左	長期廠商遠離LAC最低點處生產，故生產效率低	獨占廠商為求高利，限制生產，降低資源分派效率	自然獨占、法定獨占
$MR=LMC$	由於廠商進出產業相當容易，故長期廠商無利潤，因此廠商AR曲線切於LAC曲線	廠商在AR與LAC切點處生產，只有供給量，沒有供給量曲線	各廠商產品為異質，不能水平相加而得特供給曲線	同左	生產距離LAC最低點近，故生產效率相當高	分派效率相當高，但不是最高	廣告
$MR=LMC$	因廠商進出產業比較困難，故其情況與獨占廠商類似；三種盈虧情況都有	因價格僵固性，故只有供給量，沒有供給曲線	各廠商價格僵固，且產品可能為異質，故無供給曲線	同左	生產距離LAC最低點較遠，生產效率較低	分派效率相當低	自然障礙、法定障礙（黃告、卡特爾）
所有市場皆相同，此為普遍法則	進出產業是否容易是決定廠商長期是否有額外利潤的主要因素	原因不同，但均無供給曲線	只有完全競爭市場才有供給曲線	同左	市場愈近於完全競爭，生產、分派效率愈高	屬於或近於完全競爭的市場愈多，分派效率愈高	對價格有影響力者才可能設立障礙

求線決定其 AR 曲線及 MR 曲線，廠商的 AR 曲線與 MR 曲線決定廠商的盈虧狀況。其整個傳承路線如下：

形成不同市場結構的條件 → 廠商對產品價格的影響力 → 廠商所面對的需求線 → 廠商的 AR 曲線及 MR 曲線 → 廠商的盈虧狀況

2. 各種市場結構下廠商短期均衡的比較　不論是何種市場結構，短期內廠商最大利潤的均衡條件均為 $MR=MC$。因不論是何種市場結構，廠商的 MR 曲線是遞減的，最多是不減也不增，MC 曲線一定是遞增的，根據三段論法廠商最大利潤的均衡條件必均為 $MR=MC$。由此可知，$MR=MC$ 的均衡條件是一種普遍法則，與市場結構無關。

假定廠商的成本曲線均為最低成本的曲線，如此廠商的盈虧完全取決於其所面對的需求線。在均衡點處如果 $AR>AC$，則廠商有額外利潤；如果 $AR=AC$，則廠商無利潤，亦無虧損；如果 $AC>AR>AVC$，則廠商有短期虧損；如果 $AR<AVC$，則廠商暫時停業。

如果廠商所面對的需求線具有負斜率，則廠商的 AR 曲線與 MR 曲線不為同一條線，如此決定產量的均衡點與決定價格的交點雖在同一條垂線上，但不是同一點。在此情況下，由於所面對需求線的不同，很可能會產生產量不變而價格變化的情形，反之亦然，因此凡面對需求線有負斜率的廠商均無短期供給曲線，包括獨占廠商、獨占性競爭廠商及寡占廠商。只有完全競爭廠商才有短期供給曲線，因其 AR 曲線及 MR 曲線為同一條水平線，如此決定產量的均衡點與決定價格的交點為同一點，不論面對需求線如何變化，不可能發生一量二價或一價二量的情況，而是產量與價格一對一的出現，如此即形成短期供給曲線。

3. 各種市場結構下廠商長期均衡的比較　同樣情形，不論是何種市場結構下的廠商其長期均衡的條件均為 $MR=LMC$，沒有例外，因其為一種普遍法則，與市場的結構無關。

至於廠商的盈虧狀況，與短期者略有不同。影響廠商長期盈虧最

主要的因素是廠商是否能自由進出產業。完全競爭市場廠商進出產業非常容易，獨占性競爭市場廠商進出產業也相當容易，因此在正常情況下該兩市場的廠商長期只有合理利潤，沒有額外利潤。至於獨占市場及寡占市場因廠商進出產業很不容易，故長期內廠商有三種盈虧情況，即有額外利潤、無利潤亦無虧損、及退出生產。

各種市場結構下的廠商長期均無供給曲線，完全競爭廠商長期必在其 LAC 曲線最低點處進行生產，價格與產量均不變，因此無長期供給曲線。獨占廠商及獨占性競爭廠商所面對的需求線具有負斜率，故長期亦只有供給量而無供給曲線。寡占廠商所面對的需求線不但有負斜率同時有拗折點，價格具有僵固性，故長期亦只有供給量而無供給曲線。

4. 各種市場結構下市場供給線的比較　各種市場結構下是否有市場供給線主要是看產品是否為同質，如果產品不為同質，則很難予以水平相加而得市場供給線。完全競爭市場短期廠商有供給曲線，其水平相加和即為市場的短期供給曲線。至於長期，雖然每個廠商均在其 LAC 曲線最低點處進行生產，但因產品為同質，故能水平相加而得市場的供給曲線。如果該產業為成本遞增產業，則市場長期供給曲線有正斜率；如果為成本遞減產業，則市場長期供給曲線有負斜率；如果為成本不變產業，則市場長期供給曲線為一條水平線。獨占市場由於廠商只有一家，無論長期或短期其所面對的需求線均有負斜率，因此獨占市場無論長期或短期均無市場供給曲線。獨占性競爭廠商的產品多為異質，很難水平相加而得市場供給曲線，因此獨占性競爭市場無論長期或短期均無市場供給曲線，至少是沒有明顯的市場供給曲線。寡占廠商由於價格具有僵固性，同時產品亦可能為異質，因此寡占市場無論長期或短期均無市場供給曲線。

5. 各種市場結構經濟效率的比較　上一章提及經濟效率包括生產效率與分派效率兩部分，茲先說明生產效率。完全競爭廠商因所面對的需求線為水平線，同時可自由進出產業，因此長期均在其 LAC 曲

線最低點處進行生產，因而其生產效率最高。獨占廠商所面對的需求線具有負斜率，同時阻止其他廠商進入產業，因此長期不在其 LAC 曲線最低點處進行生產，生產效率較低甚至很低。寡占廠商的價格具有僵固性，同時其產量亦屬固定，很可能不在其 LAC 曲線最低點處進行生產，因此其生產效率通常較低。獨占性競爭廠商雖其產品為異質，但因進出產業相當容易，故其長期所面對需求線的負斜率不是很大，同時需求線與 LAC 曲線相切，切點距離 LAC 最低點不遠，因此獨占性競爭廠商的生產效率雖非最高，但與最高效率相差不多。然而獨占性競爭市場的產品為異質，消費者可以選擇從而獲得較多的滿足，如此即可彌補生產效率的損失。綜上所述可知，市場結構愈接近完全競爭，則廠商的生產效率愈高。

至於資源的分派效率，在一個經濟社會中，如果所有產業均為完全競爭，則資源的分派效率最高。如果有部分產業不是完全競爭，特別是有獨占產業廁身其間時，獨占廠商為獲取獨占利潤乃限制其生產，將多餘的資源推向完全競爭產業，如此使完全競爭產業生產得過多，獨占產業生產得過少，其結果在有限的資源下不能使社會獲得最大的滿足，而降低資源的分派效率。此外，經濟社會中如含有部分獨占性競爭產業，則資源的分派效率稍有降低；如含有部分寡占產業，則資源的分派效率可能降低較多。綜上所述可知，一個經濟社會如果所含完全競爭的產業愈多，則資源的分派效率愈高；反之則否。

6. 各種市場結構能否設立進入障礙的比較 完全競爭市場因廠商數很多，同時產品為同質，因而無法設立障礙阻止別人進入產業。獨占市場的形成有兩種原因，其一為自然獨占，一個廠商進入產業以後，其他廠商即很難再有容身的餘地，除非原有廠商的生產效率太低。形成獨占市場的另一個原因為制度獨占，這是政府以法令特許的獨占，別人當然不能進入產業，否則即屬違法。獨占性競爭市場因產品為異質，廠商可以廣告的方式阻止別人參加競爭。寡占市場的廠商除以廣告的方式阻止別人參加競爭外，復可以勾結的方式聯合壟斷阻

止別人參加競爭。綜合以上所述，可知除去自然獨占及制度獨占以外，其他以人為方式所設立的進入障礙，只有對價格有影響力的廠商才能實施，包括產品為異質及廠商數目少的產業。

摘　要

不完全競爭市場

<table>
<tr><td colspan="3" align="center">獨 占 性 競 爭 市 場</td></tr>
<tr><td rowspan="3">意義與性質</td><td>定義</td><td>獨占性競爭市場為買方完全競爭賣方獨占性競爭的市場。</td></tr>
<tr><td>條件</td><td>(1)廠商數很多。　　　　　　　(2)產品為異質。
(3)進出產業相當容易。</td></tr>
<tr><td>性質</td><td>由於各廠商的產品為異質，故對其價格有部分影響力。</td></tr>
<tr><td rowspan="4">短期均衡</td><td rowspan="1">收益線</td><td>(1)由於廠商的產品為異質，故其所面對的需求線稍有負斜率。
(2)MR 曲線在 AR 曲線之下，但相距不遠。</td></tr>
<tr><td>均衡</td><td>廠商的短期均衡條件為 $MR=MC$</td></tr>
<tr><td>利潤</td><td>在均衡點處(1)若 $AR>AC$，則廠商有額外利潤。(2)若 $AR=AC$，則廠商有合理利潤。(3)若 $AC>AR>AVC$，則廠商有短期虧損。(4)若 $AR<AVC$，則廠商退出生產。模型的型式與獨占廠商者甚為相似。</td></tr>
<tr><td rowspan="2">長期均衡</td><td>均衡</td><td>廠商的長期均衡條件為 $MR=LMC$</td></tr>
<tr><td>利潤</td><td>由於廠商進出產業比較容易，因此在長期廠商所面對的需求線必切於 LAC 曲線，同時切點與 $MR=LMC$ 的均衡點在同一條垂線上，如此廠商無額外利潤，亦無虧損。</td></tr>
<tr><td rowspan="2">經濟效率</td><td colspan="2">由於廠商所面對的需求線稍具負斜率，故長期內生產不在 LAC 最低點處，但相距不遠，故獨占性競爭市場的經濟效率不是最高。</td></tr>
<tr><td colspan="2">然而獨占性競爭市場提供多樣化產品，使消費者獲得額外滿足。</td></tr>
<tr><td>供給曲線</td><td colspan="2">獨占性競爭廠商無供給線，其理同獨占廠商。</td></tr>
</table>

寡　占　市　場		
意義與性質	定義	寡占市場為買方完全競爭賣方寡占的市場。
	條件	(1)廠商數目少。　　　　(2)廠商產銷互相牽制。 (3)進出產業困難。
	性質	各廠商對價格有相當的影響力，但因互相牽制，影響力被扭曲。
價格的僵固性	成因	寡占市場各廠商產品的價格有僵固的現象，發生的原因主要為廠商互相牽制。某一廠商單獨提高價格，別的廠商不會跟進，目的在奪取漲價廠商的市場；某一廠商單獨降低價格，別的廠商會群起跟進，目的在保有自己的市場，以免被降價廠商奪去。因此廠商均不敢貿然調整價格，以免偷鷄不著反蝕一把米。除非生產成本或整個市場有巨大變化，大家才一起調整價格，進入另一個僵固期。
	模型	(1)拗折需求曲線，拗折點以前需求彈性較大，以後彈性較小。 (2)廠商的 MR 曲線為一條折線，有一段是垂線，與拗折點同在一條垂線上。 (3)由於 MR 曲線有一段垂線，MC 稍有變化，$MR=MC$ 的均衡點不致跑出垂線段以外，故產量與售價均維持不變。

進　入　障　礙	
意　義	為阻止新廠商加入產業分一杯羹，廠商潛在具有或人為設置的障礙。
種　類	(1)自然障礙──即產業本身特質所形成的障礙。如汽車適宜大規模生產。 (2)制度障礙──即政府法令所形成的障礙。如煙酒公賣。 (3)自設障礙──廠商自己或聯合設立的障礙。前者如廣告，後者如勾結。
廣告障礙	(1)廣告的作用有二：其一可促銷產品，另一為廣告支出一如固定成本，銷售量愈多，單位平均成本愈低。此二作用為阻止新廠商進入的張本。 (2)新進廠商雖亦可進行廣告攻勢，但其效果不是立即顯現出來的，因此銷售量不多，單位成本高，因而不具競爭能力。
勾結（聯合獨占）	(1)勾結最常見的形式是卡特爾，卡特爾是一種聯合獨占組織，協議控制產量，以量制價，以獲取更多的利潤。 (2)勾結使少數廠商獲得暴利，使消費者遭受損失，這是不公平的，因此有些國家乃有反獨占法的制定，取締獨占及聯合獨占的勾結行為。此外，卡特爾的成員亦可能為爭取更多的利益而違反協定，致使卡特爾解體。

獨占性競爭廠商的產銷行為

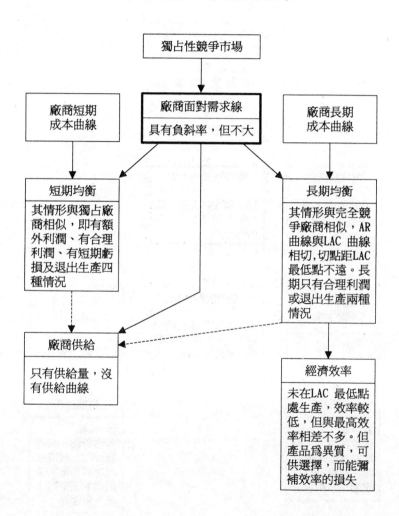

寡占廠商的產銷行爲

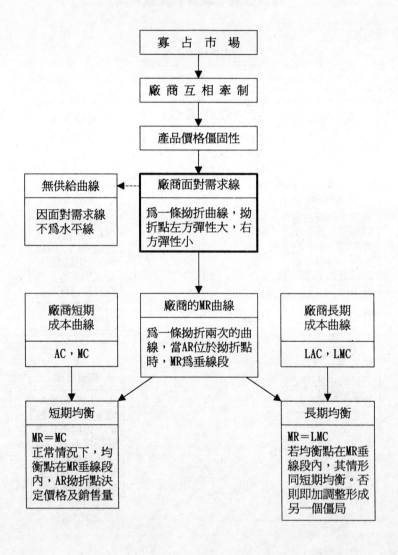

寡　占　市　場

廠　商　互　相　牽　制

產品價格僵固性

無供給曲線

因面對需求線
不爲水平線

廠商面對需求線

爲一條拗折曲線，拗
折點左方彈性大，右
方彈性小

廠商短期
成本曲線

AC，MC

廠商的MR曲線

爲一條拗折兩次的曲
線，當AR位於拗折點
時，MR爲垂線段

廠商長期
成本曲線

LAC，LMC

短期均衡

MR＝MC
正常情況下，均
衡點在MR垂線段
內，AR拗折點決
定價格及銷售量

長期均衡

MR＝LMC
若均衡點在MR垂
線段內，其情形
同短期均衡。否
則即加調整形成
另一個僵局

問　題

1. 獨占性競爭市場的特徵為何？獨占性競爭廠商所面對的產品需求線如何？因而對其產銷決策有何影響？

2. 獨占性競爭廠商的長期均衡與完全競爭廠商者有何相似與相異之點？對其生產效率有何影響？

3. 寡占市場的特徵為何？寡占廠商所面對的產品需求線如何？為何有此特殊的形狀？因而對其產銷決策有何影響？

4. 何謂進入障礙？有那幾種類型？何由產生？

5. 自設障礙主要有那兩種？為什麼廣告支出能阻礙新廠商參加競爭？

6. 何謂勾結？其目的何在？如何達於此目的？

7. 影響市場結構的主要因素為何？其直接影響結果如何？其間接影響結果又如何？

8. 根據不同市場結構下廠商所面對需求線的不同，說明其對短期均衡、長期均衡及生產效率的影響。

9. 為什麼只有完全競爭廠商有短期供給曲線？而其他市場結構下的廠商則無？

第 肆 篇

生產要素的需求與供給

　　前在第一章中曾提及個體經濟學所討論的對象為市場周流，市場周流中包括兩種市場，即產品市場與要素市場。自第四章起至第八章止共有五章的篇幅討論產品市場的問題。本篇將以兩章的篇幅討論要素市場的問題，其中第九章討論生產要素的需求，第十章討論生產要素的供給與價格決定，茲逐步說明如次。

第九章 生産要素的需求

一、生産要素的報酬及引伸需求

1. 生産要素的種類及其報酬 前在第四章中曾提及生産要素可大別為四類，即勞動、土地、資本及企業才能，其內涵與報酬如下：

(1)勞動——人類從事生産活動的操勞，包括勞心與勞力，在經濟學中均稱之為勞動。勞動的報酬為「工資」（wage），勞動的單位報酬稱為「工資率」（wage rate）。

(2)土地——凡能用於生産的一切天然資源，在經濟學中均稱之為土地。土地的報酬為「地租」（rent），土地的單位報酬稱為「地租率」（rent rate）。

(3)資本——凡用於生産的一切人為設施、物料以及製成尚未脫售的產品，在經濟學中均稱之為資本，金錢只是資本的外衣，並非實質上的資本。資本的報酬為「利息」（interest），資本的單位報酬稱為「利率」（interest rate）。

(4)企業才能——企業家進行決策承擔風險的才能，在經濟學中稱之為企業才能。企業才能的報酬為「利潤」（profit），利潤可視為企業家承擔風險的報酬。

2. 生産要素的需求為一種引伸需求 消費者有慾望，乃對產品有需求；生産者為供應消費者需求的產品，乃進行生産；生産者進行生産，乃需要生産要素。由此可知，消費者對產品的需求為「最終需求」（final demand），生産者對要素的需求是為滿足消費者對產品需求所引發的需求，故稱之為「引伸需求」（derived demand）。

　　要素的需求亦如產品的需求有兩種分析方法，即邊際報酬分析法亦即所謂的傳統分析法與等量曲線分析法，茲順次說明如下。

二、傳統分析法

　　1. 最大利潤的要求　　要素的需求必須在最大利潤的要求下導出，否則不能使廠商獲得最大的利潤。欲使廠商獲得最大的利潤，首先必須使其生產成本為最低，然後再與其所面對的產品需求線會合決定最適產量。欲使生產成本為最低，則企業的組合與要素的配置必須滿足生產者均衡的條件；欲在最低成本的前提下決定最適產量，則又必須進一步滿足廠商均衡的條件。由此可知，要素需求的導出首先必須通過生產者均衡以求成本為最低，然後再通過廠商均衡以求在最低成本下獲得最大的利潤。茲順次說明如下：

　　2. 最低成本下的要素配置　　由上述可知，欲使生產成本為最低，企業的組合與要素的配置必須滿足生產者均衡的條件。生產關係有三種，即產品要素關係、產品產品關係及要素要素關係。為便於導出要素的需求，茲以要素要素關係為例說明之，即假定廠商只生產一種產品，所用要素為兩種或兩種以上。由第五章的說明知，兩種要素生產一種產品的生產者均衡為：

$$\frac{MP_X}{P_X} = \frac{MP_Y}{P_Y}$$

　　式中 MP_X 及 P_X 分別代表要素 X 的邊際產量及價格，MP_Y 及 P_Y 分別代表要素 Y 的邊際產量及價格。

　　上式所代表的意義為：「最後一塊錢用在要素 X 上所獲得的邊際產量，等於此最後一塊錢用在要素 Y 上所獲得的邊際產量」，如此才能在某特定產量下使其成本為最低。又此均衡條件的成立必須以邊際報酬遞減法則為其前提，其情形與消費者的均衡完全相似（消費者的均衡以邊際效用遞減法則為前提），毋庸贅述。

生產一種產品需要 n 種要素時，生產者的均衡可擴充為下列形式：

$$\frac{MP_1}{P_1} = \frac{MP_2}{P_2} = \cdots\cdots = \frac{MP_n}{P_n} \cdots\cdots\cdots\cdots\cdots\cdots ①$$

意指最後一塊錢用在任一種要素上所獲得的邊際產量均必須相等，如此才能在某特定產量下使其成本為最低。

3. 最大利潤下的要素雇用量　由第參篇的說明知，在最低成本的前提下，任何市場結構的廠商其最大利潤的均衡條件亦即廠商均衡的條件均為：

$$MC = MR$$

在某特定產量 Q 下的廠商均衡為：

$$MC_Q = MR_Q \cdots\cdots\cdots\cdots\cdots\cdots\cdots\cdots\cdots\cdots\cdots\cdots ②$$

將第①式與第②式加以結合，即可導出產量水準為 Q 時最大利潤下各要素的需求量。然後再假定各要素的價格不變，即可導出各該要素的需求線，其詳細情形將在第四大節中說明之。

三、等量曲線分析法

1. 等量曲線的意義與性質　假定生產一種產品需要 X 與 Y 兩種生產要素，在同一產量水準 Q_0 下，兩種要素用量配置的軌跡，稱為「等量曲線」（isoquant），其形如圖 9−1。

下圖中曲線上每一點代表兩要素使用量的一個配置，每個配置均可生產同一數量的產品，例如上圖中曲線上的 a 點指出當要素 X 的使用量為 X_a 及要素 Y 的使用量為 Y_a 時，可生產 Q_0 數量的產品。曲線上其他各點所代表的意義均與此相似，毋庸贅述。

等量曲線與第四章所述的無異曲線完全相似，僅將兩產品換成兩要素、特定滿足程度的效用換成特定數量的產品即可。無異曲線的性質決定於邊際效用遞減法則，等量曲線的性質決定於邊際報酬遞減法

圖 9－1　等量曲線

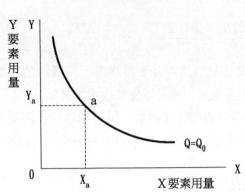

則，兩者情況相似，故無異曲線所有的性質等量曲線應該也有，茲列舉如下：

(1)等量曲線各點的切線通常均具有負斜率。

(2)任兩等量曲線不能相交。

(3)圖形中任一點只有一條唯一的等量曲線通過。

(4)愈位於右上方的等量曲線其所代表的產量水準愈高。

(5)等量曲線凸向原點。

2. 邊際技術替代率　維持同一產量水準不變，X 要素增用一單位，可取代 Y 要素的單位數，即為所謂的「邊際技術替代率」（ marginal rate of technical substitution，簡寫為 MRTS ），茲以公式表示如下：

$$MRTS = -\frac{\triangle Y}{\triangle X}\bigg|_{Q=Q_0}$$

邊際技術替代率通常為負數，因一方增加用量，另一方必減少用量也。其情形見圖 9－2。

令 X 要素最後一單位的邊際產量為 MP_X，則 $\triangle X \cdot MP_X$ 即為增加 X 要素使用量後所增加的產量。

圖9-2　邊際技術替代率

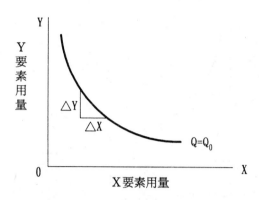

　　令 Y 要素最後一單位的邊際產量為 MP_Y，則 $\triangle Y \cdot MP_Y$ 即為減少 Y 要素使用量後所減少的產量。

　　若維持原產量水準不變，則增加的產量與減少產量的代數和必等於 0，即

$$\triangle X \cdot MP_X + \triangle Y \cdot MP_Y = 0$$

解得：

$$-\frac{\triangle Y}{\triangle X} = \frac{MP_X}{MP_Y}$$

　　由此可知，兩要素的邊際替代率等於兩要素邊際產量之比的倒數。其原因是很明顯的，假定 X 要素一單位可取代 Y 要素五個單位，則 X 要素的邊際產量必須是 Y 要素邊際產量的五倍，否則不能維持原產量不變。

　　3. 邊際技術替代率遞減法則　在維持產量水準不變的條件下，一種生產要素取代另一種生產要素的邊際技術替代率，隨該要素使用量的增加而遞減，此即所謂的「邊際技術替代率遞減法則」（law of diminishing marginal rate of technical substitution），其情形見下圖：

圖9－3　邊際技術替代率遞減法則

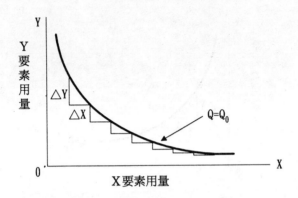

由上圖可看出，X每增加一單位所取代Y的單位數，隨X用量的增加而遞減，由此可知，X替代Y的邊際技術替代率是遞減的。此法則直接由邊際報酬遞減法則而來，只是為配合等量曲線分析法的需要，將其改變一種形式而已，其情形與無異曲線分析法中的邊際替代率遞減法則完全一致。同樣情形，邊際技術替代率遞減法則在等量曲線分析法中居於關鍵地位。

4. 等成本線的意義　設以X與Y兩種要素共同生產一種產品，則在某固定總成本TC_0下，X與Y使用量的關係如下：

$$X \cdot P_X + Y \cdot P_Y = TC_0$$

式中X代表X要素的使用量，P_X代表X要素的價格；Y代表Y要素的使用量，P_Y代表Y要素的價格。

上式所代表的直線，即為所謂的「等成本線」（isocost curve），其形如下圖。

圖9－4中直線上每一點所代表X與Y兩要素使用量的配置，其總成本均為TC_0。

等成本線的斜率為：

圖9−4　等成本線

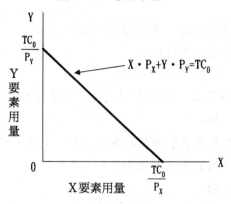

$$\frac{\triangle Y}{\triangle X}=-\frac{TC_0/P_Y}{TC_0/P_X}=-\frac{P_X}{P_Y}$$

其結果為 P_X 與 P_Y 之比，且為負數。

假定有三個不同的總成本，即 TC_1、TC_2 及 TC_3，若 $TC_1 < TC_2$ $< TC_3$，則所繪成的三條等成本線，其形如下：

圖9−5　不同總成本下的等成本線

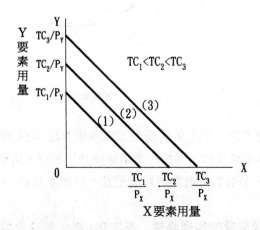

由於三條直線的斜率相同，均為 $-P_X/P_Y$，故三條直線互相平

行。同時由上圖可看出，總成本愈高，則所繪成的等成本線愈遠離原
點。

5. 最低成本要素配置　其誘導過程如下：

(1)已知產品的產量為 G_2。

(2)根據 G_2 決定一條等量曲線。

(3)等量曲線與某一等成本線（假定為總成本 TC_2 所代表的等成
本線）相切於一點 e。

(4) e 點所代表兩要素用量的配置（X_e，Y_e），可在 G_2 產量下使
總成本為最低，最低總成本為 TC_2。

其情形見下圖：

圖9－6　最低成本的要素配置

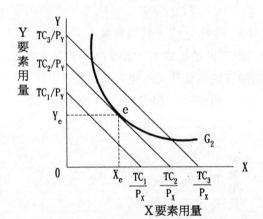

由上圖可看出，TC_2 所代表的等成本線為能與 G_2 所代表的等量
曲線接觸而成本最低的一條線，該兩條線必定相切，切點 e 的坐標 X_e
與 Y_e 即為 X、Y 兩要素用量的最適配置，可在產量 G_2 下使總成本為
最低。

6. 要素最適配置的均衡條件　在切點 e 處，等量曲線的斜率等於
等成本線的斜率，即

$$\frac{MP_X}{MP_Y} = -\frac{\triangle Y}{\triangle X} = \frac{P_X}{P_Y}$$

即　　$$\frac{MP_X}{MP_Y} = \frac{P_X}{P_Y}$$

∴　　$$\frac{MP_X}{P_X} = \frac{MP_Y}{P_Y}$$

此均衡條件與前述傳統分析法所提出者完全相同。然則有了傳統分析法後，為什麼還要等量曲線分析法呢？其原因為傳統分析法只能用文字推理，比較抽象；而等量曲線分析法能用圖形推理，比較具體，便於進一步作較複雜的分析。

7. 總成本曲線的導出　　上節所說明者為在某固定產量下最低成本的要素配置，現在再進一步說明各個不同產量下最低成本的要素配置，從而導出最低總成本曲線。其過程如下：

(1)首先決定各個不同的產量水準，假定順次為 Q_1、Q_2 及 Q_3。

(2)每一個產量水準可決定一條等量曲線，見下列左圖。

(3)每一條等量曲線必可找一條與其相切的等成本線。假定 G_1 所代表的等量曲線與 TC_1 所代表的等成本線相切於 e_1 點，餘依此類推。

(4)根據與等量曲線相切的等成本線，即可決定各該產量水準下的最低總成本，假定依次為 TC_1、TC_2 及 TC_3。

(5)各個產量水準與其有關的最低總成本配對，其結果為（Q_1，TC_1），（Q_2，TC_2）及（Q_3，TC_3）。

(6)將上列結果繪於坐標圖中，得三個坐標點即 e'_1、e'_2 及 e'_3（見下列右圖），加以連綴即得最低總成本曲線。

根據最低總成本曲線即可導出最低平均成本曲線及邊際成本曲線，然後再與邊際收益相會合，即可決定最大利潤下的產量及要素需求量，其詳細情形將在下一大節中說明之。

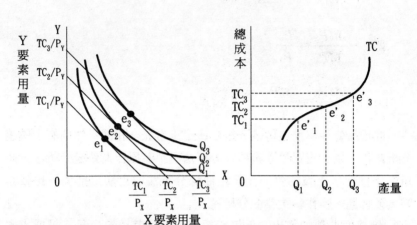

圖9-7　最低總成本曲線的導出

四、廠商對要素的需求

1. 個別廠商所面對的要素供給線　廠商為要素市場中的需求者。假定市場中購買要素的廠商很多，且每個廠商購買的數量不多，如此廠商購買量的多寡不足以影響市場的價格，亦即各廠商在市場中是處於完全競爭狀態。如此廠商所面對的要素供給線為一條水平線，其高度即為市價，其情形如圖9-8。

假定要素市場的買方為完全競爭，則廠商不論購用要素多少其價格均不變，如此在誘導要素需求曲線及決定要素最適用量時均較方便，其詳細情形將在以下各節中說明之。

2. 最大利潤下要素雇用量決定的條件　設一個廠商生產一種產品，使用 n 種生產要素，為使不同產量下的成本為最低，則在任何產量下均必須滿足下列生產者均衡的條件，即

$$\frac{MP_1}{P_1} = \frac{MP_2}{P_2} = \cdots\cdots = \frac{MP_n}{P_n} \cdots\cdots\cdots\cdots\cdots ③$$

圖9－8　個別廠商所面對的要素供給線

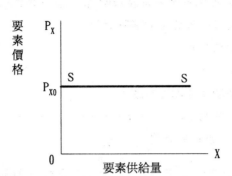

取其倒數得：

$$\frac{P_1}{MP_1} = \frac{P_2}{MP_2} = \cdots\cdots = \frac{P_n}{MP_n} \quad\cdots\cdots\cdots\cdots\cdots\cdots ④$$

　　其意為：「生產最後一單位產品，使用任一種要素其邊際成本皆相等，如此可使不同產量下的成本為最低」。

　　第④式與第③式所代表的意義是完全相通的，都是生產者的均衡，只是換個形式而已。第③式化為第④式的目的，在於第④式可與廠商均衡的條件相結合，形成最大利潤要求下要素最適組合的條件，據此即可導出最大利潤要求下要素的需求線，茲逐步說明如次：

　　假定產量水準為 Q，欲使其生產成本為最低，必須滿足下列條件：

$$\frac{P_1}{MP_1} = \frac{P_2}{MP_2} = \cdots\cdots = \frac{P_n}{MP_n} = MC_Q \quad\cdots\cdots\cdots\cdots\cdots ⑤$$

　　式中 MC_Q 為產量水準為 Q 時生產最後一單位產品所引起的邊際成本。當產量水準為 Q 時，為滿足最低成本的要求，生產最後一單位產品，不論用何種生產要素，其所引起的邊際成本均必須相等，且此相等的邊際成本必即為 MC_Q，因此時產量水準為 Q 也。第⑤式最後加上一項 MC_Q 的目的即在未來與廠商的均衡相結合。又第⑤式加

上 MC_Q 以後，MP_1、MP_2、……、MP_n 不再是泛指任何產量水準下合於最低成本要求的各要素的邊際產量，而是指當產量水準為 Q 時合於最低成本要求的各要素的邊際產量。

已知廠商的均衡為：

$$MR = MC$$

在產量水準 Q 下廠商的均衡為：

$$MR_Q = MC_Q \cdots\cdots\cdots\cdots\cdots\cdots\cdots\cdots\cdots\cdots\cdots\cdots\cdots ⑥$$

將⑤、⑥兩式加以結合得：

$$\frac{P_1}{MP_1} = \frac{P_2}{MP_2} = \cdots\cdots\cdots \frac{P_n}{MP_n} = MC_Q = MR_Q \cdots\cdots\cdots ⑦$$

此為廠商當產量水準為 Q 時，獲得最大利潤的均衡條件，亦即所謂的最大利潤要素雇用量均衡。根據此條件，令某一要素價格為不同數值時，即可導出該要素的需求，此需求即為廠商在最大利潤條件下對該要素的需求，茲說明其誘導過程如下：

3. 邊際生產收益的意義　第⑦式可寫成下列形式：

$$\frac{P_i}{MP_i} = MR_Q \qquad\qquad i = 1,2,\cdots\cdots,n$$

$$\cdots\cdots\cdots\cdots\cdots\cdots\cdots\cdots\cdots ⑧$$

變化之得：

$$P_i = MP_i \cdot MR_Q \qquad\qquad i = 1,2,\cdots\cdots,n$$

令　　　$MRP_i = MP_i \cdot MR_Q \qquad\qquad i = 1,2,\cdots\cdots,n$

則　　　$P_i = MRP_i \qquad\qquad\qquad i = 1,2,\cdots\cdots,n$

$$\cdots\cdots\cdots\cdots\cdots\cdots\cdots\cdots\cdots ⑨$$

MRP_i 為當產量水準為 Q 時，在最大利潤的條件下，第 i 種要素的邊際生產收益（marginal revenue product，簡寫為 MRP）。

第⑧式的意義為：「當產量水準為 Q 時，使用任一種要素去增產最後一單位產品，其邊際成本必須等於其邊際收益，始能給予廠商最

大利潤」。第⑨式的意義為：「當產量水準為 Q 時，使用任一種要素一單位去生產最後部分的產品，其邊際成本等於其邊際生產收益，始能給予廠商最大利潤」。事實上第⑧式的涵義與第⑨式的涵義是完全相通的，僅其採用的基準略有不同而已，第⑧式是以最後一單位產品為準去衡量要素的邊際成本與邊際收益，第⑨式是以最後一單位要素為準去衡量要素的邊際成本與邊際生產收益。既然兩者的涵義是完全相通的，為什麼有了第⑧式以後還要第⑨式呢？其原因為根據第⑨式誘導要素的需求較第⑧式來得方便。

　　已知產量水準為 Q 時最大利潤要求下要素 X 的邊際生產收益為：

$$MRP_X = MP_X \cdot MR_Q$$

　　當要素 X 的用量變化時，MP_X 及 MR_Q 均同時發生變化，最後 MRP_X 亦隨之發生變化。由此可知，MRP_X 為 X 的函數，即

$$MRP_X = MP_X \cdot MR_Q = f(x)$$

　　由邊際報酬遞減法則知，當 X 增加時，MP_X 及 MR_Q 均行減少，其結果 MRP_X 亦隨之減少，故知 X 與 MRP_X 間有負變的關係，其情形見圖 9－9 中的左圖。此左圖中的曲線即為在最大利潤要求下要素 X 的邊際生產收益曲線。

　　4. 廠商對要素需求線的導出　假定要素 X 的用量變化，為隨時合於最大利潤的要求，必須滿足下列均衡條件：

$$P_X = MRP_X = MP_X \cdot MR_Q \cdots\cdots\cdots\cdots\cdots\cdots\cdots\cdots\cdots\cdots\cdots ⑩$$

　　當 $X = X_0$ 時，先決定 MP_{X0} 及 MR_{Q0}，然後再通過上式決定 $P_X = P_{X0}$。

　　當 $X = X_1$ 時，先決定 MP_{X1} 及 MR_{Q1}，然後再通過上式決定 $P_X = P_{X1}$。

　　當 $X = X_2$ 時，先決定 MP_{X2} 及 MR_{Q2}，然後再通過上式決定 $P_X = P_{X2}$。

圖9-9　要素的邊際生產收益線及需求線

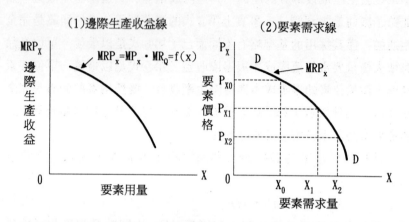

餘依此類推。由此得三個坐標點如下：

$$(X_0，P_{X0})；(X_1，P_{X1})；(X_2，P_{X2})$$

　　根據此三個坐標點即可在坐標圖中決定三點，加以連綴即得廠商對要素 X 的需求曲線，其結果見上列右圖。由於此需求線係通過上述最大利潤的均衡條件導出，故為廠商在最大利潤條件下對要素的需求線。又要素需求線的導出本應由已知要素價格 P_X 去決定要素用量 X，但本文中的順序是相反的，由已知要素用量 X 反過來去決定要素價格 P_X，其原因為後一方式在說理上比較方便。

　　由第⑩式可看出，$P_X = MRP_X$，故知上列左右兩圖可說完全相同，僅將縱坐標所代表的對象由 MRP_X 換成 P_X 而已。又由上列誘導過程可看出，$P_X = MRP_X$ 是在要素市場買方為完全競爭的假定下所導出的均衡條件，如果要素市場的買方不為完全競爭，則 $P_X \neq MRP_X$，如此即無法導出廠商對要素的需求線，其詳細情形將在第十章中說明之。

　　5. 最大利潤下廠商對要素需求量的決定　假定要素市場為完全競爭市場，則廠商所面對的要素供給線為一條水平線，其高度即為要素

的市場價格。廠商所面對的要素供給線與其對要素需求線的交點，即為廠商在最大利潤條件下要素供需的均衡點，由此決定要素的最適用量，其情形見下圖：

圖9－10　廠商對要素最適需求量的決定

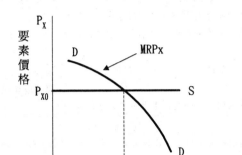

圖中 S 代表要素 X 的供給線，DD 代表對要素 X 的需求線，X_0 為要素 X 的最適雇用量。

摘　要

生產要素的需求

引 伸 需 求 的 意 義 及 要 素 配 置 的 基 本 原 則	
引伸需求的意義	消費者對產品有需求，乃引發生產者進行生產而對生產要素產生需求，生產者對要素的需求係由消費者對產品的需求引伸而來，故稱之為引伸需求。
要素配置的基本原則	$\frac{MP_1}{P_1} = \frac{MP_2}{P_2} = \cdots\cdots\cdots = \frac{MP_n}{P_n}$（各種要素每一塊錢投入所獲邊際產量皆相等） 此條件適用於任何產量水準及要素任何價格。

等 量 曲 線		
意　義		在某固定產量水準下，兩種要素用量所有不同配置的軌跡。
基本性質		(1)曲線任一點切線的斜率為負，(2)任兩條曲線不相交，(3)平面上任一點有一條唯一的等量曲線通過，(4)愈往右上方的曲線產量水準愈高，(5)曲線凸向原點。此五個性質與無異曲線完全相同。
邊際技術替代率	意義	維持同一產量水準下，X 要素增用一單位可取代 Y 要素的單位數，稱為 X 對 Y 的邊際技術替代率，以 MRS_{XY} 表之。
	性質	$\because \triangle X \cdot MP_X + \triangle Y \cdot MP_Y = \triangle Q = 0$（即維持原產量不變） $\therefore MRS_{XY} = -\frac{\triangle Y}{\triangle X} = \frac{MP_X}{MP_Y}$
	法則	要素的邊際技術替代率隨要素用量的增加而遞減，此稱之為邊際技術替代率遞減法則。此法則為邊際報酬遞減律之另一形式。

等 量 曲 線 分 析 法		
等成本線	意義	在某固定總成本下，兩種要素用量各種配置的軌跡。
	斜率	$\frac{\triangle Y}{\triangle X} = -\frac{TC_0 / P_Y}{TC_0 / P_X} = -\frac{P_X}{P_Y}$
	成本改變	(1)愈往右上方的等成本線所代表的總成本愈高。 (2)不同總成本下的等成本線互相平行（因 P_X / P_Y 相同）。
最低成本的配置	要素均衡點	與某一產量水準等量曲線相切的等成本線，其所代表的總成本為該產量下的最低成本，其切點即為最低成本要素配置的均衡點。
	均衡條件	$MRS_{XY} = \frac{MP_X}{MP_Y} = -\frac{\triangle Y}{\triangle X} = \frac{P_X}{P_Y}$，即 $\frac{MP_X}{P_X} = \frac{MP_Y}{P_Y}$

應　　用	(1)誘導總成本曲線，其過程為：產量變化 → 等量曲線變化 → 與等量曲線相切的等成本線變化 → 總成本變化 (2)解釋長期中生產規模調整的情形。

廠 商 的 要 素 需 求

廠商所面對的要素供給線		假定要素的市場為完全競爭市場，則廠商所面對的要素供給線為一水平線，其高度即為市價。
廠商最大利潤要素	求下要的均最適雇用量 用量要素的衡條件	$MC_1 = MC_2 = \cdots\cdots = MC_n = MC_Q = MR_Q$ 即　$\dfrac{P_1}{MP_1} = \dfrac{P_2}{MP_2} = \cdots\cdots = \dfrac{P_n}{MP_n} = MC_Q = MR_Q$ 　　　　　最低成本均衡　　　　最大利潤均衡 最大利潤下要素最適配置的均衡 此種均衡與獨占廠商差別訂價的原理相同。
邊際生產收益	定義	$MRP_x = MP_x \cdot MR_Q$（X 要素第 X 個單位的邊際生產收益）
	曲線	MR_x 及 MR_Q 均為 X 的函數，則 MRP_x 亦為 X 的函數，即 $MRP_x = f(X)$，據此即可畫一條曲線，即為 X 的 MRP 曲線。
	性質	因 X 與 MP_x 及 MR_Q 成反變，則 X 亦與 MRP_x 成反變，故 X 的 MRP 曲線具有負斜率。
廠商的要素需求線	導出	由上述廠商最大利潤要素雇用量的均衡條件知： 　　　　$P_x = MP_x \cdot MR_Q = MRP_x$ 即　　　$P_x = MRP_x = f(X)$ 由此可決定 X 要素不同價格水準下要素的購用量，而使利潤為最大，故 MRP_x 曲線即為廠商對 X 要素的需求線。
	應用	根據廠商所面對的要素供給線及其對要素的需求線，即可決定廠商對要素的最適雇用量。

生產要素需求線的導出與雇用量的決定

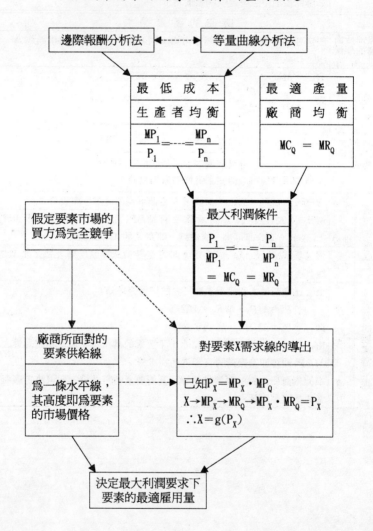

問　題

1. 何謂等量曲線分析法？其與傳統分析法有何相似與相異之點？又根據等量曲線分析法如何導出生產者的均衡？
2. 廠商獲得最大利潤的條件為何？生產者的均衡與廠商的均衡如何加以結合？
3. 如何根據廠商最大利潤的條件導出其對某一生產要素的需求曲線？
4. 何謂邊際生產收益？邊際生產收益曲線如何得來？其與要素的需求線為何完全一致？
5. 若要素市場為完全競爭市場，則要素的最適雇用量如何加以決定？
6. 何謂邊際技術替代率遞減法則？由何而來？
7. 要素的需求理論與產品的需求理論有何相似與相異之點？試對照比較之。

第 十 章

生產要素的供給與價格決定

　　前述生產要素可大別為四類，即勞動、土地、資本及企業才能，這四種要素的性質互異。當其用於生產時，此四種要素必須結合在一起，因此各種要素的需求必須合在一起討論，否則不能顧及相互間的關聯從而滿足最大利潤的要求。至於要素的供給其情況即不同，第一、各種要素的供給是可以分開的，其間雖有關聯，但關聯並不大；第二、各種要素的性質互異，對其供給有決定性的影響；因此各種要素的供給必須分開討論，茲分別說明如下：

一、勞動的供給與完全競爭市場均衡

　　1. 勞動的性質　勞動的性質可從三方面來看，第一、勞動與勞動者不能分離，勞動者必須親自到場始能完成工作，因此勞動者除工資外，還要考慮工作環境與工作條件等問題。第二、勞動供給短期內可能缺乏彈性，長期則不一定，尤其是非技術性的勞工其轉業比較容易。第三、勞動因語言的隔閡及國界的限制，其流動性有所限制。由於勞動有這許多性質，因此其供給乃有某種特殊的性狀，茲說明如下。

　　2. 休閒所得無異曲線　工作可以獲得所得，不工作可以休閒，兩者均可滿足消費者的慾望。將休閒與所得視為兩種商品，則勞動提供者的無異曲線如圖10-1。

　　下圖中曲線上每一點所代表的休閒與所得的組合，均可給予勞動提供者以同等滿足。例如某勞動者休閒 R_0 個小時，所餘時間從事勞動獲得 Y_0 元的所得，此一組合給予該勞動者 U_0 個單位效用的滿足。

圖 10－1　休閒所得無異曲線

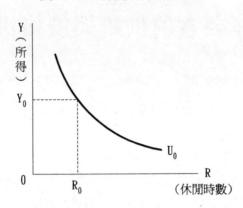

曲線上其他各點所代表的休閒與所得的組合亦均能給予該勞動者以同
等滿足。

　　同樣情形，休閒與所得均受邊際效用遞減法則的影響，因此休閒
所得無異曲線乃具有一般商品消費無異曲線的性狀。也正因為如此，
所以休閒與所得的邊際替代率亦是遞減的。

　　3. 休閒所得可能線　一天有 24 小時，不做工，就休閒。令每小時
的工資為 W，所得為 Y，休閒時數為 R，則勞動所得可計算如下：

$$Y=（24-R）W=24W-WR$$

此即為休閒所得可能線，其情形見圖 10－2。

　　休閒所得可能線每個人只有一條，因一天只有 24 小時，不多不
少。休閒所得可能線的斜率為負數，即 $-W$。由此可知，每個人雖只
有一條休閒所得可能線，但其斜率則受工資率 W 大小的影響而有所
不同。下圖中直線上每一點均將 24 小時全部耗盡，不休閒，即工作
獲取所得。例如下圖中直線上的 a 點指出在 24 小時中休閒 R_a 個小
時，所餘時間工作獲得 Y_a 元的所得。

　　4. 最大效用的選擇　與休閒所得可能線相切的一條休閒所得無異
曲線，其切點所代表的休閒時數及工作所得可給予勞動者以最大滿

圖10-2　休閒所得可能線

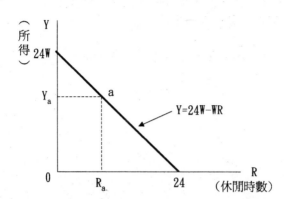

圖10-3　最大效用的選擇

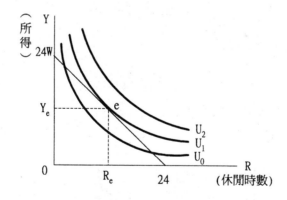

足，其情形見圖10-3。

　　上圖中休閒所得可能線與 U_1 所代表的休閒所得無異曲線相切於 e 點，e 點的橫坐標 R_e 為休閒時數，縱坐標 Y_e 為工作所得。對該勞動者而言，休閒 R_e 個小時，所餘時間工作賺取 Y_e 元所得，可給予該勞動者以最大滿足，該最大滿足具有 U_1 個單位的效用。

5. 個別勞動供給曲線的導出　其過程如下：

(1)假定工資率發生變化，由每小時 5 元提高至 15 元，再提高至 20 元，則休閒所得可能線即由最下面的一條提升至中間的一條，再提升至最上面的一條，其情形見下列上圖：

圖 10－4 個別勞動供給曲線的導出

(1)工資率改變

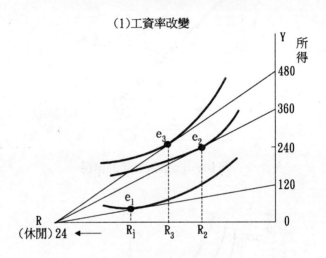

(2)個別勞動供給曲線

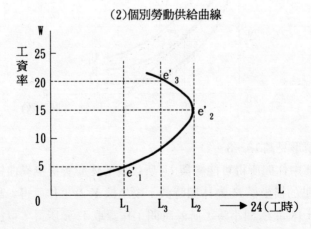

上列上圖中的橫比度是反過來寫的，從左到右是由大至小，而不是由小至大；其目的在配合下面一個圖形，下圖中的橫比度為工作時數（簡稱工時），與上圖中的橫比度休閒時數是互為消長的；下圖中的橫比度要正過來寫，則上圖中的橫比度即必須反過來寫，否則兩者不能互相對照銜接。

又由上列上圖可看出，當工資率發生變化時，休閒所得可能線的一端不動，僅另一端在變，此為未來個別勞動供給曲線產生後彎現象的機制，容後說明。

(2)休閒所得可能線變化後，分別切於不同的休閒所得無異曲線，其切點分別為e_1、e_2及e_3。e_1的橫坐標R_1為工資率為5元時的休閒時數；e_2的橫坐標R_2為工資率為15元時的休閒時數；e_3的橫坐標R_3為工資率為20元時的休閒時數。

(3)由24小時中分別減去休閒時數R_1、R_2及R_3，所餘即為工作時數，簡稱工時，分為別L_1、L_2及L_3。

(4)將工時與工資率配對，其結果為（L_1，5）；（L_2，15）及（L_3，20）。

(5)將其繪於坐標圖中，得e'_1、e'_2及e'_3三點，連綴之即得該個別勞動的供給曲線，其結果見上列下圖。

由上列下圖可看出，個別勞動供給曲線是一條「後彎型的勞動供給曲線」（backward bending labor supply curve）。此說明當工資率甚高時，個別勞動的工時數非但不會增加，反而會減少。其原因為工資率如果很高，勞動者工作較少的時數即可獲得足夠的所得，而將多餘的時間從事休閒活動。這是從事理上來加以說明，要能在圖形上表現出來，則休閒所得可能線必須是一頭固定，另一頭在變動，否則很難導出一個後彎型的勞動供給曲線出來。

6. 市場勞動供給曲線　將市場中的各個別勞動供給曲線予以水平相加，即得市場勞動供給曲線。假定勞動市場中只有甲、乙及丙三個勞動者，將其個別勞動供給曲線予以水平相加，即得該市場的市場勞

動供給曲線，其結果如下：

圖 10－5　市場勞動供給曲線的導出

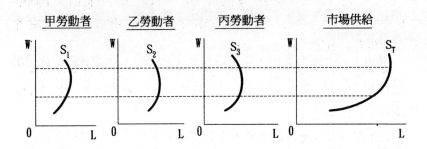

甲勞動者　　　乙勞動者　　　丙勞動者　　　　市場供給

　　由上圖可看出，個別勞動供給曲線雖有後彎的現象，但眾多個別曲線水平相加後，其後彎現象即漸趨緩和，甚或完全消除。其原因有二，其一為眾多個別曲線水平相加後，其水平距離拉長，如此後彎現象即漸不明顯。另一為各個別曲線後彎的形狀不一，水平相加時相互間有抵銷的情況。

　　7. 完全競爭市場的供需均衡　　上一章即第九章最後導出要素市場完全競爭廠商在最大利潤要求下對要素的需求線，按照同樣方式可求

圖 10－6　工資率及勞動總雇用量的決定

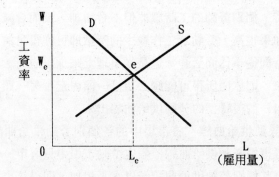

得各廠商對勞動的需求線，然後予以水平相加，即得市場勞動需求曲線。市場勞動需求曲線與市場勞動供給曲線會合，決定均衡工資率及勞動總雇用量，其情形與一般商品者完全一致，茲繪圖表明如圖10－6。

圖中 D 代表市場勞動需求曲線，S 代表市場勞動供給曲線，兩曲線的交點為 e，由此決定均衡工資率為 W_e，勞動總雇用量為 L_e。

二、不完全競爭市場要素價格的決定

不完全競爭市場的種類很多，茲以三個比較特殊也比較常見的市場為例說明，即要素的獨買市場、要素的獨賣市場與要素的雙邊獨占市場，茲分別說明如下：

1. 要素獨買市場　其情形如下：

(1)獨買市場的意義——獨買（monoposony）市場為買方獨占、賣方完全競爭市的市場。

(2)要素獨買廠商所面對供給線——由於獨買市場中的買方只有一家，因此其所面對的要素供給線即為市場的供給曲線，以 S_L 表之，其情形如下：

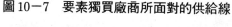

圖10－7　要素獨買廠商所面對的供給線

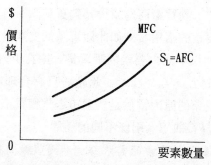

(3)平均要素成本與邊際要素成本——由於獨買市場中的買方只有一家,因此其所面對的要素供給線即為其平均要素成本線(average factor cost,簡寫為 AFC),由平均要素成本線即可導出邊際要素成本線(marginal factor cost,簡寫為 MFC)。MFC 曲線通常在 AFC 曲線之上,因 AFC 曲線通常具有正斜率,其情形見上圖。

(4)獨買廠商最大利潤下要素購用量的決定——只有要素市場的買方為完全競爭時,廠商才有對要素的需求線,獨買廠商沒有對要素的需求線,其原因容後說明。獨買廠商雖沒有對要素的需求線,但與其他市場結構下的廠商一樣具有要素的邊際生產收益(MRP)線,因 MRP 與要素市場的結構無關也($MRP_i = MP_i \cdot MR_Q$)。根據獨買廠商要素的 MRP 曲線及 MFC 曲線,即可決定其最大利潤下要素的最適購用量,其均衡條件為:

$$MRP = MFC$$

意即當邊際要素成本等於其邊際生產收益時,可給予獨買廠商最大利潤。事實上 MRP＝MFC 是一個普遍法則,任何市場結構下的廠商都適用,不限定是獨買廠商。

令 MRP 曲線與 MFC 曲線的交點亦即其均衡點為 e,其橫坐標 L_e 即為獨買廠商最大利潤下要素的最適購用量。然後由 e 點引垂線與 AFC 曲線相交於 e′點,e′點的縱坐標 W_e 即為獨買廠商購用要素的價格,其情形見圖 10-8。

由下圖可看出,獨買廠商為擴大其獨買利潤,乃刻意適度減少其生產,從而減少要素的購用量,如此即可壓低要素價格,而使廠商獲得更多的利潤。如果不減少要素的購買量,則在 W_e 的價格水準下,廠商的購用量應為 L_1,$L_1 > L_e$,如此廠商只有合理利潤,而無額外利潤。產生這種現象的原因當然是要素市場是獨買市場,在圖形上則是 AFC 曲線及 MFC 曲線為兩條不同的斜線。

(5)獨買廠商沒有對要素的需求線——獨買廠商只有要素的需求量,沒有要素的需求線。就上一圖形而言,在要素同一購用量 L_e

圖10−8　獨買廠商要素最適購用量的決定

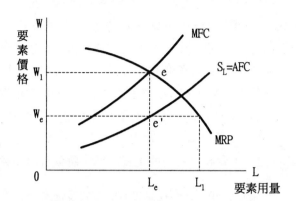

下，可能有另一條 S_L 曲線亦即另一條 AFC 曲線不通 e' 點，但其 MFC 曲線仍通過 e 點，如此要素的購用量仍為 L_e，但價格不為 W_e。意即要素在同一購用量下，因 S_L 曲線的不同，可能出現兩種或多種不同的價格，因此獨買廠商無要素需求線。獨買廠商沒有要素需求線，其主要關鍵在於其 AFC 曲線及 MFC 曲線為兩條不同的斜線。由此可知，除去要素市場的買方為完全競爭外，其他任何市場結構下的廠商均無要素需求線，其情形與產品市場中不完全競爭廠商無產品供給曲線的情形一樣。由此可看出，要素市場的理論有很多地方是與產品市場的理論相似但相反的，其詳細情形將在第十三章即個體經濟學總論一章中說明之。

2. 要素獨賣市場　其情形如下：

(1)獨賣市場的意義──獨賣（monopoly）市場為買方完全競爭、賣方獨占的市場。就勞動市場而言，賣方原為完全競爭，但組成工會以後即形成獨賣。

(2)工會提高工資的方式──工會提高工資的方式不外有三種：即第一、與雇主協議設定一個較優厚的工資水準，第二、減少勞動供給，第三、設法增加勞動需求。茲分別說明其效果如下：

(3)設定優厚工資水準的後果——其情形見下列左圖。圖中 S_L 代表市場勞動供給曲線，D_L 代表市場勞動需求曲線。在完全競爭市場下，S_L 與 D_L 的均衡點為 e，由此決定均衡工資率為 W_e，雇用量為 L_e，既無勞動不足的問題，亦無勞工失業的問題。如果工會設定一個工資率 W_a，高於 W_e，此時勞動供給曲線改為 W_aabS_L 的折線，此供給曲線與 D_L 相交於 a 點，在 W_a 的工資率下，勞動雇用量減為 L_a。相反地，由於工資率的提高，願意工作的勞工增多，在 W_a 的工資率下，願意工作的勞工數增為 L_b，兩者之差 L_aL_b 即為失業的人數或勞動量。由此可知，工會設定較高的工資水準，將會引起失業。

圖 10-9 工會提高工資的方式及後果

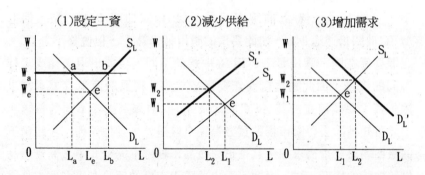

(4)減少供給的後果——其情形見上列中圖。工會可以各種方式來限制會員的人數，如此勞動的供給即行減少，由原來的 S_L 減為 S'_L。在完全競爭市場下，S_L 與 D_L 的均衡點為 e，由此決定均衡工資率為 W_1，雇用量為 L_1。如果勞動供給減少為 S'_L，則工資率將提高為 W_2，雇用量將減少為 L_2。此法主要的作用在以量制價，就工會本身而言其會員無失業，就整個社會而言，則是將勞動推向其他產業，甚或產生失業。

(5)設法增加需求的後果——所謂設法增加需求，即是工會強迫廠商多雇用一些其所不需要的工人，此稱之為「插花」（feather bedding）。例如美國的鐵路運輸早已電氣化，但工會仍強迫鐵路公司雇用早期留下來的柴油火車司機，直至退休為止。由上列右圖可看出，插花使廠商增加勞動需求，由 D_L 增加為 D'_L，其結果不但工資率由 W_1 提高至 W_2，同時雇用量亦由 L_1 增加至 L_2。由此可知，插花使廠商蒙受雙重損失，不但須雇用超額的勞動，同時尚須支付較高的工資。但是羊毛出在羊身上，廠商可用提高產品售價的方式將此額外負擔轉嫁給消費者，其結果受害的是社會大眾，包括勞動者自己在內。

3. 雙邊獨占的要素市場 其情形如下：

(1)雙邊獨占的意義——雙邊獨占市場（bilateral monopoly）即買賣雙方均只有一個單位的市場。就勞動市場而言，買方為一個獨買廠商，賣方為工會組織。

(2)雙邊獨占的訂價方法——主要有兩種類型：其一為工會面對獨買者的訂價方式，其法通常由工會訂定工資率，而由獨買者決定雇用量。另一為一般雙邊獨占的訂價方式，其法雙方通常先協議雇用量，然後再協議工資率。茲分別說明如下：

(3)工會面對獨買者的情況——其情形見下圖：

圖10－10　工會面對獨買者的訂價方式

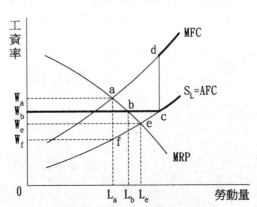

如果是完全競爭市場，則勞動的供給線為 S_L，需求線為 MRP 曲線，均衡點為 e，由此決定均衡工資率為 W_e，雇用量為 L_e。

如果是獨買市場，則 MRP 曲線與 MFC 曲線的交點 a 為均衡點，由此決定雇用量為 a 點的橫坐標 L_a，工資率為 f 點的縱坐標 W_f。

在雙邊獨占的情況下，如果工會所設定的工資率為 W_b，則獨買者所面對的勞動供給線改為 $W_b bc S_L$ 的折線，邊際要素成本線改為 $W_b bcd$ 的折線，兩條折線在 $W_b c$ 段重合。MRP 曲線與改變後的 MFC 曲線相交於 b 點，此點不但在改變後的 MFC 曲線上，同時也在改變後的 AFC 曲線上，因 b 點正好在兩曲線改變後的重合線段上也。因此根據 b 點可直接決定勞動的雇用量，其結果為 L_b。

就雙邊獨占的情況而言，如果工會將工資率降至 W_e，則雇用量增至 L_e。過此若再降低工資率，則雇用量不增反減，因此時雇用量不再取決於 MRP 曲線，轉而受制於 S_L 曲線，意即勞動的供給量已因工資的下降而減少。此時若工資率降為 W_f，則雇用量將減少為 L_a。由此可知，工會設定工資的下限為 W_e，低於此對工會一無好處，因此 MRP 曲線在 e 點以上的一段為工會與獨買者雙方的協議線。協議點如接近 e 點，則工資率提高不多，但雇用量增加較多；反之，協議點如遠離 e 點，則工資率提高較多，但雇用量增加不多，甚或有所減少。

(4)一般雙邊獨占的情況——在此情況下，一般是先協議數量，然後再協議價格，而數量必定是低於供需均衡點的數量，否則是南轅北轍，根本沒有協議的餘地。其情形見圖 10-11。

圖中 S 代表獨賣者的供給線，D 代表獨買者的需求線。雙方先協議一個數量 Q，低於供需均衡點的數量。在此數量下，獨買者願意支付的最高價格為 P_1，獨賣者願意接受的最低價格為 P_2，$P_1 > P_2$，有商談的餘地，設法在 P_1 與 P_2 之間決定一個價格，此價格雙方都能接受。如果所決定的價格接近 P_1，則對獨賣者較為有利；反之，如果

圖10－11　一般雙邊獨占的訂價方式

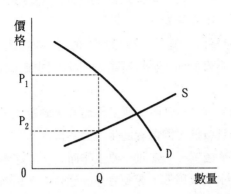

所決定的價格接近 P_2，則對獨買者較為有利。到底價格決定在那一點，這要看雙方的爭議能力，爭議力強者能爭得較有利的價格，對獨買者而言是較低的價格，對獨賣者而言是較高的價格；反之則否。

三、最低工資與工資差異

1. 最低工資的目的與影響　其內容如下：

(1)最低工資的意義與目的——所謂「最低工資」（minimum wage），簡言之即是勞工所能獲得的最低工資，其目的在保障勞工的最低收入，從而保障其最低的生活水準。最低工資通常由政府訂定，通過法律或其他管道付諸實施。最低工資通常是根據勞工家庭收支調查的資料及勞工生活費指數加以訂定，一方面顧及勞工的生活水準，另一方面也考慮廠商的負擔能力。

(2)最低工資的影響——最低工資如果訂得太低，則不能發揮保障勞工的作用；如果訂得太高，則至少有下列兩項缺點：第一、某些產業或廠商無力負擔此較高的工資，影響其正常發展，嚴重時將產生大量失業；第二、工廠不願雇用非熟練工人，亦即廠商不願做訓練學徒

的工作，如此非熟練工人即有就業上的困難，除非訓練學徒的工作由政府來做。綜合以上所述，可知最低工資的訂定必須能恰到好處，過高或過低均會產生不良影響。

2. 工資差異的原因 就同一個行業中的同一種工作而言，各個勞動者所得的工資不盡相同，亦即所謂的同工不同酬，其原因不外有下列四端：

(1)生產力的差異——就同一種工作而言，熟練工人的工資較高，非熟練工人的工資較低，因兩者的生產力不同。

(2)彌補性工資差異——就同一種工作而言，工作環境及工作條件好的工廠其工資水準雖稍低，勞動者亦願意接受，因為好的工作環境及工作條件可以彌補工資上的損失。反之，如果工作環境及工作條件均較差，勞動者通常要求較高的工資水準，以彌補環境不良及條件不佳所帶來的痛苦與損失。

(3)市場不完全——市場不完全包括三方面，即市場結構、市場情報及流動性的限制。勞動市場如果是獨買市場，則工資有偏低的傾向；如果是獨賣市場，則工資有偏高的傾向。市場情報如果比較靈通，則工資發生差異的可能性即較小，否則即較大。勞動的流動如果限制較少，則工資發生差異的可能性即較小，否則即較大。

(4)動態性調整的工資差異——在長時間內人們的消費偏好會改變，果爾，則有關產業的生產必定隨之調整，其結果各產業對勞動的需求乃發生變化。增加勞動需求的產業其工資水準有上升的傾向，減少勞動需求的產業其工資水準有下降的傾向。此即所謂的動態性調整的工資差異。

3. 對工資差異的干預 上述導致工資差異的四種原因中，勞動生產力不同，工資不同，這是理所當然的，不生問題。工作環境及工作條件不同，工資不同，這也是很合理的，當然也沒有問題。因為消費與生產的改變導致工資產生調整性的差異，這是必然的及暫時性的，慢慢的會調整到合理的情況，所以也沒有問題。唯一有問題的是市場

不完全所導致的工資差異，這種差異是人為因素造成的，是不合理的，政府應該加以干預。市場結構不合理應該設法使其合理，市場情報不靈通應該設法使其靈通，勞動流動的限制應該設法使其消除，如此才能使工資差異趨於合理而維護社會公平。

四、地 租

1. 土地的性質 土地有兩項重要的性質，其一為土地的供給一般說來是固定的，尤其是總供給非常缺乏彈性。至於對各產業的供給則比較具有彈性，因土地可以變更用途，由此業轉入他業。另一為土地的位置固定，流動性很小，因此具有特殊區位的土地其供給一般說來是非常缺乏彈性的。由於土地具有這兩項重要的性質，因此地租的決定乃有某種特殊的性質，茲說明如下。

2. 地租的決定 其情形見下圖：

圖 10－12 地租的決定

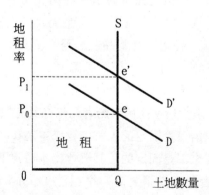

茲逐步說明如下：

(1)土地的供給——上圖中 OQS 所代表的折線為土地的供給線，其中 OQ 段貼於橫軸，其意為土地是自然存在的，價格（即地租率）

縱然為0，照樣有供給，QS 段為一條垂線，其意為土地的供給量達於最大限度 Q 後，不論如何提高價格，亦不能增加供給，至少短期是如此。

(2)地租的產生——當土地未使用完畢以前，不可能產生地租，因土地是自然存在的，誰都可以使用，不需付費。當土地的使用量超過其總供給時，由於使用者競相取得，於是乃產生地租。當土地的需求線為 D 時，與供給線 S 相交於 e 點，由此決定均衡地租率為 P_0，P_0 與 Q 的相乘積亦即 $\square OP_0eQ$ 所代表的數額即為地租，當土地的需求線提高為 D' 時，與供給線 S 相交於 e' 點，由此所決定的均衡地租率提高至 P_1，地租提高至 $\square OP_1e'Q$ 所代表的數額。

(3)地租發生的原因——綜合以上所述，可知地租發生的原因有二：即土地的總供給固定與使用者的相互競爭。土地的總供給雖屬固定，但如果使用者很少，不互相競爭，即不可能產生地租。反之，使用者雖互相競爭，但如果土地的供給具有彈性，亦不可能產生大量的地租。

(4)地租的性質——由上圖可看出，地租相當於土地供給者的剩餘。土地供給者的總機會成本為0，其總收益即為其所獲得的地租。

3. 經濟租的意義　任何一種物品或勞務只要其供給彈性小於無窮大，即可能產生供給者剩餘，其情形見圖10-13。

由前述知，地租是土地供給者的剩餘，因此其他任何物品或勞務因供給彈性小於無窮大所產生的供給者剩餘亦具有類似地租的性質。然而由於土地的供給量是固定的，其機會成本為0；而其他物品或勞務的供給量一般說來不是固定的，其機會成本通常不為0；因此其他物品或勞務供給者的剩餘稱之為「準租」（quasi-rent）或「經濟租」（economic rent），以示與純粹的地租有別。

由下圖可看出，經濟租是物品或勞務供給者的剩餘，由總收益減去經濟租即為其機會成本，其結果為供給曲線以下的部分。因此從經濟租的觀點來看，物品或勞務的供給曲線 S 即為供給者的機會成本曲

圖 10-13　經濟租的意義

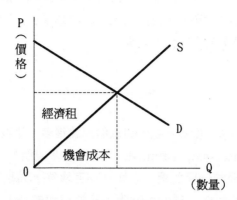

線。土地的情形亦是如此，土地的供給曲線即為土地供給者的機會成本曲線，只是土地供給者的機會成本為0，全部收益均為地租而已。經濟租的多寡與物品或勞務的供給曲線有關，供給愈少，愈缺乏彈性，則經濟租愈多，機會成本愈少。著名的藝術家及演藝家的情形即是如此，其收入中絕大部分是經濟租，機會成本很少。

4. 尋租的意義與影響　由前一個圖形可看出，若土地的供給適度的減少，則地租會增多。由上圖可看出，若其他物品或勞務的供給適度的減少或（及）供給彈性降低，則經濟租會增多。為爭取更多的地租或經濟租，人為的減少土地或其他物品及勞務的供給及其彈性，此種行為即稱之為尋租（rent-seeking）。例如土地所有者持有其土地暫不出售，則供給減少，地價上漲，地租增多。物品的所有者屯積其物品暫不出售，則供給減少，價格上漲，經濟租增多。諸如此類像這樣的尋租活動很多，可說無時無地沒有。尋租活動一方面產生所得重分配，同時另一方也使經濟效率降低。

5. 地租的評論　主要有兩點：即第一、由於人口的增加及社會的繁榮，對土地的需求增加，地租乃隨之提高。由此可知，地租可說是一種不勞而獲，不像其他三種要素為獲得收益必須付出相當的代價。

因此　國父主張土地漲價歸公，將社會繁榮的成果回饋給社會大眾，而不讓少數人坐享暴利。第二、地租是使用土地的價格，因此地租的高低可指導土地的利用，提高土地利用的效率。例如在都市中心地區即不宜經營農業，因地租太高也。

五、利　息

利息為資本的報酬。説明利息的理論很多，比較新的理論是跨期分析模型（intertemporal model），茲逐步説明如下：

1. 兩期消費的無異曲線　同樣是一百塊錢，如果現在用於消費，其效用較高；如果一年以後消費，其效用即較低，因為現在是實在的，未來是渺茫的。令現在為第一期，一年後為第二期，以現在為基準，將兩期的效用合在一起。在某固定總效用下，現在減少一塊錢的消費，一年後要增加 1.1 元的消費，才能維持兩期的總效用不變；如果現在再減少一塊錢的消費，一年後要再增加 1.2 元的消費，才能維持兩期的總效用不變；餘依此類推。如果將第一期的消費看做是第一種商品，第二期的消費看做是第二種商品，消費額即為商品的數量，如此即可為兩期消費額組合的軌跡畫一條曲線，其結果即為所謂的「兩期消費無異曲線」，其情形見圖 $10-14$。

圖中 a 點指出第一期消費額為 C_{10} 元及第二期消費額為 C_{20} 元時，可給予該消費者 U_0 個單位效用的滿足。曲線上每一點所代表的兩期消費額均可給予該消費者以同等滿足，即 U_0 個單位效用的滿足。

2. 終身預算限制線　假定某人終身只有兩期，令 Y_1 及 Y_2 分別為第一期及第二期的所得，C_1 及 C_2 分別為第一期及第二期的消費支出。第一期的儲蓄為：

$$S = Y_1 - C_1$$

此儲蓄存入銀行或借給別人，至第二期其本利和為：

圖10－14　兩期消費無異曲線

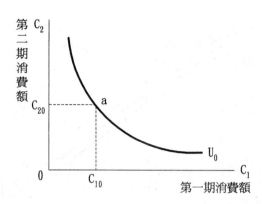

$$S\,(\,1+i\,)$$

式中i代表利率。

則第二期可消費的金額為：

$$C_2 = S\,(\,1+i\,) + Y_2$$

即　　$C_2 = (\,Y_1 - C_1\,)\,(\,1+i\,) + Y_2$

即　　$C_2 = -C_1\,(\,1+i\,) + Y_1\,(\,1+i\,) + Y_2 \cdots\cdots\cdots\cdots$ ①

　　根據此式，以C_1為自變數、C_2為因變數，可繪製一條直線，此即所謂的終身預算限制線，其形如圖10－15。

　　由①式知，該直線的斜率為$-\,(\,1+i\,)$。

　　兩期消費額的組合只能在終身預算限制線上或其左下方的範圍內，不能超出此線而進入右上方的範圍，否則兩期所得不論如何調整，亦無法應付兩期的消費也。茲以數學方式說明如下：

　　由①式得：

$$C_1 + \frac{C_2}{1+i} = Y_1 + \frac{Y_2}{1+i}$$

式中$C_2 \diagup (\,1+i\,)$為C_2在第一期的現值，$Y_2 \diagup (\,1+i\,)$為Y_2在第一期的現值。

圖 10－15　　終身預算限制線

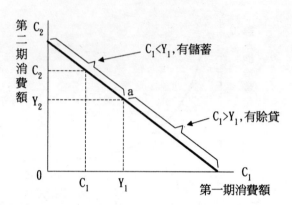

上式左方為兩期消費在第一期的現值，右方為兩期所得在第一期的現值，前者必定少於後者至多等於後者，即

$$C_1 + \frac{C_2}{1+i} \leq Y_1 + \frac{Y_2}{1+i} \quad \cdots\cdots\cdots\cdots\cdots\cdots\cdots\cdots ②$$

在②式的限制下，（ C_1 ， C_2 ）在圖中所畫的點不可能位於終身預算限制線的右上方。

又由①式可看出：

(1)若 $C_1 = Y_1$ ，則 $C_2 = Y_2$ ，意指第一期無儲蓄，亦無賒欠。

(2)若 $C_1 < Y_1$ ，則 $C_2 > Y_2$ ，意指第一期有儲蓄。

(3)若 $C_1 > Y_1$ ，則 $C_2 < Y_2$ ，意指第一期有賒欠。

(4)若 $C_1 = 0$ ，則 $C_2 = Y_1（1+i）+ Y_2$ ，意指全部所得留至第二期消費。

(5)若 $C_2 = 0$ ，則 $C_1 = Y_1 + Y_2 ／（1+i）$ ，意指全部所得提前在第一期消費殆盡。

3. 貸出者與借入者的均衡　指貸出者與借入者各自的均衡，茲分別說明如下：

(1)貸出者的均衡——貸出者的終身預算限制線與其某一條兩期消

費無異曲線相切於 e 點，決定兩期消費額分別為 C_1 及 C_2，如此可在其終身預算限制下給予該貸出者最大滿足。又 Y_1 必須大於 C_1，否則第一期無儲蓄，當然無錢貸出，因此 e 點必須在 a 點的左上方。貸出額為 Y_1-C_1。其情形見下列左圖。

(2)借入者的均衡——借入者的終身預算限制線與其某一條兩期消費無異曲線相切於 e' 點，決定兩期消費額分別為 C'_1 及 C'_2，如此可在其終身預算限制下給予該借入者最大滿足。又 C'_1 必須大於 Y'_1，否則第一期無短絀，當然無需借錢，因此 e' 點必須在 a' 點的右下方。借入額為 $C'_1-Y'_1$。其情形見下列右圖：

圖10-16　貸出者與借入者的均衡

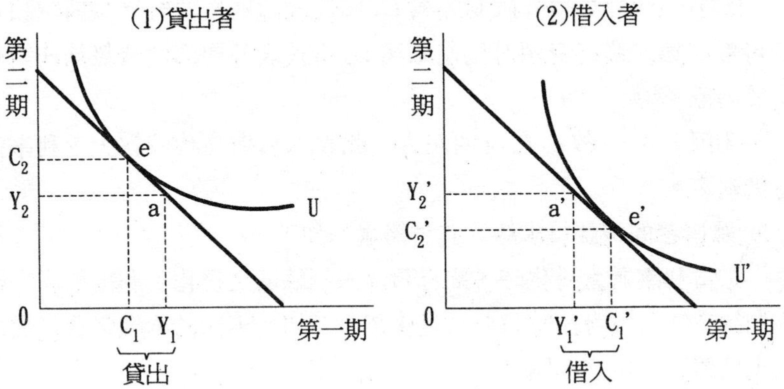

4. **利率變化對賒借者的影響**　其情形見圖10-17。

茲逐步說明如下：

(1)令原有利率為 i，代入①式得第一條終身預算限制線（即與 U_1 曲線相切的一條直線）。令變化後的利率為 i'，$i'>i$，代入①式得第二條終身預算限制線（即與 U_2 曲線相切的一條直線）。兩條線相交於 a 點，a 點的坐標為（Y_1，Y_2），分別為第一期及第二期的所得。事實上是任何一條終身預算限制線均必須通過 a 點。

圖10－17　利率變化對賒借者的影響

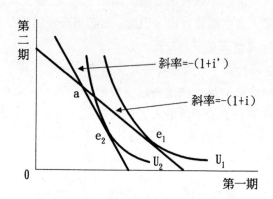

(2)第一條終身預算限制線與 U_1 所代表的兩期消費無異曲線相切於 e_1 點。第二條終身預算限制線與 U_2 所代表的兩期消費無異曲線相切於 e_2 點。

(3)因 $i'>i$，故 e_2 在 e_1 的左方，此表示利率高時借款少，利率低時借款多。

5. 賒借者的資金需求線　其誘導過程如下：

(1)當利率發生變化時，終身預算限制線隨之變化，利率越高，則限制線越陡。終身預算限制線變化後，乃切於不同的兩期消費無異曲線，其情形見下列上圖。

(2)當利率為 i 時，決定第一條終身預算限制線，此限制線與 U_1 所代表的兩期消費無異曲線相切於 e_1 點，e_1 點的橫坐標 C_{11} 為利率為 i 時的第一期消費額。C_{11} 與 Y_1 之差即（$C_{11}-Y_1$）令其為 d_1，即為利率為 i 時的資金需求額。

當利率提高為 i' 時，決定第二條終身預算限制線，此限制線與 U_2 所代表的兩期消費無異曲線相切於 e_2 點，e_2 點的橫坐標 C_{12} 為利率為 i' 時的第一期消費額。C_{12} 與 Y_1 之差即（$C_{12}-Y_1$）令其為 d_2，即為利率為 i' 時的資金需求額。

圖 10－18　賒借者資金需求線的導出

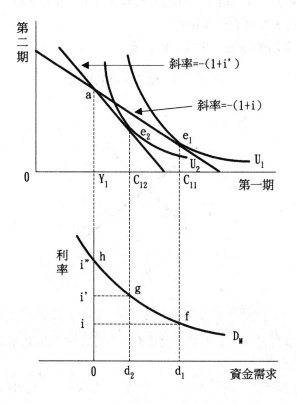

　　若利率繼續提高，直至 i'' 時，賒借者不願借入任何資金，此時 $C_1 = Y_1$，資金需求額 $d = 0$。

　　(3)將不同利率水準下的資金需求額與利率配對，其結果順次為 $(d_1，i)$、$(d_2，i')$ 及 $(0，i'')$，將其繪入坐標圖中得三個坐標點，順次令其為 f、g 及 h，然後加以連綴即得該賒借者的資金需求線。其情形見上列下圖。

　　將各個別賒借者的資金需求線予以水平相加，即得資金的市場總需求線。其過程甚為簡單，不再詳加說明。

6. 資金的個別供給線及市場總供給線　其誘導過程及方法與上一節者完全相似，僅此時第一期的消費額少於第一期的所得，有餘款可以貸出而已，故無需重複說明。

7. 借貸市場的均衡　其情形見下圖：

圖 10－19　借貸市場的均衡

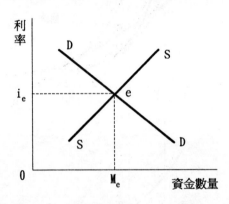

上圖中，*D* 代表資金的市場需求線，*S* 代表資金的市場供給線，其交點 *e* 即為資金市場供需的均衡點，由此決定均衡利率為 i_e，資金借貸總額為 M_e。

8. 利息的功能　利率的高低影響資金的流向，有利可圖的生產事業可以負擔較高的利率，易於取得資金，從而能夠擴大其生產。有利可圖的生產事業其產品價格必定相對地較高，此表示社會需要這種產品。由此可知，利率可以將資金導向有利的生產事業，從而使其利用效率提高。

六、利　潤

1. 利潤的意義與特質　利潤（profit）為企業家管理才能的報酬。此處所謂的利潤，指的是「經濟利潤」（economic profit），經濟

利潤為總收益與總機會成本之差。企業家自己投入的時間及資本等的報酬均包含在機會成本之內，因此經濟利潤為純粹表示企業家管理才能高低的一個指標。利潤與其他要素的報酬不同，利潤有正有負，而其他要素的報酬必定是正數。企業經營成功即有正利潤，經營失敗即有負利潤，亦即所謂的虧損。又利潤中通常含有相當成分的經濟租在內，因企業家的管理才能其供給有限同時亦缺乏彈性也。

　2. 利潤的學說　利潤的意義已如上述，但利潤究由何而來，歷來有許多學說，茲舉出其中比較重要的三種加以說明，其內容如下：

　　(1)獨占說──此說認為利潤係由獨占而來。由第七章的說明知，獨占廠商可用以量制價的方式獲得超額利潤，此超額利潤即為利潤的主要來源。

　　(2)創新說──此說由經濟學大師熊彼得（Joseph Alois Schumpeter）所倡，認為利潤係由企業創新而來。創新（innovation）至少包括五種形式：即生產新的產品、採用新的方法進行生產、開發新的市場、取得新的生產原料以及創設新的生產與銷售組織等。創新與發明不同，創新為將發明付諸實施的過程，沒有創新，發明只是紙上談兵，不能造福人群。

　　(3)不確定性說──不確定性（uncertainty）有兩種，一種是能預知其發生的機率，此種不確定性稱之為風險性（risk）；另一種是不能預知其發生的機率，此種不確定性即為一般所謂的不確定性。風險性的情況可以投保的方式加以預防，其問題不大。至於一般不確定性的情況，在此情況下，企業必須有相當的利潤，以防萬一，否則前途茫茫，沒有人願意去冒險。

　　事實上這三種學說都有片面的真理，而且是互有關聯的。例如創新一定有不確定性，同時創新成功後一定有一段時間是獨占的。

　3. 利潤的評論　利潤為創新與冒險的原動力，沒有利潤，新事業不可能成立，新市場不可能開拓，如此經濟即停滯不前而影響人類的福祉。由此可知，利潤的存在沒有問題，問題只在利潤的多寡及其是

否應該獲得。

4. 利潤的功能　利潤可以指導產業的發展，促進資源的合理利用，轉而擴大社會的福利。例如消費者對某產品甚為歡迎，乃願出高價購買，廠商因此獲得較多的利潤，乃擴大其生產規模或吸引新的廠商進入產業增加生產，如此不但使消費者獲得更多的滿足，同時亦使資源的利用更為有效，在在均使社會福利提高。

摘　要

生產要素的供給與價格決定

要　素　供　給　的　特　性		
特　　　　性	(1)是否親自到場。　　　　(2)供給彈性的大小。 (3)流動性的大小。	
影　　　　響	各種要素由於其供給的性質不同，因此須分開討論。	
勞　動　與　工　資		
個 別 勞 動 供 給 線	休閒所得無異曲線	意義——在某固定總效用下，休閒時數與所得額組合的軌跡。 性質——將休閒與所得視為兩種商品，則上列軌跡即為一條無異曲線。
	休閒所得可能線	意義——在某固定時間內，休閒時數與所得額組合的軌跡。 性質——休閒所得可能線為一條直線，其斜率為$-W$，W為工資率。
	均衡	休閒所得可能線與一條休閒所得無異曲線相切，其切點所代表的休閒時數及所得額能給予勞動者最大的滿足。
	導出	當工資率發生變化時，休閒所得可能線隨之變化，乃切於不同的休閒所得無異曲線，不同的切點決定不同的休閒時數，總時數減去各個休閒時數即得各個工作時數，各個工作時數與其有關的工資率配對，即得勞動者的勞動供給線。
	意義	個別勞動者在不同工資率下提供勞動數量的表列。
	性質	個別勞動供給線常是一種後彎型的供給曲線，因當工資率甚高時，勞動者所得較高，乃不願多工作，而願多休閒。
市場勞動供給線		為各個別勞動供給線的水平相加和。
	完全競爭市場	根據勞動的市場供給線及市場需求線，決定市場均衡工資率及雇用量。

市 場 均 衡	獨 買 市 場	市場勞動供給線即為獨買者所面對的供給線，亦為其 *AFC* 曲線，由此可求出其 *MFC* 曲線。獨買者的勞動需求線即為其 *MRP* 曲線。*MRP* 曲線與 *MFC* 曲線的交點即獨買者最大利潤的均衡點，由均衡點引垂線與 *AFC* 曲線交於一點，此點之縱坐標即為所決定的工資率，橫坐標即為所決定的雇用量。
	獨 賣 市 場	(1)工會設定一個較完全競爭市場均衡點為高的工資率，其結果勞動雇用量減少，同時因工資率高，吸引更多勞工希望進入此行業，因此將產生大量失業。 (2)工會以限制勞工參加工會的方式，減少勞動供給以提高工資率。就工會本身而言，其會員獲得高工資，亦無失業；就整個社會而言，工會將勞工推向其他產業，使其他產業勞工供應過剩而產生失業。 (3)工會強迫雇主多雇用一些不必要的工人，需求增加的結果，不但工資率上升，同時雇用量亦增加，使雇主蒙受雙重損失，此損失最後將轉嫁給消費者。
	雙 邊 獨 占	(1)工會面對獨買者——工會設定工資率的結果，使獨買者的 *AFC* 及 *MFC* 曲線合為同一條水平線，與獨買者的 *MRP* 曲線相交於一點，此點之縱坐標即為已設定的工資率，橫坐標即為雇用量。工資率當然不會低於完全競爭市場的水準，當工資率變化時，不斷地交於 *MRP* 曲線上的不同點，因此獨買者 *MRP* 曲線高於 S_L 與 *MRP* 交點之一段，即為雙方的協議線。 (2)一般的雙邊獨占——例如兩國的貿易談判，一般是先決定數量，再決定價格，數量通常少於供需均衡點的數量。因買方願意支付的價格高於買方願意接受的價格，協議價格必在此範圍以內，但究竟為那一點，則看雙方爭議能力的大小，大者有利。
最 低 工 資	意義	即工人所獲工資應有的下限。
	目的	在保障工人的最低收入及生活水準。
	水準	最低工資如果訂得過低，則無保障勞工的作用；訂得過高，則將引起失業，同時廠商亦不願雇用非熟練工人，而失去訓練的機會。
工 資 差 異	意義	即工人彼此間工資的差異。
	成因	(1)生產力的差異。　　　　(2)彌補性工資差異。 (3)市場不完全。　　　　　(4)動態性調整的工資差異。
	干預	除因市場不完全所產生的差異應由政府干預外，其他均不應干預，否則將使勞工失去生產誘因，而阻礙產業發展。

土　地　與　地　租		
地 租	意義	使用土地的代價。
	成因	由於土地供給缺乏彈性，使用者競相取得，因而產生地租。
	特性	土地不像其他要素提供者須付出代價，故地租純為土地稀有性所產生的一種剩餘，因此地租可説是一種不勞而獲。
	功能	地租的高低可指導土地作合理的利用。
經　濟　租		一種物品只要其供給彈性不為無窮大，其收益中必含有超過其所付代價的部分，此部分收益類似地租，稱之為經濟租。

企　業　才　能　與　利　潤		
利 潤	意義	利潤為企業家管理才能的報酬。
	學説	(1)獨占説——此説認為利潤係由市場獨占而來。 (2)創新説——此説認為利潤係由企業創新而來，創新為將發明付諸實施的過程。 (3)風險説——此説認為利潤為企業家承擔風險的報酬。
	功能	(1)利潤是創新的原動力。 (2)利潤指導產業向正確方向發展。
	問題	利潤的存在無問題，問題只在其多寡及應否獲得。

資　金　與　利　息		
個 別 資 金 需 求 線	兩期消費無異曲線	意義——在某固定總效用下，兩期消費額組合的軌跡。 性質——兩期消費可視為兩種商品，故上列軌跡為一條無異曲線。
	終身限制預算線	意義——已知兩期所得，在有借貸的情況下，兩期消費額之間關係的軌跡。 性質——該軌跡為一直線，斜率為－（1＋i），i代表利率。
	均 衡	終身預算限制線與一條兩期消費無異曲線切於一點，決定兩期最適消費額。若第一期消費額大於第一期所得，則需借入資金；反之即有儲蓄而貸出資金。
	導 出	就賒借者而言，當利率發生變化時，終身預算限制線隨之變化，乃切於不同的兩期消費無異曲線，不同切點決定不同的第一期消費額，第一期消費額與所得之差即為資金需求額，各個資金需求額與其有關利率配對，如此即獲得該賒借者的資金需求線。
市場資金需求線		為各個別資金需求線的水平相加和。
資金供給線		(1)個別資金供給線——其誘導過程與上述個別資金需求線者完全相似。 (2)市場資金供給線——為各個別資金供給線的水平相加和。
市場均衡		市場資金供給線與市場資金需求線之交點，決定市場利率及總借貸額。

市場勞動供給曲線的導出

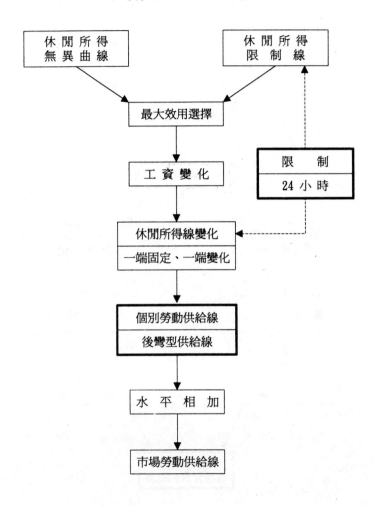

利率及借貸資金總額的決定

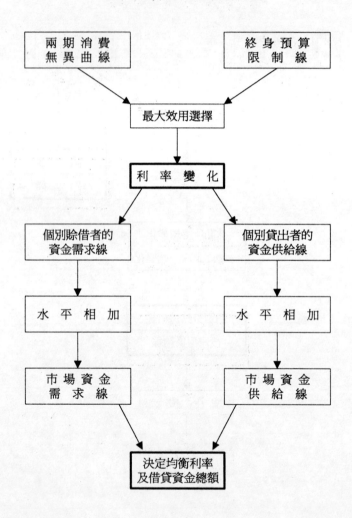

問　題

1. 生產要素的需求必須合在一起討論，而供給則否，何故？
2. 個別勞動供給線、個別賒借者資金需求線及個別貸出者資金供給線的導出均可用無異曲線分析法，而其他兩種要素的供給則否，何故？
3. 個別勞動供給曲線可能出現後彎的現象，何故？
4. 為什麼使用土地的機會成本為0？地租如何產生？其性質如何？
5. 何謂經濟租？在何種情況下發生？為什麼經濟租類似地租而非真正的地租？
6. 為什麼地租及經濟租均必須以其機會成本為準加以衡量？
7. 在勞動的獨買市場下，工資如何決定？其影響如何？
8. 在勞動的獨賣市場下，工資如何決定？其影響如何？
9. 在勞動的雙邊性獨占市場下，工資如何決定？其影響如何？
10. 何謂最低工資？如何訂定？其作用為何？最低工資過高或過低將會產生什麼影響？
11. 同工為什麼不能同酬？其原因何在？應否加以干預？如何干預？
12. 何謂跨期分析模型？如何作成？為什麼賒借者與貸出者的行為可在同一個模型內加以分析。
13. 賒借者的資金需求線及貸出者的資金供給線如何導出？
14. 何謂利潤？何謂經濟利潤？其性質如何？
15. 利潤的學說主要有那幾種？各有何特質？其相互間的關係如何？
16. 何謂創新？其內涵如何？創新與發明有何不同？

第 伍 篇

全面均衡、市場失靈
與個體經濟學總論

　　前此自第四章起至第八章止共有五章的篇幅討論產品市場的需求、供給與價格決定；第九及第十兩章則進一步討論要素市場的需求、供給與價格決定；至此市場周流中的兩個市場即產品市場與要素市場的內涵均已分別討論完畢。每種產品有一個產品市場，每種要素也有一個要素市場。各個產品市場間是否有關聯，各個要素市場間是否有關聯，以及各個產品市場與各個要素市場間是否也有關聯，毫無疑問地其答案是肯定的。現在進一步的要問這些市場在相互影響、相互調整以後是否必能達於一個平衡的局面，其答案是在通常情況下這種平衡是存在的，稱之為全面均衡。又經濟社會達於全面均衡的同時是否也能達於經濟效率，這是研究個體經濟學的一項重要課題。凡此均在第十一章中討論之。世界上沒有一件事情是十全十美的，價格機能亦不能例外。價格機能不能達於經濟目標的情況稱之為市場失靈，市場失靈的原因、後果及其補救之道將在第十二章中說明之。至此個體經濟學的內容已全部討論完畢，第十三章將以一章的篇幅對個體經濟學的全部內容加以綜合歸納，建立有關系統並萃取有關原則，以幫助讀者融會貫通。

第十一章　全面均衡與經濟效率

一、局部均衡與全面均衡的意義

1. 局部均衡的意義　所謂「局部均衡」（ partial equilibrium ），是指在假定其他市場不變的情況下，某一特定產品或要素的市場均衡。例如稻米的市場均衡，在需求方面，假定消費者的所得不變，假定代替品的價格不變。在供給方面，假定機會成本不變（即競爭產品的價格不變），假定要素價格不變。在這些假定下，稻米市場所達成的均衡即為一種局部均衡。

2. 全面均衡的意義　整個經濟體系中各部門都是互有關聯的，其中只要任何一個部門中的任何一個項目發生變化，必將引起一連串的反應，經過調整、回饋、再調整、再回饋以後，直至不需再調整時為止，此種狀態即為所謂的「全面均衡」（ general equilibrium ）。

3. 全面均衡分析的必要　局部均衡分析的優點是內涵比較簡單，易於進行；缺點是所獲結論只是在某些假定下的片面形象，而非通過各部門互動關係以後的全面形象。前此自第四章起直至第十章止可說全部都是局部均衡的分析，其目的當然是為了說理簡單，讓讀者易於瞭解。但是無可避免地所獲結論只是一些片面的形象，而非整個經濟體系的全面形象。為彌補此缺陷，乃在產品市場及要素市場分別討論完畢以後，將其結果放在一起，進行綜合分析，探究其間的互動關係，以至最後如何達於全面均衡。此一結果當然較局部均衡分析的結果更為真實而具體，以之為基礎作進一步分析，包括經濟效率及經濟公平等問題的分析，所獲結論自必更為周延。

以森林為例，局部均衡分析等於探究每棵樹木的性狀，而全面均衡分析則是探究整個森林的性狀。整個森林的性狀並不等於個別樹木性狀之和，因其除去各個別樹木的性狀以外，尚包含其間的交互影響也。因此在各個部門的局部均衡探討完畢以後，尚有必要探討其全面均衡，因為非如此不足以瞭解整個經濟體系的全貌也。所有學問都是一樣，一開始的時候都是進行局部性的分析，最後加以綜合歸納作全面性的分析，經濟學也是如此，很少例外。

二、全面均衡分析

全面均衡的探討可從兩方面著手，其一為全面均衡達成的過程，另一為達成全面均衡以後所呈現的型態，茲分別說明如下：

1. 全面均衡達成的過程　為說明方便起見，假定一個經濟社會中只有一種生產要素，用以生產兩種產品，一種要素為勞動，兩種產品為農產品及工業產品。農產品的需求以 D_A 表之，供給以 S_A 表之；工業產品的需求以 D_I 表之，供給以 S_I 表之；勞動的需求以 D_L 表之，供給以 S_L 表之。其情形見下圖：

圖11-1　達於全面均衡的調整過程

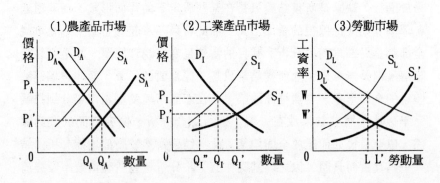

(1)農產品市場　　　(2)工業產品市場　　　(3)勞動市場

茲逐步說明如下：

⑴在原有全面均衡下，農產品的價格為 P_A，交易量為 Q_A；工業產品的價格為 P_I，交易量為 Q_I；勞動的工資率為 W，就業量為 L。

⑵假定工業產品可以進口，則工業產品的供給由 S_I 增加為 S'_I（ $=S_I+M$ ）。其結果工業產品的價格下降為 P'_I，國內生產量減少為 Q''_I，供給量增加為 Q'_I，其差額（ $Q'_I-Q''_I$ ）即為進口量。

⑶工業產品價格的下跌將影響農產品的供需。假定進口的工業產品中包含農業生產用品在內，如此將使農業生產成本下降，而使農產品的供給增加為 S'_A。另一方面，由於工業產品價格的下降，消費者將增加工業產品的消費，減少農產品的消費，因此農產品的需求乃減少為 D'_A。其結果農產品的價格下降為 P'_A，交易量增加為 Q'_A。

⑷由於工業生產量減少很多，農業生產量增加很少，因此對勞動的需求減少，由 D_L 減少至 D'_L。由於農產品及工業產品的價格均下跌，實質工資率上升，休閒的機會成本提高，因此勞動的供給增加，由 S_L 增加至 S'_L。其結果工資率下降為 W'，就業量增加為 L'。

⑸由於勞動的就業量增加不多，而工資率下降甚多，其結果消費者的所得減少，因而對農產品及工業產品的需求減少，但供給則因生產成本的降低而增加，如此將影響兩種產品的價格及交易量，同時亦影響工業產品的國內生產量及進口量，轉而再影響勞動市場。如此不斷進行下去，直至達於新的全面均衡為止。

上面所討論的內容，其重點在於原有均衡被打破以後，如何經過一連串的調整，最後達於一個新的均衡。亦即其重點在調整的過程，而不在均衡的型態。為彌補此缺陷，茲再舉例說明如下。

2. 全面均衡的型態　假定這個經濟社會是一個封閉社會，沒有進出口；假定這個社會只有兩種產品，即產品 A 與產品 B；只有兩種要素，即要素 C 與要素 D；只有兩個家戶，即家戶甲與家戶乙；只有兩個廠商，即廠商丙與廠商丁。通過市場周流，彼此交互影響，最後達於均衡，此即所謂的全面均衡，其情形見下圖：

圖11-2　全面均衡型態示意圖

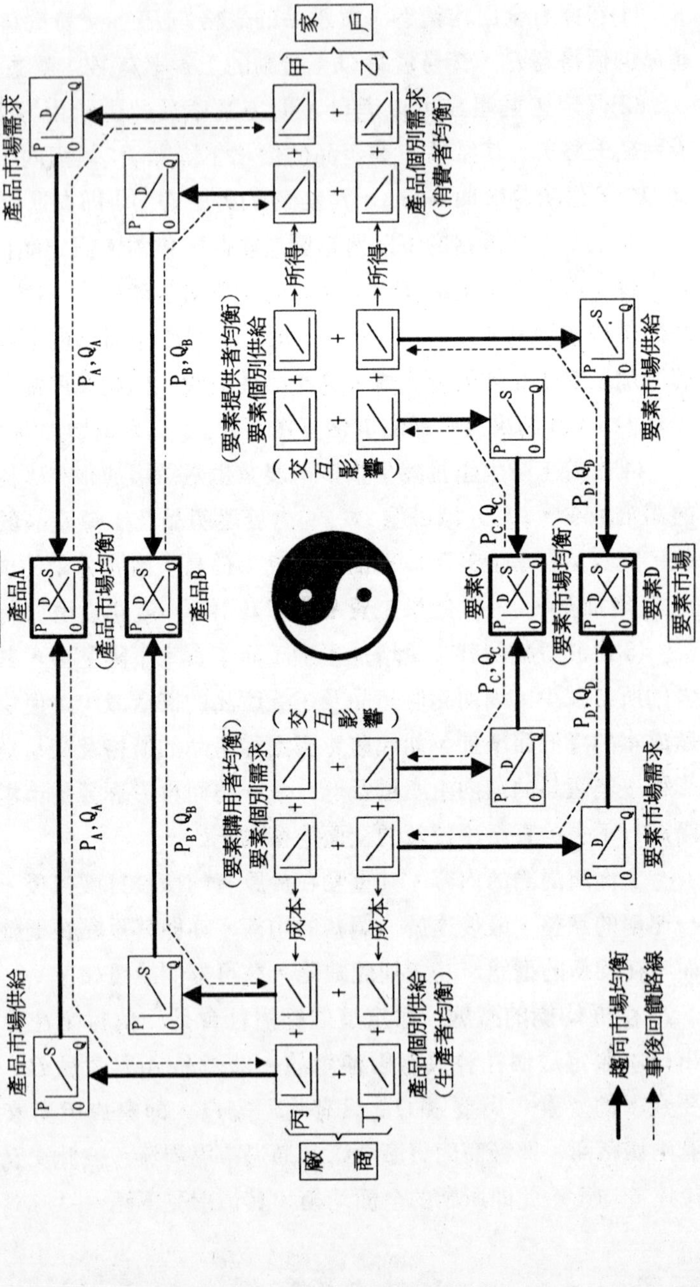

茲逐步説明如下：

(1)家户提供要素，乃有所得。有了所得以後，即可購用產品而對產品產生需求。

(2)廠商提供產品，乃有銷貨收入。有了銷貨收入以後，即可購用要素而對要素產生需求。

(3)兩家户對同一產品需求的水平相加和，即構成各該產品的市場需求。兩廠商對同一產品供給的水平相加和，即購成各該產品的市場供給。各該產品的市場需求與市場供給決定各該產品的價格及交易量。各該產品的價格及交易量轉而又決定家户的產品購用量及消費支出，並決定廠商的產品供應量及銷貨收入。

(4)兩廠商對同一要素需求的水平相加和，即構成各該要素的市場需求。兩家户對同一要素供給的水平相加和，即構成各該要素的市場供給。各該要素的市場需求與市場供給決定各該要素的價格及交易量。各該要素的價格及交易量轉而又決定廠商的要素購用量及成本支出，並決定家户的要素提供量及所得。

(5)在整個周流之中，須通過六個均衡，即生產者均衡、消費者均衡及產品市場均衡，要素提供者均衡、要素購用者均衡及要素市場均衡。此外，家户尚有所得與消費的限制，廠商尚有成本與利潤的考慮。

(6)在整個周流中，不論是實物周流，或是貨幣周流，其每個環節均必須銜接。

(7)經過不斷的調整與回饋，最後不再有變動時，即達於全面均衡。

3. 全面均衡的根源　全面均衡的達成事實上與經濟現象的五個基本要項及由其所衍生的五個基本公設有關，五個基本公設為「資源有限」、「慾望無窮」、「邊際效用遞減」、「邊際報酬遞減」及「人類的理性行為」。資源有限及慾望無窮使人們產生矛盾，邊際效用遞減及邊際報酬遞減使人們願意讓步，而理性行為則是使人們在矛盾的處境中願意讓步而達於均衡的原動力。

市場周流中有四個主要的環節，即產品市場、要素市場、家户及

廠商。均衡先表現在這四個主要環節上，即產品市場均衡、要素市場
均衡、消費者均衡、生產者均衡、要素提供者均衡及要素購用者均
衡。這六個均衡均為局部性的均衡，把這六個均衡加以銜接，即得所
謂的全面均衡。銜接的因子，對家戶本身而言是所得與消費的關係，
對家戶與兩種市場的關係而言是產品的需求、要素的供給以及兩種市
場所決定的產品與要素的價格。對廠商本身而言是成本與利潤的考
慮，對廠商與兩種市場的關係而言是產品的供給、要素的需求以及兩
種市場所決定的產品與要素的價格。

　　綜合以上所述，可知形成全面均衡的要件有三：即第一、經濟社
會中的各個項目都是互有關聯的，不是相生，就是相剋。第二、經濟
社會的內在情勢既有矛盾，又能統一。第三、人們自利心的運作，由
此所形成的價格機能，通過各個項目間的關聯，促使矛盾得以統一，
終至達於全面均衡。

　　4. 全面均衡的特質與涵義　經濟現象雖然是瞬息萬變的，但是全
面均衡告訴我們經濟社會中自然有一種力量促使其趨向均衡。就好像
一湖潭水一樣，不斷丟下石子，不斷激起漣漪，又不斷地歸於平靜，
永無休止。對此有兩種涵義：第一、為瞭解整個經濟體系的全貌，並
以此為基礎進行有關分析與比較，必須有一個定常（stationary）狀
態，此定常狀態即為所謂的全面均衡，否則無從進行。第二、為改變
經濟情勢，不論是經濟發展或是經濟穩定，必須有一個動態過程，經
濟發展是由一個全面均衡進入另一個全面均衡的過程，經濟穩定是偏
離全面均衡以後如何使其回歸的過程，否則亦無從進行。本大節中第
1小節全面均衡達成的過程即是一個動態過程，說明丟下石子以後如
何經過連鎖反應最後歸於平靜；第2小節全面均衡的型態即是一個定
常狀態，說明各種力量如何相生相剋而維持一個平衡的局面。

　　5. 全面均衡的另一種表示方式　全面均衡可以文字及圖形的方式
加以說明，已如上述。尤有進者，由於經濟變數絕大部分為量的變
數，因此全面均衡亦可以數理方式加以顯示。經濟體系中的各個項目

不論是相生或是相剋，總之是一種因果關係，因果關係在數學中是以方程式的方式加以表示，因此整個經濟體系的全面均衡可以一系列的方程式加以說明，而形成一個聯立方程式系統。例如產品的需求可以需求函數加以表示，供給可以供給函數加以表示；此外，還有一些恆等式說明有關變數間的固定關係或均衡條件。全面均衡的數學模型是由法國經濟學家華拉斯（Leon Walras, 1834－1910）所提出，其優點是能夠有系統地將全面均衡的架構表現出來，缺點是比較抽象，不易理解。為使全面均衡的聯立方程式系統具體化及實用化，美國哈佛大學經濟學教授李昂鐵夫（W. W. Leontief）提出一種投入產出分析的方法（input－output analysis）。其法即以華拉斯的全面均衡模型為基礎，予以適當的修正與簡化，然後根據實際資料估計表示產業間關聯的係數，從而加以分析與應用。

三、價格機能與經濟效率

1. 市場機能的意義與功能　　所謂市場機能，亦即是價格機能，是指價格在市場中所發揮調節供需的作用。當供過於求時，價格下跌；求過於供時，價格上升；直至達於供需相等時為止。在整個經濟體系中，由於各種產品及各種要素的價格彼此互有影響，牽一髮而動全身，因此乃不斷地調整與回饋，直至最後達於全面均衡時為止。至於價格為什麼會有這種自動調節達於均衡的機能呢？其原因為除去經濟社會矛盾統一的情勢以外，最主要的是人們的自利心，經過調整以後會使社會全體或某一部分人獲得利益。易言之，即價格機能能解決某些經濟問題，包括「生產什麼」、「生產多少」、「如何生產」及「為誰生產」等問題，而使整個社會或某一部分人受益。綜合以上所述，可知欲探討經濟效率，必須從價格機能著手，因價格機能為促進資源有效利用而使社會蒙利的重要機制。此外，經濟效率必須在全面均衡的狀態下衡量，其原因有二：其一為價格機能運作的結果，如無

意外，最後必達於全面均衡。另一為全面均衡雖然不是時時出現，但畢竟是一個定常狀態，任何比較必須在定常狀態下進行始有意義。

2. 經濟福利與經濟效率　影響經濟福利（economic welfare）的因素有兩個，即經濟效率（economic efficiency）與經濟公平（economic justice）。所謂效率，是指在固定資源之下生產更多的產品；所謂公平，是指生產成果在社會大眾之間作合理的分配。前者強調的是「富」，後者強調的是「均」。一個經濟社會如果是既富且均，則該社會的經濟福利水準即較高。不過很可惜的是價格機能只能影響經濟效率，不能達成經濟公平。因此在全面均衡狀態下只能探討經濟效率，不能探討經濟公平。

3. 經濟效率與柏雷托最適境界　經濟福利很難衡量，一種政策可以使某些人得到好處，使另一些人受害。為解決此困難，經濟學家柏雷托提出一種衡量的標準，即「資源的分派運用已達到一種境界，在此境界下資源不論再如何分派，亦不能使某些經濟個體得到更多的利益，同時不損及其他經濟個體的既得利益」，此即所謂的柏雷托最適境界（Pareto optimality）。柏雷托最適境界不包含對某些人不利的情況在內，因此只能用以衡量經濟效率，不能衡量經濟公平。

綜合以上所述，可知在全面均衡的基礎上，無論就達成的手段（價格機能）或是衡量的標準（柏雷托最適境界）而言，均只能探討經濟效率，不能探討經濟公平。故本章只討論經濟效率的問題，至於經濟公平則將在下一章中說明之。

4. 完全競爭與經濟效率　市場結構不同，全面均衡的型態及價格機能運作的內涵亦有所不同。經濟效率的探討一般均在完全競爭的假定下進行，其原因有二：其一為完全競爭狀態下的模型比較簡單，如此不但探討工作易於進行，同時其結果亦易於瞭解。另一為在所有市場結構中，一般說來以完全競爭市場的經濟效率最高，以此為準對現實社會進行評鑑，比較具有積極意義。

整個經濟體系相當複雜，為使經濟效率的探討工作便於進行，乃

將整個過程分為兩個階段進行，第一個階段分別探討產品分派及要素配置對經濟效率的影響；第二個階段將第一個階段討論的結果綜合起來，探討各種產品產量的組合對經濟效率的影響，如此即完成整個體系經濟效率的探討工作。茲順次說明如下：

(1)在產品分派方面——假定有 X 與 Y 兩種產品，分派給 A 與 B 兩個消費者。已知消費者的 X 對 Y 的邊際替代率為 $MRS = -\triangle Y / \triangle X |_{U=U_0}$。假定消費者 A 的邊際替代率為 $MRS_A = 4$，消費者 B 的邊際替代率為 $MRS_B = 1$。消費者 A 以二單位 Y 產品向消費者 B 換取一單位 X 產品，其結果兩消費者的滿足程度均行提高。交換以後，消費者 A 因 Y 的消費量減少，X 的消費量增加，其結果使 MRS_A 下降為3；消費者 B 因 Y 的消費量增加，X 的消費量減少，其結果使 MRS_B 提高為2。如此繼續進行，直至 $MRS_A = MRS_B$ 時為止。故知社會上所有的消費者當其邊際替代率均相等時，產品在各消費者間的分派為最佳。

在完全競爭市場下，當全面均衡達成時，所有消費者均面對相同的市場價格，即 P_X 與 P_Y。由第四章的分析知，在已知市場價格下，消費者 A 最大滿足的均衡條件為 $MRS_A = P_X / P_Y$，消費者 B 最大滿足的均衡條件為 $MRS_B = P_X / P_Y$。故知在完全競爭市場下，當全面均衡達成時，兩消費者的邊際替代率不但相等，同時等於兩產品價格之比，即 $MRS_A = MRS_B = P_X / P_Y$，此時 X 與 Y 兩產品在 A 與 B 兩消費者間作最適當的分配，而發揮最大的分派效率。

(2)在生產要素的配置方面——其推理方式與上一小節者完全相似。假定生產一種產品需要 W 與 Z 兩種生產要素，而且假定有 C 與 D 兩個廠商同時生產此一產品。已知廠商的邊際技術替代率為 $MRTS = -\triangle Z / \triangle W |_{Q=Q_0}$。令廠商 C 的邊際技術替代率為 $MRTS_C$，廠商 D 的邊際技術替代率為 $MRTS_D$。由上一小節的推論知，當 $MRTS_C = MRTS_D$ 時，要素在兩廠商間的配置為最佳。

在完全競爭市場下，當全面均衡達成時，所有廠商均面對相同的

市場價格，即 P_W 與 P_Z。由第五章的分析知，在已知市場價格下，廠商 C 最低成本要素配置的均衡條件為 $MRTS_C = P_W / P_Z$，廠商 D 最低成本要素配置的均衡條件為 $MRTS_D = P_W / P_Z$。故知在完全競爭市場下，當全面均衡達成時，兩廠商的邊際技術替代率不但相等，同時等於兩要素價格之比，即 $MRTS_C = MRTS_D = P_W / P_Z$，此時 W 與 Z 兩要素在 C 與 D 兩廠商間作最適當的配置，生產成本最低，而發揮最大的生產效率。

(3)在產量組合方面——假定產品為 X，價格為 P_X，邊際成本為 MC_X。對消費者而言，最適消費量的均衡條件為 $MU_X / MU_m = P_X$，故知 P_X 代表最後一單位 X 產品所給予消費者的價值。MC_X 代表社會生產一單位 X 產品所須支付的機會成本。當 $P_X > MC_X$ 時，犧牲其他產品的生產，多生產一單位 X 產品，可使整個社會獲得更多的滿足。反之，當 $P_X < MC_X$ 時，則減少 X 產品的生產，將要素移至其他產品的生產上，可使整個社會獲得更多的滿足。故當 $P_X = MC_X$ 時，產品 X 的產量為最適當。

在完全競爭市場下，廠商所面對產品 X 的需求線為一條水平線，其高度即為市場價格 P_X，此時廠商的 $AR_X = MR_X = P_X$。廠商最大利潤下最適產量的均衡條件為 $MR_X = MC_X$，在完全競爭市場下，$MR_X = P_X$，故廠商最大利潤的條件為 $P_X = MC_X$，與上述由消費者觀點來看的最適產量均衡條件完全相同。故知完全競爭能使各種產品的產量得到最佳的組合，發揮最大的產銷配合效率。

由上面的討論可看出，經濟效率的探討有幾個特點，也可以說是有幾個限制，第一、所有探討工作都是在完全競爭的假定下進行的，如此生產者及消費者均分別面對相同的市場價格，同時產品價格即為廠商的邊際收益，而使探討工作大為簡化。第二、經由產品分派及要素配置的調整而使經濟效率提升時，整個經濟體系亦逐漸趨向全面均衡，故知在完全競爭市場下，經濟體系達於全面均衡時其經濟效率最高。第三、在趨向全面均衡亦即提升經濟效率的過程中，價格機能扮

演一個重要的角色，價格特別是「相對價格」是一切生產與消費是否有利的指標。第四、在調整產品分配及要素配置以提升經濟效率的過程中，所採準則均為柏雷托最適境界，即對其他人並無不利的情況下使某些人有利。此一準則在完全競爭的假定下，於提升經濟效率的同時，可使經濟體系趨向全面均衡。如果市場結構不是完全競爭，則其情形即不同。

綜合以上所述，可知「在市場結構為完全競爭的假定下，經由價格機能的充分運作，達於全面均衡的同時，亦達於柏雷托最適境界的經濟效率」。在這裡應該特別注意「價格機能充分運作」這一句話，在某些情況下市場結構雖然是完全競爭，但價格機能並不一定能「充分」運作，果爾，則柏雷托最適境界的經濟效率即不能達成，其原因為價格機能有時會失靈的，其詳細情形將在下一章中說明之。

5. 柏雷托準則的適用性　　柏雷托最適境界之所以能用作是否達於經濟效率的準則，其原因有二：其一是對某些人有利，對另一些人並無不利，這種情況是大家都能接受的。也正因為如此，所以柏雷托準則只能用以評判經濟效率，不能用以評判經濟公平，因為要達於經濟公平，對某些人自會有所不利也。第一個原因只說明這個準則能被大家接受，能被大家接受的準則並不一定能符合經濟情勢，如果不能符合經濟情勢，則這個準則只是合於人性的一種空想，現實社會不存在。一般說來，在現實社會中合於柏雷托最適準則的情況是可能存在的。例如許多消費者都消費同樣兩種產品，其中有部分消費者沒有達到消費者均衡這一點，經過調整以後即可達於消費者均衡而使其滿足程度加大。這些調整消費的消費者有者減少此一產品的消費轉而增加他一產品的消費，有者減少其他一產品的消費轉而增加此一產品的消費，彼此互相抵銷，而對其他原已達於消費者均衡的消費者沒有影響。這是一種情況，另一種情況是彼此不能抵銷，對其他原已達於消費者均衡的消費者有影響，其他消費者因此離開其原有的均衡點而進入另一個均衡，一般說來新的均衡其滿足程度較原有均衡的滿足程度

為大，至少是相等，為小的可能性很小，因消費者對其不喜歡的產品會減少消費而迫使其價格下降也。由此可知，在現實社會中一般說來柏雷托最適境界的情況是存在的，即對某些人有利，對另一些人並無不利，因此該準則能符合經濟情勢，具有實用性。

6. 結語　全面均衡與經濟效率不但是兩個非常複雜的問題，同時也是兩個非常重要的問題。全面均衡不但能顯示整個經濟體系的架構，同時也是進行一切分析與評比的基礎。研究經濟學的目的很多，但其中最重要的即是如何提升經濟效率，在有限的資源之下使社會大眾獲得更多的滿足，因此經濟效率的達成與衡量也是一個非常重要的課題。基於以上的考慮，讀者一定要多花點時間將這兩個問題徹底弄清楚，如此才能承前啟後而收事半功倍之效。所謂承前，是指全面均衡可以將前面所講的東西全部綜合起來形成一個整體的架構。所謂啟後，是指由全面均衡出發可以進一步探討總體經濟的有關問題；否則個體與總體連不起來，而成為兩個獨立的單元。

摘　要

全面均衡與經濟效率

全　面　均　衡	
意 義	局部均衡——為在假定其他市場不變的情況下，某一產品或要素市場的均衡。 全面均衡——整個經濟體系各部門是互有關聯的，牽一髮而動全身。全面均衡 　　　　　為整個經濟體系通過互動關係經過不斷調整與回饋最後不再有變 　　　　　動時的狀態。
根 源	全面均衡的達成與經濟現象的五個基本要項有關，資源有限及慾望無窮使人 們產生矛盾，邊際效用遞減與邊際報酬遞減使人們願意讓步，而理性行為則 使人們在矛盾情況下願意讓步而達於均衡。
結 構	(1)調整回饋路線——市場周流。 (2)主要環節——產品市場均衡、要素市場均衡、消費者均衡、生產者均衡、要素 　　提供者均衡及要素購用者均衡。全面均衡乃將此六個局部均衡加以銜接。 (3)限制與考慮——消費者的所得消費限制，生產者的成本利潤考慮。

市　場　機　能　與　經　濟　福　利		
市場機能	意義	市場機能即是價格機能，是指價格在市場中所發揮調節供需的作用，從而解決許多經濟問題。
	基礎	市場機能的基礎為經濟自由，原動力則是人們的自利心。
經濟福利	意義	社會大眾所獲得的物質生活幸福，稱之為「經濟福利」。
	內涵	包含「經濟效率」與「經濟公平」兩方面。經濟效率是指在有限資源之下生產最多最為人們所需要的產品，經濟公平是指生產成果在社會大眾間作最合理的分配，兩者均影響經濟福利。
	衡量	經濟福利水準不易衡量。柏雷托最適境界只能衡量經濟效率，不能衡量經濟公平。柏雷托最適境界是指「不論資源如何調配，亦不能使某些人得到更多好處，而不影響另一些人的既得利益的境界」。
市場機能與經濟福利		市場機能只能影響經濟效率，不能達成經濟公平。此因社會上每一個人的稟賦及際遇均不同，但自利心則人人皆有。
完　全　競　爭　與　經　濟　效　率		
產品的分派		(1)社會上每一個人對兩種產品的邊際替代率均相等時，即 $MRS_A = MRS_B$ 時，則產品的分派效率最高。(2)在完全競爭市場下，消費者均面對相同的價格 P_X 及 P_Y，消費者最大滿足的均衡條件為 $MRS_A = P_X/P_Y$，$MRS_B = P_X/P_Y$；由此得 $MRS_A = MRS_B$。(3)故知完全競爭能使產品的分派效率為最高。
要素的配置		(1)生產一種產品需用兩種要素，各廠商的邊際技術替代率均相等時，即 $MRTS_A = MRTS_B$ 時，要素的配置效率最高。(2)在完全競爭市場下，各廠商均面對相同的價格 P_X 及 P_Y。廠商最低成本的均衡條件為 $MRTS_A = P_X/P_Y$，$MRTS_B = P_X/P_Y$；由此得 $MRTS_A = MRTS_B$。(3)故知完全競爭能使要素的配置效率為最高。
產品產量的組合		(1)對一種產品，消費者最大滿足的均衡條件為 $MU_X/MU_m = P_X$，意即一單位該產品給予消費者的價值為 P_X。(2) MC_X 為廠商放棄其他產品生產而生產此產品一單位的機會成本。(3)當 $P_X = MC_X$ 時，經濟福利最高。(4)在完全競爭市場下，廠商產品所面對的需求線為一水平線，其高度為 P_X，此時 $AR_X = MR_X = P_X$。廠商最大利潤的均衡條件為 $MR_X = MC_X$，但 $MR_X = P_X$，故 $P_X = MC_X$。(5)故知完全競爭能使產品的產量組合為最佳。
結語		綜上所述，可知在完全競爭市場下，人們基於自利心，市場機能能自動地運作，解決生產什麼、生產多少，如何生產及為誰生產的問題，而達於最高的經濟效率，亦即達於柏雷托最適境界。

全面均衡與經濟效率

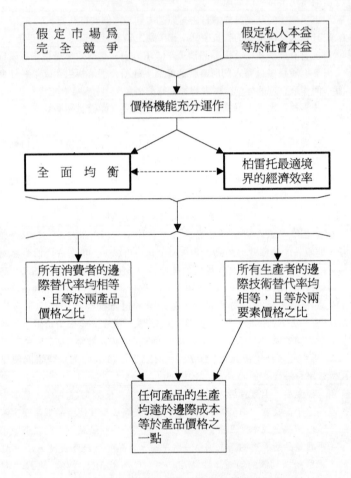

註：私人成本或利益等於社會成本或利益的假定
，本章中未予明顯列出，下一章會討論到。

問　題

1. 何謂局部均衡？何謂全面均衡？兩者有何不同？

2. 經濟社會為什麼會有全面均衡？

3. 全面均衡與各部門的局部均衡有何關聯？各個局部均衡如何連接起來成為全面均衡？

4. 何謂經濟福利？其內涵如何？

5. 何謂經濟效率？何謂經濟公平？兩者有何不同？

6. 為什麼價格機能通常不能達於經濟公平？

7. 何謂柏雷托最適境界？為什麼柏雷托最適境界只能衡量經濟效率，不能衡量經濟公平？

8. 假定市場結構為完全競爭，假定私人本益等於社會本益，在價格機能的充分運作下，達於全面均衡的同時亦達於經濟效率，何故？

9. 探討經濟效率時假定市場結構為完全競爭的目的何在？

10. 為什麼經濟效率要在全面均衡狀態下探討？

11. 達於第8題所指的經濟效率時，產品的分派、要素的配置及產量的組合應合於那些條件？何故？

12. 從全面均衡與經濟效率的探討，可以得到那些啟示？

第十二章　市場失靈及其對策

　　世界上沒有一件事情是十全十美的，價格機能亦不例外。以上各章所討論的內容大部分都在頌揚價格機能的優點，殊不知價格機能也有它的弱點，並非無往不利，茲分別說明其內涵及對策如下。

一、市場失靈的意義與成因

　　1. 市場失靈的意義　　所謂「市場失靈」(market failures)，是指市場機能亦即價格機能在充分運作下，不能如預期的圓滿達成經濟效率的情況。由此可知，市場失靈是以能否達成經濟效率為準，不直接涉及經濟公平。

　　2. 市場失靈的成因　　由上一章的討論知，在價格機能的運作下，趨向全面均衡的同時，能否達成柏雷托最適境界的經濟效率，主要是繫於兩個假定。其一為假定市場結構為完全競爭，如果市場結構不是完全競爭，即不能達成經濟效率。另一為假定私人成本或利益與社會成本或利益是相等的，如果不相等，則經濟效率亦不能達成。第一個假定即完全競爭的假定在上一章中曾予明顯列出，第二個假定即私人本益與社會本益相等的假定在上一章中沒有明顯列出。綜合以上所述，可知市場失靈的成因主要有下列兩類，即

　　(1)市場不為完全競爭型態——不為完全競爭的市場型態計有獨占性競爭、寡占及獨占三種，對經濟效率影響最大的是獨占。由第七章的說明知，獨占廠商為獲取最大利潤，乃限制其生產，其結果市場價格超過其邊際成本，而使經濟效率降低。獨占以其形成的原因可分為兩類，即自然獨占與人為獨占。人為獨占政府可以法令規章加以限

制，問題不大。比較有問題的是自然獨占，將在下一大節中詳細說明之。

(2)私人成本或利益與社會成本或利益不相等——私人成本如果低於社會成本，則該私人企業因實際負擔的成本較其應該負擔的成本為低，乃擴大其生產，如此將引起生產過多，而降低經濟效率。同樣情形，私人利益如果低於社會利益，則該私人企業因實際獲得的利益較其應該獲得的利益為低，乃減少其生產，如此將引起生產過少，亦降低經濟效率。私人成本或利益與社會成本或利益不相等的情況有兩種，即經濟外部性與公共財，將分別在第三及第四兩大節中說明之。

二、自然獨占

1. 自然獨占的意義與特質　一種產業如其規模經濟特別顯著，其長期平均成本（LAC）曲線不斷下降（見下列左圖）；或其規模經濟並不顯著，但因社會需求有限，需求線與 LAC 曲線的交點落在 LAC 曲線的下降段內（見下列右圖）；如此所形成的獨占，即為所謂的「自然獨占」(natural monopoly)。由此可知，自然獨占與人為獨占最大的不同點，在於自然獨占必須有規模經濟，而人為獨占則否。正因為如此，所以自然獨占事業多為捷足先得者所有，一經占有以後，其他競爭者很難插入分一杯羹，除非該獨占事業經營不善，不得不拱手讓人。自來水、瓦斯及電信等事業其規模經濟均特別顯著，多形成自然獨占。

自然獨占一如人為獨占，廠商為獲取最大利潤，乃限制其生產，其結果市價高於其邊際成本，因而降低整個社會的經濟效率。

2. 自然獨占產業經營型態的問題　前述自然獨占者為獲取最大利潤，乃限制生產，提高價格，從而降低經濟效率，使整個社會蒙受損失。為改進此缺點，必須改變其經營型態，其法有二：

(1)由國家經營成為所謂的公營企業，如此獨占利潤歸政府所有，

圖12-1　自然獨占的意義

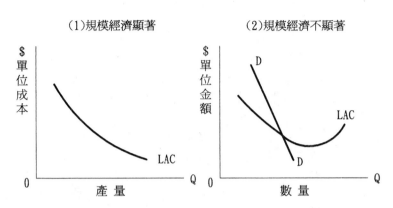

(1)規模經濟顯著　　　　　　　　　(2)規模經濟不顯著

然後再設法用之於全體國民，完全在政府掌握之中，此為其優點。其缺點為公營企業所受限制較多，且經營成果的良窳與主持其事者關係不密切，因此一般說來其經營效率較低。

(2)由私人經營，但政府監督其訂價，不使其享受太多的獨占利潤，影響經濟效率。

在統制經濟社會或比較落後的經濟社會中，自然獨占產業的經營型態以前一種方式居多。反之，在自由經濟社會或比較先進的經濟社會中，自然獨占產業的經營型態以後一種方式居多。

3. 自然獨占產品的訂價問題　自然獨占產品的訂價方式主要有兩種，即邊際成本訂價法與平均成本訂價法，茲繪圖說明如圖12-2。

(1)邊際成本訂價法——所謂邊際成本訂價法，簡言之即價格等於邊際成本的訂價方法。其法乃根據廠商所面對的產品需求線亦即市場的需求線 D，與其長期邊際成本（LMC）曲線的交點 a 加以決定，a 點的縱坐標為 P^*，等於 LMC，故知 P^* 即為邊際成本訂價法所決定的價格。當價格為 P^* 時，廠商的最適產量為 Q^*。由於係自然獨占，D 與 LMC 曲線的交點 a 必位於長期平均成本（LAC）曲線的下降段中，如此當數量為 Q^* 時，$P^*=LMC<LAC$，即 $P^*<LAC$，此時廠

圖12－2　自然獨占產品的訂價方式

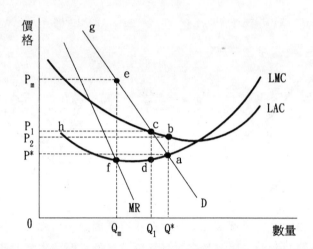

商有淨虧損，即 □P^*P_2ba 所代表的數額。在此情況下，除非全部虧損由政府補貼，否則廠商不願意生產。

(2)平均成本訂價法——所謂平均成本訂價法，簡言之即價格等於平均成本的訂價方法。其法乃根據廠商所面對的產品需求線亦即市場的需求線 D，與其長期平均成本（LAC）曲線的交點 c 加以決定，c 點的縱坐標為 P_1，等於 LAC，故知 P_1 即為平均成本訂價法所決定的價格。當價格為 P_1 時，廠商的最適產量為 Q_1。由於 $P_1＝LAC$，故廠商無虧損，亦無獨占利潤。

(3)兩種方法的比較——同一單位產品消費者願意支付的價格與廠商所耗成本之差，在圖形上即為 D 曲線與 LMC 曲線間的某一特定垂直距離，即為該單位產品對社會所提供的經濟效率。將各單位產品的經濟效率予以彙總，即得全部產品對社會所提供的經濟效率，其結果即為消費者剩餘與生產者剩餘之和，故知消費者剩餘與生產者剩餘之和的大小可以代表該自然獨占產業經濟效率的大小。邊際成本訂價法的兩種剩餘之和為 gah 折線與縱軸所包圍的面積，為兩種剩餘的全

部，其經濟效率最高。平均成本訂價法的兩種剩餘之和為 $gcdh$ 折線與縱軸所包圍的面積，不為兩種剩餘的全部，故其經濟效率較低。兩種方法經濟效率之差為 $\triangle acd$ 所代表的面積。綜合以上所述，可知邊際成本訂價法與平均成本訂價法為兩種互有優劣的方法。邊際成本訂價法的經濟效率較高，但廠商的虧損需要政府補貼，否則不願意生產。平均成本訂價法的經濟效率較低，但廠商無虧損，不需要政府補貼。一個國家如果財政情況良好，可用補貼的方式促使自然獨占廠商採用邊際成本訂價法，以爭取最大的經濟效率；否則即促使廠商採用平均成本訂價法，損失若干經濟效率，但可免加重政府財政上的負擔。

　　(4)自然獨占廠商的產品訂價如果不加管制，則廠商必限制其產量至 Q_m，而使價格上升至 P_m，如此廠商可獲得最大的獨占利潤，但整個社會將失去太多的經濟效率，在圖形中即 $\triangle aef$ 所代表的數額，遠比平均成本訂價法所失去的經濟效率亦即 $\triangle acd$ 所代表的數額為多。因此自然獨占廠商的產品訂價必須加以管制，一方面在維護經濟效率，另一方面則在間接促進經濟的公平也。

三、外部性

　　1. 外部性的意義　　所謂「外部性」(externalities)，是指人們經濟行為所產生的利益有一部分不歸自己享受，或所產生的成本有一部分不歸自己負擔。利益不歸業主享受的現象稱之為「外部經濟」(external economies)，成本不歸業主負擔的現象稱之為「外部不經濟」(external diseconomies)。由業主的觀點來看，所謂外部經濟即是「內權外溢」，所謂外部不經濟即是「嫁禍別人」。例如一個農家為保護其田地不受風害，乃闢建一條防風林帶，此防風林帶不但保護了自己的田地，同時也保護了別人的田地，這種內權外溢的現象即是所謂的外部經濟。又例如一個工廠不按規定排放廢水，節省了自己的

成本，但為害了別人的權益，這種嫁禍別人的現象即是所謂的外部不
經濟。

2. 外部性與經濟效率　其情形如下：

(1)外部利益與外部成本的意義——該兩名詞的意義甚為簡單，根
據下列兩個公式即可加以定義：

外部利益＝社會利益－私人利益

外部成本＝社會成本－私人成本

例如一個農家闢建防風林帶，各個受到保護農家所獲利益的總和
亦即其所產生的社會利益為 10,000 元，而該農家自己所獲得的利益
亦即其私人利益為 6,000 元，兩者之差為 4,000 元，即為該農家闢建
防風林帶所溢出的外部利益。又例如一個工廠不按規定排放廢水，直
接由工廠自己負擔的成本與間接危害他人所產生的成本之和，亦即其
所產生的社會成本為 100,000 元，該工廠自己負擔的成本亦即其私人
成本為 10,000 元，兩者之差為 90,000 元，即為該工廠不按規定排放
廢水所嫁禍別人的外部成本。

(2)外部利益對經濟效率的影響——其情形見下列左圖：

圖12－3　外部性對經濟效率的影響

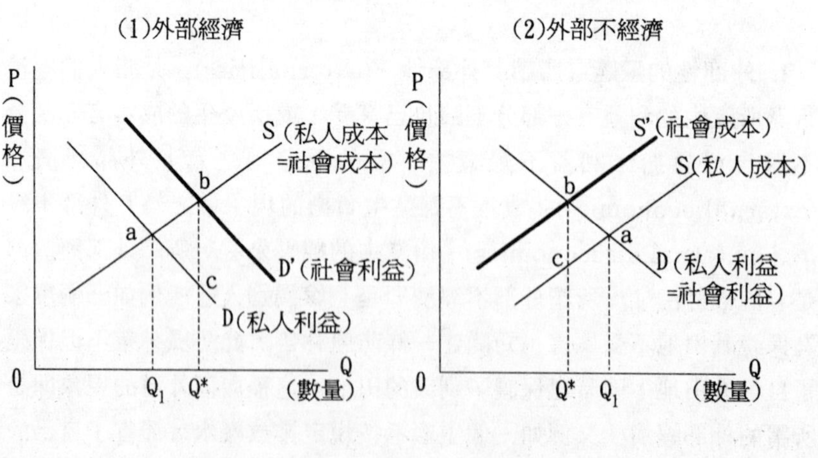

(1)外部經濟　　　　　　　　　(2)外部不經濟

　　圖中 D 代表私人利益下的產品需求線，D' 代表社會利益下的產品需求線。在通常情況下，社會利益大於私人利益，故 D' 位於 D 的右上方。假定 D 與 D' 互相平行，則其垂直距離即圖中的 bc 線段即為所謂的外部利益。又圖中 S 代表私人成本與社會成本相同時的產品供給線。

　　就私人的觀點而言，D 與 S 的均衡點為 a，由其所決定的最適產量為 Q_1。就社會的觀點而言，D' 與 S 的均衡點為 b，由此所決定的最適產量為 Q^*。Q^* 為最大社會福利產量，但 $Q_1 < Q^*$，故知當經濟行為有外部經濟時，將引起生產不足，而影響經濟效率。

　　(3)外部成本對經濟效率的影響——其情形見上列右圖。圖中 D 代表私人利益與社會利益相同時的產品需求線。S 代表私人成本下的產品供給線，S' 代表社會成本下的產品供給線。在通常情況下，社會成本大於私人成本，故 S' 位於 S 的左上方。假定 S 與 S' 互相平行，則其垂直距離即圖中的 bc 線段即為所謂的外部成本。

　　就私人的觀點而言，D 與 S 的均衡點為 a，由其所決定的最適產量為 Q_1。就社會的觀點而言，D 與 S' 的均衡點為 b，由此所決定的最適產量為 Q^*。Q^* 為最大社會福利產量，而 $Q_1 > Q^*$，故知當經濟行為有外部不經濟時，將引起生產過多，而影響經濟效率。

　　綜合以上所述，可知不論是外部經濟或是外部不經濟，均使產量水準偏離最適產量，而使經濟效率降低。

　3. 外部性的成因　產生外部性的原因主要有兩個，即

　　(1)公共財富或無主物——例如空氣與水在多數情況下不但是公共財富，同時也是無主物。又如原野與森林在多數國家中雖為公有財產，但因面積遼闊管理困難，同時在某種限度內政府亦允許國民加以利用。因此原野與森林雖然是有主物，但實際上在某一範圍內仍可說是一種公共財富或無主物。公共財富或無主物最大的特點是使用它不必付費，破壞它不必賠償，如此即形成所謂的外部性。

　　(2)無法排他或難以保障財產權——例如園內的花香為園外人享用

而無法收取報酬，室內的寧靜被外來的噪音破壞而無法索取賠償，其所以如此，是因為無法排他，如此亦形成所謂的外部性。所謂無法排他，是指無法阻止別人坐享其成或殃及池魚。一般說來，無法排他的事物縱即賦與財產權，亦無法獲得保障。

無主物與無法排他的性質略有不同。無主物因為沒有主人，因此無所謂排他，任人免費享用，任人不負責任的破壞。而無法排他的事物則雖有主人，但因對坐享其成者與殃及池魚者均無法加以干涉，因此也只有任人免費享用，任人不負責任的破壞。簡言之，即前者的成因是「無人過問」，後者的成因是「無可奈何」，兩者稍有不同。不論是無人過問或是無可奈何，其結果都是一樣的，即任人免費享用，任人不負責任的破壞，產生外部性而影響經濟效率。

4. 消減外部性的對策 前述外部性將影響經濟效率，為使其影響程度能夠降低，甚或完全消除，必須有適當的對策才行。消減外部性的對策主要有三種，茲分述如下：

(1)賦予財產權──對能排他的公共財富或無主物賦予財產權，如此即能對享用者收取費用，對破壞者要求賠償，使外部性消減，而提高經濟效率。例如將公地變為私地，公有水域變為私有水域，因其能夠排他，故能對其他享用者收取費用，對其他破壞者要求賠償，而使外部性消減，從而提高經濟效率。

(2)課稅與補貼──對產生外部成本者課稅，對產生外部利益者補貼，其目的在使外部效果的產生者自行負擔其外部成本或享有其外部利益，此種方式稱之為「外部效果的內部化」。例如政府補貼農民闢建防風林帶，其目的即在使闢建者享有其外部利益。又政府對排放廢水的工廠課稅，稱之為放流稅，其目的即在使污染者負擔其外部成本。外部效果內部化了以後，私人利益與社會利益一致，私人成本與社會成本一致，如此即可使外部性消除，而提高經濟效率。

(3)政府直接管制──主要是對產生外部成本的事象加以管制。例如對污染的管制，政府訂定標準與法規對污染者加以取締與懲罰。如

當事人對污染控制得很好，則外部成本即由業者自己負擔而直接降低；如果控制得不好，則政府予以取締及懲罰而間接使外部成本內部化。不論是直接使外部成本降低或是間接使其內部化，其最終目的都是使私人成本等於社會成本，而提高經濟效率。

　　三種對策中，賦與財產權一法僅適用於能夠排他的公共財富或無主物。課稅與補貼的方式多適用於不能排他的經營主體。政府直接管制方式僅適用於產生外部成本的對象，但較課稅與補貼方式具有更大的積極性。課稅與補貼是做善後工作，而政府直接管制則是防患未然，至少是希望如此，其目的在刑期無刑。綜合以上所述，可知任何消滅外部性的對策必須符合三個條件：即第一、要有人管，第二、要管得了，第三、要管得對。所謂管得對包含兩重意義，其一為賞罰分明，該賞的賞，該罰的罰，做到毋枉毋縱的地步。另一為刑期無刑，意即最好是不要產生外部成本，希望廠商一開始的時候就要抱著一人做事一人當的心理，不要心存僥倖，嫁禍別人，等到逃不了的時候再來善後，這對大家都沒有好處。

四、公共財

　　1. 獨享性與排他性　　所謂「獨享性」(rival)，是指一件物品供某一個人消費以後，即無法再讓其他人享用。所謂「排他性」(exclusive)，是指可以防止他人坐享其成。兼具獨享與排他兩種性質的物品，稱為「私有財」(private goods)，私有財只供擁有者及付費的人享用。

　　2. 公共財的意義　　與私有財相對的是「公共財」(public goods)，公共財不具獨享性及排他性，亦即公共財具有共享 (nonrival) 及不排他 (nonexclusive) 兩種性質。最明顯的例子就是國防，國防由政府辦理，保護整個國家的安全。國防為全體國民所共享，不排斥任何人，因此國防是一種公共財。

3. 公共財與經濟效率　分為兩種情形：

(1)無法排他的公共財常有供應不足的現象——無法排他的公共財私人多不願提供或充分提供，因此產量常低於最大社會福利產量，影響經濟效率。最明顯的例子是守望相助，因為無法排他，因此住戶多不願興辦，就是興辦，也僅限於付費住戶的小範圍。

(2)可以排他的公共財常有利用不足的現象——不排他並不代表所有公共財都不能排他，有些公共財是可以排他的。一種可以排他的公共財如果只供付費的人享用，則常致利用率偏低，造成浪費，而影響經濟效率。最明顯的例子是公園與博物館，如果把門票價錢訂得太高，供少數有錢的人享用，則將造成浪費，影響經濟效率。

4. 公共財的處理方式　其情形如下：

(1)公共財的興辦主體與經費來源——一般說來對人民福祉影響既深且廣的公共財如國防、治安及重要的交通設施等，通常均由政府興辦，其他僅加惠少數人或影響不大的公共財則鼓勵私人興辦。至於經費的來源，一種公共財如果受惠的對象是全體國民，則以收稅的方式來籌措經費；如果只供某部分人享用，則以使用者付費的方式來籌措經費，這樣比較公平。

(2)公共財的收費標準——一項公共財如果收費過高，則將降低其利用率而使經濟效率降低。反之，如果收費過低，則將降低其服務品質亦使經濟效率降低。因此公共財收費標準的訂定必須同時滿足兩個條件，即維持適當品質與盡可能的予以充分利用。一般說來，這兩個條件是互相衝突的，一種公共財如認為充分利用比維持品質來得重要，則其收費標準應較低，甚或不收費，如某些大眾化的公園及公廁等，為使其能充分利用，則常不收費。反之，一種公共財如認為維持品質比充分利用來得重要，則其收費標準應較高，如某些高水準的博物館及演藝場所等，為維持其品質，其收費標準應較高。

以上所討論的是市場失靈不能達於經濟效率的問題。現在再進一步討論縱即市場不失靈，為追求經濟效率亦必須付出相當的代價，這

些代價從廣義的觀點來看也可以算是市場失靈所產生的後果，因為市場機能不能免除這些問題與代價也。

五、追求經濟效率的代價

1. 追求經濟效率所付代價的內涵　包括三方面，即

(1)刻意追求經濟效率將失去經濟公平——由上一章的說明知，經濟福利包含兩種成分，即經濟效率與經濟公平。一個社會如果是既富且均，則此社會的經濟福利水準即較高。然而非常可惜的是由於社會中每個人的稟賦與機運均不盡相同，在追求經濟效率的過程中，強者與幸運者獲得較多的利益，弱者與閉運者承受較多的不幸，如此即產生貧富不均。反之，一個社會如果刻意的維護經濟公平，則將失去生產誘因，而使整個社會陷於貧困的境地。由此可知，經濟效率與經濟公平通常是互相抵換的，為追求經濟效率，不得不犧牲若干經濟公平，因此追求經濟效率的代價之一即是失去經濟公平。其詳細情形將在下一大節中說明之。

(2)為追求經濟效率經濟結構必須時時加以調整——前述達於柏雷托最適境界經濟效率的條件之一為完全競爭，如果市場結構是完全競爭，在價格機能的充分運作下，整個社會的經濟效率即可達於柏雷托的最適境界。如果市場結構不是完全競爭，在價格機能的充分運作下，整個社會的經濟效率雖然不能達於柏雷托的最適境界，但仍儘量的追求經濟效率，因為如此才能使廠商獲得最多的利潤，甚或才能生存，同時使消費者在所得的限制下獲得最大的滿足。因此市場結構不論其是否為完全競爭，在價格機能的運作下均必須時時追求經濟效率。經濟情勢瞬息萬變，為追求經濟效率，必須時時調整因應，調整有成本，故知追求經濟效率的另一種代價即為經濟結構的調整成本，其詳細情形將在下一小節中說明之。

(3)完全競爭本身亦須付出相當代價——前述完全競爭能在價格機

能的充分運作下，達於柏雷托最適境界的經濟效率，這是完全競爭的優點。其缺點為完全競爭本身是一種優勝劣敗你死我活的鬥爭，為求生存，甚至為獲得較佳的經濟地位，必須時時挖空心思、奮力鑽營，在眾人環伺的情況下脫穎而出，這樣才有成功的機會。其結果個人失去平靜，社會失去祥和，有形無形均付出相當的代價，這種代價也是為追求經濟效率所付出的代價，其詳細情形將在第 3 小節中說明之。

2. 調整成本的內涵及其對策　當經濟情勢發生巨大變化時，例如 1970 年代的世界能源危機，其時原油價格在短短一、兩年內上漲了七、八倍乃至十倍。在此情況下，各國的經濟結構必須加以調整，否則無法適應此新的經濟情勢，而致萎縮蕭條，甚或全面崩潰。調整經濟結構必須付出相當的代價，就調整的過程而言有兩種成本，即經濟脫序所產生的成本與產業重整所產生的成本；就影響的對象而言亦有兩種成本，即廠商倒閉所產生的成本與勞工失業所產生的成本。調整是一種動態過程，一定會產生脫序的現象，經濟脫序會影響經濟效率因而產生成本。產業重整包括舊有產業的改變與淘汰以及新產業的創立等，均須支付相當的成本。至於廠商的倒閉與勞工的失業只是上述調整成本中具有特定承受對象的成本而已，除此而外，尚有其他調整成本，包括地不能盡其利、貨不能暢其流的成本等。一般說來，經濟情勢變化的幅度愈大，則調整的成本愈多；反之，即愈少。

因應經濟情勢變化不但會產生調整成本，同時會產生困難，包括財務上的困難及技術上的困難。為使調整的成本及困難減至最低限度，除去社會大眾自求多福努力以赴外，政府亦應從旁協助。為紓解財務上的困難，政府可給予廠商特別融資，甚至給予減免稅的優待。為紓解技術上的困難，政府可聘請有關專家或提供有關資訊協助廠商解決問題。此外，對於失業勞工，政府可給予適當的救濟，並輔導其轉業。

3. 競爭成本的內涵及其對策　競爭導源於人們的自利心，為求獲得更多的利益，於是乃互相競爭。競爭的優點是能使經濟效率提高；

缺點是直接使個人失去平靜、社會失去祥和，間接使所得分配不均，失去經濟公平。因此競爭必須適度，如此才能在心情平靜與社會祥和的環境下共同享受經濟繁榮的成果。競爭是所有生物的本性，為了求生存與延續生命，不惜以最殘酷的手段消滅對方。然而人為萬物之靈，應該懂得有所節制，否則將得不償失，甚至同歸於盡。欲使人類有所節制，必須從教化及規範兩方面著手，教化是使人類懂得有所節制的手段，而規範則是強迫其有所節制的手段，兩者相輔相成，俾能克盡全功。

4. 追求經濟效率須付出代價的原因 由上一章的說明知，達於經濟效率的必要條件是競爭特別是完全競爭，競爭使社會失去公平，競爭使社會有調整成本，競爭使社會失去祥和。由此可知，競爭並非無往不利，競爭能提升經濟效率，但也為此付出相當的代價。

六、所得分配與經濟公平

1. 所得的來源 所得的來源可從兩方面來看，其一為功能性所得 (functional income) 的來源，另一為個人所得 (personal income) 的來源。所謂功能性所得，即是生產要素發揮其生產功能所產生的所得。土地投入生產所產生的所得亦即使用土地的代價為地租，勞動投入生產所產生的所得亦即雇用勞動的代價為工資，資本投入生產所產生的所得亦即使用資本的代價為利息，企業才能投入生產所產生的所得亦即企業家的報酬為利潤。地租、工資、利息及利潤即為四種功能性的所得，其多寡受兩方面的影響，其一為各該要素投入量的多寡，另一為各該要素單價的高低。地租的單價為地租率，工資的單價為工資率，利息的單價為利率，利潤的單價為利潤率。

個人所得的來源主要有兩類，即勤勞所得與財產交易所得。勤勞所得主要是工資，其次是利潤；財產交易所得包括地租與利息兩項。同樣情形，這兩類所得的多寡決定於其投入量的多寡及單價的高低。

2. 個人所得的分配　某一個國家或地區的人民按所得的多寡將其分為十等分，其結果見下表第二欄。然後將每一所得階層人民的所得予以彙總並求算其對全體總所得的百分比，其結果見下表第三欄。由此得該國或該地區的所得分配如下：

表 12−1　某國某年的個人所得分配

所得階層	各層人口占總人口的百分數（％）	各層所得占總所得的百分數（％）
最低層	10	2.0
第九層	10	2.4
第八層	10	3.2
第七層	10	4.4
第六層	10	6.0
第五層	10	8.0
第四層	10	10.4
第三層	10	13.2
第二層	10	16.4
最高層	10	34.0

由上表可看出，最低所得階層 10% 的人口，其所得只占總所得的 2%；最高所得階層 10% 的人口，其所得卻占總所得的 34%；兩者相差十七倍。由此可知，該國該年的所得分配相當不平均。

3. 洛侖士曲線　洛侖士曲線 (Lorenz curve) 是一種專門用來表示所得分配是否均勻的曲線。茲根據上列資料加以繪製，其過程如下：

第一步：求各層人口百分數的以下累加，其結果見下表第二欄。求各層所得百分數的以下累加，其結果見下表第三欄。

第二步：將人口百分數的以下累加定在橫軸上，所得百分數的以下累加定在縱軸上。

第三步：根據每一所得階層的兩個累加百分數即可在圖形中決定

表12－2　人口百分數及所得百分數的以下累加

所得階層	各層人口百分數的 以下累加（％）	各層所得百分數的 以下累加（％）
最低層	10	2.0
第九層	20	4.4
第八層	30	7.6
第七層	40	12.0
第六層	50	18.0
第五層	60	26.0
第四層	70	36.4
第三層	80	49.6
第二層	90	66.0
最高層	100	100.0

圖12－4　洛侖士曲線圖

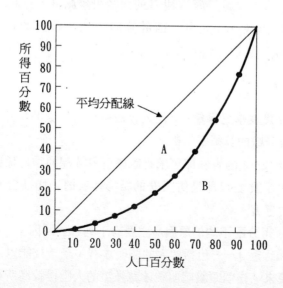

一點,十個所得階層即決定十點。

第四步:將各點順次加以連綴,即得洛侖士曲線,其形如圖12-4。

上圖右上角至左下角的直線稱為平均分配線,因直線上每一點所代表的人口以下累加百分數均等於其所得的以下累加百分數。根據實際資料所繪成的洛侖士曲線,如果愈靠近平均分配線,則該社會的所得分配即愈平均;反之即愈不平均。令 A 代表洛侖士曲線與平均分配線間所包圍的面積,B 代表洛侖士曲線與右下方邊界間所包圍的面積,取

$$R = \frac{A}{A+B}$$

則 R 的所在範圍為 $0 \leq R \leq 1$。若 $A=0$,則 $R=0$,洛侖士曲線與平均分配線重合,此時所得分配為絕對的平均。若 $B=0$,則 $R=1$,洛侖士曲線與右下方的邊界重合,此時所得分配為絕對的不平均。由此可知,由 R 的大小即可看出所得分配是否平均,R 愈小愈平均,愈大愈不平均。問題在於 A 與 B 的面積很難測量,對此義大利的統計學家季尼氏 (Gini) 提出一種計算的公式,稱為季尼係數 (Gini coefficient),其式如下:

$$G = \frac{g}{2\bar{x}}$$

式中 G 代表季尼係數,g 代表各層所得百分數的均互差,$\bar{x}$ 代表各層所得百分數的算術平均數。

根據表12-1的資料即可求得該國所得分配的季尼係數。G 與 R 相去不遠,事實上 G 即是仿照 R 的結構作成的,詳細情形請參閱有關統計學的專著。

4. 個人所得分配不均的原因　主要有下列三個原因:

(1)*個人的素質*——包括個人的聰明才智、學識技能以及健康狀況等。一般說來,一個頭腦聰明、才華洋溢的人獲得較高所得的機會比

較大，一個學識淵博、技能高超的人獲得較高所得的機會也比較大，一個健康良好、精力充沛的人獲得較高所得的機會當然也比較大。

(2)勞動的供需——一個社會中如果勞動的數量非常多，而需求有限，則以勤勞所得為主要收入的人其所得即比較低；反之則否。

(3)財產的多寡——一般說來，財產多的人其所得比較高；反之則否。

在三個因素中，以財產的多寡對個人所得的影響最大。勞動是每個人都有的，其所得雖有差異，但差異並不大。而財產則不是每個人都有的，特別是財產的多寡人與人之間的差別可能很大，如此對個人所得的分配乃有決定性的影響。

以上所述者為在沒有人為干預情況下的所得分配情形，如果有人為的干預，其情況即不同，茲說明如下。

5. 生產成果的分配方式與經濟公平　　生產成果的分配方式主要有下列三種，茲分述如下：

(1)各取所值——所謂各取所值，即是生產要素的報酬按照其對生產貢獻的大小加以決定。這種分配方式只發生在資本主義的經濟社會中，在完全競爭市場下，要素對生產的貢獻是以其邊際生產力的大小來衡量的，要素的價格決定於其邊際生產力。例如在完全競爭市場下，勞動者的工資水準等於其邊際生產收益，即 $W = MRP_L$。以此為基礎所建立的所得分配理論，稱之為「邊際生產力所得分配理論」，這個理論是以完全競爭為前提，是屬資本主義經濟社會下的所得分配理論。

各取所值的分配方式必須在完全競爭市場下始能達成，然而由於各個人的稟賦及機運均不盡相同，完全競爭的結果雖然可以達成經濟效率，但不能達成經濟公平。由此可知，各取所值的結果將使社會產生「富而不均」的現象。

(2)各取所需——所謂各取所需，即是按照每個人的需要將生產成果分配給社會大眾。這是共產主義者的口號，事實上是辦不到的，其

原因有二：其一為人類的慾望無窮，而生產的成果有限，無法滿足每個人的需要，因此各取所需成為一種永遠不能達成的空想。另一為既然每個人皆可以各取所需，因此每個人乃不願各盡所能，其結果使整個社會「均而不富」。在一個貧乏的社會中，連溫飽都有問題，更遑論各取所需。

(3)各取等份——所謂各取等份，即社會中不論是男女老幼或是聖賢愚劣所獲得的份額是完全相同的。這種分配方式表面上看來好像很公平，但實際上是更不公平。各取所需多少還顧及到各人的需要，分得雖少，但還能配合需要；而各取等份則連這種最基本的要求都不能達到，所以說它是更不公平。各取所需是一種口號，實際上很難辦到，因此許多共產主義國家口頭上所講的是各取所需，但實際上所執行的是各取等份。同樣情形，因為是各取等份，所以大家也不必去努力工作，其結果整個社會是「真貧假均」，其情況更糟。

綜合以上所述，可知三種分配方式中，各取所值雖然不合公平原則，但合於效率原則。各取所需與各取等份其目的雖在強調經濟公平，但實際上很難辦到，然而卻犧牲了經濟效率。三種方式中，以各取所值的方式算是比較好的，因其至少顧全了經濟效率一個層面。如果政府再利用政策，事前加以防範、事後加以補救，則富與均即能兼顧。以自由競爭為基礎，加上政府的干預與調節，所形成的富與均兼顧的經濟體制，稱為「準資本主義經濟體制」（quasi-capitalism），其詳細情形將於第三十章即比較經濟制度一章中說明之。

七、政府的經濟職能及其限制

1. 政府必須有經濟職能的原因　由前述知價格機能不是萬能的，在某些情況下不能達於經濟效率。此外，在另一些情況下縱然可以達於經濟效率，但為時時保有此效率也必須付出相當代價。為使不能達於經濟效率的情況有所改善，以及為使追求經濟效率的代價能夠減

輕，除去社會大眾自求多福以外，政府亦應從旁協助，如此始能克盡全功，止於至善。由此可知，在現代經濟社會中，政府有許多經濟職能，其目的一方面在促進經濟效率，另一方面則在維護經濟公平。這是從個體經濟的觀點來看政府的經濟職能，從總體經濟的觀點來看，政府還有另外一些經濟職能，將在以後有關章節中說明之，此間僅說明個體經濟的部分。

2. 爲促進經濟效率政府所可能採取的措施　兹分述如下：

(1)對於自然獨占產業，政府所可能採取的措施主要有兩種：其一為由政府自己經營成為公營企業；另一為由私人經營，但政府監督其產品訂價，不使其有太多的獨占利潤。

(2)對於經濟的外部性，政府可對製造外部成本者課稅，甚或主動地加以監督；對產生外部利益者予以補貼；其目的均在使外部效果內部化，以提高經濟效率。

(3)關於公共財的提供方面，對全民福利有重大影響的公共財，政府應設法充分提供。至於經費則以課稅或使用者付費的方式籌措，以達取之於民與用之於民的目的。

(4)關於經濟結構的調整成本方面，尤其是在經濟情勢有重大變化的時候，政府可以提供融資、減輕稅負以及技術指導等措施，以減少經濟結構調整所產生的成本與困難。

(5)關於競爭所帶來的壓力與不良後果方面，政府可以教化的方式使大家知所節制，同時以規範的方式使大家有所節制。競爭必須適度，如此社會大眾才能在心情平靜、社會祥和的氣氛下享受經濟繁榮的成果。

3. 爲維護經濟公平政府所可能採取的措施　維護經濟公平政府所可能採取的措施，可分為事先防範及事後補救兩方面，兹分述如下：

(1)在事先防範方面，政府所可能採取的措施主要有三類：即第一、為使社會財富特別是作為重要生產要素的土地不致過分集中，政府可加以限制。例如我國過去所實施的耕者有其田政策，其目的即在

保障農民的生存憑藉，從而促進經濟公平。第二、為保障勞工大衆的工作權利及收入，可訂定有關法令，如我國近年所制定的勞動基準法以及最低工資的設定等。第三、為防止不當的壟斷與投機，以免少數人獲得暴利，對此在國外有所謂反獨占法的制定；在我國亦有所謂的公平交易法的制定，並成立專責機構負責執行。

(2)在事後補救方面，所用方法主要是「取富濟貧」。在取富方面其主要手段為「累進稅制」，包括所得稅、遺產稅及土地增值稅等的累進稅制。所謂累進稅制，例如所得稅，當所得低於某一數額時為一種稅率，超過該一數額時其超過的部分為另一種較高的稅率，如此不斷累進下去，直至達於最高稅率為止。累進稅制可使有錢的人多繳稅，無錢的人少繳稅，這樣可使不同階層所得的差距縮小。在濟貧方面，最主要的方式是補貼，補貼的方式很多，包括直接補貼與興辦有關福利事業，如殘障福利事業及老人福利事業等。

4. 政府經濟職能的限制　政府在執行經濟政策的時候，常有力不從心的感覺，其原因不外有下列三方面：

(1)財力的限制——這是一般政府在執行政策時所受到最大的限制，有些事情明明知道非常重要，可是沒有錢，不能去做；或是錢不夠，不能做得令人滿意。例如住者有其屋，這是一個非常重要的問題，但政府財力有限，不能全面推行。

(2)執行能力的限制——包括政策的釐訂、相關法令及措施的配合、以及政府各級機關執行的能力等，在在均影響政策或措施執行的效果。如果政策的方向不正確、內容不周延、相關法令不能配合、以及執行人員的素質不理想等，均可能使執行的效果大打折扣。

(3)外來壓力的限制——現在是民主時代，外來的壓力特別多，包括民間利益團體的壓力、各級民意機構的壓力、甚至有時還有外來的壓力，這些壓力將導致政策偏向，而使執行的效果降低。

摘　要

市場失靈及其對策

<table>
<tr><td colspan="3" align="center">市　場　失　靈</td></tr>
<tr><td>意義</td><td colspan="2">市場機能雖充分發揮亦不能達成預期經濟效率的現象。</td></tr>
<tr><td rowspan="3">成
因</td><td colspan="2">(1)市場結構不為完全競爭——主要是自然獨占。</td></tr>
<tr><td colspan="2">(2)私人利益(或成本)與社會利益(或成本)不相等——主要是外部性與公共財。</td></tr>
<tr><td colspan="2">(3)追求經濟效率須付出代價——調整與競爭成本，並犧牲經濟公平。</td></tr>
<tr><td colspan="3" align="center">自　然　獨　占</td></tr>
<tr><td>意　義</td><td colspan="2">一種產業如其規模經濟特別顯著，或雖不特別顯著但其產品社會需求不多，需求線與廠商的 LAC 曲線相交於 LAC 之下降段，如此所形成的獨占即為自然獨占。</td></tr>
<tr><td>經營型態</td><td colspan="2">(1)由政府經營——成為公營企業，有盈餘繳交國庫，由全民享受；有虧損由政府補貼。公營企業效率不高，但政府易控制。
(2)由私人經營——由政府監督其訂價。私營企業效率高，但政府不易控制。</td></tr>
<tr><td rowspan="7">訂

價

法</td><td rowspan="3">邊訂
際價
成
本法</td><td>(1)意義——價格等於邊際成本的訂價方式。</td></tr>
<tr><td>(2)方法——根據市場需求線 D 與廠商 LMC 曲線之交點決定價格。</td></tr>
<tr><td>(3)效果——產量等於最大經濟福利產量，但廠商有淨虧損。</td></tr>
<tr><td rowspan="3">平訂
均價
成
本法</td><td>(1)意義——價格等於平均成本的訂價方式。</td></tr>
<tr><td>(2)方法——根據市場需求線 D 與廠商 LAC 曲線的交點決定價格。</td></tr>
<tr><td>(3)效果——產量少於最大經濟福利產量，但廠商無虧損，亦無盈餘。</td></tr>
<tr><td>比

較</td><td>邊際成本訂價法之經濟效率最高，但廠商有淨虧損，需政府補貼。
平均成本訂價法之經濟效率較次，但廠商無虧損，不需政府補貼。
如價格不加管制，廠商根據 $MR=LMC$ 的方式訂價，限制產量，提高價格，其結果廠商有巨額利潤，但經濟效率甚低。</td></tr>
<tr><td colspan="3" align="center">外　部　性</td></tr>
<tr><td>意　義</td><td colspan="2">利益不能歸自己享受的現象稱為外部經濟，成本不須自己負擔的現象稱為外部不經濟，兩者合稱為經濟外部性，或簡稱為外部性。</td></tr>
<tr><td rowspan="4">影

響</td><td rowspan="2">外經
部濟</td><td>(1)特質——社會利益大於私人利益。</td></tr>
<tr><td>(2)後果——產量低於最大經濟福利產量，降低經濟效率。</td></tr>
<tr><td rowspan="2">外經
部
不濟</td><td>(1)特質——社會成本大於私人成本。</td></tr>
<tr><td>(2)後果——產量高於最大經濟福利產量，降低整體經濟效率。</td></tr>
</table>

成　　因		(1)公共財與無主物的存在──使用破壞不需付費，產生外部不經濟。
		(2)無法排他及無法保障財產權──產生外部經濟。
對策	主旨	使外部效果內部化。
	方法	(1)對公共財及無主物賦與私人財產權，對使用及破壞者收費。
		(2)對產生外部成本者課稅，產生外部利益者補貼。
		(3)政府直接管制，對產生外部不經濟者加以限制與懲處。
	效果	外部利益與外部成本減少後，私人利益接近社會利益，私人成本接近社會成本，導致產量接近最大福利產量，而提高經濟效率。

公　　　　共　　　　財		
意　　義		一種物品具有獨享性及排他性者即為私有財，否則即為公共財。
特質與影響	特質	公共財具有共享及無法排他性。
	影響	(1)公共財無法排他，私人不願生產或生產不足，降低經濟福利。
		(2)公共財具有共享性，如拒絕不付費者享用，則造成資源浪費。如不拒絕不付費者享用，則無人願意付費，其結果三個和尚沒水吃。
對　　策		由政府提供，收取適當的費用或不收費。

追 求 經 濟 效 率 的 代 價			
涵　　義			競爭本身有代價，此外競爭將帶來經濟不公平，這也是一種代價。
競爭的直接代價	調整成本		為因應外來衝擊而作經濟結構調整所須負擔的成本，包括經濟的動盪、結構的變更、以及廠商的倒閉及勞工的失業等。
	競爭成本		競爭的主旨為優勝劣敗，強者生存，其結果功利主義日盛，人情日薄，使個人失去平靜，社會失去祥和，是一種無形的成本。
	對策		政府應未雨綢繆，採取適當的措施，以減少這兩種成本。
競爭的間接代價（經濟不公平）	成因		基本原因為各人的稟賦與境遇不同，直接原因為競爭。
	所得分配方式	各取所值	(1)分配方式──要素價格等於其邊際生產力。
			(2)存在──存在於崇尚自由競爭的資本主義社會中。
			(3)後果──由於各人的稟賦不同，競爭的結果使社會「富而不均」。
		各取所需	(1)分配方式──生產成果按照各人的需要分配。
			(2)存在──這是共產主義的口號，事實上很難辦到。
			(3)後果──所得分配與貢獻多寡無關，缺乏誘因，使社會「均而不富」。
		各取等份	(1)分配方式──社會上每個人均得到相同的份額。
			(2)存在──存在於原始或共產主義社會中。
			(3)後果──與上一方式相同，結果使社會「真貧假均」。

| | 比較 | 各取所值只顧及經濟效率，未顧及經濟公平。各取所需及各取等份雖強調公平，但事實上很難辦到，然而卻完全失去經濟效率。 |
| | 對策 | 現今世界上一般多是以自由競爭為基礎，使整個社會先富起來，然後再以政府的政策來調整所得分配，而使得富與均能兼顧，此種方式稱之為準資本主義。 |

家 戶 所 得 分 配 的 分 析		
洛侖士曲線	繪法	(1)將家戶按所得寡多順序排列，(2)以家戶數為準將上述序列十等分，(3)求各組家戶所得和及其與全部家戶所得總額之比，稱為所得分配比，(4)順次求各組家戶數及所得分配比的以下累加，(5)將累加戶數定在橫軸上，累加所得比定在縱軸上，如此即繪成一條洛侖士曲線。
	性質	圖中45°線為絕對平均線，洛侖士曲線距離絕對平均線愈近，則家戶所得分配愈平均。
不等度指標	季尼係數	(1)求法——為洛侖士曲線與絕對平均線所圍面積，與絕對平均線右下方三角形面積之比。實際計算時另有計算公式，即 $G = g / 2\bar{x}$ (2)性質——係數的所在範圍 $0 < G < 1$，愈大表示分配愈不平均。
	貧富差距	為最高所得20%家戶的平均所得與最低所得20%家戶的平均所得之比。

政 府 的 經 濟 職 能	
目　　的	消除或減輕市場失靈所帶來的缺失，以增進經濟福利。
對　　策	(1)自然獨占產業——由政府經營，或由私人經營，但監督其訂價。 (2)外部性——對產生外部成本者課稅，對產生外部利益者補貼。 (3)公共財——私人不願提供者由政府提供。 (4)調整與競爭成本——政府及時提出適當措施，減輕該二成本。 (5)經濟公平——政府以事先防範事後補救的方式，盡量促使經濟公平。
限　　制	(1)政府財力的限制。 (2)政府執行能力的限制，包括組織與法規。 (3)外來壓力的限制，包括民意機構與利益團體。

市場失靈的成因、後果與對策

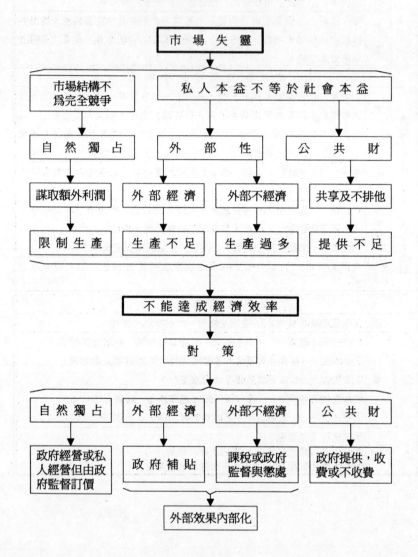

完全競爭所付代價及其補救方法

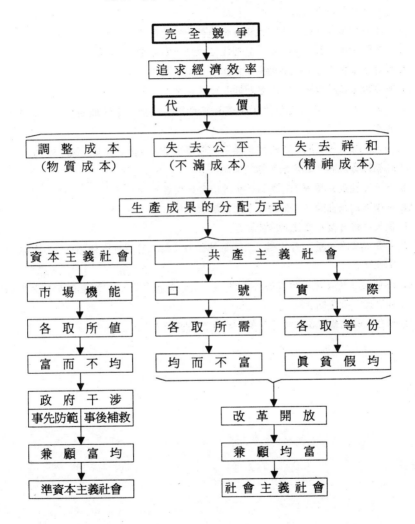

問　題

1. 何謂市場失靈？其原因為何？何故？

2. 何謂自然獨占？為什麼自然獨占會影響經濟效率？

3. 自然獨占產品應如何訂價，始能顧及經濟效率及政府財政負擔？

4. 何謂外部性？其對經濟效率有何影響？試說明之。

5. 外部性的成因為何？如何加以防止或糾正？

6. 何謂公共財？有何特質？何種情況下會影響經濟效率？如何加以防止或糾正？

7. 追求經濟效率須付出些什麼代價？完全競爭是否真的是完美無缺？何故？

8. 何謂調整成本？其內涵與對策如何？

9. 為什麼在通常情況下經濟效率與經濟公平兩者不可得兼？

10. 何謂洛侖士曲線？如何畫法？如何識別？

11. 個人所得分配不均的原因何在？

12. 生產成果的分配方式有幾？其與經濟效率及經濟公平的關係如何？如何加以改進？

13. 為糾正市場失靈所產生的不良後果，政府應該有那些經濟職能？其效果如何？試分別說明之。

14. 政府在執行經濟政策時是否有所限制？由何而來？

第十三章　個體經濟學總論

　　由第四章消費者的選擇開始起，直至上一章即第十二章市場失靈與政府的經濟職能為止，共有九章的篇幅討論個體經濟學。這九章的內容可說是相當的複雜，然而儘管內容相當複雜，但是有脈絡可循，如果能把這些脈絡找出來，即能執簡馭繁，而收事半功倍之效。個體經濟學主要是由三個系統交織而成的，第一個系統也是最基本的系統即是產品與要素的供需與價格決定的系統，這個系統就是個體經濟學的演繹體系，説明產品及要素如何從最基本的法則開始起，經由個別及市場供需曲線的導出，最後達於市場均衡的過程。第二個系統是均衡條件的系統，上列演繹體系每個階段都有一個均衡條件，為什麼會有這些均衡條件，其系統又如何，是有加以探討的必要，否則不能瞭解個體經濟學的演繹體系是如何加以連貫而形成的。第三個系統是求善的系統，所謂求善的系統，是指在不同的市場結構及有關情況下是否能達於經濟效率，如果不能，其原因何在，如何補救。此外，經濟效率與經濟公平是否能同時達成，如果不能，其原因何在，如何補救。如果能把這三個系統的內涵及其相互間的關係弄清楚，即能對個體經濟學有相當程度的瞭解。茲分別説明如下。

一、個體經濟學的演繹體系

　　1. 前言　由第一及第二兩章的説明知，個體經濟學探討的對象為市場周流。市場周流有兩個重要的環節，即產品市場與要素市場，個體經濟學即是以這兩個市場為中心加以討論的，最後再加彙總討論整個經濟體系的全面均衡。在產品市場方面，首先須導出產品的市場需

求曲線，然後再導出產品的市場供給曲線，最後根據這兩條曲線決定產品的價格及交易量。同樣情形，在要素市場方面，首先須導出要素的市場需求曲線，然後再導出要素的市場供給曲線，最後根據這兩條曲線決定要素的價格及交易量。產品市場與要素市場兩者研究的對象雖然不同，但其分析架構則是完全相似的，因該兩市場均同樣面臨矛盾統一的情勢也。此外，無論是產品市場或是要素市場，其供需曲線的誘導方式與結果均隨市場結構之不同而異。一般均先假定市場結構為完全競爭，俟獲得結果後再加修正以配合不同型態的市場結構。假定市場結構為完全競爭有兩點好處，其一為如果市場結構為完全競爭，則消費者所面對的產品供給線及要素需求線、生產者所面對的產品需求線及要素供給線均為水平線，如此不但有關內涵的誘導過程比較簡單，同時不同產品的相對價格及不同要素的相對價格均分別成為產品組合及要素配合是否有利的指標。另一為如果市場結構為完全競爭，則在價格機能的運作下，達於全面均衡的同時，亦達於柏雷托最適境界的經濟效率。

2. 產品市場均衡的導出 在產品的需求方面，最基本的法則為邊際效用遞減法則，根據此法則在所得的限制下可導出消費者的均衡，即「對任何產品而言，最後一塊錢消費所獲得的邊際效用皆相等，且等於貨幣的邊際效用時，可在所得的限制下給予消費者最大滿足」；貨幣邊際效用的高低代表消費者所得的多寡，兩者呈反變。如果物品的邊際效用不是遞減的，則此均衡條件即不成立，故知消費者最大滿足的均衡是以邊際效用遞減法則為前提。根據消費者最大滿足的均衡條件，當某一產品價格或數量發生變化時，即可導出消費者對該產品的個別需求曲線。然後將同一產品的個別需求曲線予以水平相加，即得該產品的市場需求曲線。產品的需求除去可用傳統分析法亦即上面所用的效用分析法加以分析外，復可用無異曲線分析法加以分析，兩者是同效的。以上所述者為產品市場的買方為完全競爭的情況，如果不是完全競爭，其情況即不同，甚至無法導出產品的需求曲線。一般

説來，產品市場的買方多為完全競爭，其他情況甚少出現，故一般均不加介紹。

在產品的供給方面，最基本的法則為邊際報酬遞減法則，根據此法則短期內在生產規模的限制下可導出生產者的均衡，即「對任何要素而言，最後一塊錢投入所獲得的邊際產量皆相等時，可在各個不同產量下使生產成本為最低」。如果邊際報酬不是遞減的，則此均衡條件即不成立，故知生產者最低成本的均衡是以邊際報酬遞減法則為前提。根據生產者最低成本的均衡條件，每設定一個總成本即可決定一個可能最大的產量，如此即得該廠商「最低的」總成本（TC）曲線，由總成本曲線即可導出平均成本（AC）曲線及邊際成本（MC）曲線。此外，在完全競爭市場下，廠商所面對的產品需求線為一條水平線，如此其平均收益（AR）線及邊際收益（MR）線均為同一條水平線，其高度即為市場價格。然後通過廠商的短期均衡，即 $MR = MC$，即可使該廠商在最低成本的前提下獲得最大的利潤或負擔最小的損失。已知廠商的短期停業點為 MR 等於平均變動成本（AVC）曲線最低點的一點，同時已知 MR 曲線為一條水平線，其高度即為市場價格，故知 MC 曲線高於 AVC 曲線最低點的一段即為個別廠商的短期供給曲線。各個別廠商短期供給曲線的水平相加和即為該產品短期的市場供給曲線。最後根據市場的需求曲線及供給曲線決定該產品的價格及交易量，此即為產品市場的均衡。同樣情形，廠商的短期供給亦有兩種分析方法，即傳統分析法與等量曲線分析法，傳統分析法即直接根據邊際報酬遞減法則推演所建立的一套分析方法，等量曲線分析法與無異曲線分析法完全類似，故知該兩套方法亦是同效的。

以上所述者為完全競爭市場下產品短期的市場均衡，長期其情況即有所不同。在完全競爭市場下，產業的長期供給主要是靠新舊廠商進出產業加以調整，同時廠商所面對的需求線為水平線，故多數廠商均在其長期平均成本（LAC）曲線最低點處進行生產。若該產業為

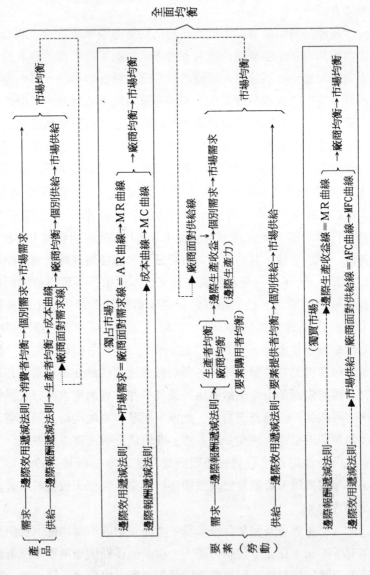

個體經濟學的演繹體系（完全競爭市場）

個體經濟學體系中的均衡條件（完全競爭市場）

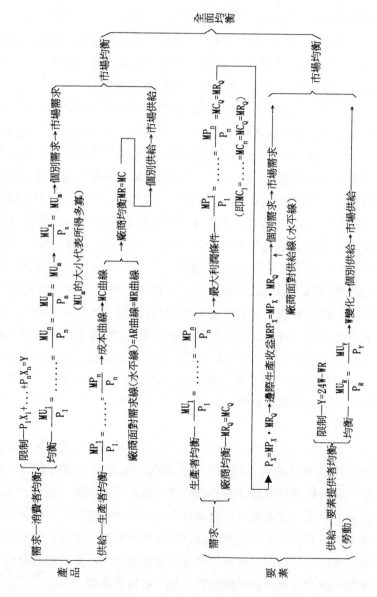

成本遞增產業，則產業的長期供給曲線有正斜率；若該產業為成本遞減產業，則產業的長期供給曲線有負斜率；若該產業為成本不變產業，則產業的長期供給曲線為水平線。在長期間內，市場需求亦可能發生變化，某一時點的市場需求曲線與產業亦即市場的長期供給曲線會合，即可決定該時點產品的價格及交易量。

　　以上所述者為完全競爭市場下產品供需與價格決定的情形，若市場為獨占市場，則其情況即有所不同。獨占市場的買方亦即產品的消費者仍為完全競爭，其個別需求曲線與市場需求曲線的導出與上述完全競爭市場者完全一致。此市場需求曲線即為獨占廠商所面對的產品需求線，在通常情況下具有負斜率。獨占廠商所面對的需求線即為其 AR 曲線，由 AR 曲線可求得其 MR 曲線，由於 AR 曲線具有負斜率，故 MR 曲線通常在 AR 曲線之下，不為同一條曲線。獨占廠商的成本曲線其來源與完全競爭廠商者完全一致，因成本最低與生產者的均衡有關，而與市場是否為完全競爭無關。獨占廠商的 MR 曲線與 MC 曲線會合，其交點 MR＝MC 即為獨占廠商的均衡，由此決定其最適產量，再引垂線向上與 AR 曲線相交決定產品的售價。獨占廠商的均衡事實上就是產品的市場均衡，只是其形式與完全競爭市場者有所不同而已。由於獨占廠商的 AR 曲線與 MR 曲線不為同一條曲線，因此獨占廠商只有供給量，沒有供給曲線。正因為如此，所以其產品價格及交易量的決定方式與完全競爭市場者稍有不同。

　　獨占性競爭廠商的產銷行為與獨占廠商者甚為相似，僅前者所面對的產品需求線斜率較小，以量制價的效果較不顯著而已。同樣情形，獨占性競爭廠商亦只有供給量，沒有供給曲線；此外，各廠商的產品為異質；因此獨占性競爭市場無明確的市場供給曲線。需求亦是如此，沒有明確的市場需求曲線。獨占性競爭市場雖然沒有明確的市場供需曲線，但因各廠商的產品代替性甚大，故隱約間具有市場供需曲線，決定該類產品的總銷售量及一般售價水準。

　　寡占市場的廠商數很少，互相牽制的結果，價格呈現僵固性。因

此寡占廠商所面對的產品需求線為一條拗折曲線，拗折點以前的需求彈性較大，以後的需求彈性較小。不論其彈性的大小，總而言之寡占廠商所面對的需求線具有負斜率，因此寡占廠商亦只有供給量，沒有供給曲線。寡占市場各廠商的產品可能為同質，亦可能為異質，如果是同質，則有明確的市場需求曲線；反之，即沒有明確的市場需求線。在供給方面雖無明確的市場供給曲線，但因各廠商的產品可完全互相替代或某種程度的互相替代，故隱約間亦具有市場供給曲線，與市場需求曲線會合決定該類產品的總銷售量及一般售價水準。

綜合以上所述，可知在產品的供給方面，由於市場結構的不同，廠商的產銷行為亦不同，除去完全競爭市場有明確的個別供給曲線及市場供給曲線外，其他結構的市場均無明確的個別供給曲線及市場供給曲線。獨占市場的情況比較特殊，由於廠商只有一家，其 MC 曲線具有個別與市場供給的功能，與由市場需求曲線所導出的 MR 曲線共同決定產品的銷售量並間接決定價格。因此獨占市場雖無明確的市場供給曲線，但實際上等於有。其他兩種市場即獨占性競爭市場及寡占市場，雖無明確的個別與市場供給曲線，但因各廠商的產品在某種程度上可互相替代，故亦隱約具有市場供給曲線，與市場需求曲線會合共同決定該類產品的總銷售量及一般售價水準。由此可知，價格決定於市場供需，這句話應該沒有什麼問題。

3. 要素市場均衡的導出　在要素市場方面，就要素的需求而言，其最基本的法則為邊際報酬遞減法則，根據此法則在生產規模的限制下導出生產者的均衡，即最低成本要素配置的均衡，其均衡條件為 $MP_1 / P_1 = MP_2 / P_2 = \cdots = MP_n / P_n$。然後通過廠商的均衡，即 $MR_Q = MC_Q$，在最低成本的前提下獲得最大的利潤或負擔最小的損失。為使這兩個均衡條件能合在一起形成廠商獲得最大利潤的均衡條件，必須將生產者的均衡條件顛倒過來，其結果為 $P_1 / MP_1 = P_2 / MP_2 = \cdots = P_n / MP_n = MC_Q$，或 $MC_1 = MC_2 = \cdots = MC_n = MC_Q$；然後與廠商的均衡結合，其結果為 $P_1 / MP_1 = P_2 / MP_2 = \cdots = P_n /$

$MP_n = MC_Q = MR_Q$，或 $MC_1 = MC_2 = \cdots = MC_n = MC_Q = MR_Q$，（此式與差別訂價的均衡條件甚為相似，只要將上面最後一個式子中的 MR 與 MC 互換，同時將 Q 換成 T 即得差別訂價的均衡條件，由此可知，最大利潤下要素配置的均衡與差別訂價的均衡兩者的性質是完全相似的），此即為最大利潤下要素配置的均衡條件。由此得單一要素 X 最大利潤雇用量的均衡條件，即 $P_x = MP_x \cdot MR_Q$。令 $MRP_x = MP_x \cdot MR_Q$，此即為要素 X 的邊際生產收益，亦即要素 X 的邊際生產力。由於邊際報酬是遞減的，故要素的邊際生產力亦是遞減的。在完全競爭市場下，廠商所面對的要素供給線為一條水平線，其高度即為市場價格。如此根據 $P_x = MP_x \cdot MR_Q$，當 X 的用量變化時，即可導出個別廠商對要素 X 的需求線。然後求各個別廠商需求線的水平相加和，即得該要素的市場需求曲線。

　　在要素的供給方面，其最基本的法則為邊際效用遞減法則，根據此法則在某種限制下（勞動為休閒所得限制，資金為終身預算限制），可導出要素提供者的均衡。然後假定要素的報酬率發生變化（勞動為工資率，資金為利率），即可導出要素的個別供給曲線。取各個別供給曲線的水平相加和，即得該要素的市場供給曲線。要素的市場供給曲線與市場需求曲線會合即可決定要素的價格與雇用量，此即為要素市場的均衡。

　　以上所述者為完全競爭市場的情況，如果市場結構不是完全競爭，而是獨買市場，則其情況即有所不同。在要素的需求方面，開始的時候獨買廠商與完全競爭廠商一樣根據邊際報酬遞減法則，通過生產者均衡及廠商均衡（兩者合為最大利潤均衡），導出邊際生產收益（ MRP ）曲線，此一過程與廠商是否為完全競爭無關。獨買廠商所面對的要素供給線即為要素的市場供給線，一般說來要素的市場供給線具有正斜率，因此無法根據上述最大利潤的均衡條件導出獨買廠商要素的需求線。所幸獨買廠商根據其 MRP 曲線即能與有關曲線共同決定要素的最適雇用量，而不需要廠商要素的需求線。獨買市場的賣

方為要素的提供者，這些提供者均處於完全競爭狀態，根據邊際效用
遞減法則，通過要素提供者的均衡，即可導出要素的個別供給曲線，
然後求各個別供給曲線的水平相加和，即得要素的市場供給曲線。此
供給曲線即為獨買廠商所面對的要素供給線，通常具有正斜率。獨買
廠商所面對的要素供給線即為其平均要素成本（AFC）曲線，由
AFC 曲線即可求得其邊際要素成本（MFC）曲線。MFC 曲線與
MRP 曲線會合，其交點為 $MRP = MFC$，此即為獨買廠商雇用要素
的均衡條件，由此決定要素的最適雇用量，再由均衡點引垂線向下與
AFC 曲線相交決定要素的購用價格。獨買廠商雇用要素的均衡事實
上就是該要素的市場均衡，因為買方為獨占，故其形式與完全競爭市
場者略有不同。

4. 結語　綜合以上所述，吾人可獲得下列三點結論：

第一、產品的需求、產品的供給、要素的需求與要素的供給，此
四個項目的推理過程是相似但相反的，因此只要對產品需求的推理過
程有徹底的瞭解，其他三個項目的推理過程即不難觸類旁通。產品需
求是人與物之間的關係；產品供給是物與物之間的關係；要素需求是
產品生產所引發的需求，亦是一種物與物之間的關係；要素供給是為
獲取所得以供消費所引發的供給，因此是一種人與物之間的關係。一
個人在進行經濟活動的時候，其性狀與物的性狀沒有什麼兩樣，如為
生產，則希望在固定資源之下獲得更多的產量；如為消費，則希望在
固定所得之下獲得更多的滿足。因此該四個項目的推理過程是相似
的。

誘導產品需求最原始的法則是邊際效用遞減法則，誘導產品供給
最原始的法則是邊際報酬遞減法則，這兩個法則是完全相似的。只是
一個用在產品消費的分析上，另一個用在產品生產的分析上而已。此
外，消費者的均衡是最大滿足的均衡，生產者的均衡是最低成本的均
衡，這兩個均衡也是完全相似的，只是前者的目的是最大滿足，後者
的目的是最低成本，最低成本是廠商獲致最大利潤的前提，故兩者亦

是完全相似的。產品需求與產品供給的推理過程，其中唯一不同的地方是產品供給多一個廠商面對的需求線及一個廠商的均衡而已，這是因為廠商要同時面對生產與銷售兩個問題，而消費者只要面對產品選擇一個問題之故。其餘有關個別需求與市場需求的導出以及個別供給與市場供給的導出，其過程亦是完全相似的，只是其結果的形式有些是相似但相反而已。

尤有進者，要素供需的推理過程與產品供需的推理過程亦是相似但相反的。誘導產品需求最原始的法則是邊際效用遞減法則，而誘導要素需求最原始的法則則是邊際報酬遞減法則，因前者與消費有關，而後者則與生產有關也。誘導產品供給最原始的法則是邊際報酬遞減法則，而誘導要素供給最原始的法則則是邊際效用遞減法則，因前者與生產有關，而後者則與消費者的行為間接有關也。除此而外，其餘的部分均可比照產品供需的推理過程加以瞭解，不再重複說明。

綜合以上所述，可知整個個體經濟學的演繹體系，從橫的方向來看（前面的系統圖是縱的方向），各個項目的關係多數是相似的，部分是相反的；從縱的方向來看（前面的系統圖是橫的方向），各個項目都是由最原始的法則開始逐步推得最後所需要的結果。讀者如果能把這兩個方向的關係弄清楚，即能對個體經濟學有深入的瞭解。

第二、各種不同結構的市場，其推理體系就整體而言是大體相似的，但在細節上尤其是與廠商均衡有關的部分則稍有不同。四種市場中，以完全競爭市場的推理體系最為簡明而確定，此因完全競爭市場的買方所面對的產品供給線或要素供給線、以及賣方所面對的產品需求線或要素需求線均為水平線之故。如此消費者才有確定的產品需求線及確定的要素供給線，生產者才有確定的產品供給線及確定的要素需求線；最後不論是產品市場或是要素市場才有確定的市場需求曲線及確定的市場供給曲線。此外，完全競爭市場還有一個重要的特質，即在其他條件不變的情況下，完全競爭市場的經濟效率最高。由於完全競爭市場有這許多特質與優點，因此以完全競爭為基礎所建立的一

套模型成為經濟學中最基本及最標準的模型，其他市場結構下的模型均以此最基本的模型為基礎加以修正而得。比較的時候也是如此，均與此最基本的模型進行比較，判斷其優劣，並從而釐訂有關對策。

　　第三、不論是產品或是要素，亦不論是需求或是供給，其推理過程中每有一個環節，即有一個均衡。就產品的需求而言，各個消費者必須通過「消費者的均衡」，如此始能在有限的所得下獲得最大的滿足。根據此均衡當某一產品價格或需求量發生變化時即可導出消費者的個別需求曲線，予以水平相加即得該產品的市場需求曲線。至於產品的供給，各個廠商首先須通過「生產者的均衡」，以求在固定生產規模下使生產成本為最低。然後再通過「廠商的均衡」，以求在最低成本的前提下獲得最大的利潤。根據這兩個均衡當市場價格發生變化時即可導出廠商的個別供給曲線，予以水平相加即得該產品的市場供給曲線。最後市場需求曲線與市場供給曲線會合決定該產品的價格及交易量，此即為「產品市場的均衡」。

　　要素市場的情況亦是如此，只不過很多地方是相似但相反的。就要素的需求而言，各個廠商必須通過「廠商的最大利潤均衡」，最大利潤均衡由「生產者均衡」的顛倒式與「廠商均衡」結合而得。根據此均衡當某一要素的雇用量發生變化時即可導出廠商對該要素的個別需求曲線，予以水平相加即得該要素的市場需求曲線。至於要素的供給，各個要素提供者必須通過「要素提供者的均衡」，如此始能在某種限制下獲得最大的滿足。根據此均衡當某一要素的報酬率發生變化時即可導出要素提供者的個別供給曲線，予以水平相加即得該要素的市場供給曲線。最後市場需求曲線與市場供給曲線會合決定該要素的價格及交易量，此即為「要素市場的均衡」。

　　以上所述者為完全競爭市場的情況，如果市場結構不為完全競爭，則廠商無產品的供給線或要素的需求線。在此情況下，獨占廠商以「廠商均衡」即 $MR = MC$ 代替「產品市場的均衡」；獨買廠商以「最大利潤雇用量均衡」即 $MRP = MFC$ 代替「要素市場的均

衡」。至於其他兩種結構的市場即獨占性競爭市場與寡占市場,「廠商均衡」即 $MR = MC$ 只能決定個別廠商的生產量,「最大利潤雇用量均衡」即 $MRP = MC$ 只能決定個別廠商的要素雇用量。至於市場需求曲線及市場供給曲線通常均無確定的形式,只能約略地決定該類產品的總銷售量及價格或該類要素的總雇用量及價格。

綜合以上所述,可知個體經濟學的推理體系是一連串的均衡連接起來的,其所以如此,是因為經濟社會的內在情勢是矛盾統一的,不但整體是如此,同時局部也是如此。試想如果不是這樣,不但經濟學建立不起來,同時經濟社會中沒有最適情況的存在,更遑論止於至善達於經濟目標。由此可知,整個宇宙現象都是相生相剋的,不但有因果的傳承,同時還能在矛盾的情勢之下達於統一。這樣宇宙才有規律,同時學問亦才能產生。

二、均衡的由來及種類

由上一節的說明知,個體經濟學的推理體系中隨處都可以看到「均衡」,這些均衡由何而來,其性狀如何,有何層次與系統,是有詳加探討的必要,如此才能對個體經濟學有更深一層的瞭解。茲逐步說明如下:

1. 均衡的由來 由第一章的說明知經濟社會的內在情勢是矛盾統一的,資源有限與慾望無窮使人與人之間產生矛盾,邊際效用遞減與邊際報酬遞減使買賣雙方均願意讓步,而人類的理性行為則是在矛盾的情勢之下自願讓步而達於均衡的原動力。在市場周流中幾乎處處都存在著矛盾統一的情勢,因此在個體經濟學中亦幾乎處處都有均衡條件的介入,而使整個模型成為一個環環相扣處處最適的模型。為什麼在市場周流中幾乎處處都存在著矛盾統一的情勢呢?其根本原因當然是資源有限與慾望無窮,以及邊際效用遞減與邊際報酬遞減,其助長因素則是分工與交換,在現代化的經濟社會中由於分工細密因而交換

頻繁，因此隨時隨地都有矛盾統一的情勢發生。

　　2. 均衡的導出　　均衡導出的方式隨均衡層次的高低而有所不同。就產品市場而言，在需求方面其最基本的均衡為「消費者的均衡」。如果消費者的所得不是有限而是無限的，則消費者對每種產品均消費至邊際效用等於 0 為止，無所謂均衡。又如果邊際效用不是遞減而是遞增的，則在所得的限制下選擇一種或數種總效用為最大的產品消費即可，亦無所謂均衡。由此可知，消費者均衡成立的必要條件為所得有限，充分條件為邊際效用遞減。根據這兩個條件，當滿足程度成為極大時即可導出消費者均衡的條件，其結果為「對任何產品而言，最後一塊錢消費所獲得的邊際效用皆相等，且等於貨幣的邊際效用時，可在所得的限制下給予消費者最大滿足」。欲在受限的情況下求極大，其條件式的獲得有兩種方法，一種是用微積分中求極大的方法，此法在數理經濟學中有詳細的說明；另一種是圖解法，亦即所謂的無異曲線分析法；該兩種方法是兩種形異實同的方法。本書所採用的均為圖解法，因其較為簡明易解；至於微分法可參閱有關數理經濟學的專著，與圖解法相互對照，亦不難理解也。就圖解法而言，無異曲線的位置代表滿足程度的高低，其形狀表面上是代表兩種產品邊際替代率的變化，骨子裏是代表物品消費邊際效用遞減的情勢。預算線的位置代表所得水準的高低，斜率代表兩種產品價格的比例。預算線與距離原點最遠而可能接觸的無異曲線相切，切點處無異曲線的邊際替代率等於預算線的斜率，即 $MRS = MU_X/MU_Y = P_X/P_Y$，或 $MU_X/P_X = MU_Y/P_Y$，此即為消費者的均衡。相切無異曲線所代表的效用，即為在所得限制下所能獲得的最大效用。

　　在產品供給方面，其最基本的均衡為「生產者的均衡」，其導出方式與消費者的均衡完全相似，僅將無異曲線換成等量曲線、預算線換成等成本線即可，其結果為 $MP_X/P_X = MP_Y/P_Y$。等量曲線的位置代表產量的多寡，其形狀表面上是代表兩種要素邊際技術替代率的變化，骨子裏是代表產品生產邊際報酬遞減的情勢。等成本線的位置

代表總成本的高低，斜率代表兩種要素價格的比例。等成本線與距離原點最遠而可能接觸的等量曲線相切，切點所代表的均衡即為在某一總成本下生產者的均衡，可在該總成本下使產量為最高；反言之，即在某一產量下使總成本為最低。同樣情形，生產者均衡成立的必要條件是總成本為某一固定水準，充分條件是邊際報酬遞減法則，兩者缺一不可。

　　為能進一步導出「廠商的均衡」，即 $MR = MC$，必須有 MC 曲線，MC 曲線由 TC 曲線導出。為能導出 TC 曲線，勢必須先定出不同水準的總成本，然後根據生產者的均衡決定各個總成本下的最適產量，如此即得廠商的最低總成本曲線。MR 曲線由 AR 曲線導出，而 AR 曲線即為廠商所面對的產品需求線。MR 曲線與 MC 曲線的交點，亦即 $MR = MC$ 即為廠商的均衡，可在固定生產規模下給予廠商最大利潤或負擔最小損失。當 $MR = MC$ 時給予廠商最大利潤或負擔最小損失，此一論點是根據三段論法論證而得，其主要依據是邊際報酬遞減法則。

　　根據消費者的均衡可導出產品的個別需求曲線，予以水平相加即得市場的需求曲線。根據廠商均衡可導出產品的個別供給曲線，予以水平相加即得市場的供給曲線。最後市場需求曲線與市場供給曲線會合，其交點即為產品市場的均衡，在均衡價格下，買方願意購買的數量正好等於賣方願意出售的數量。在此情況下，消費者可在有限的所得下獲得最大的滿足，生產者可在生產規模的限制下獲得最大的利潤或負擔最小的損失。

　　以上所述者為產品市場的各項均衡，要素市場的各項均衡與產品市場者可說完全相似，只是有些地方是相似但相反的，讀者可試自推論之。獲得各種產品及各種要素的市場均衡以後，即可進一步討論整個經濟體系的全面均衡。一種產品的生產可能需要好幾種生產要素，同樣情形，一種要素可用以生產好幾種產品，因此各種產品與各種要素的市場是糾纏在一起的，相互影響，相互決定，牽一髮而動全身。

同樣理由，不論是生產或是消費，亦不論是產品或是要素，其相互間關係都是矛盾統一的，經過調整、回饋以及再調整、再回饋以後，最後達於全面均衡。全面均衡包含三個層面，即「所有消費者對產品選擇的全面均衡」、「所有生產者對要素配置的全面均衡」以及「所有產品產出水準的全面均衡」。在完全競爭市場下，對任何兩種產品而言，若所有消費者的邊際替代率均相等，且等於該兩產品的價格之比時，則各個消費者均可在其所得限制下獲得最大的滿足。此即所有消費者對產品選擇的全面均衡，此均衡由個別消費者的均衡引伸擴大而來，涵蓋所有的消費者及所有的產品在內。在完全競爭市場下，對任何兩種要素而言，若所有生產者的邊際技術替代率均相等，且等於該兩要素的價格之比時，則各個生產者均可在其生產規模的限制下獲得最大的利潤。此即所有生產者對要素配置的全面均衡，此均衡由個別生產者的均衡引伸擴大而來，涵蓋所有的生產者及所有的要素在內。在完全競爭市場下，若各種產品的產出均分別達於其邊際成本等於產品價格之一點，則整個社會的資源分派效率最高，可在有限的資源之下使整個社會獲得最大的滿足。此即所有產品產出水準的全面均衡，此均衡由個別廠商的均衡引伸擴大而來，涵蓋所有的廠商及所有的產品在內。以上所述者為完全競爭市場下整個經濟體系的全面均衡，如果市場結構不是完全競爭，則其情況即有所不同，但其基本架構及原理則仍是一致的。

　　3. 均衡的層次　　由上面的說明知，在個體經濟學的演繹體系中含有多種不同的均衡，這些均衡中有的是初步的，有的是進一步的；有的是局部的，有的是全面的。一般說來，凡是先出現的多為局部的均衡，後出現的多為範圍較廣的均衡。茲按其出現的先後及涉及範圍的大小，將這些均衡分為四類，順次為「替代性選擇均衡」、「最大利潤均衡」、「市場均衡」及「全面均衡」。茲分別說明如下：

　　　　替代性選擇均衡至少有四種，即「產品消費最適組合均衡」、「要素投入最適配置均衡」、「休閒所得最適組合均衡」及「跨期消

費最適組合均衡」。產品消費最適組合均衡就是消費者的均衡；要素投入最適配置均衡就是生產者的均衡；而休閒所得最適組合均衡及跨期消費最適組合均衡則是消費者均衡的兩種應用，只要將休閒與所得及將當期消費與後期消費分別視為兩種商品即可。這四種均衡有一個共通的特點，就是當事人均面臨選擇，選擇最適當的產品組合進行消費，以期在所得的限制下獲得最大的滿足；選擇最適當的要素配置進行生產，以期在生產規模的限制下負擔最低的成本；選擇最適當的休閒所得組合進行作息，以期在一天二十四小時的限制下獲得最大的滿足；選擇最適當的跨期消費組合進行借貸，以期在終身預算的限制下獲得最大的滿足。由此可知在經濟社會中，一個人只要有所限制，為獲得最大的經濟利益，必須進行選擇，因此有人稱經濟學為「選擇的科學」，其原因即在此。同時由此可知，產生選擇問題的必要條件是資源有限，充分條件是邊際效用遞減或邊際報酬遞減，而人類的理性行為則是進行選擇的原動力。替代性選擇均衡的分析方法是無異曲線分析法，因為在矛盾統一的情勢之下所選擇的結果很少是單一產品或是單一要素，而是多種產品或是多種要素的配置，無異曲線能將不同的產品或不同的要素組合起來以便進行選擇，故替代性選擇均衡的分析方法必須是無異曲線分析法。在完全競爭市場下，產品或要素組合是否適當的指標是該兩產品或該兩要素的相對價格，相對價格的高低必須等於兩產品邊際效用之比或兩要素邊際產量之比，才能給予消費者最大滿足或帶給廠商最低成本。

最大利潤均衡一般說來就是廠商均衡，廠商均衡涉及兩方面，即成本面與收益面。為使廠商獲得最大利潤，則成本必須是最低成本，收益必須是最高收益。欲使成本為最低，勢必須通過生產者的均衡；欲使收益為最高，勢必須間接通過消費者的均衡。故知最大利潤均衡是以替代性選擇均衡為前提，而為一種高一層次的均衡。就完全競爭廠商而言，其最基本的最大利潤均衡即是最適產量的均衡，即 $P=MR=MC$，亦即一般所謂的廠商均衡。另一個最大利潤均衡即是最

個體經濟學中的各類均衡與分析方法

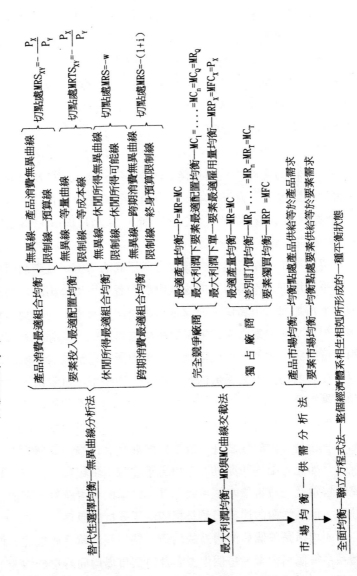

大利潤下要素雇用量的均衡（亦即要素購用者的均衡），即 $MC_1 =$
$MC_2 = \cdots = MC_n = MC_Q = MR_Q$；由此得最大利潤下單一要素最適雇
用量的均衡，即 $MRP_X = MFC_X = P_X$。就獨占廠商而言，其最基本的
最大利潤均衡亦為其最適產量均衡，即 $MR = MC$。如果獨占廠商能
實施差別訂價，則其最大利潤均衡即擴充為 $MR_1 = MR_2 = \cdots = MR_n$
$= MR_T = MC_T$。至於要素的獨買廠商，最大利潤下單一要素最適雇
用量的均衡為 $MRP = MFC$。綜合以上所述可看出，各種最大利潤
均衡的形式不為 $MR = MC$，即為 $MRP = MFC$。MR 與 MC 為以產
品為準所求得的邊際收益與邊際成本，MRP 與 MFC 為以要素為準
所求得的邊際收益與邊際成本，兩方的性質是完全相似的。故知最大
利潤均衡就是 $MR = MC$ 形式的均衡，由 MR 與 MC' 或 MRP 與
MFC 兩條曲線交截而得。

市場均衡是由市場供需曲線會合所形成的均衡。就產品而言，在
完全競爭市場下，市場需求曲線是由消費者均衡所導出的個別需求曲
線的水平相加和，市場供給曲線是由廠商均衡所導出的個別供給曲線
的水平相加和。要素市場的需求曲線與供給曲線，其導出方式與產品
市場者可謂完全相似。由此可知，市場均衡是比消費者均衡及廠商均
衡更高一層的均衡，其涵蓋的範圍更廣。同時由此可看出，市場均衡
用的是供需分析法，經由市場供給曲線及市場需求曲線的交會而達成
的。其他結構的市場，個別廠商雖無確定的產品供給線，但各廠商的
產品具有相當程度的代替性，故隱約間亦具有市場供給曲線；需求的
情況亦是如此，隱約間亦具有市場需求曲線；兩相會合決定該類產品
的總銷售量及一般售價水準。故知其他結構的市場雖無明確的市場供
需曲線，但其均衡的達成仍然是根據供需分析的原理。

全面均衡是整個經濟體系的均衡。整個經濟體系如果達於均衡，
則體系中每個消費者、每個生產者及每個市場均同時達於均衡，故知
全面均衡是最上層的均衡，其涵蓋的範圍最廣，及於經濟體系的全
部。生產一種產品可能使用一種以上的生產要素，反之，一種生產要

素也可能生產一種以上的產品，因此各種產品與各種要素的關係是糾
纏在一起的，無法分開。在此情況下，必須用聯立方程式的方法，才
能把這種盤根錯結的關係表現出來，故知全面均衡是一種聯立方程式
型式的均衡，牽一髮而動全身。

　　綜合以上所述，可知經濟體系中每有一個環節即有一個均衡，而
這些均衡都是環環相扣的，由局部均衡擴展到全面均衡，由下層均衡
攀升到上層均衡，其所以如此，是因為矛盾統一的情勢在經濟社會中
可謂無所不在也。此外，正由於經濟體系中處處都有均衡，所以在正
常情況下經濟體系能維持一個均衡的狀態，雖然有某些因素會打破均
衡，如果這些因素的影響不是很大，則過一段時間即又可回復到原來
的均衡，或者是移到另外一個均衡。就如同一湖潭水一樣，丟下一塊
石子以後會引起波瀾，但不久又歸於平靜，因自然中有一種力量會使
其回復平靜也。經濟社會的情況亦是如此，在正常情況下矛盾統一的
情勢會使其維持均衡。

4. 均衡的特質　均衡與一般所謂的好壞不同，好壞通常是單方面
的，而均衡則是妥協下的產物，是屬相對的。好壞只有一個極端點，
不達於此點即不是最好或是最壞；而均衡則只有最適點，沒有極端
點。所謂最適點是權衡得失以後所採取的一個最妥適的點，過猶不及
均非所宜。其原因為在矛盾統一的情勢之下，任何一方如果一意孤
行，必將引起對方的反擊甚或自亂陣腳，使其反而不利。因此最適當
的方式是雙方都能權衡得失，互相讓步，最後達於一個雙方都認為滿
意的結果，此即所謂的均衡。例如產品市場的均衡，如果市價低於均
衡價格，則將引起求過於供，買方競購的結果乃促使價格上升，此時
對買方即反而不利。反之，如果市價高於均衡價格，則將引起供過於
求，賣方競售的結果乃迫使價格下降，此時對賣方即反而不利。只有
當市價等於均衡價格時亦即當供需達於均衡時，買賣雙方在權衡得失
之下均認為最有利。由此可知，均衡是妥協下的產物，只有最適，沒
有絕對的好壞。至於為什麼雙方都願意妥協呢？除去資源有限與慾望

無窮的形勢以外，最主要的是邊際效用遞減與邊際報酬遞減。對消費者而言，邊際效用遞減一方面使消費者處於不利的地位，因為消費愈多邊際效用愈低；另一方面也使消費者處於有利的地位，因為只有價格低的時候才願意多消費，如此即能剋制對方。邊際報酬遞減的情形也是一樣，使生產者同時處於有利及不利的地位。由此可知，天下的事情都是一樣，沒有絕對有利的，也沒有絕對有害的，善用其優點，避免其缺點，此乃處理一切事務的基本道理。

由上述可知，均衡是妥協的結果，只有最適點，沒有極端點。就好像二次拋物線一樣，如為最大滿足，其最適點即為上凸拋物線的頂點；如為最小犧牲，其最適點即為下凹拋物線的底點。只有頂點與底點是最適當的，過猶不及均非所宜。因為均衡具有這樣的性質，所以均衡分析擁有兩種特殊的內涵，其一為均衡條件的論證可用三段論法進行，即未達均衡點時欠妥，超過均衡點時亦欠妥，所以達於均衡點時最適當。不但消費者的均衡可以用這種方法加以論證，同時其他各種均衡亦均可以用這種方法加以論證，因各種均衡其形式雖不同，但性質則是完全相似的。另一為未達均衡點時對雙方都不利，達於均衡點時對雙方都有利，因此在達於全面均衡的過程中，可以使某些人有利，而對另一些人並無不利，這是經濟效率可以用柏雷托最適境界加以衡量的原因。如果不是均衡有這種性質，則柏雷托最適境界即無實際意義。由此可知，經濟學中之所以有某些特殊的關節或準則，必有其原因，讀者必須將這些原因弄清楚，才能對經濟學有徹底的瞭解。

三、經濟效率與經濟公平

1. 經濟效率的探討　以上所討論的是如何為實際現象建立一個模型，同時探討這個模型是如何環環相扣由簡而繁連貫起來的。現在則進一步探討這個模型所代表的經濟體系是否能達於經濟效率，果爾，即能在有限的資源之下使社會大眾獲得最大的滿足。由第十一章的說

明知，如果市場結構為完全競爭，同時私人成本或利益等於社會成本或利益，則在價格機能的充分運作下，達於全面均衡的同時，亦達於柏雷托最適境界的經濟效率。由此可知，達於經濟效率的先決條件有三個，即完全競爭市場、無經濟外部性及價格機能充分運作。茲分別說明如下：

在完全競爭市場下，廠商所面對的產品需求線為水平線，如此其 AR 曲線及 MR 曲線均為同一條水平線，同時其高度即等於市場價格。在此情況下，廠商的均衡為 $P=MR=MC$，亦即 $P=MC$，意指廠商的生產達於邊際成本等於市場價格之一點為止，如此消費者可獲得最大的消費者剩餘，因而經濟效率較高。其他市場結構下的廠商因其面對的產品需求線不為水平線，MR 曲線低於 AR 曲線，為獲得最大利潤，廠商必定限制其生產，其結果市場價格高於邊際成本，消費者失去部分消費者剩餘，因而使經濟效率降低。尤有進者，在完全競爭市場下，由於廠商可自由進出產業，同時其所面對的產品需求線為水平線，因此在長期間內廠商多在其 LAC 曲線最低點處進行生產，因而其經濟效率較高。反觀其他市場結構下的廠商，由於進出產業困難，同時其所面對的產品需求線不為水平線，因此無論長期或短期均不在其 LAC 或 AC 曲線最低點處進行生產，因而其經濟效率較低。綜合以上所述可知，無論就生產面或消費面而言，完全競爭市場的經濟效率均較其他結構的市場為高。

由第十二章的說明知，一種產業如果有外部經濟，其收益低於其應享有的利益，如此 AR 曲線降低，MR 曲線亦隨之降低，其結果將引起生產不足，因而降低經濟效率。反之，一種產業如果有外部不經濟，其成本低於其應負擔的成本，如此 AC、AVC 及 MC 曲線均行降低，其結果將引起生產過多，亦因而降低經濟效率。由此可知，當私人成本或利益不等於社會成本或利益時，均將偏離最適產量，而使整個社會的經濟效率降低。

一個經濟社會中如果有某些障礙，使得價格機能不能充分發揮，

則亦影響經濟效率的達成。例如一種產品的產銷管道不暢通或是管道中存有中間剝削等情事，則生產者因不能獲得合理的收益，乃不願意多生產；消費者因為負擔太重，亦不願意多消費；如此均將影響經濟效率。又例如一個國家或社會因為某種原因實施配給制度，消費者不能按照其意願及能力獲得其所需要的產品及適當的數量，則經濟效率亦行降低。此外，在經濟社會中有許多利益團體，為獲得非份的利得乃相互勾結，使價格機能不能充分發揮，如此亦影響經濟效率。由此可知，經濟社會中只要有任何原因阻礙價格機能充分發揮，即可導致經濟效率的降低。

　　如果市場結構為完全競爭、私人成本或利益等於社會成本或利益、以及價格機能能充分發揮，則在達於全面均衡之際，必將同時達於下列三個層面的均衡，即所有消費者對產品選擇的全面均衡、所有生產者對要素配置的全面均衡、及所有產品產出水準的全面均衡。一個經濟社會如果同時達於這三個均衡，則在有限的資源之下，所生產的產品其種類及數量均最適當，而使社會大眾獲得最大的滿足，此時資源的利用效率最高；在長期間內，所有廠商均在其最低 LAC 曲線的最低點處進行生產，此時產品的生產效率最高；各個消費者就其本身而言對任何一種產品最後一塊錢消費所獲得的邊際效用皆相等，如此各個消費者均可分別在其所得限制下獲得最大的滿足，此時產品的分派效率最高。一個經濟社會如果資源的利用效率、產品的生產效率及產品的分派效率均為最高，則此社會的經濟效率最高。又經濟效率通常是在全面均衡狀態下探討的，由上一節的說明知均衡點為一個最適點，過猶不及均非所宜，因此在上述三個先決條件下，達於全面均衡的同時必可達於柏雷托最適境界的經濟效率，亦即可以使得某些人得到好處，而對另一些人並無不利。

　　一個經濟社會是否達於經濟效率，可以根據上述三個層面的均衡條件來加以衡量，至其多寡則必須根據消費者剩餘及生產者剩餘的大小來加以衡量。如果產品的分派效率最高，則在其他條件不變的情況

下，消費者獲得最多的消費者剩餘；如果產品的生產效率最高，則在其他條件不變的情況下，生產者獲得最多的生產者剩餘；如果資源的利用效率最高，則在其他條件不變的情況下，生產者與消費者均可同時獲得最多的剩餘。

2. 經濟公平的探討　生產成果的分配主要有三種理論，即「各取所值」、「各取所需」與「各取等份」。各取所值是純資本主義社會中的分配制度，其優點是可誘使每個人努力工作，缺點是將導致分配不均，因此各取所值的結果是「富而不均」。各取所需是社會主義國家的理想，如果真能做到這一點，則生產成果的分配可說是非常的公平。然而人是好逸惡勞的，各取所需人人願意，各盡所能則不是每個人都願意的，因此各取所需的結果毫無疑問的將導致「均而不富」。各取所需是一種空想，比較可行的是各取等份，各取等份表面上看起來好像很公平，但實際上是更不公平，因其不能符合每個人的需要也。同樣情形，各取等份亦缺乏生產誘因，其結果這個社會將是「真貧假均」。為能同時兼顧富與均，資本主義國家所採取的方式是「先富後均」，即政府在事後採取徵稅與興辦社會福利事業的方式以使生產成果的分配不致太過懸殊。社會主義國家所採取的方式是「先均後富」，即每個人先取等份，然後對努力工作的人給予物質獎勵，以提高生產效率。由此可知，純資本主義與純社會主義（亦即共產主義）是兩個極端，為能同時兼顧富與均，則兩者均必須加以修正，其結果前者稱為準資本主義，後者稱為社會主義。由此可知，任何事情都不能走極端，中庸之道雖無極端之利，但亦無極端之害。

摘　要

個體經濟學總論

個　體　經　濟　學　的　三　大　系　統	
三大系統	(1)推理系統——即產品與要素的供需與價格決定的系統。
	(2)均衡系統——即各階段的局部均衡與最後的全面均衡系統。
	(3)求善系統——即經濟效率與經濟公平問題的產生與解決的系統。

個　體　經　濟　學　的　推　理　系　統		
產品市場	需求	邊際效用遞減法則 → 消費者均衡 → 加上所得限制 → 當產品價格變化時 → 導出個別需求曲線 → 水平相加得市場需求曲線
	供給	邊際報酬遞減法則 → 生產者均衡 → 成本曲線 → 加上廠商面對需求線 → 通過廠商均衡 → 導出短期個別供給曲線 → 水平相加得市場供給曲線（此為完全競爭市場短期的情況）
	比較	需求與供給的誘導過程甚為相似，僅供給的誘導過程中間多一段；成本曲線將自因變數互換，使未來之供給線具有正斜率；廠商均衡是因為生產者須面對產銷兩方面的約束。
	均衡	市場供給線與市場需求線相交，決定價格及交易量。
要素市場（勞動）	需求	邊際報酬遞減法則 → 生產者均衡 → 將生產者均衡顛倒與廠商均衡結合形成要素購用者均衡 → 邊際生產收益線 → 加上廠商面對供給線 → 導出個別需求線 → 水平相加得市場需求線
	供給	邊際效用遞減法則 → 要素提供者均衡 → 加上收益能力的限制 → 當要素價格變化時 → 導出個別供給線 → 水平相加得市場供給線
	比較	需求與供給的誘導過程甚為相似，僅需求的誘導過程中間多一段；生產者均衡的顛倒使未來之需求線具有負斜率；與廠商均衡結合是因生產者須面對產銷兩方面的約束。
	均衡	市場需求線與市場供給線相交決定價格及交易量。
兩種市場的比較		產品市場的供需曲線與要素市場的供需曲線，其誘導過程相似但相反，因兩市場供需的主體即生產者與消費者的角色在兩市場中是完全相反的。
要　　旨		個體經濟學的推理系統是完全配合市場周流的。不論是產品市場或是要素市場，其需求與供給的導出均是由邊際效用遞減法則或是邊際報酬遞減法則開始，然後加上有關限制條件導出均衡條件，然後再假定價格變化導出供需曲線。其過程就性質而言包括矛盾、讓步及統一等機制，就方法而言是逐步將有關項目加以綜合得出簡要的結果。

個 體 經 濟 學 的 均 衡 系 統	
均衡的由來與特質	(1)由來——均衡由經濟現象相生相剋矛盾統一的情勢而來。 (2)要件——受限、遞減（即遞減法則）及求適（即求極大或極小）。 (3)特質——過猶不及均非最佳（應用三段論法論證）。 (4)方法——誘導或顯示任何均衡的方法均必須能包含受限、遞減及求適三個要件的成分在內。
均衡層次	(1)替代性選擇均衡——每一塊錢支出所獲邊際利益皆相等。 (2)最大利潤均衡——邊際收益等於邊際成本。 (3)市場均衡——供給線與需求線的交點。 (4)全面均衡——聯立方程式約束下的均衡。 後面的均衡順次以前面的均衡為前提。
替代性選擇均衡	(1)意義——每一塊錢支出所獲邊際利益皆相等。 (2)種類——消費者均衡、生產者均衡、要素提供者均衡。 (3)方法——限制線代表限制，無異曲線（包括等量曲線）代表遞減，兩者相切代表求適，切點代表均衡。
最大利潤均衡	(1)意義——邊際收益等於邊際成本。 (2)種類——廠商均衡、要素購用者均衡、差別訂價均衡。 (3)方法——MR代表限制，MC代表遞減，$MR=MC$代表求適與均衡。 (4)特質——此類均衡與生產者有關，廠商要同時面對產銷兩面。
市場均衡	(1)意義——市場供給線與市場需求線的交點。 (2)種類——產品市場的均衡、要素市場的均衡。 (3)方法——需求線的位置同時代表受限與求適，斜率代表遞減；供給線的情形亦是如此。
全面均衡	(1)意義——聯立方程式約束下的均衡。 (2)種類——全面均衡。 (3)方法——方程式代表受限，聯立方程式代表受限與求適，聯立方程式的解通常只有一組，只能表示遞減中的某一特定值。
要　　旨	(1)所有均衡直接間接均與邊際值有關，邊際值成為是否有利的指標，其所以如此與前述受限、遞減及求適有關，特別與遞減亦即邊際效用與邊際報酬遞減有關。 (2)均衡就單方面而言是先求最適，最適的軌跡就是供需曲線（包括MR及MC曲線），最後兩相會合求均衡。

個 體 經 濟 學 的 求 善 系 統		
內　　涵		與個體經濟有關的經濟目標有兩個，即經濟效率與經濟公平。
經濟效率	意義	在既有資源及生產技術下生產最多而為社會所需要的產品。
	理想狀況	條件——(1)完全競爭市場結構，(2)私人成本與利益等於社會成本與利益，(3)價格機能充分運作。 結果——達於全面均衡的同時，亦達於柏雷托最適境界。 全面均衡的內涵——可分割為三個層面： 　(1)消費者對產品選擇的全面均衡——所有消費者的邊際替代率均相等，且等於兩產品價格之比。 　(2)資源在產業內分派的全面均衡——所有生產者的邊際技術替代率均相等，且等於兩要素價格之比。 　(3)資源在產業間分派的全面均衡——任何產品的生產均達於邊際成本等於產品價格之一點。
	柏雷托適境界最	(1)柏雷托境界是指對某些人有利，對另一些人並無不利。 (2)柏雷托最適境界是指在不損害任何人既得利益的前提下，不論資源如何分派也無法使某些人獲得更多利益的情況。
	阻礙經濟效率的因素	(1)市場結構不為完全競爭——獨占廠商以量制價使售價高於其邊際成本，降低經濟福利。其他勾結行為亦是如此。 (2)私人成本與利益不等於社會成本與利益——產生外部經濟者生產過少，產生外部不經濟者生產過多，降低經濟福利。 (3)市場機能不能充分運作——阻礙經濟效率的達成。
經濟公平	意義	生產成果在社會大眾之間作合理的分配。
	分配方式	(1)各取所值——資本主義社會的分配方式，貢獻多，分得多，其結果使社會「富而不均」。 (2)各取所需——共產主義社會的理想分配方式，只顧需要，不顧貢獻，其結果使社會「均而不富」。 (3)各取等份——共產主義社會的實際分配方式，既不顧貢獻，又不顧需要，其結果使社會「真貧假均」。
	改進方式	(1)資本主義的修正——採取事先求富、事後求均的方式，其目的在「富中求均」。形成不同程度的準資本主義。 (2)共產主義的修正——採取給予物質獎勵、經濟決策權及財產權的方式，其目的在「均中求富」。形成不同程度的社會主義。

問 題

1. 個體經濟學含有那三個系統？為何有此三個系統？

2. 就產品的需求而言，在完全競爭市場下，如何由邊際效用遞減法則開始逐步導出消費者均衡、個別需求曲線及市場需求曲線？試用文字加以説明。

3. 就產品的供給而言，在完全競爭市場下，如何由邊際報酬遞減法則開始逐步導出生產者均衡及成本曲線，再與廠商所面對的產品需求線會合逐步導出廠商均衡、個別供給曲線及市場供給曲線？試用文字加以説明。

4. 在完全競爭市場下，產品需求與產品供給的推理過程有何相似與相異之點？其原因何在？

5. 如果市場結構不為完全競爭，則產品供給的演繹體系如何？並與完全競爭市場的演繹體系加以比較，指出其差異之處及原因何在。

6. 就要素的需求而言，在完全競爭市場下，如何由邊際報酬遞減法則開始逐步導出生產者的均衡、廠商均衡、最大利潤要素雇用量均衡、個別需求曲線及市場需求曲線？試用文字加以説明。

7. 就要素的供給而言，在完全競爭市場下，如何由邊際效用遞減法則開始逐步導出要素提供者的均衡、個別供給曲線及市場供給曲線？試用文字加以説明。

8. 在完全競爭市場下，要素需求與要素供給的推理過程有何相似與相異之點？其原因何在？

9. 如果要素市場為獨買市場，則要素需求的推理體系如何？與完全競爭市場者有何不同？其原因何在？

10. 在完全競爭市場下，產品市場與要素市場的推理體系有何相似與相異之點？並説明其原因。

11. 個體經濟學中所含的均衡條件按其性質可分為那幾類？各類均衡有何特質並用何種方法加以分析？何故？

12. 均衡由何而來？其與一般所謂的好壞有何不同？因而有何特殊的性質？

13. 達於全面均衡之際如果要同時達於柏雷托最適境界的經濟效率，必須要滿足那三個條件？何故？

14. 為什麼柏雷托最適境界是一種測量經濟效率實際可行的標準？

15. 經濟效率的大小一般是用何種方式或標準加以測量？何故？

16. 全面均衡可分割為那三個層面的均衡？各個層面的全面均衡可達於何種經濟

　效率？何故？

17.生產成果的分配有那幾種理論？各適用於何種經濟社會？其後果如何？

18.各種分配制度如何加以改進？其後果如何？

第 陸 篇

總體經濟與國民所得

個體經濟學是以個別產品或個別要素為研究對象的，最後雖然有全面均衡將各種產品及各種要素的分析結果綜合起來，但仍然很難看出整個經濟體系的運作情形，特別是與總體經濟有關的兩個重要項目即一般物價水準與就業水準究竟是如何決定的。因此在個體經濟學介紹完畢以後，仍有必要對總體經濟問題作進一步的探討，其目的在為總體經濟建立一套理論架構，如此整個經濟學的體系才算完整。總體經濟學與個體經濟學一樣，一開始先介紹總體經濟學的意義與內涵，其目的在使讀者在正式進入總體經濟問題的探討以前，先對總體經濟的內涵有一個概略的認識，以便未來能夠登堂入室接受比較複雜的總體經濟理論，凡此均為下一章亦即第十四章的主要內容。此外，總體經濟學是建立在國民所得周流的基礎上，因此在正式進入總體經濟理論的探討以前，必須先對國民所得的內涵有所瞭解。基於此一要求，於是緊接著在第十五章中率先介紹國民所得的衡量，其目的一方面在瞭解各種國民所得是如何求算而得的，同時另一方面在由國民所得的內涵及其求算過程亦可對總體經濟的內涵及運作有相當程度的瞭解。

第十四章

總體經濟學的意義與內涵

一、國民所得周流的內涵與特質

1. 總體經濟研究的必要 個體經濟學研究的對象為市場周流，市易周流中有兩種市場，即產品市場與要素市場，每種產品及每種要素均先分別達於市場均衡，然後加以彙總，經過調整回饋最後達於全面均衡。此一過程含有兩項缺失，第一、個體經濟學所呈現的均衡是一種分段式的均衡，逐步由局部均衡達於全面均衡，達於全面均衡時，各個局部均衡均必須隨之調整，否則不能配合。事實上整個經濟體系是整體的，全面均衡與局部均衡是同時達成的，因此根據個體經濟學無法瞭解整個經濟體系的全面均衡到底是如何達成的。第二、個體經濟學的重點在說明各種產品及各種要素的價格及交易量是如何決定的，最後的全面均衡亦只說明了達於全面均衡的同時各種產品的產量及各種要素的用量應如何加以調整，以至最後符合那些條件等，而對整體的情況特別是所得與一般物價水準的情況則未曾觸及。基於以上兩項考慮，在個體經濟學討論完畢以後，必須更進一步討論總體經濟的有關問題，從而建立一套完整的推理體系，亦即所謂的總體經濟學，才能使經濟理論於趨於完整。

2. 國民所得周流的意義與內涵 由第一章的說明知，經濟現象是周流不息的，最原始的周流是市場周流，以其為基礎所建立的一套經

濟理論即前面所講的個體經濟學。同樣情形，欲建立總體經濟學，亦
必須有一個基礎，否則無從進行。總體經濟學的基礎為國民所得周
流，由第一章的說明知，國民所得周流是由市場周流的內圈即貨幣周
流彙總而得，其結果如下：

圖14－1 國民所得周流

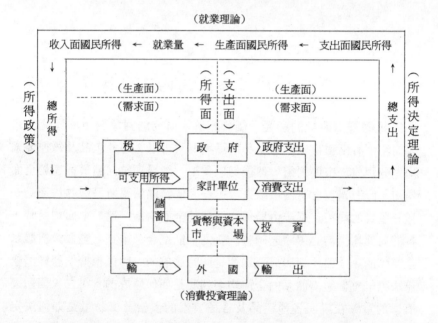

國民所得周流亦即第一章所列舉的所得周流，在正常情況下，總
所得等於總支出，同時所得為支出的張本，而為總體分析的主要對
象，故稱其為國民所得周流。為能顯示總體經濟的重要內涵及其運作
狀況，上圖中的內涵較第一章所列舉者為詳盡。最終部門在第一章的
圖形中只列舉了一個即家計單位，事實上除去家計單位以外，尚有三
個部門，即政府、貨幣與資本市場、以及外國部門。所謂最終部門，
簡言之即是產品的最終消費部門。在此四個部門中，家計單位及政府
毫無疑問地是產品的最終消費部門；輸往外國的產品因為是一去不

回，對本國而言如同最終消費，因此可將外國視為一個最終消費部門；至於貨幣與資本市場，其資金的主要來源是家計單位的節餘，去路是用於投資，亦即家計單位把原來可用於消費的錢省下來，暫時借給生產部門去消費，購買其生產所需要的機器設備及原材料，因此貨幣與資本市場亦可視為一個最終消費部門。

最終部門為滿足其需求，乃作種種支出購用其所需要的商品；生產部門為因應此需求乃進行生產；進行生產需要雇用生產要素，最終部門提供生產要素乃有所得；最終部門有了所得以後又可作種種支出購用其所需要的商品；如此循環不息而形成一股周流，此即所謂的國民所得周流。其傳承的路線如下：

需求 → 支出 → 生產 → 所得 → 需求 → 支出 →……

上圖中的下半部以最終部門為中心，最終部門一方面提供生產要素以獲取所得，另一方面以此所得購用商品以因應其需求，獲致所得為因應需求的手段，故上圖下半部為國民所得周流的需求面。上圖中的上半部以生產部門為中心，生產部門一方面生產商品以因應市場需求，另一方面以此收入購用生產要素以因應其生產，購用要素為因應生產的手段，故上圖上半部為國民所得周流的生產面。上圖中的右半部，最終部門的支出形成生產部門的收入，最終部門有支出，生產部門才有收入，故上圖右半部為國民所得周流的支出面。上圖中的左半部，生產部門向最終部門購用生產要素，因而使最終部門獲致所得，最終部門為獲致所得才會提供生產要素，故上圖左半部為國民所得周流的所得面。

3. 國民所得周流的特質　主要有下列三項特質：

(1)在正常情況下國民所得周流是循環不息的——由上一節的說明知，國民所得周流是沿著「需求 → 支出 → 生產 → 所得 → 需求 → 支出 →……」的路徑而循環不息的。其原動力是商品的需求，如果沒有商品的需求，即無必要進行生產；此外，人們對商品的需求是持續不斷的，因為沒有一種物品可以使人們獲得永久的滿足；因此國民所

得周流在正常情況下是循環不息的。歸根結柢，國民所得周流之所以
能循環不息，是因為經濟活動過程即「資源→生產→消費→滿足」
的過程一再重複進行以及經濟單位的雙元性所致。

　　(2)在正常情況下國民所得周流雖有變動但不會出軌——最終部門
的需求受制於其所得的多寡，最終部門的所得受制於生產部門所需生
產要素的多寡及其所能獲得價格的高低，生產部門對要素的需求受制
於其產品銷售數量的多寡及其所能獲得價格的高低，生產部門產品的
供給受制於最終部門消費支出的多寡，而最終部門的消費支出又受制
於其對商品需求的多寡。由此可知，國民所得周流中的各個環節是環
環相扣的，只要其中沒有任何一個環節發生巨大變化，國民所得周流
是層層相因、傳承有致，不會出軌的。這是從表面來看國民所得周流
在正常情況下不會出軌的原因，如果再深入追究，其根本原因則仍是
經濟社會的內在情勢亦即矛盾統一情勢運作的結果。就最終部門而
言，一方面因為所得有限，另一方面因為慾望無窮，因此乃產生矛
盾；此外，物品消費的邊際效用是遞減的，並非無往不利，因此乃願
意讓步。就生產部門而言，一方面因為生產能量有限，另一方面因為
希望獲得最大的利潤，因此乃產生矛盾；此外，商品生產的邊際報酬
是遞減的，亦非無往不利，因此亦願意讓步。最終部門與生產部門都
處於矛盾的情勢之中，也都願意讓步，因此在正常情況下國民所得周
流會運行良好，不會出軌。

　　(3)國民所得周流是一種追溯性的推演過程——由第一章的說明
知，經濟活動亦即謀生活動的過程為：「資源→生產→消費→滿
足」，市場周流的外圈亦即實物周流即是按照此一順序進行的。國民
所得周流由市場周流的內圈即貨幣周流彙總而得，因此其進行方向與
經濟活動過程者相反，即「最終部門為獲得滿足乃產生需求→為因
應需求乃進行生產→為進行生產乃雇用資源」。順向說明事物發生
的先後，即先有資源，後有生產，然後才能消費，最後獲得滿足。逆
向說明事物發生的緣由，即因為人們有慾望，為滿足此慾望乃產生需

求，為供應此需求乃進行生產，為因應此生產乃雇用資源。由此可知，國民所得周流是一種追溯性的推演過程，未來根據國民所得周流進行總體分析時即是根據此一追溯性的推演過程進行的。

二、總體經濟的問題與研究方法

1. 總體經濟的問題　在總體經濟中一般人最關心的問題有兩個，即就業水準與物價水準。所謂「就業」（employment），是指資源亦即生產要素被廠商雇用投入生產的行動。資源能夠就業，資源的擁有者才有所得，有所得才能消費，因此就業水準的高低直接影響人們的生活水準，而為社會大眾所關注。物價水準的高低影響「真實所得」（real income）的多寡，物價水準愈高，則真實所得愈低，從而影響一般人的生活水準，因此物價水準的變化亦是社會大眾所關心的問題。

從國民所得周流來看，如果就業水準與物價水準發生短期性的變化，則國民所得周流即粗細不定，產生所謂的「經濟循環」（business cycle）；如果發生長期性的變化，則國民所得周流不斷地加粗或不斷的變細。如果是不斷的加粗，此即所謂的「經濟成長」（economic growth）。一個健康的經濟社會一方面要穩定（economic stability），另一方面要成長，因此整個經濟社會在短期內要能維持穩定，長期內要能持續成長，因此「穩定」與「成長」是經濟社會特別是總體經濟所追求的兩個目標。綜合以上所述，可知總體經濟研究的主題是就業水準與一般物價水準，追求的目標是經濟穩定與經濟成長。為配合此兩項要求，總體經濟分析必須具有兩方面的內涵，其一為「靜態分析」（static analysis），所謂靜態分析，即是探討總體經濟的均衡是如何達成的，從而決定就業水準與物價水準。另一為「比較靜態分析」（comparative static analysis）或「動態分析」（dynamic analysis），其目的在探討如何維持經濟

穩定及如何促進經濟成長的問題。

2. 總體經濟研究的方法　任何一個經濟問題都是先研究其靜態的情況，然後再以靜態的結果為基礎進行比較靜態及動態的分析，總體經濟亦是如此。不論是靜態分析或是動態分析，均必須有一套方法才行。由第一章的說明知，經濟社會的內在情勢是矛盾統一的，個體經濟是如此，總體經濟亦應是如此，因總體經濟為個體經濟的總合也。基於矛盾統一的情勢，個體經濟學所用的分析方法為供需分析法，同樣理由，總體經濟的分析方法亦應是供需分析法，只不過總體經濟的需求不是某一種產品或某一種要素的需求，而是所有「產品」的總需求，稱之為「總合需求」（ aggregate demand，簡寫為 AD ）；同情形，總體經濟的供給不是某一種產品或某一種要素的供給，而是有「產品」的總供給，稱之為「總合供給」（ aggregate supply，簡寫為 AS ）。根據總合需求與總合供給的均衡點即可決定整個經濟社會的就業水準與一般物價水準。同時根據總合供需模型，當總合需求或（及）總合供給發生變化時，即可進行有關比較靜態或動態的分析，包括經濟穩定與經濟成長等問題。由此可知，總合供需分析不但能印合總體經濟矛盾統一的情勢，同時能解決總體經濟靜態及動態的問題。個體經濟學與總體經濟學所用的分析方法都是供需分析法，因此有人稱經濟學為供需分析的學問，旨哉斯言！

在此還有一點要加以說明的，就是總合需求為什麼是產品的總需求，而不是要素的總需求；總合供給為什麼是產品的總供給，而不是要素的總供給。其原因為產品的需求為原始需求，要素的需求為引伸需求；產品的供給為原始供給，要素的供給為引伸供給；原始需求可以代表引伸需求，原始供給可以代表引伸供給；故總體經濟分析是以產品為準來進行的。

3. 總合供需的均衡　由於總體經濟環境的變遷以及學者們對總體變數間關係看法的不同，總體經濟理論有好幾套，而不是只有一套。然而，不管是那一套理論其分析方法都是一樣的，即先將整個社會的

總合需求曲線及總合供給曲線找出來，然後兩相會合決定均衡總產出及一般物價水準，其情形見下圖：

圖中 AD 代表總合需求，AS 代表總合供給，兩曲線的交點 e^* 即為總合供需的均衡點，由此決定總產出為 Y^*，一般物價水準為 P^*。總產出的多寡決定資源就業水準的高低，資源就業水準的高低又決定所得水準的高低，因此在總體經濟學中常將此三個名詞即總產出、就業水準

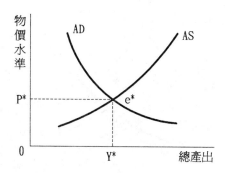

圖 14-2　總合供需的均衡

及所得水準視為同義字，混相使用，讀者宜特別注意。

總合需求為最終部門對產品的總需求，包括政府、家計單位、貨幣與資本市場、以及外國部門的需求在內。總合供給為生產部門對產品的總供給，包括所有廠商的供給在內。由於各種產品的性質及單位均不盡相同，故總需求量及總供給量均以貨幣單位加以表示。至於一般物價水準則以物價指數的方式加以表示，為表示物價的一般水準，通常是採取躉售物價指數（wholesale price index）。

由上列結果可看出，總體經濟與個體經濟雖其研究的範圍有廣狹之分，但其基本情勢亦即矛盾統一的情勢是一致的，因此其研究方法乃完全相似，所用的都是供需分析法。

4. 總合供需的變化　與個體經濟學中供需改變的情形一樣，分為兩種情況，其情形見圖 14-3。

(1)總合需求發生變化——其情形見下列左圖。當總合需求由 AD 增加為 AD_1 時，供需的均衡點由 e^* 移至 e^*_1，其結果總產出由 Y^* 增加為 Y^*_1，物價水準由 P^* 提高為 P^*_1。總產出的增加代表經濟繁榮；物價水準的提高是由需求增加而產生的，稱之為「需求拉動的物價膨

脹」（demand-pull inflation）。

圖14-3　總合供需變動

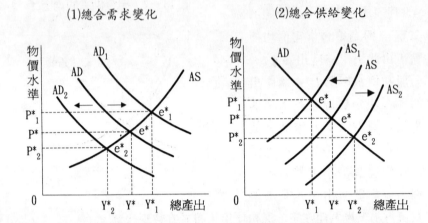

(1)總合需求變化　　　　　　　　　(2)總合供給變化

當總合需求由 AD 減少為 AD_2 時，供需的均衡點由 e^* 移至 e^*_2，其結果總產出由 Y^* 減少為 Y^*_2，物價水準由 P^* 降低為 P^*_2。總產出減少但物價並未上升，此種現象稱之為「停滯」（stagnation）或「衰退」（recession）。

(2)總合供給發生變化——其情形見上列右圖。當總合供給由 AS 增加為 AS_2 時，供需的均衡點由 e^* 移至 e^*_2，其結果總產出由 Y^* 增加為 Y^*_2，物價水準由 P^* 下降為 P^*_2。總產出增加但物價並未上升，此種現象稱之為繁榮（prosperity）。

當總合供給由 AS 減少為 AS_1 時，供需的均衡點由 e^* 移至 e^*_1，其結果總產出由 Y^* 減少為 Y^*_1，物價水準由 P^* 提高為 P^*_1。AS 曲線左移如果是生產成本提高所致，由此所產生的物價膨脹即稱之為「成本推動的物價膨脹」（cost-push inflation）。總合供給減少時，經濟衰退與物價膨脹同時發生，此種現象稱之為「停滯性膨脹」（stagflation），這種情況是最嚴重的情況。stagflation 是取 stagnation 的字頭與 inflation 的字尾結合而成的，是經濟學中的專

有名詞，字典上查不到。

5. 總合供需分析的政策涵義　根據上節總合供需的分析，即可推得解決物價膨脹與失業問題所採政策的方向，其情形如下：

(1)對抗物價膨脹的政策方向——物價水準變化導源於總合供需發生變化，由上一節的分析知，總合需求增加，物價水準上升；總合需求減少，物價水準下降；總合供給增加，物價水準下降；總合供給減少，物價水準上升。故知欲使物價水準下降亦即設法對抗物價膨脹，其策略有兩種，即設法減少總合需求，以使需求拉動的物價膨脹得以消減；或設法降低生產成本間接增加總合供給，以使成本推動的物價膨脹得以消減。當然最好是能雙管齊下，即同時減少總合需求及增加總合供給，以使物價膨脹得以快速而有效的控制。

(2)對抗失業的政策方向——由國民所得周流的結構知，就業水準取決於產出水準，總產出增加，就業水準即能提高，失業問題亦因之獲得紓解。欲使總產出能夠增加，由總合供需的分析知，必須設法增加總合需求或增加總合供給，當然最好是兩者同時增加，使失業問題能快速而有效的解決。

綜合以上所述，可看出對抗物價膨脹與失業的政策方向有一個是共通的，即設法增加總合供給。事實上增加總合供給是相當困難的。增加總合供給的方式有兩種，其一為提高生產效率，降低生產成本，提高生產效率不是一件簡單的事情，短期內很難辦到。另一為擴大生產能量，多用生產要素，但是擴大生產能量也不是一蹴可幾的事。因此增加總合供給對抗物價膨脹與失業短期內不是一個很有效的方向。增加總合供給既不切實際，乃不得不從改變總合需求著手。由上面的說明知，增加總合需求可使失業問題獲得紓解，但將使物價膨脹趨於嚴重；反之，減少總合需求可使物價膨脹獲得紓解，但將使失業問題趨於嚴重。由此可知，在通常情況下物價膨脹與失業是相互抵換的（trade-off），顧了一頭，即失去另一頭。這是一般的情況，最嚴重的情況是總合需求不變，總合供給減少，此時物價膨脹與失業同時

發生，即前述所謂的停滯性膨脹。在此情況下，不但政府當局慌了手腳，既要對抗物價膨脹，又要對抗失業；同時經濟理論亦面臨考驗，因為多數經濟理論截至目前為止同一個時間只能解決一個問題，如果兩個問題同時發生，即束手無策。

三、總體經濟的理論與政策

1. 總體經濟理論的發展　由於經濟環境不斷的變化，同時由於經濟學家對問題看法的不同，因此總體經濟理論有好幾套，而不是只有一套。自有經濟學開始直至目前為止總體經濟理論主要有四套，茲順次列舉如下：

(1)古典學派──此派自 1776 年經濟學之父亞當・斯密（Adam Smith）出版其《國富論》（*The Wealth of Nations*）開始發展，其基本假定為物價與工資均具有完全的伸縮性，意即物價可漲可跌，工資亦可漲可跌。在此假定下，古典學派認為經由價格機能的運作，即可達成勞動供給等於勞動需求的充分就業狀態，根本沒有失業問題。

(2)凱因斯學派──1930 年代世界發生經濟大恐慌，其時世界各主要工業國家的資源非常豐富，但人們口袋裡沒有錢，不能買東西來消費，亦即「貧窮於豐富之中」。面對此一情勢，古典學派的理論即無能為力，凱因斯學派乃應運而生。此派自 1936 年凱因斯（John M. Keynes）發表其名著《就業、利息與貨幣的一般理論》（*The General Theory of Employment, Interest and Money*）開始發展，其基本假定為物價與工資均具有向下調整的僵固性，意即物價與工資只能漲，不能跌。在此假定下，勞動供給常大於勞動需求，因而產生不充分就業。部分勞工不能就業乃無所得，無所得即無需求，無需求即減少生產，減少生產即不需雇用太多的資源，減少資源的雇用將使更多的人失業，如此循環下去，結果使人們貧窮於豐富之中。欲突破此

困境，必須設法有效地增加總合需求，凱因斯學派的理論即是循此方向建立的，因此該派理論亦稱之為「有效需求理論」。

(3)重貨幣學派——1960年代通貨膨脹亦即物價膨脹問題日趨嚴重，不寧唯是，1970年代通貨膨脹與高失業率同時發生，面對此一情勢凱因斯學派理論失去解釋能力，重貨幣學派乃乘機擡頭。兩派的爭論主要在於政府的貨幣政策對實質生產的增加是否有效果，凱因斯學派認為有效果，而重貨幣學派的大師傅利曼（ Milton Friedman ）則認為縱有效果亦是短期的，長期沒有效果。該派認為貨幣是中性的，貨幣供給的增加除使物價產生膨脹的效果外，對實質生產的增加沒有效果。因此該派對貨幣供給的態度認為應該是「法則重於權衡」，即認為貨幣的功能是有限度的，不能作為對抗物價膨脹與失業的主要工具。

(4)理性預期學派——此派亦發生於1970年代中期停滯性膨脹盛行之際，其目的亦在修正凱因斯學派的理論，冀能解決問題。該派的代表學者為盧卡斯（ Robert E. Lucas, Jr. ），其主要假定是認為一般人都是具有理性的，都能體察政府的行動，預估其效果而作適當的因應，因此實質生產不受系統性貨幣數量變動的影響。此說在理念上與重貨幣學派甚為接近，但在論證手法上則稍有不同。

綜合以上所述，可知最早出現的總體經濟理論是古典學派的理論，此派認為物價與工資均具有完全的伸縮性，因此充分就業成為常態。殆至1930年代世界發生經濟大恐慌，貧窮於豐富之中，古典學派理論失去解釋能力，代之而起的是凱因斯學派。此派認為物價與工資具有向下調整的僵固性，因此充分就業不是常態，相對地不充分就業才是常態。時至1970年代通貨膨脹與失業同時發生，凱因斯學派理論也失去解釋能力，代之而起的是重貨幣學派與理性預期學派，這兩學派學說都認為貨幣數量的變動不可能對實質生產產生具體的效果，對此重貨幣學派提出一個法則重於權衡的原則，而理性預期學派則根據人類具有理性的假定希望建立一套完整的推理體系，以解決停

滯性膨脹的問題。由此可知，總體經濟理論尚在發展之中，迄今尚無一個理論能完滿解決所有的問題。又不管是那一套理論，其分析方法都是總合供需分析法，只是對某些問題的看法以至於對某些變數性質的認定稍有不同而已。

2. 總體經濟的問題與政策　由前面的說明知，總體經濟的問題近程是如何維持其穩定，遠程是如何促進其成長。欲使總體經濟能夠穩定，必須使就業水準及物價水準能夠穩定。由於經濟情勢的變化，包括內在情勢及外在情勢的變化，導致嚴重的失業或物價膨脹，甚或兩者同時發生產生停滯性的膨脹，此時價格機能即無能為力，必須動用經濟政策才行。此外，欲使經濟能夠成長，使社會大眾獲得更多的滿足，由於經濟成長是由一個均衡進入另一個均衡的過程，價格機能雖有輔助之功，但不是主體動力，此時亦必須有經濟政策才行。由此可知，欲使經濟能夠穩定及成長，除去價格機能外，尚必須有經濟政策，否則不能改變現狀，進入佳境。對於總體經濟問題政府可以採行的政策其種類很多，其中最重要的有兩種，即財政政策與貨幣政策，其中尤以財政政策的效果較宏。財政政策的效果雖較宏，但政府的耗費不貲。由此可知，政府的經濟職能隨經濟問題的繁重而不斷擴大，同時政府的支出亦不斷增加。

四、總體經濟學的意義與範圍

1. 總體經濟學的意義　由上面的說明知，總體經濟學（macro-economics）為探討整個國家或社會總合經濟行為的科學。總合經濟活動的流程即是國民所得周流，因此總體經濟學必須以國民所得周流為基礎加以建立。此外，總體經濟學研究的對象不是總體經濟單位如家戶部門、政府部門或生產部門等，而是總體經濟項目如生產、就業、所得及物價等。其原因為總體經濟單位不是總體經濟問題發生的原因與後果，而總體經濟項目才是總體經濟問題發生的原因與後果。

由此可知，總體經濟學是以解決問題為導向的，而個體經濟學則是以決定價格及交易量為導向的。總體經濟問題就問題本身而言是通貨膨脹與失業，就目標而言是如何維持經濟的穩定與促進經濟的成長。

2. 總體經濟學與個體經濟學的關係　總體經濟學與個體經濟學雖是兩套可以分開討論的學問，但兩者研究的對象是同一個現象，即一個國家或社會的經濟現象，只是其研究的角度不同而已。因此總體經濟學與個體經濟學的關係甚為密切，茲說明如下：

(1)總體經濟學的個體基礎——總體經濟理論必須以個體經濟理論為基礎，其原因有二：其一、總體為個體的綜合，個體的經濟行為當然會影響總體的經濟行為。另一，總體經濟中某些項目如儲蓄及貨幣需求等，常須以一個代表性的單位為基礎，應用個體經濟的分析方法加以分析。

(2)總體經濟學與個體經濟學是相輔相成的——總體經濟學是從大處著眼，個體經濟學是從小處著手，兩者有相當的差距。一個問題如果只從個體的觀點或是只從總體的觀點去看，是無法得窺全豹的，很可能會作出錯誤的判斷。其原因有二：其一為合成的謬誤，例如一種產業，某一個廠商增加生產可提高其收益，如果所有廠商皆增加生產，則將導致供過於求，迫使價格下降，其結果對大家都沒有好處。另一為分割的謬誤，一種政策對整個經濟是有利的，但對某些產業即不一定有利。例如工業保護政策對整個經濟是有利的，但對農業即不一定有利。由此可知，總體經濟學與個體經濟學是相輔相成的，單從一方面是不能瞭解問題的全貌的。

3. 總體經濟學的範圍　前述總體經濟學係以國民所得周流為基礎，因此欲進行總體經濟分析，必須對國民所得的內涵與結構有所瞭解才行，為此下一章即第十五章將首先介紹國民所得的衡量方法。在總體經濟學中無論是理論或是政策扮演重要角色的項目有兩個，即貨幣與財政，為便於未來建立理論與釐訂政策，必須對這兩個項目有一個基本的認識才行，基於此一考慮，乃率先在第十六章中介紹貨幣的

意義與供需，第十七章中介紹政府的收支與財政。又總體經濟學中最重要的部分即是各家各派的學說，前述總體經濟理論主要有四套，其中最重要的是凱因斯學派的理論，因此本書自第十八章起至第二十章止將以三章的篇幅來介紹此一學派的理論。凱派理論介紹完畢以後，接著就討論物價膨脹與失業的問題以及其可能採取的對策，俾能一氣呵成而收相得益彰之效，此為第二十一及二十二兩章的內容。主要理論及政策介紹完畢以後，即可進一步討論其他學派的理論，並對各家各派的學說作有系統的比較與評論，此為第二十三及二十四兩章的內容。此外，國民所得周流中有一個部門即外國部門，在某些國家中占有相當重要的地位，必須詳加探討，因此在第二十五至第二十七參章中將介紹國際貿易及國際金融兩個重要的主題。總體經濟理論、政策及外國部門均討論完畢以後，即可再向前邁進一步討論經濟成長的問題，此為第二十八章的內涵。至此總體經濟理論已介紹完畢，可對其加以綜合歸納，作成所謂總體經濟學的總論，此為二十九章的內容。個體經濟學與總體經濟學都介紹完畢以後，即可討論最後一個主題，即比較經濟制度，因其與全部經濟理論都有關聯也，此為第三十章的內涵。第三十一章為本書的最後一章，將個體經濟學及總體經濟學合在一起，進行綜合歸納，看看有什麼共通的原則貫穿整個經濟學。

摘　要

總體經濟學的意義與內涵

總 體 經 濟 學 的 意 義 與 特 質		
意　　義		總體經濟學為探討整個國家或社會總合經濟行為的科學。
特質	總體的個基礎	(1)總體為個體的總合，個體的經濟行為當然影響總體的經濟行為。 (2)某些總體項目常需以一個代表性的單位為基礎用個體經濟方法加以分析。
	個體總體相輔相成	(1)合成的謬誤——一種措施對某一個體有利，對全體並不一定有利。 (2)分割的謬誤——一種政策對全體有利，對某些個體並不一定有利。 因此一個問題必須同時從個體及總體的觀點加以分析。
研究方法		(1)總體經濟學以國民所得周流為基礎加以建立。 (2)總體經濟學以總體項目而非總體單位為研究對象，因總體項目為總體經濟問題發生的原因及後果；總體單位則否。 (3)國民所得周流的內在情勢仍然是矛盾統一的，因此總體經濟的研究方法亦仍然是供需分析法，稱為總合供需分析。
研究主題		(1)決定一般物價水準及總產出水準。 (2)探討物價膨脹及失業問題的原因、後果及對策。
國 民 所 得 周 流		
意　　義		一個國家或社會所有經濟活動，以貨幣為準，按照最終部門支出、產出價值及要素所得的順序加以綜合，所形成的周流，稱為國民所得周流。
內　　涵		國民所得周流從供需的觀點可劃分為生產面與需求面兩個層面，從收支的觀點可劃分為支出面及收入面兩個層面。由收入面、支出面及生產面均可求算國民所得，其總額應當是相等的。
特　　質		(1)國民所得周流的內在情勢仍然是矛盾統一的。 (2)國民所得周流是一種追溯性的周流，分析時即按此方向進行。
探　　討		(1)靜態的——探討周流如何運行而達於均衡。其法乃從周流的需求面導出總合需求，從生產面導出總合供給，最後達成均衡。 (2)動態的——如何使所得周流不斷的壯大，此即所謂的經濟成長。
總 合 需 求 與 總 合 供 給		
意　　義		總合需求——為經濟社會中所有需求者在不同的價格水準下對社會所生產的產品願意且能購買數額的表列。總合需求以 AD 表之。 總合供給——為經濟社會中所有生產者在不同價格水準下願意且能生產產品數額的表列。總合供給以 AS 表之。
特　　質		(1)總合需求為所有產品的需求，總合供給為所有產品的供給。

		(2)產品需求為原始需求，要素需求為引伸需求，以原始需求為代表。
		(3)產品供給為原始供給，要素供給為引伸供給，以原始供給為代表。
供需均衡		總合需求與總合供給的均衡點，決定社會總產出及一般物價水準。
		總產出水準代表經濟繁榮的程度，一般物價水準代表經濟安定的程度。
供需變化及其後果		(1)當 AS 不變，AD 增加，導致總產出增加，經濟繁榮；物價水準提高，此稱之為「需求拉動的物價膨脹」。
		(2)當 AS 不變，AD 減少，導致總產出減少，經濟衰退；物價水準下降。
		(3)當 AD 不變，AS 增加，導致總產出增加，經濟繁榮；物價水準下降。
		(4)當 AD 不變，AS 減少，導致總產出減少，物價水準上升，此稱之為「停滯性膨脹」。AS 減少代表成本提高，所引起的物價膨脹稱為「成本推動的物價膨脹」。
政策涵義		(1)對抗失業——設法增加 AD　　(2)對抗物價膨脹——設法減少 AD
		(3)對抗停滯性膨脹——設法增加 AS，比較困難。

總 體 經 濟 理 論 的 發 展 與 比 較		
總體經濟理論的發展	古典學派	(1)創始——自 1776 年亞當·斯密出版《國富論》開始發展。
		(2)假定——古典派認為物價及工資具有完全伸縮性。
		(3)推論——在上述假定下，運用價格機能即可達成充分就業。
		(4)結論——古典派認為「充分就業為常態」。
	凱因斯學派	(1)背景——1930 年代經濟恐慌，貧窮於豐富之中，古典理論無能為力。
		(2)創始——自 1936 年凱恩斯發表《就業、利息與貨幣的一般理論》開始。
		(3)假定——該派認為物價與工資具有向下調整的僵固性。
		(4)推論——工資不能向下調整，使勞動難以充分就業。
		(5)結論——充分就業不是常態，解決失業須從提高總合需求著手。
	重貨幣派	(1)背景——1970 年代失業與通貨膨脹並存，凱因斯理論失去解釋能力。
		(2)爭論——凱因斯學派認為貨幣數量的變化對實質產出有影響，重貨幣派認為縱有影響亦是短期的，長期無效果，只會引起物價膨脹。
		(3)結論——該派認為貨幣是中性的，貨幣供給的變化「法則重於權衡」。
	理性預期學派	(1)創始——1970 年代中期停滯性膨脹盛行之際，代表學者為盧卡斯。
		(2)假定——理性預期。認為人是有理性的，能預估政府系統行動的效果。
		(3)推論——系統性的變化難以產生實質效果，非系統性的變化可能有部分效果。
比較	古典學派	認為充分就業為常態，總合供給線為一條垂線，總合需求的變化只能影響物價水準，不能影響總產出。
	凱因斯學派	認為不充分就業為常態，總合供給線接近水平，總合需求的變化對總產出的影響較大，對物價水準的影響較小。

總體經濟學的基本架構

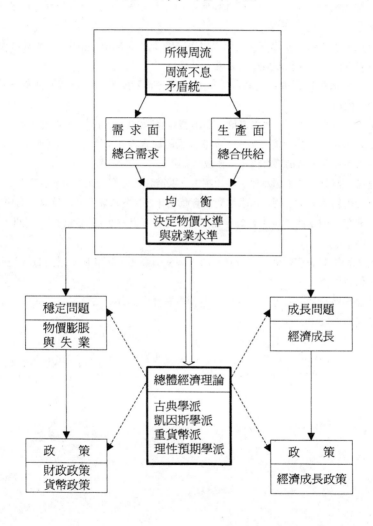

問　題

1. 何謂總體經濟學？其研究範圍如何？為何有了個體經濟學以後還要總體經濟學？

2. 個體經濟與總體經濟有何相似與相異之處？因而個體經濟學與總體經濟學在研究方法上有何相似與相異之處？

3. 個體經濟學以經濟單位為研究對象，而總體經濟學則以經濟項目為研究對象，何故？

4. 個體經濟學以市場周流為基礎，而總體經濟學則以所得周流為基礎，何故？

5. 總合需求是產品的總合需求，而非要素的總合需求；總合供給是產品的總合供給，而非要素的總合供給；何故？

6. 總體經濟研究的主題為何？為什麼總合供需分析能配合此主題的研究？

7. 總合供給或（及）總合需求的變化會產生什麼樣的影響？其政策涵義為何？

8. 古典學派假定物價及工資具有完全的伸縮性，其根本原因為何？將產生何種影響？

9. 凱因斯學派假定物價及工資具有向下調整的僵固性，其根本原因為何？將產生何種影響？

10. 總體經濟達於至善的目標為何？能否用總合供需分析法來探討這些目標及其達成的手段？

第十五章　國民所得的衡量

一、國民所得會計與國民生產毛額

1. 國民所得會計的意義　上一章提到欲進行總體經濟分析，從而採取適當的政策以解決有關問題，必須有總體經濟的資料亦即國民所得的資料才行。總體經濟相當的複雜，必須有一套完整的制度與技術，按時且有系統的搜集資料，最後加以彙總與整編，才能獲得正確而合用的國民所得資料。編製國民所得的制度與技術稱為「國民所得會計」（national income accounting），由美國哈佛大學經濟學教授顧志耐氏（Simon S. Kuznets）所創，目前世界各國均採用此一制度與技術以編製其國民所得，我國亦不例外。

2. 編製國民所得的目的　編製國民所得的主要目的在顯示一個國家或社會在某一段時間內經濟活動的成果，從而顯示一個國家或社會經濟力量的強弱與消長。由此可知，國民所得是一個國家最重要的統計數字，如無此數字，則非但不知道這個國家經濟力量的大小，同時亦無法知道問題的嚴重性及其解決的途徑。1930 年代世界發生經濟大恐慌，當時許多國家均無完整而可靠的國民所得資料，只知道問題很嚴重，但究竟嚴重到什麼程度則無由得知，其結果是亂成一團，不知如何是好。

3. 國民所得的種類　國民所得因計算的主體、方法及用途的不同有好多種，而不是只有一種，其中最基本亦最重要的是「國民生產毛額」（gross national product，簡寫為 GNP），其他種類的國民所

得均以此為基礎調整變化而來。國民所得的種類不同，其內涵、目的與用途亦均有所不同。

4. 國民生產毛額的定義 一國的國民生產毛額為該國「全體國民」在「一定期間內」所生產出來供作「最終用途」的物品與勞務的「市場價值」。此定義中有四個項目須加以說明，否則不能瞭解國民生產毛額的確切意義。

(1)全體國民──全體國民是指居住在國內及國外的本國國民。本國國民本人及投資在國外生產的成果均應計算在內；相反地，外國國民本人及投資在我國生產的成果則應予以扣除。

(2)一定期間內──一定期間通常是指一年或一季。不在本期內生產的舊品的買賣，其價值不能計算在內；在本期內生產的新品雖尚無買賣，其價值應計算在內。

(3)最終用途──一種產品用作另一種產品的投入者，稱為中間產品，如棉花之於棉紗。一種產品如不再用作中間投入而直接供家戶與政府消費與投資以及出口者，稱為最終產品。國民生產毛額只計入最終產品，不計入中間產品，其目的在避免重複計算也。

(4)市場價值──通過市場交易的產品，有交易價值，可納入國民所得之中。未通過市場交易的產品分為兩種情形，其一無法估算其價值，如婦女的家務勞動，其價值不易估計，當然無法納入國民所得之中。另一可以設法估計其價值，如自用住宅的租金及農家自用農產品的價值等，可設法根據市場價值加以估算（稱之為設算 computed），雖無交易，仍應納入國民所得之中。國民所得必須以市場價值計算的原因為市場價值為一種客觀而合理的價值也。

綜合以上所述，可知國民生產毛額的計算，就主體而言是屬人不屬地，只要是本國國民生產的，不管其在何處生產均予計入。就時間而言是屬產不屬銷，只管是否在計算期間內生產出來，不管其何時銷售。就用途而言是屬終不屬中，只管是否供作最終部門消費，不管其是何一階段的產品。就計值而言是屬可估不屬不可估，只管市場價值

可否估算，凡能估算者均予計入。由此可知，國民生產毛額估算的原
則是屬人、屬產、屬終及屬可估，其目的在將一個國家某一期間內屬
於本國人民所有的生產成果盡可能地正確而合理的顯示出來。

　　茲將歷年我國臺灣地區的國民生產毛額列表加以顯示，見表
15－1。由表中數字可看出，按當年價格計算的國民生產毛額，民國
41年時為臺幣172億元，至民國80年增加為48,291億元，前後39年
增加280倍。如按民國75年的固定價格計算，民國41年的國民生產
毛額為臺幣1,621億元，至民國80年增加為42,701億元，前後39年
亦增加26倍。由此可見我國臺灣地區過去40年來經濟有大幅的成
長，即將由開發中國家進入已開發國家之林。

表15－1　歷年中華民國臺灣地區國民生產毛額

（民國41年至80年）

單位：臺幣百萬元

年　　　別	按當年價格計算		按75年固定價格計算	
	金　　額	指　　數	金　　額	指　　數
民國41年	17,247	100.0	162,057	100.0
民國45年	34,403	199.5	221,378	136.6
民國50年	69,960	405.6	310,060	191.3
民國55年	125,925	730.1	496,944	306.6
民國60年	263,554	1,528.1	822,856	507.8
民國65年	702,694	4,074.3	1,263,966	780.0
民國70年	1,764,278	10,229.5	1,951,825	1,204.4
民國75年	2,925,772	16,963.9	2,925,772	1,805.4
民國80年	4,829,089	27,999.6	4,270,073	2,634.9

資料來源：行政院主計處編印「中華民國臺灣地區民國民所得統計提要」，
　　　　　民國81年版。

二、編製國民所得的方法

1. 編製國民所得的途徑 由上一章的説明知，國民所得周流的流程是「需求→支出→生產→所得→……」，需求與支出是同一件事情，支出的多寡可以代表需求的多寡。在正常情況下，支出、生產與所得的數額是完全相等的，因此根據其中任何一個項目來估算國民生產毛額，其結果應該是一樣的。兹分別説明如下：

(1)生產面——即由生產部門的產出來估算國民所得，由此所形成的方法稱為「生產面法」。生產部門的產出有部分是用作中間投入的，所餘才用作最終消費。國民生產毛額只計入最終產品，然而由於最終產品很難認定，故此法一般甚少採用。

(2)支出面——即由最終部門對產品需求所作支出來估算國民所得，由此所形成的方法稱為「支出面法」。見下圖右半邊，詳細情形將在下節中説明之。

(3)所得面——即由生產要素提供者提供要素的所得來估算國民所得，由此所形成的方法稱為「要素所得法」。現代的生產過程是一種迂迴式的生產過程，前一階段的產品常為後一階段的投入。為能求得要素的所得，必須由後一階段的產出中減去用作中間產品的前一階段產出，其差額即為後一階段的「附加價值」（value added），而為後一階段要素投入的淨所得。將各階段的附加價值予以相加，即得為獲得最終產品所投入全部要素的所得。由此可知，要素的所得是用附加價值的方式求得的，故要素所得法亦稱之為「附加價值法」。最後將各種最終產品的要素所得予以彙總，即得整個國家的國民所得。見下圖左半邊，其詳細情形將在後節中説明之。

綜合以上所述，可知估算國民所得的方法主要有兩種，即支出面法與要素所得法，一般是兩種方法同時採用分別求算，其目的一方面在相互核對，以免發生重大誤差；另一方面則在提供不同分類標準下

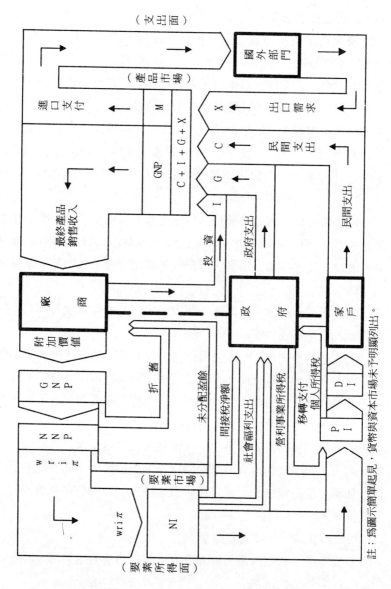

圖15−1 國民所得流程

註：為圖示簡單起見，貨幣與資本市場未予明顯列出。

的國民所得資料。當然這兩種方法所求得的結果最後可能有些微的差異，此稱之統計誤差。

2. 支出面法　由前述知最終部門有四個，即家計單位、政府、貨幣與資本市場、及外國部門。家計單位的消費支出稱為「民間消費支出」，以 C 表之；政府單位的消費支出稱為「政府消費支出」，以 G 表之；民間及政府透過貨幣與資本市場的投資支出稱為「國內投資毛額」或「國內資本形成毛額」，以 I 表之；對外國出口的總價值稱為「出口總值」，以 X 表之；由外國進口的總價值稱為「進口總值」，以 M 表之。由此得國民生產毛額（GNP）的計算公式如下：

$$GNP = C + I + G + X - M$$

由外國進口的產品及勞務的價值，非本國所生產，故應予扣除。X 與 M 之差即（$X-M$），如為正數，即為淨出口；如為負數，即為淨進口。此即根據支出面法所求得的國民生產毛額，其情形見上圖右半部。

上面所列舉的計算公式是一個大輪廓，其中每個項目均有其特定的內涵，茲分別說明如下：

(1)民間消費支出——民間消費支出包括耐久性消費財、非耐久性消費財及服務三大類支出。至於購買房屋的支出則列入資本形成的項下，其原因為房屋的耐久性比較高，同時作為基礎的土地是恆久不變的，因此房屋是一種固定資產，而非一般所謂的消費財。購買房屋的支出雖不列入民間消費支出之中，但其所提供服務的價值亦即租金則應予列入，因供人們消費的是房屋所提供的服務，而非房屋本身的價值。如果房屋是租來的，則直接將租金計入；如果是自有的，則予以設算計入。

(2)投資毛額——其內容如下：

投資毛額＝該期添購的機器設備＋該期建造的建築物＋該期存貨
　　　　　的增加

投資的主體包括廠商及政府兩方面，廠商包括所有的公民營企

業，政府包括各級政府及有關非營利事業團體等。政府的投資除其本身所使用的建築物及設備外，尚包括各種基本建設及公共建設的投資在內。至於存貨為什麼也算是一種投資，其原因有二：其一為存貨是本期的最終產品，必須計入國民生產毛額之中，但因尚出售出，不能列入民間消費支出、政府消費支出、出口總值或進口總值中的任何一項，故只有列入投資毛額之中。另一為存貨可在下期使用，為廠商的資產之一，故可列入投資毛額之中。

(3)政府消費支出——政府消費支出主要包括兩項，即政府購用的物品及支付雇用人員的薪津。政府的產出為行政管理與國防，因其無法估算其生產價值，故只有以其支出來計算。此外，政府移轉性的支付，因其不為政府本身的消費，故不予列入。移轉性支付包括貧民救濟及災害救助等。

(4)出口與進口——輸往國外的物品及服務因為是一去不回，故均視為最終產品，其價值應全數計入國民生產毛額之中。輸入國內的產品及服務，因無法分辨何者為中間產品、何者為最終產品，只有全部將其視為最終產品，根據進口總值由國民生產毛額中扣除。出口總值與進口總值之差即（ $X-M$ ）稱為淨出口，若為正值，則有「貿易順差」（trade surplus）；若為負值，則有「貿易逆差」（trade deficit）。

茲將民國80年根據支出面法所求得我國臺灣地區國民生產毛額的內涵列表加以顯示，見表15–2。由表中數字可看出，民國80年我國臺灣地區的民間消費支出為臺幣25,396億元，占國民生產毛額52.6%；投資毛額為臺幣11,969億元，占國民生產毛額24.9%；政府消費支出為8,443億元，占國民生產毛額17.5%；此三項的合計為國內需求總額，計45,808億元，占國民生產毛額94.9%。此外，民國80年我國臺灣地區的出口總值為臺幣22,753億元，占國民生產毛額47.1%；進口總值為20,271億元，占國民生產毛額42.0%；兩者合計稱為貿易總額，計43,024億元，占國民生產毛額89.1%；兩者之差

為 2,483 億元，呈現正值，是為貿易順差，占國民生產毛額 5.1%。

表 15-2 民國 80 年中華民國臺灣地區支出面國民生產毛額
（按當年價格計算）

單位：臺幣百萬元

項 目	金 額	百 分 比
民間消費（C）	2,539,605	52.6
投資毛額（I）	1,196,943	24.9
政府消費（G）	844,279	17.5
出口總值（X）	2,275,317	47.1
減：進口總值（M）	−2,027,055	−42.0
國民生產毛額（GNP）	4,829,089	100.0

資料來源：同表 15-1。

3. 要素所得法 生產要素可分為四大類，即勞動、土地、資本及企業才能，勞動的報酬為工資，以 w 表之；使用土地的代價為租金，以 r 表之；使用資本的代價為利息，以 i 表之；企業才能的報酬為利潤，以 π 表之。此外，與要素所得法有關的還有兩個項目，即折舊與間接稅淨額。則國民生產毛額（GNP）的計算方式如下：

$$GNP = w + r + i + \pi + 折舊 + 間接稅淨額$$

茲詳細說明如下：

(1)由國民生產毛額中減去固定資本的折舊以及政府抽去的間接稅淨額以後，所餘才是各類要素的所得，因此國民生產毛額為各類要素的所得加上折舊與間接稅淨額之和，其結果如上式。

(2)應用要素所得法求算國民生產毛額，其法是先對各行各業分別求算，然後予以彙總。每一個行業根據其損益計算書，將其中的中間投入除去，所餘成本加上利潤，即為該行業對其產品的附加價值。然後將各行各業的附加價值予以彙總，即得整個國家的國民生產毛額。此法國民生產毛額係由各行各業的附加價值彙總而得，故亦稱之為

「附加價值法」。

　　(3)計算國民生產毛額時，最終產品是按市場價值計列的。在要素所得法下，最終產品的市場價值含有三種成分在內，第一為各有關行業除去中間投入後的成本和，第二為各有關行業廠商的利潤和，第三為各有關行業所負擔的間接稅淨額和。除去中間投入後的成本，除所支付的工資、租金及利息外，尚包含折舊在內。間接稅淨額為間接稅與政府補貼之差，政府所取去的亦即廠商所負擔的即為此差額。

　　茲將民國80年根據要素所得法所求得我國臺灣地區國民生產毛額的內涵列表加以顯示，其情形如下：

表15－3　民國80年中華民國臺灣地區所得面國民生產毛額
（按當期價格計算）

單位：臺幣百萬元

項　　目	金　　額	百分比
工　　資	2,469,059	51.1
租金及利息	1,219,542	25.3
利　　潤	254,829	5.3
折　　舊	400,611	8.3
間接稅淨額	485,048	10.0
國民生產毛額	4,829,089	100.0

　　由上表數字可看出，民國80年我國臺灣地區勞動的報酬亦即工資為臺幣24,691億元，占國民生產毛額51.1%；土地的租金及資本的利息合計為12,195億元，占國民生產毛額25.3%；企業才能的報酬亦即利潤為2,548億元，占國民生產毛額5.3%；固定資本的折舊為4,006億，占國民生產毛額8.3%；間接稅淨額為4,850億元，占國民生產毛額10.0%。

三、其他各種國民所得的計算方法

　　前述國民生產毛額是國民所得最基本的指標，以其為基礎加以調整即可求得其他各種國民所得，以配合不同的目的與用途，茲逐步說明如下：

　　1. 國民生產淨額　國民生產淨額（net national product，簡寫為NNP）的計算公式如下：

$$NNP = GNP - 折舊$$

式中 GNP 代表國民生產毛額。

茲說明如下：

　　⑴機器設備及建築物的折舊確是廠商的一種成本，必須在國民生產毛額中扣除，如此才能顯示一個國家真正的生產成果。此為除去國民生產毛額以外，尚必須求算國民生產淨額的原因。

　　⑵折舊為生產能量的損耗，一般說來很難正確估計。

　　⑶投資的目的在購置機器設備及建築物，折舊為機器設備及建築物生產能量的損耗，兩者關係極為密切。由投資中扣除折舊，其結果稱為投資淨額。即

$$投資淨額 = 投資毛額 - 折舊$$

如此國民生產淨額的計算公式可改變為下列形式：

$$NNP = C + （I - 折舊） + G + X - M$$
$$= C + 投資淨額 + G + X - M$$

式中 C 代表民間消費支出，I 代表投資毛額，G 代表政府消費支出，X 代表出口總值，M 代表進口總值。

　　2. 國民所得　此處所謂的國民所得是指狹義的國民所得（national income，簡寫為 NI），有其特定的計算方式，其計算方式如下：

$$NI = w + r + i + \pi$$
$$= GNP - 折舊 - 間接稅淨額$$

$$=NNP-間接稅淨額$$

式中 w 代表工資，r 代表租金，i 代表利息，π 代表利潤，GNP 代表國民生產毛額，NNP 代表國民生產淨額。

茲說明如下：

(1)由上列第一式可看出，狹義的國民所得即是四種要素的所得。要素的所得與要素提供者的所得不同，其原因將在下節中說明之。

(2)由上一節的計算公式可看出，國民生產淨額為按市場價值計算的生產淨額；由上列第一及第三兩式可看出，狹義的國民所得為按要素成本計算的生產淨額；其差額即為間接稅淨額。由此可知，狹義的國民所得也是一種生產淨額，只是其計價的基準不同而已。

3. 個人所得 個人所得（personal income，簡寫為 PI）的計算方式如下：

$$PI=NI-（未分配盈餘＋營利事業所得稅＋福利支出）＋移轉支付$$
$$=NI-（勞而不獲）＋（不勞而獲）$$

式中 NI 代表狹義的國民所得。

茲說明如下：

(1)未分配盈餘由廠商暫時保留，未分配給要素提供者亦即未分配給家戶。營利事業所得稅由政府取去。社會福利支出為工作單位代為扣繳的社會保險金。以上三項對家戶而言可說是「勞而不獲」。

(2)移轉支付為政府給企業的補貼，直接對企業間接對家戶可說是一種「不勞而獲」。

(3)由狹義的國民所得中，減去勞而不獲，加上不勞而獲，其結果即為要素提供者亦即家戶實際獲得的所得。因為此所得是個人真正可以拿到手的所得，故稱之為個人所得。

4. 可支配所得 可支配所得（disposable income，簡寫為 DI）的計算方式如下：

$$DI=PI-個人所得稅$$

式中 PI 代表個人所得。

茲說明如下：

家戶所能獲得的所得亦即個人所得，其中有一部分須用以繳納個人所得稅，故家戶實際可支配的所得為個人所得與個人所得稅之差，其結果如上式。

5. 各種國民所得間的關係　綜合以上所述，可知以國民生產毛額（GNP）為基礎加以調整所求得的國民所得共有四種，依調整幅度的廣狹順次為國民生產淨額（NNP）、國民所得（NI）、個人所得（PI）及可支配所得（DI），茲以算式表明其關係如下：

⑴支出面法——支出面法只能求算國民生產毛額，其他各種不同層次的國民所得不能求得，其原因為支出面法是根據各個最終部門的支出估算的，因此只有最後的全面結果亦即國民生產毛額，沒有中間各階段的數額，亦即其他各種不同層次的國民所得。根據支出面法求算國民生產毛額的公式為：

$$GNP = C + I + G + X - M$$

式中 C 代表民間消費支出、I 代表投資毛額、G 代表政府消費支出、X 代表出口總值、M 代表進口總值。

⑵要素所得法——由前述知，要素所得法是一種附加價值法，附加價值是一個階段一個階段加上去的，因此要素所得法不但可以求得最後的全面結果亦即國民生產毛額，同時亦能求得中間各階段的數額亦即各種不同層次的國民所得。茲順次列舉如下：

$$GNP = w + r + i + \pi + 折舊 + 間接稅淨額$$

$$NNP = GNP - 折舊$$

$$NI = NNP - 間接稅淨額$$

$$PI = NI - （未分配盈餘 + 營利事業所得稅 + 社會福利支出）+ 轉移支付$$

$$= NI - （勞而不獲）+（不勞而獲）$$

$$DI = PI - 個人所得稅$$

式中 w 代表工資、r 代表租金、i 代表利息、π 代表利潤。

兹將民國80年我國臺灣地區的各種國民所得列表說明如下：

表15－4 民國80年中華民國臺灣地區各種國民所得的比較
（按當年價格計算）

單位：臺幣百萬元

項　　目	金　　額	百分比
國民生產毛額（GNP）	4,829,089	100.0
(一) 折　舊	－400,611	－8.3
國民生產淨額（NNP）	4,428,478	91.7
(一) 間接稅淨額	－485,049	－10.0
國民所得（NI）	3,943,429	81.7
(一) 勞而不獲	－295,662	－6.1
(十) 不勞而獲	＋115,882	＋2.4
個人所得（PI）	3,763,649	78.0
(一) 個人所得稅	－365,012	－7.6
可支配所得（DI）	3,398,637	70.4

資料來源：同表15－1。

附註：勞而不獲包括未分配盈餘、營利事業所得稅及社會福利。不勞而獲是
指移轉支付。

由上表數字可看出，民國80年我國臺灣地區的國民生產毛額為
臺幣48,291億元，扣除折舊4,006億元，所餘44,285億元即為國民生
產淨額，占國民生產毛額91.7%。由國民生產淨額中再扣除間接稅淨
額4,850億元，所餘39,434億元即為狹義的國民所得，占國民生產毛
額81.7%。由狹義的國民所得中再扣除未分配盈餘、營利事業所得稅
及社會福利等三項勞而不獲的金額2,957億元，加上轉移支付不勞而
獲的金額1,159億元後，其結果37,636億元即為個人所得，占國民生
產毛額78.0%。最後由個人所得中扣除個人所得稅3,650億元，所餘
33,986億元即為可支配所得，占國民生產毛額70.4%。

四、國內生產毛額的編製

1. 國內生產毛額的意義　國內生產毛額（gross domestic product，簡寫為 GDP）是指一國「國內」在一定期間內所生產最終產品的市場價值。國內生產毛額與國民生產毛額最主要的差異，在於國內生產毛額是「屬地的」，而國民生產毛額則是「屬人的」。由此可知，凡計入國內生產毛額之中的都是在國內生產的，不論其是本國人或外國人生產的。反之，凡計入國民生產毛額之中的都是本國人生產的，不論其是在國內或國外生產的。

2. 編製國內生產毛額的目的　編製國內生產毛額的目的在瞭解國境以內經濟活動的狀況。例如有些國家為利用外國廉價勞力，或為逃避國內的高稅率及工會的壓力，乃轉赴國外投資，其結果該國的國民雖富有，但國內的生產活動並不發達。反之，一個國家如接受外國投資提供各種優惠如廉價勞力及減免稅等措施，其結果該國的國民雖不富，但經濟活動卻相當蓬勃。基於以上理由，一個國家除計算其國民生產毛額以外，尚有必要計算其國內生產毛額，以顯示其國內經濟活動的榮枯。

3. 國內生產毛額的計算方法　其計算方式如下：

$$GDP = GNP - 本國國民的生產要素參與外國生產的報酬$$
$$+ 外國國民的生產要素參與本國生產的報酬$$

式中 GNP 代表國民生產毛額。

令　國外要素所得淨額＝本國國民的生產要素參與外國生產的報酬
　　　　　　　　　　－外國國民的生產要素參與本國生產的報酬

則國內生產毛額的計算方式可改寫為下列形式，即

$$GDP = GNP - 國外要素所得淨額$$

令　　$X^d = X - 本國生產要素在國境外的報酬$
　　　　＝在本國國內所生產產品的出口

$M^f = M -$外國生產要素在國境內的報酬

= 在外國所生產產品的進口

式中 X 代表出口總值，M 代表進口總值。

則國內生產毛額的計算方式又可寫成下列形式，即

$$GDP = C + I + G + X^d - M^f$$

式中 C 代表民間消費支出，I 代表投資毛額，G 代表政府消費支出。

　　由上列計算公式可看出，國內生產毛額的計算仍是以國民生產毛額為基礎，按照「屬地」的原則加以調整，將本國國民的生產要素在國外生產的成果予以剔除，將外國國民的生產要素在境內生產的成果予以計入，如此即得國內生產毛額。由表面及內在來看，國內生產毛額是一個國家經濟活動成果的表相，因其只管是否在國境內生產，而不管其所有權屬誰。國民生產毛額是一個國家經濟活動成果的實質，因其只管成果是否歸本國人民所有，而不管其在何處生產。

　　茲將民國80年我國臺灣地區的國內生產毛額列表說明如下：

表15-5　民國80年中華民國臺灣地區國內生產毛額
（按當年價格計算）

單位：臺幣百萬元

項　　目	金　額	百　分　比	
國民生產毛額	4,829,089	100.0	
(一) 國外要素所得淨額	−116,625	−2.4	
國內生產毛額	4,712,464	97.6	100.0
農　　業	172,756		3.7
工　　業	1,994,224		42.3
服　務　業	2,545,484		54.0

資料來源：同表15-1。

由上表數字可看出，民國80年我國臺灣地區的國民生產毛額為

臺幣 48,291 億元,減去國外要素所得的淨額 1,166 億元,其差額
47,125 億元即為國內生產毛額,占國民生產毛額 97:6%。就各種產業
的產值而言,民國 80 年我國臺灣地區農業的產值為臺幣 1,728 億元,
占國內生產毛額 3.7%;工業的產值為 19,942 億元,占國內生產毛額
42.3%;服務業的產值為 2,545,484 億元,占國內生產毛額 54.0%。

五、每人平均實質國民所得

1. 每人平均實質國民所得的意義　按市價計算的國民所得稱為名
目國民所得(nominal national income),名目國民所得以適當物
價指數平減後的結果稱為實質國民所得(real national income),
實質國民所得除以人口數之商稱為每人平均實質國民所得(per
capita real national income)。

2. 計算每人平均實質國民所得的目的　計算每人平均實質國民所
得的目的在顯示一個國家的真實經濟福利水準,以便進行國際間的比
較。一個國家的每人平均實質國民所得如果比較高,則其真實經濟福
利水準即較高;反之則否。當然影響真實經濟福利水準的因素還有很
多,每人平均實質國民所得只是其中最基本及最重要的一種,其詳細
情形將在下一大節中說明之。

　　以市價計算的國民所得亦即名目國民所得含有物價膨脹的成分在
內,必須予以消除,方能看出國民所得的真實水準。消除物價膨脹的
方法是對名目所得除以適當的物價指數,此一過程稱之為平減,所用
指數稱之為平減指數(deflator)。

　　又一個國家的實質國民生產毛額雖然增加,但若人口的增加率超
過實質國民生產毛額的增加率時,則該國的每人平均實質國民所得即
不增反減。因此由實質國民生產毛額尚看不出該國人民的經濟福利水
準是否提高,必須化為每人平均實質國民所得才能看出。

3. 國民生產毛額的平減指數　為說明方便起見,將最終產品分為

五類，即用於民間消費、投資毛額、政府消費、出口、及進口的產品，其數量分別為 Q^C、Q^I、Q^G、Q^X 及 Q^M；其價格當期者分別為 P^C、P^I、P^G、P^X 及 P^M，基期者分別為 P_0^C、P_0^I、P_0^G、P_0^X 及 P_0^M。則名目國民生產毛額可求得如下：

$$GNP = P^C \cdot Q^C + P^I \cdot Q^I + P^G \cdot Q^G + P^X \cdot Q^X - P^M \cdot Q^M$$

式中 GNP 代表名目國民生產毛額。

實質國民生產毛額可求得如下：

$$gnp = P_0^C \cdot Q^C + P_0^I \cdot Q^I + P_0^G \cdot Q^G + P_0^X \cdot Q^X - P_0^M \cdot Q^M$$

式中 gnp 代表實質國民生產毛額。

則國民生產毛額的平減指數為：

$$國民生產毛額的平減指數 = \frac{GNP}{gnp} \times 100$$

以上是為說明方便起見，只將最終產品分為五類，實際計算時通常分為三十類左右。此外，各類最終產品的數量是以量指數表示的，因每類最終產品均包含許多種產品在內，且各種產品的計價單位及價格均不盡相同，不能直接加以彙總，因此必須求成量指數以為代表。價格的情形也是一樣，必須求成價格指數以為代表。

除去特別為平減國民生產毛額所計算的平減指數以外，亦可直接引用政府所發布的物價指數以平減國民生產毛額。政府所發布的物價指數主要有兩種，即薑售物價指數（wholesale price index）及消費者物價指數（consumer price index）。薑售物價指數與消費者物價指數的內涵不同，因而其功能亦不同。薑售物價指數的高低顯示貨幣購買力的高低，薑售物價指數愈高，則貨幣的購買力愈低。消費者物價指數的高低顯示消費者所得購買力的高低，消費者物價指數愈高，則消費者所得的購買力愈低。平減國民生產毛額的目的如果在消除貨幣購買力變化的影響，則採用薑售物價指數加以平減；如果在消除消費者所得購買力變化的影響，則採用消費者物價指數加以平減。

4. 每人平均實質國民生產毛額的計算　　其求算方式如下：

$$實質國民生產毛額 = \frac{名目國民生產毛額}{國民生產毛額的平減指數} \times 100$$

$$每人平均實質國民生產毛額 = \frac{實質國民生產毛額}{人口數}$$

同樣情形，吾人亦可求算狹義的實質國民所得及狹義的每人平均實質國民所得，其求算方式如下：

$$實質國民所得 = \frac{名目國民所得}{國民所得的平減指數} \times 100$$

$$每人平均實質國民所得 = \frac{實質國民所得}{人口數}$$

國民所得的種類不同，其平減指數亦不同，因各種國民所得所含的物品不盡相同也。

茲將歷年我國臺灣地區的每人平均國民所得列表加以顯示如下：

表 15-6　歷年中華民國臺灣地區的每人平均國民所得

單位：臺幣元

年　別	按當年價格計算		按 75 年固定價格計算	
	金　　額	指　　數	金　　額	指　　數
民國 41 年	1,913	100	18,354	100
45 年	3,296	172	21,623	118
50 年	5,666	296	25,408	138
55 年	8,848	463	35,466	193
60 年	16,407	858	52,561	286
65 年	39,559	2,068	71,572	390
70 年	89,868	4,698	94,374	514
75 年	137,992	7,213	137,992	752
80 年	216,550	11,320	192,693	1,050

資料來源：同表 15-1。

　　由上表數字可看出，按當年價格計算的每人平均國民所得，民國41年時為臺幣1,913元，至民國80年增加為216,550元，前後39年增加113倍。如按民國75年的固定價格計算，民國41年時的每人平均實質國民所得為18,354元，至民國80年增加為192,693元，前後39年增加10.5倍。

六、國民所得與經濟福利

　　1. 國民所得用作經濟福利指標的問題　　國民所得用作經濟福利的指標將有如下各種問題：

　　(1)不能顯示所得分配——由第十二章的說明知，一個社會如果所得分配愈平均，則在固定資源之下整個社會的滿足程度愈高。每人平均實質國民所得只能顯示每個人的平均數額，不能顯示其分配狀況。為彌補此缺點，乃有所得分配的分析，其情形見第十二章第六節。

　　(2)未涵蓋地下經濟——所謂地下經濟，即政府無法掌握管理的經濟活動。產生地下經濟的原因有二：其一為逃漏稅，另一為從事不法經濟活動，如毒品的製造與買賣的活動等。地下經濟使國民生產毛額低估，從而使整個社會的經濟福利水準低估。

　　(3)遺漏未上市生產成果——婦女的家庭服務、自己動手修理房屋及有關設備的勞務、以及各種義工的服務等，因無法估計其生產價值，因此乃不能計入國民生產毛額之中，而使社會福利水準低估。

　　(4)未正視休閒價值——休閒能使人們身心愉快，滿足人類的慾望，因此也是一種經濟福利。休閒時數加多，工作時數減少，如此將使國民生產毛額減少，但經濟福利並未減少。由此可知，忽視休閒的價值亦將使經濟福利水準低估。

　　(5)未扣除外部成本及負產品的價值——外部成本主要是公害，包括環境的污染、煙酒、毒品及色情的傷害、以及強盜宵小殺人越貨的損失等，這些都是社會的負產品（disproducts），因其成本不易估

計，因此未從國民生產毛額中扣除。相反地，為防止這些公害，政府也會增加一些開支，創造一些就業機會，而使國民生產毛額增加。這兩種成本即外部成本與防止成本都應該從國民生產毛額中扣除，如此才能顯示真正的經濟福利水準。

(6)未正確辨別產品的性質與品質——例如環保與治安費用的增加，這些費用的增加並不代表經濟福利水準的提高，相反地還可能代表經濟福利水準的降低，因環保與治安發生問題才會增加這些費用。教育是一種人力投資，應該視為生產，不應該視為消費。此外，一種產品生產過程的改進，一方面可使生產效率提高，另一方面也使品質改進。但生產效率提高將使產品的價格下降，其結果國民生產毛額不增反減，不能反映因品質改進所增加的經濟福利。

基於以上六個原因，可知國民生產毛額不能正確顯示一個國家的經濟福利水準。

2. 經濟福利指標的建立　由上面的說明知，國民生產毛額不能正確顯示一個國家的經濟福利水準，於是學者們乃競相研究，希望能建立一個指標以正確顯示經濟福利水準。在這方面比較有成就是陸浩思（William Nordhaus）與陶斌（James Tobin）兩位學者，他們於1972 年提出一種稱為經濟福利測度（measure of economic welfare，簡寫為 MEW）的方法，其法是以國民生產淨額為基礎，根據前述後面五個項目加以調整，即地下經濟、未上市生產成果、休閒活動、外部成本及負產品、以及產品性質的辨別與品質的變化等，其結果一般說來與國民生產淨額有相當的差距。就以美國的情形來看，該國經濟福利測度的結果遠高於其國民生產淨額，其原因為該國國民所得中所漏列的正產品遠較其負產品為多也。又經濟福利指標一般均只能顯示經濟福利水準的總額，不能顯示其在各所得階層間的分配狀況。為彌補此缺陷，除去上述總額式的經濟福利指標以外，尚必須進行所得分配的分析，俾能完整地說明一個國家的經濟福利水準。

3. 我國臺灣地區的國民所得分配　茲將民國 80 年我國臺灣地區以

家戶為單位的個人所得分配情形列表顯示如下：

表 15－7　民國 80 年中華民國臺灣地區以家戶為單位的
個人所得分配

按所得高低將家戶數五等分	該組家戶所得合計占全部家戶所得總額的百分比
所得最低五分之一家戶	7.45
所得次低五分之一家戶	13.22
所得中等五分之一家戶	17.51
所得次高五分之一家戶	23.22
所得最高五分之一家戶	38.60
總　　　計	100.00

資料來源：同表 15－1。

　　由上表可看出，民國 80 年我國臺灣地區以家戶為單位的個人所得分配，所得最低的五分之一家戶其個人所得合計占全部家戶所得總計的 7.45%；另一個極端，即所得最高的五分之一家戶其個人所得合計占全部家所得戶總計的 38.60%；同樣是五分之一的家戶，最高組的所得為最低組的所得的 5.18 倍。與其他國家比較，此一差距一般說來是相當低的。由此可知，我國在過去四十年中不但在經濟成長方面有相當的成就，同時在所得分配方面亦有不錯的表現。

摘 要

國民所得的衡量

國 民 所 得 會 計 與 國 民 生 產 毛 額	
國民所得會計	為編製國民所得的一套制度與技術。
編製國民所得的目的	其目的在顯示一個國家在某一段時間內經濟活動的成果，從而顯示其經濟力量的強弱與消長。
國民生產毛額的意義	一國的國民生產毛額（GNP）為該國「全體國民」在「一定期間內」所生產出來供「最終用途」的物品與勞務的「市場價值」。 GNP 為最基本及最主要的國民所得指標。

編 製 國 民 所 得 的 方 法		
方法種類	支出面法	即由最終部門對產品消費所作支出計算國民所得的方法。
	要素所得法	即由要素提供者出售要素所得計算國民所得的方法。 在迂迴生產過程中，每一階段扣除中間產品投入後，其他成本加上利潤，即為該一階段對產品的附加價值，將各階段附加價值相加，即得 GNP，故此法又稱為附加價值法。
GNP 的編算	支出面法	$GNP = C + I + G + X - M$ 式中 C＝民間消費、I＝投資毛額、G＝政府消費、X＝出口、M＝進口。
	要素所得法	$GNP = w + r + i + \pi +$ 折舊＋間接稅淨額 式中 w＝工資、r＝租金、i＝利息、π＝利潤。

其 他 各 種 國 民 所 得 （總 額）	
國民生產淨額 (NNP)	(1)計算方法——$NNP = GNP -$ 折舊 (2)目的——顯示一國國民經濟活動成果的「淨」額。
國民所得 (NI)	(1)計算方法——$NI = w + r + i + \pi = NNI -$ 間接稅淨額 (2)目的——顯示四種生產要素的所得。
個人所得 (PI)	(1)計算方法——$PI = NI -$（未分配盈餘＋營利事業所得稅＋社會福利支付）＋移轉支付 $= NI -$（勞而不獲）＋（不勞而獲） (2)目的——顯示交在國民手中的所得額。
可支配所得 (DI)	(1)計算方法——$DI = PI -$ 個人所得稅 (2)目的——顯示國民可以支配的所得額。
國內生產毛額 (GDP)	(1)意義——一國「國內」在一定期間內所生產最終產品的市場價值。 (2)性質——GDP 是「屬地的」，GNP 是「屬人的」。 (3)目的——顯示一國國內經濟活動的成果。 (4)計算方法——$GDP = GNP -$ 本國國民的生產要素參與外國生產的報酬＋外國國民的生產要素參與本國生產的報酬。

每 人 平 均 實 質 國 民 所 得	
意　　義	按市價計算的國民所得稱為名目國民所得，名目國民所得以適當物價指數平減後的結果稱為實質國民所得，實質國民所得除以人口數之商稱為每人平均實質國民所得。
目　　的	在消除物價膨脹及人口增殖的影響，而顯示國民真正的經濟福利水準。
計算方法	實質 GNP＝名目 GNP÷GNP 平減指數 每人平均實質 GNP＝實質 GNP÷人口數
GNP 的平減指數	名目 $GNP = P^C \cdot Q^C + P^I \cdot Q^I + P^G \cdot Q^G + P^X \cdot Q^X - P^M \cdot Q^M$ 實質 $GNP = gnp = P_0^C \cdot Q^C + P_0^I \cdot Q^I + P_0^G \cdot Q^G + P_0^X \cdot Q^X - P_0^M \cdot Q^M$ GNP 平減指數＝（GNP / gnp）×100 實際求算時，產品不止分五類，同時各類產品的數量及價格均是以指數方式表示的。

國民所得作為經濟福利指標的問題	
問 題 所 在	(1)無法反應所得分配。 (2)地下經濟活動難以掌握。 (3)漏掉未上市的生產成果。 (4)忽視休閒的價值。 (5)外部成本及負產品未扣除。 (6)未能辨別產品的性質與產品的品質。 　因此以 GNP 表示經濟福利水準難稱合理。
解決之道	經濟福利測度法 (NEW)──其法乃以 NNP 為基礎，設法根據上述後五項問題加以調整。

國民所得的編製系統

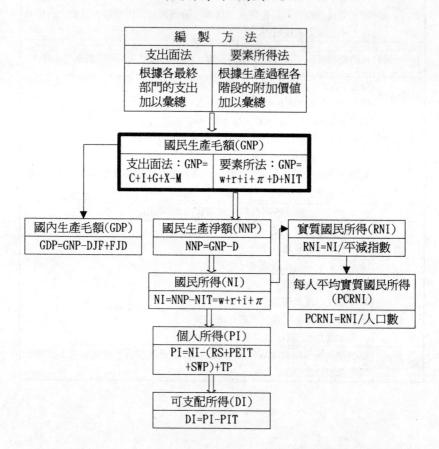

註：C=民間消費，I=投資毛額，G=政府消費，X=出口總值，M=進口總值，
　　W=工資，r=租金，i=利息，π=利潤，D=折舊，NIT=間接稅淨額，RS=
　　未分配盈餘，PEIT=營利事業所得稅，SWP=社會福利支付，TP=移轉支
　　付，PIT=個人所得稅，DJF=本國國民的生產要素參與外國生產的報酬
　　，FJD=外國國民的生產要素參與本國生產的報酬

問 題

1. 何謂國民所得會計？有何用途？

2. 何謂國民生產毛額？其編製之目的何在？

3. 編製國民所得的方法有幾？由何而來？各有何特質？

4. 編製國民所得的三種方法中以那一種方法為最重要？何故？

5. 以國民生產毛額為基礎，可進一步計算那些國民所得？其目的何在？

6. 國內生產毛額與國民生產毛額在意義上及編製方法有何不同？

7. 何謂平減指數？其編製之目的何在？

8. 何謂每人平均實質國民所得？其編製之目的何在？

9. 以傳統方式編製之國民所得常不能用作經濟福利之正確指標，其故安在？如何加以改進？

10. 國民所得的計算在總體經濟及總體經濟學上有何特殊意義？

第 柒 篇

貨幣供需與財政

　　由第十四章所提出的國民所得周流可看出，最終部門中除去政府、家計單位及外國部門以外，尚有一個貨幣與投資市場。貨幣的供需決定利率，利率的高低影響投資，投資的多寡不但影響總合需求，同時影響總產出水準。因此在探討總體經濟理論之前，必須先對貨幣的意義與供需有所瞭解才行。此外，在最終部門中政府也是一個重要的部門，其支出的多寡直接影響總合需求，間接影響總產出水準，因此在探討總體經濟理論之前，亦有必要先對政府的收支及財政有所瞭解才行。不寧唯是，總體經濟發生問題的時候需要有政策來解決，解決總體經濟問題的政策很多，其中以財政政策及貨幣政策為最重要。因此除去在建立總體經濟理論時需要貨幣與財政的知識以外，同時在解決問題釐訂政策的時候也需要貨幣與財政的知識。因此之故，在正式介紹總體經濟理論以前，勢必須同時先對貨幣與財政有所涉獵才行。下一章即第十六章將率先介紹貨幣的意義與供需，第十八章再進一步介紹政府的收支與財政。茲逐步說明如下。

第十六章　貨幣的意義與供需

一、貨幣的定義

1. 先驗的貨幣定義　早期的經濟學者認為貨幣應具有四種功能，即交換的媒介、計算的單位、價值的儲藏及遞延支付的標準，於是將具有這四種功能的物品定義為貨幣（money）。他們直覺地認為貨幣應具有這些功能，並未加以客觀而嚴密的論證，因此根據這些功能對貨幣所下的定義稱之為先驗的（a priori）貨幣定義。

2. 貨幣的四項主要功能　茲分別說明如下：

(1)交換的媒介——進行物物交換的時候發生兩種困難，其一為交換的物品不能滿足對方的需要，另一為不能找零。有了貨幣以後，交換者可以將自己的物品先換成貨幣，然後再以貨幣去購買自己所需要的物品，如此不能滿足對方需要的問題即行解決。當然，有了貨幣以後，不能找零的問題也一併解決。

(2)計算的單位——進行交易時如果有一個共通的計算單位，則算賬時即比較方便。例如白米一斤 18 元，買五斤 90 元，付 100 元，找回 10 元，簡單明瞭。如果沒有貨幣，也就是沒有一個共通的計算單位，則問題就不簡單了。假定有 n 種物品，每兩種物品有一個交換比例，n 種物品共有 $n(n-1)/2$ 個交換比例。如果有貨幣，則 n 種物品只有 n 種價格。設 $n=10$，則 $n(n-1)/2=45$，故知有了貨幣以後，算賬的工作就可以簡化 4.5 倍。如果物品的種類很多，則簡化的程度更大。此外，有了貨幣以後，每種物品就會有一個價格，價格的高低顯示一種物品交換價值的高低，因此價格可用以衡量物品的

價值，這是由計算單位所衍生出來的功能。

(3)價值的儲藏——就個人而言，其收入與消費在時間上常不能完全配合，必須將一部分物品的使用價值儲藏起來，留待日後消費，因此需要一種方便、耐久且價值無折損之虞的工具以暫時儲存這些價值。貨幣是一種方便而且耐久的價值儲藏工具，如果貨幣本身的價值不變，即能保持該一部分物品的價值。

(4)遞延支付的標準——所謂遞延支付（deferred payment），簡言之即是先取貨、後付錢的交易行為。此種交易當時雖未完成，但遲早要完成，最後仍必須以貨幣作為交換的媒介。以後付錢，以後付多少，必須有一個計算單位才能清算。此外，售貨者當時雖未拿到錢，但已獲得對方的承諾或支票，此項承諾或支票對售貨者而言即是其物品價值的儲藏。由此可知，遞延支付的標準是結合上述三種功能即交換的媒介、計算的單位及價值的儲藏所形成的一種混合型的功能。

3. 貨幣定義的爭議 先驗性的貨幣定義雖甚簡單明瞭，但也有若干爭議，茲說明如下：

(1)流動性與貨幣性的考慮——所謂流動性（liquidity），是指資產變換為現金的能力。一種資產變換為現金時如果耗費的時間及成本均較少，則此資產的流動性即較高；反之，即較低。例如活期存款變換為現金時耗費的時間不多，同時成本亦少，故活期存款的流動性較高。反之，如機器設備及土地房屋等固定資產變換為現金時耗費的時間較多，同時成本亦高，故機器設備及土地房屋的流動性較低。流動性較高的資產稱為流動資產（liquidity assets），流動性較低的資產稱為固定資產（fixed assets）。流動性較高的資產是否應納入貨幣的範疇之內，納入多少，對此各家各派的看法不一。

(2)實證法定義貨幣的問題——重貨幣學派的學者傅利曼（Milton Friedman）及許爾志（Anna Schwartz）二氏認為貨幣為總體經濟中的一個重要變數，影響名目所得與物價水準，其功能較上述先驗法（a priori approach）定義貨幣的四項功能為廣。他們認為凡與名

目所得及物價水準關係愈密切者，即愈應納入貨幣的範疇之內。此種定義貨幣的方式因係以貨幣在總體經濟中所產生的實質效果為準，故稱之為實證法（empirical approach）。傅許二氏雖然給貨幣下了一個範圍較廣的定義，然而在此定義下到底那些是貨幣，連他們自己都弄不清楚，遑論其他學者。

綜合以上所述，可知隨著社會的進步，貨幣的功能以至貨幣的範疇有逐漸擴大的趨勢，然而到底貨幣應具有那些功能，以及到底那些才是貨幣，至今仍眾說紛紜，莫衷一是。

二、貨幣的演進

1. 貨幣的種類　貨幣可大別為兩類，即商品貨幣（commodity money）與強制貨幣（fiat money）。其演進過程一般均是由商品貨幣演進為強制貨幣，其詳細情形將在後節中說明之。

2. 商品貨幣的意義及其所具備的條件　所謂商品貨幣，即是除去具有上述交換媒介等各種功能以外，其本身亦具有商品價值的貨幣。一種物品至少須具備下列六個條件，始能用作商品貨幣：

(1)耐久性——為節省更換成本，用作商品貨幣的物品必須能經久耐用，而且不變質。

(2)可分割性——為適應交易的需要，用作商品貨幣的物品必須加以分割，同時分割後不損其價值。

(3)輕便性——為便於搬運與儲存，用作商品貨幣的物品必須體積小、重量輕。

(4)同質性——為維持相同的交易價值，用作商品貨幣的物品必須是同質的。

(5)供給穩定性——為使流通的數量穩定，用作商品貨幣的物品其供給必須具有穩定性。

(6)適度缺乏性——為適於用作交易的媒介，用作商品貨幣的物品

必須是價值較高的物品。物以稀為貴,因此用作商品貨幣的物品其供應必須具有適度的缺乏性。當然,缺乏要適度,如果不適度,則貨幣的供應量過少,不足以應付交易的需要。

最原始的商品貨幣為貝殼、石雕、皮革及鹽等,其後為銅與鐵,最後演進為金與銀兩種稀有金屬,因金與銀最能符合上述六個條件也。

3. 硬幣的功能與問題 金銀雖能同時符合上述六個條件,但若以金塊與銀塊的型態出現,則在進行交易時將發生兩種困難,第一、每個金塊或銀塊的大小不同,第二、每個金塊或銀塊的成色不同,因此根據金塊與銀塊很難進行計價,從而使交易不能正確而快速的進行。為改進此缺點,乃有硬幣的產生。硬幣不但大小相同,同時成色一致,每個硬幣均具相同的價值,以之為計價單位,即能方便交易的進行,這是有了金銀以後尚必須做成硬幣的原因。

硬幣的表面通常均註上價值的單位及數額,如一元、五元或十元等,此稱之為面值 (face value);其中所含貴金屬的成分,則稱之為成色 (base value)。為控制硬幣的品質,通常由政府鑄造發行。如果貴金屬的供應不足,而發行的數額又不能減少時,則政府只有以降低成色的方式來解決問題,如此將產生下列兩種後果:

(1)導致物價上升──硬幣的成色降低了以後,硬幣的面值雖未降低,但其實際價值降低了,其結果同樣多的物品必須以較多的硬幣才能購得,如以面值為計價單位,則每一單位物品的價格即行上升。由此可知,硬幣成色的降低將導致物價上升。在此情況下,政府為因應交易的需要,乃發行更多的硬幣,而使硬幣的成色作更進一步的降低。古典學派的學者即根據此一現象建立其貨幣數量與物價間變化關係的學說,稱之為「貨幣數量學說」,其詳細情形將在後節中說明之。

(2)葛萊興法則──十六世紀英國人葛萊興氏 (Thomas Gresham)發現一種現象,即人們多將面值相同但成色較高的硬幣收藏起來,其結果在市面流通的都是一些面值相同而成色較低的硬幣。成

色較高的硬幣其商品價值較高，對持有者而言是一種良幣；反之，成色較低的硬幣其商品價值較低，對持有者而言是一種劣幣。人們多將良幣收藏起來，而讓劣幣在市面流通，此即有名的「劣幣驅逐良幣的法則」。由於此法則係由葛萊興氏所創，故亦稱之為「葛萊興法則」（Gresham's law）。

4. 紙幣的產生與演進　黃金與白銀及以其為原料所做成的硬幣一般說來有相當的重量，尤其是數額較多的時候，其份量更是不輕，攜帶與運送均不方便。為解決此問題，乃有紙幣的產生。紙幣一般均由政府或信用卓著的民間金融機構發行。紙幣一開始的時候必須能隨時兌取黃金或白銀，否則人們是不會接受的。備供紙幣持有人兌取的黃金或白銀，稱為紙幣的發行準備。又紙幣本身雖無商品價值，但因其能隨時兌取黃金或白銀，故就實質而言紙幣仍具有商品價值。紙幣的發行準備含有三個問題，第一、紙幣的發行是以黃金為準備或是以白銀為準備，第二、發行準備是十足的或是部分的，第三、紙幣持有人是否能隨時兌取黃金或白銀。茲分別說明如下：

　　⑴貨幣的本位——為衡量紙幣的價值，必須訂定其所能兌取的黃金或白銀的數量，例如訂定臺幣一元可兌取黃金幾分或幾厘。此種以黃金或白銀衡量紙幣價值的標準稱為「貨幣的本位」，具有此本位的貨幣稱為「本位貨幣」。貨幣的本位通常有兩種，即金本位與銀本位。所謂金本位，即以黃金為衡量紙幣價值的標準；同理，所謂銀本位，即以白銀為衡量紙幣價值的標準。本位貨幣的價值與其作為本位的黃金或白銀的價格連在一起，當黃金或白銀的價格上漲時，則本位貨幣的價值即隨之提高；反之則否。一般說來，黃金的供給比較穩定，白銀則否，因此以黃金為本位的貨幣其價值比較穩定，此為世界上多數國家均以黃金為其貨幣本位的原因。一個國家的貨幣制度發展到後來紙幣在國內是不能兌現的，因此採取金本位或銀本位對國內沒有什麼影響，可是進行國際貿易的時候即有甚大的影響。一般說來在進行國際清算時，對採取銀本位的國家比較不利，因其貨幣價值隨著

銀價的下跌而不斷貶低也。我國早期是採用銀本位的國家，一元的鈔票可換取一元的銀幣，抗戰前夕始改為金本位，從此鈔票的價值即與袁大頭脫離關係，而與國際上其他國家的貨幣直接發生關係。

(2)準備的成數——剛開始發行紙幣的時候，發行單位必須備有與紙幣面值相同的黃金或白銀，亦即具有十足的準備以供隨時兌現，否則人們是不會接受的，此時發行紙幣的目的完全是為了便於攜帶與運送。其後人們對紙幣逐漸產生信心，同時為了方便也不必時時去兌現，在此情況下，發行單位乃有部分金銀閒置未用；此外，由於交易的需要發行單位乃增加紙幣的發行，紙幣的發行額增加而金銀的數量並未增加，如此即逐漸由十足準備演變為部分準備。此時發行紙幣的目的不但在便於攜帶與運送，同時亦在便於使用包括交易媒介等其他各種功能。

(3)能否兌現——剛開始發行紙幣的時候，因人們對紙幣缺乏信心，因此要求能隨時兌現。其後人們對紙幣逐漸產生信心，為免麻煩乃不必時時去兌現。最後習慣成自然，大家認為紙幣就是錢，在此情況下政府即可乘機停止紙幣與金銀間的兌換關係，從此即由商品貨幣進入強制貨幣的時代。停止紙幣與金銀間的兌現關係有兩點好處，其一為發行單位可免去時時兌現之煩，節省營運成本；另一為當物價波動時，因為不能兌現可減少許多不利的影響。當然，停止紙幣與金銀間的兌換關係以後，紙幣的發行工作必須由政府來擔任，因其間牽涉到很多權利與義務的問題。

5. 強制貨幣的產生與特質　　紙幣的發行演變為部分準備以後，政府一方面認為有利可圖，另一方面為便於管理，乃將貨幣發行權收歸政府所有。不寧唯是，政府為免紙幣兌現之煩，同時為免紙幣兌現所產生的不利影響，乃停止紙幣與金銀間的兌換關係。停止兌換關係以後，為使紙幣能夠通行無阻，必須以法律規定其具有無限法償的地位。所謂無限法償（legal tender），是指債權人不能拒絕接受貨幣以抵充其債權，否則將喪失其追償債務的權利。由於人們不能拒絕接

受具有無限法償的貨幣，故具有無限法償地位的貨幣稱為強制貨幣。
無限法償主要來自人們對貨幣的信心，惡性通貨膨脹時期，人們雖不
能拒絕接受貨幣，但視貨幣為燙手山芋，不願長期保有，因其已不具
價值儲藏的功能。此外，鑄幣與存款貨幣雖不具無限法償的地位，但
如人們對其有信心，即不會拒絕接受以抵償其債務。由此可知，無限
法償雖為強制貨幣的充分條件，但非必要條件。

6. 鑄幣的意義與功能　　鑄幣（coin）是指以金屬品鑄造而成的輔
幣，其中可以含有金銀，也可以不含金銀。輔幣的商品價值通常低於
其面值，否則將被人窖藏或加以鎔化做成其他商品出售。輔幣的主要
功能為輔助主要貨幣，進行小額交易或找零，故輔幣的面額通常均較
小。又鑄幣不具無限法償的地位，但可聚集一定數量兌換紙幣，取得
無限法償的地位。紙幣與鑄幣合稱為通貨（currency）。

7. 存款貨幣的意義　　存款貨幣（deposit money）包括支票存款與
活期存款兩種。支票可以隨時兌現，與貨幣差不多；活期存款可以隨
時提取，所費時間不多，其性質亦接近貨幣。為與真正的貨幣亦即現
金有所區別，故稱其為存款貨幣。

三、貨幣數量的衡量

1. 貨幣數量衡量的標準　　由第一節的說明知，貨幣的定義有廣狹
之分，因此貨幣的數量亦有廣狹之分。任何貨幣均必須同時具有交換
媒介等四種基本功能，這是最起碼的條件。除此而外，還有一個條件
即流動性的大小。通貨的流動性最大，毫無疑問地應該納入貨幣的範
疇之內。其他可以納入貨幣範疇之內的還有一些流動性較大的資產，
如支票存款、活期存款及儲蓄存款等。貨幣數量因納入這些資產的多
寡而有廣義與狹義之分，茲分述如下。

2. 狹義的貨幣數量　　狹義的貨幣數量包括通貨及支票存款的數額
在內，有時亦包括活期存款的數額在內，其數額以 M_1 表之。支票存

款與活期存款合稱為存款貨幣，則狹義的貨幣數量可計算如下：

$$M_1 = 通貨 + 存款貨幣$$

在計算通貨時，應將中央銀行與接受支票存款及活期存款銀行所保有的貨幣剔除，以免重複計算，其原因容後說明。

3. 廣義的貨幣數量　廣義的貨幣數量是指狹義的貨幣數量與具有高度流動性資產的總和。高度流動性的資產因其可在短期內變現，同時不需付出太多的代價，與狹義的貨幣間具有高度的替代性，故稱其為近似貨幣（near money）或準貨幣（quasi money），而將其納入貨幣的範疇之內。各種準貨幣雖其流動性均較大，但終究有相當的差異，因此廣義的貨幣數量隨流動性的大小而有所不同。為區別此一差異，廣義的貨幣數量按流動性的大小順次以 M_2、M_3、⋯⋯表之。流動性最高且最常用的廣義貨幣數量為：

$$M_2 = M_1 + 定期存款 + 儲蓄存款$$
$$= 通貨 + 存款貨幣 + 定期存款 + 儲蓄存款$$

定期存款與儲蓄存款可以中途解約，最多損失一點利息而已，因此其流動性較高。

4. 信用卡與簽賬卡的性質　信用卡（credit card）與簽賬卡俗稱塑膠貨幣（plastic money），但實際並不是貨幣。其原因為信用卡與簽賬卡雖能用以購物，但最終還是要付錢的，只是暫時不付而已。此外，信用卡與簽賬卡只供本人使用，不具流通媒介的功能。還有信用卡與簽賬卡不是無條件的可以購物，因而不具價值儲藏的功能。由於信用卡與簽賬卡缺少貨幣的許多重要功能，因此不是貨幣，而是銀行保證付款的一種信用狀而已。

四、貨幣的需求

1. 貨幣需求的產生　由於貨幣具有交換媒介及價值儲藏等功能，節省甚多的交易成本與儲藏成本，直接滿足人類的需要，間接滿足人

類的慾望，因此人們乃對貨幣產生需求。

2. 貨幣需求的一般理論　其內涵主要包括兩方面，其一為保有貨幣所需考慮的因素，另一為貨幣需求方程式的導出，茲分別說明如下：

(1)保有貨幣所需考慮的因素——由於貨幣具有價值儲藏的功能，其本身即是一種資產。保有貨幣或保有其他資產互有利弊，其考慮的因素如下：

第一、貨幣可用作交易的媒介，其他資產則否。

第二、貨幣的流動性大，可以即時購買所需要的物品，其他資產則否。

第三、其他資產均有相當的報酬，而貨幣則否。等值其他資產的報酬即為保有貨幣的機會成本。

第四、物價上漲時，貨幣的交換價值下降，其他資產特別是實物資產則不受影響，這是保有貨幣的風險。當然物價下跌時，保有貨幣即比較有利。然而，一般說來物價上漲的機會比較多，下跌的機會比較少，故就平均而言保有貨幣的風險較其他資產者為高。

綜合以上所述，可知交易媒介及流動性為保有貨幣的有利因素，報酬率是不利因素，至於風險性則是弊多利少。

(2)貨幣需求方程式的導出——根據上述保有貨幣所考慮的各項因素，即可導出貨幣需求的方程式，其式如下：

$$\frac{M}{P} = m\,(\,Y, i, \pi^e, A, \alpha\,)$$

式中 M 代表貨幣需求量，P 代表一般物價水準，m 代表函數的符號，Y 代表實質國民所得，i 代表利率，π^e 代表預期物價上漲率，A 代表實質資產總額，α 代表其他影響因素。茲說明如下：

物價水準提高，則同一件物品需要較多的貨幣才能取得，反之則否，因此貨幣的數量通常是與物價水準的高低成正比。為能顯示貨幣的實質需求量，必須以物價指數去除貨幣數量，其結果稱為「實質貨

幣量」，即 M/P。

　　在影響因素方面，所得增加，交易量增加，則貨幣的需求量亦隨之增加，反之則否，故知貨幣需求量與所得之間有正變的關係。其他資產的報酬率上升，保有貨幣的機會成本提高，則貨幣的需求量將因之減少，反之則否，故知貨幣需求量與投資報酬率之間有負變的關係。預期物價上漲率提高，人們願意存實物，不願意存錢，其結果貨幣的需求量將因之減少，反之則否，故知貨幣需求量與預期物價上漲率之間有負變的關係。實質總資產增加，交易量增加，則貨幣的需求量亦隨之增加，反之則否，故知貨幣需求量與實質資產總額之間有正變的關係。其他影響因素方面，以信用卡或簽賬卡購買物品，當時不需付款，延至月底發薪水時一起付，可減少消費者平時保有貨幣的數量，這是制度所產生的影響。除此而外，其他有關制度如票據交換制度及轉賬制度等，均可減少貨幣的需求。這些因素的影響在方程式中統以一個變數 α 代表之。

3. 古典學派的貨幣需求理論　　其內涵如下：

　　(1)交易方程式——古典學派的學者費雪氏（Iving Fisher）提出一個有關貨幣需求的方程式，稱為交易方程式，其式如下：

　　　　$MV = PT$

　　式中 M 代表貨幣數量，V 代表貨幣流通速度，P 代表物價水準，T 代表總交易量。所謂貨幣流通速度，是指一定期間內貨幣因交易而轉手的次數。

　　上式左方 MV 代表一定期間內參與交易的貨幣總額（重複計算，有一次算一次），右方 PT 代表同一期間內參與交易的商品總價值，很明顯地兩者必須相等。上式由左向右代表買方付錢取貨，由右向左代表賣方交貨取錢，整個方程式說明「一手交錢，一手交貨」的交易行為，故該方程式稱之為交易方程式（equation of exchange）。

　　(2)劍橋現金餘額方程式——英國劍橋大學的經濟學者將上述交易

方程式加以改寫，其過程如下：

已知　　$MV=PT$

則　　　$MV \cdot \dfrac{Y}{T} = PT \cdot \dfrac{Y}{T}$

式中 Y 代表實質國民所得，其意義容後說明。

令　　　$V_y = V \cdot \dfrac{Y}{T}$

此稱之為「貨幣的所得流通速度」。

則　　　$MV_y = PY$

即　　　$M = \dfrac{1}{V_y} PY$

令　　　$k = 1 \big/ V_y$

此稱之為「金融深化指數」，其意義容後說明。

則　　　$M = kPY$

此即為劍橋現金餘額方程式（the Cambridge cash balance equation）。劍橋學派認為 k 雖然也會受到利率及制度的影響，但一般說來比較穩定。由最後一式可看出，因為 k 比較穩定，因此劍橋現金餘額方程式實際是說明貨幣數量 M 與名目所得 PY 之間的比例關係。

(3)貨幣的需求方程式——已知劍橋現金餘額方程式為：

　　　　$M = kPY$

令　　　$M = M^d$

則　　　$M^d = kPY$

式中 M^d 代表貨幣的需求量。

此即為古典學派的貨幣需求方程式。前述 k 一般說來比較穩定，因此貨幣的需求量 M^d 隨物價水準 P 及實質國民所得 Y 的變化作同方向的變化。

(4)貨幣數量學説——已知古典學派的貨幣需求方程式為：

$$M^d = kPY$$

令 M^s 代表貨幣的供給量。在均衡狀態下，$M^d = M^s$，則上式可改寫為下列形式：

$$M^s = kPY$$

同樣情形，k 比較穩定，同時實質國民所得 Y 決定於總合供需，一般說來也比較穩定，如此物價水準 P 決定於貨幣供給量 M^s。當貨幣供給量增加時，物價水準即行提高，反之則否，兩者之間有正變的關係，此即古典學派的「貨幣數量學說」。

(5)結語——綜合以上所述，可知古典學派的貨幣需求理論是以交易方程式為基礎，而交易方程式所代表是貨幣的交易媒介功能，故知古典學派特別重視貨幣的交易媒介功能，其他功能則未曾顧及。

4. 凱因斯的貨幣需求理論　凱因斯認為人們需要貨幣主要是由於下列三項動機：

(1)交易動機——人們為應付日常生活及企業為應付日常營運乃有開支，因而需要貨幣，這是因交易動機對貨幣所產生的需求，其多寡受下列四種因素的影響：

第一、國民所得水準的高低。一般說來，所得水準愈高，交易愈多，需要貨幣的數量亦愈多。

第二、支付頻率的高低。同一數額的金額，如果一次付給，則需要較多的貨幣；如果分批付給，則所需貨幣即較少。例如工資的支付，如果由月薪改為週薪，則對貨幣的需求即行減少。

第三、貨幣化程度的高低。一般說來，一個社會貨幣化的程度愈高，則需要貨幣的數量亦愈多。所謂貨幣化，是指人們的經濟行為隨社會的進步而提高對貨幣的依賴程度。例如農地的地租及農業勞動的工資過去是以實物支付的，現在則以現金支付。農家所生產的農產品過去多留以自用，現在則多向市場銷售換取現金，再以現金購買自己所需要的物品。

第四、生產迂迴度的高低。生產迂迴的程度提高，產生更多層次的中間產品，如此即需要更多的貨幣以為交易的媒介。

(2)預防動機——為應付突發事件，如生病或親友來訪等，人們乃保有若干貨幣，這是因預防動機對貨幣所產生的需求，其多寡一般說來與所得的高低成正比。

(3)投機動機——貨幣可存入銀行購取利息，亦可購買債券或其他資產以賺取價差，究竟那一種比較有利，主要是看利率的高低及價差的大小。為賺取較多的利益，債券或其他資產應隨這兩種因素的變化而買進賣出，如此即導致貨幣需求的增加。債券或其他資產的買賣具有風險性，是一種投機行為，由此所增加的貨幣需求是屬投機動機所產生的需求。一般說來，如果社會上投機的機會愈多，風氣愈盛，則需要貨幣亦愈多。買賣債券或其他資產的目的主要在保持貨幣的價值，甚或提高其價值，故投機動機可說是針對貨幣的價值儲藏功能所產生的一種動機。

綜合以上所述，可知凱因斯的貨幣需求理論除考慮貨幣的交易功能以外，尚考慮貨幣的價值儲藏功能，其範圍較古典學派者為廣。唯一值得商榷的是凱氏理論與古典理論一樣未涉及預期物價上漲的因素，預期物價如果上漲，則貨幣的需求量也會增加的。

5. 貨幣需求的分析方法　主要有下列三種方法：

(1)貨幣的所得流通速度——其計算公式之來源如下：

已知　　　$MV_y = PY \doteqdot GNP$

則　　　$V_y = \dfrac{GNP}{M} = \dfrac{GNP}{M_1}$

或　　　$V_y = \dfrac{GNP}{M} = \dfrac{GNP}{M_2}$

式中 V_y 代表貨幣的所得流通速度，GNP 代表國民生產毛額，$M_1 =$ 通貨＋支票存款＋活期存款，$M_2 = M_1 +$ 定期存款＋儲蓄存款。

因交易量 T 無法衡量，故以實質國民所得 Y 加以取代，如此 PY

即近似地等於 GNP，而能求算貨幣的流通速度。因為此速度係以 Y 取代 T 求算而得，故稱之為「貨幣的所得流通速度」。上列流通速度是指貨幣在一年內因交易而轉手的平均次數。

(2)金融深化指數——其計算公式如下：

$$k=\frac{1}{V_y}=\frac{M_1}{GNP}$$

或　　$$k=\frac{1}{V_y}=\frac{M_2}{GNP}$$

式中 k 代表金融深化指數。

k 的數值愈大，表示金融深化的程度愈大。由 $M=kPY$ 知，k 愈大，表示貨幣的數量愈多。貨幣包括通貨、存款貨幣及準貨幣，貨幣數量多通常是因為存款貨幣及準貨幣比較多，這兩種貨幣是金融機構所創造出來的，因此 k 愈大，金融深化的程度亦愈大。

(3)貨幣需求的所得彈性係數——其計算公式如下：

$$\varepsilon^M=\frac{貨幣需求增加率}{所得增加率}$$

式中 ε^M 代表貨幣需求的所得彈性係數。

$\varepsilon^M=1$，表示貨幣需求量的增加率等於所得的增加率；$\varepsilon^M>1$，表示貨幣需求量的增加率大於所得的增加率；$\varepsilon^M<1$，表示貨幣需求量的增加率小於所得的增加率。計算貨幣需求的所得彈性係數的目的，在測度貨幣需求量對所得變化的反應程度。

五、商業銀行創造存款貨幣的過程

以上所討論的是貨幣的需求，現在再討論貨幣的供給。貨幣包含兩部分，即通貨與存款貨幣，通貨由中央銀行發行，存款貨幣由商業銀行創造，兩者均影響貨幣的供給。茲先說明存款貨幣的創造過程，其情形如下：

1. 存款貨幣機構的意義　存款貨幣機構係指可以吸收支票及活期存款並據以創造存款貨幣的金融機構。存款貨幣機構的種類甚多，其中最重要的是商業銀行。

2. 商業銀行創造存款貨幣的條件　主要有下列三個條件：

(1)吸收支票及活期存款——商業銀行必須能吸收到支票存款及活期存款，否則存款貨幣無由產生。

(2)部分準備率——中央銀行為維護金融的安全，規定商業銀行就其支票及活期存款中保留一部分以供兌現或提取，此保留的部分對全部支票及活期存款的比例稱為法定準備率或應提準備率（required reserve ratio）。法定準備率必須低於100%，否則即無多餘的款項可供貸出而創造存款貨幣。

(3)利用存款——支票及活期存款扣除法定準備以後，餘款即可加以利用以賺取收益。利用的方式主要為放款，放出的款項存入銀行又成為支票存款或活期存款，如此即產生新的存款貨幣。由此可知，商業銀行如無放款亦不可能創造存款貨幣。

3. 存款貨幣創造的過程　其過程如下：

(1)假定某人存入銀行10,000元，並簽發10,000元的支票。

(2)銀行保留20%即2,000元為應提準備，其餘8,000元貸出。

(3)借款人將8,000元存入銀行（不一定是原來的銀行，別的銀行也可以，總之此8,000元必定進入銀行系統），並簽發8,000元的支票。

(4)銀行對新存入的8,000元提取20%即1,600元為應提準備，其餘6,400元再行貸出。

(5)借款人將6,400元存入銀行，並簽發6,400元的支票。

(6)銀行對新存入的6,400元提取20%即1,280元為應提準備，其餘5,120元貸出。

如此不斷進行，則存款貨幣的總和為：

$$10,000＋8,000＋6,400＋5,120＋\cdots\cdots$$

$$= 10,000 \left[1 + 0.8 + (0.8)^2 + (0.8)^3 + \cdots \cdots \right]$$

$$= \frac{10,000}{1 - 0.8} = \frac{10,000}{0.2} = 50,000 \; 元$$

式中的 0.2 即為應提準備率。由此可知,當應提準備率為 20% 時,10,000 元的通貨通過商業銀行系統即可創造出 50,000 元的存款貨幣。最初存入的通貨 10,000 元成為此 50,000 元存款貨幣的應提準備,其比率是 20%。各次應提準備的總和為:

$$2,000 + 1,600 + 1,280 + \cdots \cdots$$

$$= 2,000 \left[1 + 0.8 + (0.8)^2 + (0.8)^3 + \cdots \cdots \right]$$

$$= \frac{2,000}{1 - 0.8} = \frac{2,000}{0.2} = 10,000 \; 元$$

由上列計算過程可看出,應提準備率如果愈低,則所創造出來的存款貨幣即愈多,反之則否。例如同樣最初存入銀行 1 萬元通貨,如果應提準備率由 20% 下降為 10%,則所創造出來的存款貨幣即由 5 萬元增加為 10 萬元。由此可知,在固定通貨發行額下,通過銀行體系所創造出來的存款貨幣,其數額與應提準備率的大小成反比。未來中央銀行即可根據此一性質調整應提準備率以控制貨幣的供給。

六、貨幣的供給

1. 準備貨幣的意義　準備貨幣(reserve money)是指中央銀行所發行的通貨。其中一部分由銀行保有作為應提準備,另一部分則由社會大眾保有作為交易媒介及價值儲藏的工具。由於其能用作存款貨幣的應提準備,故稱之為準備貨幣。此外,由於準備貨幣為創造存款貨幣的基礎,故亦稱之為貨幣基數(money base)或強力貨幣(high-powered money)。

2. 貨幣乘數的意義　由通貨所創造出來的存款貨幣加上社會大眾所保有的現金,即為貨幣的供給量。貨幣供給量除以準備貨幣數量之

商，稱為貨幣乘數（money multiplier），其計算公式如下：

$$貨幣乘數＝\frac{貨幣供給量}{準備貨幣數量}$$

只有在下列四個假定全部成立時，貨幣乘數始等於應提準備率的倒數，即

$$貨幣乘數＝\frac{1}{應提準備率}$$

(1)假定民眾不保有通貨，一切支付均用支票。

(2)假定商業銀行沒有超額應提準備。

(3)假定沒有定期存款及儲蓄存款等準貨幣。

(4)假定支票存款及活期存款的應提準備率相同。

事實上這四假定不可能全部成立的，因此在現實社會中，貨幣乘數常低於應提準備率的倒數。

就上節的例題而言，中央銀行發行通貨10,000元，如果悉數存入商業銀行作為支票存款，同時如果應提準備率均為20%，則共可創造出50,000元的存款貨幣。當初發行的10,000元通貨成為商業銀行的應提準備，而所創造出來的50,000元存款貨幣成為貨幣供給量，此時貨幣的乘數為：

$$貨幣乘數＝\frac{貨幣供給量}{準備貨幣數量}＝\frac{50,000}{10,000}＝5$$

或　　$$貨幣乘數＝\frac{1}{應提準備率}＝\frac{1}{0.2}＝5$$

由於上列假定不可能全部成立，貨幣供給量未達於最大限度，故實際貨幣乘數應小於5。

3. 貨幣供給　貨幣供給為準備貨幣數量與貨幣乘數之積，即

　　　　貨幣供給＝準備貨幣數量×貨幣乘數

由上式可看出，決定貨幣供給的要素有二：即準備貨幣數量的多寡與貨幣乘數的大小。準備貨幣由中央銀行發行，其詳細情形將在下

節中説明之。至於貨幣乘數，由上節説明知通常小於應提準備率的倒
數，其影響因素如下：

　　⑴社會大衆保有通貨的數量，愈多，則貨幣乘數愈低。

　　⑵應提準備率的高低，愈高，則貨幣乘數愈低。

　　⑶定期與儲蓄存款的多寡，愈多，則貨幣乘數愈低。

　4. 貨幣供需的均衡　　影響貨幣供需的因素很多，其中最重要的有
三個，即利率、實質國民所得及一般物價水準，這三個因素相互影
響，其關係至為複雜。這三個因素牽涉到三個市場，即商品市場、貨
幣市場及勞動市場，這三個市場必須在交互影響之下同時達於均衡，
才能決定這三個因素的水準，從而決定貨幣的均衡數量。商品、貨幣
及勞動三個市場的全面均衡也就是總體經濟總合供需的均衡，此將在
第十九、二十及二十三參章中説明之，第十九及二十兩章説明凱因斯
學派的總合供需及其均衡，第二十三章説明古典學派的總合供需及其
均衡。

七、中央銀行的意義與功能

　1. 中央銀行的意義　　執行政府貨幣及金融政策的首要銀行，稱為
中央銀行。此處所謂的中央銀行，是就其任務的重要性及地位的特殊
性加以定義的。中央銀行並不一定要叫做中央銀行，我國是例外，執
行中央銀行任務的銀行就叫做中央銀行；美國的中央銀行為聯邦準備
銀行；英國的中央銀行為英格蘭銀行。中央銀行的經營主體多為政
府，間亦有私人經營的，如早期英國的英格蘭銀行，接受政府的委託
執行中央銀行的任務。

　2. 中央銀行的功能　　主要有下列六種功能：

　　⑴發行通貨──這是中央銀行最基本的功能，也可以説是責無旁
貸。

　　⑵作為銀行的銀行──中央銀行一方面接受商業銀行存入的應提

準備，另一方面也對商業銀行融通資金，因此中央銀行可說是銀行的銀行。

(3)作為政府的銀行——中央銀行代理政府的公庫，同時對政府融通資金，因此中央銀行可說是政府的銀行。對政府融通資金的方式有兩種，其一為收購政府所發行的公債，另一為直接貸款給政府。直接貸款的流弊很多，因此近年世界各國多採用收購公債的方式對政府融通資金。

(4)控制貨幣供給——貨幣供給的多寡直接影響物價水準，因此欲使物價水準穩定，必須控制貨幣的供給。前述通貨的發行額與存款貨幣亦即貨幣的供給間有一定的比例關係，因此中央銀行只要控制通貨的發行，即能控制貨幣的供給。

(5)經管外匯準備，調節國際收支——所謂外匯準備，是指一國為清償國際債務所保有的外國貨幣或其他國際支付工具。國際收支包括兩方面，其一為以國際貿易為主的經常賬收支，另一為表現國際長短期資金流動的資本賬收支。為調節外匯的供需，從而調節國際收支，必須有一個機構負責管理外匯準備才行，最適當的機構當然是中央銀行，因為只有中央銀行才能代表政府進行國際清償並調節國際收支也。

(6)監督全國銀行業務——銀行業務是否健全對經濟及整個社會的影響很大，必須加以監督。中央銀行為銀行的銀行，同時也是國家的銀行，因此順理成章地成為監督銀行業務的機構。定期檢查各金融機構，如發現有問題，即予糾正並限期改善，否則即報請金融主管機關處理。

八、貨幣政策

1. 貨幣政策的意義與範圍　　為達於某種經濟目標所採取的以貨幣為手段的措施，稱為貨幣政策（monetary policy）。貨幣政策最主

要的目標是穩定物價水準,穩定物價水準的政策很多,其中與貨幣直接有關的即是設法控制貨幣的供給。控制貨幣供給的方式有兩種,其一為量的控制,另一為質的控制。屬於量的控制方法主要有三種,即公開市場操作政策、重貼現率政策及存款準備率政策。屬於質的控制方法主要有兩種,即選擇性信用管制政策與道義說服政策。中央銀行是銀行的銀行,同時也是政府的銀行,因此政策雖由政府釐訂,但執行工作則由中央銀行擔任。

2. 公開市場操作政策 所謂公開市場操作(open－market operations),是指中央銀行透過貨幣市場或其他金融機構買賣債券,影響準備貨幣的數量,從而影響貨幣的供給。中央銀行買進債券,放出通貨;賣出債券,收回通貨;如此即可影響準備貨幣的數量。債券以發行單位的不同可歸為三類:即第一、由政府發行或保證的債券;第二、由銀行發行的金融債券(如土地銀行發行的土地債券)與承兌或保證的票據;第三、由中央銀行發行的定期存單、儲蓄券及短期債券等。

3. 重貼現率政策 一般商業銀行的客戶持未到期票據向銀行調換現金,銀行如果同意,即扣除利息將所餘現金付給客戶,此種先付利息的換現方式稱之為貼現(discount)。接受貼現的商業銀行如果現金週轉發生困難,可持已辦理貼現的票據向中央銀行請求再貼現,由於這是同一張票據所辦理的第二次貼現,故稱之為重貼現(rediscount)。重貼現的利率稱為重貼現率(rediscount rate),重貼現率如果較低,則商業銀行因為有利可圖乃擴大其貼現業務,然後再向中央銀行辦理重貼現,如此中央銀行即釋出較多的通貨;反之則否。故知中央銀行可以調整重貼現率的方式以影響貨幣的供給,此即所謂的重貼現率政策。

4. 存款準備率政策 由第五節的說明知,中央銀行如果提高商業銀行的存款準備率,則將使貨幣的供給減少;反之則否。故知中央銀行可以調整存款準備率的方式以影響貨幣的供給,此即所謂的存款準

備率政策。調整存款準備率以影響貨幣供給，這是調整存款準備率的
直接效果，其間接效果是存放款利率的差距會因之擴大或縮小。提高
存款準備率，將使存款中用於放款的比例減少，此時銀行必須擴大存
放款利率的差距，才能維持利息收支的平衡；反之，降低存款準備
率，將使存款中用於放款的比例增加，為使多餘的資金能夠放得出
去，此時銀行必須縮小存放款利率的差距，直至利息收支達於平衡為
止。利率的變化對金融市場甚至整個經濟的衝擊很大，故調整存款準
備率雖能達於控制貨幣供給的目的，但一般均甚少採用。

5. 選擇性信用管制政策　所謂選擇性信用管制，是指政府為達於
某種政策目標，對各種不同性質的信用進行選擇性的管制。例如政府
為使證券的炒作不致太過熱絡，乃降低對購買證券的融資比例，以使
其降溫。又如政府為鼓勵一般家庭購買住宅，乃提高對一般家庭的購
屋貸款比例，以達於住者有其屋的目的。選擇性信用管制除影響資金
的分配外，有時亦影響貨幣的供給。選擇性信用管制是對貨幣的用途
作質的控制，當然也可能影響貨幣的數量，這要看管制的對象、管制
的方向及管制的程度而定。

6. 道義說服政策　所謂道義說服，是指中央銀行以口頭勸說的方
式讓一般銀行配合政府的貨幣政策。如果一般銀行能充分配合，則政
策的效果即能擴大。貨幣供給的政策亦是如此，如果一般銀行能充分
配合，則貨幣供給的增減即能得心應手而使問題獲得快速而有效的解
決。然而因為利之所趨，道義說服的力量畢竟有限。為使道義說服的
效果能夠擴大，則除去道義以外，還要加上一點約束才行，就如同默
罕穆德一樣，除去左手的可蘭經以外，還需要右手的寶劍。道義說服
對貨幣供給的影響是一種由質而量的控制機制，是否有效，端賴道義
是否能夠伸張，包括主動的伸張與被動的伸張。

綜合以上所述，可知貨幣政策的最終目標是維持經濟的穩定，在
某些情況下尚需兼顧經濟的成長與公平，而達於這些目標的手段則是
適當控制貨幣的供給。控制貨幣供給的方法很多，各有其特性與適用

情況，甚至有的還有後遺症。因此必須因時制宜、因地制宜，針對問題的性質，選擇最適當的方法亦即政策，以使其效果為最大、代價為最低。

摘　要

貨幣的意義與演進

貨　幣　的　定　義		
先驗的貨幣定義		具有交換媒介、計算單位、價值儲藏及遞延支付此四種先驗功能的物品，稱之為貨幣。此種定義貨幣的方式稱之為「先驗法」。
貨幣的四項先驗功能		(1)交換媒介——貨幣能解決「互為需要」及「找零」兩個問題。
		(2)計算單位——貨幣能「簡化交易清算過程」並能「衡量物品的價值」。
		(3)價值儲藏——貨幣能以之交換物品，故能儲藏價值。
		(4)遞延支付——為先取貨後付錢的交易行為，其進行過程中含有交換媒介、計算單位及價值儲藏三項功能在內，故遞延支付為上述三項功能所衍生出來的功能。
貨幣定義的爭論		(1)流動性與貨幣性的考慮——資產變換為現金的能力稱之為流動性，流動性高的資產稱之為具有貨幣性。具有貨幣性的資產是否應納入貨幣的範疇之內，納入多少，引起爭論。
		(2)先驗法與實證法之爭——傅利曼及許爾志二氏認為貨幣為影響總體經濟的重要因素，凡與物價水準及名目所得關係愈密切的貨幣性資產，愈應納入貨幣的範疇之內。此種定義貨幣的方式，稱之為「實證法」。
貨　幣　的　演　進		
演進過程		通常由商品貨幣演進為強制貨幣。
商品貨幣	意義	商品貨幣為除具有交換媒介等功能外，其本身亦具有商品價值的貨幣。
	具備條件	(1)耐久，(2)可分割，(3)輕便，(4)同質或一致性，(5)供給穩定，(6)適度的缺乏性。貴金屬最合於此六條件。
	演進	原始貨幣（貝殼、石雕及鹽等）→金屬（鐵、銅等）→貴金屬（金、銀等）→硬幣（金屬，其中含有貴金屬）→兌換紙幣（可兌換貴金屬或硬幣）。
	硬幣降低成色的後果	硬幣外在有面值，內在有成色。成色為硬幣中所含貴金屬的成分。硬幣的成色如果降低，將產生下列兩種後果： (1)物價上漲——因硬幣本身的商品價值降低。 (2)葛萊興法則——劣幣驅逐良幣，人們窖藏成色高的硬幣。

兌換紙幣的演變	為攜帶運送方便乃有紙幣的發行，此項紙幣可隨時兌換貴金屬或硬幣，其演變過程如下： (1)十足準備——即紙幣發行者保有與紙幣同額的金銀。 (2)部分準備——即紙幣發行者保有紙幣面額部分的金銀，以應付日常兌換，其餘金銀則可加以運用生利。 (3)停止紙幣與金銀間的兌換關係——名義上有部分準備，實際上是不兌換的，如此即逐漸進入強制貨幣階段。

	意義	強制貨幣為政府賦予無限法償地位的貨幣。
強制貨幣	產生	兌換紙幣演變為部分準備後，政府一方面認為有利可圖，另一方面為便於管理，乃將發行權收歸政府所有。為使所發行的紙幣能通行無阻，乃以法律賦予其無限法償的地位。
	無限法償	(1)意義——無限法償是指債權人不得拒絕接受紙幣以抵充其債權，否則將喪失其追償債權之權利。 (2)性質——無限法償主要來自人們對紙幣的信心，並非必要條件。
	鑄幣	(1)意義——鑄幣是指政府以金屬品鑄造的硬幣。 (2)功能——鑄幣的面額通常較小，其功能在便於找零，故稱為輔幣。 (3)性質——鑄幣不具無限法償地位。
	通貨	紙幣與鑄幣合稱為通貨。
	存款貨幣	(1)意義——包括支票存款及活期存款，與通貨之替代性甚大，故稱存款貨幣。 (2)性質——存款貨幣不具無限法償地位，其流動性略低於通貨。

貨　幣　數　量　的　衡　量	
狹義的貨幣數量	$M_1＝$通貨＋存款貨幣 中央銀行及接受支票存款與活期存款銀行所保有的貨幣應予剔除，以免重複。
廣義的貨幣數量	$M_2＝M_1＋$定期存款＋儲蓄存款 定期存款及儲蓄存款合稱為「準貨幣」或「近似貨幣」。 信用卡及簽帳卡只能延期支付，本身不具交換媒介及價值儲藏功能，故不是貨幣。

貨幣的需求

	需求的產生	由於貨幣具有交易媒介及價值儲藏的功能，故人們對其有需求。
貨幣需求通論	保有貨幣所需考慮的因素	(1)交易媒介——貨幣可用作交易媒介，其他資產則否。 (2)流動性——貨幣的流動性大，能隨時用以購買物品。 (3)報酬率——其他資產有報酬，貨幣則否。其他資產的報酬為保有貨幣的機會成本。 (4)風險——物價上漲時，貨幣的交換價值下降，其他資產則不受影響。經營風險方面，債券有漲有跌，房地產則漲多跌少。

貨幣需求通論	貨幣需求方程式	$M/P = m(Y, i, \pi^e, A, \alpha)$ 式中 M＝貨幣需求量，P＝物價水準，Y＝實質國民所得，i＝利率，π^e＝預期物價上漲率，A＝實質資產總額，α＝其他影響因素。 (1)M/P 為實質貨幣需求量，物價上漲時，同樣交易需要較多貨幣。(2)Y 愈大，交易量愈多，愈需要貨幣作為媒介。(3)i 提高，保有貨幣的機會成本增加。(4)π^e 提高，貨幣需求量增加。(5)A 多，交易多，貨幣需求多。(6)α 中含有制度因素，如信用卡的使用可減少貨幣保有量。
古典學派的貨幣需求理論	重點	古典學派重視貨幣的交易功能。
	交易方程式	$MV = PT$ 式中 M＝貨幣數量，V＝貨幣流通速度，P＝物價水準，T＝總交易量。該式說明「一手交錢，一手交貨」的交易行為，故稱之為交易方程式。古典學派根據此式導出其「貨幣數量學說」，說明貨幣數量與物價的關係。
	劍橋現金餘額方程式	假定交易量 T 與實質國民所得 Y 間有穩定的比例關係； 已知 $MV = PT$，則 $MV\dfrac{Y}{T} = PT\dfrac{Y}{T} = PY$； 令 $V_y = V\dfrac{Y}{T}$，此稱之為貨幣的所得流通速度，則 $MV_y = PY$； 令 $k = 1/V_y$，此稱之為金融深化指數，則 $M = kPY$； 此即劍橋現金餘額方程式。此式說明貨幣數量與名目所得間的關係。 (1)由 $MV_y = PY$，得 $V_y = PY/M \doteq GNP/M$（計算貨幣的所得流通速度）。 (2)$k = 1/V_y = M/PY \doteq M/GNP$（計算金融深化指數）。
凱因斯的貨幣需求理論	重點	凱因斯兼重貨幣的交易媒介及價值儲藏兩種功能。
	貨幣需求的動機	(1)交易動機──為應付日常開支，需要保有貨幣。其決定因素為：國民所得水準、支付間隔、貨幣化程度、生產迂迴程度。 (2)預防動機──為應付突發事故，需要保有貨幣。保有數量與所得多寡成正比。 (3)投機動機──保有貨幣以買賣債券賺取價差，但犧牲利息。買賣債券是一種投機行為，保有貨幣出於投機動機。
	比較	凱氏理論未提及預期物價上漲該一因素。
貨幣需求的所得彈性	定義	$\varepsilon^M = \dfrac{\text{貨幣需求量增加率}}{\text{所得增加率}}$
	影響因素	(1)貨幣化程度，(2)生產迂迴化程度，(3)對外貿易比重，(4)銀行體系發展程度，(5)移轉性支付相對於國民所得的比重。

銀行體系與貨幣供給

商 業 銀 行 創 造 存 款 貨 幣 的 過 程		
存款貨幣機構		係指可以吸收支票存款及活期存款據以創造存款貨幣的金融機構。
創造存款 貨幣的條件		(1)吸收支票存款及活期存款。(2)存款準備率低於100%。(3)存款扣除應 提準備主要用作放款。
存款準備的 目的與存款 準備率的意義		中央銀行為維護金融的安定，規定商業銀行就其支票存款及活期存款 中保留一部分以供兌現或提取，此保留的比率稱為法定準備率或應提 準備率。
存款貨幣的創造	過　程	現金存入銀行並開發同額支票 → 銀行保留部分現金為應提準備，餘款 貸出 → 借款人將借得款項存入銀行並開發同額支票 → 新存入的存款銀 行須保留一部分作為應提準備，餘款再行貸出 →……
	性　質	(1)最初存入的現金全部成為應提準備，歷次存款開發的支票成為存款 　貨幣。 (2)在理想情況下，存款貨幣的總和等於最初存入現金除以應提準備率 　之商。

準 備 貨 幣 、 貨 幣 乘 數 及 貨 幣 供 給		
準備貨幣 的 意 義		指中央銀行所發行出來的通貨，包括被銀行保有作為應提準備的貨 幣，及流通在社會大眾手中的貨幣。由於其能用作存款貨幣的應提準 備，故稱之為準備貨幣。此外，又由於其為創造存款貨幣的基礎，故 亦稱之為貨幣基數或強力貨幣。
貨幣乘數	意　義	貨幣乘數為準備貨幣所創造出來的貨幣供給量的倍數。
	性　質	實際的貨幣乘數通常較理想的貨幣乘數（應提準備率的倒數）為低， 其原因為：(1)民眾保有部分通貨，(2)商業銀行有超額準備，(3)部分存 款為定期存款或儲蓄存款，(4)支票存款及活期存款的應提準備率不相 同。
貨幣供給	構　成	（貨幣供給）＝（準備貨幣）×（貨幣乘數）
	影　響 因　素	影響準備貨幣數量的因素：見貨幣政策一節。 影響貨幣乘數的因素：(1)民眾保有通貨的數量，(2)應提準備率的高 低，(3)定期存款與儲蓄存款的多寡。

中 央 銀 行 的 意 義 與 功 能	
意　　義	一個國家內執行政府貨幣及金融政策的首要銀行，稱為中央銀行。
功　　能	(1)發行通貨。(2)作為銀行的銀行。接受商業銀行存入應提準備，並對 其融通資金。(3)作為政府的銀行。代理政府公庫，並對政府融資。(4) 控制貨幣的供給，主要目的在控制物價水準。(5)經營外匯準備，並調 節國際收支。(6)監督全國銀行業務，使其健全發展。

貨 幣 政 策

意　義	貨幣政策係指中央銀行為調節貨幣供給或影響金融情勢所採行的政策。	
內　涵	(1)影響準備貨幣數量的政策——包括公開市場操作、重貼現率政策、外匯操作、對政府的融通。 (2)影響存款準備率的政策——存款準備率政策。 (3)質的控制——包括選擇性信用管制、道義說服。	
公開市場操作	意義	係指中央銀行透過市場或金融機構買賣債券，以影響準備貨幣數量。
	債券種類	(1)政府發行或保證的債券。 (2)由銀行發行的金融債券與承兌或保證的票據。 (3)中央銀行發的定期存單、儲蓄券及短期債券。
重貼現率政策	意義	重貼現是指一般銀行在缺少資金時，以其對顧客貼現所持的商業票據，請求中央銀行給予再貼現以取得現金。重貼現率即是中央銀行對一般銀行向其要求重貼現時所收取的利率。
	性質	降低重貼現率，鼓勵一般銀行進行重貼現，使準備貨幣增加；反之則否。
外匯操作	意義	買進外匯放出貨幣及賣出外匯收回貨幣，從而控制準備貨幣的數量。
	性質	外匯的買進賣出影響匯率的高低，從而影響對外貿易，茲事體大，因此中央銀行很少用外匯操作的方式來控制準備貨幣的數量。
對政府的融通	意義	即政府有財政赤字或收支有青黃不接時，向中央銀行融通資金。
	性質	對政府融通而影響準備貨幣的數量，就中央銀行的立場而言是被動的，不是一種主動的手段。
存款準備率政策	意義	即調整存款準備率以達影響貨幣供給的目的。
	影響	(1)直接影響——提高存款準備率，將使貨幣供給減少；反之則否。 (2)間接影響——提高存款準備率將使可貸放的資金減少，銀行為求利息收支平衡，將使存放款利率差距加大。因此之故，中央銀行甚少應用此法以控制貨幣供給。
選擇性信用控制	意義	選擇性信用控制是指對不同性質的信用作選擇性的控制，以達於某種政策性的目的。
	性質	這種控制主要是對貨幣供給作質的控制，而非量的控制。
道義說服	意義	指中央銀行以口頭勸說一般銀行支持貨幣政策的方向，配合採取增加或減少貨幣供給的作法。其目的在增強政策的效果。
	性質	中央銀行若無撒手鐧，很難有具體的效果。
總　結	上述各種控制貨幣供給的政策，對中央銀行而言，有者是主動的，有者是被動的；有者效果大，有者效果小。因此中央銀行對貨幣的控制能力是有限度的。	

貨幣的供需與均衡

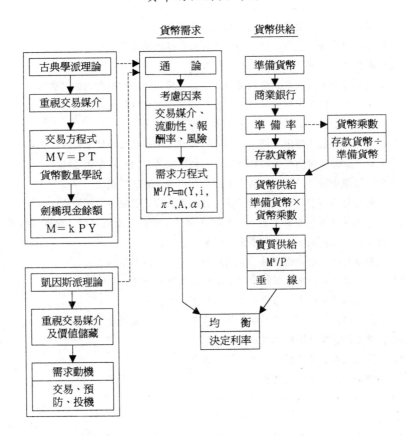

註：此間所指的均衡是貨幣市場的局部均衡，因此實質貨幣供需
　　只決定利率，不決定物價。

問　題

1. 貨幣具有那些功能？因何須具有這些功能？

2. 略述貨幣演變的過程，並說明何以會有這樣的演變？

3. 何謂葛萊興法則？其產生的原因何在？

4. 從商品貨幣如何過渡到強制貨幣？能否直接由商品貨幣跳到強制貨幣？

5. 何謂商品貨幣？用作商品貨幣的材料應具備那些條件？何故？

6. 何謂強制貨幣？為什麼一般人民會接受強制貨幣？

7. 何謂無限法償？無限法償是否為發行強制貨幣的必要條件？何故？

8. 狹義的貨幣數量與廣義的貨幣數量有何不同？有何特殊意義？

9. 對貨幣產生需求的原因為何？試就不同學派分別加以說明。

10. 一般的貨幣需求方程式為何？各影響因素與實質貨幣需求量的關係如何？

11. 略述古典學派的交易方程式，如何由交易方程式導出劍橋現金餘額方程式？
　　為什麼此方程式即為古典學派的貨幣需求方程式？

12. 何謂貨幣需求的所得彈性？如何求算？其影響因素為何？

13. 何謂金融深化指數？其數值之大小代表何種意義？

14. 為什麼商業銀行能創造存款貨幣？其條件為何？

15. 存款準備的目的何在？何謂存款準備率？有何政策涵義？

16. 何謂準備貨幣？因何稱其為準備貨幣？

17. 何謂貨幣乘數？如何求得？有何用途？

18. 何謂中央銀行？有何功能？

19. 何謂貨幣政策？其目的何在？政策的方向及種類如何？

20. 何謂公開市場操作？其目的何在？

21. 何謂重貼現？何謂重貼現率政策？其目的何在？

22. 何謂存款準備率政策？其目的何在？

23. 中央銀行執行各種貨幣政策有無困難？原因何在？

第十七章　政府的收支與財政

一、政府的任務與財政收支

1. 政府的任務　政是衆人之事，治是管理，管理衆人之事即是所謂的政治，從事政治工作的機構即是政府。政府所管的衆人之事亦即其任務主要有下列四大類：

(1)維護國家的安全──這是政府的首要任務，没有國家，其他一切均無從談起。維護國家安全的建制即是國防，國防工作不但其內容繁複，同時所耗的人力物力亦最多，必須由政府來執行。

(2)維持社會的安全──其內容包括公共安全的維護、社會正義的伸張、以及人民權利義務的規範等。為達於此目的，政府必須建立各種制度，包括警政制度、司法制度、以及與人民權利義務有關的各種制度等，同時還要成立相關機構去推行這些制度。

(3)促進經濟的繁榮與穩定──其內容包括維護市場競爭以提升經濟效率、均衡所得分配以達成經濟公平、調整資源運用以促進經濟穩定、以及改善經濟環境以謀求經濟成長等。政府為執行這些任務，必須有相關的計畫、制度及組織，包括經濟計畫、財政制度、金融制度、公平交易制度、以及研究發展制度等。

(4)加強國民的教養並提升其生活素質──其內容包括食、衣、住、行及育、樂等六項。食衣住行是物質生活所必需，育樂是精神生活所必需，兩者同等重要。為提升這兩種生活的素質，必須同時加強有關硬體及軟體的建設，包括教育制度、醫藥衛生及社會福利制度、以及有關文化建設等，當然這些事情民間也可以做，但是策劃推動主

要還是政府的任務。

2. 財政支出的意義與方式　政府為舉辦或推行各種事務所產生的貨幣支出稱之為財政支出。政府財政支出的多寡與其任務的多寡以及範圍的大小有直接的關聯。政府財政支出的方式有兩種，一種是政府向民間採購物品及勞務所作的支付；另一種是移轉性支付，包括各種社會福利支付、對某種產業的補貼以及償付公債的利息等。這兩種支付在性質上稍有不同，前一種支付是屬實質性的，所謂實質性的支付，是指經由此支付，社會經濟資源的使用由私人部門移轉到公共部門手中，公共部門亦即政府所使用的經濟資源增加將使私人部門所使用的經濟資源減少，如此對整個經濟社會甚至權力結構將產生某種程度的影響。後一種支付亦即移轉性支付對政府而言不是一種實質性的支付，政府只是居間調節將經濟資源在私人部門中由某些人手中移轉到另一些人手中而已，如此將使社會產生所得重分配，而對私人部門及公共部門所使用的經濟資源在比例上沒有改變。

3. 財政支出的原則　上述政府財政支出的方式有兩種，即實質性支付與移轉性支付。移轉性支付的目的有二，其一是取富濟貧，另一是促進經濟的繁榮與穩定，這兩個目標都是非常正確的，問題只在是否恰到好處。如果移轉性支付特別是社會福利支付過份擴張，不但直接使政府的財政負擔加重，產生危機；間接亦將降低生產誘因使經濟萎縮，產生更大的危機。至於實質性的支付，一件事情應該由政府來做，或是由私人來做，主要是看誰做得比較有效率。當然這是一般性事務的原則，特殊性的事務如國防、警政及司法等則無論效率的高低均必須由政府來做，因為這關係到整個國家的安全以及社會的正義兩個重要課題也。

假定政府對每項工作都會盡力去做，現在的問題是政府應該做多少，做得多，財政支出即多；做得少，財政支出即少。在此有一個原則，即如果政府的支出為人民所創造的福利較私人支出尤多時，則不論其數額的多寡，對整個國家仍屬有利；否則即形成浪費，有害國民

經濟。由此可知，政府的財政支出並不是愈少愈好，而是是否一定需要政府去做或是由政府來做比較有效率，果爾，則財政支出的增加非但無害，反而有利。

4. 現代國家財政支出有日益增加的趨勢　社會愈進步，不但人們的需求愈多，同時人與人之間的關係也愈趨複雜，因而政府所管的事情也愈來愈多。政府的任務增加當然需要更多的人力物力來處理這些事務，因此現代國家的財政支出有日益增加的趨勢。政府的任務及財政支出的增加有兩個方向，其一是集約性的擴張，另一是外延性的擴張，茲分別說明如下：

(1)集約性的擴張——所謂集約性的擴張（intensive expansion），是指政府原有的事務因為質與量的提升所增加的支出，例如教育品質的改進、義務教育年限的延長、國防的現代化、以及道路的增闢等，在在均使政府的支出增加。

(2)外延性的擴張——所謂外延性的擴張（extensive expansion），是指政府增加新事務所增加的支出，例如政府為維持經濟的穩定與促進經濟的成長所作的支出，1930年代以前這種支出可以說是沒有，現在則是與日俱增。社會福利事業也是一樣，不但名目繁多，同時耗費亦日趨增多。此外，諸如環境的保護、現代化交通設施的闢建、以及國際事務的頻繁等，在在均使政府的任務加重，支出增加。

5. 財政收入的意義與來源　政府為應付財政支出向社會所徵集的貨幣收入稱之為財政收入。財政收入的來源不外有下列六種：

(1)賦稅——即政府為推行公共事務向人民所進行的一種強制徵收。

(2)公債——即政府向人民舉債以籌措推行公共事務所需的資金。

(3)發行紙幣——即政府以發行紙幣的方式以籌措推行公共事務所需的資金。

(4)公營事業盈餘——即政府以公營事業的盈餘作為推行公共事務

的資金。

(5)出售國有財產收入——即政府以出售國有財產的方式以籌措推行公共事務所需的資金。

(6)接受國外的援助——即政府接受國外的援助用作推行有關公共事務的資金。

在此六種來源中，以第一種來源亦即賦稅為最重要，以租稅挹注財政支出是屬取之於民、用之於民的手段，最為穩妥。其次是公債，這是一種寅吃卯糧的行為，不太健全。再其次是發行紙幣，這是一種走投無路時所採取的無奈措施，將引起通貨膨脹，後果非常嚴重。至於公營事業盈餘，落後國家對之依賴較深，先進國家則無關緊要。出售國有財產收入，有其限度，不是每種國有財產都能出售的。至於國外援助，這是一種不確定的收入，主權操在別人手中。綜合以上所述，可知在六種財政收入中，以賦稅為最重要，其次是公債，這兩項收入將在後節中詳細說明之。

6. 財政收支的原則與強制性　政府收支與家庭收支的原則不同，家庭收支通常都是「量入為出」的，而政府收支則是「量出為入」的。其原因有二：其一為多數家庭均告貸無門，同時亦無財物可賣，迫使其量入為出；另一為家庭可以縮減某些次要的開支，使得支出不超過收入。政府則不然，政府的任務有些是一定要完成的，否則將不足以維護國家的安全與社會的安定，因此其財政支出是不能任意削減的，特別是必要的支出。在此情況下，政府必須設法籌措足夠的財源以應付這些支出。由此可知，政府收支的原則必須是量出為入，否則不能完成其應有的任務。由於政府一定要完成某些任務，因此財政支出具有強制性，不能任意削減。正由於財政支出具有強制性，所以財政收入也必須具有強制性，因為不如此即不能應付財政支出而達成任務也。綜合以上所述，可知政府財政收支的原則是量出為入；因為支出有強制性，所以收入也必須有強制性，政府有權向人民徵收賦稅並以其他方式籌措財源。

二、賦稅的意義與性質

1. 賦稅的意義與種類 前述賦稅是政府為推行公共事務向人民所進行的一種強制徵收。政府向人民所徵收的賦稅名目繁多，可大別為三類，茲列舉如下：

(1)財產稅──財產稅（property tax）為以私有財產為對象所課的稅。包括田賦、地價稅、土地增值稅、房屋稅、契稅、贈與稅及遺產稅等。

(2)所得稅──所得稅（income tax）為以個人或公司行號的所得為對象所課的稅。包括個人所得稅與營利事業所得稅兩種。

(3)商品稅──商品稅（commodity tax）為以在市場流通的商品為對象所課的稅。包括關稅、貨物稅、銷售稅、印花稅及證券交易稅等。早期我國尚有所謂屠宰稅、筵席捐及娛樂稅等。

課稅客體的價值稱之為稅基（tax base），以稅基為基礎所訂的課徵比例稱之為稅率（tax rate）。

2. 稅率的型態 稅率的型態有三種，因而賦稅的型態亦有三種，茲介紹如下：

(1)比例稅──所謂比例稅（proportional tax），是指以不隨課稅客體價值的大小而變的稅率亦即固定稅率所課的稅。屬於這種型態的賦稅計有地價稅、房屋稅、契稅、關稅、貨物稅、銷售稅、印花稅及證券交易稅等。

(2)累進稅──所謂累進稅（progressive tax），是指以伴隨課稅客體價值的加大而逐級提高的稅率所課的稅。例如個人所得稅，當其全年淨所得在十萬元以下時課徵百分之五；超過十萬元至總額達二十萬元時，超過十萬元的部分課徵百分之十；超過二十萬元至總額達三十萬元時，超過二十萬元的部分課徵百分之二十；餘依此類推，直至最高累進稅率為止。屬於這種型態的賦稅計有個人所得稅、營利事業

所得稅、土地增值稅及遺產稅等。

(3)累退稅——所謂累退稅（regressive tax）與累進稅相反，即當課稅客體的價值不斷增高時逐級課徵的稅率不增反減。屬於這種型態的賦稅名義上是沒有，但實際上是有，只不過不發生在同一個人身上而已。一種比例稅例如銷售稅不論貧富其稅率完全相同，購用同一種物品一單位，其稅負相對於所得而言，貧者負擔較重，富者負擔較輕。這種稅負從整個社會的角度來看是一種累退稅，所得愈少比例上負擔愈重，所得愈多比例上負擔愈輕，不太合理。

就比例稅與累進稅而言，凡與所得多寡直接有關、同時稅負不易轉嫁的課稅對象愈應採用累進稅制，其目的在縮短貧富差距；否則即採用比例稅制。

3. 賦稅課徵的原則　賦稅課徵的原則有三，茲分別說明如下：

(1)簡明易徵——所謂簡明，是指課稅的對象及課徵的範圍簡單明瞭，不會引起誤解。所謂易徵，是指課稅的對象及課稅的客體容易掌握，不會發生逃漏的現象，如此一方面可增加稅收，另一方面亦可節省課徵成本。

(2)公平合理——所謂公平，是指該多付的多付，該少付的少付，不該付的不付。所謂合理，是指是否應該有這種稅，如果有，則其課徵的對象及稅率又是否恰當。

(3)促進資源有效利用——對於社會有益的事業或物品應減輕其稅負，促使其增長；反之，對社會有害的事業或物品應加重其稅負，迫使其縮減；如此即能對資源作有效的利用。

在此三個原則中，第一及第三兩個原則均意義明確且順理成章。只有第二個原則不但意義含混，同時也沒有一個適當的標準去加以衡量。為解決此問題，必須再進一步探討賦稅負擔分配的問題，茲說明如下。

4. 賦稅負擔分配的原則　賦稅負擔分配的原則主要有兩個，即受益原則與負擔能力原則，茲分別說明如下：

(1)受益原則——受益原則（benefit principle）或成本原則（cost principle），簡言之即是受益的人付稅。此原則一般說來堪稱公平合理，但執行起來不是那麼簡單。第一、何人受益？受益多少？很難確定，因此課徵的對象及課徵的數額也就不易確定。第二、接受救濟的人雖然是受益人，但是這些人連自己的生活都有問題，當然無法按照受益原則來課稅。

(2)負擔能力原則——負擔能力原則（ability-to-pay principle）簡言之即是有錢的人多繳稅，無錢的人少繳稅或不繳稅。此原則在意境上較上一原則為高，頗合我國儒家老吾老以及人之老、幼吾幼以及人之幼的理想。但在執行上也是有相當的困難，第一、有錢無錢本身已經很難衡量，如果再進一步衡量錢對於某些人的邊際效用有多大則困難更多。第二、有錢的人多繳稅將減損其增產意願，有礙經濟發展。無錢的人少繳稅或不繳稅，可能養成其依賴心，增加社會的負擔。

綜合以上所述，可知受益原則與負擔能力原則兩者均有其優點與限制，現今世界各國對這兩種原則均同時採行。其一般原則是：如果能確定受益的對象及其受益程度、同時也有能力繳稅，則採用受益原則課稅；否則即採用負擔能力原則課稅。然而由於各國財政支出有日益增加的趨勢，為籌措足夠的財源，多數國家均傾向於採用負擔能力原則課稅，因為有負擔能力的人才能繳稅也。

三、賦稅的轉嫁與歸宿

上面所討論的賦稅負擔分配的原則只說明了賦稅負擔應如何分配始屬合理，至於事實上是不是這樣的分配還有問題。如果一種賦稅可以轉嫁給別人，讓別人來負擔，則此原則即難以維持。因此在賦稅負擔分配原則介紹完畢以後，尚有必要進一步探討賦稅轉嫁與歸宿的問題，茲說明如下：

1. 轉嫁的意義與內涵　所謂轉嫁（shifting），是指納稅人將其稅負轉嫁給別人負擔。轉嫁的方向有兩個，即前轉與後轉，茲分別說明如下：

(1)前轉——所謂前轉（forward shifting），是指在買賣過程中賣主的稅負轉嫁給買主負擔。例如貨物稅，納稅人可以提高售價的方式向前轉嫁給下游廠商或最後消費者負擔。

(2)後轉——所謂後轉（backward shifting），是指在買賣過程中買主的稅負轉嫁給賣主負擔。例如銷售稅本應由買方負擔，如果買方的需求彈性較大，可以減少購買量為手段迫使賣方降價，如此稅負即向後轉嫁給賣方負擔。

賦稅經過轉嫁以後最後不能再轉嫁時，此種結局即稱之為歸宿（incidence）。任何賦稅只要一開徵，不論如何轉嫁，最後一定有一個人負擔，亦即必定有一個歸宿。

2. 賦稅能否轉嫁的條件　就不同賦稅而言，並不是所有賦稅都能轉嫁的。就同一賦稅而言，並不是任何情況都能轉嫁的。賦稅必須合於某些條件才能轉嫁，茲列舉如下：

(1)課稅後是否有交易行為。

(2)需求彈性的大小。

(3)供給彈性的大小。

(4)邊際成本的變化。

(5)邊際收益的變化。

就第一個條件而言，一批貨品課稅後如果有交易行為，則此賦稅才有轉嫁的可能，否則即由貨主負擔。其他四個條件順次說明如次。

3. 需求彈性的大小與賦稅的轉嫁　一種貨品的需求彈性如果較大，則購買者即能以減少需求量的方式阻止價格上升，如此賦稅即不易轉嫁，其結果賦稅大部分由貨主自己負擔。反之，一種貨品的需求彈性如果較小，則購買者即難以減少需求量的方式阻止價格上升，如此賦稅即易於轉嫁，其結果賦稅大部分轉嫁給購買者負擔。其情形見

下圖：

圖17-1　需求彈性與賦稅歸宿的關係

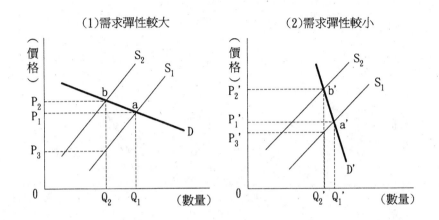

(1)需求彈性較大　　　　　　　　(2)需求彈性較小

　　上列左圖中，S_1 為課稅前的供給曲線，S_2 為課稅後的供給曲線，兩者的垂直距離 P_2P_3 即為單位稅額。圖中 D 為需求曲線，其彈性較大。S_1 與 D 的交點 a 為課稅前的均衡點，其時均衡價格為 P_1，均衡交易量為 Q_1；S_2 與 D 的交點 b 為課稅後的均衡點，其時均衡價格為 P_2，均衡交易量為 Q_2。單位稅額 P_2P_3 中購買者負擔的部分為 P_2P_1，貨主負擔的部分為 P_1P_3，前者較後者為少，係因需求富有彈性之故。

　　上列右圖中，供給部分與左圖完全相同，僅需求曲線 D' 較陡，彈性較小。單位課稅額為 $P'_2P'_3$，其中 $P'_2P'_1$ 由購買者負擔，$P'_1P'_3$ 由貨主負擔，前者較後者為多，係因需求缺乏彈性之故。

　　4. 供給彈性的大小與賦稅的轉嫁　一種貨品的供給彈性如果較大，則貨主即能以減少供給量的方式促使價格上升，如此賦稅即易於轉嫁，其結果賦稅大部分轉嫁給購買者負擔。反之，一種貨品的供給彈性如果較小，則貨主即難以減少供給量的方式促使價格上升，如此賦稅即不易轉嫁，其結果賦稅大部分由貨主自己負擔。其情形見下

圖：

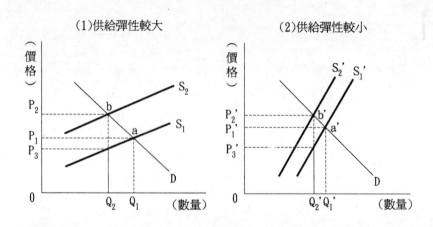

圖17－2　供給彈性與賦稅歸宿的關係

上列左右兩圖中各符號所代表的意義與圖17－1者大體相同，僅兩圖中之需求曲線未變，均以 D 表之。由左圖可看出，因供給彈性較大，單位稅額（P_2P_3）中購買者負擔（P_2P_1）較多，貨主負擔（P_1P_3）較少。由右圖可看出，因供給彈性較小，單位稅額（$P'_2P'_3$）中購買者負擔（$P'_2P'_1$）較少，貨主負擔（$P'_1P'_3$）較多。

由本節及上一節的分析可看出，賦稅的負擔，供需兩方以彈性較大的一方負擔較少，彈性較小的一方負擔較多。為人處世也是一樣，彈性較小必將受制於人。

5. 邊際成本的變化與賦稅的轉嫁　凡課稅後引起邊際成本增加者，此稅可以轉嫁。其原因為邊際成本曲線的提高將使最適產量的均衡點（即 $MR＝MC$ 之一點）向左移動，產量減少的結果將使價格上升，如此稅負即轉嫁給購用者。抽稅的方式有兩種，其一是從量稅（specific tax），另一是定量稅（fixed tax）。所謂從量稅，即是按照產量的多寡來抽稅，有一個算一個，這種稅很自然地會加到產品的邊際成本上去，由上面的推論知經由產量的減少可以將稅負轉嫁給

購用者。所謂定量稅，即是不論產量的多寡均抽取某一固定數額的稅，在此情況下固定成本增加了，但邊際成本沒有增加。邊際成本沒有增加，由上面的推論知生產者乃無法將稅負轉嫁給購用者。但如果固定成本增加到一個程度使平均成本高於平均收益時，則生產者為避免虧損乃停止生產，如此整個市場的供給減少，價格上升，繼續生產的生產者即可將稅負轉嫁給購用者。由此可知，從量稅一定可以轉嫁，定量稅在某限度內不能轉嫁，超過此限度時即能轉嫁。

6. 邊際收益的變化與賦稅的轉嫁 凡課稅後引起邊際收益減少者，此稅可以轉嫁。其原因為邊際收益曲線的降低亦將使最適產量的均衡點向左移動，產量減少的結果將使價格上升，如此稅負即轉嫁給購用者。同樣情形，如果賦稅是從價稅（ad valorem tax），亦即按貨品價格高低所抽的稅，將使生產者的邊際收益減少，如此稅負即轉嫁給購用者。如果賦稅是定額稅亦即對生產者的銷貨收入抽取某一固定數額的稅，將使其總收益以至平均收益減少。如果某些廠商的平均收益低於其平均成本，生產者為避免虧損乃停止生產而使整個市場的供給減少，價格上漲的結果乃使繼續生產的廠商能將稅負轉嫁給購用者。由此可知，從價稅一定可以轉嫁，定額稅在某限度內不能轉嫁，超過此限度時即能轉嫁。

7. 直接稅與間接稅 所謂直接稅（direct tax），即是課徵以後不能轉嫁的稅，如所得稅、土地增值稅及遺產稅等。所謂間接稅（indirect tax），即是課徵以後可以轉嫁的稅，如關稅、貨物稅、銷售稅及印花稅等。直接稅因為不能轉嫁，如果採用累進稅率，即能達成平均社會財富的目的。間接稅因為一方面能夠轉嫁，同時另一方面就比例而言窮人負擔較重、富人負擔較輕，因此間接稅非但不能達成平均財富的目的，甚且有擴大貧富差距的作用。因此之故，現代國家多加強直接稅的徵收，同時採用累進稅率。

四、賦稅的中立原則與賦稅任務的演變

1. 賦稅中立原則的意義　所謂賦稅的中立原則（tax neutrality），是指不使課稅對一般經濟活動產生影響的原則。事實上這是很難辦到的，例如貨物稅的課徵將使供給減少，價格上升，而使消費減少；個人所得稅的課徵將使消費者對所得及休閒的觀念改變，不再以爭取最高所得為目標；營利事業所得稅的課徵將使資源流向較有利的產業，改變經濟結構。由此可知，絕大多數的賦稅都是不合中立原則的，然則為什麼要提出這個原則呢？其原因為以中立原則為準可以衡量不合中原則時課稅對社會所造成的負擔，然後再與不合中立原則時對社會所產生的利益會合，兩相對照以評定某種賦稅是否是一種優良的賦稅，如果答案是正面的，即加強徵收；否則即於適當時機予以停徵，如此即能繁榮社會，造福人群。茲首先介紹如何以中立原則為準去衡量非中立性賦稅對社會所造成的負擔，然後再探討何種賦稅應該開徵，何種賦稅應該停徵。

2. 賦稅對社會所造成的負擔　賦稅對社會所造成的負擔包含兩部分，其一為人民所繳納的稅款，這是直接負擔（direct burden）；另一為賦稅不合中立性所產生的損失，這是間接負擔（indirect burden）。政府所得到的收入是人民所繳納的稅款亦即人民的直接負擔，但整個社會的負擔是直接負擔與間接負擔之和，兩者之差即為人民的間接負擔，因此間接負擔亦稱之為賦稅的超額負擔（excess burden）。超額負擔是社會的損失，應該儘量避免，否則政府的稅收雖然是有著落了，但將對社會造成無謂的損失，實非明智之舉。

3. 賦稅超額負擔的性質　茲繪圖說明如下：

　　圖 17-3 中 D 為需求曲線，S_1 為課稅前的供給曲線，S_2 為課稅後的供給曲線，單位課稅額為 P_2P_3。政府所得到的全部稅款亦即人民的直接負擔為 □P_2bcP_3 所代表的面積，人民的間接負擔亦即賦稅

的超額負擔為 $\triangle bac$ 所代表的
面積，兩者之和即多邊形 P_2
$bacP_3$ 所代表的面積為賦稅的
全部負擔。

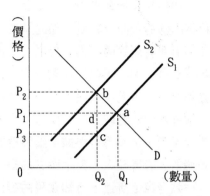

圖 17－3　　賦稅的超額負擔

　　賦稅的直接負擔意義甚為
明確，不需作進一步的說明。
需要作進一步說明的厥為賦稅
的超額負擔，亦即 $\triangle bac$ 所代
表的部分。課稅以後，供給曲
線由 S_1 左移至 S_2，銷售量由
Q_1 減少為 Q_2。在 Q_1Q_2 的範圍內，購買者願意以較高的價格（即 ba
線段的高度）去購買產品消費，生產者願意以較低的價格（即 ca 線
段的高度）來提供產品，但因課稅的緣故使這種利益不能為供需雙方
所享有，這就是賦稅的超額負擔，其全部數額即為 $\triangle bac$ 所代表的面
積。在超額負擔中，購買者負擔的部分為 $\triangle bad$ 所代表的面積，生
產者負擔的部分為 $\triangle dac$ 所代表的面積。若從剩餘的觀點來看，$\triangle$
bad 為購買者因賦稅超額負擔所失去的消費者剩餘，$\triangle dac$ 為生產者
因賦稅超額負擔所失去的生產者剩餘。由此可知，賦稅的超額負擔將
使社會的經濟效率降低。

　4. 影響賦稅超額負擔的因素　　影響賦稅超額負擔的因素雖然很
多，但最後均呈現在物品供需彈性的大小上。其情形如下：

　　(1)需求彈性的大小——由上圖可看出，若需求彈性較大，則課稅
後的購買量減少較多，如此賦稅的超額負擔即行擴大，且所擴大者多
為生產者剩餘的損失。反之，若需求彈性較小，則課稅後的購買量減
少不多，如此賦稅的超額負擔即行縮小，且所縮小者多為生產者剩餘
的損失。由上面的說明可看出，需求彈性的大小在超額負擔方面，對
購買者的影響較小，對生產者的影響較大。其原因為此時假定供給彈
性不變，購買者可根據需求彈性的大小調整其購買量，因而對購買者

的損失影響較小，對生產者的損失影響較大。

(2)供給彈性的大小——又由上圖可看出，若供給彈性較大，則課稅後的供給量減少較多，如此賦稅的超額負擔即行擴大，且所擴大者多為消費者剩餘的損失。反之，若供給彈性較小，則課稅後的供給量減少不多，如此賦稅的超額負擔即行縮小，且所縮小者多為消費者剩餘的損失。由上面的說明可看出，供給彈性的大小在超額負擔方面，對購買者的影響較大，對生產者的影響較小。其原因為此時假定需求彈性不變，生產者可根據供給彈性的大小調整其供應量，因而對購買者的損失影響較大，對生產者的損失影響較小。

綜合以上所述，可知賦稅的超額負擔一如賦稅的直接負擔，對彈性較大的一方不利的程度較低。

5. 非中立性賦稅的課徵問題　前述絕大多數的賦稅都是非中立性的，非中立性的賦稅雖然會產生超額負擔使經濟效率降低，但也有些非中立性的賦稅能糾正弊端使經濟效率提升。例如工業廢水的污染，這是一種外部不經濟，一方面使社會成本提升，同時另一方面也使該產業生產過多降低資源的利用效率。為糾正此缺失，可對產生污染的工廠課徵放流稅，使外部不經濟內部化，如此一方面可降低社會成本，同時另一方面也使生產步入正軌而提升資源的利用效率。另一個例子是假定有兩種產品在消費上相互替代性甚高，如果對其中之一課稅，另一種不課稅，則不課稅的產品將大行其道，課稅的產品將日趨萎縮。這一方面對生產這兩種產品的生產者不公平，同時也有可能使資源的利用效率降低。

由此可知，中立原則只是一個基準，以此為基礎來衡量非中立性賦稅所產生的影響。如果原來的情況很好，則非中立性賦稅將帶來超額負擔；如果原來的情況不好，則非中立性賦稅有可能糾正缺失而使經濟效率提升。

6. 賦稅的課徵效果　由第3節的說明可看出，物品的供需彈性愈大，則賦稅的課徵效果愈差，亦即政府的課徵收入愈少。其原因為物

品的供需彈性愈大，則課稅後的交易量減少愈多，如此將失去相當數額的稅收。因此就政府收入的觀點而言，課稅對象的供需彈性愈低愈好。土地的供給彈性最小，因此土地稅的課徵效果最佳，不會因供給量的減少而失去稅收。

7. 政府課稅所需考慮的因素　政府課稅所需考慮的因素不外有下列七種，茲列舉如下：

(1)課徵的效果是否良好。

(2)課徵的成本是否合理。

(3)負擔是否公平。

(4)能否提升經濟效率。

(5)能否促進經濟公平。

(6)能否維持經濟穩定。

(7)能否協助經濟成長。

這些因素中，有些是相生的，有些是相剋的，政府必須參酌主客觀情勢，慎選稅目、慎定稅率，以使國家的福祉在長期及短期內均能兼顧。關於此點因篇幅所限，不能多所論列，有志者可參閱有關財政學的專著。

8. 賦稅任務的演變　賦稅的任務依次有下列四項，即：

(1)應付財政支出。

(2)平均社會財富。

(3)促進經濟成長。

(4)維持經濟穩定。

幾乎所有的政府一開始都是為了應付財政支出而課稅，同時所課的稅大部分是間接稅。其後經濟逐漸發達，不久即產生貧富不均的問題，為使貧富差距能夠縮短，於是乃開徵直接稅，特別是所得稅，此時賦稅的任務除去應付財政支出以外，尚兼顧社會財富的平均。為使經濟能進一步的發達，以厚植國力及增進人民的福祉，於是乃以賦稅為手段促進經濟發展，此時賦稅的任務又形擴大。等到經濟發展到相

當程度以後，經濟循環會跟踪而來，為穩定經濟，賦稅的任務又再次加重。由此可知，賦稅任務的演變不是從一個任務跳到另一個任務；而是任務不斷的增加，原有的任務沒有消失，新的任務又加進來。在此四個任務中，第一個任務即應付財政支出是賦稅最原始亦最基本的任務，其他三個任務即平均社會財富、促進經濟成長與維持經濟穩定，是為了要達於經濟目標即達於效率、公平、穩定與成長四個經濟目標所衍生出來的任務，賦稅能否及如何達於此四個經濟目標將在財政政策一節中說明之。

五、公債的意義與性質

1. 公債的意義與發行　公債（public debt）簡言之即是政府向人民所舉的債。公債的發行主要是透過金融機構辦理，承購者主要是一般社會大眾，間亦有有關機構購買作為一種金融投資。公債券是一種有價證券，可以在市場自由買賣。公債的利率一般均較市場利率為高，否則民間不願意購買。

2. 公債的發生　公債通常是在政府入不敷出同時短期內無法償還時發生。前述政府最正當的收入是賦稅，如果政府的支出突然大幅增加，例如戰爭或重大自然災害或嚴重經濟不景氣的來臨，此時政府的支出必須大幅增加，賦稅收入一時無法支應，發行紙幣又怕物價上漲，此時只有發行公債以資應急。

3. 公債的性質及其影響　公債的性質及其影響可從下列四個層面來看：

(1)對社會經濟資源使用的影響——公債對社會經濟資源使用的影響只在發行當時，政府的財政支出增加，相對地民間的消費支出減少，事後即恢復原有的比例。此外，公債在發行當時雖影響公共部門及私人部門使用社會經濟資源的比例，但對兩者使用的總和則沒有影響。由此可知，公債對社會經濟資源使用的影響只在發行當時，而且

只影響公共部門與私人部門間的使用比例，不影響兩者使用的總和。公債發行當時私人部門使用的經濟資源減少，很自然地會影響國民的生活水準。購買公債的人把希望寄託在未來，因為未來不但可以收回公債的本，同時還可以取得利息。

(2)對社會債務關係的影響——公債發行後，國民成為債權人，政府成為債務人。政府是個空殼子，將來還債的錢仍然是取之於民，因此就實質而言，公債是自己欠自己的債，在正常情況下是不足為憂的。所謂正常情況是指政府以未來的賦稅償還公債的本息；所謂不正常的情況是指政府解體或物價膨脹使債務自然消失或減輕，此時公債持有人對未來的希望即行破滅而成為一個純粹的奉獻者。

(3)對未來所得分配的影響——上述在正常情況下，政府是以未來的賦稅去支付公債的本息。為因應此項支付，政府必須加重賦稅的徵收，如此即產生所得重分配，持有公債的人所得會增加，不持有公債的人所得會減少。公債的發行在未來雖然會引起所得重分配，但對民間所使用的經濟資源在整體上是沒有改變的。

(4)對物價膨脹的影響——公債的流通性不如貨幣，因此公債的發行對物價膨脹的壓力不大。

綜合以上所述，可知公債是一種反噬性的債，人民不但是債權人，同時也是債務人，發行當時資源在公私部門間的使用比例改變，發行以後產生所得重分配。由此可知，政府發行公債是一種向社會取用較多經濟資源方法，這些資源如果用之得當，則對整個社會非但無害，反而有利；反之，如果用之不當，則對社會即有害無益。

4. 公債的利用與償還　公債因利用的途徑不同，其償還的可能性亦不同，茲分別說明如下：

(1)公債如果用於對外戰爭，如果耗費不大，則尚有償還的可能；如果耗費甚大，即難以償還，通常是通過物價膨脹使債務減輕。雖然用於戰爭的公債最後償還的可能性不大，但戰爭可以維護國家的光榮與生存，有愛國心的人還是願意去買，並不在乎是否能夠償還。

(2)公債如果用於經濟發展，成功以後稅基擴大，稅收增多，如此即能償還。當然，如果經濟發展失敗，則償還的可能性即很少。

(3)經濟不景氣時，政府一方面稅收減少，另一方面政府為救濟失業及設法促使經濟復甦必須增加支出，此時即需要發行公債以資挹注。等到經濟復甦以後，稅收增加，支出減少，公債即能償還。

(4)公債如果用於不正當的途徑，或途徑雖正當但支出過多超過負擔能力，前者如窮兵黷武，後者如過度的社會福利，這種公債非但不能造福人群，同時償還的可能性也很少。

綜合以上所述，可知四種利用途徑中，前三種具有積極性的意義，對社會有利，此類公債有時雖不一定能償還，但仍有發行的必要。最後一種不但對社會有害，同時也難以償還，應該儘量避免。

5. 公債發行額度的問題 公債雖然是自己欠自己的債，但為維護社會的公平，公債必須要償還，否則持有公債的人會吃虧，未持有公債的人會佔便宜。為使公債能夠償還，則公債發行的數額即有所限制。決定公債發行最大限額的條件，是政府的經常收入減去經常支出以後所餘足夠支付公債的利息。如果超過此限額，只有兩條路可走，一條是縮減正常的開支使施政的品質降低；另一條是增加公債的發行使債臺築得更高，等到實在不能負荷的時候，政府的財政即行崩潰。美國的紐約市即是一個最好的例子，紐約市的議員為爭取選票討好市民，福利支出大量增加，其結果不但使紐約市到處破破爛爛無法維持一個現代化都市的需要；同時政府債臺高築，債信不良，已經快到山窮水盡的地步。

上面所指的最大限額是在此限額下只能付息，不能還本。如果要還本，則發行額度必須在最大限額之下。一個負責任的政府必須要有還債的決心，一時還不清，可以慢慢的還，以免未來再度需要發行公債的時候，債上加債，伊于胡底。

六、預算與平衡預算

1. 預算的意義與編製目的　預算（budget）簡言之即是政府年度財政收支的預定計畫。政府編製預算的目的有二：第一、作為政府未來施政與籌措財源的依據。第二、社會大衆藉此可以瞭解政府財政收支的合理性，因為政府財政收支的多寡及其分配直接影響社會大衆的權利與義務也。編製預算所遵循的規範，稱之為預算制度。

2. 預算的型式　政府預算的型式有兩種，即單式預算與複式預算，茲分別說明如下：

(1)單式預算——所謂單式預算，即是政府將財政上的一切收支籠統地納入一個預算之中。

(2)複式預算——所謂複式預算，即是政府按收支性質的不同分為兩個預算，其一為經常預算，另一為資本預算。所謂經常預算，即是在支出方面都是政府經常性的開支，如員工的薪津及執行業務所需的經費等。為因應經常性的開支，其收入最好是賦稅，因為這樣才能取之於民、用之於民，而能正常運作，維持久遠。所謂資本預算，即是政府進行投資的預算，政府所進行的投資包括公營事業的投資以及政府從事各種基本建設所作的投資。這些支出不是經常性的，但數額有時相當龐大，賦稅收入無法支應，可以發行公債的方式籌措資金。

在現代社會中，政府為加速經濟發展並提升國民的生活水準，必須進行投資從事各項基本建設，這種支出雖然不是經常性的，但是數額相當龐大，因此乃有必要單獨成立一個預算。因此現今世界上多數國家均採用複式預算，只有極少數未開發國家仍抱殘守缺採用單式預算。

3. 預算應否平衡的問題　所謂預算平衡（balanced budget），是指財政收入正好等於財政支出，無節餘，亦無不足。在此有兩個問題，即第一、預算是否需要平衡，如果答案是正面的，則第二個問題

是我們所追求的是短期的平衡，還是長期的平衡。首先回答第一個問題，如果政府有預算赤字（budget deficit），即財政支出超過財政收入，則整個社會的需求超過供給，將引起通貨膨脹。如果政府有預算剩餘（budget surplus），即政府支出少於財政收入，則整個社會的需求少於供給，將引起經濟萎縮。因此政府的預算應該保持平衡，如此即不會產生通貨膨脹或經濟蕭條。正因為預算平衡有此優點，因此有人稱這種財政為健全的財政。

現在回答第二個問題，即我們所追求是短期的平衡，還是長期的平衡。如果我們所追求的是短期的平衡，雖然可以維持產銷平衡、物價穩定，但是這種預算不足以使經濟更上層樓，同時也不足以應付大風大浪。欲使經濟更上層樓，勢必須進行經濟發展，經濟發展需要大量的投資，這些投資不是馬上就能回收的，如此預算的短期平衡即不能達成。同樣情形，當經濟不景氣來臨時，為使失業者能夠安養，同時為使經濟能夠早日復甦，則政府必須作大量的支出，如此預算的短期平衡亦難以維持。由此可知，為使經濟能夠繁榮穩定，預算的短期平衡即無法達成。現在再進一步追問，預算在短期內雖無法保持平衡，長期是否需要保持平衡，答案也是肯定的。如果預算在長期內不能保持平衡，則遲早會引發通貨膨脹或經濟蕭條。

綜合以上所述，可知為促進經濟的繁榮與穩定，預算的短期平衡即無法達成；為避免持續性的物價膨脹或失業，預算的長期平衡是絕對需要的。

4. 預算觀點的改變 由上面的說明可看出，早期大家認為政府的預算能時時保持平衡，這樣的財政才是健全的財政，因此早期政府是以財政的觀點來編製預算的。其後大家意識到這樣的預算只能維持小康的局面，不能促進經濟的繁榮與穩定，於是乃放棄短期平衡的觀點，改以長期平衡的觀點來編製預算。長期內只要國民經濟能夠平衡，短期的財政收支是否能夠平衡已無關宏旨。此時政府預算的觀點已從財政移向經濟，即改以經濟的觀點來編製預算。

5. 預算類別與預算平衡　　上述政府的預算短期內可以不平衡，但長期內一定要平衡，這是對整個預算而言的。如果將預算分為兩部分，即經常預算與資本預算，其情形即稍有不同。經常性的支出如果能以賦稅收入支應，則在短期內即能維持平衡。資本支出通常以公債支應，短期內很難償還，必須等到有收益的時候才能償還，此時只能要求其長期保持平衡。此外，在經濟不景氣的時候，政府最好編製赤字預算，如此才能使社會的有效需求增加，促使經濟復甦，其原因將在第二十二章中說明之。

七、政府執行財政政策的手段

1. 職能性財政的意義　　早期的財政只要求以賦稅收入去支應政府經常性的支出，維持政府的正常運作即可。現在的財政則除去這種最基本的任務以外，尚必須兼顧社會財富的平均以及經濟的繁榮與穩定等任務。因為現代的財政已不僅僅在維持政府的正常運作，而是負有更多更重要的社會經濟任務，故稱其為職能性財政（ functional public finance ）。

2. 政府執行財政政策的手段　　在財政方面政府所能影響的是其收入與支出，在收入方面政府所能影響的是賦稅與公債兩項，在支出方面政府所能影響的是移轉性支付與公共投資兩項。政府能影響的項目才能用為執行財政政策的手段，因此政府的財政政策就手段而言主要有下列四種：

(1)賦稅調整政策。

(2)公債發行政策。

(3)移轉支付政策。

(4)公共投資政策。

茲分別說明如下：

3. 賦稅調整政策　　執行賦稅政策的手段主要有兩個，其一為調整

稅目，另一為調整稅率。賦稅政策就目的而言，主要有下列四方面：

(1)提升經濟效率——對產生外部不經濟的產業加重其稅負，如此即能提高資源的利用效率。

(2)維護經濟公平——加強直接稅的徵收並採用累進稅制，如此即能促進經濟的公平。

(3)助長經濟發展——為鼓勵投資可給予廠商減免稅的優待，如我國過去所實施的獎勵投資條例；為保護幼稚產業可加重進口關稅限制進口；為維護弱勢產業可減免其稅負，如我國為減輕農民負擔促進農業生產而停徵田賦的政策等；凡此即能助長經濟的發展。

(4)維持經濟穩定——經濟不景氣的時候，減輕一般民眾的稅負以增加有效需求；景氣過熱的時候，加重一般民眾的稅負以減少有效需求；如此即能維持經濟的穩定。

4. 公債發行政策　前述政府為應付緊急情況或進行重大建設的時候，正常的賦稅無法支應，發行紙幣又怕通貨膨脹，此時即可考慮運用公債。因此公債也是一種政策工具，可以加速經濟發展與維持經濟穩定。

5. 移轉支付政策　經濟不景氣的時候，政府給予失業者救濟，如此即能增加有效需求而使經濟復甦。對因進口而受損的生產者補貼，對因出口而受損的消費者補貼，如此即能促進經濟公平。獎勵產生外部經濟的生產者，如此即能維護經濟的公平並提升資源的利用效率。獎勵生產者進口與使用新的資本設備，補助出口商開拓國際市場，凡此均可提升生產效率，加速經濟發展。

6. 公共投資政策　政府投資從事各項基本建設，如此即能加速經濟發展。經濟不景氣的時候，以工代賑從事各項建設，如此不但可以解決失業問題，同時可以加速經濟復甦，維持經濟的穩定，甚至還可以幫助經濟作進一步的發展。

綜合以上所述，可知財政不但是政府施政的張本，同時也是政府推行經濟政策達於經濟目標的一個重要手段。

摘　要

政府的收支與財政

政　府　的　任　務　與　財　政　收　支		
政　府　的 任　　　務		(1)維護國家安全，(2)維持社會安定，(3)促進經濟的繁榮與穩定，(4)加強國民的教養並提升其生活素質。
財 政 支 出	意義	政府為舉辦或推行各種事務所產生的貨幣支出。
	支出 方式	(1)實質性支付——為政府向民間採購物品及勞務所作的支付。如此社會經濟資源的使用即由私人部門移向公共部門。 (2)移轉性支付——政府將向某些人徵收的錢轉送給另一些人。如此將產生所得重分配，但並不影響公私部門使用資源的比例。
	支出 原則	如果政府支出為人民所創造的福利較私人尤多時，則不論數額的多寡，對整個國家仍屬有利。
	支出 擴張	(1)集約性擴張——原有事務因質與量的提升而增加支出。 (2)外延性擴張——新事務的加入而增加支出。
財 政 收 入	意義	政府為應付財政支出向社會所徵集的貨幣收入。
	來源	(1)賦稅，(2)公債，(3)發行紙幣，(4)公營事業盈餘，(5)出售國有財產收入，(6)接受國外援助。 以賦稅挹注財政支出是屬取之於民、用之於民的手段，最健全。
收支特性		(1)量出為入，(2)強制性。因有些任務必須由政府來執行。
賦　稅　的　意　義　與　性　質		
賦稅的意義		賦稅是政府為推行公共事務向人民所進行的一種強制徵收。
賦　稅　的 種　　　類		(1)財產稅——以私有財產為對象所課的稅。 (2)所得稅——以個人或公司行號的所得為對象所課的稅。 (3)商品稅——以在市場流通的商品為對象所課的稅。
稅　率　的 型　　　態		(1)比例稅——以固定稅率所課的稅。會加大貧富差距。 (2)累進稅——以伴隨課稅客體價值的加大而逐級提高的稅率，亦即以累進稅率所課的稅。能縮短貧富差距。 (3)累退稅——以累退稅率所課的稅。名義上沒有，實際上是有。
課徵的原則		(1)簡明易徵，(2)公平合理，(3)促進資源有效利用。
負擔分配 的　原　則		(1)受益原則——受益的人付稅。此原則合理。 (2)負擔能力原則——有錢的人多繳稅。此原則合情。

賦　稅　的　轉　嫁　與　歸　宿	
意　　義	轉嫁——即納稅人將其稅負轉嫁給別人負擔。 歸宿——賦稅經過轉嫁以後最後不能再轉嫁時的結局。
轉　嫁　的 方　　　向	(1)前轉——即賣主的稅負向前轉嫁給買主負擔。 (2)後轉——即買主的稅負向後轉嫁給賣主負擔。
賦 稅 能 否 轉 嫁 的 條 件	(1)課稅後是否有交易行為——有交易行為才能轉嫁。 (2)需求彈性的大小——若需求彈性較大，買主可以減少購買量的方式拒 　抗賦稅前轉，此時賦稅主要由賣主負擔。反之則否。 (3)供給彈性的大小——若供給彈性較大，賣主可以減少供給量的方式拒 　抗賦稅後轉，此時賦稅主要由買主負擔。反之則否。 (4)邊際成本的變化——從量稅提高邊際成本，最大利潤點左移，供給量 　減少，價格上升，賦稅轉嫁給買主負擔。定額稅不影響邊際成本，賦 　稅不能轉嫁；但當平均成本高於平均收益時，部分廠商停產，市場供 　給減少，價格上升，此時即能轉嫁。 (5)邊際收益的變化——從價稅降低邊際收益，最大利潤點左移，供給量 　減少，價格上升，賦稅轉嫁給買主負擔。定額稅不影響邊際收益，賦 　稅不能轉嫁；但當平均收益低於平均成本時，部分廠商停產，市場供 　給減少，價格上升，此時即能轉嫁。
直接稅與 間接稅	(1)直接稅——課稅後不能轉的稅。配合累進稅率可用以縮短貧富差距。 (2)間接稅——課稅後可以轉嫁的稅。交易雙方彈性較大者佔便宜，因其 　能以量制價。

賦　稅　的　中　立　原　則　與　賦　稅　任　務　的　演　變		
賦稅 立 稅原 的則 中	意義	不使課稅對一般經濟活動產生影響的原則。合此原則的賦稅很少。
	目的	在提供一個基準以測量賦稅不合中立性時所產生的額外負擔及利益，以 判斷何種賦稅的徵收對社會的損害較少或利益較大。
賦 稅 的 超 額 負 擔	意義	賦稅的直接負擔為人民所繳納的稅款。賦稅使社會所產生的全部負擔減 去直接負擔，即為賦稅的超額負擔。超額負擔因賦稅不合中立性而產 生，是課稅所引起的額外損失。
	性質	賦稅的超額負擔其中一部分為消費者所失去的消費者剩餘，一部分為生 產者所失去的生產者剩餘，兩者均使經濟效率降低。
	影 響 因 素	(1)需求彈性的大小——若需求彈性較大，則課稅後的購買量減少較多， 　如此賦稅的超額負擔即行擴大，且所增加者多為生產者剩餘的損失。 　反之則否。 (2)供給彈性的大小——若供給彈性較大，則課稅後銷售量減少較多，如 　此賦稅的超額負擔即行擴大，且所增加者多為消費者剩餘的損失。反 　之則否。

非中立性賦稅的取捨	非中立性的賦稅除使社會產生超額負擔外，有時因能矯正弊害亦產生額外利益，兩相抵銷，根據淨超額負擔的大小以決定賦稅的取捨。
賦稅的課徵效果	物品的供需彈性愈大，則課稅後的交易量減少愈多，如此賦稅的課徵效果即愈差，亦即政府的課稅收入將大幅減少。
課稅所需考慮的因素	(1)課徵效果是否良好，(2)課徵成本是否合理，(3)負擔是否公平，(4)能否提升經濟效率，(5)能否促進經濟公平，(6)能否維持經濟穩定，(7)能否協助經濟成長。
賦稅任務的演變	按後列次序逐步增加：(1)應付財政支出，(2)平均社會財富，(3)促進經濟成長，(4)維持經濟穩定。

公　債　的　意　義　與　性　質	
公債的意義	公債是政府向人民所舉的債。
公債的發行	公債的發行通常是用來應付非經常性支出的大幅增加。
公債的性質	(1)資源使用──公債只在發行當時影響公共部門與私人部門使用社會經濟資源的比例，前者使用量增加，後者使用量減少。 (2)債務關係──政府以未來的賦稅償還公債，對社會大眾而言，公債是自己欠自己的債。 (3)所得分配──公債未來是否償還均將影響所得分配。如果償還，持有人所得增加，非持有人所得減少。如果不償還，其情形即相反。 (4)物價膨脹──公債流通性不如貨幣，對物價膨脹的壓力較小。
公債與償還的利用	(1)用於戰爭──可爭取國家的光榮與生存，償還的可能性不大。 (2)用於經濟發展──發展成功後，稅基擴大，可能償還。 (3)用於對付經濟不景氣──景氣恢復後，生產增加，支出減少，可能償還。 (4)用於不正當途徑──非但有害社會，同時也無可能償還。
公債的發行額度	最大限額的條件──政府的經常收入減去經常支出以後，所餘足夠支付公債的利息。 公債的發行數額如低於最大限額，即能償還。否則將債上加債，最後以政府解體或物價膨脹收場。

預　算　與　平　衡　預　算	
預算的意義	預算為政府年度財政收支的預定計畫。
編製目的	(1)作為政府未來施政與籌措財源的依據。 (2)昭信社會大眾，因政府的財政收支對社會大眾有甚大的影響。
預算的形式	(1)單式預算──政府將財政上的一切收支籠統地納入一個預算之中。 (2)複式預算──政府按財政收支的性質分編為兩個預算，即經常預算與資本預算。現今多數國家均採用此形式。

預算的應否平衡問題	(1)政府預算應該平衡,否則將產生預算赤字,引發通貨膨脹;或產生預算盈餘,引發經濟蕭條。 (2)政府所追求的預算平衡如果是短期的,雖可維持小康的局面,但不能使經濟更上層樓或應付大風大浪。 (3)因此政府的預算短期可以不平衡,長期一定要平衡。
預算的觀點改變	從財政平衡的觀點,政府的預算應該時時保持平衡;從經濟平衡的觀點,政府的預算短期可以不平衡,但長期一定要平衡。現今世界各國為使經濟能持續發展與穩定,多將預算編製的觀點由財政平衡轉向經濟平衡。
<td colspan="2" align="center">**政府執行財政政策的手段**</td>
職能性財政的意義	現代國家的財政除維持政府的正常運作外,尚肩負甚多有關社會與經濟的任務,故稱此財政為職能性財政。
政策手段	(1)賦稅調整,(2)公債發行,(3)移轉支付,(4)公共投資。
賦稅調整政策	(1)提升經濟效率——例如對產生外部不經濟者課稅。 (2)維護經濟公平——加強直接稅徵收並採用累進稅率。 (3)助長經濟發展——減免賦稅獎勵投資,增加進口稅保護幼稚產業。 (4)維持經濟穩定——景氣欠佳時減稅,景氣過熱時增稅。
公債發行政策	(1)進行基本建設,促進經濟發展。 (2)應付緊急事件,確保國家的安全與穩定。
移轉性支付政策	(1)失業救濟。(2)補貼因進口受損的生產者,因出口受損的消費者。(3)獎勵產生外部經濟的生產者。(4)獎勵進口及使用新的資本設備。(5)獎勵開拓國際市場。
公共投資政策	(1)政府投資興建各種基本設施,以加速經濟發展。 (2)以工代賑救濟失業,促進經濟的穩定與繁榮。

政府的收支與財政

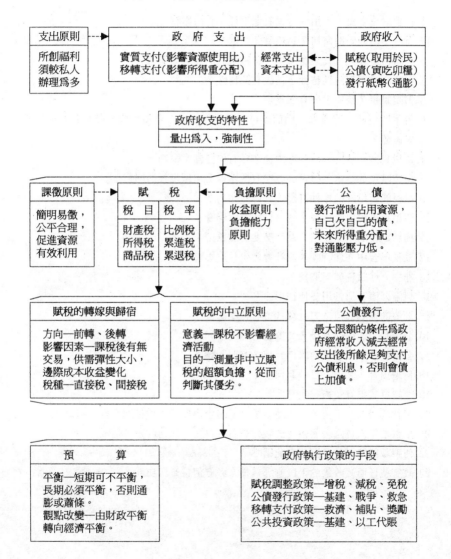

支出原則
所創福利須較私人辦理爲多

政府支出
實質支付(影響資源使用比)
移轉支付(影響所得重分配)
經常支出
資本支出

政府收入
賦稅(取用於民)
公債(寅吃卯糧)
發行紙幣(通膨)

政府收支的特性
量出爲入，強制性

課徵原則
簡明易徵，公平合理，促進資源有效利用

賦稅
稅目　稅率
財產稅　比例稅
所得稅　累進稅
商品稅　累退稅

負擔原則
收益原則，負擔能力原則

公債
發行當時佔用資源，自己欠自己的債，未來所得重分配，對通膨壓力低。

賦稅的轉嫁與歸宿
方向—前轉、後轉
影響因素—課稅後有無交易，供需彈性大小，邊際成本收益變化
稅種—直接稅、間接稅

賦稅的中立原則
意義—課稅不影響經濟活動
目的—測量非中立賦稅的超額負擔，從而判斷其優劣。

公債發行
最大限額的條件爲政府經常收入減去經常支出後所餘足夠支付公債利息，否則會債上加債。

預算
平衡—短期可不平衡，長期必須平衡，否則通膨或蕭條。
觀點改變—由財政平衡轉向經濟平衡。

政府執行政策的手段
賦稅調整政策—增稅、減稅、免稅
公債發行政策—基建、戰爭、救急
移轉支付政策—救濟、補貼、獎勵
公共投資政策—基建、以工代賑

問　題

1. 何謂財政支出？支出的方式有那兩種？有何影響？

2. 財政支出的原則為何？為何有此原則？

3. 何謂財政收入？其來源為何？各種來源的性質如何？

4. 財政收支有那兩種特性？何故有此特性？

5. 何謂賦稅？賦稅主要有那幾類？

6. 稅率的型態有那幾種？因而賦稅有那幾種型態？各種型態的賦稅各有何特質與影響？

7. 賦稅負擔分配的原則有那兩種？各有何優點與限制？

8. 何謂賦稅的轉嫁？轉嫁的方向有那兩種？何謂賦稅的歸宿？

9. 賦稅能否轉嫁的條件有幾？其內涵如何？

10. 何謂直接稅與間接稅？各有何特質與影響？

11. 何謂賦稅的中立原則？為什麼要有此原則？

12. 賦稅不合中立性時課稅對社會產生什麼影響？

13. 非中立性賦稅如何取捨？

14. 何謂公債？通常用於何種用途？

15. 公債的性質如何？對社會各方有什麼影響？

16. 公債利用的途徑有幾？其償還的可能性如何？

17. 公債發行最大限額的條件為何？有何影響？

18. 何謂預算？其編製目的為何？

19. 何謂單式預算及複式預算？

20. 預算是否需要平衡？一個進步國家應追求短期平衡抑長期平衡？何故？

21. 近數十年來各國編製預算的觀點是否有改變？如何改變？何故？

22. 何謂職能性財政？因何有此稱呼？

23. 政府執行財政政策的手段有那幾種？各有何特質與功能？

第 捌 篇

凱因斯學派的總體經濟理論

前在第十四章中曾提及總體經濟理論歷來主要有四套，即古典學派理論、凱因斯學派理論、重貨幣派理論及理性預期學派理論。在此四套理論中，截至目前為止仍以凱因斯學派理論為主流，因其理論體系一般說來比較完整，同時其適用性也比較廣，因此率先予以介紹。凱因斯學派的總體經濟理論主要有三部分，即總合需求構成成分的分析、所得決定理論及總合供需模型。此三部分理論中，以最後一部分即總合供需模型為最重要，因其為一個最終而完整的理論架構。其他兩部分，總合需求構成成分的分析是一套先驅理論，其結果是供後來引用的。至於所得決定理論則是為凸顯凱因斯理論的精髓，在不充分就業為常態的情況下所作的一種特定形式的分析。又總合需求構成的成分雖多，但總括只有兩項，即消費與投資，故總合需求構成成分的分析又稱之為消費投資理論（見第十四章之圖14－1）。至於就業理論則包含在總合供需模型之內（勞動市場及其相關部分）。本篇共包含三章，下一章即第十八章將率先介紹總合需求構成成分的分析，第十九章探討所得決定理論，第二十章說明總合供需模型。茲逐步解析如下。

第十八章

總合需求構成成分的分析

前在第十四章中曾提及，凱因斯學派認為充分就業不是常態，在不充分就業情況下，所得決定於總合需求。為瞭解總合需求如何決定所得，首先必須對總合需求的構成成分加以分析，預為準備。需求的體現即是支出，因此總合需求構成的成分應該與支出面法求算國民生產毛額的成分完全一致，即

$$GNP = C + I + G + (X - M)$$

式中 GNP 代表國民生產毛額，C 代表民間消費，I 代表投資毛額，G 代表政府消費，X 代表出口總值，M 代表進口總值。

茲逐一分析如下。

一、民間消費與儲蓄

儲蓄為可支配所得與民間消費之差，與民間消費的關係至為密切，故將其合在一起討論。

1. 消費函數的意義　消費函數（consumption function）為民間消費與其影響因素間的函數關係。影響民間消費（C）的因素很多，其中最重要的有兩個，即可支配所得（Y_d）與利率（i），則消費函數的形式如下：

$$C = f(Y_d, i, \cdots\cdots)$$

式中 f 代表函數的符號。

可支配所得的多寡直接影響民間消費的多寡，兩者間有正變的關

係。利率高，消費者將一部分所得儲存起來留待以後消費，比較有利；反之則否；故知利率的高低對民間消費有相當的影響，但其關係是正變還是負變，則視利率變化所產生的替代效果及所得效果的大小而定，關於此點將在後節中詳細說明之。

2. 凱因斯的基本心理法則　一般說來，人們的消費會隨其所得的增加而增加，但消費的增量（increment）則低於所得的增量。此即凱因斯的基本心理法則（fundamental psychological law）。一般人賺錢的目的起初是為了維持生活，其後則是為了享受，這是消費隨所得增加而增加的原因。此外，當一個人比較富裕的時候總會想到未來，為了防患未然，就會留些錢下來，錢少的時候少留，錢多的時候實在用不完，留的更多，這是消費增量低於所得增量的原因。因此，所謂凱因斯的基本心理法則，其實就是人類的本性，沒有什麼特殊之處。然則為什麼稱為「凱因斯的」基本心理法則呢？其原因為此法則對下一章所將討論的所得決定理論有很大的影響，故凱氏予以特別強調。

3. 簡單的消費函數　最簡單的消費函數其影響因素只有一個，即可支配所得，其式如下：

$$C = f(Y_d)$$

假定 C 與 Y_d 的關係為直線關係，則消費函數為：

$$C = a + cY_d \qquad a > 0 , 0 < c < 1$$

茲說明如下：

(1)當 $Y_d = 0$ 時，$C = a$，a 必定大於 0，因即使無所得，最起碼的消費還是有的，至於錢怎麼來則是另一回事。

(2)$c = \triangle C / \triangle Y_d$，根據凱因斯的基本心理法則，$\triangle C < \triangle Y_d$，故 $c < 1$。又當 Y 增加時，C 亦隨之增加，Y_d 與 C 呈同方向變化，此時 $\triangle C$ 與 $\triangle Y_d$ 為同號，故 $c > 0$。由此可知，c 的所在範圍為 $0 < c < 1$。

將上列消費函數繪成圖形，其形如下：

茲說明如下：

圖18－1　最簡單的消費線

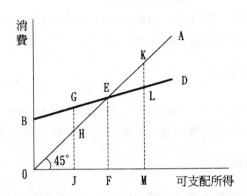

(1)*OA* 為一條45°線，線上各點的 $C \equiv Y_d$。

(2)*BD* 為根據上述最簡單的消費函數所繪成的直線。

(3)兩條直線相交於 *E* 點，此時 $Y_d = C$，即 *OF*＝*EF*，所得正好等於消費，無剩餘，亦無不足。

(4)當 $Y_d = OM > OF$ 時，*C*＝*LM*＜*KM*，但 *KM*＝*OM*，此時 $Y_d > C$，有節餘，其數額為 *KL*。

(5)當 $Y_d = OJ < OF$ 時，*C*＝*GJ*＞*HJ*，但 *HJ*＝*OJ*，此時 $Y_d < C$，有不足，其數額為 *GH*。

由此可看出，繪製45°線的目的在便於顯示 Y_d 與 *C* 之間的差距，是有餘，還是不足。

4. 自發性消費與誘發性消費　已知消費直線如下：

$$C = a + cY_d$$

由此式可看出，民間消費 *C* 可析為兩個成分，即 *a* 與 cY_d。cY_d 與可支配所得 Y_d 有關，為由 Y_d 誘發所產生的消費，故稱之為誘發性消費（induced consumption）。*a* 與 Y_d 無關，故稱之為自發性消費（autonomous consumption）。又 *a* 雖與 Y_d 無關，但與其他因素如利率等有關，其詳細情形將在後節中說明之。

5. 消費傾向 消費傾向（propensity to consume）有兩種，即平均消費傾向與邊際消費傾向，茲分述如下：

(1)平均消費傾向（average propensity to consume，簡寫為 APC）──為民間消費 C 與可支配所得 Y_d 之比，即

$$APC = \frac{C}{Y_d}$$

(2)邊際消費傾向（marginal propensity to consume，簡寫為 MPC）──為民間消費增量 $\triangle C$ 與可支配所得增量 $\triangle Y_d$ 之比，即

$$MPC = \frac{\triangle C}{\triangle Y_d}$$

若消費函數為直線式，即 $C = a + cY_d$，$a > 0$，$0 < c < 1$，則平均消費傾向為：

$$APC = \frac{C}{Y_d} = \frac{a + cY_d}{Y_d} = \frac{a}{Y_d} + c$$

邊際消費傾向為：

$$MPC = \frac{\triangle C}{\triangle Y_d} = c$$

由此得：

$$APC = \frac{a}{Y_d} + c = \frac{a}{Y_d} + MPC$$

因為 $a / Y_d > 0$，故

$$APC > MPC$$

注意：這是在上述直線式消費函數下的情形，如果是一條向上彎曲的曲線，其情形即不是如此。不過在凱因斯的基本法心理則下，這種向上彎曲的情況是不可能出現的。

計算消費傾向的目的一方面在說明消費與所得之間的變化關係，另一方面則在便於進行下一章所將討論的所得決定理論。

6. 儲蓄函數 其內容如下：

　　⑴儲蓄函數的意義──儲蓄函數（saving function）為儲蓄與其影響因素間的函數關係。

　　⑵簡單的儲蓄函數──已知儲蓄 S 為可支配所得 Y_d 與民間消費 C 之差，即

$$S = Y_d - C$$

　　若消費線為一條直線，即

$$C = a + c Y_d$$

　　則儲蓄線可求得如下：

$$S = Y_d - C = Y_d - a - c Y_d$$
$$= -a + (1-c) Y_d$$

　　因 $a > 0$，故 $-a < 0$，由此知儲蓄線的截距為負；因 $0 < c < 1$，故 $0 < 1-c < 1$，由此知儲蓄線的斜率為正。其情形如下圖：

圖18-2　最簡單的儲蓄線

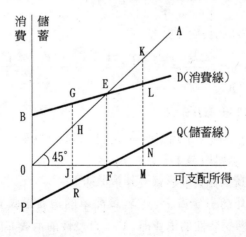

　　茲說明如下：

　　圖中 OA 為45°線，BD 為消費線，PQ 為儲蓄線。

　　消費線與45°線相交於 E 點，此時 $C = Y_d$，則 $S = Y_d - C = 0$，因此儲蓄線必通過 F 點。

若 $Y_d=OM>OF$，則 $Y_d-C=KL>0$，此剩餘轉為儲蓄，即 S
$=NM=KL$。

若 $Y_d=OJ<OF$，則 $Y_d-C=GH<0$，此不足之數以借貸或出
售資產的方式加以彌補，此時儲蓄為負數，即 $S=JR=GH$。

(3)儲蓄傾向——儲蓄傾向與消費傾向一樣有兩種，即平均儲蓄傾
向（average propensity to save，簡寫為 APS）與邊際儲蓄傾向
（marginal propensity to save，簡寫為 MPS），其計算公式如
下：

$$APS=\frac{S}{Y_d}$$

$$MPS=\frac{\triangle S}{\triangle Y_d}$$

儲蓄傾向與消費傾向間有下列關係：

$$APS=\frac{S}{Y_d}=\frac{Y_d-C}{Y_d}=1-APC$$

$\therefore$　　$APC+APS=1$

$$MPS=\frac{\triangle S}{\triangle Y_d}=\frac{\triangle(Y_d-C)}{\triangle Y_d}=\frac{\triangle Y_d-\triangle C}{\triangle Y_d}=1-MPC$$

$\therefore$　　$MPC+MPS=1$

由此可知，無論是平均傾向或是邊際傾向，儲蓄傾向與消費傾向
之和均等於1，其原因為 $Y_d\equiv C+S$ 也。

7. 利率對消費與儲蓄的影響　　其情形如下：

(1)所得以外的影響因素——就最簡單的消費函數 $C=a+cY_d$ 而
言，所得只影響誘發性的消費即 cY_d，自發性的消費亦即 a 則受其他
因素的影響，其中最重要的即是利率。利率低，消費者願借款以增加
當期的消費；利率高，消費者願減少消費，增加儲蓄以供下期消費。
這是一般的看法，實際情形較此為複雜，詳見後兩小節的說明。Y_d
的變化，使 C 沿著消費線變化；a 的變化，使整條消費線改變，向上

或向下移動。與需求相對照，前者相當於需求量沿著需求線的變化，後者則相當於需求的改變，即整條需求線向左或向右移動的改變。

(2)消費改變的內涵——消費的改變亦即整條消費線的改變。消費的改變一如需求的改變可析為兩個成分，即「替代效果」與「所得效果」。利率提高如超過某個人的時間偏好率時，則此人即願意減少目前的消費，增加未來的消費，對其較為有利；反之則否；這是利率變化所產生的替代效果。又利率提高使貸出人比較富有，願意增加一些消費而少借些錢出去；反之則否；這是利率變化所產生的所得效果。替代效果與所得效果的代數和，即為利率變化對需求亦即消費所產生的淨效果，可能為正，亦可能為負。

所謂時間偏好率（rate of time preference），是指本期減少一單位消費，下期來彌補，為維持同等滿足，則下期除去一單位消費以外，還要多加一些才行，此多加的部分對原有一單位消費的比例，稱之為時間偏好率。為便於與利率比較，時間偏好率通常以一年為間隔加以計算。例如今年減少一斤肉消費，明年必須增加 1.4 斤肉的消費，才能補足今年所失去的滿足，則此人的時間偏好率為 40%。時間偏好率必為正數，因為現在比未來重要，未來必須以較多數量的消費才能彌補現在所減少的消費。

(3)利率變化對消費的影響——利率變化對消費產生兩種影響，即替代效果與所得效果。如果替代效果大於所得效果，則利率的提高將使目前的消費減少，儲蓄增加；反之，如果所得效果大於替代效果，則利率的提高將使目前的消費增加，儲蓄減少。由此可知，利率變化對消費影響的方向並不固定，可能增加，也可能減少，此視物品種類、所得水準以及其他有關因素的影響而定。

8. 其他影響消費與儲蓄的因素　至少有下列五種：

(1)物價水準——物價水準提高，實質可支配所得減少，此時如欲維持過去的生活水準，則消費支出增加，儲蓄減少。

(2)所得分配狀況——如果所得分配不均，則少數高所得者雖有很

多錢，但其消費傾向甚低；相反地，多數低所得者雖其消費傾向甚高，但沒有錢去消費；此時就整個社會而言，消費相對地較少，儲蓄相對地較多。由高所得者手中取一塊錢給低所得者，則此一塊錢的邊際消費傾向即提高，從而使整個社會的平均消費傾向提高，其結果整個社會的消費增加，儲蓄減少。由此可知，一個社會中，如果所得分配愈平均，則在固定總所得下，消費愈多，儲蓄愈少。同時亦由此可知，欲使儲蓄增加，從而使投資增加，可採取所得分配不均的方式使儲蓄傾向提高。許多落後國家即採取此一方式累積資本，發展經濟。最明顯的例子即是日本明治維新時期所制定的「長子繼承制度」，其目的即在擴大貧富差距，以使儲蓄增加，資本累積。

(3)對未來的預期——如果對未來景氣預期樂觀，則消費者將增加目前的消費，因未來不愁沒有工作無錢可花也。反之，如果對未來景氣預期悲觀，則消費者將減少目前的消費，留些錢下來供未來一旦失業時享用。由此可知，預期未來景氣是否樂觀，將直接影響消費與儲蓄。

(4)消費者保有流動性資產的數量——流動性資產短期內可以變現，因此消費者所保有的流動性資產愈多，則其隨意購買的能力即愈強，如此將使其消費增加，儲蓄減少；反之則否。

(5)消費信用的條件與數量——消費者如果不易獲得貸款，或是不易獲得分期付款以進行消費，則消費會減少。先享受、後付錢，亦即分期付款制度是促使美國成為高度消費社會的原因之一。分期付款是一種寅吃卯糧的消費方式，這種方式可以使消費者即時獲得滿足，吸引力很大，因此常誘使消費者增加消費，減少儲蓄。

二、投資

1. 投資的意義　投資（investment）簡言之即是新資本財的購置。資本財包含三大類，即機器設備（包括運輸工具）、各種建築及

存貨。因此投資就是新機器設備及新建築的購置以及存貨的增加，至於舊品的購置則不包含在內，以免重複計算，但由國外進口的舊品則仍應計算在內。

　　投資是一種流量（flow）的概念，而非存量（stock）的概念。例如一個水槽，上面不斷有水注入，下面不斷有水洩出，單位時間內注入的數量或洩出的數量，稱之為流量；而瞬時留在水槽裡的水，其數量即稱之為存量。就投資而言，隨時間的演進，新的投資不斷加入，舊的投資不斷損耗或退出，猶如水槽裡的水不斷的注入、不斷的洩出，因此投資是一種流量的概念。投資的結果對生產者而言即是所謂的資本，資本在年底加以盤存，年底是一個瞬時，其數量猶如瞬時留在水槽裡水的數量一樣，因此盤存的結果稱之為資本存量（capital stock）。

　　通常將機器設備及建築物合稱為「固定資本」（fixed capital），則某一單位時間內新增加的機器設備及建築物即稱之為「固定資本形成毛額」（gross fixed capital formation），或「固定投資」（fixed investment）。固定資本形成毛額減去同期內所有固定資本的折舊，其結果稱為「固定資本形成淨額」（net fixed capital formation），或「固定投資淨額」（net fixed investment）。

　　2. 固定資本存量與固定資本形成淨額間的關係　令 K 代表固定資本存量，FI 代表固定資本形成毛額，FI^n 代表固定資本形成淨額，D 代表折舊。其基本關係為：

　　第 $t+1$ 期期初的固定資本存量 K_{t+1}，等於第 t 期期初的固定資本存量 K_t，加上第 t 期的固定資本形成毛額 FI_t，減去第 t 期的折舊 D_t，即

$$K_{t+1} = K_t + FI_t - D_t$$

但　　$FI_t - D_t = FI_t^n$

代入上式得：

$$K_{t+1} = FI_t^n + K_t$$

由第 $t+1$ 期起向前各期的固定資本存量為：

$$K_{t+1}=FI_t^n+K_t$$

$$K_t=FI_{t-1}^n+K_{t-1}$$

$$K_{t-1}=FI_{t-2}^n+K_{t-2}$$

………………………………

逐次將後一式代入前一式得：

$$K_{t+1}=FI_t^n+K_t$$

$$=FI_t^n+\left(FI_{t-1}^n+K_{t-1}\right)$$

$$=FI_t^n+FI_{t-1}^n+\left(FI_{t-2}^n+K_{t-2}\right)$$

$$=………………………$$

$$=\sum_{s=-\infty}^{t}FI_s^n$$

由此知某期期初的固定資本存量為過去各期固定資本形成淨額之和。

3. 投資邊際效率　資本財有生產力，可用以賺錢，故人們願意投資。投資一如商品的生產，其多寡決定於其邊際收益及邊際成本。投資的邊際成本可以貸款的利率代表之，因利率為投資者的機會成本。為與利率相對應，則投資的邊際收益必須以投資的邊際效率代表之。如果投資的邊際效率等於貸款的利率，亦即投資的邊際收益等於投資的邊際成本，則投資者即可獲得最大的利潤。茲先導出投資的邊際效率，其過程如下：

假定一項固定資本的價格為 P，可使用 n 年，n 年後的殘值為 0。各年扣除折舊後的純收益順次為 R_1, R_2, ……, R_n。應用貼現的方式將各年的純收益換算為「現值」，則全部現值的總和 V 為：

$$V=\frac{R_1}{1+r}+\frac{R_2}{\left(1+r\right)^2}+……+\frac{R_n}{\left(1+r\right)^n}…………①$$

式中 r 代表市場上的貼現率。

以 P 取代 V（P 不一定等於 V），其結果如下：

$$P==\frac{R_1}{1+r_m}+\frac{R_2}{(1+r_m)^2}+\cdots\cdots+\frac{R_n}{(1+r_m)^n}\cdots\cdots ②$$

　　由此可解得貼現率 r_m，此貼現率通常不是市場上的貼現率（只有當 $P=V$ 時，$r_m=r$，才是市場上的貼現率），而是根據固定資本價格及各年純收益「設算」出來的貼現率。由②式可看出，若 P 不變，各年的 R 值愈大，則設算出來的貼現率 r_m 即愈高；反之則否；故知 r_m 的高低可以代表該一單位固定投資邊際效率的高低。由此可知，固定投資最後一單位的邊際效率（marginal efficiency of investment，簡寫為 MEI）即為根據其價格及各年純收益設算出來的貼現率。

　　假定固定投資是一單位一單位增加的，令第一單位固定投資的金額為 $\triangle I_1$，事實上即為其價格 P_1；第二單位的金額為 $\triangle I_2$，即為其價格 P_2；餘依此類推。每一單位固定投資均可分別根據其各年純收益設算一個貼現率，其情形如下：

固定投資增量	設算貼現率	固定投資總額
$\triangle I_1=P_1$	r_{m_1}	$I_1=\triangle I_1$
$\triangle I_2=P_2$	r_{m_2}	$I_2=\triangle I_1+\triangle I_2$
$\triangle I_3=P_3$	r_{m_3}	$I_3=\triangle I_1+\triangle I_2+\triangle I_3$
$\vdots$	$\vdots$	$\vdots$
$\vdots$	$\vdots$	$\vdots$

　　根據第二及第三兩欄成對出現的資料即可繪製一條曲線，此即為所謂的投資邊際效率曲線，其情形如圖 18-3。

　　投資的邊際效率隨投資的增加而遞減，其原因為資本的邊際報酬是遞減的。

　　4. 投資需求曲線　前述當邊際收益等於邊際成本時，亦即當投資的邊際效率 r_m 等於市場利率 r 時所決定的固定投資量 I，可使投資者獲得最大的利潤。准此原則，當 $r_1=r_{m1}$ 時，最有利的投資量為 I_1，因 I_1 的邊際效率為 r_{m1} 也；同理當 $r_2=r_{m2}$ 時，最有利的投資量為 I_2，

圖18－3　投資邊際效率曲線

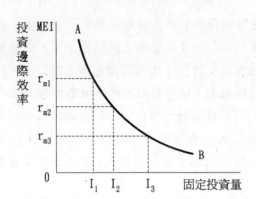

因 I_2 的邊際效率為 r_{m2} 也；餘依此類推。故知只要將上圖中的縱坐標 r_m 換成 r，亦即將投資的邊際效率換成市場利率，即得投資需求曲線，其情形見下圖：

圖18－4　投資需求曲線

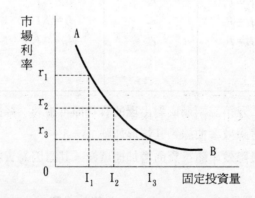

綜合以上所述，可知投資需求曲線為固定投資量 I 與市場利率 r 間的關係曲線，為導出此曲線，首先必須導出投資邊際效率曲線亦即固定投資量 I 與投資邊際效率 r_m 間的關係曲線，然後加入最大利潤的

均衡條件亦即 $r_m = r$ 的條件，其作用即是將 r_m 換成 r，如此即得投資需求曲線。

5. 影響投資需求的因素　由前兩節的說明知，決定投資的因素有兩個，即市場利率與投資的邊際效率。市場利率的變化使固定投資量沿著投資需求線變化，而投資邊際效率的變化則使整條投資需求線發生改變。投資的邊際效率提高將使投資需求產生增加的改變，其結果在固定市場利率下固定投資量增加；反之則否。由此可知，影響投資需求（指的是投資需求線的改變）的因素不是市場利率，而是投資的邊際效率。影響投資邊際效率的因素很多，重要者有下列五個，茲說明如下：

(1)固定資本的價格——固定資本的價格愈高，由前述第②式知投資的邊際效率愈低；反之則否。

(2)對產品市場的預期——如果未來產品的銷量或（及）價格看好，則預期收益會增加，從而使投資的邊際效率提高；反之則否。

(3)技術與創新——生產技術的改進、新產品的出現以及新市場的開拓等均可使預期收益增加，如此亦可使投資的邊際效率提高。

(4)現有資本設備的利用率——現有資本設備的利用率愈高，則新增投資的預期收益即愈高，如此亦將提高投資的邊際效率；反之則否。

(5)生產成本及捐稅——生產成本及捐稅如果增加，則投資的預期收益會減少，從而降低投資的邊際效率；反之則否。

由前述第②式知，影響投資邊際效率的直接因素有兩個，即固定資本價格與各年純收益。上列五個因素中，除第一個與固定資本價格有關外，其餘四個均與各年純收益有關。

6. 投資供給與投資供需的均衡　投資資金的來源主要為儲蓄。由上一大節的說明知，儲蓄決定於可支用所得的多寡及利率的高低；由本大節的說明知，投資決定於利率的高低。但所得與利率的決定牽涉到三個市場，即實物市場、貨幣與投資市場及勞動市場，要這三個市

場在交互影響下同時達於均衡，亦即最後整個經濟社會的總合供需達於均衡時才能決定，此時儲蓄與投資亦達於均衡，即 $S=I$。其詳細情形將在以後有關章節中説明之。

三、政府消費與出口淨額

1. 政府消費　政府為執行公務乃有支出，政府支出包括三方面，即政府消費支出、政府投資支出及政府轉移性支出。政府投資支出包括公共建設、公營事業的投資以及政府本身所使用的房屋及設備等的投資支出。政府轉移性支出包括各項補助金、救濟金以及公債利息等的轉移性支出。因此政府消費（ government consumption ）是指政府為執行公務所購用的消費性財貨及勞務所作的支出。其性質如下：

(1)政府消費支出隨國民所得的增加而增加，其幅度有時會超過國民所得增加的幅度，此説明政府的職能有隨經濟的繁榮而加速擴張的趨勢。

(2)政府消費多屬自主性的，所謂自主性是指政府本身認其有必要而非外力使然。正因為如此，所以政府收支的原則是「量出為入」，而非量入為出，與一般家庭收支的原則不同。由於政府消費多屬自主性的，故政府消費是一個外生變數。所謂外生變數（ exogenous variable ），是指決定於經濟體系以外的變數。相對地，決定於經濟體系以內的變數，則稱之為內生變數（ endogenous variable ）。

2. 出口淨額　出口淨額為出口額與進口額之差，代表外國對本國產品的淨需求，其決定因素如下：

(1)出口需求的決定因素——主要有三個：即第一、外國的經濟景氣情況，情況愈佳，則對本國產品的需求愈可能增多。第二、外國的物價水準，水準愈高，則對本國產品的需求愈可能增多。第三、本國的價格水準，水準愈低，則對本國產品的需求愈可能增多。

影響出口價格的因素甚多，包括本國的一般物價水準、匯率、以

及退稅及補貼等獎勵措施。如本國的一般物價水準較低、匯率偏高（匯率是指外國貨幣一單位兌換本國貨幣的單位數，例如美金一元可兌換臺幣26元，則美金對臺幣的匯率即為1比26）、同時有退稅及補貼等獎勵措施，則出口價格較低，對出口有利；反之則否。

(2)進口需求的決定因素——進口與出口是性質相同但方向相反的過程，因此影響進口需求的因素與影響出口需求者完全一致，但影響的方向則相反。若本國的所得水準及物價水準均較高，同時外國的物價水準相對地較低時，則進口較多。除此而外，若本國貨幣相對於外國貨幣貶值，或是本國提高進口關稅及加強進口管制，則進口即減少。其詳細情形將在第二十六章即國際貿易政策一章中說明之。

一般說來，一個國家的所得水準提高，則其進口數額亦隨之增加。為衡量所得變化對進口的影響，乃有邊際進口傾向與平均進口傾向的計算。所謂邊際進口傾向（marginal propensity to import，簡寫為 MPM）是指增加一單位所得所增加的進口數額，所謂平均進口傾向（average propensity to import，簡寫為 APM）是指平均每單位所得中用於進口的比例。兩種傾向的計算公式如下：

$$MPM = \frac{\triangle M}{\triangle Y}$$

$$APM = \frac{M}{Y}$$

式中 M 代表進口總值，Y 代表國民所得。

摘　要

總合需求構成成分的分析

	民 間 消 費 與 儲 蓄	
民間消費與 儲蓄的關係	儲蓄（S）＝可支配所得（Y_d）－民間消費（C）	
	消費函數	為民間消費與其決定因素間的關係。決定因素主要為所得，次為利率。
民 間 消 費	凱因斯的基 本心理法則	一般說來，人們的消費會隨其所得的增加而增加，但消費的增量低於 所得的增量。
	直線式消費函數 — 函數式	$C＝a＋cY_d$，$a＞0$，$0＜c＜1$
	直線式消費函數 — 成分	cY_d 稱為誘發性消費，由 Y_d 誘發而來。 a 稱為自發性消費，決定於 Y_d 以外的其他因素，主要為利率。
	直線式消費函數 — 消費傾向	(1)平均消費傾向—$APC＝C／Y_d＝a／Y_d＋c$ (2)邊際消費傾向—$MPC＝\triangle C／\triangle Y_d＝c$ 　　$APC＝a／Y_d＋MPC$，$\because a／Y_d＞0$，$\therefore APC＞MPC$
儲 蓄	儲蓄函數	為儲蓄與其決定因素間的關係。
	直線式儲蓄函數 — 函數式	$S＝Y_d－C＝Y_d－（a＋cY_d）＝－a＋（1－c）Y_d$
	直線式儲蓄函數 — 儲蓄傾向	(1)平均儲蓄傾向—$APS＝S／Y_d＝－a／Y_d＋（1－c）$ 　　在任何情況下：$APC＋APS＝1$ (2)邊際儲蓄傾向—$MPS＝\triangle S／\triangle Y_d＝1－c$ 　　在任何情況下：$MPC＋MPS＝1$
影 響 民 間 消 費 與 儲 蓄 的 因 素	利 率	(1)利率影響自發性消費，因利率低願借錢消費，反之則存款供下期消費。 (2)就 $C＝a＋cY_d$ 而言，a 的改變，使整條消費線改變。 (3)消費的改變可析為「替代效果」與「所得效果」兩種成分。 (4)若替代效果大於所得效果，利率的提高將減少消費，增加儲蓄。 　　若所得效果大於替代效果，利率的提高將增加消費，減少儲蓄。 　　故利率對消費及儲蓄雖有影響，但方向尚無定論。
	其 他 因 素	(1)對未來的預期—預期未來景氣看好，消費增加，儲蓄減少。 (2)消費者保有流動性資產數量—數量多，則購買力強。 (3)物價水準——物價水準提高，降低消費者的購買力。 (4)消費信用的條件與數量—條件寬，數量多，消費增加，儲蓄減少。 (5)所得分配狀況—所得分配愈均勻，平均消費傾向愈高。
	政 　 府 　 消 　 費	
意　　義	包括政府購用物品及勞務的支出，不包括投資性及移轉性的支出。	

性 質		(1)政府支出多隨國民所得的增加而增加，甚至是超比例的增加，此表示政府職能不斷擴張。 (2)政府消費多屬自主性的，因此常視為一個「外生變數」，即決定於國民經濟模型以外的因素。
投　　　資		
意　　義		投資是對新資本財的購買。資本財包括機器設備、建築物及存貨增加。
特　　性		投資是「流量」的概念，而非「存量」的概念。流量是「某單位時間內」所流過的數量，存量是「某時點」所存有的數量。
固 定 資 本	意義	固定資本包括機器設備及建築物。
	存量與形成間關係	某期固定資本存量為前此各期固定資本形成淨額之和，即 $$K_{t+1} = K_t + FI_t - D_t = K_t + FI_t^n = FI_t^n + (FI_{t-1}^n + K_{t-1})$$ $$= \cdots\cdots = FI_t^n + FI_{t-1}^n + FI_{t-2}^n + \cdots\cdots$$
	投資邊際效率	$$P = \frac{R_1}{1+r_m} + \frac{R_2}{(1+r_m)^2} + \cdots\cdots + \frac{R_n}{(1+r_m)^n}$$　$P=$固定資本的價格 　$R=$收益 已知 P 及 R_1，R_2，$\cdots\cdots R_n$，可設算貼現率 r_m，此即該項固定投資的邊際效率。
	投資需求線	投資的最大利潤均衡條件為：**投資邊際效率＝市場利率** 故知投資邊際效率曲線即為投資需求線，只要將上式中之 P 換成固定投資量 I，投資邊際效率 r_m 換成市場利率 r 即可。
	影響投資需求的因素	投資決定於利率與投資邊際效率的高低。 (1)固定資本的價格─價格愈高，投資的邊際效率愈低。 (2)對產品市場之預期─前景看好，未來收益增加，提高投資邊際效率。 (3)技術與創新─使未來收益增加，提高投資邊際效率。 (4)現有資本設備利用率─利用率提高，預期收益提高。 (5)生產成本及捐稅─成本及捐稅的增加，使預期收益減少。
出　口　淨　額		
意　　義		出口淨額為出口與進口之差，代表外國對本國產品的需求。
影 響 因 素	出口需求	(1)主要有三個，即外國的經濟景氣狀況、外國的物價水準、及本國的物價水準。 (2)出口價格受本國物價水準、匯率、免稅及補貼等獎勵措施的影響。
	進口需求	(1)主要亦有三個，與出口相同，但影響的方向相反。 (2)進口價格受匯率及關稅的影響，此外尚有所謂的進口管制。
進口傾向		(1)增加一單位所得所增加的進口數額，稱為「邊際進口傾向」。 (2)平均每單位所得中用於進口的比例，稱為「平均進口傾向」。

總合需求構成成分的分析

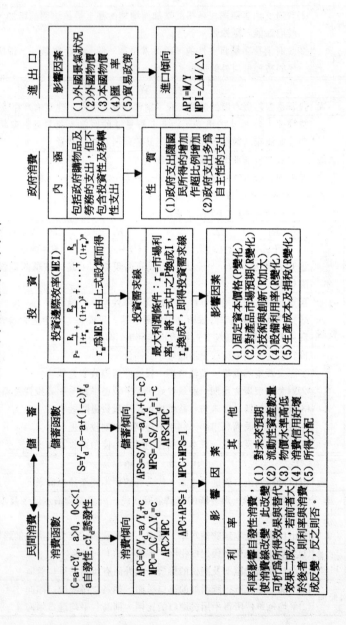

民間消費 ⟷ 儲蓄 → 投資　　　政府消費　　　進出口

民間消費

消費函數
$$C=a+cY_d,\ a>0,\ 0<c<1$$
a自發性，cY_d誘發性

消費傾向
$$APC=C/Y_d=a/Y_d+c$$
$$MPC=\triangle C/\triangle Y_d=c$$
$$APC>MPC$$

$$APC+APS=1，MPC+MPS=1$$

影　響　因　素
利率
利率影響自發性消費，使消費線改變，此改變可析為所得效果與替代效果二成分。若前者大於後者，則利率與消費成反變，反之則否。

儲蓄

儲蓄函數
$$S=Y_d-C=-a+(1-c)Y_d$$

儲蓄傾向
$$APS=S/Y_d=-a/Y_d+(1-c)$$
$$MPS=\triangle S/\triangle Y_d=1-c$$
$$APS<MPC$$

其　他　影　響　因　素
(1) 對未來預期
(2) 流動性資產數量
(3) 物價水準高低
(4) 消費信用好壞
(5) 所得分配

投資

投資邊際效率（MEI）
$$P=\frac{R_1}{1+r_m}+\frac{R_2}{(1+r_m)^2}+\cdots+\frac{R_n}{(1+r_m)^n}$$
r_m為MEI，由上式設算而得

投資需求線
最大利潤條件：r_m＝市場利率，將上式中之P換成I，r_m換成r，即得投資需求線

影響因素
(1) 固定資本價格（P變化）
(2) 對產品市場預期（R變化）
(3) 技術與創新（R加大）
(4) 設備利用率（R變化）
(5) 生產成本及捐稅（R變化）

政府消費

內　涵
包括政府購物品及勞務的支出，但不包含投資性及移轉性支出

性　質
(1) 政府支出隨國民所得的增加作超比例增加
(2) 政府支出多為自主性的支出

進出口

影響因素
(1) 外國景氣狀況
(2) 外國物價
(3) 本國物價
(4) 匯率
(5) 貿易政策

進口傾向
$$API=M/Y$$
$$MPI=\triangle M/\triangle Y$$

問　題

1. 何謂消費函數？為什麼要有消費函數？

2. 何謂凱因斯的基本心理法則？由何而來？

3. 何謂平均消費傾向與邊際消費傾向？兩者有何關係？

4. 為什麼在任何情況下，$APC+APS=1$，$MPC+MPS=1$？

5. 影響民間消費及儲蓄的因素有那些？試列舉之。

6. 為什麼政府的消費多屬自主性的？對總體經濟有何影響？

7. 何謂投資？何謂流量？何謂存量？

8. 投資的邊際效率如何衡量？

9. 投資的需求線如何求得？試逐步說明之。

10. 影響投資的因素有那些？試列舉之。

11. 影響出口的因素有那些？試列舉之。

12. 影響進口的因素有那些？試列舉之。

13. 何謂進口傾向？有何特殊意義？

第十九章　所得決定理論

一、總合供需與所得決定

1. 總合供給曲線的型式　前在第十四章中曾提及總合供給，所畫的曲線與一般商品的市場供給曲線可說完全相似，整條曲線均具有正斜率。但事實並非如此，凱因斯學派認為物價與工資均具有向下調整的僵固性，因此充分就業不是常態，其原因將在下一章中說明之。在不充分就業階段中，生產的增加從而使資源的需求增加，不會引起物價的變化，其原因為物價有向下調整的僵固性，不會下降；同時此時資源尚未充分就業，物價也不會上升。生產增加而物價水準不變，因此在不充分就業階段中總合供給是一條高度不變的水平線。當社會達於充分就業時，其情況即不同，由於資源已經充分就業，總合需求的增加只能使物價上升，不能增加總產出。在此情況下，總合供給乃由水平線突然轉變為垂直線。其情形見下圖：

圖19-1　總合供給曲線的型式

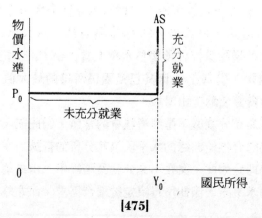

　　圖中 AS 代表總合供給曲線，其中水平段為未充分就業時的總合供給，垂直段為充分就業時的總合供給；P_0 代表未充分就業時的靜止物價水準；Y_0 代表充分就業時的最大國民所得。

2. 總合需求變化對國民所得及物價的影響　假定總合需求不斷增加，其與總合供給的均衡如下：

圖19-2　　總合供需的均衡

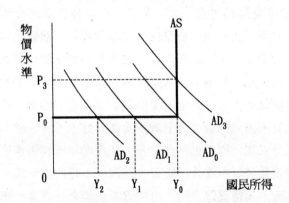

　　當總合需求由 AD_2 增加為 AD_1 時，因此時尚在未充分就業階段中，故國民所得由 Y_2 增加為 Y_1，但物價水準則保持不變，仍為 P_0。如此繼續進行，直至總合需求增加至 AD_0 時達於充分就業，此時國民所得增加為 Y_0，為其最大值，而物價水準則仍保持不變。過此，總合需求如再增加，例如由 AD_0 增加為 AD_3，因此時已達充分就業，總合需求的增加只能促使物價水準上升，由 P_0 上升至 P_3，不能使國民所得增加，仍為 Y_0，因其已是國民所得的最大值，社會不可能提供更多的資源使總產出增加。

　　凱因斯認為充分就業不是經濟社會的常態，因此凱氏的總體經濟理論是以上述總合供給曲線的水平段為其分析的依據，本章所討論的所得決定理論即是如此。又在不充分就業階段中，由於總合供給為一條固定不變的水平線，因此所得決定於總合需求，而非總合供給。

二、簡單凱因斯模型

1. 模型　為進行所得決定的分析，凱氏提出一個簡單的總體經濟模型，其內涵如下：

$$Y = C + I \cdots\cdots\cdots\cdots\cdots\cdots\cdots\cdots\cdots\cdots\cdots\cdots ①$$

$$Y = C + S \cdots\cdots\cdots\cdots\cdots\cdots\cdots\cdots\cdots\cdots\cdots\cdots ②$$

$$C = a + cY，a > 0，0 < c < 1 \cdots\cdots\cdots\cdots\cdots\cdots ③$$

$$I = \bar{I} \cdots\cdots\cdots\cdots\cdots\cdots\cdots\cdots\cdots\cdots\cdots\cdots\cdots\cdots\cdots ④$$

式中 Y 代表所得，C 代表民間消費，S 代表民間儲蓄，I 代表投資淨額，$\bar{I}$ 代表投資淨額外生決定的固定數額。

茲說明其意義如下：

(1)各個方程式所代表的意義——第①式就「等號」而言代表總合供需的均衡條件，Y 代表達於均衡時的總合供給量，$C+I$ 代表達於均衡時的總合需求量。第①式就「函數的意義」而言是指所得決定於需求，亦即由需求面來決定所得。第②式說明一個事實，即所得不用於消費即用於儲蓄。第③式是最簡單的消費函數，說明 Y 對 C 的影響。第④式指出投資需求為一個固定常數。

(2)方程式的種類——第①、②兩式為恆等式，說明變數間的恆等關係。第③式是一個函數式，說明 Y 對 C 的影響情形。第④式是一個特殊的函數式，其常數項為 $\bar{I}$，變數項的係數為 0。

(3)變數的種類——本模型有四個內生變數即 Y、C、I 及 S，所謂內生變數即是決定於模型體系以內的變數，前已提及。與內生變數相對應的是外生變數，所謂外生變數即是決定於模型體系以外的變數。本模型未將有關外生變數列出，只列出其影響的結果，即 a、c 及 $\bar{I}$，如此即可使模型簡化。

(4)模型的形式及求解方式——上列模型可看做是一個四元一次聯立方程式，四個變數為 Y、C、I 及 S。可用一般解聯立方程式的方

法求得該四個變數的解，其結果必均為 a、c 及 $\bar{I}$ 的函數。

2. 模型的特質 本模型主要有兩項特質，即

(1)凱因斯學派認為充分就業不是常態，在不充分就業階段中，總合供給曲線為一條固定不變的水平線，如此總產出決定於總合需求。當總合需求增加時，總產出即隨之增加，不受限制。上列模型中的第①式 $Y = C + I$ 即說明此一特質，即總產出決定於總合需求，同時總產出的增加不受限制。當然所謂不受限制是指在未充分就業階段中不受限制，達於充分就業以後其情況即不同。

(2)未達充分就業以前，總合需求的增加可使總產出增加，但物價水準則保持不變。由於凱氏的分析限定在不充分就業階段中，故模型中不含物價變動的因素在內，亦即不考慮物價變動的影響。

3. 模型中所含的假定 本模型除去上述兩項特質以外，尚含有下列四個假定，其目的在簡化模型的結構，以使凱因斯理論的要旨易於顯現與說明。其情形如下：

(1)本模型暫不考慮政府部門及外國部門，只考慮民間消費及投資部門。

(2)假定家戶部門不從事投資，企業界除折舊以外不從事儲蓄，亦即無未分配盈餘。

(3)民間消費除隨可支配所得增加而增加的部分以外，自發性的消費假定其為外生決定的常數。

(4)假定投資為外生決定的常數。

在前兩個假定下，國民生產淨額、國民所得、個人所得及可支配所得此四者完全相等，略去許多次要的項目，而使模型大為簡化。後兩個假定以外生決定的數額代替影響民間消費及投資的因素，如此亦可使模型簡化。

4. 均衡所得的求取 代③、④兩式入①式得：

$$Y = a + cY + \bar{I} \quad \cdots\cdots\cdots\cdots\cdots\cdots\cdots\cdots\cdots ⑤$$

解 Y 得：

$$Y=\frac{1}{1-c}\left(a+\bar{I}\right) \cdots\cdots\cdots\cdots\cdots\cdots\cdots\cdots\cdots ⑥$$

此即為在該模型下的均衡所得。

由前述知第①式即 $Y=C+I$ 其本身即是總合供需的均衡條件，但這是均衡條件的一般式，而非某一特定均衡點的條件式。將③式即 $C=a+cY$ 與④式即 $I=\bar{I}$ 代入①式，其結果即第⑤式即為某一特定均衡點的條件式，等號的左方 Y 代表該特定均衡點下的總生產，右方即 $a+cY+\bar{I}$ 代表該特定均衡點下的總需求。又第⑤式雖然是某一特定均衡點的條件式，但其所表示的是總合供給與總合需求兩條曲線的交點，必須對該式解 Y 才能求得該均衡點下的總生產亦即總所得，稱之為均衡所得，其結果即為第⑥式。

5. 模型的另一層面　上列均衡所得求取的過程中，未用到模型中的第②式，此為模型具有另一層面的原因。代①式入②式並化簡之得：

$$I=S \cdots\cdots\cdots\cdots\cdots\cdots\cdots\cdots\cdots\cdots\cdots\cdots\cdots\cdots ⑦$$

此說明在均衡狀態下，投資必須等於儲蓄。

代③式入②式可解得：

$$S=-a+\left(1-c\right)Y \cdots\cdots\cdots\cdots\cdots\cdots\cdots\cdots ⑧$$

此說明儲蓄亦為所得的函數。

6. 預擬的與實現的或事前的與事後的　所謂預擬的（planned）或事前的（ex ante），是指「打算要怎麼做」；所謂實現的（realized）或事後的（ex post），是指「後來實際發生的狀況如何」。就簡單凱因斯模型而言，四個方程式中除第④式即 $I=\bar{I}$ 為實現的以外，其他三個方程式及模型求解過程中所產生的中間方程式如⑦式及⑧式均為預擬的，因其中尚含有一個以上未知的變數在內也。對模型解聯立方程式，獲得四個變數的解，其結果如下：

$$Y=\frac{1}{1-c}\left(a+\bar{I}\right) \cdots\cdots\cdots\cdots\cdots\cdots\cdots\cdots\cdots ⑥$$

$$C=a+\frac{c}{1-c}(a+\bar{I}) \quad\text{……………………………}⑨$$

$$I=\bar{I} \quad\text{………………………………}④$$

$$S=-a+\frac{1-c}{1-c}(a+\bar{I})=\bar{I} \quad\text{……………}⑩$$

此即為實現的，因其中已不含任何未知變數在內。

三、圖解説明

1. 均衡所得的圖解　均衡所得決定於總合需求與總合供給。為配合上述簡單凱因斯模型，總合供需曲線的形式必須加以變化。茲先導出該模型下的總合供給曲線，已知模型中的第①式為：

$$Y=C+I \quad\text{…………………………………}①$$

由前述知此為該模型下總合供需均衡條件的一般式，等號左方 Y 代表總產出亦即國民所得，右方 $C+I$ 代表總需求。如將國民所得水準定在橫軸上，總需求定在縱軸上，則 $Y=C+I$ 的軌跡是一條由原點出發的 45°線，見下列圖(1)。又由前述知 $Y=C+I$ 所代表的另一重意義是所得決定於需求。現在再回過頭來看看本章第一大節所講的內容，由於充分就業不是常態，在未充分就業階段中，總合供給曲線是一條「固定不變」的水平線，所得的多寡完全決定於總合需求，這種情形與 $Y=C+I$ 所代表的第二重意義完全相同。此外，正由於總合供給曲線是一條固定不變的水平線，當總合需求發生變化時，其與總合供給曲線的交點亦即均衡點必全部落在總合供給曲線上，因此總合供給曲線即為總合供需均衡點的軌跡，此與 $Y=C+I$ 所代表的第一重意義完全相同。故知代表 $Y=C+I$ 的 45°線即相當於簡單凱因斯模型下總合供給曲線的水平段。

③式加④式得：

$$C+I=a+cY+\bar{I} \quad\text{……………………}⑪$$

此為 $C+I$ 所代表的總需求的需求函數，相當於總合需求。由於

圖19－3　簡單凱因斯模型下均衡所得的決定

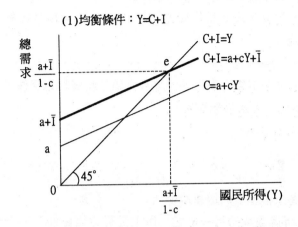

(1)均衡條件：Y=C+I

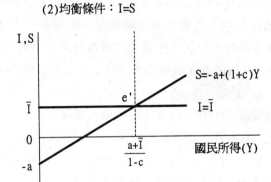

(2)均衡條件：I=S

充分就業不是常態，需求的變化不會引起物價的變動，因此其中不含物價的變數在內。除去物價以外，影響需求最重要的因素是所得水準，上列需求函數即是以所得 Y 為解釋變數的需求函數，與以物價為解釋變數的需求函數不同，前者的斜率為正，因總需求與總所得間有正變的關係；後者的斜率為負，因總需求與物價水準間通常有負變的關係。由於總需求的解釋變數由物價水準改為總所得，故總合供給

曲線亦必須由原來的水平線變換為 45°線（因 45°線亦為一種總需求與總所得的關係線也），否則不能配合。

　　合併①式及⑪式（其作用相當於求總合供需的均衡點）並消除（$C+I$）得：

$$Y=a+cY+\bar{I} \quad\text{………………………………} ⑤$$

此為該模型下總合需求等於總合供給的特定均衡條件，亦即上列圖(1)中 e 點所代表的均衡條件。

　　對上式解 Y 得：

$$Y=\frac{1}{1-c}(a+\bar{I}) \quad\text{……………………} ⑥$$

此即為該模型下的均衡所得。

　　2. 均衡所得圖解的另一形式　　以上是從均衡條件 $Y=C+I$ 的觀點來進行圖解，現在再從均衡條件 $I=S$ 的觀點來進行圖解。為配合不同的均衡條件，首先將圖形中的縱坐標由總需求 $C+I$ 換成投資 I 或儲蓄 S；橫坐標則仍為國民所得 Y，因 S 為 Y 的函數，同時根據 $I=S$ 的均衡條件其目的亦在求取均衡所得也。已知模型中的第④式為：

$$I=\bar{I} \quad\text{……………………………………} ④$$

此為投資需求，為一條水平線，見上列圖(2)。

　　代③式入②式得：

$$S=-a+(1-c)Y \quad\text{………………………} ⑧$$

此為儲蓄線，相當於投資資金的供給線。

　　代①式入②式得：

$$I=S \quad\text{………………………………………} ⑦$$

此為投資供需均衡條件的一般式。

　　代④式及⑧式入上式得：

$$\bar{I}=-a+(1-c)Y \quad\text{……………………} ⑫$$

此為該模型下投資供給等於投資需求的特定均衡條件，即 e' 點所代表的均衡條件，見上列圖(2)。

對上式解 Y 得：

$$Y = \frac{1}{1-c}(a + \bar{I}) \quad\cdots\cdots\cdots\cdots\cdots\cdots\cdots\cdots\cdots\cdots\cdots ⑥$$

此即為該模型下的均衡所得。

上一節的圖解只用了模型中的①、③及④三個函數式，本節的圖解①、②、③及④四個函數式全部都用到了。因為②式即 $Y=C+S$ 是一個恆等式，所以只影響圖形的形式，不影響圖形的實質，因此所決定的均衡所得與上一節所決定者完全相同。上列圖(1)的縱坐標為總需求 $C+I$，圖(2)的縱坐標為 I（或 S），兩者差一個 C，只要將圖(1)中所有的量數減掉一個 C，即得圖(2)中的有關量數。在圖形上即將 $C=a+cY$ 所代表的直線放平並向下移，使其成為橫軸，其他有關直線亦作相應的移動，即得圖(2)中的有關直線。圖(2)中的投資需求線由圖(1)中的總需求線移位而來，圖(2)中的投資資金供給線由圖(1)中的總合供給線亦即 45°線移位而來。

3. 45°線圖與總合供需圖的對照　其情形如圖 19－4。

圖(1)中的 45°線相當於圖(2)中總合供給曲線的水平段，其原因前已提及，即在充分就業不是常態的假定下，需求的變化只會影響總產出亦即所得，不會影響物價。45°線圖不涉及物價，即意指物價水準是固定不變的。

圖(1)中的兩條需求線即 $(C+I)_0$ 與 $(C+I)_1$，與圖(2)中的兩條需求線即 AD_0 與 AD_1，其性質略有不同。$(C+I)_0$ 與 $(C+I)_1$ 為所得 Y 的函數，而 AD_0 及 AD_1 則為物價 P 的函數。$(C+I)_0$ 直線除去均衡點 e_0 處的一點外，其他各點都是預擬的，因那些所得水準並未出現也。$(C+I)_1$ 直線除去均衡點 e_1 處的一點外，其他各點也都是預擬的。同理，AD_0 曲線除去均衡點 e_0' 處的一點外，其他各點都是預擬的，因除 P_0 外其他物價水準並未出現也。AD_1 曲線除去均衡點 e_1' 處的一點外，其他各點也都是預擬的。e_0 點所代表的所得水準 Y_0 與 e_0' 點所代表者完全相同，故可說 $(C+I)_0$ 所代表的需求

圖19－4　45°線圖與總合供需圖的對照

(1)45° 線圖

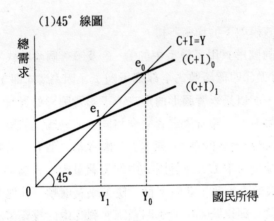

(2)總合供需圖

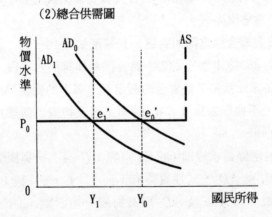

線相當於 AD_0 所代表的總合需求線。e_1 點所代表的所得水準 Y_1 與 e_1' 點所代表者完全相同，故可說 $(C+I)_1$ 所代表的需求線相當於 AD_1 所代表的總合需求線。

　由此可知，45°線圖雖其形式甚至需求的內涵與總合供需圖均有所不同，但其實質特別是最後決定的結果則是完全一致的。然則有了

總合供需圖以後為什麼還要45°線圖呢？其原因為45°線圖除能獲得與總合供需圖相同的結果外，還能進一步說明當需求增加時所得會作什麼樣的反應，此即下一節所將說明的均衡所得的調整過程。

4. 均衡所得的調整過程　與市場均衡達成的過程一樣，均衡所得的達成也是逐步進行的，其情形見下圖：

圖19–5　均衡所得的調整過程

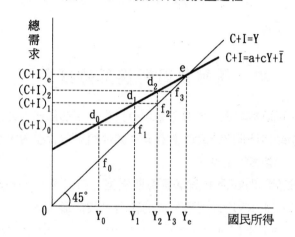

其過程如下：

(1)假定開始時的所得水準為 Y_0，代入需求函數 $C+I=a+cY+\bar{I}$，令其結果為 $(C+I)_0$，即 $(C+I)_0=a+cY_0+\bar{I}$。此一過程在圖形上即由 Y_0 引垂線與需求線相交於 d_0 點，d_0 點的縱坐標即為 $(C+I)_0$。

(2)在達於供需均衡點以前，需求線高於45°線，如此 $(C+I)_0 > Y_0$，為因應需求的增加，總產出亦必須隨之增加，直至達於 Y_1 時為止，此時 $Y_1=(C+I)_0$。此一過程在圖形上即由 d_0 引水平線與45°線相交於 f_1 點，f_1 點的橫坐標 Y_1 即為新決定的所得水準。

(3)在新所得水準 Y_1 下，總需求由 $(C+I)_0$ 增加為 $(C+I)_1$，此過程在圖形上即由 Y_1 引垂線與需求線相交於 d_1 點。

(4)此時（$C+I$）$_1$＞Y_1，為因應需求的再度增加，總產出又必須隨之增加。如此不斷調整，直至達於均衡點即45°線與需求線的交點e為止，此時總供給等於總需求，即Y_e＝（$C+I$）$_e$。其全部調整過程如下：

$$f_0 \rightarrow d_0 \rightarrow f_1 \rightarrow d_1 \rightarrow f_2 \rightarrow d_2 \rightarrow \cdots \cdots \rightarrow e$$

其相關坐標值的變化過程為：

$$Y_0 \rightarrow（C+I）_0 \rightarrow Y_1 \rightarrow（C+I）_1 \rightarrow Y_2 \rightarrow（C+I）_2 \rightarrow \cdots \cdots$$
$$\rightarrow Y_e ＝（C+I）_e$$

四、簡單凱因斯模型的擴充

上述簡單凱因斯模型其總合需求中只包含兩個部門，即民間消費與投資，尚餘兩個部門即政府消費與外國部門未包含在內，茲逐步予以納入，使模型趨於完整。

1. 含有政府部門在內的簡單凱因斯模型　　即以第二節所述的簡單模型為基礎，加入政府部門所形成的模型，其情形如下：

$$Y = C + I + G \quad \cdots\cdots\cdots\cdots\cdots\cdots\cdots\cdots\cdots\cdots \text{⑬}$$
$$Y = C + S + T \quad \cdots\cdots\cdots\cdots\cdots\cdots\cdots\cdots\cdots \text{⑭}$$
$$C = a + c（Y - T）\quad \cdots\cdots\cdots\cdots\cdots\cdots\cdots \text{⑮}$$
$$I = \bar{I} \quad \cdots\cdots\cdots\cdots\cdots\cdots\cdots\cdots\cdots\cdots\cdots\cdots\cdots \text{⑯}$$
$$G = \bar{G} \quad \cdots\cdots\cdots\cdots\cdots\cdots\cdots\cdots\cdots\cdots\cdots\cdots \text{⑰}$$
$$T = \bar{T} \quad \cdots\cdots\cdots\cdots\cdots\cdots\cdots\cdots\cdots\cdots\cdots\cdots \text{⑱}$$

式中Y代表國民生產淨額，G代表政府消費，T代表政府稅收淨額，$Y-T$為可支配所得，$\bar{G}$代表政府消費外生決定的數額，$\bar{T}$代表政府稅收淨額外生決定的數額，其他符號所代表的意義同第二節。

政府有支出也有收入，政府支出主要為政府消費，政府收入主要為政府稅收淨額。模型中加入政府消費以後，必須同時加入政府稅收淨額，否則即不合理。

與第二節的情形一樣，本模型導出均衡所得的方式亦有兩種，茲分述如下：

(1)均衡條件為 $Y=C+I+G$ 的情況——由⑬、⑮、⑯、⑰及⑱等五式可求得：

$$Y=a+c\left(Y-\overline{T}\right)+\overline{I}+\overline{G} \cdots\cdots\cdots\cdots\cdots\cdots\cdots ⑲$$

此為該模型下總產出等於總需求的特定均衡條件。

對上式解 Y 得：

$$Y=\frac{1}{1-c}\left(a+\overline{I}+\overline{G}-c\overline{T}\right) \cdots\cdots\cdots\cdots\cdots ⑳$$

此即為均衡所得。其情形見下頁圖(1)。

(2)均衡條件為 $I+G=S+T$ 的情況——由⑬及⑭兩式可求得：

$$I+G=S+T \cdots\cdots\cdots\cdots\cdots\cdots\cdots\cdots\cdots\cdots\cdots ㉑$$

此為 $I+G=S+T$ 均衡條件的一般式。

由⑭及⑮兩式可求得：

$$S=-a+\left(1-c\right)\left(Y-T\right) \cdots\cdots\cdots\cdots\cdots ㉒$$

此為儲蓄線，相當於投資資金的供給線。

由⑯、⑰、⑱、㉑及㉒等五式可求得：

$$\overline{I}+\overline{G}=\left[-a+\left(1-c\right)\left(Y-\overline{T}\right)\right]+\overline{T} \cdots\cdots\cdots ㉓$$

此為該模型下 $I+G$ 等於 $S+T$ 的特定均衡條件。

對上式解 Y 得：

$$Y=\frac{1}{1-c}\left(a+\overline{I}+\overline{G}-c\overline{T}\right) \cdots\cdots\cdots\cdots\cdots ⑳$$

此即為均衡所得，與上法所求得者完全相同，其情形見下列圖(2)。

2. 包含全部最終部門在內的簡單凱因斯模型　即以上述模型為基礎，加入外國部門所形成的模型，其情形如下：

$$Y=C+I+G+X-M \cdots\cdots\cdots\cdots\cdots\cdots ㉔$$

$$Y=C+S+T \cdots\cdots\cdots\cdots\cdots\cdots\cdots\cdots\cdots ㉕$$

圖19-6 含政府部門簡單凱因斯模型均衡所得的決定

(1)均衡條件爲(Y=C+I+G)的圖形

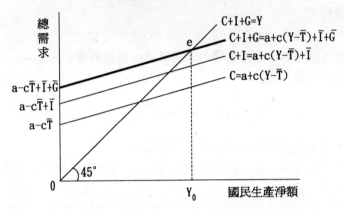

(2)均衡條件爲(I+G=S+T)時的圖形

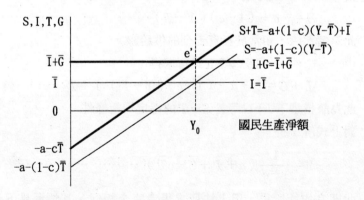

$$C = a + c \left(Y - \overline{T} \right) \quad \text{⑳}$$

$$I = \overline{I} \quad \text{㉗}$$

$$G = \overline{G} \quad \text{㉘}$$

$$T = \overline{T} \quad \text{㉙}$$

$$X = \overline{X} \quad \text{㉚}$$

$$M=d+mY\cdots\cdots\cdots\cdots\cdots\cdots\cdots\cdots\cdots\cdots㉛$$

式中 X 代表出口，$\overline{X}$ 代表外生決定的出口量，M 代表進口，d 代表自發性進口量，m 代表邊際進口傾向，其他符號所代表的意義同前。

同樣情形，本模型決定均衡所得的方式亦有兩種，其情形如下：

圖19－7　含全部最終部門簡單凱因斯模型均衡所得的決定

(1)均衡條件為(Y=C+I+G+X-M)時的圖形

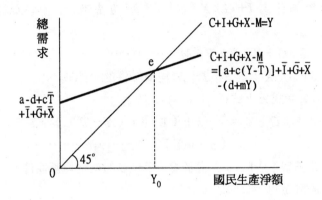

(2)均衡條件為(I+G+X=S+T+M)時的圖形

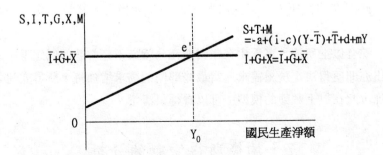

茲分別說明如下：

(1)均衡條件為 $Y=C+I+G+X-M$ 的情況——上列㉔～㉛八個式子中除去㉕式以外,根據所餘七個式子可求得:

$$Y=[a+c(Y-\overline{T})]+\overline{I}+\overline{G}+\overline{X}-(d+mY)\cdots㉜$$

此為該模型下總產出等於總需求的特定均衡條件。

對上式解 Y 得:

$$Y=\frac{1}{1-c+m}(a-d-c\overline{T}+\overline{I}+\overline{G}+\overline{X})\cdots㉝$$

此即為均衡所得,見上列圖(1)。

(2)均衡條件為 $I+G+X=S+T+M$ 的情況——由㉔及㉕兩式得:

$$I+G+X=S+T+M\cdots㉞$$

此為 $I+G+X$ 等於 $S+T+M$ 均衡條件的一般式。

代㉖～㉛六式入上式得:

$$\overline{I}+\overline{G}+\overline{X}=[-a+(1-c)(Y-\overline{T})]+\overline{T}+$$
$$(d+mY)\cdots㉟$$

此為該模型下 $I+G+X$ 等於 $S+T+M$ 的特定均衡條件。

對上式解 Y 得:

$$Y=\frac{1}{1-c+m}(a-d-c\overline{T}+\overline{I}+\overline{G}+\overline{X})\cdots㉝$$

此即為均衡所得,與上法所求得者完全相同,其情形見上列圖(2)。

綜合以上所述,可看出在凱因斯充分就業不是常態的假定下,總產出亦即所得決定於總需求。當最終部門的需求增加時,所得亦隨之增加,此在以上數節的模型中可以看得很清楚。

五、均衡所得變動的分析

由前述知在不充分就業的假定下,所得決定於總需求,當最終部

門的需求增加時，所得亦隨之增加。現在再對所得變化與需求變化之間的關係作進一步的分析，以瞭解兩者之間的關係究竟如何，而為未來釐訂政策解決問題的參考。

1. 自發性支出與誘發性支出　就最後一個模型即包含全部最終部門在內的簡單凱因斯模型而言，已知總需求為：

$$C+I+G+X-M$$
$$=[a+c(Y-\bar{T})]+\bar{I}+\bar{G}+\bar{X}-(d+mY)$$
$$=[a+c\bar{T}-d+\bar{I}+\bar{G}+\bar{X}]+[(c-m)Y]$$

式中〔$a-c\bar{T}-d+\bar{I}+\bar{G}+\bar{X}$〕為自發性的支出，其多寡是由外生變數決定的。〔$(c-m)Y$〕為誘發性的支出，其多寡決定於所得水準，亦即該項支出係由所得的誘發而產生的。

所得的變化來自總需求的變化，而總需求的變化（指需求的改變，而不是指需求量沿著需求線的改變）又來自自發性支出的變化。由〔$a-c\bar{T}-d+\bar{I}+\bar{G}+\bar{X}$〕可看出，其中只要有任何一項發生變化，則整條需求線即發生變化。由此可知，所謂探討所得變化與需求變化之間的關係，實際上是探討所得變化與自發性支出變化之間的關係。

2. 乘數理論　為說明方便起見，茲首先以最簡單的凱因斯模型亦即前述①～④式所代表的模型為例說明之。已知該模型的總需求為：

$$C+I=a+\bar{I}+cY$$

其中（$a+\bar{I}$）為自發性支出，以 E^a 表之，則上式可寫成下列形式：

$$AE=C+I=E^a+cY$$

式中 AE 代表總支出。

已求得該模型下的均衡所得為：

$$Y=\frac{a+\bar{I}}{1-c}=\frac{E^a}{1-c}$$

假定自發性支出由 E^a_0 增加為 E^a_1，則均衡所得即由 Y_0 提高為

Y_1。令 $\triangle E^a = E_1^a - E_0^a$，$\triangle Y = Y_1 - Y_0$，則

$$\frac{\triangle Y}{\triangle E^a} = \frac{\text{均衡所得的變動}}{\text{自發性支出的變動}} = \text{乘數}$$

此稱之為乘數。由此可知，所謂乘數（multiplier），是指當自發性支出增加一單位時，均衡所得相應地平均變化幾個單位。乘數的大小代表均衡所得對自發性支出變化平均反應程度的大小。其情形見下圖：

圖 19－8　乘數的意義

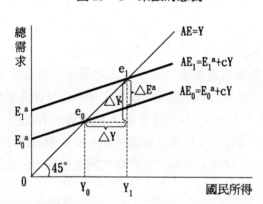

就最簡單的凱因斯模型而言，其乘數可求得如下：

$$\triangle Y = Y_1 - Y_0 = \frac{E_1^a}{1-c} - \frac{E_0^a}{1-c} = \frac{E_1^a - E_0^a}{1-c} = \frac{\triangle E^a}{1-c}$$

$$\therefore \quad \frac{\triangle Y}{\triangle E^a} = \frac{1}{1-c}$$

式中 c 代表邊際消費傾向。

假定 $c = 0.8$，意即所增加的所得有80%用於消費，則乘數為：

$$\frac{1}{1-c} = \frac{1}{1-0.8} = \frac{1}{0.2} = 5$$

意即當自發性支出變化一單位時，將使均衡所得平均作同方向變

化5單位。

以上所述者為最簡單凱因斯模型的情形,現在再進一步說明包含全部最終消費部門在內的簡單凱因斯模型的情形。已知該模型的總需求為:

$$C+I+G+X-M$$
$$= \left[a-c\overline{T}-d+\overline{I}+\overline{G}+\overline{X} \right] + \left[\left(c-m \right) Y \right]$$

總支出為:

$$AE= \left[a-c\overline{T}-d+\overline{I}+\overline{G}+\overline{X} \right] + \left[\left(c-m \right) Y \right]$$

其中自發性的支出為:

$$E^a= \left[a-c\overline{T}-d+\overline{I}+\overline{G}+\overline{X} \right]$$

已知該模型的均衡所得為:

$$Y=\frac{a-d-c\overline{T}+\overline{I}+\overline{G}+\overline{X}}{1-c+m}=\frac{E^a}{1-c+m}$$

則乘數為:

$$\frac{\triangle Y}{\triangle E^a}=\frac{1}{1-c+m}$$

式中m代表邊際進口傾向。

假定邊際消費傾向$c=0.8$,邊際進口傾向$m=0.3$,則乘數可求得如下:

$$\frac{1}{1-c+m}=\frac{1}{1-0.8+0.3}=\frac{1}{0.5}=2$$

有了進口以後,自發性支出的變化對所得變動影響的程度即行降低,因支出中的一部分用於進口,不能刺激國內生產而使所得增加也。

3. 節儉的矛盾 就最簡單的凱因斯模型而言,當自發性儲蓄增加一單位時(即自發性支出減少一單位時),均衡所得將減少1/$(1-c)$個單位。已知儲蓄函數為:

$$S=-a+\left(1-c \right) Y$$

當所得減少$1／(1-c)$單位時，誘發性儲蓄將減少

$$(1-c) \cdot \frac{1}{1-c} = 1 單位$$

自發性儲蓄增加一單位，最後導致誘發性儲蓄減少一單位，兩者正好抵銷，其結果儲蓄並未增加，但所得卻減少了$1／(1-c)$個單位。此即所謂的「節儉的矛盾」（paradox of thrift），就好像偷雞不著反蝕一把米一樣，儲蓄未增加，反倒使所得減少了。其情形見下圖：

圖19－9　節儉的矛盾

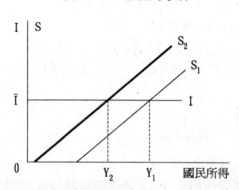

由上圖可看出，當儲蓄由 S_1 增加為 S_2 時，均衡所得由 Y_1 減少為 Y_2，但儲蓄水準則維持不變，仍為 $\bar{I}$。

上述結論是在下列兩個假定下成立的：

(1)假定資源尚未充分就業。如果資源已經充分就業，同時總合需求超過總合供給，則儲蓄的增加將使需求減少，從而使物價水準降低，但對總產出亦即總所得則無影響，其情形見下頁左圖。

(2)假定投資需求為一固定常數。如果投資需求不是一個固定常數，而是一個增函數時，則儲蓄的增加雖使消費需求減少，但使投資需求增加。如果後者的幅度大於前者的幅度，則均衡所得即行增加，其情形見下頁右圖。增加的幅度表現在直線的斜率上，如果投資需求

線即 I 線的斜率大於儲蓄線即 S 線的斜率，則均衡所得即行增加，在圖形上即由 Y_1 增加為 Y_2。

圖 19-10　節儉矛盾一說不成立的情況

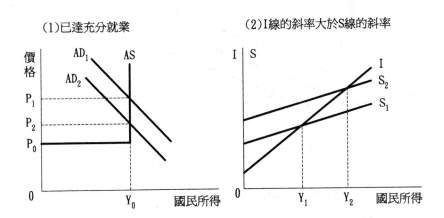

綜合以上所述，可知節儉的矛盾不是放之四海皆準的，只有在不充分就業同時投資需求為固定常數的情況下才成立。

六、緊縮缺口與膨脹缺口

1. 緊縮缺口　為達於充分就業，總需求所需增加的數量，稱為「緊縮缺口」（deflationary gap）。就下列圖(2)來看，假定總合需求為 AD_1，與總合供給 AS 的交點為 e'_1，由此所決定的均衡總產出亦即均衡所得為 Y_1，尚未達充分就業。充分就業時的所得水準為 Y_f，為達於此水準，總合需求必須由 AD_1 增加至 AD_f。總合需求由 AD_1 增加至 AD_f，在 45°線圖上即總支出線由 AE_1 提高至 AE_f。總支出線由 AE_1 提高至 AE_f 意指自發性支出必須由 E^a_1 增加至 E^a_f。故緊縮缺口亦可定義為：「自發性支出低於維持充分就業所需數額之差」，亦即 $E^a_f - E^a_1$。

圖19－11　緊縮缺口與膨脹缺口

(1)45° 線圖

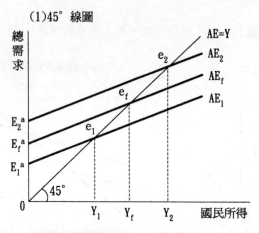

(2)總合供需圖

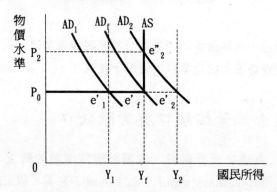

2. 膨脹缺口　為避免需求過多引起物價膨脹，總需求所需減少的
數量，稱為「膨脹缺口」（inflationary gap）。就上列圖(2)來看，
假定總合需求為 AD_2，與總合供給 AS 的交點為 e''_2，由此所決定的
均衡所得為 Y_f。由於此段 AS 為一條垂線，故所決定的均衡所得即為
充分就業時的所得水準。由於總合需求 AD_2 超過維持充分就業所必
需的最低總合需求 AD_f，因此所決定的物價水準 P_2 超過未充分就業

時的物價水準 P_0，膨脹一辭即由此而來。

　　在充分就業所得水準 Y_f 下，如果沒有物價膨脹，則總合需求應為 AD_f，此一總合需求在 45°線圖中相當於總需求 AE_f。AD_2 與 AS 水平段延長線的交點為 e'_2，與 45°線圖中的均衡點 e_2 相對應，故 AD_2 相當於總需求 AE_2。總需求由 AE_f 提高至 AE_2，意指自發性支出由 E^a_f 提高至 E^a_2，此項提高對均衡所得無所助益，但卻引起物價膨脹。故膨脹缺口亦可定義為：「自發性支出超過維持充分就業所需數額之差」，亦即 $E^a_2 - E^a_f$。

七、景氣循環與加速原理

1. 景氣循環的意義　景氣循環（business cycle）是指國民所得在長期間內作往復性運動的現象。假定開始的時候，經濟情勢大好，不斷擴張的結果使國民所得不斷增加；達於最高點後轉趨衰退，不斷緊縮的結果使國民所得不斷減少；達於最低點後又轉趨繁榮；如此不斷周而復始，形成景氣循環。由此可知，所謂景氣循環即是經濟情勢「物極必反、否極泰來」的循環現象。

2. 景氣循環的性狀　主要有下列三種性狀：

　　(1)在循環過程中，多數經濟變數均呈類似的變動型態，例如在擴張期間，工業生產量、銷售量、就業量以及利率、物價及利潤等均呈上升趨勢，在衰退期間均呈下降趨勢。

　　(2)各個變數雖呈類似的變動型態，但相互間仍有部分差異，因各變數的影響因素並非完全一致也。

　　(3)各個循環周期的長度亦可能不同，因各周期內容有不同的因素出現也。

3. 形成循環的基本條件　景氣形成循環必須滿足三個條件，即第一、要有外力的刺激，打破原有的均衡，使循環開始。第二、經濟體系要能自動反應調整，否則不能產生往復性的運動而形成循環。第

圖 19－12　景氣循環示意圖

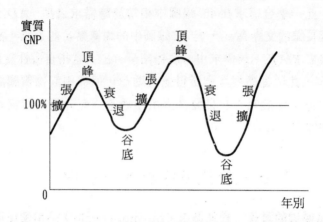

三、經濟體系中要有某些因素促使對刺激作過度的反應，否則循環即行中止。

　　4. 產生刺激的外力　主要是某些突發事故使自發性支出大幅變動所產生。例如戰爭爆發使自發性支出大量增加，戰爭結束使自發性支出大量減少。又如 1970 年代的能源危機使生產成本增加，從而使消費減少。重大科技發明使生產成本降低，從而使消費擴張。在衆多原因之中，主要是看自發性支出是否會大幅變動，果爾，即很可能會引起景氣循環。

　　5. 自動調整的機能　由經濟學的五個基本假定知，經濟現象本就是相生相剋的，因此在個體經濟學中乃有所謂「市場供需分析」，在總體經濟學中乃有所謂「總合供需分析」。由總合供需模型知，總體經濟具有一種自動調整的機能，高的時候會讓它低，低的時候會讓它高。

　　6. 過度調整的原因　過度調整的基本原因為人們的自利心，一窩蜂地避凶趨吉，乃對景氣循環產生推波助瀾的作用。預期景氣來臨，人們乃有恃無恐地增加消費，廠商乃滿懷信心地增加投資；預期不景

氣來臨，人們乃有恐無恃地減少消費，廠商乃滿懷悲觀地減少生產；如此即產生過度調整的現象。

　　預期心理對消費的影響是誘發性的，因消費者預期未來的所得將有所變動。同樣情形，預期心理對投資的影響也是誘發性的，因生產者預期未來消費者的購買力將有所改變。此種因預期未來所得變化誘發而產生的投資，稱之為「誘發性投資」，對景氣循環有很大的影響，將在下節中詳細說明之。

　　除去預期心理對景氣循環有推波助瀾的作用外，經濟體系本身還有一個結構性的因素，其結果在景氣變動過程中使投資的變化幅度加大，對景氣循環亦有很大的影響。說明此一現象的原理稱為「加速原理」，將在後節中說明之。

　　7. 誘發性的投資　　前述在景氣變動過程中，廠商因預期心理的影響，將對投資產生誘發性的變化。為考慮此一因素，則投資函數必須改為下列形式，即

$$I = I^a + iY$$

　　式中 I^a 代表自發性投資；iY 代表誘發性投資，即因所得變化誘發而產生的投資；i 代表邊際投資傾向（marginal propensity to invest）。

　　以 $I = I^a + iY$ 取代 $I = \bar{I}$ 入簡單凱因斯模型，求得均衡所得為：

$$Y = \frac{a + I^a}{1 - (c + i)}$$

　　令 $E^a = a + I^a$ 為自發性支出，則上式可改寫為下列形式：

$$Y = \frac{E^a}{1 - (c + i)}$$

　　如此得乘數為：

$$\frac{\triangle Y}{\triangle E^a} = \frac{1}{1 - c - i}$$

　　由於分母中多減一個 i，其結果使乘數加大。經濟繁榮時，所得

增加更多；經濟衰退時，所得減少亦更多。故知有了誘發性投資以後，將使景氣循環的變動幅度加大。

8. 加速原理 為簡化誘導過程，首先給予兩個假定，即第一、假定所有資本設備均已充分利用；第二、假定生產任一單位的產品，其理想的資本設備使用量不變，亦即資本／產出比不變。所謂資本／產出比（captial／output ratio），是指生產一單位產品平均所需的資本量。資本／產出比以 v 表之，v 為一個固定常數，且大於1。

在上述兩假定下，資本存量與國民所得間的關係為：

$$K_{t+1} = v Y_t$$

式中 K_{t+1} 代表第 $t+1$ 期期初的資本存量，Y_t 代表第 t 期的所得。上式等號兩邊各減以前一期的數額得：

$$K_{t-1} - K_t = v (Y_t - Y_{t-1})$$

令 $I_t = K_{t-1} - K_t$ 代表第 t 期的資本淨需求，則上式可寫成下列形式：

$$I_t = v (Y_t - Y_{t-1}) = v \triangle Y_t$$

由上式可看出，I_t 為 $\triangle Y_t$ 的 v 倍，v 通常大於1，意即 I_t 的變化幅度較 $\triangle Y_t$ 的變化幅度為大，大 v 倍。此即所謂的加速原理（acceleration principle），即所得增加，使投資加速擴大；反之，所得減少，使投資加速萎縮。由此可知，加速原理亦可使景氣循環的幅度擴大。另一個使景氣循環幅度擴大的因素是乘數。乘數與加速原理輪流運作，使經濟作過度調整，因而形成景氣循環，其詳細情形將在下節中說明之。

9. 乘數——加速原理與景氣循環 「加速原理」說明所得變化對投資的影響，「乘數原理」則反過來說明需求（包括投資需求）變化對所得的影響。就投資與所得的關係而言，所得增加導致投資增加，投資增加又導致所得增加，兩者互為因果，交替進行。所得增加導致投資成倍數的增加，這是加速效果；投資增加導致所得成倍數的增加，這是乘數效果。以上所述者為所得與投資交替增加的情形，交替

減少的情形也是一樣，毋庸贅述。由此可知，在景氣變動過程中，加速效果與乘數效果是交替發生的，使經濟作過度的調整，因此一有外在刺激發生即形成景氣循環，而且持續不斷，其整個過程如下：

某種外在刺激使總需求擴張 $\xrightarrow{\text{乘數效果}}$ 所得增加 $\xrightarrow{\text{加速效果}}$ 投資增

加 $\xrightarrow{\text{乘數效果}}$ 所得再增加 $\xrightarrow{\text{加速效果}}$ 投資再增加 $\xrightarrow{\text{乘數效果}}$ ……

……$\longrightarrow$ 當景氣過熱時必定有某種不利因素產生使景氣衰退——

$\longrightarrow$ 投資減少 $\xrightarrow{\text{乘數效果}}$ 所得減少 $\xrightarrow{\text{加速效果}}$ 投資再減少 $\xrightarrow{\text{乘數效果}}$

$\longrightarrow$ 所得再減少 $\xrightarrow{\text{加速效果}}$ ……$\longrightarrow$ 當景氣過低時必定有某

有利因素產生使景氣復甦————$\longrightarrow$ 投資增加 $\xrightarrow{\text{乘數效果}}$ ……

　　如此周而復始，形成景氣循環。至於為什麼景氣過熱或景氣過低時就會物極必反、否極泰來，其原因很多，此處無法一一列舉。總之，宇宙現象都是如此，循環不息，這是宇宙中所有現象的本質，經濟現象是宇宙現象的一環，自不能例外。

摘　要

所得決定理論

所　得　決　定　模　型	
模　　型	完整的模型是包含 C、I、G 及（$X-M$）四個部門在內的模型，見另表。
基本假定 與 模型特性	假定充分就業不是常態，因此 (1)模型強調需求面，不強調供給面。 (2)產出亦即所得決定於需求，因此代表總合供給的曲線為一條45°線。
均衡條件	(1)總產出等於總需求的均衡條件：$Y=C+I+G+（X-M）$ (2)除去 C 以後的均衡條件：$I+G+X=S+T+M$ 此二條件是完全相通的，因其均來自同一模型也。
均衡所得	根據均衡條件，代入有關函數式，最後成為 Y 的一元一次方程式，解 Y 即得其均衡所得，即 $Y=（a-d-c\overline{T}+\overline{I}+\overline{G}+\overline{X}）／（1-c+m）$

均 衡 所 得 的 變 動	
自發性與誘發性支出	(1)自發性支出——外生決定的支出，如 a、d、$\overline{T}$、$\overline{I}$、$\overline{G}$ 及 $\overline{X}$
	(2)誘發性支出——為所得誘發而產的支出，如 cY、mY
所得變動原因	自發性支出發生變化，使需求改變。需求改變後，均衡所得隨之改變。
乘 數	導 出	已知 $Y = (a - d - c\overline{T} + \overline{I} + \overline{G} + \overline{X}) / (1 - c + m) = E'' / (1 - c + m)$ 則 $\triangle Y / \triangle E'' = 1 / (1 - c + m)$
	意義	乘數為所得增量與自發性支出增量之比，亦即倍數。
節 儉 的 矛 盾	在資源尚未充分就業及投資需求為某一固定常數的情況下，自發性儲蓄增加一單位導致誘發性儲蓄減少一單位，其結果儲蓄並未增加，反使所得減少，此即所謂的「節儉的矛盾」。
緊縮缺口 與 膨脹缺口	(1)l 緊縮缺口——為達於充分就業，總需求所需增加的數量。亦即自發性支出低於維持充分就業所必需的數量。
	(2)膨脹缺口——為避免需求過多引起物價膨脹，總需求所需減少的數量。亦即自發性支出超過維持充分就業所需的數量。

景 氣 循 環	
意 義	是指國民所得沿著長期成長的趨勢線，周而復始地經擴張攀上頂峰，然後衰退跌入谷底，其後又上頂峰又入谷底的循環變動。
形成景氣循環的基本條件	(1)需有外力的刺激使循環開始——主要是自發性支出的大量變化。
	(2)能自我調整使循環繼續——經濟體系本身就是相生相剋的。
	(3)過度調整使循環不致消失——預期心理使消費與投資產生過度增加與過度減少的現象。而加速原理與乘數原理則使其火上加油。
加速原理	在所有資本設備均已充分利用及資本／產出比不變的假定下，投資淨額等於所得增量與資本／產出比之乘積，即 $I_t = v \triangle Y_t$，v 為資本／產出比，通常大於1。正因為 $v > 1$，I_t 較 $\triangle Y_t$ 為多，此即所謂的加速原理，亦即 I_t 的變化較 $\triangle Y_t$ 為速。
乘數加速原理與景氣循環	「加速原理」說明所得變化對投資的影響，「乘數原理」是反過來說明需求（包括投資）變化對所得的影響。在景氣循環過程中，這兩種效果交替發生，使擴張時擴張更快，衰退時衰退更快。

凱因斯所得決定模型

分類	模型	均衡條件 均衡供給 總需求等於總供給	不含C在內的均衡	均衡所得	乘數
含CI的模型	$Y=C+I$ $Y=C+S$ $C=a+cY$ $I=\bar{I}$	均衡條件： $Y=C+I$ 均衡點： $Y=a+cY+\bar{I}$	均衡條件： $I=S$ 均衡點： $\bar{I}=-a+(1-c)Y$	$Y=\dfrac{a+\bar{I}}{1-c}=\dfrac{E''}{1-c}$	$\dfrac{\triangle Y}{\triangle E''}=\dfrac{1}{1-c}$
含CIG的模型	$Y=C+I+G$ $Y=C+S+T$ $C=a+c(Y-T)$ $I=\bar{I}$ $G=\bar{G}$ $T=\bar{T}$	均衡條件： $Y=C+I+G$ 均衡點： $Y=a+c(Y-\bar{T})+\bar{I}$ $\quad+\bar{G}$	均衡條件： $I+G=S+T$ 均衡點： $\bar{I}+\bar{G}=[-a+(1-c)(Y-\bar{T})]+\bar{T}$	$Y=\dfrac{a+\bar{I}+\bar{G}-c\bar{T}}{1-c}$ $\quad=\dfrac{E''}{1-c}$	$\dfrac{\triangle Y}{\triangle E''}=\dfrac{1}{1-c}$
含CIGXM的模型	$Y=C+I+G+X-M$ $Y=C+S+T$ $C=a+c(Y-T)$ $I=\bar{I}$ $G=\bar{G}$ $T=\bar{T}$ $X=\bar{X}$ $M=d+mY$	均衡條件： $Y=C+I+G+X-M$ 均衡點： $Y=a+c(Y-\bar{T})+\bar{I}$ $\quad+\bar{G}+\bar{X}-(d+mY)$	均衡條件： $I+G+X=S+T+M$ 均衡點： $\bar{I}+\bar{G}+\bar{X}=[-a+$ $(1-c)(Y-\bar{T})]$ $+\bar{T}+(d+mY)$	$Y=\dfrac{a-d-c\bar{T}+\bar{I}+\bar{G}+\bar{X}}{1-c+m}$ $\quad=\dfrac{E''}{1-c+m}$	$\dfrac{\triangle Y}{\triangle E''}=\dfrac{1}{1-c+m}$

註：凱因斯認為充分就業不是常態，因此模型強調需求面（總合供給面，不強調供給面，總合供給為一條水平線，即本章之45°線）。

所得決定理論

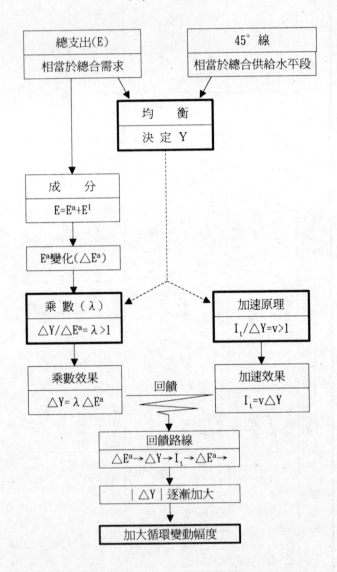

問　題

1. 在探討所得決定理論時所用的圖形，其中之45°線用以代表總合供給線的水平段，何以能夠如此？何以需要如此？試說明之。

2. 由每種模型均可導出兩個形異實同的均衡條件，何故？又儘管均衡條件的形式不同，但最後所決定的所得水準則是相同的，何故？

3. 何謂自發性支出與誘發性支出？為什麼所得的多寡與自發性支出有關，與誘發性的支出無關？

4. 何謂乘數？其在總體經濟政策上有何特殊意義？

5. 何謂節儉的矛盾？在什麼情況下成立？

6. 何謂緊縮缺口與膨脹缺口？其影響如何？

7. 何謂景氣循環？發生的原因為何？產生不斷往復運動的動力由何而來？

8. 何謂加速原理？與乘數原理有何相似與相異之處？

9. 乘數原理與加速原理對景氣循環有何影響？試說明之。

第二十章　總合供需模型

　　以上兩章所討論的內容，為凸顯某些特殊的觀點並為說明方便起見，不得不將某些內涵加以簡化，因此所獲得的結論多是特定的或是局部的。但整個總體經濟是整體的，必須予以通盤的考量，才能獲得整體的或全面的結論。獲得這種結論的方法即是總合供需分析法，其法首先導出整個經濟社會的總合需求線，然後導出整個經濟社會的總合供給線，最後總合供需達於均衡決定所得及一般物價水準。為與古典學派的總合供需分析模型有所區別，凱因斯學派的總合供需分析模型稱為「總合供需模型」，古典學派的模型稱為「古典模型」。此間僅介紹凱因斯學派的總合供需模型，至於古典模型則留待第二十三章介紹古典學派總體經濟理論時說明之。

一、貨幣市場與商品市場的均衡

　　1. 總合需求的內涵　前在第十八章中曾提及，總合需求包含民間消費、投資淨額、政府消費及進出口，這些項目就實質而言，都是商品的需求，因此總合需求與商品市場有關。又在此四個項目中，投資的多寡與利率的高低直接有關，利率的高低又直接影響儲蓄的多寡間接影響民間消費的多寡。影響利率的因素除去投資的供需外，尚牽涉到貨幣的供需，特別是實質貨幣供給量的多寡。因此總合需求除去與商品市場直接有關外，尚與貨幣市場間接有關，同時這兩個市場互相影響、互為因果，必須這兩個市場同時達於均衡時，才能導出總合需求。

　　2. 總合需求導出的途徑　總合需求為物價水準與總合需求量（亦

即總產出）之間的關係，由物價水準的變動開始，直至總產出的變動為止，其整個影響路線如下：

物價水準變化──→ 實質貨幣供給變化──→ 利率變化──→ 投資
需求變化──→ 商品市場需求變化──→ 總產出變化

　　由此過程亦可看出，總合需求的導出牽涉到兩個市場，即貨幣市場與產品市場。上列過程的分析可分為兩個階段來進行，第一個階段先由均衡的觀點來看貨幣市場如何決定利率，利率如何決定投資，最後再由包括投資在內的總支出如何通過產品市場決定總產出。第二個階段是以上述均衡分析的架構為基礎，來看物價變化所引起的一連串調整，從而導出總合需求線。茲先說明第一個階段。

　　3. 貨幣的供給　　貨幣供給（M^s）由中央銀行決定，假定其為一個常數。貨幣供給以物價水準（P）加以調整，其結果稱為實質貨幣供給（M^s/P）。現在再假定 P 暫時不變，則實質貨幣供給曲線為一條垂線，見下列左圖：

圖 20-1　貨幣供需與投資需求

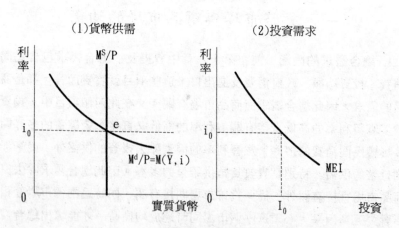

　　4. 貨幣的需求　　由第十六章知，貨幣的需求方程式為：

$$M^d/P = m(Y, i, \pi^e, A, \alpha)$$

式中 M^d 代表貨幣需求量，P 代表物價水準，Y 代表實質國民所得，i 代表利率，π^e 代表預期物價上漲率，A 代表實質資產總額，z 代表其他影響因素。

假定 π^e、A 及 z 不變，則上式可簡化如下：

$$M^d / P = m\,(\,Y, i\,)$$

現在再暫時假定 Y 不變，則上式又可寫成下列形式：

$$M^d / P = m\,(\,\overline{Y}, i\,)$$

將其繪入圖中即成為實質貨幣需求線，見上列左圖。

5. 貨幣市場的均衡　實質貨幣供給線與實質貨幣需求線的交點 e，即為實質貨幣供需的均衡點，由此決定利率水準為 i_0，見上列左圖。

6. 投資需求　由第十六章知，在完全競爭市場下，投資邊際效率曲線（MEI）即為投資的需求線，見上列右圖。當利率水準為 i_0 時，投資量為 I_0。

7. 商品市場的均衡　包括 I_0 在內的國民總支出為：

$$C + I_0 + G + (\,X - M\,)$$

式中 C 代表民間消費，G 代表政府消費，X 代表出口總值，M 代表進口總值。

圖 20－2　商品市場的均衡

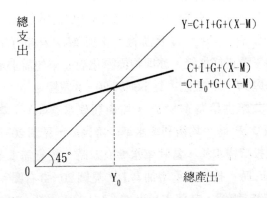

　　繪入圖中成為一條斜線，其情形見上圖。此斜線與 45°線相交於一點，此即商品市場的均衡點（事實上是相當於商品市場的均衡，因 45°線圖的縱坐標與總合供需圖的縱坐標略有不同，差一個 C，但實質是一樣的），由此決定均衡總產出為 Y_0，其情形如上圖。

　　綜合以上所述，可知實質貨幣供需決定利率水準，利率水準通過投資需求線決定投資水準，包含此投資水準在內的國民總支出線與 45°線相交又決定總產出。在此過程中，假定物價水準不變，如果物價水準變化，將使實質貨幣供給產生變化，這樣一直影響下去，最後導致總產出變化，如此即導出總合需求線，詳細情形將在下一大節中說明之。

二、總合需求線的導出

　1. 總合需求線的誘導過程　根據上一大節所述的過程，假定物價為不同水準時，最後可獲得不同的總產出水準，予以配對即得總合需求，其過程如下：

　　(1)設物價水準由 P_0 降至 P_1，假定名目貨幣供給 M^s 不變，則實質貨幣供給由 M^s/P_0 增加為 M^s/P_1，見圖 20-3 左圖。至於實質貨幣需求，由需求函數 $M^d/P=m(Y,i)$ 看來，當物價水準 P 下降時，如果名目貨幣需求 M^d 不變，則實質貨幣需求會增加。Y 為實質國民所得，當 P 下降時，Y 會提高。Y 與 M^d/P 間有正變的關係，物價變化的影響正好抵銷，亦即物價變化對原來的需求函數無顯著的影響，可仍以 M^d/P 表之，見下列圖 20-3 左圖。

　　(2)實質貨幣供給為 M^s/P_0，均衡利率水準為 i_0；當實質貨幣供給增加為 M^s/P_1 時，均衡利率水準下降為 i_1，見圖 20-3 左圖。

　　(3)根據投資需求線，當利率水準為 i_0 時，投資需求為 I_0；當利率水準下降為 i_1 時，投資需求增加為 I_1，見圖 20-3 右圖。

　　(4)根據 45°線圖，當總支出為 $C+I_0+G+(X-M)$ 時，均衡總

圖 20−3　物價變化對貨幣市場及投資的影響

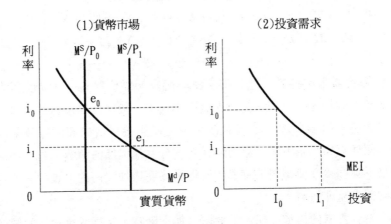

所得為 Y_0；當總支出增加為 $C+I_1+G+(X-M)$ 時，均衡總所得增加為 Y_1，其情形見下列左圖。

圖 20−4　總合需求線的導出

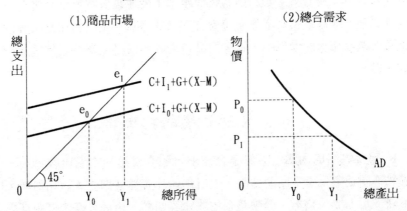

(5)綜合以上所述，可知當物價水準由 P_0 下降為 P_1 時，總所得亦即總支出亦即總需求額由 Y_0 增加為 Y_1。不同的物價水準決定不同的總需求額，兩者呈反方向變化，如此即獲得總合需求線，其情形見上

列右圖。

綜合以上所述，可看出總合需求的全部誘導過程如下：

$$P= \begin{cases} P_0 \rightarrow M^S / P_0 \rightarrow i_0 \rightarrow I_0 \rightarrow C+I_0+G+（X-M）\rightarrow Y_0 \\ P_1 \rightarrow M^S / P_1 \rightarrow i_1 \rightarrow I_1 \rightarrow C+I_1+G+（X-M）\rightarrow Y_1 \\ \cdots\cdots\cdots\cdots\cdots\cdots\cdots\cdots\cdots\cdots\cdots\cdots\cdots\cdots\cdots\cdots\cdots\cdots \end{cases} \rightarrow AD$$

2. 總合需求的特質 總合需求與一般家計單位對某一商品的需求在外形上雖然完全一致，但其內涵則不同。一般家計單位對某一商品的需求線具有負斜率，是因為價格變化產生替代效果與所得效果所致。例如豬肉價格下降，豬肉將代替部分其他肉類的消費；同時豬肉價格下降間接亦使豬肉消費者的所得增多而增加豬肉的消費；如此豬肉的需求量即行增多。

總合需求的情形不同，當物價水準下降時，是指所有物品的價格普遍下降。就所有物品而言，因無其他替代品，故不可能有替代效果的產生。又當物價水準下降時，社會財富並未增加，故亦不可能產生所得效果。然則物價水準下降為何可使總合需求量增加而使總合需求線具有負斜率呢？其主要原因為物價水準下降使實質貨幣供給增加，促使利率下降導致投資增加而使總合需求量增加。正因為如此，所以在導出總合需求的過程中，除去商品市場外，尚必須牽涉到貨幣及投資市場。

三、勞動市場的均衡

1. 總合供給的內涵 不像總合需求，總合供給的內涵比較單純。雖然不同產業生產不同的產品，但所用的生產要素則是大體相似的，不外乎是土地、資本、勞動及企業才能等四類。由於生產規模短期內不能改變，產出的變化完全靠勞動雇用量的多寡來加以調節，因此總合供給的導出只牽涉到一個市場，即勞動市場。

2. 總合供給導出的途徑 總合供給為物價水準與總合供給量（亦

即總產出）之間的關係，由物價水準的變動開始，直至總產出的變化
為止，其整個影響路線如下：

　　　物價水準變化──→ 實質工資率變化──→ 勞動就業量變化──→
　　　總產出變化

　　由上述過程亦可看出，總合供給的導出只牽涉到一個市場，即勞
動市場。同樣情形，上列過程的分析亦可分為兩個階段來進行，即首
先分析在均衡狀態下的情況，然後再分析在物價水準變化下的情況，
從而導出總合供給曲線。

　　3. 短期總生產函數　在短期內，固定資本的數量不變，唯一可以
變動的生產要素是勞動。由此得短期總生產函數的一般形式如下：

　　　$Y = f(\overline{K}, L)$

　　式中 Y 代表總產出，$\overline{K}$ 代表固定資本的某一特定數量，L 代表總
勞動量，$f(\cdot)$ 代表生產技術水準。

　　上述總生產函數的一般形式如下：

　　　　　圖20-5　短期總生產函數的一般形式

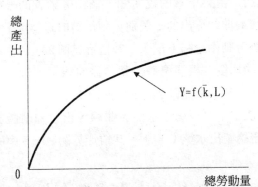

$Y = f(\overline{k}, L)$

　　提出總生產函數的目的有二：其一為根據總生產函數由已知勞動
量可決定總產出的數量，另一為根據總生產函數可導出總合供給線，
茲逐步說明如下。

　　4. 勞動的需求　由第九章的說明知，在完全競爭市場下，個別廠

商的勞動需求線即為其邊際生產收益線（MRP_L），各個別廠商勞動需求線的水平相加和即為整個社會的總體勞動需求線。這是導出總體勞動需求線的一種方法。另一種方法是直接根據社會總生產函數，導出總體勞動的邊際產量線（MP_L），此即為總體勞動的需求線（L^D），其情形如下：

圖20－6　　總體勞動的需求線

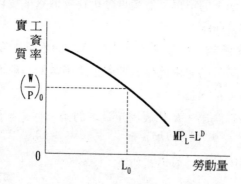

5. 勞動的供給　　由第十章的說明知，個別勞動者的勞動供給曲線是由休閒所得無異曲線導出的，個別勞動供給曲線的水平相加和即為整個社會的總體勞動供給線（L^s），其情形見圖20－8中的圖(1)。

6. 勞動市場的均衡　　根據總體勞動供需曲線即可決定總體均衡勞動雇用量（L_0），其情形見圖20－8中的圖(1)。

7. 總產出的決定　　根據總生產函數曲線，由已知總體勞動雇用量（L_0）即可決定總產出水準（Y_0），其情形見圖20－8中的圖(2)。

四、總合供給線的導出與總合供需均衡

1. 貨幣工資僵固性對勞動雇用量的影響　　其情形如下：

　　(1)貨幣工資僵固性的涵義——貨幣工資的僵固性是指當勞動市場出現超額需求時，工資會迅速上升；反之，出現超額供給時，工資不

會向下調整的現象，其情形見下圖：

圖20－7　貨幣工資僵固性的涵義

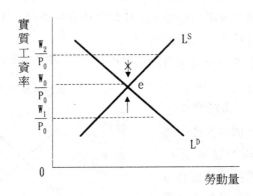

(2)對勞動雇用量的影響——假定物價水準 P_0 不變，當貨幣工資率為 W_1 時，實質工資率為 $W_1／P_0$，低於均衡點的實質工資率 $W_0／P_0$，勞動市場有超額需求。由於雇用者的競爭，乃使貨幣工資率上升，從而使實質工資率上升，直至供需均衡點 e 為止，此時勞動需求等於勞動供給。

當貨幣工資率為 W_2 時，實質工資率為 $W_2／P_0$，高於均衡點的實質工資率 $W_0／P_0$，此時勞動市場有超額供給。由於貨幣工資率有向下調整的僵固性，不能下降，實質工資率亦因而不能下降，因此勞動的雇用量乃低於供需均衡點的雇用量。

2. 總合供給線的導出　其過程如下：

(1)當實質工資率 $W_0／P_0$ 恰好等於勞動供需均衡點的實質工資率時，均衡勞動雇用量為 L_0；通過總生產函數，決定總產出為 Y_0，此為勞動在充分就業情況下的最大總產出。由此可知，所謂充分就業，是指勞動在供需均衡時的就業水準，不包括高於均衡實質工資率的勞動在內。

(2)當物價水準上升，即較 P_0 為高時，實質工資率下降，此時勞

動市場有超額需求，由於雇用者競爭的結果，迫使貨幣工資上升，從而使實質工資率上升，直至達於勞動供需均衡點 e 時為止。由此可知，在充分就業已達成的情況下，物價水準的上升不能使勞動就業量增加，從而不能使總產出增加，因此該段總合供給為一條垂線，其產出水準即為充分就業時的總產出 Y_0。

(3)當物價水準由 P_0 下降至 P_1 時，實質工資率由 W_0 / P_0 上升至 W_0 / P_1。由於貨幣工資率有向下調整的僵固性，亦即 W_0 不能下降，故 W_0 / P_1 亦不能下降，其結果使勞動市場供過於求，此時勞動供給量為 L_2，需求量為 L_1，超額供給為 $L_1 L_2$。在實質工資率 W_0 / P_1 下，勞動就業量為 L_1，通過總生產函數決定總產出為 Y_1。根據 P_1 及 Y_1 在右列圖(3)中可決定一點 a。當物價水準變化時，只要高於 P_0，即可決定不同的總產出水準，如此即可獲得總合供給線的另一段。此段由於物價水準與總產出成正變，故該段曲線為一條具有正斜率的曲線，其情形見右列圖(3)。

綜合以上所述，可看出總合供給線的全部誘導過程如下：

圖 20-8　　總合供給線的導出

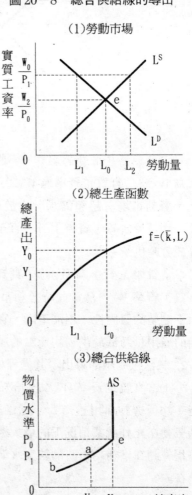

$$P=\begin{cases} P_0 \longrightarrow W_0/P_0 \longrightarrow L\text{供需均衡} \rightarrow L_0 \rightarrow Y_0 \rightarrow AS\text{轉折點} \\ P_2 > P_0 \rightarrow W_0/P_2 < W_0/P_0 \longrightarrow L\text{求過於供} \rightarrow L_0 \rightarrow Y_0 \rightarrow AS\text{垂直段} \\ P_1 < P_0 \rightarrow W_0/P_1 > W_0/P_0 \longrightarrow L\text{供過於求} \rightarrow L_1 \rightarrow Y_1 \rightarrow AS\text{斜線段} \end{cases}$$

式中 W_0/P_0 為能使勞動供需正好達於均衡時的實質工資率。

3. 反 L 字型總合供給線的說明 上一章討論所得決定時所用的總合供給線是反 L 字型的,與本章所導出的總合供給線略有差異。在充分就業情況下,兩者毫無差異,均為垂線;在不充分就業情況下,兩者即有相當的差異。上一章所用的總合供給線,不充分就業時為水平線;本章所導出的總合供給線,不充分就業時為具有正斜率的斜線。就理論的觀點而言,本章所導出的總合供給線是比較正確的,既然如此,為什麼在討論所得決定時凱因斯要用反 L 字型的總合供給線呢?其理由如下:

圖 20－9 反 L 字型的總合供給線

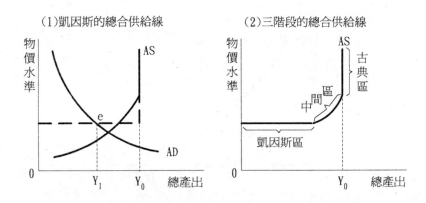

(1)凱因斯的總合供給線　　　　　(2)三階段的總合供給線

(1)凱因斯為凸出其理論的精神,乃將上述總合供給曲線的斜線段以一條水平線代表之,見上列左圖。將斜線化為水平線,其意為在充分就業未達成前,總產出決定於總需求,同時物價水準不變。由此可知,凱因斯理論的重心在總合需求,不在總合供給,欲使總產出增加,必須設法擴張總合需求。將總合供給曲線的斜線段化為水平段以

後，即可用45°線圖進行分析，如此不但可凸顯凱氏理論的精神，同時可作多種不同目的分析。這是有所凸顯的情形。

　　(2)事實上，在總產出遠低於充分就業時的水準時，總合需求的改變對總產出的影響大，對物價水準的影響小，此時的總合供給線即頗接近一條水平線。當總產出相當接近充分就業時的水準時，總合需求的改變對總產出的影響漸小，對物價水準的影響漸大，此時總合供給線漸向上彎曲而成為一條具有正斜率的曲線。當總產出已達於充分就業時的水準時，總合需求的擴張只能使物價水準上升，不能使總產出增加，此時總合供給線成為垂線。綜合以上所述，可知整個總合供給線為一條先水平、後上彎、再垂直的三段式曲線，見上列右圖。

　　4. 總合供需的均衡　根據總合需求與總合供給兩條曲線，即可決定均衡總產出與均衡物價水準，其情形如下：

圖 20－10　　總合供需的均衡

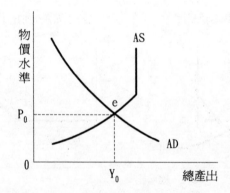

　　就實際情況而言，凱因斯的總合供需模型，其總合供給線仍含有斜線段在內，故不但可能有不同的均衡物價水準，同時亦可能有不同的均衡總產出。

　　至此凱因斯學派總體經濟理論的基本架構已介紹完畢，茲再進一步地加以綜合歸納，作更具體的說明如下。

五、凱因斯理論的特質與圖解説明

1. 凱因斯理論的特質　綜合以上所述，可知凱因斯學派的理論具有下列兩項特質：

(1)凱因斯假定貨幣工資率具有向下調整的僵固性，因此充分就業不是常態，在此情況下，總合供給除去垂線段外，尚具有正斜率線段。正斜率線段為不充分就業時的總合供給，同時不充分就業的情況愈嚴重，則總合供給亦愈近似地成為水平線，在此情況下，總合需求成為決定總產出水準的主要因素。

(2)根據凱因斯的理論，利率、物價與所得三者是由貨幣、商品及勞動三個市場共同決定，此説明凱氏對三個市場之間的關聯已充分考慮，所獲結論應可相當滿意地反映事實，除非其基本假定有問題。

一般説來，世界上沒有一個人是十全十美，沒有一件事是十全十美的，經濟理論也是如此，其原因為任何一個理論均含有假定在內，如果假定不成立，即不能符合事實。因此凱因斯的理論也一樣會面臨挑戰，此將在第二十四章其他學派總體經濟理論的評介中詳細説明之。

2. 總合供需模型的圖解説明　總合供需模型即是凱因斯的總體經濟理論架構，前已提及。在三個市場中，凱氏首先討論的是貨幣市場，其目的在決定利率水準，從而決定投資水準。凱氏認為利率決定於貨幣供需，實質貨幣供給為一個常數，實質貨幣需求為所得及利率的函數。為便於決定利率，先暫時假定所得及物價水準不變。利率水準決定了以後，即可進入商品市場，通過投資需求曲線決定投資量，投資需求曲線直接由投資的邊際產量曲線而來。投資量決定了以後，加上民間消費、政府消費與進出口淨額，即得總支出。總支出線與45°線相交決定所得水準，45°線相當於總合供給線的水平段，此在上一章中即提及。所得決定了以後，將再回到貨幣市場來，影響貨幣需

圖 20−11　凱因斯學派的總合供需模型

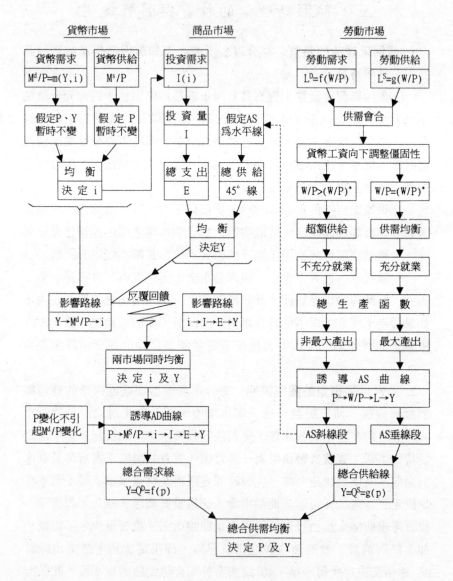

求，決定新的利率水準。新的利率水準決定了以後，又轉向商品市場，順次決定新的投資量、新的總支出及新的所得水準。如此不斷反覆回饋，直至貨幣及商品兩市場同時達於均衡為止，決定利率水準及所得水準（注意：此時所決定的利率水準及所得水準仍然是暫時性的，因為勞動市場亦即總合供給尚未加入也）。貨幣與商品兩市場間的回饋路線，屬於貨幣市場者為 $Y \to M^d / P \to i$，屬於商品市場者為 $i \to I \to E \to Y$，將其加以結合並加簡化，則回饋路線成為 $Y \to i \to Y \to i \to \cdots \cdots$。貨幣與商品兩市場同時達於均衡以後，即可根據兩市場之間的關係，假定物價為不同水準時，導出總合需求線。兩市場之間的關係為 $P \to M^s / P \to i \to I \to E \to Y$，根據此式，每決定一個 P 的數值，即可決定一個 Y 的數值，如此即得總合需求線。又在此決定過程中，P 的變化對 M^d / P 沒有影響，其原因為 P 的上升直接使 Y 增加，間接使 M^d 增加，M^d 與 P 的變化方向相同、幅度相似，故當 P 變化時，M^d / P 能維持不變或變化甚微。

　　三個市場中，貨幣與商品兩市場與總合需求有關，所剩下來的一個市場即勞動市場必定與總合供給有關。總合供給的導出由勞動供需開始，勞動需求由勞動的邊際生產力曲線而來，勞動供給由所得休閒無異曲線而來，兩者均為實質工資率的函數。勞動雇用量當然是由勞動供需來決定，但是在凱因斯的模型下，因為假定貨幣工資率具有向下調整的僵固性，其情況即有所不同。貨幣工資率除以物價水準之商稱為實質工資率，如果實質工資率低於勞動供需均衡點的實質工資率，此時勞動求過於供，由於雇用者競爭的結果，乃促使貨幣工資率上升，直至實質工資率達於均衡實質工資率為止，此時勞動雇用量為勞動供需均衡點的雇用量，此即所謂的充分就業，通過總生產函數決定社會的最大總產出。反之，如果實質工資率高於勞動供需均衡點的實質工資率，此時勞動供過於求，由於貨幣工資率具有向下調整的僵固性，貨幣工資率不可能下降，在此情況下，勞動雇用量乃低於充分就業時的水準，通過總生產函數所決定的產出水準即非社會的最大總

產出。在充分就業的情況下，物價水準的變化不影響社會的最大總產
出水準，故此時總合供給為一條垂線。在不充分就業的情況下，物價
水準的變化影響社會的總產出水準，兩者有正變的關係，故此時總合
供給為一條具有正斜率的曲線。由此可知，在凱因斯的模型下，總合
供給是一條先近於水平、繼向上彎曲、後成為垂直的折線。

　　至此總合需求線及總合供給線均已導出，最後兩相會合決定三個
市場同時達於均衡時的物價水準及所得水準。

六、總合供需改變的影響

　　有了總合供需模型以後，即可進行有關分析，首先來看當總合需
求或總合供給發生改變時，會對物價水準及所得水準有什麼樣的影
響，茲分述如下：

1. 需求面的變動　其情形見下圖：

圖 20－12　需求面變動的影響

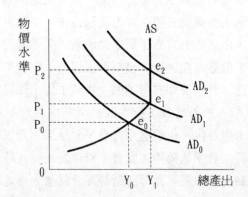

已知總支出的構成為 $C+I+G+X-M$，在同一價格水準下，其
中任何一項發生變化，總合需求即行改變。假定已知一條總合需求線
AD_0，其與總合供給線 AS 的交點為 e_0，此時均衡總產出為 Y_0，均衡

物價水準為 P_0。當總合需求由 AD_0 增加為 AD_1 時，其與 AS 的交點為 e_1，由於 e_0 與 e_1 均在 AS 的斜線段上，故均衡總產出由 Y_0 增加為 Y_1，均衡物價水準由 P_0 上升至 P_1。當總合需求由 AD_1 增加為 AD_2 時，其與 AS 的交點為 e_2，由於 e_1 及 e_2 均在 AS 的垂線段上，故均衡總產出並未增加，仍為 Y_1，而均衡物價水準則由 P_1 上升至 P_2。綜合以上所述，可知在未達充分就業以前，總合需求的增加，不但可使物價水準上升，同時亦可使總產出增加。達於充分就業以後，總合需求的增加，將使物價水準上升，但不能使總產出增加。

又在斜線段上的均衡點，例如 e_0，此時勞動市場並未達於均衡，而有超額供給，因此有人將凱因斯的總合供需模型稱為「失衡模型」（disequilibrium model）。在垂線段上的均衡點，例如 e_2，此時勞動市場已達於均衡，無超額供給，此時的均衡才是真正的均衡。

2. 供給面的變動　　由上述知，在未達充分就業以前，可用增加總合需求的方法以增加總產出；達於充分就業以後，增加總合需求只能使物價水準上升，不能使總產出增加。其解決之法為設法增加總合供給。欲增加總合供給，必須增加勞動的就業量；欲增加勞動的就業量，又必須從增加勞動的需求著手。因勞動供給的增加，在勞動需求不變的情況下，實質工資率必須下降，才能使勞動就業量增加。由於貨幣工資率不能下降，除非物價水準上升，否則實質工資率不能下降。因此一般說來，增加勞動供給而增加勞動的就業量是行不通的。

增加勞動需求不但可使勞動就業量增加，同時使實質工資率上升，無向下調整僵固性的問題。增加勞動需求的方法為增加資本設備累積及改進生產方法，如此可使總生產函數提高，從而使勞動的邊際生產力（MP_L）提升，其結果勞動需求增加，而使勞動就業量增多，最後通過總生產函數，使總產出增加。總產出的增加，一方面來自勞動就業量的增加，另一方面來自總生產函數的提升。其情形見下圖：

圖 20—13   供給變動的影響

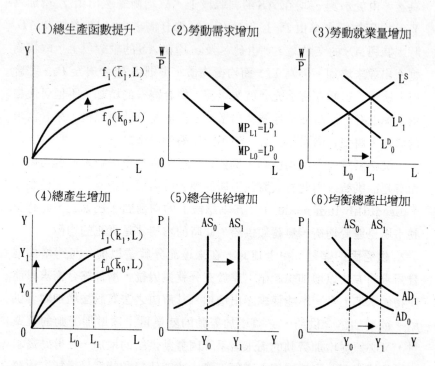

(1)總生產函數提升　　(2)勞動需求增加　　(3)勞動就業量增加

(4)總產生增加　　(5)總合供給增加　　(6)均衡總產出增加

七、總合供需模型的引伸與檢討

1. 總合供需模型與景氣循環　由於凱因斯假定貨幣工資率具有向下調整的僵固性，充分就業不是常態，因此總合供給線有一段是正斜率的線段。其結果當總合需求發生變化時，不但物價水準發生變化，同時就業量及總產出亦發生變化，而產生景氣波動。茲詳細說明如下：

(1)當總合需求減少時，物價水準下降；由於貨幣工資率不能下降，故實質工資率上升，其結果勞動市場供過於求，導致勞動就業量

減少，而使總產出減少。

(2)如果勞動就業量的減少有過度調整的現象，總產出亦會過度的減少，其結果使物價水準上升，實質貨幣工資率下降，轉而使勞動就業量增加，而使總產出增加。

(3)如果勞動就業量及總產出的增加有過度調整的現象，則將引起物價水準的下降，而使景氣波動不斷進行下去。

綜合以上所述，可知根據總合供需模型的分析，景氣波動係由總合需求的不足所引起。如果總合需求足以維持充分就業，則景氣波動即不會發生。因此凱因斯學派主張在經濟不景氣的時候，政府應該動用財政政策及貨幣政策，促使總合需求增加，當勞動就業量接近充分就業水準時，景氣波動即行消失。

2. 貨幣工資僵固性假設的爭議　　由上面的分析知，實質工資率與景氣循環會呈反方向變動，即當景氣好轉，總產出與物價皆上升時，實質工資率應會下降。反之，當景氣趨於疲軟，總產出與物價皆下降時，實質工資率應會上升。事實上，許多實證研究指出，實質工資率不與景氣波動背道而馳，甚至有時是並駕齊驅的，此表示貨幣工資向下調整僵固性的假定並不一定完全成立。在經濟不景氣時，許多失業工人願意接受較低的貨幣工資，如此實質工資率即可能隨物價及總產出的下降而下降。除非有強大的工會組織從中作梗，否則貨幣工資向下調整的僵固性是很難維持的。其原因為當總合需求減少而使物價及總產出降低時，如果貨幣工資率有向下調整的僵固性，則將使實質工資率上升而致勞動市場有超額供給。此對勞動提供者而言，不能使其效用為最大，違反經濟學中人類具有理性行為的假定。

綜合以上所述，可知凱因斯的總合供需模型雖然能夠說明某些總體經濟現象，但尚不能稱為無懈可擊。正因為如此，所以自1970年以後不斷地有其他學派的興起，此將在第二十四章中說明之。

摘　要

總合供需模型

<table>
<tr><td colspan="3" align="center">總 合 需 求 的 導 出</td></tr>
<tr>
<td>誘導過程</td>
<td colspan="2">物價水準變化 → 實質貨幣供給變化 → 利率變化 → 投資需求變化 → 商品需求變化 → 總產出變化。每有一個物價水準即決定一個總產出水準，如此即形成總合需求線。</td>
</tr>
<tr>
<td rowspan="6">均
衡
分
析</td>
<td>貨幣市場的均衡</td>
<td>(1)假定名目貨幣供給量 M^s 固定，物價水準 P 不變，則實質貨幣供給量 M^s/P 不變，如此實質貨幣供給為一條垂線。
(2)實質貨幣需求量 M^D/P 為所得 Y 及利率 i 的函數，暫時假定 Y 不變，則 $M^D/P=f(\overline{Y},i)$。
(3)實質貨幣供給決定均衡利率水準為 i_0。</td>
</tr>
<tr>
<td>投資額的決定</td>
<td>(1)投資的邊際效率函數（ MEI ）即為投資的需求線。
(2)根據 MEI，當利率水準為 i_0 時，決定投資量為 I_0。</td>
</tr>
<tr>
<td>商品市場的均衡</td>
<td>(1)總支出水準為（ $C+I_0+G+X-M$ ）
(2)總支出與 45°線的交點決定均衡總產出水準 Y_0。</td>
</tr>
<tr>
<td>總合需求線的導出（根據上述均衡分析過程，開始由逐步誘導的物價水準變化過程）</td>
<td>物價水準由 P_0 下降為 P_1 → 實質貨幣供給由 M^s/P_0 增加為 M^s/P_1，但實質貨幣需求不變（因 M^D/P 為實質國民所得 Y 的函數，P 的下降使 Y 上升，而抵銷對 M^D/P 的影響）→ 均衡利率由 i_0 下降至 i_1 → 投資量由 I_0 增加為 I_1 → 總支出由（ $C+I_0+G+X-M$ ）增加為（ $C+I_1+G+X-M$ ）→ 總產出由 Y_0 增加為 Y_1。
（ P_0,Y_0 ），（ P_1,Y_1 ），……，如此即獲得總合需求線。</td>
</tr>
<tr><td colspan="3" align="center">總 合 供 給 的 導 出</td></tr>
<tr>
<td colspan="2">基本假定</td>
<td>貨幣工資率具有向下調整的僵固性。</td>
</tr>
<tr>
<td colspan="2">總
合
供
給
線
的
導
出</td>
<td>(1)當 W_0/P_0 正好為勞動供需均衡點的實質工資率時，均衡就業量為 L_0，通過總生產函數決定總產出為 Y_0，由此決定一點（ P_0,Y_0 ）。
(2)當物價水準由 P_0 提高為 P_2 時，實質工資率 W_0/P_2 下降，勞動市場出現超額需求，由於雇用者的競爭，乃使貨幣工資率上升，直至 $W_2/P_2=W_0/P_0$ 為止，此時均衡勞動就業量仍為 L_0，總產出仍為 Y_0，由此決定另一點（ P_2,Y_0 ）。
(3)當物價水準由 P_0 下降至 P_1 時，實質工資率由 W_0/P_0 上升至 W_0/P_1，勞動市場出現超額供給，由於貨幣工資率不能下降，故勞動就業量 L_1 低於 L_0，總產出 Y_1 低於 Y_0，由此決定一點（ P_1,Y_1 ）。
(4)由此可知，總合供給線在充分就業情況下為一條垂線，在不充分就業情況下為一條具有正斜率的斜線。</td>
</tr>
</table>

總合供給線的修訂（為突出理論的重點）	凱因斯修訂	凱因斯理論的重點在需求面，不在供給面。為突出其重點，乃將總合供給線之斜線段以水平線代替之。如此在不充分就業情況下，總產出決定於總合需求，且不影響物價水準。正因為如此，在說明總所得的決定時，應用 45° 線圖，此圖顯示總所得完全決定於總支出（相當於總合需求），且不涉及物價水準。
	綜合修訂（一般化總合供給線）	(1)當總產出遠低於充分就業時的水準時，總合需求的變化將使總產出有較大幅度的變化，物價水準有較小幅度的變化，因而此段 AS 線近似地成為一段水平線。此區稱為凱因斯區。 (2)當總產出接近充分就業時的水準時，總合需求的變化將使總產出及物價水準均產生相當的變化，因而此段 AS 線成為一段具有正斜率的斜線。此區稱為中間區。 (3)當總產出已達於充分就業時的水準時，總合需求的增加只能引起物價水準的上升，不能使總產出增加，因而此段 AS 線為一段垂線。此區稱為古典區。

總　合　供　需　均　衡　分　析

均衡的達成		根據總合供給線及總合需求線的交點，決定均衡總產出及均衡物價水準。
需求面的變動	原因	(1)外來的影響，如石油危機。(2)國內的變化，如天災人禍。(3)政府的政策。
	結果	(1)未充分就業時，總合需求的變化，不但引起總產出的變化，同時引起物價水準的變化。均衡點在 AS 斜線段內變動。 (2)已充分就業時，總合需求的增加，將引起物價水準的上升，但總產出無變化。均衡點在垂線段內變動。
供給面的變動	原因	資本設備的累積及生產方法的改進，將使總生產函數提升，勞動生產力（MP_L）提高，勞動需求線右移，勞動就業量增加，總產出增加，而使總合供給線右移。
	結果	一般說來，總合供給的增加將使物價下降，總產出增加。

總　合　供　需　模　型　的　檢　討

景氣波動	波動的解釋	凱因斯學派認為貨幣工資率具有向下調整的僵固性，不充分就業為常態，總合供給線在未達充分就業前為一條具有正斜率的斜線。總合需求的增加，將使物價水準上升，就業量及總產出增加；反之則否。如果在調整過程中有過度調整的現象，總合需求的變化將引起物價水準、就業量及總產出循環性的變動。
	特徵	總合需求的增加，將使物價水準上升，實質工資率下降，就業量及總產出增加，反之則否。故實質工資率與就業量及總產出是背道而馳的。

	成因	景氣波動的發生是由於總合需求的不足。
貨幣工資僵固性的假定	矛盾	實證研究顯示，實質工資率與就業量及總產出常是並駕齊驅，而不是背道而馳的。
	問題所在	問題出在貨幣工資率向下調整僵固性的假定上。貨幣工資率不具嚴格的僵固性，其理由有二，其一工會的組織不如想像的那樣龐大、嚴密及完全不顧現實；另一為如果貨幣工資率具有向下調整的僵固性，當實質工資率高於均衡實質工資率時，勞動市場有超額供給，違反勞動者謀求最大效用的目的，而違反經濟學的基本假定。
	修正	如果貨幣工資率不具嚴格的向下調整的僵固性，則當總合需求減少，物價水準下降，實質工資率上升時，勞動者願接受較低的貨幣工資率，而使實質工資率下降。如此實質工資率即與就業量及總產出同時減少，而並駕齊驅。

總合供需模型的誘導過程

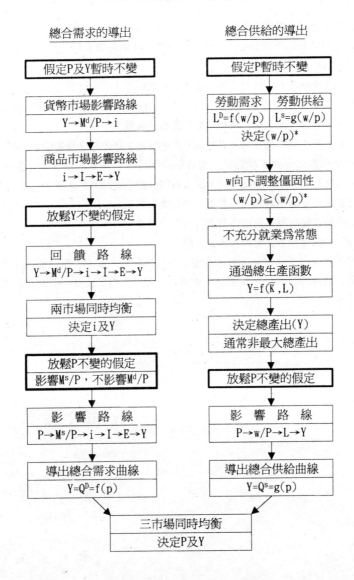

總合需求的導出　　　　　　　總合供給的導出

| 假定P及Y暫時不變 |
| 貨幣市場影響路線
$Y \to M^d/P \to i$ |
| 商品市場影響路線
$i \to I \to E \to Y$ |
| 放鬆Y不變的假定 |
| 回　饋　路　線
$Y \to M^d/P \to i \to I \to E \to Y$ |
| 兩市場同時均衡
決定i及Y |
| 放鬆P不變的假定
影響M^s/P，不影響M^d/P |
| 影　響　路　線
$P \to M^s/P \to i \to I \to E \to Y$ |
| 導出總合需求曲線
$Y = Q^D = f(p)$ |

| 假定P暫時不變 |
| 勞動需求　勞動供給
$L^D = f(w/p)$　$L^s = g(w/p)$
決定$(w/p)^*$ |
| w向下調整僵固性
$(w/p) \geqq (w/p)^*$ |
| 不充分就業爲常態 |
| 通過總生產函數
$Y = f(\overline{K}, L)$ |
| 決定總產出(Y)
通常非最大總產出 |
| 放鬆P不變的假定 |
| 影　響　路　線
$P \to w/P \to L \to Y$ |
| 導出總合供給曲線
$Y = Q^s = g(p)$ |

| 三市場同時均衡
決定P及Y |

問 題

1. 為什麼總合需求與貨幣市場有關？

2. 貨幣市場與商品市場如何同時達於均衡？其回饋路線為何？又如何依此回饋路線導出總合需求？

3. 短期總生產函數有何特質？對未來總合供給的導出有何影響？

4. 勞動的需求線及供給線由何而來？貨幣工資率向下調整的僵固性對總產出的決定有何影響？因而總合供給線的型態有何特質？

5. 略述在貨幣工資率具有向下調整僵固性的假定下導出總合供給線的過程。

6. 為什麼在不充分就業狀態下的總合供給線段凱因斯將其簡化為一個水平線段？簡化為水平線段後在分析方法上有何改變？能凸出些什麼？

7. 總合需求改變的原因為何？將產生些什麼影響？

8. 總合供給改變的原因為何？將產生些什麼影響？

9. 根據總合供需模型如何解釋景氣波動？

10. 貨幣工資率向下調整僵固性的假定是否符合現實？過去有無這種情況？能否建立一個模型同時包含及不包含僵固性的假定在內？成為一個適用範圍更廣的模型。

第 玖 篇

物價膨脹與失業及其對策

以上三章所介紹的是凱因斯學派的總體經濟理論，這是總體經濟理論的主流，以其為基礎即可進一步探討總體經濟的問題及其解決的途徑。由總合供需模型知，總合供需最後決定兩個水準，即一般物價水準及總產出水準亦即就業水準。當總合供需的一方或兩方均發生變化時，一般物價水準及就業水準即隨之發生變化。如果一般物價水準持續不斷地上升，則此現象即稱之為「物價膨脹」；如果就業水準降低，則社會中必定有某些人會「失業」。物價膨脹將產生所得重分配，使某些人的生活水準降低；失業將使某些人沒有收入，生活發生問題；因此物價膨脹與失業是總體經濟社會的兩個重要問題。當然有問題就要解決，否則一方面將造成社會不安，同時另一方面也會影響經濟的穩定與成長。解決總體經濟問題的方法雖然很多，但其中最重要的是「財政政策」與「貨幣政策」兩種。又不論是財政政策或是貨幣政策其主體均只是一種手段，這種手段必須通過經濟體系的運作才能產生效果，如果事先要預知其效果，則必須借重總體經濟理論的架構才能為功。綜合以上所述，可知總體經濟的兩個重要問題是物價膨脹與失業，此將在下一章亦即第二十一章中說明之；解決總體經濟問題的方法亦主要有兩種，即財政政策與貨幣政策，此將在第二十二章中說明之。

第二十一章　物價膨脹與失業

　　經濟社會有兩大重要問題，其一為物價膨脹，另一為失業。物價膨脹使人們的真實所得減少，降低其生活水準，其中尤以固定收入階層為然。失業使某些勞動者無工作可做，沒有收入的結果，輕則降低其生活水準，重則三餐不繼，問題非常嚴重。總合供給與總合需求決定一般物價水準與總產出，而總產出又與勞動的就業量直接有關，因此總合供給與總合需求的變化即可說明物價膨脹與失業兩個問題。

一、物價膨脹的意義與成因

　　1. 表示一般物價水準的指標　物品的種類很多，價格互異，很難一眼看出其變化趨勢。為解決此問題，乃有物價指數的編製。物價指數主要有兩種，即躉售物價指數與消費者物價指數，茲分別說明如下：

　　(1)躉售物價指數——躉售物價指數（wholesale price index）簡言之即是根據物品的躉售價格所編製的指數。編製躉售物價指數的目的在顯示貨幣的購買力（purchasing power），為達於此目的，在選擇物品項目的時候必須加以留意，才能使躉售物價指數正確顯示一般物價水準的變化，取其倒數亦才能正確顯示貨幣購買力的變化。

　　(2)消費者物價指數——消費者物價指數（consumers' price index）簡言之即是根據與一般民衆消費有關物品及勞務的零售價格所編製的指數。編製消費者物價指數的目的，在顯示生活水準不變的情況下一般民衆生活費用的變化。為達於此目的，必須選擇與一般民衆消費關係密切的物品與勞務，同時採用消費者實際支付的價格亦即零

售價格加以編製，如此才能正確顯示一般民衆生活費用的變化。

2. 物價膨脹的意義 一般物價如果持續不斷地上漲，即稱之為物價膨脹或通貨膨脹（inflation）。相對地，一次即止的物價上漲，不能稱為物價膨脹。物價膨脹為什麼又稱為通貨膨脹呢？是因為當物價持續不斷上漲時，為應付原有的交易量，必須發行更多的通貨，故物價膨脹會很自然地形成通貨膨脹，該兩名辭所代表的意義雖稍有不同，但其實質是完全一樣的。如果物價持續不斷地「大幅上漲」，勢如脫韁野馬，則稱之為「惡性通貨膨脹」（galloping inflation）。一個國家或一個社會如果發生這種現象，則其經濟已瀕臨崩潰邊緣，後果非常嚴重。

3. 物價膨脹的成因 前在第十四章中曾提及物價膨脹的成因有二：即需求拉動與成本推動，茲分別說明如下：

圖 21−1 物價膨脹的成因

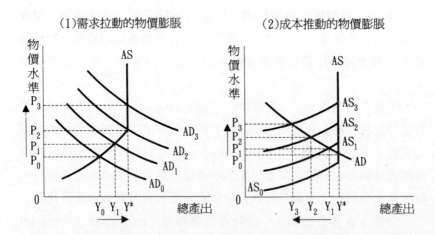

(1)需求拉動的物價膨脹 (2)成本推動的物價膨脹

(1)需求拉動的物價膨脹——在總合供給不變的情況下，當總合需求不斷增加時，即產生持續性的物價膨脹。此種物價膨脹係由需求的拉動而產生，故稱之為「需求拉動的物價膨脹」（demand−pull inflation），其情形見上列左圖。由圖中可看出，需求拉動的物價

膨脹如果發生在總合供給的斜線段內，則不但物價水準會上升，同時總產出亦隨之增加。如果發生在垂線段內，則僅物價水準不斷上升，總產出則靜止不動，因此時已達充分就業，總產出不可能再增加。

(2)成本推動的物價膨脹——在總合需求不變的情況下，當生產成本不斷提高而使總合供給不斷減少時，即產生持續性的物價膨脹。此種物價膨脹係由成本的推動而產生，故稱之為「成本推動的物價膨脹」(cost-push inflation)，其情形見上列右圖。由圖中可看出，成本推動的物價膨脹「必定」發生在總合供給的斜線段內，在此情況下，當總合供給不斷減少時，即供給線不斷上升時，物價水準不斷上升，總產出不斷減少。如果總合需求與總合供給的均衡點已經在總合供給的垂線段內，同時成本提高導致總合供給的減少不影響原有的均衡時，則物價水準與總產出均保持不變，當然不會產生物價膨脹。

以上所述者為需求拉動與成本推動單獨發生的情況，一個外生變數的變化可能同時產生需求拉動的物價膨脹及成本推動的物價膨脹，其情形一方面較為複雜，另一方面也較為嚴重，學者可根據上列兩個圖形的架構試自推論之。

二、物價膨脹的影響

1. 探討物價膨脹不利影響的途徑　物價膨脹所產生的不利影響可從兩方面來加以探討，其一為物價膨脹是否在預期之內，另一為物價膨脹發生以後經濟體系是否作充分的調整。由於這兩種因素的不同，物價膨脹所產生的不利影響乃有所不同。

2. 經濟體系因物價膨脹而產生的調整成本　不論物價膨脹是否在預期之內或是事後是否作充分的調整，只要有調整，就會產生兩種成本，茲分述如下：

(1)菜單成本——一般物價水準變化以後，各種物品及勞務的價格亦必須隨之調整，調整時須耗費人力及物力，亦即有成本，此種成本

就好像餐廳於物價上漲時必須調整菜餚價格重訂菜單所耗的成本一樣，故稱之為菜單成本（menu cost）。

(2)皮鞋成本——物價膨脹時期，一般民衆均不願保留太多的現金，而將現金存入銀行賺取利息以彌補物價上漲的損失。由於身邊保留的現金不多，必須常常跑銀行提取現金以應付日常交易或開支。常常去銀行存錢取錢耗費甚多的人力及物力，特別是皮鞋磨損較快，故該項成本稱為皮鞋成本（shoe-leather cost）。

3. **物價膨脹在預期之內且經濟體系作充分調整的情況**　物價膨脹如果在預期之內，社會各方事前有準備，可以從容不迫地按步加以調整，如此即不會發生因調整腳步快慢而利害互見的情況。此外，物價膨脹發生以後，經濟體系如果有能力且及時作充分的調整，則社會除須負擔微少的菜單成本及皮鞋成本以外，其他不利的影響均可避免，特別是所得重分配的問題。

4. **物價膨脹在預期之內但經濟體系未能充分調整的情況**　在此情況下，社會除須負擔菜單成本及皮鞋成本等調整成本外，最大的不利影響即是社會財富的重分配，其情形有兩種，茲分述如下：

(1)市場利率未作充分調整——如果市場利率未作充分調整，則存款人的財富會減少，借款的人財富會增加；亦即債權人會吃虧，債務人會占便宜。

(2)所得稅制度未作充分調整——如果所得稅制度未作充分調整，例如寬減額及累進稅級距未作充分調整，則納稅人會吃虧，政府會占便宜。

綜合以上所述，可知物價膨脹雖在預期之內，如果經濟體系未作充分調整，則將發生所得重分配，有些人占了便宜，有些人吃了虧。

5. **物價膨脹不在預期之內的情況**　物價膨脹如果不在預期之內，將使社會各方措手不及，一方面延誤調整的時機，使社會發生所得重分配；另一方面因為手忙腳亂作出錯誤的決策，誤導生產與消費，而使經濟效率降低。

三、勞動力與勞動參與率

1. 勞動力的意義與範圍 我國勞動力統計按年齡及就業情況將全國人口作如下之劃分：

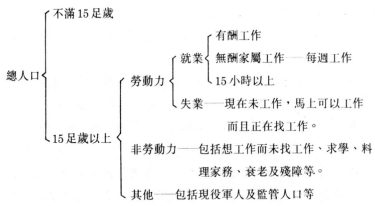

一般說來，不滿15足歲的少年，其體能及心智均未臻成熟，難以從事各項勞動，因此不將其納入勞動力的範疇之內。15足歲以上的人口按其就業狀況可分為三類，即勞動力、非勞動力與其他三類。屬於勞動力的人口按其就業狀況又可分為兩類，即就業人口與失業人口。就業人口中，有酬工作者當然是標準的就業人口；無酬家屬工作者如果每週工作時數超過15小時，也算是就業人口。無酬家屬工作者表面上是無酬的，但實際上是有酬的，只是算的方式不同，或是現在沒有給，將來給得更多。又無酬家屬工作者受家屬事業工作量的限制或工作者本身時間的限制，不一定每個人都能每週工作44小時。如果這些人不計入勞動力的範疇之內，則整個勞動力的數字將行偏低；反之，如果將每週只工作幾個小時的人也計算進去，則整個勞動力的數字將行偏高；其折衷辦法是規定將每週工作15小時以上的無酬家屬工作者計算進去，以下者不計算進去，如此即有抵銷作用而不致高估或低估。

　　一個人必須同時滿足五個條件才算是失業人口,即第一、滿十五足歲,第二、有工作能力,第三、現在沒有工作,第四、馬上可以工作,第五、正在積極尋找工作。前面三條件很明顯,無需加以說明;後面兩個條件比較不明顯,需要加以說明。一個人雖有工作意願,但尚有些俗務羈身,不能馬上工作,則這個人不能算是失業人口,因縱使其現在找到工作,也不能馬上去做也。此外,如果一個人只是想工作,但沒有積極去找工作,則這個人只是想而已,沒有採取行動,故亦不能算是失業人口。

　　求學、衰老及殘障等人口歸入非勞動力一欄,這是很明顯的,無需加以說明。料理家務不是一種直接生產的工作,同時其價值亦很難加以衡量,故將料理家務的人口歸入非勞動力一欄。此外,即上述不應列入失業一欄的想工作而未積極去找工作的人,這種人有工作能力,但目前尚無具體的就業行動,故只能將其列入非勞動力一欄。

　　至於現役軍人與監管人口,其情形比較特殊,現役軍人捍衛國家應該算是一種生產性的工作,但現役軍人只有退伍,沒有失業,與純粹的勞動力不同。此外,現役軍人是有酬工作者,當然也不能算是非勞動力。監管人口有時也做一些生產性的工作並獲得些許報酬,但其情形與一般勞動力不同,因此監管人口既不能歸入勞動力一欄,也不能歸入非勞動力一欄。因此之故,現役軍人與監管人口另闢一欄,以示與純粹的勞動力及純粹的非勞動力有所區別。

　　綜合以上所述,可知所謂勞動力(labor force),是指年滿十五歲正在就業包括有酬工作及每週超過15小時無酬家屬工作的就業人口;以及年滿十五歲現在無工作、正在找工作、找到工作馬上即可就任的失業人口。

2. 勞動參與率　勞動參與率(labor force participation rate)是指勞動力占「勞動力與非勞動力之和」的比例,即

$$勞動參與率 = \frac{勞動力}{勞動力 + 非勞動力} \times 100\%$$

　　勞動參與率愈高，表示經濟社會中有更多的人正在或想要從事生產活動。

　　3. 婦女勞動參與率對總產出的影響　婦女在家從事家務，事實上也是整個國家生產活動的一部分。婦女出外工作的原因主要是因為外面工作的勞動邊際產量較高，因而工資較高。因此婦女對總產出的貢獻，應該是其在外工作的邊際產量減去專心家務的邊際產量之差。這是以工換工的情形，即是婦女出外工作，然後僱請傭人來料理家務的情形。如果家務不請傭人來料理，而是由家人共同分擔，則婦女出外工作對總產出的貢獻即更多。如果這類婦女勞動的參與率愈高，則對總產出的貢獻即愈大。

四、失業及其對策

　　1. 失業的意義　失業（unemployment）是指 15 足歲以上的人，有工作能力，現在沒有工作，正在找工作，找到工作馬上即可就任的狀態。由此可知，失業須同時滿足上列五個條件，否則即不是失業。與失業相對的即是就業，就業（employment）是指有工作，包括有酬勞動的工作及一週內從事 15 小時以上無酬家屬勞動的工作。就業人口與失業人口之和，即為所謂的勞動力。

　　2. 失業率的意義　失業率（unemployment rate）為失業量與勞動力之比，即

$$失業率 = \frac{失業量}{勞動力} \times 100\%$$

$$= 100\% - \frac{就業量}{勞動力} \times 100\%$$

　　失業率是一個重要的經濟指標，一方面表示勞動資源是否充分利用，另一方面表示社會問題嚴重的程度。失業率如果過高，通常超過 10% 時即認為是相當的嚴重，一方面表示勞動資源未能充分利用，

另一方面表示社會問題相當嚴重。一個社會中如果有10%的勞動力失業，將導致10%的人衣食無著，如果社會沒有完善的失業救濟制度，則問題的確是相當的嚴重。

3. 失業率與總產出之間的關係　其情形如下：

(1)生產單位對勞動的需求是一種引伸需求。經濟繁榮時期，對商品的需求增加，導致總產出增加，雇用較多勞動的結果使失業率降低；反之，將使失業率增高。由此可知，失業率的高低是經濟衰退與繁榮的結果，而非其原因。正因為如此，所以失業率的高低可作為經濟衰退與繁榮的一種指標。

(2)生產單位在短期內常不願任意增減員工的僱用數量，因招雇新員工並加訓練，不但費時，而且費事，因此乃以加班或縮減工作時數的方式，以儘量維持現有的員工。除非產量持續的增加或減少，才會考慮增雇或解雇員工。因此之故，在短期內失業率與總產出之間的關係並非百分之百的成反比，而稍有出入。其原因為失業率是根據人數計算的，而總產出則與工作時數有關。

4. 人力資源的流動　經濟社會不斷的在變動，人力資源亦不能例外，產生流動的現象，其情形如下：

圖21-2　人力資源流動的路徑

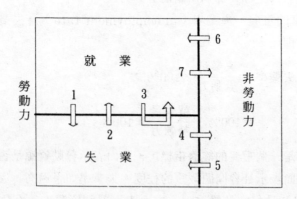

茲說明如下：

路徑1：失去工作，由就業變成失業。

路徑2：找到工作，由失業變為就業。

路徑3：更換工作，由此業轉入他業。

路徑4：長期找不到工作，成為失望的勞動者而不想就業。

路徑5：失望的勞動者又開始想找工作，退伍軍人及獲釋監管人口開始想找工作。

路徑6：剛畢業的學生馬上找到工作，失望的勞動者開始振作馬上找到工作，從事家務的婦女走出廚房馬上找到工作，退伍軍人及獲釋監管人口馬上找到工作。

路徑7：年老退休，女性工作者結婚後專心家務，傷殘不能工作，入營服役，犯罪坐牢。

失望的勞動者（discouraged worker）是指那些長期找不到工作，因感失望懶得再找工作，而退出勞動市場的人。

在上列各個流動路徑中，以就業與失業之間的流動為最重要，其他均居於次要地位。茲再對失業作進一步的說明如下。

5. 失業的分類　失業按其性質可分為三類，即摩擦性失業、結構性失業與循環性失業，茲分述如下：

(1)摩擦性失業──所謂摩擦性失業（frictional unemployment），是指初次尋職不獲，或更換工作時的暫短失業現象。

(2)結構性失業──所謂結構性失業（structural unemployment），是指因轉業有困難而使勞動市場供需失調所產生的失業現象。轉業困難包括技術性困難及地域性困難兩種。技術性的困難是指不同行職業人員所需的技術不同，如無適當訓練即很難轉業。地域性的困難是指由某地區轉往另一地區就業，人地生疏，當然有困難。

(3)循環性失業──所謂循環性失業（cyclical unemployment），是指因景氣波動導致商品供需失調所引發的失業現象。

三種類型的失業中，摩擦性失業與結構性失業均在所難免，慢慢

的會克服，問題較不嚴重。比較嚴重的是循環性失業，大起大落，對社會有很大的影響。

6. 失業的對策　失業的對策因失業的類型而有所不同，茲分別說明如下：

(1)摩擦性失業——摩擦性失業主要起因於就業的輔導不足，因此其對策是設立就業輔導機構，提供求才求職的資訊，使求才者易於獲得所需的人才，求職者易於獲得所需職業，如此即可減少摩擦性失業的人數及時間。

(2)結構性失業——結構性失業主要起因於技術訓練不足或人地生疏，因此其對策是提供職業訓練的機會，以消除因技術所引起的就業障礙；以及均衡地區發展，以消減區域性的勞動供需失調。

(3)循環性失業——循環性失業主要起因於整個經濟的景氣波動，茲事體大，因此其對策必須動用總體經濟政策才能為功。屬於這方面的總體經濟政策主要有兩種，即財政政策與貨幣政策，其目的在緩和景氣波動，從而減少循環性的失業，其詳細情形將在下一章中說明之。

7. 自然失業率的意義　當勞動市場處於充分就業狀態時，仍然會有人由就業變為失業（路徑1），有人由失業變為就業（路徑2），有人離開勞動市場（路徑4,7），有人進入勞動市場（路徑5,6）。這種勞動人口移動在充分就業狀態下是一種正常現象，由此所引起的失業率稱為自然失業率（natural rate of unemployment）。事實上自然失業就是摩擦性失業，只不過自然失業是專指充分就業狀態下的摩擦性失業，而非任何狀態下的摩擦性失業。

自然失業率雖然是充分就業狀態下的摩擦性失業率，但其大小仍無一定，受很多因素的影響。如政府普設就業輔導機構，則自然失業率即可望降低；如政府有失業救濟制度，失業者不急於尋找工作，則自然失業率即可望升高。在充分就業狀態下，雖然號稱勞動力已經充分就業，但若自然失業率甚高，則總產出即會降低。由此可知，人力

資源的流動在正常情況下是一個很好的現象，促進適才適用，提高生產效率；在不正常情況下，會造成人力的浪費，降低總產出。這是除去一般失業率以外，尚須計算自然失業率的原因。同時由此可知，自然失業率主要是用來反映經濟制度的，而非用來反映經濟情勢的。

五、菲力普曲線

1. 菲力普曲線的由來 英國經濟學家菲力普（A. W. Phillips, 1914-1975）根據實際資料進行分析，發現貨幣工資上漲率與失業率之間有抵換的關係。意即貨幣工資上漲率上升時，失業率下降；反之，貨幣工資上漲率下降時，失業率上升。現在設法以物價膨脹率來取代貨幣工資上漲率，如此上列抵換關係即化為物價膨脹率與失業率之間的抵換關係。其變換過程如下：

在誘導勞動需求線時，用到一個均衡條件，即

$$勞動邊際產量＝實質工資率$$

但

$$實質工資率＝\frac{貨幣工資率}{物價指數}×100$$

代入上式得：

$$勞動邊際產量＝\frac{貨幣工資率}{物價指數}×100$$

即

$$物價指數＝\frac{貨幣工資率}{勞動邊際產量}×100$$

即

$$P＝\frac{W}{MP_L}×100$$

由此得：

$$\frac{\triangle P}{P}≒\frac{\triangle W}{W}-\frac{\triangle MP_L}{MP_L}$$

意即物價膨脹率幾等於貨幣工資上漲率與勞動邊際產量增加率之

差。

$\triangle MP_L / MP_L$ 一般説來變化甚微，可視為一個常數，如此 $\triangle P / P$ 即相似於 $\triangle W / W$，即

$$\frac{\triangle P}{P} \propto \frac{\triangle W}{W}$$

如此即可以 $\triangle P / P$ 取代 $\triangle W / W$，亦即可以物價膨脹率取代貨幣工資上漲率，其結果上列抵換關係即化為物價膨脹率與失業率之間的抵換關係。將其繪成曲線，其結果稱為菲力普曲線，其形如下：

圖 21-3　菲力普曲線

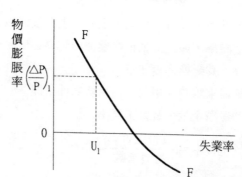

2. 菲力普曲線的意義　由上述可知，所謂菲力普曲線（Phillips' curve），即是物價膨脹率與失業率之間互相抵換的曲線。失業率下降時，物價膨脹率即上升；反之，物價膨脹率下降時，失業率即上升。意即顧得一頭，必定會失去另一頭，魚與熊掌不可得兼。

菲力普曲線不但是統計歸納的結果，同時也是凱因斯理論的一項重要結論。凱因斯假定貨幣工資率具有向下調整的僵固性，因此所導出的總合供給線具有正斜率。當總合需求增加時，總產出增加，失業率降低，但物價會上升；反之，當總合需求減少時，物價下降，但總產出會減少，失業率會增加；故知菲力普曲線的性狀與凱因斯的理論是完全吻合的。

3. 菲力普曲線與總體經濟政策　1960 年代是凱因斯理論的鼎盛時期，許多國家的經濟政策都是建立在菲力普曲線的概念上，其情形如下：

(1)如欲降低失業率，必須採取擴張性的財政政策及貨幣政策，其後果是以提高物價膨脹率為其代價。

(2)如欲降低物價膨脹率，必須採取緊縮性的財政政策及貨幣政策，其後果是以提高失業率為其代價。

4. 停滯性膨脹　1970 年代美國發生物價膨脹率與失業率同時上升的現象，此稱之為停滯性膨脹，前在第十四章中即已提及。停滯性膨脹不符合菲力普曲線所揭示的法則，其發生原因截至目前為止計有兩個，茲分述如下：

(1)民間部門的預期心理作用──在經濟社會有一段長時期的物價膨脹以後，人們會預期物價將繼續上漲，因此在調整工資及商品價格的時候會將此一預期因素考慮進去，其結果此時雖有緊縮性的財政政策及貨幣政策，但一時尚不能使物價膨脹率下降，然而失業率卻因緊縮性政策的影響而上升，如此即產生停滯性膨脹的現象。當然這是短期的現象，長期會因預期心理的消失而又回復到菲力普曲線所揭示的情況。由此可知，預期心理會使物價膨脹率的變化產生時間落後的現象，而使高物價膨脹率與高失業率並存，產生所謂的停滯性膨脹。

(2)供給面的震撼（supply shock）──最明顯的例子是 1970 年代的石油危機，石油價格突然大幅上漲，不但使成本提高產生物價膨脹，同時生產萎縮使失業率增加，其結果使全世界的經濟陷入停滯性膨脹的深淵，情形非常嚴重，「震撼」二字即由此而來。

上述兩種原因中，供給面的震撼不常發生，比較常見的是民間部門預期心理所產生的停滯性膨脹，因此之故，乃有所謂「理性預期學派」的興起，其理論將在第二十四章中加以介紹。

5. 痛苦指數的意義　所謂痛苦指數（painfulness index），即是利率、物價膨脹率及失業率三者之和所形成的指數。利率過高，投資

困難，阻礙產業發展；物價膨脹率過高，影響一般消費大眾的生活水準；失業率過高，社會產生不安。為衡量這三種比率對整個經濟社會的綜合衝擊，乃將其加以彙總作成一個綜合性的指數，由於其數值愈高，則社會愈痛苦，故稱其為痛苦指數。前述經濟社會中有兩大重要問題，即物價膨脹與失業，物價膨脹率代表物價膨脹的嚴重程度，失業率代表失業的嚴重程度，與物價膨脹及失業均有關聯的即是利率，因此利率可以代表這兩個問題交互影響的嚴重程度。將這三個比率合在一起形成所謂的痛苦指數，可以對當前總體經濟問題的嚴重程度作一個綜合性的表露。

摘　要

物價膨脹與失業

物　價　膨　脹		
意　　義		一般物價不斷地、持續地上漲，稱為物價膨脹或通貨膨脹。
指　　標		(1)躉售物價指數——測量一般物價水準的變化。
		(2)消費者物價指數——測量生活費用的變化。
起 因		(1)需求拉動的物價膨脹——總合供給不變，總合需求持續增加，會導致物價膨脹，特別已達於充分就業水準以後。
		(2)成本推動的物價膨脹——成本不斷提高，總合供給線持續上移，導致物價膨脹。
物價膨脹的不利影響	影響因素	(1)物價膨脹是否在預期之內。
		(2)事後經濟體系是否作充分調整。
	調整成本	(1)菜單成本——改訂物品及勞務價格的成本。
		(2)皮鞋成本——身邊少存現金，往返銀行次數增多的成本。
	不利影響	(1)物價膨脹在預期內經濟體系作充分調整的情況——除須負擔少數調整成本外，並無其他顯著的不利。
		(2)物價膨脹在預期內但經濟體系未作充分調整的情況——發生財富重分配。就借貸關係而言，對債務人有利，對債權人不利。就所得稅制而言，對政府有利，對納稅人不利。
		(3)不在預期內的通貨膨脹——不但發生財富重分配，同時錯誤的決策降低經濟效率。
勞　動　市　場		

勞動力與非勞動力	15歲以上的人口分為三類： (1)勞動力——有能力參與生產活動，現在有工作或正積極尋找工作的人口。 (2)非勞動力——無能力參與生產活動，或有能力但不能或不想工作而未找工作的人口。 (3)現役軍人與監管人口。
勞動參與率	勞動參與率 $=\dfrac{\text{勞動力}}{\text{勞動力}+\text{非勞動力}}\times 100\%$
婦女勞動參與率的影響	(1)出外工作的邊際產量高於料理家務的邊際產量，始願出外工作。 (2)婦女從事家務也是整個國家生產活動的一部分，故婦女對總產出的貢獻，為出外工作的邊際產量與料理家務邊際產量之差。
失　業	
失業的意義	(1)失業——是指15足歲以上的人，現在沒有工作，可以馬上工作，而且正在找工作的狀態。 (2)就業——是指15足歲以上的人，現在有工作，包括有酬工作或一週內從事15小時以上無酬家屬工作（不包括料理家務）。 (3)勞動力＝就業人口＋失業人口
失業率	失業率 $=\dfrac{\text{失業量}}{\text{勞動力}}\times 100\%=100\%-\dfrac{\text{就業量}}{\text{勞動力}}\times 100\%$
失業率與總產出	(1)企業對勞動的需求是一種引伸需求，受經濟繁榮與否的影響。 (2)為配合產量增減時時增雇與減雇員工費時費力，因此短期內企業常維持固定員工人數，而以加班及減班的方式以配合產量的變化。因此短期內失業率乃與總產出無絕對的變化關係。至於長期，若生產持續的增加或持續的減少，則將調整員工人數，而對失業率有較顯著的影響。
人力資源的流動	(1)就業變成失業，(2)失業變成就業，(3)轉業，(4)失業轉為非勞動力，(5)非勞動力轉為失業，(6)非勞動力轉為就業，(7)就業轉為非勞動力。 失望的勞動者——是指在勞動市場找不到適當工作，因感失望不再尋找工作，而退出勞動市場的人。
失業的分類	(1)摩擦性失業——初次尋職不獲或更換工作之際的暫短失業現象。 (2)結構性失業——是指轉業上有困難的失業現象。轉業困難主要有兩種，行職業不同所須知識與技術不同；地區間流動困難。 (3)循環性失業——是指伴隨景氣波動所產生的失業現象。 　三類失業中，以循環性失業為最重要。
	(1)摩擦性失業——普設就業輔導機構，靈通就業資訊。

失業對策		(2)結構性失業──提供職業訓練機會，平衡地區發展。 (3)循環性失業──政府採用適當的財政政策及貨幣政策，以緩和景氣波動。
自然失業	意義	勞動市場處於充分就業時乃有失業的現象，此種失業稱為自然失業。自然失業也是一種摩擦性的失業，所不同的是自然失業是充分就業狀態下的摩擦性失業。
	自然失業率	自然失業率＝$\dfrac{\text{自然失業量}}{\text{勞動力}} \times 100\%$ (1)政府普設就業輔導機構，可使自然失業率降低。 (2)失業救濟制度使自然失業率增高，因不急於找工作也。

	菲 力 普 曲 線	
由 來		英儒菲力普根據實際資料，發現貨幣工資上漲率與失業率間有抵換關係。
作成		令 MP_L＝勞動邊際產量，W＝貨幣工資率，P＝物價指數 已知導出勞動需求時所用的均衡條件為： 　　勞動邊際產量＝實質工資率 即　　　$MP_L = W/P$ 移項得：　　$P = W/MP_L$；取對數得 $\ln P = \ln W - \ln MP_L$ 差分得：　　$\triangle P/P \doteqdot \triangle W/W - \triangle MP_L/MP_L$ 因 $\triangle MP_L/MP_L$ 較為固定，$\triangle P/P \propto \triangle W/W$，故可以 $\triangle P/P$ 取代 $\triangle W/W$，而作成菲力普曲線。
意 義		物價膨脹率與失業率間有抵換關係的曲線，是為菲力普曲線。
理論基礎		菲力普曲線所顯示的理念，與凱因斯理論所獲結論完全一致。
政策涵義		(1)欲降低物價膨脹率，採行緊縮性財政或貨幣政策，以失業率的提高為代價。 (2)欲降低失業率，採行擴張性財政或貨幣政策，以物價膨脹率的提高為代價。
停滯性膨脹	意義	物價膨脹率及失業率同時提高。凱因斯理論面臨挑戰。
	成因	(1)民間部門預期心理的作用──經過一段物價膨脹以後，人們預期未來物價上漲，此時採行緊縮性的政策，一時不能使物價膨脹率下降，但失業率卻因而提高，形成停滯性膨脹。假以時日，預期心理消除，情況會改變。 (2)供給面的震撼──例如石油危機，不但因成本提高而使物價上漲，同時因產出減少而使失業增加。
	影響	供給面的震撼不常發生，預期心理的作用則經常存在。為修正總體經濟理論，使其更能解釋實際現象，乃有理性預期學派的產生。

物價膨脹與失業

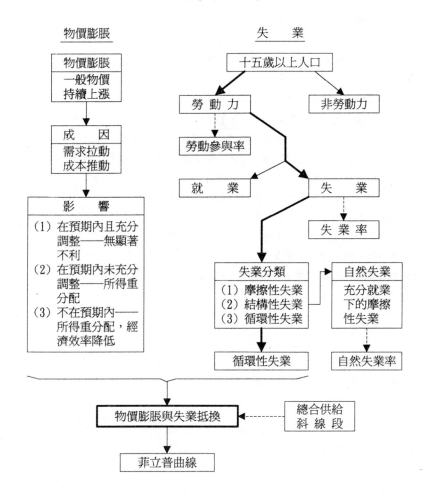

問 題

1. 何謂物價膨脹？其成因為何？

2. 何謂菜單成本？何謂皮鞋成本？

3. 物價膨脹對經濟社會會產生那些不利影響？

4. 何謂勞動力？何謂非勞動力？

5. 何謂勞動參與率？在經濟上有何特殊意義？

6. 何謂失業？失業對整個社會有何影響？

7. 何謂失業率？失業率的大小與總產出的多寡有何關係？

8. 人力資源的流動有那幾種情況？那些情況比較嚴重？何故？

9. 失業可分為那些類？各有何特殊意義？

10. 解決失業的對策有那幾種？其適用情況如何？

11. 何謂自然失業？那些因素影響自然失業率的大小？

12. 何謂菲力普曲線？由何而來？其理論基礎如何？

13. 菲力普曲線有何政策涵義？

14. 何謂停滯性膨脹？其成因為何？對總體經濟理論有何衝擊？

第二十二章　財政政策與貨幣政策

　　總合供需模型決定物價水準與所得水準，所得水準的高低又與就業量有關，因此欲影響物價水準與就業量，必須影響總合需求與總合供給。總合需求與產品市場及貨幣市場有關，總合供給與勞動市場有關。政府支出的多寡影響商品市場，直接影響總合需求。中央銀行對貨幣數量的控制影響貨幣市場，間接影響總合需求。至於勞動市場，政府無直接影響力量，因而不能對總合供給有所影響。由此可知，在總體經濟中，政府可以影響的層面主要是需求面，不是供給面，因此政府的經濟政策多從需求面著手，以解決物價膨脹與失業問題。對付物價膨脹與失業的經濟政策主要有兩種，即財政政策與貨幣政策。財政政策（fiscal policy）為政府調整財政收支以影響經濟活動的方法，貨幣政策（monetary policy）為中央銀行控制貨幣數量以影響經濟活動的方法，茲分別說明如下。

一、政府支出與財政政策

　　1. 政府實施財政政策的張本　上述欲解決物價膨脹與失業問題，必須從改變總合需求與總合供給著手，而政府所能為力的是影響總合需求。政府影響總合需求的張本是調整財政收支。在收入與支出兩方面，景氣衰退或過熱的時候，調整收入的可能性不大，因此其對抗物價膨脹與失業的效果有限；調整支出的可能性較大，因此其對抗物價膨脹與失業的效果較宏；因此之故，政府的財政政策多以調整支出為其張本。

　　2. 政府支出的地位與限制　茲說明如下：

(1)財政收支——政府的收入主要是租税，其次是公營企業的盈餘，再其次是移轉性收入。政府的支出主要是政府的消費，其次是政府的投資，再其次是移轉性支付與公債利息。在三類支出中，政府消費的變化不大，比較有彈性的是政府投資與移轉性支付，在景氣衰退或過熱的時候，可以大幅調整政府投資及移轉性支付，以解決物價膨脹與失業問題。政府實施財政政策雖以調整支出為主要手段，但收入也非常重要，發行公債只是暫時解決問題，長期還是要靠收入來應付支出。

(2)政府支出的地位——政府支出占國民生產毛額的比例，各國不同，通常在15～40% 之間。就是15% 也是一個相當大的比例，因此政府支出的多寡對總合需求以至整個經濟乃有巨大的影響，這是政府能以調整支出實施財政政策的原因。

(3)政府預算——有三種情況，即第一、預算平衡（ balanced budget ），即政府收入總額恰好等於支出總額的情況；第二、預算盈餘（ budget surplus ），即政府收入總額大於支出總額的情況；第三、預算赤字（ budget deficit ），即政府收入總額小於支出總額的情況。到底那一種情況比較好，這很難說，主要是看政府有什麼事情要做，如果一定要做，則雖有預算赤字也要設法籌措經費去做，因為不做則問題更嚴重也。預算赤字短期以發行公債的方式以資挹注，長期則必須以賦税收入來抵充。

3. 財政政策的方向　主要有兩個，兹分述如下：

(1)擴張性財政政策——所謂擴張性財政政策（ expansionary fiscal policy ），是指當國民所得水準低於充分就業時的水準時，政府增加支出，進而增加總合需求以擴張總產出的政策。

(2)緊縮性財政政策——所謂緊縮性財政政策（ deflationary fiscal policy ），是指當景氣過熱的時候，政府減少支出，進而減少總合需求以防止物價膨脹的政策。

由此可知，財政政策不是單方面的，而是兩方面的，景氣衰退的時候，政府增加支出，注入活力以使其復甦；過熱的時候，減少支

出，抑制活力以使其冷卻。

二、簡單凱因斯模型下政府支出的政策效果

1. 政府支出乘數　當政府支出增加（或減少）一塊錢的時候，總產出平均會有幾塊錢的增加（或減少），此一倍數即為所謂的政府支出乘數。計算此乘數的目的在顯示政府支出對總產出影響的程度，乘數愈大，則影響的程度亦愈大，表示政府支出是一種有效的政策工具；反之則否。

2. 簡單凱因斯模型下的政府支出乘數　已知簡單凱因斯模型為：

$$Y = C + I + G \quad \text{·······································} ①$$

$$Y = C + S + T \quad \text{·······································} ②$$

$$C = a + c(Y - T) \quad \text{·······································} ③$$

$$I = \bar{I} \quad \text{·······································} ④$$

$$G = \bar{G} \quad \text{·······································} ⑤$$

$$T = \bar{T} \quad \text{·······································} ⑥$$

式中 Y 代表國民所得，C 代表民間消費，I 代表投資淨額，G 代表政府支出，S 代表儲蓄，T 代表稅收淨額，$\bar{I}$ 代表投資淨額外生決定的數額，$\bar{G}$ 代表政府支出外生決定的數額，$\bar{T}$ 代表稅收淨額外生決定的數額。

代③式入①式得該模型均衡條件一般式的另一形式，即

$$Y = a + c(Y - T) + I + G \quad \text{·······························} ⑦$$

解 Y 得均衡所得的一般式，即

$$Y = \frac{a + I + G - cT}{1 - c} \quad \text{·······························} ⑧$$

$$\triangle Y = \frac{\triangle G}{1 - c}$$

$$\therefore \quad \frac{\triangle Y}{\triangle G} = \frac{1}{1 - c} \quad \text{·······························} ⑨$$

此即為上述簡單凱因斯模型下政府支出的乘數。式中 c 為民間消費的邊際消費傾向，c 愈大，則政府支出的乘數愈大，亦即政府支出的政策效果愈大。

3. 政府支出乘數的應用 設 Y 為現有所得水準，Y_f 為充分就業時的所得水準，$1／（1-c）$ 為政府支出乘數。

(1)若 $Y < Y_f$，則此時有緊縮缺口（Y_f-Y），政府支出應增加（$1-c$）（Y_f-Y），才能使緊縮缺口消除而達於充分就業。增加政府支出的政策效果為：

$$（1-c）（Y_f-Y）\cdot \frac{1}{1-c} = Y_f-Y$$

正好填滿緊縮缺口，而達於充分就業。

(2)若 $Y > Y_f$（Y 不可能大於 Y_f，此 Y 是 AD 與 AS 水平段延長線交點所決定的假想所得水準），則此時有膨脹缺口（$Y-Y_f$），政府支出應減少（$1-c$）（$Y-Y_f$），才能使膨脹缺口消除，如此經濟體系不但能維持充分就業，同時物價膨脹的壓力也會消除。減少政府支出的政策效果為：

$$（1-c）（Y-Y_f）\cdot \frac{1}{1-c} = Y-Y_f$$

正好使膨脹缺口消除，如此不但充分就業得以維持，同時物價膨脹也不會發生。

4. 簡單凱因斯模型下的稅收淨額乘數 由⑦式得：

$$\triangle Y = \frac{-c\triangle T}{1-c}$$

$$\therefore \quad \frac{\triangle Y}{\triangle T} = \frac{-c}{1-c} \quad\cdots\cdots\cdots\cdots\cdots\cdots\cdots\cdots\cdots\cdots\cdots\cdots\cdots\cdots \text{⑩}$$

此即為上述簡單凱因斯模型下政府稅收淨額的乘數。此乘數為一個負數，意即政府增加稅收淨額，將使所得減少。式中 c 為民間消費的邊際消費傾向，c 愈大，則政府稅收淨額乘數的絕對值愈大，亦即

政府調整稅收的政策效果愈大。

5. 簡單凱因斯模型下的平衡預算乘數　平衡預算下政府支出永遠等於政府收入，如此不但 $G=T$，同時 $\triangle G=\triangle T$。

由第⑦式得：

$$\triangle Y=\frac{\triangle G-c\triangle T}{1-c}$$

即　　$$\triangle Y=\frac{1}{1-c}\triangle G+\frac{-c}{1-c}\triangle T\cdots\cdots\cdots\cdots\cdots⑪$$

上式等號右方第一項為由 $\triangle G$ 所引起的所得增加額，第二項為由 $\triangle T$ 所引起的所得減少額。

在平衡預算下，$\triangle G=\triangle T$，代入上式得：

$$\triangle Y=\frac{1}{1-c}\triangle G+\frac{-c}{1-c}\triangle G=\triangle G$$

$$\therefore\quad\frac{\triangle Y}{\triangle G}=1\cdots\cdots\cdots\cdots\cdots\cdots⑫$$

可知在平衡預算下，政府支出的乘數為 1，意即政府支出增加（或減少）一塊錢，所得即增加（或減少）一塊錢，政策效果有限。其原因為政府支出的乘數效果被政府收入的乘數效果所抵銷，因此時為平衡預算也。由此可知，欲擴大財政政策的效果，景氣衰退的時候宜採用赤字預算，景氣過熱的時候宜採用盈餘預算，如此才能擴大政策效果而解決問題也。

三、總合供需模型與財政政策的效果

以上所討論者為在簡單凱因斯模型下政府支出亦即財政政策的效果，然而由於該模型只涉及商品市場，未涉及貨幣市場，因此該模型是不周延的，所獲結論只能顯示政府支出的片面效果，不能顯示其整體效果。為彌補此缺陷，本大節乃進一步根據總合供需模型來探討財

政政策的效果，該模型同時涉及商品、貨幣及勞動三個市場。茲說明如下：

1. 根據總合供需模型說明財政政策的效果　其過程如下：

(1)當政府支出由 G_0 增加為 G_1 時，總支出由〔$C+I(i_0)+G_0$〕增加為〔$C+I(i_0)+G_1$〕，總產出乃由 Y_0 增加為 Y_1，其情形見下列圖(1)。

(2)當總產出由 Y_0 增加為 Y_1 時，貨幣需求由 $m(Y_0, i)$ 增加為 $m(Y_1, i)$，結果使利率水準由 i_0 上升為 i_1，其情形見下列圖(2)。

圖 22-1　總合供需模型下調整政府支出的效果

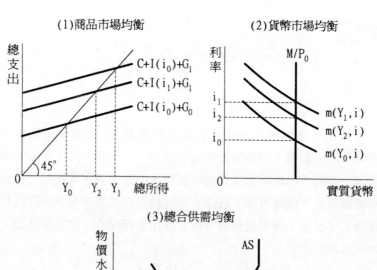

(1)商品市場均衡

(2)貨幣市場均衡

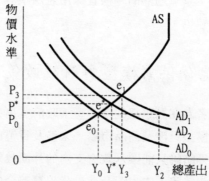

(3)總合供需均衡

(3)由於利率提高，致使投資額下降，總支出下降，總產出下降。而總產出的下降又使貨幣需求減少，利率降低，投資額增加，總支出增加，總產出增加。經往復調整，最後商品市場及貨幣市場同時達於均衡。此時總產出由 Y_1 降為 Y_2，貨幣需求由 $m(Y_1,i)$ 降為 $m(Y_2,i)$，利率水準由 i_1 降為 i_2。其情形見上列圖(1)及圖(2)。

(4)上列圖(3)中，AS 為總合供給線，代表勞動市場（因 AS 由勞動供需及總生產函數誘導而出）；AD 為總合需求線，代表商品及貨幣兩市場（因 AD 由該兩市場當物價變化時誘導而出）。AD_0 為原來的總合需求線，與 AS 的交點亦即均衡點為 e_0，所決定的物價水準為 P_0，總產出為 Y_0。

(5)當產品市場及貨幣市場同時達於均衡時，總產出降為 Y_2。在物價水準 P_0 下，總產出為 Y_2 而非 Y_0，此表示總合需求線由 AD_0 右移至 AD_1，其情形見上列圖(3)。

(6)總合供給線 AS 與總合需求線 AD_1 的均衡點為 e_1，決定均衡物價水準為 P_3 及均衡總產出為 Y_3。

(7)均衡總產出 Y_3 再從頭來起順次通過上列所有的過程，經過不斷的調整回饋，最後商品、貨幣及勞動三個市場同時達於均衡，此時總合需求線由 AD_1 降為 AD_2，其與總合供給線 AS 的均衡點為 e^*，由此決定全面均衡物價水準為 P^*，全面均衡總產出為 Y^*，其情形見上列圖(3)。

2. 財政政策的排擠效果　　由上列推演過程可看出，當政府支出由 C_0 增加為 G_1 時，如果利率及物價水準均不受影響，則總所得亦即總產出根據政府支出乘數應由 Y_0 增加為 Y_1。然而當總產出由 Y_0 增加為 Y_1 時，對貨幣的需求增加，導致利率提高，固定投資減少，總支出減少，最後使總產出由 Y_1 略降為 Y_2，此為第一種排擠效果（crowding－out effect），係由所得增加使利率提高所致。

在原有物價水準 P_0 下，總所得由 Y_0 增加為 Y_2，意指總合需求由 AD_0 右移至 AD_1，其結果使物價水準由 P_0 上升至 P_3，轉而使總產出

由 Y_2 降為 Y_3，而達於均衡，此為第二種排擠效果，係由所得增加引起物價水準上升所致（其整個過程為：物價水準提高，實質貨幣供給減少，利率提高，固定投資減少，總支出減少，最後使總所得亦即總產出減少）。

綜合以上所述，可知當政府支出增加時，總所得亦即總產出並未完全按政府支出乘數的倍數增加，是因為有兩種排擠效果之故，其一為利率提高所引起的排擠效果，另一為物價水準提高所引起的排擠效果。

3. 財政政策效果的圖解說明　根據以上所述作成財政政策效果的流程圖如下頁。

由下圖可看出，改變政府支出是政策的手段。政府支出改變影響商品市場的需求，從而使所得改變，這是財政政策的初步效果，亦即政府支出的乘數效果，其大小決定於政府支出的多寡及乘數的大小。所得改變以後又影響貨幣需求，從而影響利率以至投資。投資改變以後回過頭來又影響商品需求，從而影響所得水準。如此反覆進行，直至商品市場與貨幣市場同時達於均衡為止，此時價格水準不變（因此時假定充分就業不是常態，同時為凸顯凱因斯理論的精髓，總合供給為一條水平線），但所得水準改變。由於利率變化使投資變化，因而產生排擠效果，致使兩市場同時達於均衡的所得水準不同於單獨由商品市場決定的所得水準（即實施政策前的所得水準加上政策初步效果的代數和）。

上一過程所得到的結果是價格水準不變，但所得改變，意指總合需求發生改變，改變後的總合需求線與總合供給的斜線段（在價格及工資僵固性假定不完全成立的情況下，不充分就業時總合供給線具有正斜率，此為未來因價格變化而發生另一次排擠效果的原因）相交決定所得水準與物價水準。此所得水準與商品及貨幣兩市場同時達於均衡時的所得水準不同，是因為商品與貨幣兩市場雖已同時達於均衡，但與勞動市場（總合供給線由勞動供需通過總生產函數導出）三者合

圖22－2　財政政策效果的流程圖

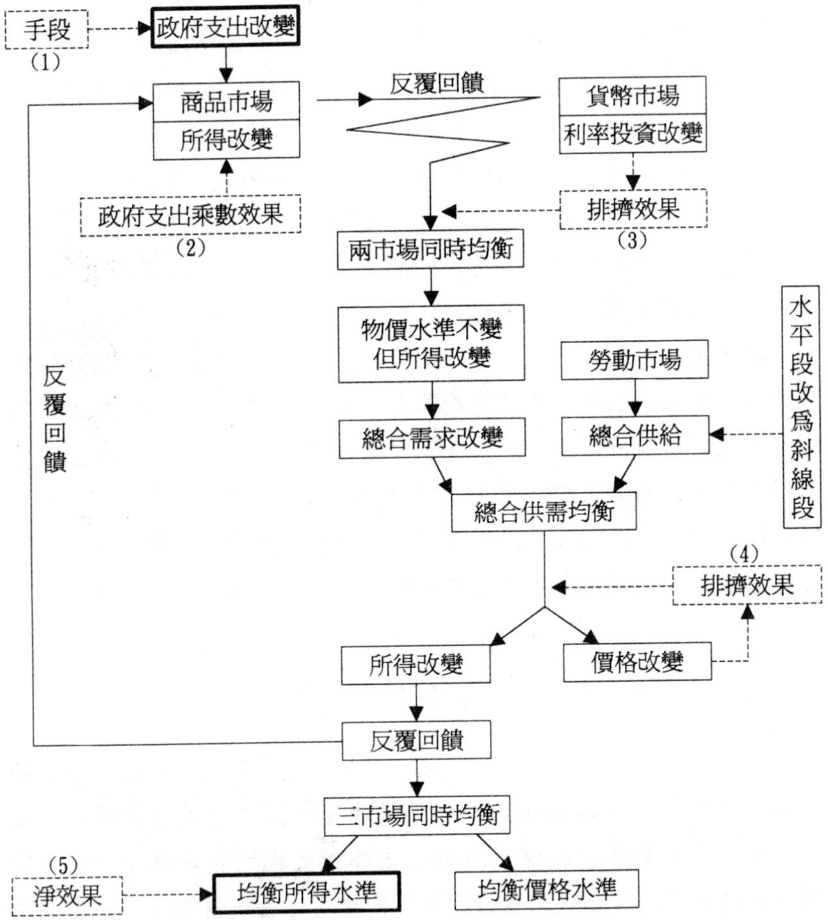

```
┌ ─ ─ ─ ┐          ┌────────────┐
┆ 手段  ┆─ ─ ─ ─→ ┃ 政府支出改變 ┃
└ ─ ─ ─ ┘          ┗────────────┛
  (1)                   │
                        ↓
        ┌──────────┐  反覆回饋   ┌──────────┐
        │ 商品市場  │──────────→│ 貨幣市場  │
        │ 所得改變  │           │利率投資改變│
        └──────────┘           └──────────┘
                                     │
  ┌ ─ ─ ─ ─ ─ ─ ─ ┐            ┌ ─ ─ ─ ┐
  ┆ 政府支出乘數效果 ┆←─ ─ ─ ─ ─┆ 排擠效果 ┆
  └ ─ ─ ─ ─ ─ ─ ─ ┘            └ ─ ─ ─ ┘
        (2)                       (3)

              ┌────────────┐
              │ 兩市場同時均衡 │
              └────────────┘
                    │
              ┌────────────┐
              │ 物價水準不變  │     ┌──────────┐
              │ 但所得改變   │     │ 勞動市場  │
              └────────────┘     └──────────┘
                    │                 │
              ┌────────────┐     ┌──────────┐
              │ 總合需求改變  │     │ 總合供給  │
              └────────────┘     └──────────┘
                        │         │
                   ┌────────────┐
                   │ 總合供需均衡 │
                   └────────────┘
                                         (4)
                                    ┌ ─ ─ ─ ┐
                                    ┆ 排擠效果 ┆
                                    └ ─ ─ ─ ┘
           ┌──────────┐      ┌──────────┐
           │ 所得改變  │      │ 價格改變  │
           └──────────┘      └──────────┘
                    │
              ┌────────────┐
              │ 反覆回饋    │
              └────────────┘
                    │
              ┌────────────┐
              │ 三市場同時均衡 │
              └────────────┘
                 │        │
      ┌────────────┐   ┌────────────┐
┆淨效果┆→│ 均衡所得水準 │   │ 均衡價格水準 │
      └────────────┘   └────────────┘
 (5)
```

水平段改為斜線段

反覆回饋

在一起尚未同時達於均衡。為使三個市場同時達於均衡，則由總合供需初次決定的所得水準，必須再從頭來起順次通過上述所有的過程，最後再由總合供需決定第二次所得水準。如此反覆進行，直至商品、貨幣及勞動三個市場同時達於均衡為止，由此所決定的所得水準即為

全面均衡下的所得水準。全面均衡所得水準與實施政策前所得水準之差即為政策的淨效果。政策淨效果為政策的乘數效果減去兩次排擠效果之差，第一次排擠效果是因為所得變化導致貨幣需求改變、利率改變以至投資改變所引起；第二次排擠效果是因為價格僵固性的假定不完全成立，不充分就業時總合供給線具有正斜率導致價格變化所引起。

綜合以上所述，可知財政政策的效果是由商品、貨幣及勞動三個市場共同決定的。其路線是首先商品市場單獨達於均衡，決定政策的初步效果亦即乘數效果；然後是商品與貨幣兩市場同時達於均衡，產生第一次排擠效果；最後是商品、貨幣與勞動三個市場同時達於均衡，產生第二次排擠效果；如此即獲得全面均衡狀態下的所得水準，其與實施政策前的所得水準之差即為政策的淨效果。欲使兩個及兩個以上市場同時達於均衡，必須經過反覆回饋的手續，由於新加進來市場的影響，排擠效果因而產生。經濟學中很多複雜的推理都是採用這種由簡而繁、分段加入分段處理的方式進行的，學者如能徹底瞭解上面所講的過程，則對複雜的經濟關係即能智珠在握，無啥難處。

四、政府收支變化對所得安定的影響

以上所述者為財政政策的效果，現在再進一步說明在景氣波動的過程中，政府應該如何主動地調整其收支，以使經濟能夠穩定並成長；或雖未主動加以調整，但其收支亦會被動地隨景氣的波動而變化，此種被動的收支變化是否對所得的安定亦有所幫助，是有加以探討的必要，茲說明如下：

1. 權衡性財政政策　所謂權衡性的財政政策（discretionary fiscal policy），是指政府配合經濟情勢的變化，對其收支作適當的調整，以維持經濟的穩定與成長的財政政策。是否能達成經濟穩定與成長的目標，主要是看政府收支的乘數效果及排擠效果的大小而定。由

此可知，權衡性的財政政策是政府主動地採取財政手段以促進經濟穩定與成長的政策，這是一種積極的做法，是任何負責任的政府所應該做的。

2. 政府收支的自動安定機能 以上是政府主動調整其收支以達於經濟穩定與成長的情形。現在再看當景氣波動而使政府收支「被動地」變化時，政府在制度上是否具有「自動剎車」的功能，而使經濟穩定與成長的目標不致偏離太遠，此即所謂的「政府收支的自動安定機能」（ built–in stabilizer ）。政府收支的自動安定機能主要有兩種，其一為隨所得變化而變化的稅收制度，另一為失業保險制度，茲分述如下：

3. 誘發性租稅 所謂誘發性的租稅制度（ induced taxation ），即是隨所得增減而作同方向增減的租稅制度，亦即稅收的多寡受所得多寡的影響，同時兩者間有正變的關係。設稅收函數為：

$$T = T_a + tY$$

式中 T 代表稅收，T_a 代表自發性稅收，Y 代表所得；tY 為誘發性稅收，隨所得的增減而增減。

可支配所得為：

$$Y_d = Y - T = Y - T_a - tY$$
$$= (1 - t) Y - T_a$$

因 t 的數值不同，其情形有兩種，茲分述如下：

(1)當 $t = 0$ 時，$Y_d = Y - T_a$，意即當稅收只有自發性稅收，沒有誘發性稅收時，可支配所得隨總產出的增加而作等幅度的增加，無剎車作用；反之亦然。

(2)當 $t > 0$ 時，$Y_d = (1 - t) Y - T_a$，因 $1 - t < 1$，故知含有誘發性稅收的情況下，當總產出增加時，可支配所得作較低幅度的增加，具有剎車作用；反之亦然。

如果誘發性稅收用的是累進稅制，例如累進所得稅制，則在景氣波動時，其所發揮的剎車作用更為顯著。

4. 失業保險制度 景氣衰退時，總產出減少，某些人會因而失業，如果社會上有良好的失業保險制度，失業的人可以領取失業保險金以應生活所需，如此整個社會的總支出並未減少太多，而使景氣衰退得以緩和。由此可知，失業保險制度亦具有剎車作用，降低經濟變動的幅度，特別是在景氣衰退的時候。

五、 總合供需模型與貨幣政策的效果

1. 貨幣政策的方向 與財政政策一樣，貨幣政策也有兩個方向，茲分述如下：

(1)擴張性貨幣政策——所謂擴張性貨幣政策（expansionary monetary policy），是指當景氣衰退的時候，中央銀行增加貨幣供給，降低市場利率，增加投資需求，以促進總合需求的增加而增加總產出的政策。

(2)緊縮性貨幣政策——所謂緊縮性貨幣政策（deflationary monetary policy），是指當景氣過熱的時候，中央銀行減少貨幣供給，提高利率，降低總合需求，以防止物價膨脹的政策。

由此可知，貨幣政策也不是單方面的，而是兩方面的，景氣衰退的時候，中央銀行增加貨幣供給，注入活力以使其復甦；過熱的時候，減少貨幣供給，抑制活力以使其冷卻。

2. 中央銀行實施貨幣政策的張本 與財政政策相反，中央銀行所能控制的是貨幣的供給，而非貨幣的需求，因此中央銀行的貨幣政策是以調整貨幣供給為手段，直接影響利率水準，間接影響總合需求，最後影響總產出及物價水準。

3. 根據總合供需模型説明貨幣政策的效果 其過程如下：

(1)名目貨幣供給由 M_0 增加為 M_1，假定物價水準 P_0 不變，則實質貨幣供給由 $M_0／P_0$ 增加為 $M_1／P_0$。設實質貨幣需求為 $m(Y_0, i)$，則利率水準由 i_0 降為 i_1，其情形見下列圖(1)。

圖22－3　總合供需模型下調整貨幣供給的效果

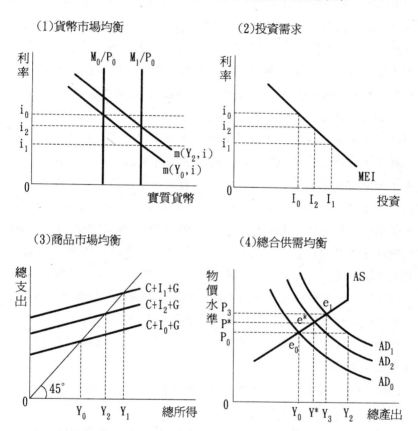

(1)貨幣市場均衡

(2)投資需求

(3)商品市場均衡

(4)總合供需均衡

　　(2)投資的邊際效率線 *MEI* 即為投資的需求線，當利率由 i_0 降為 i_1 時，投資量由 I_0 增加為 I_1，其情形見上列圖(2)。

　　(3)投資量由 I_0 增加為 I_1 時，總支出由（$C+I_0+G$）增加為（$C+I_1+G$），其結果總產出由 Y_0 增加為 Y_1，其情形見上列圖(3)。總產出由 Y_0 增加為 Y_1，此為貨幣政策的「初步效果」，其大小與實質貨幣增加額、貨幣需求函數的形式、投資需求函數的形式以及支出乘數的大小有關。

(4)總產出由 Y_0 增加為 Y_1 後，引起實質貨幣需求增加，利率由 i_1 回升一些，從而使投資量減少一些，總支出減少一些，最後使總產出減少一些，此減少的總產出即為「第一次排擠效果」，由利率回升而使投資量減少所致。經往復調整，最後貨幣及商品兩市場同時達於均衡，此時總產出為 Y_2，實質貨幣需求為 $m(Y_2, i)$，均衡利率為 i_2，投資量為 I_2，總支出為 $(C+I_2+G)$，最後決定總所得為 Y_2。

(5)再就總合供需模型來看（見上列圖(4)），總合供給線為 AS，原總合需求線為 AD_0。物價水準為 P_0，總產出為 Y_0。前此均假定 P_0 不變，總產出由 Y_0 增加為 Y_2，意指總合需求已由 AD_0 增加為 AD_1。AD_1 與 AS 相交於 e_1，由此決定均衡物價水準為 P_3，均衡總產出為 Y_3。Y_3 較 Y_2 為小，此為「第二次排擠效果」，由所得變化導致物價變化所引起。物價水準變化後又影響貨幣的需求與供給，決定不同的利率水準及投資量；然後再影響商品市場，在物價水準 P_1 不變的情況下決定不同的產出水準，從而決定不同的總合需求；最後新的總合需求與原總合供給又決定新的均衡物價水準與均衡總產出。如此周而復始，直至貨幣、商品及勞動（代表總合供給）三個市場同時達於均衡為止，此時全面均衡物價水準為 P^*，全面均衡總產出為 Y^*，其情形見上列圖(4)。

綜合以上所述，可知貨幣政策的影響路線與財政政策的影響路線可說完全相似，只有兩點稍有不同，其一為政策的手段不同，財政政策的手段為改變政府的支出，貨幣政策的手段為改變貨幣的供給。另一為調整回饋的路線稍有不同，財政政策是由商品市場影響貨幣市場，然後經往復調整而使兩市場同時達於均衡。而貨幣政策則是由貨幣市場影響商品市場，然後經往復調整而使兩市場同時達於均衡。其他如政策的初步效果及兩次排擠效果，兩種政策可說都是一樣的，無大差別。

4. 貨幣政策效果的圖解說明 根據以上所述作成貨幣政策效果的流程圖如下：

圖22－4　貨幣政策效果的流程圖

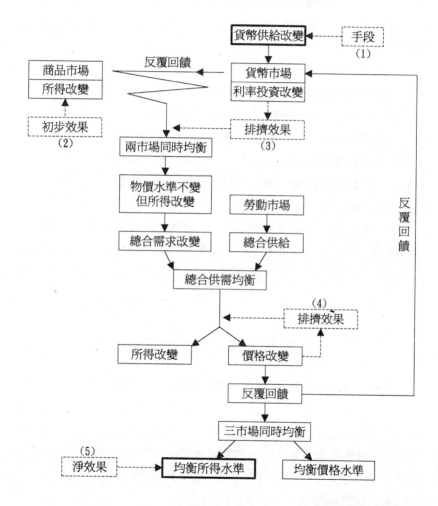

　　此圖形與財政政策的圖形（見圖22－2）甚為相似，學者可試自比較瞭解之，不再重複說明。

5. 貨幣中立性與貨幣政策的長期效果　其情形如下：

　　(1)貨幣中立性的意義——所謂貨幣中立性（neutrality of money），是指名目貨幣供給量的變化，只對經濟體系中的名目變數有所影響，而對實質變數則無影響。換言之，即名目貨幣供給量的變化，對經濟體系只有表面的影響，没有實質的影響，此種性質即稱之為貨幣的中立性。

(2)貨幣中立性的爭議——各家各派對貨幣中立性的看法不同，有者認為名目貨幣供給量的變化對經濟體系有實質的影響，亦即貨幣不具中立性；有者認為没有實質影響，亦即貨幣具有中立性。一般說來，就短期而言，當貨幣數量變化時，其他有關變數亦隨之變化，是否能引起實質產出的變化，迄今尚無定論。至於長期，若貨幣供給持續增加，則物價將持續上漲，但對實質產出無大影響，故貨幣中立性就長期而言基本上是成立的。

(3)總合供需模型與貨幣中立性——根據總合供需模型，貨幣供給量的增加，除使物價水準上漲外，復使實質總產出增加，故總合供需模型是不具貨幣中立性的。此一性質在短期內可能是正確的，長期則不一定。

六、財政政策與貨幣政策的比較

財政政策與貨幣政策雖能對物價膨脹及失業問題的解決有所幫助，但也不是毫無限制的。此外，由上面的分析可看出，雖然財政政策及貨幣政策在理論架構上是大體相似的，但在政策手段及影響路徑上則仍是有相當的差異。因此這兩種政策的效果乃有所不同，兹分析如下：

1. 財政政策的限制　主要有下列四類：

(1)認知與決策能力的限制——如果對問題的認識不清楚，同時對解決問題的方式決策不正確，就如同盲人騎瞎馬一樣，政策效果當然會受到很大的影響。

(2)本身效果的限制——最主要的是政策的乘數效果與排擠效果，

如果政策的乘數效果不大，而排擠效果又不小，就如同竹籃子打水一樣，政策的整體效果當然會受到很大的影響。

(3)政府財力的限制——如果政府沒有足夠的財力去推行政策，就如同小孩子拖大車一樣，政策效果當然會受到很大的影響。

(4)時間落後的限制——時間落後就政策的過程而言包括認知落後、決策落後、執行落後及效驗落後等四種，其中只要有任何一種發生即足以使政策成為明日黃花，如此非但沒有正面效果，反而可能產生負面效果，而使問題更加嚴重。

上列四種限制中，政策本身效果的限制與政府財力的限制是屬客觀的限制，在此情況下政府只有徒喚奈何，任其自生自滅。其他兩種限制即認知與決策能力的限制以及時間落後的限制，是屬人為的限制，可以設法加以改進。當然這種事情是說起來簡單，做起來可就沒有那麼容易了。

2. 貨幣政策的限制　主要包括兩方面，茲分述如下：

(1)中央銀行對貨幣數量控制的能力——貨幣主要包括兩種，即準備貨幣與存款貨幣，而存款貨幣又牽涉到一個乘數的問題，究竟應該控制準備貨幣的數量或是存款貨幣的數量，可謂利弊互見，學者們的看法不一。此外，我國因累積巨額外匯，放出大量通貨，因此對貨幣數量的控制產生極大的困難。

(2)時間落後的問題——貨幣政策在決策落後及執行落後上的問題比較小，因貨幣政策由中央銀行執行，問題比較單純。至於認知落後的問題與財政政策一樣，因為兩者所面對的問題及所處的情勢是大體相似的。至於效驗落後的問題則比較嚴重，因為財政政策可藉增加支出直接提高總產出，而貨幣政策則必須迂迴通過貨幣及投資市場使投資增加而提高總產出。

3. 財政政策與貨幣政策效果的比較　所謂效果，是指對物價膨脹及失業（亦即總產出）問題的解決是否完滿，茲從兩方面來加以探討：

(1)利率與投資的反應程度——如果利率對貨幣市場超額供給的反應敏銳，或投資需求對利率變動的反應較大，則貨幣政策的效果較財政政策的效果為大。其原因為貨幣政策先通過貨幣及投資市場，後通過商品市場，如利率對貨幣超額供給的反應敏銳，同時投資需求對利率的反應較大，則投資量的變化較大，如此通過商品市場時其所引起的正面效果較大。財政政策則反是，先通過商品市場，後通過貨幣市場，政府支出變化時通過商品市場先引起正面效果，正面效果通過貨幣及投資市場引起反面效果亦即排擠效果。如果利率對貨幣超額供給的反應敏銳，同時投資需求對利率的反應較大，則所引起的排擠效果即較大，這是在利率及投資反應敏銳的情況下，財政政策的效果不如貨幣政策的原因。反之，如果利率對貨幣超額供給的反應不敏銳，同時投資需求對利率的反應不大，則貨幣政策的效果即不如財政政策，其理由與上列所述者相反，毋庸贅述。

又如果利率對貨幣超額供給的反應非常小，以致不管貨幣供給如何增加，也不會使利率下降，則此時的經濟體系即稱為處於流動性陷阱狀態（liquidity trap），其情形見下圖：

圖22－5　流動性陷阱

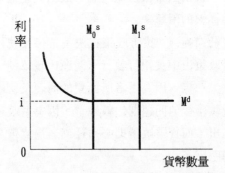

(2)時間落後程度——對問題認知的落後，財政政策與貨幣政策一樣，無分軒輕。決策及執行的落後，貨幣政策較佳，因其牽制較少

也；財政政策因為要編製預算，通過立法程序，其牽制較多，不如貨幣政策來得靈活。至於效驗落後，則財政政策較為有利，因其支出能直接影響商品市場而增加所得也。

　　綜合以上所述，可知在解決物價膨脹與失業問題方面，財政政策與貨幣政策可謂互有優劣，因此在解決問題的時候，必須配合客觀情勢及主觀目標，適時適地採用適當的政策，才能克盡全功。

摘　要

財政政策與貨幣政策

財 政 政 策 與 貨 幣 政 策 的 意 義 與 特 質		
意　義		財政政策——政府調整其財政收支以影響整個經濟活動的方法。 貨幣政策——中央銀行控制貨幣數量以左右經濟活動的方法。
目　標		最終目標——穩定經濟與促進經濟成長。 直接目標——控制通貨膨脹及失業。
特　質		財政政策及貨幣政策均是影響總體經濟需求面的經濟政策。
政 府 的 經 濟 功 能		
財政收支	內涵	收入——主要為租稅，次之為公營企業的盈餘，再次為移轉性收入。 支出——主要為政府消費，次之為政府投資，再次為移轉支出及公債利息。
	地位	財政支出占 *GNP* 的比例在15～40% 之間，其多寡對總體經濟有巨大影響。
	原則	量出為入。
政府預算	餘絀情形	預算平衡——政府收入總額恰好等於支出總額的情況。 預算赤字——政府收入總額少於支出總額的情況。 預算盈餘——政府收入總額大於支出總額的情況。
	赤字補的方法彌	加稅——減少可支配所得，引起民怨。 發行公債——向國民舉債，雖可避免通貨膨脹，但數額有其限度。 貸款——向銀行舉債，將引起通貨膨脹。
	財政政策的方向	擴張性財政政策——當國民所得低於充分就業水準時，政府增加支出，增加總合需求以擴張總產出的政策。 緊縮性財政政策——當景氣過熱，政府減少支出，減少總合需求以防止物價膨脹的政策。

	政　府　支　出　乘　數	
意　　義		政府支出增加（或減少）一塊錢時，總產出的增加額（或減少額）會呈現倍數的變動，此一倍數即為所謂的政府支出乘數。
簡單凱因斯模型與政府支出乘數	模型	$Y=C+I+G$，$Y=C+S+T$，$C=a+c（Y-T）$，$I=\bar{I}$，$G=\bar{G}$，$T=\bar{T}$
	均衡所得	$Y=\dfrac{a+I+G-cT}{1-c}$
	其他有關乘數及政府支出乘數	(1)政府支出乘數——$\triangle Y/\triangle G=1/（1-c）$，$0<c<1$ (2)稅收淨額乘數——$\triangle Y/\triangle T=-c/（1-c）$ (3)平衡預算乘數——平衡預算是指 $G=T$，則 $\triangle G=\triangle T$ 　$\triangle Y=\dfrac{\triangle G-c\triangle T}{1-c}=\dfrac{\triangle G-c\triangle G}{1-c}=\triangle G$，$\therefore\dfrac{\triangle Y}{\triangle G}=1$ 由此知，經濟不景氣時宜採赤字預算。
	應 用	設 Y 為現有所得水準，Y_f 為充分就業時之所得水準，政府支出乘數為 $1/（1-c）$ (1)若 $Y<Y_f$，緊縮缺口為（Y_f-Y），為達於充分就業，政府支出須增加（$1-c$）（Y_f-Y） (2)若 $Y>Y_f$，膨脹缺口為（$Y-Y_f$），為消除通貨膨脹，政府支出須減少（$1-c$）（$Y-Y_f$）
	總 合 供 需 模 型 與 財 政 政 策 的 效 果	
特　　質		總合供需模型不但考慮商品市場，同時考慮貨幣市場，間接亦考慮勞動市場。
政府支出增加直至最後	總所得增加的影響過程	(1)商品市場——政府支出增加→總支出增加→所得增加。 (2)貨幣市場——所得增加→貨幣需求增加→利率提高→投資減少。 (3)回饋——投資減少→總支出減少→所得減少→貨幣需求減少→利率下降→……，直至商品與貨幣兩市場同時達於均衡，此時總所得亦即總產出應該有所增加。 (4)總合供需均衡——價格水準不變，所得水準提高→總合需求增加→供需均衡→物價水準上升，總產出略減。 綜上所述，可知政府支出的增加，最後將引起總所得亦即總產出的增加。
排擠效果	意義	政策由起動至結局的過程中，有時會自動地產生一些抑制作用，而使政策的效果打了折扣，此抑制作用即稱之為排擠效果。
	來 源	(1)由利率提高所引起的排擠效果——所得增加會導致利率的提高，利率的提高經由投資的減少又使所得減少。此為一種排擠效果。 (2)由總合供給的限制所引起的排擠效果——總所得提高導致總合需求增

		加，受總合供給的限制，使物價水準上升，總所得亦即總產出略減。此為另一種排擠效果，可以說是物價水準上升所引起的排擠效果。
	影響	政策的排擠效果愈大，則其實質效果即愈小。
權衡性財政政策的	意義	政府配合經濟情勢的變化，對政府收支作適當調整以維持經濟穩定的政策，稱為權衡性財政政策。此種政策政府是主動的。
	效果	主要看政府收支乘數及排擠效果的大小而定。

政 府 支 出 的 自 動 安 定 機 能

意　　義		當景氣波動而使政府收支作「被動的」變化時，如果政府在制度上具有「自動剎車」的功能，則景氣波動即不會過分擴大，此種自動剎車的功能即為「政府收支的自動安定機能」。主要有兩種：
誘發性租稅	意義	所謂誘發性的租稅制度，即是隨所得增減而增減的租稅制度。
	說明	(1)稅收函數——$T = T_a + tY$，式中 T_a = 自發性稅收，tY = 誘發性稅收。 (2)可支配所得——$Y_d = Y - T = Y - T_a - tY = (1-t)Y - T_a$，$t \geq 0$。 $\triangle Y_d = (1-t)\triangle Y$，若 $t > 0$，則 $\triangle Y_d < \triangle Y$；意即如有誘發性的稅收，則 $\triangle Y_d < \triangle Y$，如此即具有剎車作用。 (3)若稅率為累進稅率，則剎車效果更佳。
失業保險制　　度		經濟不景氣時，失業者可領取失業保險金，如此總支出並未減少太多，而使經濟情勢不致太過惡化。

貨 幣 政 策

貨幣政策的方向		(1)擴張性貨幣政策——設法增加貨幣供給，壓低市場利率增加投資需求，以刺激總合需求而增加總產出的方法。 (2)緊縮性貨幣政策——設法減少貨幣供給，降低總合需求，以防止景氣過熱物價膨脹的方法。
貨幣供給增加的影響過程直至最後		(1)貨幣市場——名目貨幣供給增加 → 實質貨幣供給增加 → 利率水準下降 → 投資增加。 (2)商品市場——投資增加 → 總支出增加 → 總所得增加。 (3)回饋——總所得增加 → 實質貨幣需求增加 → 利率回升 → 投資減少 → 總支出減少 → 總所得減少 →……，直至貨幣與商品兩市場同時達到均衡，此時總所得亦即總產出有所增加。 (4)總合供需均衡——物價水準不變，所得水準提高 → 總合需求增加 → 供需均衡——物價水準上升，總產出略減。 綜上所述，可知名目貨幣供給增加，最後將引起總所得亦即總產出的增加。
排擠效果		與財政政策一樣，貨幣政策也有排擠效果。
	意義	當貨幣供給量變動時，經濟體系中只有名目變數受影響，實質變數保持不變，此稱之為貨幣的中立性。

貨幣中立性	爭議	就短期而言,貨幣是否具有中立性,迄今尚無定論。至於長期,若貨幣供給持續增加,則物價持續上漲,但實質產出無大變化,故長期貨幣中立性是成立的。
	總合供需模型與貨幣中立性	(1)總合供需模型不具貨幣中立性——根據總合供需模型,貨幣供給量的增加,除使物價水準上升外,復使實質總產出增加,故不具貨幣中立性。 (2)總合供需模型不具貨幣中立性,短期是正確的,長期則有問題。 (3)預期物價上漲率——總合供需模型假定預期物價上漲率 π^e 是固定不變的。但是如果中央銀行長期增加貨幣供給,則 π^e 會上升,貨幣需求會減少。因此總合供需模型須加以適當的修正,才能探討貨幣政策的長期效果。
流動性陷阱		如果利率對貨幣市場超額供給的反應很小,甚至沒有反應,此種現象稱為流動性陷阱。該段貨幣需求線為一條水平線。

財 政 政 策 與 貨 幣 政 策 的 比 較		
財政政策的限制		(1)行政效率的限制——包括認知、決策及推行能力及效率的限制。 (2)本身效果的限制——政府支出乘數的大小及排擠效果的大小。 (3)政府財力的限制——無錢不能辦事,錢從那裏來。 (4)時間落後的限制——包括認知落後、決策落後、執行落後及效驗落後等四種。原本用來解決經濟不景氣的政策,如果時間落後,經濟已恢復景氣,則非但不能解決問題,反而使問題更糟。
貨幣政策的限制		(1)中央銀行控制貨幣數量的能力——這是最重要的因素。控制範圍包括準備貨幣及存款貨幣的控制。 (2)時間落後的問題——貨幣政策在決策落後及執行落後方面的問題較小;認知落後與財政政策一樣;效驗落後比財政政策嚴重,因財政政策直接影響總支出而影響總產出,而貨幣政策則須先通過貨幣及投資市場,才能影響總支出以至總產出。
貨幣政策與財政政策的比較	貨幣投資市場的反應度	如果利率對貨幣市場的超額供給的反應敏銳,或投資需求對利率變動有較大的反應,則貨幣政策的效果大,財政政策的效果小。其原因為貨幣政策首先影響貨幣市場,如果利率及投資需求的反應大,則貨幣政策的直接效果大。如果利率及投資需求的反應大,則財政政策的排擠效果大。 反之,如果利率對貨幣市場超額供給的反應小,或投資需求對利率變動的反應小,則財政政策的效果大,貨幣政策的效果小。
	時間落後方面	認知的落後,財政與貨幣政策一樣;決策及執行的落後,財政政策較嚴重;效驗的落後,貨幣政策較嚴重。
	結論	因此財政政策與貨幣政策互有優劣,兩者相輔相成。

財　政　政　策

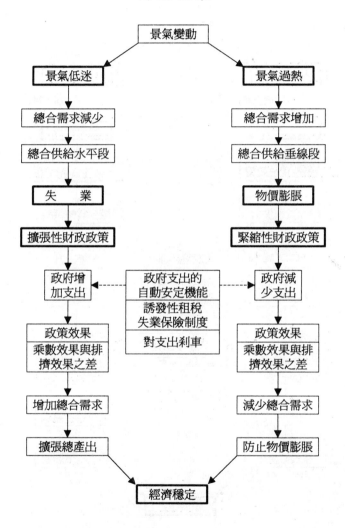

貨 幣 政 策

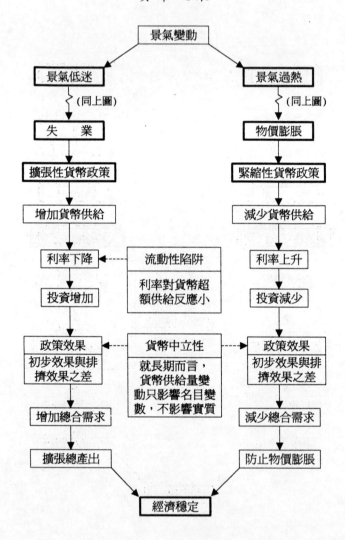

問　題

1. 就解決總體經濟問題而言，財政政策及貨幣政策的意義為何？其直接目標及最終目標為何？有何特質？

2. 政府的收支分別包括那些項目？政府財政的原則為何？

3. 政府預算如有赤字通常如何加以彌補？

4. 財政政策有那兩個方向？各適用於何種情況？

5. 何謂政府支出乘數？在財政政策上有何特殊意義？

6. 為使總所得亦即總產出增加，政府增加支出，試列述其全部影響路線，並指出政策的初步效果、排擠效果及淨效果。

7. 何謂排擠效果？因何而產生？

8. 何謂權衡性的財政政策？其目的何在？

9. 何謂政府支出的自動安定機能？有那些制度具有自動安定機能？何故？

10. 貨幣政策有那兩個方向？各適用於何種情況？

11. 為使總所得亦即總產出增加，中央銀行增加名目貨幣供給，試列述其全部影響路線，並指出政策的初步效果、排擠效果及淨效果。

12. 何謂貨幣的中立性？對貨幣政策的效果有何影響？

13. 實施財政政策有何限制？實施貨幣政策有何限制？並據以比較該兩種政策解決總體經濟問題的有效性。

14. 何謂流動性陷阱？對總體經濟政策的效果有何影響？

第 拾 篇

其他學派的總體經濟理論

　　前述有關總體經濟的理論主要有四套，即古典學派理論、凱因斯學派理論、重貨幣派理論及理性預期學派理論。凱因斯學派的理論已在前面介紹完畢，茲再進一步介紹其他三派的理論，古典學派的理論將在下一章即第二十三章中說明之，重貨幣派及理性預期學派的理論將在第二十四章中說明之。此外，在第二十四章之末復將四套理論放在一起加以比較，探討其相似與相異之點，並指出其基本假定、立論精神以及所產生的後果等，以作為總體經濟理論基本架構的總結。

第二十三章

古典學派的總體經濟理論

一、總合供給與所得水準

1. 假定貨幣工資率不具僵固性　古典學派總體經濟理論中隱含著一個假定，即假定貨幣工資率不具僵固性，意即貨幣工資可漲可跌，不受限制，如此充分就業即成為常態，此將在下節中說明之。古典學派崇尚自由放任，貨幣工資率不具僵固性的假定即由此而來。

2. 物價水準變動對勞動雇用量的影響　茲逐步說明如下：

(1)設勞動供給線為 L^s，勞動需求線為 L^D，兩者的交點亦即勞動供需的均衡點為 e，此時均衡勞動雇用量為 L_0，均衡實質工資率為 $W_0／P_0$，其中 P_0 為當時的物價水準，W_0 為當時的名目工資率。由於 L_0 為勞動供需均衡點的雇用量，故此時勞動為充分就業，其情形見下列上圖。

(2)當物價水準由 P_0 上升至 P_1 時，實質工資率由 $W_0／P_0$ 下降至 $W_0／P_1$。在此實質工資率下，勞動的需求量為 L_a，供給量為 L_b，求過於供。由於雇用者競爭的結果，使名目工資率由 W_0 上升至 W_1，而使實質工資率 $W_1／P_1$ 上升等於 $W_0／P_0$。在此水準下，勞動供給等於勞動需求，又回復到原來的雇用量 L_0。

(3)反之，若物價水準下降，實質工資率上升，其結果勞動產生供過於求的現象。如果名目工資率亦即貨幣工資率不具僵固性，則名目工資率會下降而使實質工資率下降，直至回復到 $W_0／P_0$ 的水準為

止，此時勞動僱用量仍為 L_0。

綜合以上所述，可知若貨幣工資率不具僵固性，則總體勞動雇用量必經常維持在均衡水準亦即充分就業水準 L_0 處。

3. 總合供給線的導出

由上面的分析知，不論物價水準如何變動，只要貨幣工資率不具僵固性，則總體勞動雇用量永遠維持在均衡水準 L_0 處。當總體勞動雇用量為 L_0 時，通過總生產函數決定總產出水準為 Y_0，此為充分就業時的最大總產出，其情形見右列中圖。由右列下圖可看出，當物價水準為 P_0 時，總產出為 Y_0；當物價水準為 P_1 時，總產出水準仍為 Y_0。物價變化而總產出不變，故總合供給線為一條垂線。其關鍵當然是假定貨幣工資率沒有僵固性的緣故，否則其情形即不是如此。

4. 賽伊法則

賽伊法則（Say's law）是指供給本身能創造同等數額的需求。此法則由賽伊氏（J.B. Say, 1776–1832）所提出，

圖23−1　總合供給的導出

(1)物價變化與勞動雇用量

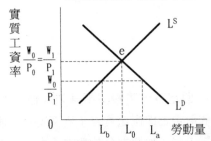

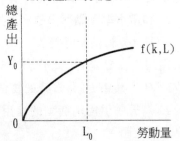
(2)總產出的決定

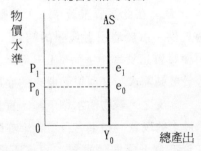
(3)總合供給的導出

為古典理論的基本假定之一。賽伊氏認為生產者進行生產的目的，在以其產品與他人交換自己所需要的產品，因此供給本身能創造同等數額的需求。此法則指在任何物價水準下，需求量均等於供給量。由此可知，賽伊法則是配合充分就業的假定而產生的，因為如果在充分就業狀態下所生產出來的產品不能全部被消費者所購用，則充分就業的結論即不成立。

5. 總合需求線的形成　總合需求線與一般需求線一樣具有負斜率，物價水準高的時候，總需求量少；低的時候，總需求量多。斜率沒有問題，問題是總合需求線的所在位置，是高還是低。根據賽伊法則，供給能創造同等數額的需求，在充分就業為常態的假定下總合供給線是一條垂線，因此總合需求線與總合供給線的交點亦即均衡點，其縱坐標必須等於當時的物價水準，如此才能在該物價水準下使總需求量等於總供給量，總合需求線的位置是這樣確定的。總合需求線的位置確定了以後，整條的總合需求線即行確定，其情形見下圖：

由此可知，總產出水準決定於總合供給，為免總合需求線與總合供給線不能相交，乃有賽伊法則的出現，在此法則下兩條曲線一定相交，同時其交點亦即均衡點的縱坐標必即等於當時的物價水準。由此可知，在古典理論中是以總合供給為主，總合供給決定總產出水準，總合供給與物價水準決定總合需求線的位置。

圖23-2　總合需求線的形成

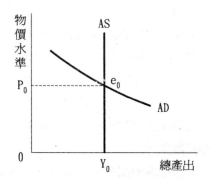

二、儲蓄、投資與利率水準

1. 儲蓄函數 儲蓄為總所得與總消費額之差，其多寡與利率的高低成正變，因此儲蓄函數曲線為一條具有正斜率的曲線，其形如圖23－3。

儲蓄函數可由跨期模型導出，詳見第十章的說明。

2. 投資函數 投資為總產出與總消費額之差，其多寡與利率的高低成反變，因此投資函數曲線為一條具有負斜率的曲線，其形如圖23－4。

投資函數可由投資的邊際生產效率導出，詳見第十八章的說明。

3. 利率的決定 儲蓄函數曲線與投資函數曲線的交點 e_0 即為兩者的均衡點，由此決定均衡利率水準為 i_0，均衡儲蓄亦即均衡投資量為 $S_0 = I_0$，其情形見圖23－5。

圖23－3　儲蓄函數曲線

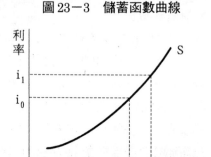

圖23－4　投資函數曲線

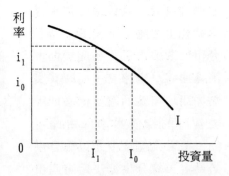

由上面的說明可看出，在古典理論中，利率是由儲蓄與投資單獨決定的，與貨幣的供需毫無關聯，其原因將在下一大節中說明之。

4. 投資與儲蓄的關係 前述儲蓄為總所得與總消費額之差，投資為總產出與總消費額之差，而總所得恆等於總產出，投資資金的來源即為儲蓄，因此投資必定等於儲蓄，亦即儲蓄與投資必定會達於均

衡。

5. 投資與總產出的關係　古
典理論假定貨幣工資率不具僵
固性，充分就業成為常態，在
此情況下，總產出為社會的最
大總產出，除非技術進步或其
他原因使總產出發生變化外，
投資必永遠是一個固定常數，
而且等於固定設備的折舊。由

圖23－5　利率的決定

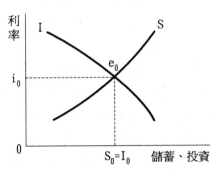

此可知，在正常情況下，根據古典理論，總產出決定投資，投資決定
儲蓄，否則即不能維持充分就業。

三、貨幣供需與物價水準

1. 貨幣的需求　古典學派的貨幣需求是根據第十六章所提出的劍
橋現金餘額方程式而作成的，其式如下：

$$M^d = \frac{1}{V_y} P \cdot Y = kPY$$

式中 M^d 代表貨幣需求量，P 代表一般物價水準，Y 代表總所
得，V_y 代表貨幣的所得流通速度，$k = 1 / V_y$。

由上式可看出，M^d 為 V_y、P 及 Y 的函數，M^d 與 P、Y 成正變，
與 V_y 成反變。

2. 貨幣供需的均衡與物價水準的決定　貨幣供需的均衡條件為：

$$M^s = M^d = \frac{1}{V_y} PY = kPY$$

式中 M^s 代表貨幣供給量。

上式並非貨幣的供給函數，而是貨幣供需達於均衡時的貨幣供給
量與有關變數間的關係式。式中貨幣的所得流通速度 V_y 決定於利

率，根據古典理論，利率由儲蓄及投資的均衡決定，已屬固定，從而
V_y 及 k 亦隨之固定。此外，根據古典理論，所得水準 Y 直接決定於
總合供給，間接決定於勞動供需，亦屬固定。令 $h=kY$，則上式可
寫成下列形式：

$$M^s = kPY = hp$$

由於 k 及 Y 已屬固定，則 h 亦屬固定。如此上式所代表的意義
為：「物價水準隨貨幣供給量作等比例變化」，此即古典學派的貨幣
數量學說。由此可知，在古典理論中，物價水準是決定於貨幣供需，
而非總合供需。物價水準決定了以後，轉而影響實質工資率、名目工
資率以及總合需求線的位置。

至此古典學派總體經濟理論的基本架構已介紹完畢，茲再進一步
加以綜合歸納，作更具體的說明如下。

四、古典理論的特質與圖解說明

1. 古典理論的特質　古典理論認為所得、利率及物價水準三者是
順次單獨決定的，其間無互動或回饋的關係。其情形如下：
　　(1)首先根據總合供給單獨決定所得水準。
　　(2)然後根據儲蓄與投資單獨決定利率水準。
　　(3)最後根據貨幣供需單獨決定物價水準。

古典理論之所以形成單獨決定的局面，是因為古典學派假定貨幣
工資率不具僵固性，如此充分就業成為常態。在此情況下，所得水準
由總合供給單獨決定，影響所及，使利率水準與物價水準亦由有關項
目單獨決定。

又這三種水準雖然是順次單獨決定的，其間無互動或回饋的關
係，但上一階段所決定的結果仍會「單向地」影響下一階段，否則古
典理論成為三個獨立的片斷，而不成其為一套完整的理論。各階段的
單向影響路線如下：

(1)第一階段所決定的所得水準亦即產出水準，將影響第二階段的投資及儲蓄水準，從而影響利率水準。

(2)第二階段所決定的利率水準又影響第三階段的貨幣所得流通速度，轉而影響物價水準；同時第一階段所決定的所得水準也直接影響貨幣供給，從而影響物價水準。

(3)第三階段所決定的物價水準回過頭來再影響第一階段的實質工資率，從而影響名目工資率，而使勞動供需達於均衡，決定充分就業狀態下的總合供給及所得水準，並從而決定總合需求線的位置。

如此循環不息，而使古典理論成為一套完整的理論，其詳細情形見下一節的圖解說明。

2. 古典模型的圖解說明　前在第二十章中曾提及，為與凱因斯學派的總合供需模型有所區別，古典學派的總體經濟模型稱為古典模型，茲以圖解方式說明如圖23－6。

古典模型也同樣牽涉到三個市場，即商品市場、貨幣市場與勞動市場，但在順序上則稍有不同，其原因為古典模型在理論架構上與總合供需模型不同。古典模型第一個涉及的市場是勞動市場，由於古典學派假定貨幣工資率不具僵固性，物價水準變化不影響均衡實質工資率，因此勞動市場經常處於充分就業狀態，在此情況下，均衡勞動雇用量通過總生產函數決定社會最大總產出。由於物價水準變化不影響均衡實質工資率，進而不影響社會的最大總產出，因此總合供給為一條垂線，其橫坐標即為社會的最大總產出。由於總合供給為一條垂線，故總產出決定於總合供給。為使總合需求能配合總合供給，必須有一個假定，即假定供給本身能創造同等數額的需求，此即所謂的賽伊法則，否則兩條曲線不能相交，而使充分就業的假定不成立。為使兩條曲線能夠相交，同時其均衡點的縱坐標即為當時的物價水準，則總合需求線的位置必須由總合供給及物價水準來加以決定，之所以能夠如此，是因為有賽伊法則之故，賽伊法則指出在任何物價水準下需求必定等於供給。由於古典學派假定貨幣工資率不具僵固性，總產出

圖23-6 古典學派的總體經濟模型

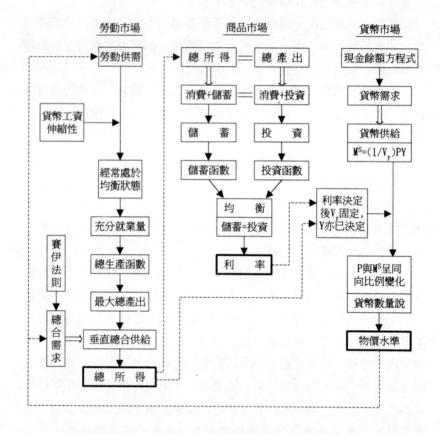

直接由總合供給間接由勞動供需單獨決定,故能率先加以討論。此外,總產出水準決定了以後,未來將間接影響利率水準及物價水準,這也是勞動市場以至總產出的決定必須率先加以討論的原因。

在古典模型中,利率水準的決定很簡單,是單獨由儲蓄函數及投資函數的均衡點加以決定的。其所以能夠如此,原因有二:其一為總所得及總產出對儲蓄及投資雖有影響,但影響不大,故勞動市場亦即總合供需不直接影響利率水準。另一為貨幣供需古典學派所根據的理

論是劍橋學派的現金餘額方程式，此式雖涉及總產出及利率，但都將其視為外生決定的變數，因此貨幣市場亦即貨幣供需不直接影響利率水準。基於以上兩個理由，利率水準可由商品市場單獨決定。商品市場中與利率水準直接有關的是儲蓄與投資兩個項目，同時儲蓄為投資資金的來源，故古典模型中利率水準是由儲蓄與投資單獨決定的。話雖如此，畢竟儲蓄是由總所得而來，投資是由總產出而來，同時在充分就業為常態的情況下，最大總產出不變，投資的主要目的在填補折舊，如此投資即與總產出有一定的比例關係，因此利率水準的決定必須跟隨在所得水準之後在第二階段進行。此外，利率水準決定了以後，未來將影響貨幣所得流通速度，從而影響物價水準，故利率水準又必須在物價水準之前加以決定。

在古典模型中，物價水準可說是根據劍橋學派的現金餘額方程式單獨決定的。現金餘額方程式本身即是古典學派的貨幣需求函數，然後在均衡狀態下，貨幣需求等於貨幣供給，其結果只要將貨幣需求函數中的貨幣需求量換成貨幣供給量即可，如此即獲得均衡貨幣供給量與有關變數間的關係式。式中貨幣的所得流通速度決定於利率水準，利率水準在上一階段中即已決定，已屬固定。此外，式中尚有一個未知總所得，此在第一階段中業已決定，亦屬固定。至此，均衡貨幣供給量的關係式中只剩下兩個變數，即貨幣供給量與物價水準，而成為貨幣供給量與物價水準之間的關係式。此式說明物價水準與貨幣供給量作等比例變化，此即古典學派的貨幣數量學說。根據此式，只要貨幣供給量為已知，物價水準即行決定。

至此，三個水準即所得水準、利率水準與物價水準均已順次單獨決定，其間無互動與回饋關係，此說明古典模型是對三個市場分別加以處理的，這是古典模型的特點，也可以說是其缺點。

前述所得水準、利率水準及物價水準三者雖然是順次單獨決定的，但其間仍然有相當的關聯，否則古典模型不成其為一個完整的模型。第一階段的所得水準決定了以後，將通過儲蓄與投資影響第二階

段的利率水準。第二階段的利率水準決定了以後，將連同第一階段已
經決定的所得水準，通過由劍橋現金餘額方程式所導出的貨幣供給量
與物價水準間的關係式，影響第三階段的物價水準。第三階段的物價
水準決定了以後，又回過頭來通過實質工資率再影響第一階段的所得
水準。如此循環不已，而形成一個整體的模型。

五、總合供需改變的影響

1. 總合需求改變的影響　已知總合供給線 AS 為一條垂線，由其
所決定的最大總產出為 Y_0。假定原來的總合需求線為 AD_0，其與
AS 的交點亦即兩者的均衡點為 e_0，由此所決定的物價水準 P_0 正好是
貨幣供需所決定的物價水準。假定有某種原因使總合需求由 AD_0 增
加為 AD_1，其與 AS 的均衡點為 e_1，由於 AS 為一條垂線，總產出水
準 Y_0 不變，物價水準則由 P_0 提高至 P_1。由此可知，在古典模型下，
總合需求的改變只能影響物價水準，不能影響總產出。因在貨幣工資
率不具僵固性的假定下，充分就業為常態，最大總產出永遠不變。在
此情況下，總合需求的改變，只能影響物價水準，不能影響總產出，
物價水準隨總合需求的增減而作同方向的增減，其情形見下圖：

　　總合需求改變了以後，物
價水準亦隨之改變。物價水準
的改變對最大總產出沒有影
響，因為貨幣工資率不具僵固
性，可以自由變動，使原來的
實質工資率不變，而繼續維持
充分就業以至最大總產出。在
貨幣市場方面，根據貨幣供給
量與物價水準的關係式，當物
價水準變化時，貨幣供給量亦

圖 23−7　　總合需求改變的影響

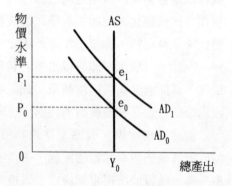

必須隨之變化，以使貨幣供需維持均衡。

2. 總合供給改變的影響　總合供給的改變通常來自技術進步，茲即以此為例說明總合供給改變的影響，其情形如下圖。

圖23－8　供給面變化所產生的影響

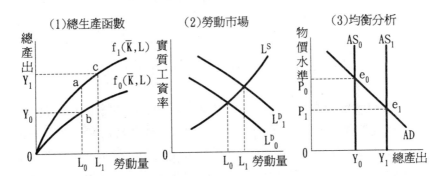

(1)由於生產技術的進步，總生產函數由 $f_0(\overline{K},L)$ 提高至 $f_1(\overline{K}, L)$，其結果在同等勞動雇用量 L_0 下，其邊際生產力較高，在圖形中即 a 點的斜率大於 b 點的斜率，其情形見上列左圖。

(2)勞動的邊際生產效率線即為勞動的需求線，由於勞動的邊際生產效率提高，乃使勞動的需求由 L_0^D 增加為 L_1^D，其情形見上列中圖。

(3)勞動需求由 L_0^D 增加為 L_1^D 以後，均衡勞動雇用量由 L_0 增加為 L_1，見上列中圖。

(4)勞動雇用量由 L_0 增加為 L_1 以後，再回到左圖來，根據新的總生產函數 $f_1(\overline{K}, L)$，決定新的均衡總產出水準 Y_1，此水準較原有水準 Y_0 為高。

(5)新的總產出水準 Y_1 決定新的總合供給線 AS_1，與總合需求線 AD 相交於 e_1 點，決定新的均衡物價水準 P_1，其結果 P_1 小於 P_0。

綜合以上所述，可知技術進步可使總生產函數提高，從而使勞動邊際生產效率提高，勞動需求增加，均衡勞動雇用量增加，總產出增加，總合供給增加，最後使物價水準下降。由此可知，當供給面

受到衝擊時，如果總合供給線向右移，則總產出增加，物價水準下降；反之，如果總合供給線向左移，則總產出減少，物價水準上升。這是直接的影響，其後續影響尚有兩種，其一為總產出變化後將影響投資，從而影響利率水準及儲蓄；另一為總產出及利率水準變化後，為配合已經決定的物價水準，則貨幣供給量必須隨之調整，否則不能配合新的實質工資率而達於充分就業。

六、古典理論所面臨的挑戰與修正

1. 古典理論所面臨的挑戰 古典學派認為工資及物價均不具僵固性，因此物價、利率及實質工資率均能隨客觀情勢的變化而迅速調整，其結果充分就業成為常態，失業不可能發生。但事實並非完全如此，貧窮可能發生於豐富之中，亦即充分就業不一定是常態，因此古典理論乃面臨挑戰。

2. 凱因斯學派對古典理論的修正 主要包括下列三方面：

(1)因為有工會的存在，貨幣工資率具有向下調整的僵固性，因此充分就業不是常態，乃有失業的產生。

(2)在商品市場分析方面，影響儲蓄投資的因素除去利率以外，所得亦是一項重要的變數。

(3)貨幣除去交易功能以外，也是價值儲藏的工具，因此對利率的高低應該有相當的影響。

由於以上各種看法的不同，古典理論在某些情況下乃不能完全符合事實，特別是當充分就業不是常態的時候。也正因為如此，所以才有凱因斯學派的興起。

3. 凱因斯修正對總體經濟模型的影響 其情形如下：

(1)由於貨幣工資率具有向下調整的僵固性，因此總合供給線除去充分就業時的垂線段外，尚有不充分就業時的正斜率線段。此正斜率線段如果較為平坦，則在決定所得水準時，總合需求的多寡即居於關

鍵地位，故凱因斯理論強調需求面，不強調供給面。

(2)設消費函數為 $C=a+cY$，則儲蓄函數為 $S=Y-C=Y-a-cY=-a+(1-c)Y$，故知所得影響儲蓄。通過 $I=S$ 的均衡關係影響投資，然後投資又影響所得，故知商品市場與投資市場間乃有所關聯。

(3)貨幣的價值儲藏功能影響人們對貨幣需求的投機動機，亦即影響人們對貨幣的需求，從而影響利率水準以至投資水準。

4. 凱因斯理論的特質　凱因斯學派對古典理論作出上列各項修正以後，其理論體系乃具有下列兩項特質：

(1)在凱因斯理論中，所得、利率及物價三個水準是由商品、貨幣及勞動三個市場共同決定的，不像古典理論是分別順次一個一個決定的。

(2)凱因斯學派認為充分就業不是常態，在此情況下，決定所得的主要因素不是總合供給，而是總合需求。改變總合需求的方法主要有兩種，即財政政策與貨幣政策。至於古典理論，因為認為充分就業為常態，在此情況下，不可能產生失業問題，因此不需有任何政策來解決問題。

摘 要

古典學派的總體經濟理論

古典理論的推理過程		
推理過程	所得的決定	假定貨幣工資率不具僵固性 → 勞動市場永遠處於充分就業狀態 → 總合供給線為一條垂線 → 供給本身創造同額需求（賽伊法則）→ 所得決定於總合供給。
	利率的決定	所得不用於消費即作為儲蓄，產出不用為消費即用為投資 → 投資等於儲蓄，儲蓄為利率的增函數，投資為利率的減函數 → 均衡點處投資等於儲蓄 → 決定利率水準。
	物價水準的決定	貨幣需求以現金餘額方程式表示 → 貨幣供給等於貨幣需求 → 利率決定後貨幣的所得流通速度固定，所得亦已決定 → 物價水準與貨幣供給量成比例變化（貨幣數量說）。
特　質		(1)所得、利率與物價順次分別決定，其間無互動回饋關係。 (2)充分就業為常態。　　(3)強調供給面。

總合供給線的導出		
基本假定		物價與工資不具僵固性。
誘導過程		物價水準變化 → 實質工資率變化 → 勞動雇用量變化 → 總產出變化。每有一個物價水準即決定一個總產出水準，如此即形成總合供給線。
均衡分析	短期總生產函數	(1)生產函數 $Y = f(K, L)$ 指總產出 Y 為固定資本 K 及勞動 L 的函數，f 代表技術水準。 (2)短期內 K 固定不變，僅 L 變化。短期生產函數為 $f(\bar{K}, L)$。
	勞動市場的均衡	(1)個別勞動供給由所得休閒無異曲線導出，個別勞動供給的水平相加和即為總體勞動供給。 (2)短期總生產函數曲線的邊際生產量曲線即為總體勞動需求線 L^D。 (3)由於實質工資率不具僵固性，故勞動總供需曲線均衡點所決定的勞動量 L_0，即為實際的雇用量。
	總產出的決定	勞動就業量 L_0 決定後，通過短期總生產函數，即可決定總產出水準 Y_0。
總合供給線的導出（根，據上述均衡分析過程，逐步誘導出）	由物價水準變化開始	物價水準由 P_0 上升至 P_1 → 實質工資率由 W_0 / P_0 下降至 W_0 / P_1 → 勞動市場求過於供 → 雇用者競爭的結果使名目工資率由 W_0 上升，直至 W_1 使實質工資率 $W_1 / P_1 = W_0 / P_0$ → 勞動供需回復均衡，均衡就業量仍為 L_0 → 由已知 L_0 通過生產函數決定總產出為 Y_0。(P_0, Y_0)，(P_1, Y_0)，(P_2, Y_0)，……，如此即獲得總合供給線。

由此知，若實質工資率不具僵固性，則總合供給線為一條垂線。

總　合　需　求　線　的　形　成	
賽伊法則	供給本身創造同額需求。其理論依據是物物交換，需求量必定等於供給量。
總合需求線的位置與斜率	(1)基於賽伊法則，總合供給線與總合需求線的交點，其縱坐標必須等於一般價格水準。一般價格水準由貨幣的供需單獨決定。 (2)總合需求線的斜率決定於消費者的均衡。

總　合　供　需　均　衡　及　其　分　析	
均衡所代表的意義	(1)總合供給為一條垂線，總合需求為一條有負斜率的斜線。 (2)總產出決定於總合供給，總合需求只影響物價水準，不影響總產出水準。
需求面變化所產生的影響	名目貨幣量由 M_0 增加為 M_1 →實質貨幣量由 $M_0／P_0$ 增加為 $M_1／P_0$ →利率由 i_0 下降為 i_1 →投資由 I_0 增加為 I_1 →總支出由（$C+I_0+G+X-M$）增加為（$C+I_1+G+X-M$）→相當於總合需求由 AD_0 增加為 AD_1 →由於總合供給為一條垂線，總合需求的增加使物價水準由 P_0 上升為 P_1，但總產出 Y_0 不變。 故知總合需求的增減只影響物價水準，不影響總產出水準。
供給面變化所產生的影響	生產技術進步→總生產函數曲線上升→勞動邊際生產量增加→勞動需求由 L_0^D 增加為 L_1^D →勞動就業量由 L_0 增加為 L_1 →通過生產函數，總產出由 Y_0 增加為 Y_1 →總合供給線由 AS_0 右移為 AS_1 →物價水準由 P_0 下降為 P_1。 故知總合供給的增加，可使物價水準下降，總產出增加；反之則否。

凱　因　斯　學　派　對　古　典　理　論　的　修　正	
古典理論的挑戰	根據古典理論，充分就業為常態，不可能有失業，但事實並非如此。
凱因斯學派對古典理論的修正	(1)因有工會的存在，貨幣工資率具有向下調整的僵固性。其結果總合供給線有一段正斜率的線段，充分就業不是常態。 (2)影響儲蓄投資的因素除利率外，所得亦是一項重要因素，其結果商品、貨幣及勞動三市場乃互有關聯。 (3)貨幣除交易功能外，亦是價值貯藏的工具。因此所得乃成為貨幣需求的一個重要影響因素。
特　質	(1)所得、利率及物價由商品、貨幣及勞動三市場共同決定。因此財政及貨幣政策除有直接效果外，尚有所謂排擠效果。 (2)充分就業不為常態，因此乃有失業的產生。 (3)總合供給線有一段正斜率線段，如果較平坦，則在不充分就業時，所得決定於總合需求，故凱氏理論強調需求面。

古典模型的推演過程

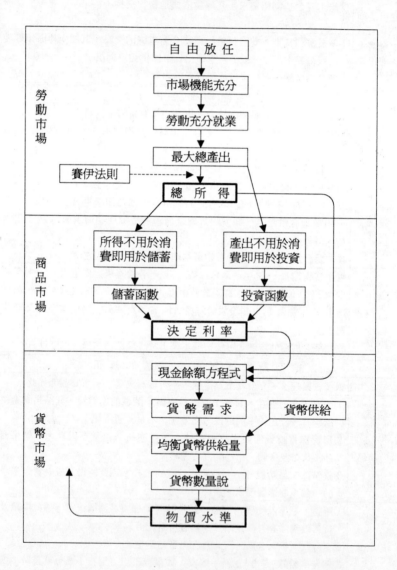

問　題

1. 古典學派認為充分就業為常態，何故？

2. 根據古典學派的理論，所得、利率及物價是順次個別決定的，何故？

3. 何謂賽伊法則？由何而來？在古典理論中有何作用？

4. 古典學派的總合供給線為一條垂線，何故？如何導出？

5. 古典學派的總合需求線如何導出？有何特質？

6. 在1930年代經濟大恐慌時，古典理論面臨什麼樣的挑戰？凱因斯如何對古典理論加以修正？

第二十四章 重貨幣派及
理性預期學派的總體經濟理論

在總體經濟理論方面，除去已經介紹過的凱因斯學派及古典學派的理論以外，近三十年來比較引起各方注意的尚有兩個學派，即重貨幣派與理性預期學派，茲分別介紹如下。

一、 重貨幣派的爭議與看法

1. 重貨幣派對凱因斯理論的爭議 重貨幣派興起於 1970 年代正當凱因斯理論盛行之際，該派學者對凱因斯理論的爭議主要有兩點，茲分別說明如下：

(1)凱因斯學派認為強大的工會組織使貨幣工資率具有向下調整的僵固性，其結果使市場機能不能充分運作，降低資源的利用效率，導致經濟衰退。然後政府耗費大量人力物力實施財政政策或貨幣政策，以使經濟復甦。重貨幣派的學者認為這種作法一方面使政府耗費不貲，同時另一方面也使問題得不到根本的解決。該派學者認為欲使問題獲得根本的解決，絕不可採取事後補救的方式，而必須防患未然，採取積極的方式，設法使市場機能能夠正常運作，提高資源的利用效率，以防止經濟衰退。

(2)早期凱因斯學派的學者認為財政政策是對抗經濟不景氣的有效手段，而貨幣政策則否。其原因為該派學者認為當經濟極端不景氣的時候，貨幣流動性的陷阱會出現，而使貨幣政策的效果大打折扣。晚近的學者包括重貨幣派的學者在內，均意識到貨幣供給的擴張有降低

利率的效果,從而達於鼓勵投資的目的,而使經濟衰退得以緩和。

　　綜合以上所述,可知重貨幣派的學者認為凱因斯學派事先未能重視市場機能,防患未然;事後又未能適度採用貨幣政策,克盡全功。其結果問題雖然獲得解決,但是所付出的代價實在太大。針對這兩個問題,重貨幣派的學者提出他們自己的看法,茲說明如下。

　　2. 重視市場機能　重貨幣派的學者認為政府如果能重視市場機能,即能使不景氣不致發生,或即使發生也不會嚴重到那種程度。至於如何重視市場機能,對此該派學者有兩點看法,茲分述如下:

　　(1)重貨幣派認為透過市場機能傳遞的訊息,社會大眾會作出對自己有利的決定,如此即能提高經濟效率,而降低經濟不景氣的衝擊。因此該派學者認為除去市場機能力有未逮的事項如所得分配、公共財及外部性等問題外,政府不應加以干預,讓市場機能能夠充分運作。

　　(2)另一方面,對阻礙市場機能正常運作的各種人為措施,如工會及廠商的聯合壟斷等,政府應該積極加以干預,掃除人為障礙,使市場機能發揮其應有的功能。

　　綜合以上所述,可知重貨幣派學者的看法是,凡有利於市場機能正常運作的,政府不要去干涉;凡有害於市場機能正常運作的,政府應該積極地去干涉。此一主張與古典學派所崇尚的自由放任的觀點不謀而合,古典學派認為貨幣工資率不具僵固性,此一假定即由自由放任的觀點引伸而來。一般說來,一個經濟社會應該盡量利用人類的自私心,讓市場機能充分運作,只有問題不能解決的時候才動用經濟政策或行政干預,這是一種事半功倍也是一種順天應人的作法。

　　3. 法則重於權衡　在貨幣政策方面,重貨幣派提出一個「法則重於權衡」的看法。所謂權衡,是指權衡當時的情況採用適當的貨幣政策。所謂法則,是指不必太過重視當時的情況,而根據經濟的長期走向,按照一定的法則來處理貨幣的供給。為什麼重貨幣派會有這樣的看法呢?其理由有二:

　　(1)貨幣政策的效果,經凱因斯學派及重貨幣派兩派學者多年的辯

詰，大致已經確定，均認為對所得、利率及物價有相當的效果。但凱因斯學派認為貨幣政策無論是短期或是長期均有效果；而重貨幣派則認為縱有效果亦是短期的，長期則無效果。其原因為經濟景氣的走向很難掌握，如果判斷錯誤，則貨幣政策即可能產生雪上加霜或火上加油的反效果，如此則興利不成，反為禍源。

(2)由於重貨幣派認為經濟景氣的走向很難掌握，一旦判斷錯誤，即可能產生反效果，把事情弄得更糟。於是重貨幣派的大師傅利曼主張貨幣政策的實施應該採取「固定貨幣成長法則」，亦即「法則重於權衡」，意即衡酌經濟的長期走勢，逐步增加貨幣的供給，如此雖無權衡貨幣政策之利，亦無權衡貨幣政策之害，但能配合經濟的長期走勢，維護經濟的穩定並促進經濟的適度成長。

4. 結語　綜合以上所述，可知重貨幣派對凱因斯學派的爭議主要有兩點：其一認為凱因斯學派太過強調工會的角色，因而假定貨幣工資率具有向下調整的僵固性，以致市場機能受到阻礙，而使經濟衰退。對此凱因斯學派雖然事後提出應用財政政策以解決經濟衰退的問題，但這是一種消極的做法。重貨幣派認為應該正本清源，設法消除阻礙市場機能正常運作的障礙，以使經濟衰退得以緩和，這才是積極的作為。在這方面，重貨幣派的觀點與古典學派的觀點甚為接近，兩派均強調應該「重視市場機能」。

另一項爭議是雖然凱因斯學派與重貨幣派均承認貨幣政策對所得、利率及物價有相當的效果，但凱因斯學派認為無論長短期均有效果，而重貨幣派則認為縱有效果亦是短期的，長期無效果。重貨幣派認為經濟景氣的走向很難掌握，權衡性的貨幣政策很難正確配合，如果不幸對景氣的變化判斷錯誤，則貨幣政策非但不能達於既定目標，反而可能使情況更糟。因此重貨幣派乃提出「法則重於權衡」的看法，認為貨幣政策的實施應該採取「固定貨幣成長法則」，配合經濟的長期走勢，如此雖不能享有權衡之利，但亦無權衡之害，對經濟的穩定有相當的貢獻，甚或對經濟的成長亦有所幫助。

　　由於重貨幣派只對凱因斯的理論有所爭議，同時針對爭議提出若干看法而已，其本身並沒有一套完整的理論體系，故稱其為重貨幣派，而不稱其為重貨幣「學」派的原因在此。

二、理性預期學派的總體經濟理論

　　前在第二十一章中曾提及，產生停滯性膨脹的原因主要有兩個，其一為民間部門的預期心理作用，另一為供給面的震撼。供給面的震撼不常發生，而民間部門的預期心理作用則較常發生。因此之故，乃有理性預期學派的興起，該派的代表人物為盧卡斯（Robert E. Lucas），前在第十四章中即已提及，茲簡單介紹其理論如下：

　　1. 三個基本假定　理性預期學派的理論是建立在三個基本假定上，茲逐一說明如下：

　　(1)假定勞動市場經常處於均衡狀態——該派創始人盧卡斯不認為貨幣工資率具有向下調整的僵固性，因此勞動市場經常處於均衡狀態。此論點與古典學派的精神類似，故有人稱此學派為「新古典學派」（new classical school），稱其理論為「市場均衡模型」（market–clearing model）。

　　(2)假定人們對未來變化有理性預期——理性預期（rational expectation）與適應性預期（adaptive expectation）不同，其不同點在於對資訊處理的方式上。適應性預期根據過去一段時間內的情況，不加推敲直接預測未來。例如過去一段時間內物價不斷上升，因此預期未來物價會繼續上升，既不問過去物價上升的原因，也不問未來客觀情況是否會改變。理性預期則不同，理性預期不但廣泛應用有關資訊，同時根據有關學理或經驗作出理性的判斷。例如未來物價是否要上升，不但要看過去的物價變動，同時還要看物價變動有關因素的變動情形。除此而外，還要看運用資料的方式以及所作判斷是否合理，有無違反某些基本法則等。盧卡斯認為人是有理性的，因此經濟

理論應該在人們具有理性預期的假定下建立，始屬合理。

(3)假定經濟社會的資訊不完整──經濟社會資訊不完整有兩種情形，一種是經濟社會的資訊本來就不完整，尤其是落後國家更是如此。另一種是經濟社會的資訊雖完整，但使用者受主觀客觀條件的限制，不是每種資訊都能順利得到的，同時也不是每種得到的資訊都能充分而正確利用的。

理性預期學派的學者根據此三個基本假定，導出一套經濟循環的理論。

2. 理性預期的特質　由上述理性預期的意義可看出，理性預期與「追求最大效用」的假定是完全一致的，因此根據理性預期所建立的理論乃具有「內在一致性」，不會自相矛盾。反觀凱因斯的理論，假定貨幣工資率具有向下調整的僵固性，此假定與人們追求最大效用的動機相悖，因此其所建立的模型乃缺乏內在一致性，不能圓滿解釋有關現象。基於此一理念，盧卡斯乃改弦更張，假定勞動市場經常處於均衡狀態，因其能滿足理性預期的要求也。

3. 理性預期學派對貨幣政策的看法　有下列兩點看法：

(1)貨幣中立性──理性預期學派認為在預期內的貨幣供給量變化，只會引起物價變動，不會引起實質產出的變化。不在預期內的貨幣供給量變化，中央銀行很難實施，這種很難實施的情勢也在人們的預期之中。由此可知，如果人們具有理性預期的能力，則在預期內的貨幣供給量變化對實質產出不會產生影響，不在預期內的貨幣供給量變化中央銀行又不會實施。因此該派學者認為在人們的理性預期之下，貨幣是中立性的，不可能對經濟情勢有顯著的影響。

(2)法則重於權衡──該派學者認為當中央銀行採取權衡性的貨幣政策時，如果政策在大眾的預期之內，則不可能產生預期效果；如果不在預期之內，則可能產生預期效果，但中央銀行很難辦到；如果中央銀行執意實施，則由於政策不在預期之內，必將引起貨幣供給的劇烈變動，而使效果不可預知。因此之故，該派學者對貨幣供給量的變

化，認為應採「法則重於權衡」的態度，此種看法與重貨幣派的看法可說完全一致。

4. 結語　綜合以上所述，可知由於停滯性膨脹現象的發生，同時產生此一現象的因素主要是民間部門的預期心理作用，於是凱因斯學派的理論乃面臨挑戰，間接促成理性預期學派的興起。該派理論主要基於三個假定，即第一、假定勞動市場經常處於均衡狀態，意即貨幣工資率不具向下調整的僵固性，此一假定與古典學派自由放任的觀點可說完全相似，正因為如此，所以理性預期學派又稱之為新古典學派。第二、假定人們對未來變化有理性預期，因此在預期之內的政策特別是貨幣政策沒有效果，不在預期之內的政策又不會實施，如果執意實施，則將產生不可預知的結果。因此該學派認為貨幣是中立性的，對貨幣的供給應採法則重於權衡的態度，此一觀點又與重貨幣派的看法一致。第三、假定經濟社會的資訊不完整，如此人們的理性預期乃有相當的誤差，而產生所謂的「不確定性」（uncertainty）。因此之故，該派的理論乃建立在不確定性的假定上，形成一種「風險性的模型」。

理性預期的理論正在發展之中，其理論架構截至目前為止尚未完全形成。由於其引進不確定性的概念，因此在建立模型時應用甚多的數學與統計學，其結果這種模型不是一般人所能看得懂的，故而這裏只介紹其基本觀念與看法，不介紹其推理過程。

三、各學派總體經濟理論的比較

自 1776 年經濟學開始建立以來，截至目前為止有關總體經濟的理論主要有四套，順次為古典學派、凱因斯學派、重貨幣派及理性預期學派的理論，茲從四方面來加以比較，其情形如下：

1. 各學派興起的時代背景與主要論點　古典學派自 1776 年英國經濟學家亞當斯密發表其大著《國富論》開始發展，前後約一百五、六

十年逐漸形成一套有系統的學問。此時期中，產業尚未高度發達，不可能產生經濟循環。因此當時最主要的問題即是如何提高資源的利用效率，生產更多的產品，以使國家及人民更富裕起來。古典學派認為市場機能是促使資源有效利用的工具，因此主張自由放任，認為政府的干預愈少愈好。工資水準由勞動供需決定，供需變化，工資水準亦隨之變化，沒有僵固性的問題，因此充分就業成為常態，沒有失業。

本世紀初葉，一方面由於產業發展已達於某種程度，具有產生經濟循環的條件；同時另一方面由於工會的興起，使工資具有向下調整的僵固性；其結果使充分就業不為常態。如此繼續發展下去，使問題日趨嚴重，至1930年代乃爆發世界性的經濟大恐慌，當時幾乎所有產業發達的國家均被波及，造成貧窮於豐富之中的困境。此時古典學派的理論已無能為力，代之而起的是凱因斯學派的理論。此派自1936年凱因斯發表其大著《一般理論》開始發展，經過不斷的修正與充實，如今已成為一套完整的理論。該學派首先承認工會的存在，同時承認工會具有操縱工資水準的能力，因此乃假定貨幣工資率具有向下調整的僵固性，其結果充分就業不為常態。在此情況下，總合供給線具有正斜率，嚴重時更接近水平，如此解決失業問題必須從增加總合需求著手。

根據凱因斯的理論，由於總合供給線具有正斜率，因此物價膨脹與失業不可能同時發生。但自1970年代起，美國發生停滯性膨脹的現象，凱因斯學派的理論乃面臨挑戰，代之而起的是重貨幣派與理性預期學派。該兩派理論的要旨是大同小異的，所不同的是重貨幣派只有觀點與主張，沒有理論架構；而理性預期學派則除觀點與主張以外，尚有初步的理論架構。該兩學派均認為經濟之所以會衰退，是因為市場機能沒有能夠正常運作，重貨幣派認為是由工會與產業的壟斷所造成的，而理性預期學派則認為是由經濟體系缺乏內在一致性所造成的。所謂缺乏內在一致性，是指不符合消費者的最大效用原則。事實上，這兩種看法是完全一致的，只是重貨幣派直接指出其產生的外

各學派總體經濟理論的比較

項　　　目	古典學派	凱因斯學派	重貨幣派	理性預期學派
創　　　始	自1776年亞當斯密發表《國富論》開始。	自1936年凱因斯發表《一般理論》開始。	自1970年傅利曼等學者爭議開始。	自1970年盧卡斯等學者創立開始。
背　　　景	產業尚未高度發達，不可能產生經濟循環。	1930年代世界經濟恐慌，古典理論無能為力。	1970年代經濟發生停滯性膨脹，凱因斯理論不能解釋。	同　左
要　　　點	認為充分就業為常態，所餘即是資源調配的問題，主張自由放任。	認為充分就業不是常態，解決失業問題應從設法增加需求着手。	認為貨幣是中立性的。主張消除市場機能障礙，以減輕失業問題。	認為人們有理性預期，系統性的變化不能引起實質變數的變動。
理論體系	有	有	無，只有一些看法，主要在貨幣方面。	應該有，目前尚未建立完成。
總合供需與所得決定　總合供給	假定貨幣工資率及物價具有伸縮性，勞動市場經常處於均衡狀態，因此總合供給線為一條垂線。	假定貨幣工資率具有向下調整的僵固性，勞動市場有超額供給，因此總合供給線有一段正斜率線段。		假定勞動市場經常處於均衡狀態。
總合需求	在任何價格水準下，需求量等於供給量，此為賽伊法則。	商品市場及貨幣市場同時達於均衡。然後令物價水準變化，如此即可導出總合需求線。		
均衡	總產出完全決定於總合供給。	總產出主要決定於總合需求。		
利率決定	利率決定於儲蓄等於投資的均衡。	利率與物價及所得同時決定。		

物價決定	物價決定於貨幣供給量，此為貨幣數量説。	物價與利率及所得同時決定。		
所得、利率與物價的關聯性	所得、利率與物價三者順次分別決定。	所得、利率及物價由商品、貨幣及勞動三市場共同決定。		
經濟政策	崇尚自由放任，認為政府愈少干涉愈好，因此無具體經濟政策。	為解決失業，政府可採行財政及貨幣政策，以增加總合需求。	對凱因斯經濟政策的效果及執行方式有所評論。	
對貨幣政策的看法		長期由於流動性陷阱出現，無效果。但短期有效果。	同意長期無效果。但短期因效果的落後可能反使情況更糟，因此主張「法則重於權衡」。	貨幣供給量的變化在預期之內，無實質效果；不在預期之內，又難以掌握。故亦主張「法則重於權衡」。
對市場機能的看法	主張自由放任，認為運用價格機能，即能達成充分就業。	接受市場機能不完全的事實，並以之作為其理論體系的基本假設。	認為應積極消除市場機能的障礙，如此可減輕失業問題的嚴重性。	認為貨幣工資率向下調整的僵固性違反效用極大化的原則，是不理性的。
重　　　點	強調自由放任。	強調需求面。	強調法則重於權衡。	強調理論內在一致性。

象，而理性預期學派則間接指出其發生的內因而已。基於以上的看法，該兩學派均主張應該重視市場機能，設法消除一切阻礙市場機能正常運作的障礙，才能使問題獲得根本的解決。

　　另一個與凱因斯學派不同的觀點是貨幣政策的效果，凱因斯學派認為貨幣政策無論長短期均有效果，而重貨幣派則認為縱有效果亦是短期的，長期無效果。其原因為長期的經濟走向很難掌握，如果判斷錯誤，則興利不成、反為禍源。理性預期學派認為政府的一切作為均

在人們的預期之中，因此貨幣是中立性的，無政策效果。基於以上的
看法，該兩學派對於貨幣的供給均認為應該採取法則重於權衡的態
度，如此則雖無權衡之利，但亦無權衡之害。

2. 各學派理論架構的比較　四個學派中具有完整理論架構的只有
兩個，即古典學派與凱因斯學派，其他重貨幣派只有觀點與主張，没
有理論架構；理性預期學派則雖有初步的理論架構，但尚未完全成
熟。古典學派由於主張自由放任，亦即假定貨幣工資率不具僵固性，
因此充分就業成為常態。在此情況下，總合供給為一條垂線，其橫坐
標即為社會的最大總產出。由於總合供給為一條垂線，因此總產出由
總合供給單獨決定，影響所及，利率與物價水準亦成為單獨決定的局
面。在古典模型中，利率水準是由儲蓄與投資的均衡單獨決定的，物
價水準是由貨幣供需單獨決定的。不過在決定的過程中，總產出亦即
總所得影響儲蓄與投資，所得水準及利率水準影響貨幣需求，因此所
得水準、利率水準及物價水準三者是「順次」單獨決定的，而非純粹
的單獨決定。

　　凱因斯學派由於承認工會的存在與影響力，乃假定貨幣工資率具
有向下調整的僵固性，其結果充分就業不為常態。在此情況下，總合
供給除去充分就業時的垂線段外，尚有不充分就業時的正斜率線段。
當不充分就業相當嚴重時，正斜率線段更接近水平，在此情況下，總
合需求成為決定總產出亦即所得水準的要項，正因為如此，所以在建
立理論架構時必須先導出總合需求。總合需求中含有投資需求在內，
而投資量的多寡又決定於利率水準的高低，因此必須先根據貨幣的供
需決定利率水準。投資量決定了以後，即可結合其他支出而得總支
出，總支出線（相當於總合需求）與45°線（相當於總合供給的水平
段）的均衡決定所得水準。根據此一影響路線，假定物價為不同水準
時，即可決定不同的所得水準，予以配對即得總合需求線。總合供給
的導出比較簡單，直接根據勞動供需及工資向下調整僵固性的假定決
定勞動雇用量，通過總生產函數決定總產出，然後根據此一影響路

線，假定物價為不同水準時，即可決定不同的總產出水準，予以配對即得總合供給線。最後總合供需會合，決定貨幣、商品及勞動三市場同時達於均衡時的所得水準與物價水準。綜合以上所述，可知由於凱因斯學派假定貨幣工資率具有向下調整的僵固性，充分就業不為常態，總合供給含有正斜率段，所得水準與物價水準必須由總合供給與總合需求共同決定，因此必須先通過貨幣與商品兩市場的共同均衡導出總合需求，再通過勞動市場導出總合供給，然後總合供需會合才能決定三個市場同時達於均衡時的所得水準與物價水準。其情形與古典模型順次單獨決定者不同，其關鍵在於凱因斯學派假定貨幣工資率具有向下調整的僵固性，充分就業不為常態，總合供給含有正斜率段，總合需求對所得水準的決定亦具有影響力之故。

3. 各學派經濟政策的比較　古典學派崇尚自由放任，認為工資及物價均不具僵固性，充分就業成為常態，無失業問題，因此不需有任何政策來解決問題。凱因斯學派假定貨幣工資率具有向下調整的僵固性，充分就業不為常態，有失業問題，因此需要有政策來解決問題。此外，當不充分就業甚為嚴重時，總合供給為一條水平線，此時所得的增加全靠總合需求的增加。增加總合需求的方法主要有兩種，即財政政策與貨幣政策。至於重貨幣派與理性預期學派，其在失業問題方面則認為應該釜底抽薪，設法消除阻礙市場機能正常運作的一切障礙，市場機能運作正常即能消除或減輕失業，而達於經濟體系的內在一致性。在貨幣政策方面，重貨幣派認為經濟的走向很難掌握，同時任何政策均有時間落後的問題；理性預期學派認為政府的一切作為均在人們的預期之中，而使貨幣具有中立性。因此該兩學派均主張對於貨幣的供給應該採取法則重於權衡的態度，如此即可使經濟趨於穩定，而收中庸之道的功效。

4. 各學派重點思想的比較　古典學派崇尚「自由放任」，頗合乎我國道家的思想，道家認為冥冥之中自有一股力量促使社會和諧平順，不需任何人為的干預。在此觀念下，古典學派乃假定物價與貨幣

工資率不具僵固性，由此即可導出充分就業為常態的結論，如此總合供給為一條垂線，所得水準由總合供給單獨決定，從而使利率水準及物價水準亦成為單獨決定的局面。此外，由於充分就業為常態，無失業問題，因此乃不需有任何經濟政策。

凱因斯學派承認工會的存在及其影響力，同時承認產業發達具有壟斷的能力，因此乃「假定物價及貨幣工資率具有向下調整的僵固性」。在此假定下，充分就業不為常態，由此所導出的總合供給線含有正斜率段，其結果總合需求成為決定所得水準的主角。影響所及，物價水準及所得水準必須由總合供給及總合需求共同來決定。總合需求因為含有投資需求在內，因此必須由貨幣及商品兩市場共同來決定。此外，由於充分就業不為常態，因此乃有失業問題，需要政策來解決問題。由此可知，凱因斯學派的理論是事先承認經濟社會有壟斷現象的存在，包括工會的壟斷與廠商的勾結，事後即必須有政策來解決問題。

重貨幣派與理性預期學派主要在修正凱因斯學派理論的缺失，凱因斯學派因為事先承認不合理現象的存在，因此事後即必須耗費大量的人力物力來善後。對此該兩學派均認為應該正本清源，消除不合理的現象，如此即可釜底抽薪，使問題不致發生，或縱即發生也不會如此嚴重。基於此一觀念，該兩學派乃提出「重視市場機能」的看法。就理性預期學派而言，重視市場機能事實上就是該派所提出的「內在一致性」觀點的結論。此外，該兩學派對於貨幣的供給又提出「法則重於權衡」的看法，此一看法是認為權衡有困難，稍一不慎即可能產生反效果，倒不如根據法則來行事，比較穩妥。

5. 結語　經濟情勢不斷在變，適合此一時代的總體經濟理論，不一定能適合下一個時代，這是江山代有「理論」出的原因。古典學派所處的時代是一個產業不發達及工會組織不強勁的時代，沒有壟斷的問題，至少是沒有嚴重的壟斷問題。同時古典學派發現市場機能猶如一隻不可見的手，除去人們的自利心外，不需要任何外力，就可以把

經濟問題處理得很好。因此古典學派崇尚「自由放任」，根據此一基本觀念導出其總體經濟理論，其結果物價及工資均不具僵固性，充分就業成為常態。

殆至本世紀初葉，廠商勾結日趨盛行，工會壟斷日趨嚴重，使物價及工資具有向下調整的僵固性，其結果充分就業不為常態，嚴重時甚至形成貧窮於豐富之中的困境。由於廠商勾結與工會壟斷的問題一時尚無法解決，尤其是在經濟嚴重不景氣的時候，因此凱因斯只有接受此一事實，「假定貨幣工資率具有向下調整的僵固性」，在此假定下建立其理論體系。其結果總合供給線含有正斜率段，如此增加總合需求成為解決失業問題的唯一途徑。增加總合需求的方法是實施擴張性的財政政策，如此政府將耗費不貲。

根據凱因斯的理論，應用有關政策，經濟不景氣的問題是解決了，但是留下兩個後遺症，其一是壟斷的問題不解決，其病根仍在；另一是政府債臺高築，伊於胡底。凱因斯學派因為遷就當時的情況，所以才有這樣的結果。至 1970 年代，物價膨脹與失業同時發生，其情況更為嚴重，乃使經濟學家不得不正視凱因斯理論所留下的後遺症。為消除此後遺症，重貨幣派及理性預期學派均認為應該「重視市場機能」，如果市場機能能夠正常運作，則資源的利用效率即能提高，如此物價膨脹與失業的問題即可獲得紓解，而收釜底抽薪之效。欲使市場機能能夠正常運作，必須設法消除阻礙市場機能運作的一切障礙。根據此一概念所建立的總體經濟理論必合於「內在一致性」，亦即符合消費者的最大效用原則，此為理性預期學派由人們的理性預期所導出的基本法則。市場機能正常運作符合古典學派所崇尚的自由放任的觀念，故理性預期學派又稱之為新古典學派。由此可知，良好的制度必會因人類的自私遭到破壞，破壞了以後即產生不良後果，於是又要想辦法回到原來的制度。經濟社會就是如此，所以才有古典、凱因斯及新古典學派的交替發生。未來這樣的情形還會發生，因為自私是人類的本性，道高一尺，魔高一丈。

　　綜合以上所述，可知總體經濟理論隨著經濟情勢的改變而改變，很難有定論。未來經濟情勢的變化不外有下列三種可能。第一、世界人口不斷增加，而資源畢竟是有限的，過去的問題是貧窮於豐富之中，未來的問題可能是貧窮於貧窮之中。第二、科技發展的速度不斷加快，對整個經濟情勢會有相當的影響。第三、過去經濟學所探討的是經濟因素與經濟因素之間的均衡關係，未來可能要擴而大之，探討人類與大自然之間的均衡關係，這當然是人口增加及科技進步所衍生出來的問題。除此而外，總體經濟理論在事實認定及研究方法上還有兩個問題，其一是過分強調市場機能與過分強調自私心理都是不對的，事實上人是一種很複雜的生物，理性與靈性兼具，因此在建立總體經濟理論時，必須將這兩個因素都考慮進去才行。另一是經濟變數的變化很少是連續性的，多數是間斷性的。所謂間斷性，是指一個經濟因素的變化要達到某一程度以後，才會引起另一經濟因素的變化，就好像量子力學裏所講的能階一樣，能量必須大到某一個程度才會引起反應。未來由於有這許多變項，因此總體經濟理論還會不斷地被修正，其結果只有當時適用的理論，沒有恆久不變的理論。除非能建立一個「真正的」一般理論，其他各種理論均為其在某種特殊條件下的個別狀況才行。

摘　要

重貨幣派及理性預期學派的總體經濟理論

重　貨　幣　派	
重貨幣派與凱因斯學派的區別	(1)凱因斯學派接受市場機能不完全的事實，而重貨幣派則重視市場機能，其論點頗接近古典學派。
	(2)早期的凱因斯學者認為，在經濟極端不景氣時，流動陷阱出現，使貨幣政策效果不彰。重貨幣派認為貨幣供給量的變化對利率有影響，從而影響投資。

市場機能	(1)重貨幣派認為除所得分配、公共財及外部經濟等問題外，政府對市場機能不應加以干預，使其充分發揮以提高經濟效率。 (2)對於工會及廠商聯合壟斷的情事，政府應積極加以干預，使市場機能得以充分發揮。 該派學者認為如市場機能能充分發揮，則大部分失業問題即可避免。
法則與權衡	(1)經兩派學者多年的辯論，大致接受貨幣政策對所得、利率及物價有相當效果的結論。 (2)由於經濟景氣的走向不能確實掌握，故傅利曼認為貨幣政策的實施法則重於權衡，遵循固定貨幣成長法則，較為穩妥。

理 性 預 期 學 派	
適應性預期與理性預期	(1)適應性預期是一種直觀的或淺近的預期。 (2)理性預期是一種綜觀的或深入的預期。
三個基本假定	(1)勞動市場經常處於均衡狀態—盧卡斯認為人是有理性的，因此貨幣工資率不具向下調整的僵固性，此點頗接近古典學派的看法。 (2)人們對未來變化有理性預期。 (3)經濟社會的資訊不完整。 理性預期學派根據此三個假定導出一套經濟循環的理論。
特質	理性預期與「追求最大效用」的假定是完全一致的，因此理性預期學派特別重視理論的「內在一致性」。 凱因斯的貨幣工資率具有向下調整僵固性的假定，違反人們追求最大效用的動機，因此凱氏理論具有內在矛盾，而不能圓滿地解釋總體經濟現象。
對貨幣政策的看法	(1)貨幣中立性—該學派認為貨幣供給量的變化皆在人們的預期之內，因此只能引起物價的變化，不能引起實質產出的變化。 (2)法則重於權衡—該學派認為採取權衡性貨幣政策時，如在人們的預期之內，不可能產生實質效果；如不在人們的預期之內，則將導致貨幣市場的混亂，而產生不可控制的後果。因此該學派對貨幣供給量的變化，認為應遵循「法則重於權衡」的原則，此點頗接近重貨幣派。

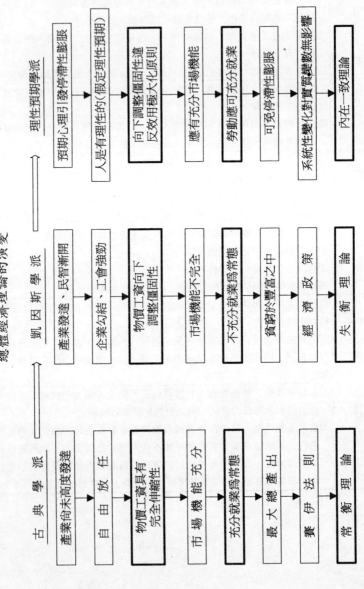

總體經濟理論的演變

古典學派

產業尚未高度發達

自　由　放　任

物價工資員有
完全伸縮性

市　場　機　能　充　分

充分就業為常態

最　大　總　產　出

賽　伊　法　則

常　衡　理　論

凱因斯學派

產業發達、民智漸開

企業勾結、工會強勁

物價工資向下
調整僵固性

市場機能不完全

不充分就業為常態

貧窮於豐富之中

經　濟　改　策

失　衡　理　論

理性預期學派

預期心理運引發停滯性膨脹

人是有理性的(假定理性預期)

向下調整僵固性達
反效用極大化原則

應有充分市場機能

勞動應可充分就業

可免停滯性膨脹

系統性變化對實質變數無影響

內在一致理論

問　題

1. 重貨幣派與理性預期學派因何能夠興起？
2. 説明重貨幣派對市場機能的看法，因何有此看法？
3. 説明重貨幣派對貨幣政策的看法，因何有此看法？
4. 重貨幣派的觀點與凱因斯學派有何不同？其基本原因何在？
5. 何謂適應性預期？何謂理性預期？兩者有何不同？
6. 理性預期學派的理論由三個基本假定導出，是那三個基本假定？為何需要此三個基本假定？
7. 理性預期學派强調理論體系的內在一致性，何謂內在一致性？為何强調內在一致性？
8. 理性預期學派對貨幣政策的看法如何？為何與重貨幣派的觀點甚為相似？
9. 理性預期學派又稱之為新古典學派，何故？
10. 試列舉四個主要學派總體經濟理論的基本假定或重要觀點，由此闡明各該學派理論的特質與適用情況。

第拾壹篇

國際貿易與國際金融

　　以上所討論的是在封閉經濟（closed economy）下的經濟問題及其理論架構。所謂封閉經濟，是指一個國家或社會關起門來過日子，與其他國家或社會沒有來往，特別是沒有經濟上的來往。由第一章的說明知，分工可以提高生產效率，交換可以提高分派效率，如果把分工與交換的範圍由國內擴張到國外，則整個世界資源的利用效率即能提高，而使整個世界的人民獲得更多的滿足。基於此一理由，於是所有曷興乎來的國家及社會均打開門戶進行國際貿易，此時這些國家或社會的經濟即稱之為開放經濟（open economy）。國際貿易有三個問題，第一是什麼原因使得這些國家或社會願意進行國際貿易，對他們到底有什麼好處，凡此均屬國際貿易理論的範疇，將在下一章即第二十五章中說明之。一個國家或社會基於某種理由必須對國際貿易有所促進或限制，用什麼方法去促進或限制，其後果如何，凡此均屬國際貿易政策的範疇，將在第二十六章中說明之。國際貿易與國內貿易一樣需要有一個大家都接受的交換媒介，這種媒介是什麼樣的形式，與國內貨幣的交換比例如何訂定，以及如何加以管理等，凡此均屬國際金融的範疇，將在第二十七章中說明之。

第二十五章　國際貿易理論

　　前在第一章中曾提及經濟社會的基礎有兩個，即分工與交換以及私有財產與經濟自由。國際貿易（international trade），簡言之即是國際間的分工與國際間的交換。又由第一章的說明知，分工必須以交換為前提，如果交換對任何一方無利，則交換乃至分工的目的是不能達成的。因此本章一開始首先討論在何種情況下兩國之間願意進行國際貿易。屬於這方面的理論共有兩套，即古典比較利益理論與現代比較利益理論，此將在第一及第二兩大節中分別說明之。產生國際貿易的原因除去上兩大節所提出的原因外，尚有其他原因，此將在第三大節中說明之。國際分工可提高產品的生產效率，國際交換可提高產品的分派效率，生產效率與分派效率合為經濟效率，就國際貿易而言，即為進行國際貿易所增加的福利，此將在第四大節中說明之。以上所討論的內容只告訴我們在何種情況下可以進行國際貿易以及國際貿易的好處何在，但未明確指出貿易雙方各應生產多少、交換多少，這是國際貿易均衡的問題，此將在第五大節中說明之。至此國際貿易的理論架構已討論完畢，最後還要加上一點即是什麼原因會使原有的均衡被打破，使國際貿易的型態改變，此將在第六大節中說明之。

　　一個國家如從事國際貿易，則此國家的經濟即稱為「開放經濟」（open economy），否則即稱為「封閉經濟」（closed economy）。現代的國家很少是採行封閉經濟的，絕大多數都是開放經濟，因為國際貿易在多數情況下對大家都有好處也。

一、古典比較利益理論

　　古典比較利益理論由絕對利益理論修正而來，茲先介紹絕對利益理論，然後介紹比較利益理論，循序進行，如此即更能瞭解其中的涵義。

1. 絕對利益理論　此理論由古典學派大師亞當斯密所提出。此理論假定各國的生產技術不同，有者專精於此一產品的生產，有者專精於另一產品的生產；於是某些國家在某些產品的生產上占有絕對優勢，另一些國家在另一些產品的生產上占有絕對優勢。在此情況下，進行國際貿易，雙方均以自己生產有利的產品去交換自己生產不利的產品。其結果交易雙方只要生產其占有絕對優勢的產品，然後進行交換，如此不但可提高產品的生產效率，同時可提高產品的分派效率，對雙方均屬有利。此即為亞當斯密的絕對利益理論。茲再以數字的例子說明如下：

　　就以我國與美國玉米與成衣的貿易而言，假定我國在成衣的生產上占有絕對優勢，美國在玉米的生產上占有絕對優勢。其情形如下表：

表25-1　絕對利益理論舉隅

項　　　目		貿　易　前			貿　易　後		
		我國	美國	合計	我國	美國	合計
總　投　入		10	10	20	10	10	20
分項投入	玉米	5	6	11	0	10	10
	成衣	5	4	9	10	0	10
單位投入 的 產 出	玉米	6	10		6	10	
	成衣	12	5		12	5	
總　產　出	玉米	30	60	90	0	100	100
	成衣	60	20	80	120	0	120
進　出　口	玉米	0	0		+35	-35	
	成衣	0	0		-45	+45	
總　消　費	玉米	30	60	90	35	65	100
	成衣	60	20	80	75	45	120

茲逐步說明如下：

(1)假定我國與美國均各有 10 個單位的投入，在兩國間沒有貿易來往的時候，我國以 5 個單位投入玉米生產，5 個單位投入成衣生產；美國以 6 個單位投入玉米生產，4 個單位投入成衣生產；如此可使兩國消費者在封閉經濟下分別獲得最大滿足。

(2)在單位投入的產出方面，我國一單位投入的玉米產量為 6 單位，一單位投入的成衣產量為 12 單位；美國一單位投入的玉米產量為 10 單位，一單位投入的成衣產量為 5 單位。很明顯地我國在成衣的生產上占有絕對優勢，美國在玉米的生產上占有絕對優勢。

(3)各種產品所耗用的投入量乘上其單位產量，即得各該產品的生產量。其結果在沒有國際貿易的情況下，我國玉米的生產量為 30 單位，成衣的生產量為 60 單位；美國玉米的生產量為 60 單位，成衣的生產量為 20 單位。中美兩國合計玉米的總產量為 90 單位，成衣的總產量為 80 單位。若兩國之間沒有貿易來往，亦即沒有進出口，則各國的生產量即為其消費量。

(4)中美兩國之間如果有貿易來往，其情況即不同。由於我國在成衣的生產上有絕對優勢，於是乃將全部 10 個單位的投入用在成衣的生產上，其結果我國成衣的產量由 60 單位增加為 120 單位，而玉米則完全退出生產。由於美國在玉米的生產上有絕對優勢，於是乃將全部 10 個單位的投入用在玉米的生產上，其結果美國玉米的產量由 60 單位增加為 100 單位，而成衣則完全退出生產。中美兩國合計玉米的總產量由 90 單位增加為 100 單位，成衣的總產量由 80 單位增加為 120 單位，兩者同時增加，這就是國際分工提高生產效率的結果。

(5)國際分工以後，必須進行國際貿易，否則兩國消費者不能獲得最大滿足。中美兩國根據其本身的供需，經由貿易的均衡，決定我國須以 45 單位的成衣去交換美國 35 單位的玉米，如此才能使兩國消費者在開放經濟下分別獲得最大滿足。經過進出口以後，我國玉米的消費量為 35 單位，成衣的消費量為 75 單位；美國玉米的消費量為 65 單

位,成衣的消費量為45單位。

(6)綜合以上所述,可看出有了國際貿易以後,中美兩國玉米的總產量由 90 單位增加為 100 單位,成衣的總產量由 80 單位增加為 120 單位;這是國際分工提高生產效率所致。再看產品的分派方面,在有國際貿易以前,我國消費者在比例上消費過多的成衣、過少的玉米,而美國消費者則在比例上消費過多的玉米、過少的成衣。經過國際貿易互通餘絀以後,雙方消費過多過少的情況即行改善,提高產品的分派效率。由此可知,國際貿易不但可以提高產品的生產效率,同時可以提高產品的分派效率,而使中美兩國資源的利用效率提高,使兩國消費者均獲得更多的滿足。

2. 比較利益理論 亞當斯密認為兩國只有在各有絕對優勢的情況下才有貿易的可能,但事實並非盡然。古典學派的經濟學家李嘉圖氏（ David Ricardo, 1772–1823 ）認為兩國只要有「相對」優勢,即能進行貿易,而使雙方蒙利。所謂相對優勢,就以中美玉米與成衣的生產而言,假定美國一單位投入的玉米產量為 10 單位,一單位投入的成衣產量為 15 單位;而我國一單位投入的玉米產量為 5 單位,一單位投入的成衣產量為 12 單位。無論是玉米或是成衣的生產,美均居優勢,我國均居劣勢。按照亞當斯密的說法,亦即按照絕對利益理論,中美兩國無貿易的可能,但事實並非如此。我國在玉米及成衣的生產上雖均無絕對優勢,但與美國相較,我國在成衣的生產上有相對的優勢,因為我國增加一單位成衣的生產只要犧牲 5／12 單位的玉米,而美國增加一單位成衣的生產卻要犧牲 10／15 單位的玉米,因此我國在成衣的生產上有相對的優勢。反之,美國在玉米的生產上有相對的優勢,因為美國增加一單位玉米的生產只要犧牲 15／10 單位的成衣,而我國增加一單位玉米的生產卻要犧牲 12／5 單位的成衣。在雙方均各有相對優勢的情況下,即能進行貿易,而使雙方蒙利。我國一單位成衣只要能換得 5／12 單位以上的玉米,即願進行交換;美國一單位玉米只要能換得 15／10 單位以上的成衣,即願進行交換。

為便於比較，現在將美國的數額也化為以成衣為單位的數額，美國為換取一單位成衣最多只願意以 10／15 單位玉米來交換。10／15＞5／12，雙方一拍即合，願意進行交換。綜合以上所述，可知兩個國家只要各有相對優勢亦即比較利益，即願意進行貿易，此一原理即為所謂的「比較利益法則」（ the law of comparative advantage ），由此所建立的理論稱為「比較利益理論」。茲再以數字的例子說明如下：

表25－2　比較利益理論舉隅

項　　　目		貿　易　前			貿　易　後		
		我國	美國	合計	我國	美國	合計
總　投　入		10	10	20	10	10	20
分項投入	玉米	6	6	12	0	10	10
	成衣	4	4	8	10	0	10
單位投入 的　產　出	玉米	5	10		5	10	
	成衣	12	15		12	15	
總　產　出	玉米	30	60	90	0	100	100
	成衣	48	60	108	120	0	120
進　出　口	玉米	0	0		＋35	－35	
	成衣	0	0		－65	＋65	
總　消　費	玉米	30	60	90	35	65	100
	成衣	48	60	108	55	65	120

茲逐步說明如下：

(1)假定我國與美國均各有10個單位的投入，在兩國沒有貿易來往的時候，我國與美國分別均以6個單位投入玉米生產，分別均以4個單位投入成衣生產，如此可使兩國消費者在封閉經濟下分別獲得最大滿足。

(2)在單位投入的產出方面，我國一單位投入的玉米產量為5單位，一單位投入的成衣產量為12單位；美國一單位投入的玉米產量

為10單位,一單位投入的成衣產量為15單位。就產品別而言,無論是玉米或是成衣的生產,美國均居優勢,我國均居劣勢。

(3)各種產品所耗用的投入量乘上其單位產量,即得各該產品的生產量,其結果在沒有國際貿易的時候,我國玉米的生產量為30單位,成衣的生產量為48單位;美國玉米及成衣的生產量均各為60單位。中美兩國合計玉米的總產量為90單位,成衣的總產量為108單位。因此時兩國之間沒有貿易來往,亦即沒有進出口,因此各國的生產量即為其消費量。

(4)我國在玉米及成衣的生產上雖均無絕對優勢,但與美國相較,我國在成衣的生產上有相對優勢;相對地,美國在玉米的生產上有相對優勢,前已提及,毋庸贅述。

(5)為爭取最大的國際分工利益,我國乃將全部10個單位的投入用在成衣的生產上,其結果成衣的產量由48單位增加為120單位,而玉米則完全退出生產;美國則將全部10個單位的投入用在玉米的生產上,其結果玉米的產量由60單位增加為100單位,而成衣則完全退出生產。經過國際分工以後,無論是玉米或是成衣的產量兩國合計均較原來的合計產量為高,此因各國利用其相對優勢提高生產效率所致。

(6)同樣情形,國際分工以後必須進行國際貿易,否則兩國的消費者均不能獲得最大的滿足。根據兩國本身的供需,經由貿易的均衡,決定我國須以65單位的成衣去交換美國35單位的玉米,如此才能使兩國消費者在開放經濟下分別獲得最大的滿足。經過進出口以後,我國玉米的消費量為35單位,成衣的消費量為55單位;美國玉米的消費量為65單位,成衣的消費量亦為65單位;均較無國際貿易時的水準為高。

(7)綜合以上所述,可知雖然在玉米及成衣的生產上,美國均有絕對優勢,我國均無絕對優勢;但只要我國在某種產品的生產上有相對優勢亦即比較利益,即能進行國際貿易而使雙方蒙利。

比較利益的範圍較絕對利益的範圍為廣，合於絕對利益者必合於比較利益；反之則否。因此比較利益理論可以涵蓋絕對利益理論，而為古典學派在國際貿易上的一個重要理論。

二、現代比較利益理論

1. 古典比較利益理論的缺點　古典比較利益理論中含有兩個假定，其一為假定各國的生產技術不同，有者專精於此一產品的生產，有者專精於另一產品的生產，因而各有優勢。這種情形在過去國際交往不頻繁的時代是可能發生的，現代則由於國際交往頻繁，除去極少數的尖端科技以外，其他一般性的生產技術已無任何秘密可言，在此情況下，因為技術不同所產生的優勢當然不可能存在。然而現今世界上國際貿易仍照常進行，此說明貿易各方仍具有各自的優勢，否則不可能有國際貿易。既然這種優勢不是來自生產技術的不同，則必定另有來源，其他來源中比較有可能產生絕對優勢或相對優勢的即是要素稟賦（factor endowment）。我國因為人多地少，人力是我國的要素稟賦，適宜發展勞力密集的產業，成衣的生產須耗用甚多的勞力，因此我國在成衣的生產上具有優勢。反之，美國因為人少地多，土地是美國的要素稟賦，適宜發展土地密集的產業，玉米的生產須耗用甚多的土地，因此美國在玉米的生產上具有優勢。由此可知，在現代社會中，生產優勢主要是來自要素稟賦，而非生產技術。

古典比較利益理論的另一個缺點是其隱含著一個不合理的假定，即假定任何一種產品的生產其投入的邊際報酬是固定的，違反邊際報酬遞減法則。正因為如此，所以在進行國際分工時，我國只生產成衣，不生產玉米；美國只生產玉米，不生產成衣。但事實並非如此，其原因即在投入的邊際報酬不是固定的，而是遞減的。

為彌補這兩個缺陷，乃有現代比較利益理論的產生。為能顯示要素稟賦的不同以及邊際報酬遞減的影響，數字的例子太過複雜，必須

改用圖解的方式才行。能表示要素稟賦及邊際報酬遞減特性的曲線即是生產可能線，茲率先予以介紹如下。

2. 生產可能線 一種要素生產兩種產品，在要素總量不變且充分有效利用的情況下，兩種產品產量的不同組合所形成的曲線，稱為「生產可能線」(production possibility curve)，其形如下：

圖 25－1　玉米與成衣的生產可能線

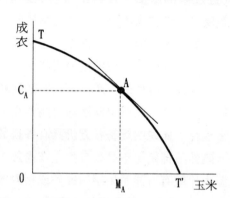

假定一種要素是勞動，兩種產品是玉米與成衣。在勞動數量不變的情況下，多生產玉米，即少生產成衣；反之，多生產成衣，即少生產玉米；兩者的關係是互相抵換的，因此該曲線的斜率必定是負數。此外，任何一種產品當其產量增加時，因為勞動的邊際報酬是遞減的，產量增加的速度趨緩，如此曲線即向右上方凸出。由此可知，生產可能線可以顯示邊際報酬遞減法則的影響。

曲線上任一點譬如 A 點的斜率稱為邊際轉換率 (marginal rate of transformation)。就玉米與成衣的生產而言，邊際轉換率是指當玉米增產一單位時，所需犧牲成衣生產的單位數，此稱之為「成衣對玉米的邊際轉換率」。邊際轉換率通常為負數，因一方增加，另一方必定減少也。成衣對玉米的邊際轉換率，就絕對值而言，隨玉米產量的增加而遞增，亦即玉米生產的機會成本是遞增的，反過來講即要

素的邊際報酬是遞減的。

3. 現代比較利益理論　假定我國與美國玉米與成衣的生產可能線分別如下：

圖25－2　我國與美國玉米與成衣的生產可能線

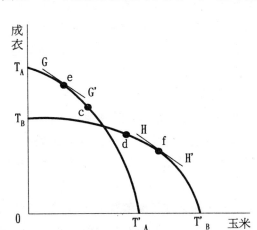

茲逐步說明如下：

(1)圖中 $T_A T'_A$ 曲線代表我國玉米與成衣的生產可能線，$T_B T'_B$ 曲線代表美國玉米與成衣的生產可能線。我國的生產可能線比較陡峭，成衣對玉米邊際轉換率的絕對值比較大，此說明我國在成衣的生產上占有相對優勢。美國的生產可能線比較平坦，成衣對玉米邊際轉換率的絕對值比較小，此說明美國在玉米的生產上占有相對優勢。由此可看出，生產可能線形狀的不同可以表示各國要素稟賦的不同。

(2)在沒有國際貿易的時候，我國在 c 點進行生產，可在封閉經濟下使我國消費者獲得最大滿足；美國在 d 點進行生產，可在封閉經濟下使美國消費者獲得最大滿足。

(3)在進行國際貿易以前，我國在 c 點進行生產，美國在 d 點進行生產，c 點的成衣對玉米的邊際轉換率較 d 點者為大，此說明我國增產成衣的機會成本較美國為低，美國增產玉米的機會成本較我國為

低。在此情況下,我國應該增加成衣的生產,減少玉米的生產;美國應該增加玉米的生產,減少成衣的生產。在生產可能線上,即我國應由 c 點沿 $T_A T'_A$ 線向左上方移動,美國應由 d 點沿 $T_B T'_B$ 線向右下方移動。

(4)由於要素的邊際報酬是遞減的,因此我國增產成衣的機會成本隨成衣產量的增加而不斷提高,美國增產玉米的機會成本隨玉米產量的增加而不斷提高,如此不斷調整生產,直至兩國的邊際轉換率相等時為止。假定此時我國的生產組合由 c 點移至 e 點,美國的生產組合由 d 點移至 f 點,e 點切線 GG' 的斜率與 f 點切線 HH' 的斜率相等,亦即 e 點的邊際轉換率等於 f 點的邊際轉換率。注意!此處只要求兩國的邊際轉換率相等,至於等於多少,此不但與兩國的生產可能線有關,同時與兩國之間的貿易條件有關,關於此點將在第四大節中說明之。

(5)國際分工以後,隨之進行國際貿易,各種產品的國內生產量,加上進口量,減去出口量,所餘即為國內的消費量。同樣情形,到底進口多少,出口多少,始能在開放經濟下使兩國消費者分別獲得最大滿足,此亦將在第四大節中說明之。

綜合以上所述,可知現代比較利益理論,不但認為比較利益的產生是由於要素稟賦的不同,同時引用圖形分析的技巧,特別是引用生產可能線以顯示邊際報酬遞減的影響,故較古典比較利益理論更切合實際,而成為國際貿易理論中的一個重要理論。

三、產生國際貿易的其他原因

由上節的說明知產生國際貿易的原因主要是各國的要素稟賦不同,在產品的生產上各有優勢之故。除此而外,尚有兩個原因,其一為規模經濟利於大規模生產,另一為各國消費者的消費偏好不同,茲分別介紹如下:

1. 規模經濟所引發的國際貿易　前在第五章中説明成本曲線時，曾提及產業的規模報酬有三種型態，第一種型態是規模報酬遞增，此種產業的長期平均成本曲線（*LAC*）有很長的一段是不斷下降的，其情形見下列左圖。第二種型態是規模報酬不變，此種產業的*LAC*曲線中間有很長的一段是水平的，其情形見下列中圖。第三種型態是規模報酬遞減，此種產業的*LAC*曲線開始稍降，其後即不斷上升，其情形見下列右圖。

圖25－3　規模報酬的三種型態

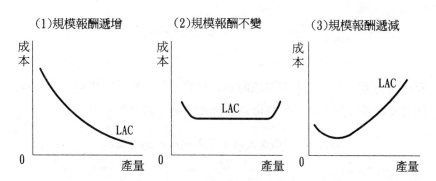

(1)規模報酬遞增　　　　(2)規模報酬不變　　　　(3)規模報酬遞減

假定玉米與成衣均為規模報酬遞增的產業，亦即均具有規模經濟，則中美兩國的生產可能線均凸向原點，其情形如圖25－4所示。

在此情況下，基於要素的稟賦，我國只生產成衣，不生產玉米；美國只生產玉米，不生產成衣；從生產效率的觀點來講是最有利的。然而我國只有成衣，沒有玉米；美國只有玉米，沒有成衣；均不能使兩國消費者獲得最大的滿足。因此在國際分工以後必須進行國際交換亦即進行國際貿易，很明顯地這種國際貿易主要是因為玉米與成衣均具有規模經濟適合大規模生產所導致的。如果玉米與成衣的生產均不具規模經濟，則國際分工與國際貿易亦可能發生，但數量不會有如此之多。

2. 消費偏好不同所引發的國際貿易　為凸顯消費偏好不同對國際

圖25-4 兩規模報酬遞增產業的生產可能線

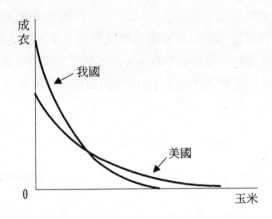

貿易的影響，今假定中美兩國的要素稟賦及生產技術均相同，如此兩國玉米及成衣的生產可能線即為同一條曲線。其情形如下：

圖25-5 消費偏好不同所引發的國際貿易

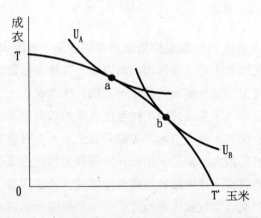

圖中 TT' 代表中美兩國玉米與成衣相同的生產可能線。

單獨一個消費者為獲得同等滿足對兩種產品消費量不同組合所形成的曲線稱為無異曲線，一個國家全部消費者的集體為獲得同等滿足

對兩種產品消費量不同組合所形成的曲線稱為社會無異曲線（social indifference curve）。同樣情形，社會無異曲線上各點的斜率即為兩產品的邊際替代率。

　　設 U_a 為我國玉米與成衣的社會無異曲線，為能在有限的資源之下使我國消費者獲得最大的滿足，則 U_a 必須與 TT' 相切，令其切點為 a。設 U_b 為美國玉米與成衣的社會無異曲線，為能在有限的資源之下使美國消費者獲得最大的滿足，則 U_b 亦必須與 TT' 相切，令其切點為 b。a 點的位置在 b 點的左上方，此說明我國消費者比較偏好成衣的消費，美國消費者比較偏好玉米的消費。

　　就生產可能線而言，a 點處成衣對玉米的邊際轉換率小於 b 點處成衣對玉米的邊際轉換率；此時我國增產玉米所犧牲的成衣數量較少，美國增產玉米所犧牲的成衣的數量較多；反過來看，美國增產成衣所犧牲的玉米數量較少，我國增產成衣所犧牲的玉米數量較多。因此我國應該增加玉米的生產，減少成衣的生產；美國應該增加成衣的生產，減少玉米的生產；然後以我國的玉米去交換美國的成衣，如此對雙方均屬有利；這就是因兩國消費者消費偏好不同所引發的國際貿易，因此時假定中美兩國的要素稟賦及生產技術均相同也。在圖形上，我國的消費組合是 a 點，生產組合所代表的點則由 a 點沿生產可能線 TT' 向右下方移動；美國的消費組合是 b 點，生產組合所代表的點則由 b 點沿 TT' 向左上方移動。

四、國際貿易的福利及其分配

　　由上面的說明知，國際分工可使生產效率提高，國際交換可使分派效率提高，這些都是由國際貿易而來的福利。國際貿易的福利在國與國之間是如何分配的，在國內各產業間及各階層間則又是如何分配的，事關國家與個人的利益，乃有詳加討論的必要，茲逐步說明如下：

1. 貿易條件的意義　國際貿易福利的分配與兩國之間貿易條件的好壞有直接關係，必須率先加以介紹。所謂貿易條件（terms of trade），是指一個國家一單位出口品所能換得進口品的數量，或出口品的價格與進口品的價格之比。其計算公式如下：

$$貿易條件 = \frac{進口量}{出口量} = \frac{出口品價格}{進口品價格}$$

例如我國出口成衣、進口玉米，如果一單位成衣可換得 0.5 單位的玉米，則貿易條件即為 0.5。一單位成衣可換得 0.5 單位的玉米，意指玉米一單位的價格是成衣一單位價格的兩倍，如此成衣價格與玉米價格之比亦為 0.5。

一個國家的貿易條件提高，對此國家而言即謂之貿易條件好轉，因此時進行國際貿易對此國家比較有利也。反之，一個國家的貿易條件下降，對此國家而言即謂之貿易條件惡化，因此時進行國際貿易對此國家比較不利也。貿易條件的好轉與惡化是相對的，貿易條件如果對一個國家是好轉，則對其貿易對手即是惡化；反之亦然。由此可知，貿易雙方的利益在貿易條件上是互相衝突的。貿易條件的高低決定於貿易雙方進出口的供需，此將在下一大節中說明之。

2. 貿易條件與國際貿易　假定中美兩國玉米與成衣的生產可能線及社會無異曲線如下頁所示，左圖中，$T_A T'_A$ 為我國玉米與成衣的生產可能線，U_A 為我國玉米與成衣的社會無異曲線，兩者相切於 a 點。通過 a 點兩條曲線的公切線為 $Y_A Y'_A$，此公切線對生產可能線而言即是等收益線，對社會無異曲線而言即是預算線。假定要素的數量是固定的，則玉米與成衣的生產可能線只有一條即 $T_A T'_A$，而社會無異曲線則有無數條，其與 $T_A T'_A$ 相切的一條即 U_A，即為在要素數量限制下能使社會獲得最大滿足的一條社會無異曲線。事實上，$T_A T'_A$ 相當於兩種產品生產組合的供給線，U_A 相當於兩種產品消費組合的需求線，兩者的切點 a 相當於兩種產品組合供需的均衡點，由此均衡點可以同時決定兩種產品的均衡生產組合亦即均衡消費組合，以及

圖25－6 中美兩國玉米與成衣無貿易時的國內均衡

(1)我國無貿易時的均衡

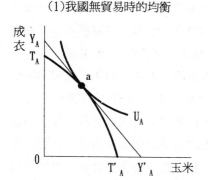

(2)美國無貿易時的均衡

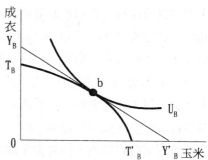

兩種產品的均衡價格比，此均衡價格比即為通過 a 點兩條曲線公切線 $Y_A Y'_A$ 斜率絕對值的倒數。假定 $Y_A Y'_A$ 的斜率為－2，其絕對值的倒數為0.5，此即為我國在供需均衡狀態下成衣價格與玉米價格之比。

上列右圖中，$T_B T'_B$ 為美國玉米與成衣的生產可能線，U_B 為美國玉米與成衣的社會無異曲線，兩者相切於 b 點。通過 b 點兩條曲線的公切線為 $Y_B Y'_B$，此公切線對生產可能線而言即是等收益線，對社會無異曲線而言即是預算線。假定要素的數量是固定的，則玉米與成衣的生產可能線只有一條即 $T_B T'_B$，而社會無異曲線則有無數條，其與 $T_B T'_B$ 相切的一條即 U_B，即為在要素數量限制下能使社會獲得最大滿足的一條社會無異曲線。事實上，$T_B T'_B$ 相當於兩種產品生產組合的供給線，U_B 相當於兩種產品消費組合的需求線，兩者的切點 b 相當於兩種產品組合供需的均衡點，由此均衡點可以同時決定兩種產品的均衡生產組合亦即均衡消費組合，以及兩種產品的均衡價格比，此均衡價格比即為通過 b 點兩條曲線公切線 $Y_B Y'_B$ 斜率絕對值的倒數。假定 $Y_B Y'_B$ 的斜率為－0.8，其絕對值的倒數為1.25，此即為美國在供需均衡狀態下成衣價格與玉米價格之比。

已知我國成衣與玉米的均衡價格比為0.5，如果國際成衣與玉米

的價格比亦即所謂的貿易條件高於0.5，則我國即願意出口成衣、進口玉米，這對我國是有利的。從另一方面來看，已知美國成衣與玉米的均衡價格比為1.25，因為美國未來將出口玉米、進口成衣，為配合美國的貿易條件，必須將此價格比倒過來，化為玉米與成衣的均衡價格比，其結果為0.8。如果美國的貿易條件高於0.8，則美國即願意出口玉米、進口成衣，這對美國也是有利的。由此可知，就我國的觀點而言，貿易條件如果在0.5與1.25之間，則中美雙方即願意進行貿易，否則即不願意進行。一般說來，如果中美之間有貿易可能，則貿易條件必定會在此可行範圍之內，否則對雙方均無好處也。又貿易條件雖然在可行範圍內，但究竟在那一點，對中美雙方貿易利益的分配有很大的影響。就上面所舉的例子而言，以我國的貿易條件為準，如果貿易條件接近1.25，則對我方有利；如果接近0.5，則對美方有利；其詳細情形將在第4節中說明之。

3. 國際貿易的福利　茲以上述例子中美國的情況為例說明之，其情形如下：

圖25-7　國際貿易的福利

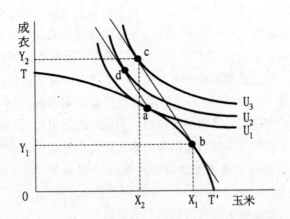

茲逐步說明如下：

(1)圖中 TT' 代表美國玉米與成衣的生產可能線，在沒有國際貿易的時候，此生產可能線與 U_1 所代表的社會無異曲線相切於 a 點。

(2)現在開始參與國際貿易，如果貿易條件亦即玉米與成衣的相對價格大於 a 點處兩種產品生產的邊際轉換率時，則美國應該增加玉米的生產、減少成衣的生產，亦即應該由 a 點沿 TT' 線向右下方調整其生產，如此對美國較為有利。如此繼續調整，直至兩種產品的邊際轉換率等於其相對價格亦即貿易條件時為止，過此即不再有利，反而有害。此最有利的生產點以 b 表之，由此決定在開放經濟下美國玉米的最適產量為 X_1，成衣的最適產量為 Y_1。此外，生產可能線 TT' 在 b 點處的切線 bc，其斜率的絕對值即等於玉米與成衣的相對價格亦即貿易條件。

(3)在有貿易來往的情況下，美國國內玉米與成衣的相對價格將隨貿易的實施而逐步調整，最後即等於貿易條件。由第四章的說明知，消費者的預算線其斜率的絕對值等於兩產品的相對價格，由此知美國消費者社會預算線的斜率必即等於 bc 線的斜率，如此社會預算線與 bc 線是互相平行的。又在既定的貿易條件下，欲使美國的進出口貿易能夠平衡，則社會預算線與 bc 線必須重合（其說明因涉及較複雜的分析方法，故從略），意指 bc 線即為美國消費者的社會預算線。所謂進出口貿易平衡，是指在既定的貿易條件下，進口總值等於出口總值，無出超，亦無入超。

(4)與社會預算線亦即 bc 線相切的一條社會無異曲線令其為 U_3，此為在開放經濟下能使美國消費者獲得最大滿足的一條社會無異曲線。令 U_3 與 bc 線的切點為 c，由此點決定國內玉米的最適消費量為 X_2，成衣的最適消費量為 Y_2。

(5)玉米的生產量 X_1 減去玉米的消費量 X_2，其差額（ $X_1 - X_2$ ）即為玉米的出口量；成衣的消費量 Y_2 減去成衣的生產量 Y_1，其差額（ $Y_2 - Y_1$ ）即為成衣的進口量。成衣進口量與玉米出口量之比即（ $Y_2 - Y_1$ ）／（ $X_1 - X_2$ ），如果等於玉米出口價格與成衣進口價格之

比亦即等於貿易條件，則美國的進出口貿易即能平衡。前述如果 bc 線即為美國消費者的社會預算線，即能達於此一目的，因涉及複雜的分析方法而從略，前已提及。

　　(6)由 a 點引一條直線 ad 平行於 bc 線，ad 線亦為一條社會預算線，與其相切的一條社會無異曲線令其為 U_2。U_2 必定在 U_1 與 U_3 之間，U_1 的滿足程度最低，U_3 的滿足程度最高，U_2 的滿足程度居中。社會無異曲線由 U_1 提高至 U_2，是因為國際貿易分派效率的提高所導致的，因 ad 線是由 a 點出發的，a 點處的生產組合是貿易前的生產組合。社會無異曲線由 U_2 提高至 U_3，是因為國際貿易生產效率的提高所導致的，因 bc 線是由 b 點出發的，b 點處的生產組合是貿易後的生產組合。由此可知，國際貿易的福利是來自生產效率與分派效率的提高。

　　4. 貿易條件與國際利益分配　茲仍以美國的情況為例說明之，其情形如下：

圖25－8　貿易條件與貿易利益的關係

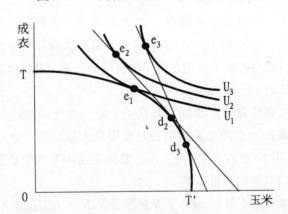

茲逐步說明如下：

　　(1)圖中 TT' 代表美國玉米與成衣的生產可能線，在進行國際貿易以前，此生產可能線與社會無異曲線 U_1 相切於 e_1 點，決定美國在

封閉經濟下玉米與成衣最適當的生產量，同時也是最適當的消費量。

(2)貿易條件必須大於 e_1 處公切線斜率的絕對值，美國才願意出口玉米、進口成衣，亦即才願意進行貿易。假定 d_2e_2 線斜率的絕對值等於當時的貿易條件，則 d_2e_2 線斜率的絕對值必定大於 e_1 處公切線斜率的絕對值，如此 d_2e_2 線即較為陡峭。為使貿易能夠平衡，則 d_2e_2 線一頭與生產可能線 TT' 切於 d_2 點，另一頭與另一條社會無異曲線 U_2 切於 e_2 點。由於 d_2e_2 線較為陡峭，故 d_2 點必在 e_1 點的右下方，如此玉米的生產量增加，成衣的生產量減少，在此過程中，由於貿易條件大於其邊際轉換率的絕對值，故使生產效率提高。又由於 d_2e_2 線較為陡峭，故 e_2 點處與 d_2e_2 線相切的社會無異曲線 U_2 必定在 U_1 的右上方，此表示美國消費者的滿足程度提高，其原因為貿易條件改變，通過進出口改善消費組合，而使分派效率提高所致。

(3)如果貿易條件繼續好轉，則代表此貿易條件的 d_3e_3 線必更陡峭，如此與生產可能線 TT' 相切的 d_3 點必在 e_1 點的右下方，而使生產效率作更進一步的提高。同樣情形，如果貿易條件繼續好轉，則代表此貿易條件的 d_3e_3 線必更陡峭，如此與 d_3e_3 線相切的社會無異曲線 U_3 必更在 U_2 的右上方，而使分派效率作更進一步的提高。

(4)綜合以上所述，可知貿易條件的好轉不但可使生產效率提高，同時可使分派效率提高。生產效率與分派效率合為經濟效率，在國際貿易上即是國際貿易的福利。由此可知，貿易條件的好轉可使一個國家國際貿易的福利增加；同時貿易條件好轉的程度愈大，則此國家國際貿易福利增加的幅度亦愈大。

(5)由前述知，一個國家貿易條件的好壞與其對手國貿易條件的好壞是相反的。如果此國的貿易條件好，可獲得較多的貿易福利；則其對手國的貿易條件即不好，只能獲得較少的貿易福利。由此可知，貿易條件對國際間貿易利益的分配有決定性的影響。

5. 貿易利益在國內的分配　由上面的說明知，一個國家只要在某些產品上具有比較利益，同時貿易條件大於有關產品生產邊際轉換率

的絕對值，則此國家即能在國際貿易中獲得利益。一個國家在國際貿易中獲得利益，並不代表這個國家中的每一個人均能獲得利益，有的人獲得利益，有的人則反而受害。茲以我國出口成衣與進口玉米的例子為例說明我國成衣與玉米的生產者、消費者及要素提供者獲利及受害的情形，其情形如下：

(1)在成衣方面，由於成衣的國際價格較國內價格為高，成衣的生產量固然增加，但出口量更多，如此國內成衣的價格即行提高。在此情況下，成衣的生產者獲得雙重的利益，即價格的提高與產量的增加。成衣的勞動者亦獲得雙重的利益，即工資的提高與就業量的增加。而成衣的消費者則蒙受雙重的損失，即價格的提高與消費量的減少。

(2)在玉米方面，由於玉米的國際價格較國內價格為低，大量廉價玉米的進口迫使國內玉米價格下降。在此情形下，玉米的生產者蒙受雙重的損失，即價格的下降與產量的減少。栽培玉米所用土地的地主也蒙受雙重的損失，即收益的減少與地價的下降。但玉米的消費者則獲得雙重的利益，即價格的下降與消費量的增加。

五、貿易的均衡

上面的說明只告訴我們在何種情況下進行國際貿易始屬有利，以及國際貿易的福利是如何產生與分配的，而對國際貿易的數量如何決定則未曾觸及。貿易數量的決定所用的方法仍然是供需分析法，不過此時的供給是國際市場的供給，此時的需求是國際市場的需求，然後兩相會合決定國際貿易的數量及國際市場的價格。為進行方便起見，茲以中美兩國成衣的貿易為例說明之，其過程如下。

1. 國際市場供給的導出　假定我國出口成衣，美國進口成衣，則成衣的國際市場供給必須由我國國內成衣的供需導出，成衣的國際市場需求必須由美國國內成衣的供需導出。茲先說明成衣國際市場供給

的導出，其情形如下：

圖25-9　成衣貿易數量與價格的決定

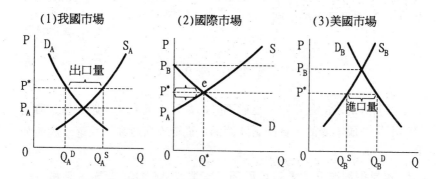

(1)我國市場　　　　　(2)國際市場　　　　　(3)美國市場

其過程如下：

(1)上列左圖中，D_A 代表我國成衣的市場需求線，S_A 代表我國成衣的市場供給線。

(2)當我國國內成衣價格為 P_A 時，供需達於均衡，無剩餘成衣可供出口。

(3)當我國國內成衣價格上升至 P^* 時，供過於求，其差額（$Q_A^S - Q_S^D$）可供出口。

(4)將不同的價格水準及在各該價格水準下成衣的出口量予以配對，即得成衣的國際市場供給線，以 S 表之，見上列中圖。

2. 國際市場需求的導出　其過程如下：

(1)上列右圖中，D_B 代表美國成衣的市場需求線，S_B 代表美國成衣的市場供給線。

(2)當美國國內成衣價格為 P_B 時，供需達於均衡，不需要進口成衣。

(3)當美國國內成衣價格下降至 P^* 時，求過於供，其差額（$Q_B^D - Q_B^S$）必須以進口補足。

(4)將不同的價格水準及在各該價格水準下成衣的進口量予以配

對，即得成衣的國際市場需求線，以 D 表之，見上列中圖。

3. 國際市場供需的均衡 根據成衣的國際市場供給線及國際市場需求線的均衡點 e，決定成衣的國際市場均衡價格為 $P*$，均衡貿易量為 $Q*$，其情形見上列中圖。

六、貿易型態的改變

以上所討論的是在貿易型態不變的情況下的有關問題，但是貿易型態不是一成不變的，會隨著時間的演進而有所改變，茲逐步說明如下：

1. 貿易型態改變的意義與原因 所謂貿易型態的改變，是指一個國家改變其進出口產品的種類及數量。例如我國早期出口以糖米等農產品為主，現在則以輕工業產品為主；我國早期進口以一般生活必需品為主，現在則以高級消費品及機器設備為主；這就是貿易型態的改變。貿易型態改變的原因很多，其中最重要即是產品的週期，由此所形成的理論稱為產品週期理論（product－cycle theory）。又不論是何種原因，欲使貿易型態改變，則此原因必須能使某些產品的比較利益發生變化，否則不可能使貿易型態改變。

2. 產品週期理論 此理論認為一種產品從發明開始至生產標準化亦即正常化為止，共經歷三個階段，茲列舉如下：

(1)第一個階段為技術新穎階段，在此階段中，發明國受專利權的保障，形成獨占的局面。在此情況下，新產品的生產有絕對的優勢，發明國可以予取予求，獲得可觀的利益。

(2)第二個階段為發展成熟階段，在此階段中，生產技術已經擴散，凡是有能力接受此技術的國家均能生產。此時新加入生產行列的國家可自行生產以代替進口，如此發明國因技術獨占所形成的優勢即逐漸消退。

(3)第三個階段為比較利益階段，在此階段中，產品的生產已標準

化亦即正常化，此時技術已不是問題，成為問題的最後仍是要素稟賦。如此具有要素稟賦的國家即能擴大生產，除供應國內消費外，尚可大量外銷；反之，不具要素稟賦的國家即必須減少生產甚或完全退出生產，仰賴進口以供應國內消費。

綜合以上所述，可知一種新產品的出現會引起一連串的變動，最後趨於穩定，服從以要素稟賦為基礎的比較利益法則。現今世界上由於科學的昌明，新技術與新產品不斷出現，因此貿易型態也不斷的在變。一種產品在某一個國家曾經是生產者的最愛，但曾幾何時又不得不拱手讓人，這就是產品的週期，任何新產品都會歷經這個過程，從而使國際貿易的型態發生變化。

摘　要

國際貿易理論

古典比較利益理論		
絕對利益理論	提出	由亞當斯密提出，為最早的國際貿易理論。
	條件	某些國家在某些產品的生產上有絕對的優勢。
	操作	每一個國家只生產其具有絕對優勢的產品，不具絕對優勢的產品則完全不生產，然後進行國際貿易，對大家都有利。
	缺點	除絕對利益外，有比較利益時亦能進行國際貿易而使雙方蒙利。
比較利益理論	提出	由李嘉圖提出，其目的在修正絕對利益理論。
	條件	一個國家在兩種產品的生產上均居於劣勢，如果其中一種具有相對優勢亦即比較利益（對貿易對手而言），即能進行國際貿易使雙方蒙利。
	操作	貿易各方均增加有比較利益產品的生產，減少無比較利益產品的生產，然後各以有比較利益的產品進行貿易。
	缺點	本理論假定投入的邊際報酬是固定的，不切實際。
現代比較利益理論		
特　質		(1)本理論顧及投入的邊際報酬非固定的特性。 (2)本理論認為比較利益主要是來自各國的要素稟賦。
方　法		應用生產可能線進行分析，因其能同時顧及投入邊際報酬不固定及要素稟賦兩種特性。
操　作		貿易各方均增加有比較利益產品的生產，減少無比較利益產品的生產，

		然後各方以有比較利益的產品進行貿易，使雙方蒙利。
	**產 生 國 際 貿 易 的 其 他 原 因**
	規模經濟	(1)規模經濟使各方生產可能線均凸向原點，如此同時具有要素稟賦及規模經濟的產品即具有絕對優勢。 (2)貿易各方均只生產具有絕對優勢的產品，不生產不具絕對優勢的產品，然後進行貿易，使雙方蒙利。
	消費偏好	(1)消費偏好不同，則社會無異曲線不同。 (2)貿易各方應減少本國偏好產品的生產，增加不偏好產品的生產，其目的在提高本國資源的利用效率，然後各以不偏好的產品去交換自己偏好的產品，使雙方蒙利。
	**國 際 貿 易 的 福 利**
貿易條件	定義	貿易條件 $= \dfrac{\text{進口量}}{\text{出口量}} = \dfrac{\text{出口品價格}}{\text{進口品價格}}$ ，（量與價均為指數）
貿易條件	性質	貿易條件好轉，出口有利，進口不利；貿易條件惡化，進口有利，出口不利。
貿易條件與國際貿易的福利	貿易條件與國際貿易	(1)在貿易前，一國的生產可能線與一條社會無異曲線相切，切點所代表的生產量及消費量在封閉經濟下給予社會最大滿足。 (2)由切點引一條切線，同時切於該兩曲線，此切線對生產可能線而言是等收益線，對無異曲線而言是社會預算線。 (3)若等收益線的斜率不等於貿易條件，即可進行國際貿易而獲利。
貿易條件與國際貿易的福利	福利的產生	(1)一條斜率等於貿易條件的直線與生產可能線相切，切點所代表的生產量為有國際貿易時的生產量，同時該直線即為有國際貿易時的等收益線。 (2)代表貿易條件的直線必定切於滿足程度較高的一條社會無異曲線（因國際貿易提高經濟效率），切點所代表的消費量為有國際貿易時的消費量，同時該直線即為有國際貿易時的社會預算線。 (3)上列兩切點不為同一點，其水平與垂直距離即為兩產的進出口數量。 (4)國際貿易福利表現在社會預算線切於滿足程度較高的社會無異曲線上，其所以如此，是因為國際貿易一方面提高產品的分派效率（在圖形上是貿易條件線的斜率不同），另一方面提高產品的生產效率（在圖形上是生產點移向生產效率較高的一點）。
貿易條件與國際貿易的福利	福利的分配	(1)福利的國際分配——貿易條件有利於此國，則此國的貿易福利增多，相對地他國的貿易福利減少；反之則否。 (2)福利的國內分配——若貿易條件有利於進口，則對進口產品的國內生產者不利，消費者有利；出口產品的情形與此相反。

國 際 貿 易 的 均 衡	
國際市場的供需 及 價格決定	以我國的一種出口品為例説明之。並假定只有一個出口國及一個進口國。 (1)國際市場供給──為我國出口品在不同國際市場價格下，國內市場超額供給量的表列。 (2)國際市場需求──為他國相同進口品在不同國際市場價格下，該國國內超額需求量的表列。 (3)國際市場均衡──根據該產品的國際市場供需曲線的均衡決定國際貿易數量及價格。

國 際 貿 易 型 態 的 改 變	
意　　義	是指一個國家改變其進出口產品的種類及數量。
產品週期理論	一種產品自發明至正常化為止共經歷三個階段： (1)技術新穎階段──受專利權保障，形成獨占。 (2)發展成熟階段──技術已擴散，產生進口替代。 (3)比較利益階段──技術人人可得，資源稟賦成為主要考慮。 任何新技術均經歷此三階段，而使國際貿易型態改變。

國際貿易理論

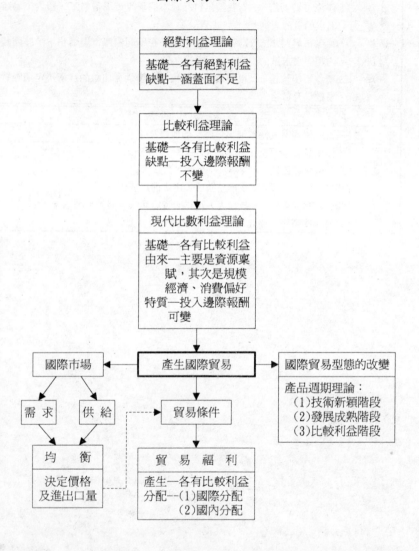

絕對利益理論

基礎—各有絕對利益
缺點—涵蓋面不足

比較利益理論

基礎—各有比較利益
缺點—投入邊際報酬
　　　不變

現代比數利益理論

基礎—各有比較利益
由來—主要是資源稟
　　　賦，其次是規模
　　　經濟、消費偏好
特質—投入邊際報酬
　　　可變

國際市場 ← 產生國際貿易 → 國際貿易型態的改變

產品週期理論：
　(1)技術新穎階段
　(2)發展成熟階段
　(3)比較利益階段

需　求　　供　給　⟶　貿易條件

均　　衡

決定價格
及進出口量

貿　易　福　利

產生—各有比較利益
分配--(1)國際分配
　　　(2)國內分配

問　題

1. 何謂絕對利益理論？其基本條件為何？有何缺點？

2. 何謂比較利益？比較利益理論的基本條件為何？此基本條件是否通常都存在？該理論有何缺點？

3. 現代比較利益理論與古典比較利益理論有何不同？為什麼要素稟賦成為比較利益的主要來源？

4. 為什麼規模經濟會形成絕對利益？

5. 消費偏好不同也會產生國際貿易，何故？

6. 何謂貿易條件？為什麼貿易條件成為是否應該及如何進行國際貿易的指標？

7. 產生國際貿易福利的基本原因為何？與貿易條件有何關係？

8. 影響貿易福利國際間分配的原因為何？影響貿易福利國內分配的原因為何？

9. 一種產品國際市場的供需如何導出？

10. 何謂國際貿易型態的改變？其理論為何？

第二十六章　國際貿易政策

　　由上一章的說明知，如果貿易各方均具有比較利益，則進行貿易對大家都有好處。又如果參與貿易的國家對其進出口不加干預，完全根據比較利益任由市場機能運作，該進口的進口，該出口的出口，則整個世界的資源利用效率最高，對整個世界是最有利的。對整個世界最有利，並不代表對每個國家都最有利。一個國家為考慮其本身的利益，有時不得不對進出口貿易加以干預。例如為了保障糧食的安全，不得不限制進口，以免廉價進口的糧食將國內的農業基礎沖垮。又例如為了保護幼稚工業，一方面要貼補其出口，另一方面要限制進口，以免其缺乏奶水的滋養而夭折。諸如此類像這樣的原因很多，在在均影響貿易的自由，而使資源的利用效率降低。一個國家為達於某種目的對進出口貿易加以干預，其所採取的策略即稱為貿易政策（trade policy）。貿易政策的種類很多，可大別為兩類，即出口政策與進口政策，茲分別說明如下。

一、獎勵出口政策

　　政府為影響出口水準所採行的政策稱為出口政策（export policy）。出口政策可大別為兩類，即獎勵出口政策與限制出口政策，其目的、手段及效果均不同，茲先說明獎勵出口政策，其情形如下：

1. 獎勵出口的目的　一個國家獎勵出口的目的主要有下列四種：

　　(1)由凱因斯的理論知，出口的增加經由乘數作用可提高國內的國民所得水準。

　　(2)一種產業如果具有規模經濟，則出口的增加可享受大規模生產

之利。

(3)出口產品為能在國際市場上取得競爭地位，必須提高其技術水準，包括生產技術與銷售技術，如此將有助於國內產銷技術的提升。

(4)增加出口可增加外匯收入，以此外匯可購買國內所需要的產品，包括生產用品及生活用品，以提升國內的生產水準及生活水準。

2. 獎勵出口的手段　獎勵出口的手段很簡單，即誘之以利，誘之以利的方式有兩種，一種是政府直接誘之以利，另一種是政府間接誘之以利，茲分別說明如下：

(1)直接誘之以利的方式——其方式有兩種，一種是政府對出口產品進行補貼，增加出口廠商的收入；另一種是政府對出口產品進行低利融資或外銷退稅，降低出口廠商的成本。這兩種方式的形式雖異，但效果是一樣的。當然也可以雙管齊下，則效果更為顯著。

(2)間接誘之以利的方式——主要即是「內銷貼補外銷」，其法為政府以限制進口的方式使廠商在國內獲得大量利益，然後以此利益貼補其外銷所帶來的虧損，此即所謂的內銷貼補外銷的策略。

直接誘之以利與間接誘之以利，除去政府在財政收支上有所差異外，其他各種影響與效果都是一樣的。既然是如此，為什麼要有兩種不同的方式呢？其原因為政府的處境與產業的環境均有所不同，有者用第一種方式比較方便有效，有者用第二種方式比較方便有效。

3. 獎勵出口的效果　首先假定該國出口量在國際市場中占有相當的比重，如此出口量的多寡即能影響國際市場價格的高低，其情形如圖26－1。

茲逐步說明如下：

(1)下列左圖中，D^d代表某產品的國內市場需求線，S^d代表國內市場供給線。在沒有出口的時候，均衡價格為P^d。

(2)當國際價格高於P^d時，出口有利。隨著出口量的增加，國內價格逐漸上升，直至達於國際價格水準為止。由於國內價格水準上升，乃產生供過於求，其差額即用於出口。對不同價格水準與各該價

圖26-1　獎勵出口的效果

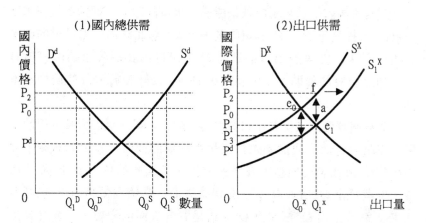

格水準下的出口量配對，即得該國的出口供給線，以 S^x 表之，見上列右圖。

(3)上列右圖中，D^x 代表國際對該國出口品的需求線。如果該國出口量在國際市場中占有相當比重，則其所面對的需求線 D^x 即具有負斜率。此外，由於其他出口國家競爭的緣故，會影響 D^x 的所在位置。當國際市場達於均衡時，決定國際價格為 P_0，在此價格下，該國的出口供需亦達於均衡，令其均衡點為 e_0，由此決定該國的出口量為 Q_0^x，此出口量必正好等於該國國內在 P_0 價格水準下供過於求的數量即（$Q_0^S - Q_0^D$），如此 D^x 的位置即行確定。

(4)假定政府給予每單位出口品 a 元的補貼，直接補貼或間接補貼均可，則該國廠商即願意在較低的價格水準即 P_3（$= P_0 - a$）下出口相同的數量即 Q_0^x，如此該國的出口供給即作增加的改變，由 S^x 增加為 S_1^x，見上列右圖。

(5)由於補貼政策可使廠商能以較低的價格供應國際市場，於是出口量增加。為使國內的剩餘能應付此增加的出口量，則出口所需價格必逐漸上升，如此出口供給量即沿著 S_1^x 線向右上方調整，最後達於

S_1^x 與 D^x 的均衡點 e_1 為止。由此決定出口量為 Q_1^x，較原出口量 Q_0^x 為高；決定國際價格水準為 P_1，較原國際價格水準 P_0 為低。

(6)為使國內供過於求的數量能滿足出口的需要，則國內價格水準必須由 P_0 提高至 P_2，P_2 必須等於 P_1+a，如此國內供過於求的數量（ $Q_1^S-Q_1^D$ ）才能等於出口的數量 Q_1^x。出口品在國際市場的售價為 P_1，加上政府的補貼 a 元，其結果 P_1+a 正好等於國內的價格水準 P_2。

(7)整個政策的效果是出口量由 Q_0^x 增加為 Q_1^x。至於對各方面的影響，在政府方面，政府必須付出相當數額的補貼，在上列右圖中即 □$P_1P_2fe_1$ 所代表的面積。在生產方面，當國內價格由 P_0 提高至 P_2 時，生產量由 Q_0^S 增加為 Q_1^S。在消費方面，當國內價格由 P_0 提高至 P_2 時，消費量由 Q_0^D 減少為 Q_1^D。這是對各方面的影響，至於其整體影響則將在下節中詳細說明之。

上面所講的內容含有一個假定，即假定該國出口量在國際市場中占有相當比重，能影響國際價格水準，此時其所面對的出口需求線具有負斜率，因此只要能以較低的價格供應國際市場，即能增加出口的數量。另一種情形是，如果一個國家的出口量在國際市場中不占重要的地位，則此國家即為國際價格的接受者，其所面對的出口需求線為一條水平線，如此即不必以降價的方式以增加其出口量。但為使國內的剩餘能應付此增加的出口量，則政府必須給予出口廠商補貼，以彌補其因增加生產、單位成本提高所導致的損失。如果單位成本未提高，則出口補貼即成為一種純粹的出口獎勵。

4. 獎勵出口與經濟副利　由上述知出口補貼政策除能增加外銷的數量外，對國內的消費者可說一無好處，甚且有害，茲以圖解的方式說明如圖 26−2。

茲逐步說明如下：

(1)圖中 TT' 代表某國出口品及進口品的國內生產可能線。在實施出口補貼以前，貿易條件為 cd 線斜率的絕對值，由此決定均衡生

產點為 d 點，均衡消費點
為 c 點。c 點與 d 點的水
平距離即為出口品的出
口量，垂直距離即為進
口品的進口量。

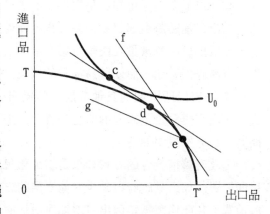

圖26－2　出口補貼降低經濟福利

　　(2)實施出口補貼以
後，出口品的國內價格
上升（其原因見上節）
，如此國內出口品價格
與進口品價格之比即行
提高。令 ef 線斜率的絕
對值等於此價格比，則
ef 線必較 cd 線更為陡峭，其結果 ef 線與 TT' 線的切點 e 必位於 d 點
的右下方，如此出口品的國內產量增加，進口品的國內產量減少。

　　(3)若該國出口品的數量在國際市場中占有相當比重，則出口補貼
將使國際價格下降，如此該國的貿易條件即行惡化，單位出口品只能
換得較原來為少的進口品。因此 ef 線斜率的絕對值並非新的貿易條
件，而由 e 點出發的另一條較平坦的直線 eg 其斜率的絕對值才是新
的貿易條件。

　　(4)eg 線不但是新貿易條件所代表的直線，同時也是國內消費者
新的社會預算線。由於 eg 線的出發點亦即 e 點較 d 點為低，同時其
斜率亦較低，因此必與效用較低的社會無異曲線相切，如此即降低國
內的福利水準。

　　(5)如果該國出口品的數量在國際市場中不占重要地位，出口補貼
不會使國際價格水準下降，如此該國的貿易條件即維持不變。然而此
時由於出口補貼使均衡生產點由 d 點移至 e 點，如此由 e 點出發平行
於 cd 線的一條直線（圖中未畫出）成為新的社會預算線。由於此預
算線由 e 點出發，故與較 U_0 效用為低的社會無異曲線相切，降低國

內的福利水準。又由於此預算線的斜率與 *cd* 線的斜率相同，貿易條件未變，故福利水準降低的程度較上一種情況為少。

綜合以上所述，可知如果出口品的數量在國際市場中占有相當比重，則出口補貼將引起貿易條件惡化，而使貿易福利的損失加重。反之，如果出口品的數量在國際市場中不占重要地位，則出口補貼不會引起貿易條件惡化，而使貿易福利的損失得以減輕。

5. 獎勵出口所引起的其他問題　獎勵出口除去引起貿易福利的損失外，尚有獎勵資金來源的問題，資金的來源不同將引起不同的經濟問題，茲分別說明如下：

(1)政府籌措資金的方式如果是增加租稅或是發行公債，則將減少民間消費；如果是政府以減少其他支出的方式以資挹注，則將減少政府消費；凡此均將抵銷因出口增加而增加的總合需求。

(2)出口補貼如果來自通貨發行，則將導致國內物價上漲，抵銷出口品價格降低的效果。

(3)出口補貼如果以內銷貼補外銷或低利貸款的方式進行，則政府雖不需負擔任何費用，但將導致資源利用的扭曲，降低其效率。

二、限制出口政策

1. 限制出口的目的　限制出口的目的主要有兩個，茲分述如下：

(1)提高國際價格以增加輸出國的收益——最明顯的例子即是石油輸出國家組織，以聯合減產的方式大幅提高石油的國際價格，如此出口量雖減少，但價格大幅上升，使出口國家獲得更多的利益。

(2)充裕國內供應以平抑國內物價——例如我國豬肉每當供應不足價格上漲時，即限制出口，其目的在平抑國內物價，維護消費者的利益。

2. 限制出口提高國際價格的手段與效果　限制出口提高國際價格的手段主要即是聯合壟斷，像石油輸出國家組織一樣，其效果如下：

茲逐步説明如下：

(1)在實施出口限制以前，出口品的供給線為 S，需求線為 D，兩者的均衡點為 e_0，由此決定均衡國際價格為 P_0，均衡出口量為 Q_0。

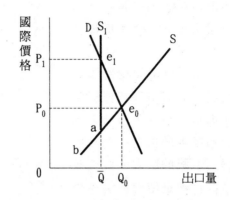

圖26－3　限制出口提高國際價格的效果

(2)實施出口限制以後，假定出口量的最高限額為 $\overline{Q}$，則出口供給線即由 S 改變為 S_1，亦即 S_1ab 所代表的折線，其中 S_1a 段為一條垂線，其横坐標即為最高限額 $\overline{Q}$；ab 段即原來出口供給線 S 的左下尾。

(3) D 與 S_1 的均衡點為 e_1，由此決定均衡國際價格為 P_1，較未實施出口限制時的價格 P_0 為高；均衡出口量即為出口最高限額 $\overline{Q}$，當然較未實施出口限制時的出口量 Q_0 為少。

　　實施出口限制以提高出口國的收益，其先決條件是出口品的需求彈性較小，否則不能達於此一目的。出口限制除能提高出口國的收益外，還有一個好處，即出口品的國際價格上升，貿易條件改善，如此單位出口品可換得較多的進口品，而使出口國獲得更多的貿易福利。

3. 限制出口平抑國內物價的手段與效果　茲先説明其效果，然後説明其手段，其情形如圖26－4。

茲逐步説明如下：

(1)在實施出口限制以前，出口品的國內需求線為 D^d，國內供給線為 S^d。當國際價格為 P_0 時，國內價格因出口量的增加而逐漸上升至 P_0，此時國內的供給量為 Q_0^s，需求量為 Q_0^D，出口量為（$Q_0^s - Q_0^D$）。

(2)當國際價格由 P_0 上升至 P_1 時，如不限制出口，則國內價格亦

隨之上升至 P_1，此時國內
的供給量由 Q_0^S 增加為 Q_1^S，
需求量由 Q_0^D 減少為 Q_1^D，出
口量由（$Q_0^S - Q_0^D$）增加為
（$Q_1^S - Q_1^D$）。

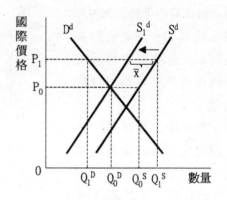

圖26-4　限制出口平抑國內價格的效果

　　(3)出口國如認為國內
價格上升會引起物價膨脹
，即可以限制出口的方式
充裕國內的供應，以紓解
物價上漲的壓力。假定政
策的目標是使國內價格維

持在原來的水準即 P_0，則出口量亦必須限定在原來的水準即（Q_0^S
$- Q_0^D$）。令 $\overline{X} = （Q_0^S - Q_0^D）$，則純粹供國內消費的供給線 S_1^d 即為原
供給線 S^d 向左水平移動 $\overline{X}$ 距離的結果，即 $S_1^d = S^d - \overline{X}$。$S_1^d$ 與 D^d 的交
點決定國內的價格水準為 P_0，消費量為 Q_0^D，均為原有的水準；出口
量為 $\overline{X}$，亦為原有的水準。

　　綜合以上所述，可知出口限制可以穩定國內物價，解除物價膨脹
的壓力。限制出口的方式有兩種。一種是直接進行管制，限量出口，
此法之優點是簡單，缺點是國際價格上漲的利益被出口商取去，尤其
當出口量受限而使國際價格作更進一步上漲時出口商獲利更多，不能
為全民所共享。另一種方式是對限制出口的產品課徵出口稅，加重其
成本，以迫使其維持特定的出口水準。此時稅率必須隨國際價格的高
低而調整，如此始能控制出口數量。此法之優點是出口的超額利益歸
政府所有，充裕政府的財政收入，缺點是執行過程比較繁複。

三、限制進口政策

　　政府為影響進口水準所採行的政策稱為進口政策（import policy）。進口政策亦大別為兩類，即獎勵進口政策與限制進口政策。一般國家為保護自己國內的產業多採行限制進口政策，只有部分開發中國家為促進經濟發展常以補貼的方式獎勵進口資本設備。由於限制進口的情況比較普遍，因此本章僅介紹限制進口政策。至於獎勵進口政策，因其內涵與限制進口政策者相似但相反，故不再重複說明，學者可試自推論之。限制進口的方式有兩種，其一為對進口品課徵關稅，另一為對進口數量設限，茲分別說明如下。

1. 課徵進口關稅的影響　進口關稅課徵的方式有兩種，即從量稅與從價稅，為說明方便起見，茲以從量稅為例說明之，其情形如下：

圖26－5　課徵進口關稅的影響

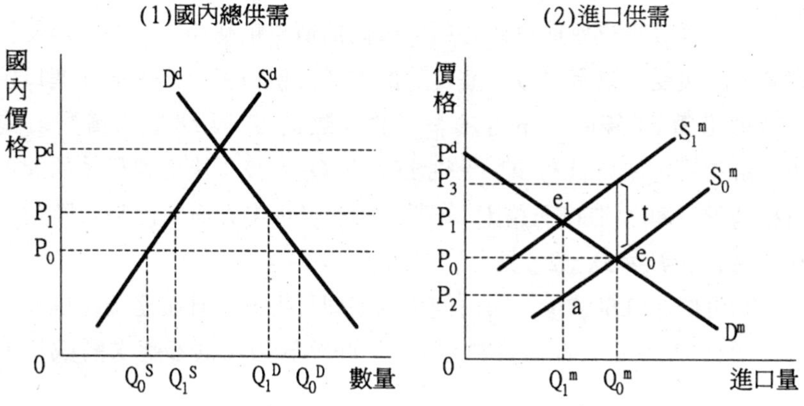

(1)國內總供需　　　　　　　(2)進口供需

茲逐步說明如下：

(1)上列左圖中，D^d代表某產品的國內市場需求線，S^d代表國內市場供給線。在沒有進口的時候，均衡價格為P^d。

(2)當國際價格低於P^d時，進口有利。隨著進口量的增加，國內價格逐漸下降，直至達於國際價格水準為止。由於國內價格水準下降，乃產生求過於供，其差額即以進口來補充。對不同價格水準及該價格水準下的進口量配對，即得該國的進口需求線，以D^m表之，見

上列右圖。

(3)上列右圖中，S_0^m 代表國際對該國進口品的供給線。假定該國進口量在國際市場中占有相當比重，則其進口供給線 S_0^m 即具有正斜率。此外，由於其他進口國家競爭的緣故，會影響 S_0^m 的所在位置。當國際市場達於均衡時，決定國際價格為 P_0，在此價格下，該國的進口供需亦達於均衡，令其均衡點為 e_0，由此決定該國的進口量為 Q_0^m，此進口量必正好等於該國國內在 P_0 價格水準下供不應求的數量即（$Q_0^D - Q_0^S$），如此 S_0^m 的位置即行確定。

(4)假定政府對每單位進口品課徵 t 元的關稅，則該國進口商必須能在國內獲得較高的價格即 P_3（$=P_0+t$），才願意進口相同的數量即 Q_0^m，如此該國的進口供給即作減少的改變，由 S_0^m 減少為 S_1^m，見上列右圖。

(5)課稅政策迫使進口商必須以較高的價格供應國內市場，為使消費者能夠接受，只有以減少進口量的方式促使價格上升，如此進口供給量即沿著 S_1^m 線向左下方調整，直至達於 S_1^m 與 D^m 的均衡點 e_1 為止。由於決定進口量為 Q_1^m，較原進口量 Q_0^m 為少；決定課稅後的進口價格為 P_1，較原進口價格 P_0 為高。在國際市場方面，此時國際價格水準為 P_2，$P_2 = P_1 - t$，見上列右圖。

(6)由於進口量減少，國內價格水準即行上升，直至達於課稅後的進口價格 P_1 為止，此時進口量 Q_1^m 正好等於國內供不應求的數量（$Q_1^D - Q_1^S$）。

(7)整個政策的效果是進口量由 Q_0^m 減少為 Q_1^m。至於對各方面的影響，在政府方面，政府因此獲得相當數額的關稅收入，在上列右圖中即 $\square P_2 P_1 e_1 a$ 所代表的面積。在生產方面，當國內價格由 P_0 提高至 P_1 時，生產量由 Q_0^S 增加為 Q_1^S。在消費方面，當國內價格由 P_0 提高至 P_1 時，消費量由 Q_0^D 減少為 Q_1^D。這是對各方面的影響，至於其整體影響則將在下節中詳細說明之。

上面所講的內容含有一個假定，即假定該國進口量在國際市場中

占有相當比重，能影響國際價格水準，此時其所面對的進口供給線具有正斜率。在此情況下，對進口品課徵關稅（其作用是使面對的進口供給線向上移動）固能使進口減少，但因面對的進口供給線具有正斜率，進口量的減少將使國際價格下降。如此進口量又會回升一些，而使限制進口的效果受到影響。另一種情形是，如果一個國家的進口量在國際市場中不占重要地位，則此國家即為國際價格的接受者，其所面對的進口供給線為一條水平線。在此情況下，政府亦能以課徵關稅的方式（其作用亦是使面對的進口供給線向上移動）限制進口，由於其所面對的進口供給線為一條水平線，進口量的減少不會使國際價格下降，因而不會使進口量回升而影響限制進口的效果。

2. 進口課稅政策與經濟福利　分為兩種情形，其一為進口量在國際市場中不占重要地位，如此進口國即為國際價格的接受者；另一為進口量在國際市場中占有重要地位，如此進口國即為國際價格的影響者。由於對國際價格影響力的不同，進口課稅政策對經濟福利的影響亦有所不同，茲分述如下：

圖26-6　進口課稅政策與經濟福利

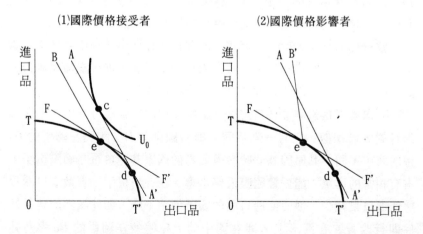

(1)國際價格接受者的情形——上列左圖中，TT' 代表該國進口品

及出口品的國內生產可能線，AA' 線斜率的絕對值代表貿易條件。

　　在沒有進口關稅的時候，AA' 線與 TT' 線相切於 d 點，由此決定該國進口品及出口品的國內生產量。AA' 線與 U_0 所代表的社會無異曲線相切於 c 點，由此決定該國進口品及出口品的國內消費量。

　　課徵進口關稅以後，進口品的國內價格上升，如此國內出口品與進口品的價格比即行下降。上列左圖中 FF' 線斜率的絕對值即等於此價格比，因此 FF' 線較 AA' 線為平坦。FF' 線與 TT' 線相切於 e 點，此點必在 d 點的左上方，因此由 e 點所決定的進口品的國內生產量必較原生產量為高，所決定的出口品的國內生產量必較原生產量為低。

　　課徵進口關稅以後，在國際市場上原來的貿易條件未變，因該國為國際價格的接受者，而非影響者。由 e 點引一條平行於 AA' 線的直線 Be，Be 線由 e 點出發，意指此時國內的生產組合為課稅後的生產組合；Be 線的斜率等於 AA' 線的斜率，意指此時貿易條件未變；整個 Be 線所代表的意義為課徵進口關稅以後，國內的生產組合在國際市場所能交換得到的消費組合；因此 Be 線為課徵關稅以後國內消費者的新社會預算線。由於 Be 線在 AA' 線的左方，必與較 U_0 效用為低的社會無異曲線相切，從而降低整個社會的滿足程度。

　　綜合以上所述，可知一個國家的進口量在國際市場中如果不占重要地位，亦即一個國家如果是國際價格的接受者，則以課徵關稅的方式以限制進口時，將使整個社會的經濟福利降低。

　　(2)國際價格影響者的情形——比較上列兩個圖形可看出，兩個圖形可説大體相似，只有一點不同，即右圖中的 $B'e$ 線與左圖中的 Be 線的斜率不同。其原因為此時參與貿易的國家其進口量在國際市場中占有相當的比重，能影響國際價格水準。在此情況下，課徵進口關稅將使進口量減少，從而使進口品的國際價格下降，如此該國的貿易條件即行改善。在圖形上，即右圖中的 $B'e$ 線較左圖中的 Be 線為陡峭。$B'e$ 與 Be 兩條直線均由 e 點出發，但 $B'e$ 線較 Be 線為陡峭，故

知 $B'e$ 線將與較上一種情況效用為高的社會無異曲線相切，而使經濟福利的損失得以減輕。尤有進者，如果貿易條件改善的程度夠大，則有可能使經濟福利非但不減少，反而會增加。

　　由上列兩個圖形可看出，經濟福利的降低是因為課徵進口關稅使國內生產組合由最有利的一點即 d 點移向較不利的一點即 e 點；經濟福利的提升是因為貿易條件的改善。國際價格的接受者不能以量制價使貿易條件改善，故因課稅使生產組合惡化所導致的福利損失不能減輕；反之，國際價格的影響者能夠以量制價使貿易條件改善，故能使生產組合惡化所導致的福利損失得以減輕，甚或反而有利。

　　3. 進口限額的影響　所謂進口限額（import quota），即是為進口數量設定一個上限，只能低於此上限，不能超過。其影響如下：

圖 26－7　進口限額的影響

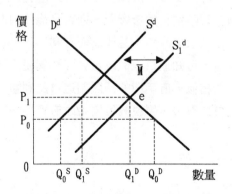

　　茲逐步說明如下：

　　(1)在實施進口限額以前，進口品的國內需求線為 D^d，國內供給線為 S^d。當國際價格為 P_0 時，國內價格因進口量的增加而逐漸下降至 P_0，此時國內的需求量為 Q_0^D，供給量為 Q_0^S，進口量為（$Q_0^D - Q_0^S$）。

　　(2)進口國如認為國內價格水準過低會影響有關產業的發展，即可採限額進口的方式以使其提升。假定進口量的最高限額為 $\overline{M}$，當然

$\overline{M}$ 必須小於原進口量（$Q_0^d - Q_0^s$），否則國內價格不可能提高。令 $S_1^d = S^d + \overline{M}$，此為國內生產與限額進口的總供給。$S_1^d$ 與 D^d 的交點 e 決定國內價格水準為 P_1，較原價格水準 P_0 為高；決定消費量為 Q_1^D，較原消費量 Q_0^D 為低。在 P_1 價格水準下，國內生產量為 Q_1^s，較原生產量 Q_0^s 為高。在 P_1 價格水準下，國內消費量與生產量之差（$Q_1^D - Q_1^s$）即等於進口限額 $\overline{M}$。

(3)整個政策的效果是國內價格水準由 P_0 上升至 P_1。對各方面的影響，在政府方面，政府執行此政策未獲得任何收益，好處被進口商取去。在生產方面，當國內價格由 P_0 提高至 P_1 時，生產量由 Q_0^s 增加為 Q_1^s。在消費方面，當國內價格由 P_0 提高至 P_1 時，消費量由 Q_0^D 減少為 Q_1^D。

(4)在經濟福利方面，其情形與課徵關稅限制進口的情況相似。如果該國為國際價格的接受者，則因生產組合的惡化將導致經濟福利的損失。如果該國為國際價格的影響者，則貿易條件的改善可使生產組合惡化所導致的福利損失減輕，甚或反而有利。

綜合以上所述，可知進口限額政策與課徵關稅限制進口政策的目的與效果可說完全相似，所不同的是限制進口的利益，限額政策國內國外的價差由進口商取去，課稅政策則由政府獲得。

四、貿易政策的檢討與運用

貿易政策可分為兩大類，一類是沒有特定目的的，而純粹根據客觀情勢以爭取更多的貿易福利或避免損害；另一類是有特定目的的，包括財政目的與經濟目的兩種；茲列舉其系統如下：

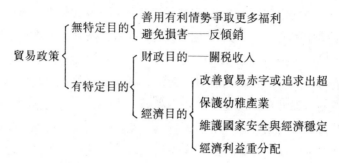

　　茲分別說明如下

1. 善用有利情勢爭取更多福利的政策　有下列兩種情況：

　　⑴一個國家的出口品如果在國際市場中占有相當比重，且需求彈性甚低，即可以課徵出口稅或實施出口限制的方式，改善貿易條件，以提高其經濟福利。

　　⑵一個國家的進口品如果在國際市場中占有相當比重，且供給彈性甚低，即可以課徵進口稅或實施進口限制的方式，改善貿易條件，以提高其經濟福利。

　　以上兩種方式均是採用以量制價的方式，通過貿易條件的改善以謀取經濟福利。由此可知，一個國家在某種產品的進出口上如果占有舉足輕重的地位，即能影響國際行情以謀取利益，石油輸出國的聯合壟斷即是一個最明顯的例子。

2. 反傾銷政策　所謂傾銷（dumping），是指以低於生產成本或國內售價的價格，或是在政府的補貼下，將產品銷往其他國家的行為。傾銷的成因主要有下列三種：

　　⑴發展中國家為扶植其幼稚產業，多以補貼的方式協助其外銷，以開拓國際市場。

　　⑵某些國家的獨占廠商或有關廠商的聯合壟斷組織為謀取超額利潤，常實施差別價格計畫。其法為限制國內的銷售數量使國內價格大幅上升，然後將剩餘產品以低於成本或國內售價的價格傾銷國外，如此即可獲得更多的利潤。

(3)某些國家的廠商為圖獨霸國際市場，乃以低於成本或國內售價的價格傾銷其產品，等到其他國家廠商在不勝賠累之下退出國際市場以後，再提高價格以獲取獨占利潤。

前兩種類型的傾銷對進口國的消費者是有利的，因其能享受到廉價的產品；對進口國的生產者是不利的，因進口大量廉價產品將壓低國內的售價。前兩種類型的傾銷對其他未實施傾銷出口國的生產者是不利的，因其在外銷數量及外銷價格上均將蒙受損失；對其他未實施傾銷出口國的消費者是有利的，因外銷受阻，國內供應充裕，將使國內價格下降。由此可知，前兩種類型的傾銷，不論是進口國或是其他未實施傾銷的出口國，對消費者均是有利的，對生產者均是不利的。至於實施傾銷的國家其利害的情形即相反，對生產者有利，因其接受政府補貼或是限制內銷數量以謀取高價；對消費者不利，因國內供應減少，價格上升。

最後一種類型的傾銷，對進口國的消費者短期是有利的，長期即不利；對進口國的生產者其情形即相反，短期不利，長期有利。最後一種類型的傾銷，對其他未實施傾銷出口國的消費者短期是有利的，長期即不利；對其他未實施傾銷出口國的生產者則無論是短期或長期均不利，短期降低售價，長期退出國際市場。

綜合以上所述，可知傾銷是一種不公平的競爭，尤以最後一種類型的傾銷為然。被傾銷的國家為保護其利益，特別是生產者的利益，乃謀求對策加以抵制。抵制傾銷的策略一般均是對傾銷的進口品課以額外的稅負，其情形有兩種：一種是為對抗外國廠商以低於生產成本或其國內售價的傾銷產品所課的稅，此種稅負稱之為反傾銷稅。另一種是為對抗出口國政府補助出口的傾銷產品所課的稅，此種稅負稱之為平衡稅。由此可知，課徵反傾銷稅與平衡稅的目的是完全相同的，即是反傾銷；只是促成傾銷的主體不同而已，前者是廠商自己，而後者則是政府。

3. 以關稅收入爲政府主要財源的政策 政府的收入主要是靠稅

收，各種賦稅中比較重要的是貨物稅、營業稅、所得稅及關稅等。多數開發中國家因為稅制不健全，除去關稅以外，其他各種賦稅不但徵收困難、易滋逃漏，同時徵收成本亦高。為使政府的收入能夠穩定，乃不得不加重關稅的課徵。由於貨品的進出口必須通過少數特定的港口，因此關稅的稅源易於掌握，成為政府穩定的財源；此外，如果進出口的數量相當龐大，則單位課徵成本亦能隨之降低。正因為如此，所以多數發展中國家多以關稅為其主要財政收入。由前面的分析知，如果關稅的稅率比較高，在某一範圍內固可增加政府的關稅收入，但亦將產生兩種不利的影響，其一為改變國內商品的貿易條件，導致資源利用的扭曲，降低其效率；另一為改變進出口產品的貿易條件，導致貿易條件的惡化，降低其經濟福利。尤有進者，如果關稅的稅率過高，則因進出口數量的減少，而使關稅收入不增反減。

4. 改善貿易赤字或追求出超的政策　一個國家的進出口貿易，如果出口金額超過進口金額，即稱之為出超，其差額稱為貿易盈餘或貿易順差（trade surplus）。反之，如果出口金額小於進口金額，即稱之為入超，其差額的絕對值稱為貿易赤字或貿易逆差（trade deficit）。出超可使一個國家的外匯存底累積；反之，入超將使一個國家的外匯存底減少。一個外匯欠缺的國家如果產生貿易赤字，則很可能採取兩種措施以資因應，其一為限制進口，另一為政府以補貼的方式鼓勵出口。這兩種措施都是直接而急進的措施，將產生若干不良的影響，諸如扭曲資源的利用、降低貿易的經濟福利以及所得的重分配等。比較間接而和緩的措施尚有設法提高生產力、調整匯率、取消出口歧視以及實施緊縮性的財政政策與貨幣政策等，這些措施的效果雖然比較慢，但後遺症也比較少。

　　有些國家雖然其外匯並不短絀，貿易也未產生赤字，但是一味地設法追求出超、累積外匯。其原因不外有兩種：其一為某些人認為出超是賺外國人的錢，外匯累積得愈多表示國家愈富有；另一是通過凱因斯的乘數理論，出超可以使得國內的經濟更繁榮。這兩種說法表面

上看起來好像很有道理，但事實並非如此。第一、國際貿易的目的在充分發揮各國的比較利益，使整個世界的資源利用效率提高，如果某些國家一味地追求出超，則國際市場的機能必被扭曲，從而降低資源的利用效率，對大家都沒有好處。第二、國際貿易的目的在互通有無，如果某些國家一味地追求出超，則另一些國家必定產生入超，在外匯收支不平衡的情況下，國際貿易必逐漸萎縮，其結果使得大家都不能享受到比較利益的好處。第三、增加出口通過凱因斯的乘數理論固能使就業水準提高，但是一個國家如果已經達到充分就業，此時如再為追求出超而出口，則將因生產成本的提高而得不償失。第四、追求出超如果是用限制進口與補貼出口的方式進行，必將引起貿易對手的反感，從而採取報復措施。綜合以上所述，可知一味地追求出超是一種害人而不一定利己的行為。

5. 保護幼稚產業政策　一種新興產業在開發初期必須加以保護，使其成長茁壯，具有競爭能力。保護措施不外有下列三方面：第一、給予技術支援，包括產銷技術的引進與傳授等；第二、給予財務支援，包括低利融資及減免稅措施等；第三、給予市場支援，包括限制進口確保國內市場及補貼出口打開外銷市場等。

保護幼稚產業必須注意下列三點，否則將成為政府及全民的包袱。第一、該幼稚產業具有發展潛力，所謂發展潛力，是指在資源、技術及市場三方面均具有發展潛力，缺一不可。第二、該幼稚產業的保護期間必須適當，過短不足以竟其功，過長則將產生依賴心，成為長期的包袱。第三、該幼稚產業發展成功以後所帶來的利益，必須能概括因保護所付出的一切代價，包括直接支援與間接損害。

6. 國家安全與經濟穩定政策　國家安全的最低要求是「戰時能守、平時養民」，合於此兩要求的產業主要有三個，即鋼鐵、能源與農業，鋼鐵與能源是戰略物資，農產品為民生必需品，戰時也是一種戰略物資。為了國家的安全，能在國內生產的必須給予適度的保護，維持最低要求的產量，戰爭來臨前再大量進口儲存，以策安全，這是

最妥當的辦法。此外，鋼鐵與能源的供應雖對消費者的影響很大，但賴以維生的人數並不多。農產品就不一樣，農產品不但是民生必需品，無日可以或缺；同時農業是衆多人口賴以維生的產業，尤以開發中國家為然。因此農業除去戰時能守的任務以外，尚兼具平時養民的任務，其對國家安全的重要性不可忽視。

　　鋼鐵與能源是工業生產最重要的原材料，農產品是民生必需品，因此這三種產品不但是國家安全的重要項目，同時也是經濟穩定的重要項目，如果供需失調，價格波動，對國計民生的影響很大，七〇年代的能源危機與糧食危機就是兩個最明顯的例子。因此一個國家為穩定其經濟，必須時時注意這三種產品的供需狀況，在可能範圍內自己生產一部分，進口的部分必須有妥善的進口計畫，掌握供應來源，同時設法將供應不足所帶來的衝擊降至最低，這樣才能維持經濟的穩定。

　　7. 經濟利益重分配政策　由上一章的說明知，就某一國家而言，產品的進口對該類產品的消費者有利，而對該類產品的生產者及生產要素的擁有者不利；產品的出口對該類產品的生產者及生產要素的擁有者有利，而對該類產品的消費者不利。由此可知，無論是進口或是出口，生產者與消費者的利益都是對立的。對進口品而言，如欲保護生產者的利益，則必須限制進口，其結果對該類進口品的消費者不利，如此即產生經濟利益的重分配。同樣情形，對出口品而言，如欲保護消費者的利益，則必須限制出口，其結果對該類出口品的生產者不利，如此亦產生經濟利益的重分配。由此可知，限制進口及限制出口的政策均可能產生國內各有關團體經濟利益的重分配，僅前者有利於生產者，後者有利於消費者而已。究竟應該有利於那一方，除去整體經濟的考量外，利益團體的壓力也是一個重要的關鍵。

摘　要

國際貿易政策

國 際 貿 易 政 策 的 意 義 與 類 別	
意　　義	一個國家為達於某種目的對進出口貿易加以干預，其所採取的策略稱為貿易政策。
種　　類	主要分為進口政策與出口政策兩大類。

獎 勵 出 口 政 策		
目　　的		(1)增加出口經由乘數作用可增加國民所得。 (2)具有規模經濟的產業增加出口可享受大規模生產之利。 (3)獎勵出口間接可促進產業技術水準的提升。 (4)增加出口可增加外匯收入。
手　　段		(1)直接誘之以利—政府補貼，或低利融資及減免稅以降低成本。 (2)間接誘之以利—限制進口，以內銷貼補外銷。
效 果	出口占在國際市場相當比重	(1)若該國出口量在國際市場中占有相當比重，則出口需求線即具有負斜率。 (2)政府補貼使出口供給線向下移動，其垂直距離即為單位補貼額。 (3)由於出口需求線具有負斜率，故出口增加使價格下降而使出口量受限。
	出口場在國際市場無重要地位	(1)若該國出口量在國際市場中不占重要地位，則出口需求線為水平線。 (2)政府補貼使出口供給線向下移動，其垂直距離即為單位補貼額。 (3)由於出口需求線為水平線，故出口增加不會使價格下降，因而出口量不受限。
	對經濟的福利影響	(1)若該國出口量在國際市場中占有相當比重，則補貼出口將產生兩種損失，其一為出口品國內價格提高，另一為貿易條件惡化。 (2)若該國出口量在國際市場中不占重要地位，則補貼出口只使出口品國內價格提高而降低經濟效率，貿易條件則未惡化。
	獎勵出口起的其他問題所引	(1)資金來源如為增加稅收減少民間消費或減少政府消費，均將抵銷出口增加所增加的總合需求。 (2)資金來源如為增加通貨發行，則將導致國內物價上漲，抵銷出口品價格降低的效果。 (3)出口補貼如以內銷貼補外銷或降低貸款利息為之，將導致資源利用扭曲，降低其效率。

限　制　出　口　政　策		
抬高國際價格	目的	提高國際價格以增加輸出國的收益。
	手段	輸出國聯合壟斷。其先決條件為出口品的需求彈性較小。
	影響	出口國聯合壟斷限制出口總量，其結果國際市場供給線成為一條垂線，其橫坐標即為限制總量，如此即可提高售價，謀取更多利益。
穩定國內價格	目的	使國內價格不受國際價格上漲的影響。
	手段	限制出口數量於原有水準。
	影響	(1)國際價格上升，出口增加的結果使國內價格上升。 (2)為使國內價格不隨國際價格上升而上升，乃限制出口。 (3)若所限數量為原出口量，則國內市場供給線即向左移，其橫距即為原出口量，如此國內價格即維持原有水準。
比　較		以上兩種方法都是以量制價的方法，只不過前者是設法使國際價格上升，後者是設法使國內價格穩定而已。

限　制　進　口　政　策		
目　的		主要在保護國內產業，特別是幼稚產業。
手　段		(1)進口課稅，(2)進口限額。
影響	進口課稅	進口課稅使進口供給減少，進口供給線左移，與原供給線的縱距即為單位稅額。進口量減少使國內價格上升。
	進口限額	進口限額使進口供給減少，進口供給線左移，與原供給線的橫距即為進口限額。進口量減少使國內價格上升。
經濟福利		(1)若進口量在國際市場中不占重要地位，則貿易條件未變，但因進口量減少使國內價格上升，降低福利。 (2)若進口量在國際市場中占有重要地位，則進口量的減少一方面雖使國內價格上升降低福利，但另一方面因貿易條件的改善而使福利降低得以減輕。尤有進者，若貿易條件改善的程度夠大，則福利非但不會減少，反而可能增加。

貿　易　政　策　的　檢　討　與　運　用		
貿易政策按目的分		(1)無特定目的，純為牟利或避免損失──包括以量制價及反傾銷兩種政策。 (2)財政目的──以關稅為主要收入的政策。 (3)經濟目的──包括改善貿易赤字或追求出超、保護幼稚產業、維護國家安全與經濟穩定，及經濟利益重分配等四種政策。
以量制價政　策		一種產品如果需求彈性較小，同時供給者能控制整個國際市場的供給量，即能以量制價謀取更多利益。
	傾銷的	所謂傾銷，是指以低於生產成本或國內售價的價格，或是在政府的補貼

類別	項目	內容
反傾銷政策	意義	下，將產品銷往其他國家的行為。
	傾銷的類型	(1)發展中國家為保護幼稚產業，政府補貼低價外銷以開拓國際市場。 (2)某些國家的獨占廠商或產業的壟斷組織實施差別價格計畫，低價外銷，目的在提高國內售價。 (3)某些國家的廠商為圖獨霸國際市場，以傾銷方式打垮其他國家廠商。 以上三種類型的傾銷，最後一種最不可取，必須加以反制。
	對策	(1)對惡性傾銷的進口品課反傾銷稅。 (2)對政府補貼出口的進口品課平衡稅。
關稅為收入主要政策	由來	在所有稅收中，關稅最易掌握，部分落後國家以此為主要財政收入。
	影響	(1)改變國內貿易條件，扭曲資源利用，降低其效率。 (2)國際貿易條件惡化，降低經濟福利。
改善貿易赤字政策		(1)積極的作為——限制進口及獎勵出口，其不良影響為扭曲資源利用、降低貿易福利及產生所得重分配。 (2)消極的作為——設法提高生產力、調整匯率及實施緊縮性的財政政策及貨幣政策，其效果較慢，但後遺症較少。
追求出超政策	由來	(1)某些人認為出超是賺外國人的錢。 (2)某些人認為通過凱因斯的乘數理論，出超可使國內經濟繁榮。
	缺失	(1)扭曲國際市場機能，使世界資源利用扭曲，降低效率。 (2)出超使其他國家入超，導致國際貿易萎縮，對大家都不利。 (3)已達充分就業時，出超徒使物價上升，不能使經濟再成長。
保護幼稚產業政策	由來	幼稚產業發展初期給予必要保護，以使其成長苗壯。
	手段	(1)給予技術支援——包括產銷及管理技術。 (2)給予財務支援——包括低利融資及減免稅優待。 (3)給予市場支援——包括限制進口及獎勵出口。
	條件	(1)該幼稚產業是否有發展潛力。(2)保護時間長短應適當。(3)保護成功後所獲利益能否概括全部因保護所付的代價。
國家安全與經濟穩定政策	由來	國家安全的最低要求是「戰時能守、平時養民」。
	手段	鋼鐵與能源為工業生產的重要原材料，農產品為民生必需品，此三種產品必須時時注意其生產與調節，始能維持國家的安全與經濟的穩定。
經濟利益重分配政策	由來	進出口的變化將使某些人受益及另一些人受害，因此調整進出口可用為執行所得重分配政策的手段。
	手段	(1)增加進口對消費者有利，對生產者不利；反之則否。 (2)增加出口對生產者有利，對消費者不利；反之則否。

國際貿易政策

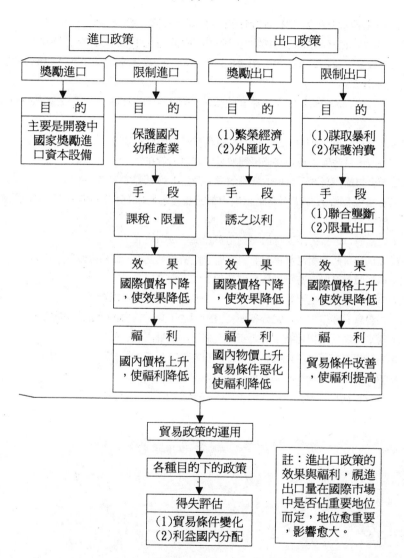

問 題

1. 何謂國際貿易政策？其目的何在？國際貿易政策主要分為那兩大類？

2. 獎勵出口的目的為何？獎勵的手段有那幾種？對政府而言各有何利弊？

3. 出口量在國際市場中占有相當比重時，獎勵出口的效果如何？對經濟福利有何影響？

4. 出口量在國際市場中不占重要地位時，獎勵出口的效果如何？對經濟福利有何影響？

5. 出口補貼因資金來源之不同將產生那些不同的影響？

6. 限制出口政策主要分為那兩種類型？其目的何在？

7. 聯合壟斷限制國際市場的總供給量將產生何種影響？

8. 當國際價格上升時，為維持國內價格穩定將採取何種出口政策？其效果如何？

9. 限制進口政策的主要目的何在？用什麼手段來達成？

10. 限制進口政策對經濟福利有何影響？經濟福利是否一定會降低？

11. 何謂傾銷？傾銷有那幾種類型？其對策為何？

12. 以關稅為財政主要收入的原因何在？將產生何種不良影響？

13. 改善貿易赤字的手段可分積極的與消極的兩類，其內涵如何？影響如何？

14. 追求出超的原因何在？是否正確？將產生何種不良影響？

15. 為什麼要保護幼稚產業？如何加以保護？有何限制條件？

16. 國家安全的最低要求是什麼？如何能達於此要求？

17. 為什麼進出口政策可用作國內所得重分配的手段？如何加以運用？

第二十七章　國際金融

　　由第一章的説明知，在交換經濟社會中，買東西要付錢，賣東西可收錢，這是天經地義的事。國際貿易也是如此，除去商品及勞務的流動外，同時相對應地也要有金錢的來往，否則貿易無法進行，至少是進行得不方便。由於各國的貨幣制度都不一樣，因此需要有一個大家都能接受的支付工具作為交換的媒介，以方便貿易的進行。這種支付工具究竟是什麼樣的形式，其性質如何，以及如何加以管理與運用等，在在均是問題，研究這方面的學問即是所謂的國際金融（international finance）。由此可知，國際貿易除去實物面的問題外，尚有金融面的問題，兩者同等重要。

一、外匯與匯率的意義與特質

1. 國際支付工具型式的演變　1973 年美國宣布停止美元與黃金的兌換關係，在此之前黃金為國際間貿易的媒介及清算的工具。在此期間內，黃金雖為國際支付的工具，但為方便起見，各主要國家的通貨均與黃金訂出兌換比例，並承諾隨時可以兌取黃金，此種通貨稱之為可兌換通貨（convertible currencies）。其他國家平時即以這些主要國家的可兌換通貨作為國際貿易的媒介，直至清算時才搬動黃金。與貨幣發展的歷史一樣，參與貿易的國家對這些主要國家的可兌換通貨產生信心以後，為免麻煩，不必時時去兌取黃金，如此這些主要國家的通貨即成為國際貿易的媒介、甚至價值儲藏及債務清算的工具。而這些主要國家亦在適當時機停止其通貨與黃金的兌換關係，從此國際貿易亦如國內貿易一樣進入無限法償的紙幣時代。

2. 外匯與匯率的意義　　所謂外匯（foreign exchange），是指可以用作國際支付工具的外國通貨或其請求權。外國通貨的請求權包括本國在外國銀行的存款及有關準貨幣等。一國政府保有外匯的數量稱為外匯存底（foreign exchange reserve），民間所持有的外匯則不包含在內。我國用作國際支付的工具主要是美元，目前我國政府所保有的外匯存底約在九百億美元左右，為世界上數一數二外匯存底最多的國家。

外匯顧名思義主要是用作國際支付的工具，國內鮮少流通，國內所使用的當然是本國貨幣。美國的情形稍有不同，美元不但是其本國貨幣，同時也是國際通用的支付工具，因此就美國的觀點而言可說無所謂外匯。就我國的情形而言，貨品的出口，首先向對方收取美元，然後再兌換成臺幣在國內使用；貨品的進口，首先將臺幣兌換成美元，然後以美元向對方購買貨品。由此可知，任何一樁國際貿易事件必定會產生臺幣與美元間的兌換關係。在兌換關係中最重要的即是兩種貨幣的兌換比例，亦即所謂的匯率。就我國而言，匯率是以美元為準訂定的，即一美元可換得多少臺幣，而不是指一塊臺幣可換得多少美元。其原因為我們把美元看做是一種商品，購買此商品一單位要付多少臺幣，因此匯率亦可看做是購買外幣的價格。綜合以上所述，可知匯率（exchange rate）為本國貨幣與外國貨幣間的兌換比例，更確切地說為以本國貨幣購買外國貨幣一單位的價格。例如目前我國臺幣對美元的兌換比例是 26 比 1，亦即臺幣對美元的匯率是 26，也可以說是購買美元一單位的價格是臺幣 26 元。

3. 匯率變化對國際貿易的影響　　外匯的供需發生變化，則匯率亦隨之變化。匯率上升，例如臺幣對美元的匯率由 26 上升至 28，此時臺幣相對於美元貶值，過去進口一美元的貨品只要付出臺幣 26 元，現在則要付出臺幣 28 元；過去出口一美元的貨品只能收回臺幣 26 元，現在則能收回臺幣 28 元；由此可知，匯率上升亦即臺幣相對於美元貶值，有利於出口，不利於進口。反之，匯率下降，例如臺幣對

美元的匯率由 26 下降至 24，此時臺幣相對於美元升值，過去進口一美元的貨品需要付出臺幣 26 元，現在只要付出臺幣 24 元；過去出口一美元的貨品能夠收回臺幣 26 元，現在只能收回臺幣 24 元；由此可知，匯率下降亦即臺幣相對於美元升值，有利於進口，不利於出口。

由於匯率是以外國貨幣一單位為基準訂定的，因此匯率只能「直接」用以求算外國貨幣升值或貶值的相對幅度，而不能直接求算本國貨幣升值或貶值的相對幅度。例如臺幣對美元的匯率由 26 上升至 28，此時美元升值，其相對升值幅度為：

$$\frac{28-26}{26}\times100=7.7\%$$

欲衡量臺幣貶值的相對幅度，必須先取原匯率的倒數，化為以本國貨幣亦即臺幣一單位為基準的匯率，然後再據以求算臺幣貶值的相對幅度，其結果如下：

$$\frac{1/28-1/26}{1/26}\times100=-7.1\%$$

匯率本身是一個相對數，根據匯率求算本國貨幣或外國貨幣升值或貶值的相對幅度，這是根據相對數再求相對數，此時就要特別注意，尤其是第二個相對數亦即匯率，應該取原來的數值或取其倒數，必須仔細推敲，否則陰溝裡翻船，連最簡單的算術都會算錯。

二、外匯的供需與均衡

前述外匯可視為一種商品，其價格亦即匯率的高低取決於外匯的供需，茲先說明其需求與供給，然後再探討其均衡亦即均衡匯率的決定。

1. 外匯的需求 對外匯產生需求的原因很多，茲列舉如下：

(1)支付進口物品及勞務的價款。

(2)支付本國國民赴國外旅遊、留學、接洽商務、以及從事其他一

切公務或私務所耗的費用。

(3)短期資本外流，包括存入外國銀行的短期存款，購買外國的短期有價證券、以及對外國進口商的短期融資等。

(4)對外長期投資及放款。

(5)支付外人在我國投資的紅利及貸款的利息。

(6)償還外債的本金。

(7)支應本國對外國移轉性的支付，包括政府與民間對外國的援助與贈送。

(8)中央銀行為增加外匯存底而購進外匯。

以上各項需求中，最重要的當然是為支付進口物品及勞務價款所產生的需求，其他各項需求則隨一國的政治及經濟情況而異，多寡不定。就最重要的項目而言，當匯率下降時，進口物品及勞務的價格下降，如果國人對該類物品及勞務的需求彈性大於一（一般說來此種需求的彈性通常大於一），則此項外匯的需求量將隨匯率的下降而增加；反之，當匯率上升時，此項外匯的需求量將隨匯率的上升而減少。這是最重要項目的情形，其他項目對外匯的需求，其情形亦與此類似，僅有些項目的需求彈性比較大，有些項目的需求彈性比較小而已。因此就整體而言，外匯的需求量隨匯率的高低作反方向變化，因此外匯的需求線通常是一條具有負斜率的曲線，其形如圖27-1。

2. 外匯的供給 外匯供給的來源與需求相似但相反，茲列舉如下：

(1)出口物品及勞務的收入。

(2)外國國民來我國旅遊、留學、接洽商務、以及從事其他一切公務或私務所作的支出。

(3)短期資本流入。

(4)外人對我國的長期投資及放款。

(5)本國國民在外投資的紅利及貸款的利息收入。

(6)外國政府償還我國的借款。

(7)接受外國政府及民間
所給予之援助與贈與。

(8)中央銀行為減少外匯
存底而出售外匯。

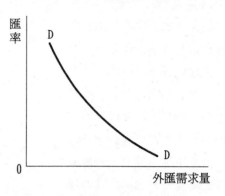

圖 27－1　　外匯需求曲線

同樣情形，以上各項供
給中，最重要的當然是出口
物品及勞務所產生的外匯供
給，其他各項供給則隨一國
的政治及經濟情況而異，多
寡不定。就最重要的項目而
言，當匯率下降時，出口物品及勞務的價格下降，如果外國對我國物
品及勞務的需求彈性大於一（一般說來此種需求的彈性亦通常大於
一），則此項外匯的供給量將隨匯率的下降而減少；反之，當匯率上
升時，此項外匯的供給量將隨匯率的上升而增加。這是最重要項目的
情形，其他項目的外匯供給，其情形亦與此類似，僅有些項目對手國
的需求彈性比較大，有些項目對手國的需求彈性比較小而已。因此就
整體而言，外匯的供給量隨匯率的高低作同方向變化，因此外匯的供
給線通常是一條具有正斜率的曲線，其形如下：

3. 均衡匯率的決定　前述
外匯一如商品，因此其均衡
價格亦即均衡匯率與均衡交
易量亦即均衡外匯交易量決
定於外匯的供需，其情形如
次頁所示。

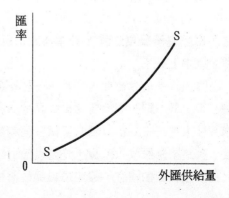

圖 27－2　　外匯供給曲線

圖中 D 代表外匯的需
求曲線，S 代表外匯的供給
曲線，兩曲線的交點 f 即為
外匯供需的均衡點，由此決

定均衡匯率為 e_0，均衡外匯
交易量為 Q_0。若匯率高於
均衡匯率 e_0，此時外國貨幣
的價值被高估，反言之，即
本國貨幣的價值被低估，在
此情況下對出口有利、進口
不利，增加出口及減少進口
的結果使外匯供過於求，迫
使匯率下降。反之，若匯率
低於均衡匯率 e_0，此時外國

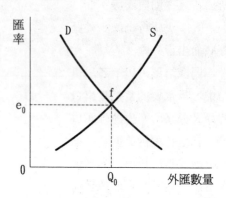

圖 27-3　均衡匯率的決定

貨幣的價值被低估，反言之，即本國貨幣的價值被高估，在此情況下
對進口有利、出口不利，增加進口及減少出口的結果使外匯求過於
供，促使匯率上升。經往復調整，直至達於均衡匯率 e_0 時為止。

4. 促使匯率變動的因素　匯率決定於外匯的供需，任何因素只要
能使外匯供需的一方或兩方發生變化，均可使匯率發生變化。影響外
匯供需的因素不外有下列六種，茲分述如下：

(1)國內外經濟景氣的變化──本國經濟景氣好轉，國民所得增
加，邊際進口傾向通常為正值，如此進口需求增加，外匯需求曲線右
移，匯率上升；反之，本國經濟景氣逆轉，國民所得減少，如此進口
需求減少，外匯需求曲線左移，匯率下降。另一方面，國際經濟景氣
好轉，對本國出口的需求增加，外匯供給曲線右移，匯率降低；反
之，國際經濟景氣逆轉，對本國出口的需求減少，外匯供給曲線左
移，匯率上升。

(2)國內外物價的相對變動──若外國的物價水準不變，我國的物
價水準上升，則一方面我國出口品的價格上漲，假定出口品的價格需
求彈性大於一，則出口需求量減少的相對幅度超過價格上漲的相對幅
度，其結果外匯收入減少，外匯供給曲線左移；另一方面，我國進口
品的價格相對的便宜，假定進口品的價格需求彈性大於一，則進口供

給量增加的相對幅度超過價格下降的相對幅度，其結果外匯支出增加，外匯需求曲線右移；外匯供給曲線左移同時外匯需求曲線右移，兩者共同促使匯率作較大幅度的上升。反之，若我國的物價水準不變，外國的物價水準上升，則出口需求量增加，假定出口品的價格需求彈性大於一，則外匯收入增加，外匯供給曲線右移；另一方面，進口供給量減少，假定進口品的價格需求彈性大於一，則外匯支出減少，外匯需求曲線左移；外匯供給曲線右移同時外匯需求曲線左移，兩者共同迫使匯率作較大幅度的下降。這是兩種最基本的情況，其他各種情況讀者可試自推論之，不再詳細說明。

(3)國內外利率水準的變動——若本國的利率上升，外國資金流入我國的數額增多，外匯供給曲線右移，匯率下降；反之，若外國的利率上升，我國資金流向外國的數額增多，外匯需求曲線右移，匯率上升。利率下降的情況與此相似但相反，讀者可試自推論之。

(4)中央銀行的干預——中央銀行可以買進或賣出外匯的方式影響匯率，當然中央銀行必須有外匯存底才能賣出外匯。中央銀行買進外匯，使外匯的需求增加，外匯需求曲線右移，匯率上升；反之，中央銀行賣出外匯，使外匯的供給增加，外匯供給曲線右移，匯率下降。

(5)貿易政策與外匯管制——進口課稅及進口限額政策將導致進口減少，其結果在同等匯率下外匯需求量減少，外匯需求曲線左移，匯率下降。出口課稅及出口限制政策將導致出口減少，其結果在同等匯率下外匯供給量減少，外匯供給曲線左移，匯率上升。其他各種情況讀者可試自推論之，不再詳細說明。

(6)對匯率變動的預期——一個國家如果沒有外匯管制，匯率可以自由變動，則人們對匯率的預期因而採取相應的措施，將使匯率發生變化。如果人們預期匯率未來可能下降，為謀取匯率下降的好處，則國外的熱錢會趕緊匯進來，等到匯率下降時再匯出去；出口商會趕緊大量出口，以避免匯率下降的損失；凡此均將引起外匯供給的增加，促使匯率下降。另一方面，我國流向國外的資金會暫不匯出去，等到

匯率下降時再匯出去，以謀取匯率下降的好處；進口商會暫不進口，等到匯率下降時再進口，以避免匯率下降的損失；凡此均將引起外匯需求的減少，促使匯率下降。預期匯率上升的情況與此相似但相反，讀者可試自推論之。

對匯率變動的預期主要是根據經濟情勢未來可能的變化作較早的反應，以謀取利益或避免損失，如果預期正確，將使該出現的事情提早出現；如果預期不正確，則徒然使匯率產生波動而已。

三、國際收支平衡表的編製

1. 國際收支平衡表的意義與編製目的 國際收支平衡表（balance-of-payments accounts），簡言之即是一個國家在某一期間內與其他國家所發生的經濟關係其金融面的彙總表。某一期間通常是指一季或一年。編製國際收支平衡表的目的，在能很清楚地看出過去一季或若干季、過去一年或若干年各項外匯收入、支出及餘絀的情況以及其演變情形，從而預估未來的情勢，如有問題可及早採取適當的政策。由於國際收支平衡表有如此重要的功能，因此世界各國均普遍按期加以編製。

國際收支平衡表是一種會計報表，在複式簿記制度下，任何一種報表均包含借貸兩方，外匯收入記在借方，外匯支出記在貸方，外匯餘額亦即國際收支餘額記在貸方，如此借貸即能平衡。國際收支餘額如為正數，此數額即為外匯存底；如為負數，此數額即為國際收支赤字。

2. 國際收支平衡表的內涵 茲以我國的國際收支平衡表為例說明之，其情形如下頁所示。

一個國家的國際收支一共有三本帳，即經常賬、資本帳及官方準備交易帳，茲分述如下：

(1)經常帳──所謂經常帳（current account），即除去國際資

表27－1　民國80年中華民國臺灣地區國際收支平衡表

單位：百萬美元

項　　目	借　　方	貸　　方	餘　　額
A. 經常帳	93,618	81,603	12,015
a. 貨物、勞務與所得	91,785	79,519	12,266
商品進出口（f.o.b.）	75,535	59,781	15,754
貨運與其他運輸	3,133	4,760	－1,627
旅遊	2,017	5,678	－3,661
投資所得	7,300	2,296	
其他貨物、勞務與所得	3,800	7,004	5,004
b. 無償性移轉	1,833	2,084	－3,204
B. 資本帳	1,271	6,002	－4,731
a. 直接投資與其他長期資本	1,271	3,918	－2,647
直接投資	1,271	1,854	－538
其他長期資本流動	－	2,064	－2,604
b. 短期資本流動	－	2,084	－2,084
C. 誤差與遺漏淨額	－	129	－129
A. B 及 C 合計	94,889	87,605	7,155
D. 銀行體系國外資產變動淨額	－	7,155	

資料來源：財政部編印「中華民國臺灣地區進出口統計月報」。

本流動及國際清償等特定項目以外，其他經常發生項目的國際收支帳目。經常帳的科目可分為兩大類，第一類為貨物、勞務與所得類，第二類為無償性移轉類。第一類中以商品的進出口為最重要，其收支數額均以離岸價格（f.o.b.）計列，出口的外匯收入記在借方，進口的外匯支出記在貸方。除去商品的進出口以外，其他尚有貨運與其他運輸、旅遊、投資所得、以及其他貨物、勞務及所得（即無法明確區別歸入以上各科目的項目）等，凡有外匯收入者均記在借方，凡有外匯支出者均記在貸方。無償性移轉，接受外國援助或贈與的外匯收入記

在借方，給予外國援助或贈與的外匯支出記在貸方。

(2)資本帳──所謂資本帳（capital account），即我國資本流向外國及外國資本流入我國的帳目。資本的性質與一般貨物及勞務的性質不同，對外投資等於是在外國養雞，將來把雞蛋運回來，這與一般貨物及勞務的交易在意義上是不一樣的，因此將其單獨成立一本帳，以瞭解我國在外國養了多少雞，外國在我國養了多少雞。資本帳的科目亦分為兩大類，第一類為直接投資與其他長期資本類，第二類為短期資本流動類。第一類中包含兩個科目，即直接投資與其他長期資本流動。直接投資的意義甚為明顯，不需加以說明；其他長期資本流動包括存在外國銀行的定期存款及購買外國的長期債券等。我國對外國的直接投資及長期資本流向國外須耗用外匯，此數額應記在資本帳的貸方；反之，外國對我國的直接投資及長期資本流入我國可獲得外匯，此數額應記在借方。短期資本流動包括從事金融投機及對進出口商授信的資本流動。同樣情形，短期資本流入我國可獲得外匯，此數額應記在借方；短期資本流出我國將失去外匯，此數額應記在貸方。

(3)官方準備交易帳──官方準備交易帳（official reserve transaction account）亦稱國際清償帳（international settlement account），其目的在根據前兩本帳即經常帳與資本帳求算國際收支的餘額，其計算方式如下：

國際收支餘額＝經常帳餘額＋資本帳餘額

其結果如為正數，我國即可向有關國家取得外匯；如為負數，我國即需付給有關國家外匯。由於國際收支餘額為一個國家進行國際清償的依據，故本帳目稱為國際清償帳。此外，國際收支各項目的數額很難正確估計，尤以外匯管制不嚴的國家為然。其解決之法為以透過銀行體系加以估計，因絕大多數的國際收支均是透過銀行體系辦理的。在銀行體系中握有外匯資產最多的是中央銀行，國際清償對中央銀行外匯資產變動的影響最大，而中央銀行在絕大多數國家中均是官

方機構，其所持有的外匯存底亦即外匯準備主要是用來進行國際清償的，因此該一帳目亦稱之為官方準備交易帳。

由於各項國際收支是由銀行體系估計而得的，難免有誤差與遺漏發生，為使國際收支及餘額能夠平衡，必須加上一個誤差與遺漏淨額。

四、匯率制度的意義與內涵

1. 匯率制度的意義與種類　前述經濟情勢的變化會影響匯率，反之，匯率的變化應該也會影響經濟情勢，因此之故，為達於某種經濟目的，乃有必要對匯率加以管制。一個國家為維護其本身的利益，衡酌自己與國際的經濟情勢，對其匯率所採的管制方式，稱之為匯率制度（exchange rate system）。

匯率按其是否由市場供需決定，匯率制度因而分為三種，其一是固定匯率制度（fixed exchange rate system），在此制度下，匯率不隨市場供需的變化而時時變更，在某一期間內維持一個固定的比例；為維持此固定比例不變，則中央銀行必須時時出面加以干預。其二是純粹浮動匯率制度（pure floating exchange system），在此制度下，匯率完全由市場供需決定，中央銀行不加任何干預。其三是管理浮動匯率制度（managed floating exchange rate system），這是介乎上述兩種制度之間的一種折衷制度，即基本上採取浮動匯率，必要時由中央銀行以參與買賣外匯的方式加以干預。現今世界上多數國家均採取固定匯率制度，部分採取管理浮動匯率制度，採取純粹浮動匯率制度者為數不多。由此可知，世界各國為維持其經濟穩定，或多或少均對匯率加以管制。

有些國家的外匯主要是一種外幣，例如我國的外匯主要是美元；有些國家的外匯主要者不只一種外幣，而是有好幾種。在固定匯率制度之下，外匯主要只有一種外幣的國家其匯率甚易訂定，例如我國在

臺幣升值以前固定匯率為36，即一美元可兌換36塊臺幣。外匯主要有幾種外幣者，其匯率的訂定必須採取加權平均的方式，即先分別訂定本國貨幣對各主要外幣的兌換比例，然後以各主要外幣為媒介所進行的貿易額（以本國貨幣為單位計算）為權數求算加權平均數，而得本國貨幣對各主要外幣的綜合匯率，據此才能看出本國貨幣對各主要外幣的平均購買力。求算綜合匯率的各主要外幣稱之為一籃通貨（a basket of currencies）。

2. 固定匯率制度　　其內涵如下：

(1)固定匯率制度的特質——固定匯率制度的最大特點即是匯率固定，非不得已時不加變更。在此制度下，本國貨幣按一定比例釘住作為外匯的外國貨幣，因此固定匯率制度亦稱之為釘住匯率制度（pegged exchange rate system）。

(2)固定匯率制度的優缺點——固定匯率制度的優點有二：其一為匯率固定可減少進出口商的風險，從而使進出口貿易正常進行；另一為與其他採取固定匯率國家貨幣的兌換比例固定不變，如此進行貿易與清算時均比較方便。固定匯率制度的缺點也有兩個，其一為外匯的供需時時發生變化，為維持匯率固定不變，中央銀行必須時時進場干預，供過於求時買進外匯，求過於供時賣出外匯。另一為固定匯率使本國貨幣的價值與外國貨幣的價值緊密連接在一起，外國貨幣貶值時，我國貨幣也隨之貶值，升值時亦然；如此將使我國經濟隨外幣價值的變化而產生波動，徒增困擾。

以上所討論的是固定匯率的優缺點以及如何維持匯率固定的方法。現在再進一步討論固定匯率訂得太高或太低時會產生什麼問題，所謂太高或太低當然是指高於均衡匯率或低於均衡匯率。

(3)匯率偏高所產生的問題——匯率偏高直接將產生兩個問題，間接將產生三個問題，茲先說明直接問題。第一、如果匯率訂得太高，則出口多、進口少，外匯持續累積。出口的目的本來是為了進口，如今只知累積外匯，不知進口消費，就等於一個人只知道拼命賺錢不知

道享受一樣，真是何苦來哉！第二、匯率高有利出口，根據凱因斯的理論，出口增加將有助於經濟的復甦，這是尚未達於充分就業時的情況，如果已經達於充分就業即無此作用，故知匯率「持續」偏高對經濟並無長期效益。

在間接問題方面，第一、匯率偏高可使我國外匯累積，同時經濟不景氣時尚有使其復甦的作用；相對地，我國的貿易對手即可能產生國際收支赤字，同時也可能使其經濟趨於萎縮。由此可知，將匯率訂得過高是一種以鄰為壑的作法，損人而不一定利己，如此將引起對方的反感，遭到報復。第二、如果匯率訂得過高，將引起國內物價上漲，其原因有三：其一匯率偏高則進口品的價格偏高；其二匯率偏高使貿易差額改善，導致總合需求曲線右移，使所得及物價水準均行提高；其三匯率偏高產生國際收支盈餘，此盈餘由中央銀行收購，放出本國貨幣，促使物價上漲。第三、如果匯率訂得過高，則進口品價格提高，出口品價格降低，使貿易條件惡化，降低國際貿易的經濟福利。

匯率偏低所產生的問題與匯率偏高所產生的問題相似但相反，讀者可試自推論之，不再重複說明。

(4)匯率偏高的政策涵義──前述匯率偏高有利出口，出口的增加可帶動國內的經濟發展，因此多數開發中國家均喜歡採取固定匯率制度，同時將匯率訂得比較高一點。我國過去亦曾採取過相同的作法，促進經濟成長。

3. 浮動匯率制度　其內涵如下：

(1)浮動匯率制度的特質──此制度下，匯率的高低完全由市場供需決定，中央銀行不加干預。所謂不加干預，是指中央銀行不以影響匯率為目的而干預外匯市場。中央銀行為調節國內貨幣供需有時亦需買進或賣出外匯，當然這種買進與賣出也會影響匯率，但這只是其後果，並非其目的。由於中央銀行不主動干預匯率的高低，故浮動匯率制度亦稱之為純粹浮動匯率制度。經濟情勢瞬息萬變，外匯供需從而

匯率亦隨之作機動性的調整，故浮動匯率制度亦稱之為純粹機動匯率制度（pure flexible exchange rate system）。

(2)浮動匯率制度的優點——浮動匯率制度最大的優點是國外經濟變動對本國經濟的衝擊因匯率的機動調整而得以減輕。例如國外物價上漲，則我國進口品的價格上升，出口品的價格下降；進口量減少的結果使外匯的需求減少，出口量增多的結果使外匯的供給增加；外匯需求曲線左移，供給曲線右移，其結果均衡匯率下降，但均衡外匯交易量則變化不大。其情形見下圖：

圖27-4　國外物價上漲對本國匯率的影響

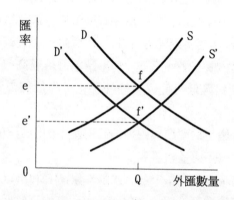

　　圖中 D 及 S 分別代表國外物價變化前我國的外匯需求與供給曲線，其均衡點為 f，均衡匯率為 e，均衡外匯交易量為 Q。若國外物價上漲，則我國因進口減少而致外匯需求曲線左移至 D′，同時因出口增加而致外匯供給曲線右移至 S′，其均衡點是 f′。因 f′在 f 的下方，故匯率由 e 下降至 e′，但外匯交易量則無大變化，仍為 Q 或接近 Q。由此可知，在浮動匯率制度下，當國外物價上漲時，匯率會自動下降，如此使外匯的交易量不致有太大的變化，從而減輕對我國經濟的衝擊。反之，當國外物價下降時其情形即與上述者相反，讀者可試自推論之。總之，不論國外物價上升或下降，在浮動匯率制度下，會

自動引起匯率的變化，使外匯交易量保持穩定，而對國內經濟的衝擊得以減輕。

除去國外物價變化對國內經濟有所影響外，國外經濟景氣的變化對國內經濟亦有所影響。若國外的經濟景氣惡化，則出口減少，外匯的供給曲線左移，使匯率上升；而匯率上升有使出口增加及進口減少的效果，如此又促使匯率下降；經往復調整，最後進出口均作較小幅度的減少，而匯率則無大變化。反之，若國外的經濟景氣好轉，則我國的進出口最後均作較小幅度的增加，但匯率亦無大變化。由此可知，在浮動匯率制度之下，國外經濟景氣的變化對我國的衝擊因匯率的機動調整而得以減輕。

以上所討論的是浮動匯率最大的優點，其次要的優點尚有兩個，其一是在浮動匯率制度之下，外匯的供需經常保持平衡，無持續累積外匯或持續出現國際收支赤字的問題。另一是在浮動匯率制度之下，匯率的機動性成為調整及穩定經濟的工具，自無必要再勞動中央銀行進場干預。

(3)浮動匯率制度的缺點——其缺點有二：其一為在浮動匯率制度之下，匯率時時變動，進出口商的風險乃因而加大。另一為在浮動匯率制度之下，匯率完全由市場供需決定，因此乃不能用作執行政策的工具。

4. 管理浮動匯率制度　其內涵如下：

(1)管理浮動匯率制度的特質——前述管理浮動匯率制度是介乎固定匯率制度與純粹浮動匯率制度間的一種折衷制度，平時匯率由供需決定，情況特殊時由中央銀行出面干預。我國目前所實施的匯率制度即為此一制度。由於管理浮動匯率制度混有中央銀行干預的成分在由，故此種浮動亦稱之為混濁的浮動（dirty floating）。

中央銀行通常在兩種情況下進場干預，其一是中央銀行為執行某種政策人為地使匯率偏高或偏低，另一為中央銀行為減輕匯率驟然大幅變化所帶來的衝擊，對匯率變化所作的緩衝措施。當然中央銀行執

行這兩種任務必須有足夠的外匯存底才行。此外,任何干預均將引起經濟情勢的變化、所得的重分配、以及投機行為的滋長等情事。例如我國於七十七年及七十八年間由於外匯累積過多,產生通貨膨脹壓力,為紓解此壓力,乃不得不大幅降低匯率,由一美元兌換三十六塊臺幣降為二十六塊臺幣左右,降低幅度相當巨大。為減輕匯率驟降對經濟的衝擊,中央銀行乃以數個月的時間逐步調降,讓社會慢慢適應。由於匯率降低不是一次完成的,因此乃予國外熱錢持有者可乘之機,於匯率調降前將錢匯入,調降後將錢匯出,賺取匯率的差額。

(2)管理浮動匯率制度的優缺點——由於管理浮動匯率制度為介乎固定匯率制度及純粹浮動匯率制度間的一種折衷制度,因此該兩制度的優缺點管理浮動匯率制度皆有,但其程度則稍遜。在優點方面:第一、管理浮動匯率不似固定匯率僵硬,中央銀行可在其能力範圍內作某種程度的調整,以達於某種經濟目標。第二、管理浮動匯率雖然基本上是由供需決定,但波動幅度過大時中央銀行會出面干預,故較純粹浮動匯率為穩定,降低進出口商的風險。第三、管理浮動匯率雖時有中央銀行的干預,但本質上仍是一種浮動匯率,因此由國外經濟情勢變化所帶來的衝擊能作某種程度的減輕。在缺點方面:第一、在管理浮動匯率制度下,中央銀行為干預外匯市場必須保有相當數量的外匯存底。第二、在管理浮動匯率制度下,必要時雖有中央銀行進場干預,但匯率的波動仍屬難免,影響國際貿易的正常進行。第三、在管理浮動匯率制度下,正由於中央銀行具有干預市場的能力,因此有心人乃有機可乘,猜測中央銀行的動向進行投機,賺取匯率的差額。

綜合以上所述,可知三種匯率制度各有其優缺點。一般說來,開發中國家多採取固定匯率制度,因其具有促進經濟成長的功能;已開發中國家多採取管理浮動匯率制度,因其具有穩定經濟的功能;只有真正的經濟大國,具有雄厚的實力,不畏外來的衝擊,才會採取純粹浮動匯率制度,任其自由運作。

五、國際收支不平衡的對策

1. 國際收支不平衡的根源　國際收支能否平衡與一國的匯率制度有關。在固定匯率制度之下，所訂匯率不可能正好是均衡點的匯率，不是偏高，即是偏低；此外，如果為達於某種經濟目的，政府很可能將匯率人為的抬高或人為的壓低，如此偏頗的情形即更為明顯。匯率偏高將使外匯持續累積，匯率偏低將使國際收支赤字持續惡化。純粹浮動匯率制度因匯率由市場供需決定，因此在通常情況下，既無外匯累積，亦無國際收支赤字。管理浮動匯率制度介乎上述兩種制度之間，匯率偏高及偏低的情形雖有但並不嚴重，因此外匯累積及國際收支赤字的問題亦不如固定匯率制度來得嚴重。為說明方便起見，本大節的內涵主要即以固定匯率制度為例加以說明，至於管理浮動匯率制度其情形可謂大同小異，只是程度上略遜一籌而已。

　　解決國際收支不平衡問題的方式有兩種，其一為自動調節機能，另一為人為措施亦即所謂的對策，茲分別說明如下。

2. 消解國際收支不平衡的自動調節機能　經濟體系是一種相生相剋的體系，遇有問題時能自動調節予以化解，這種自動調節化解問題的機能即為所謂的自動調節機能。在固定匯率制度下，若匯率偏低，則將對外匯產生超額需求，如此即形成國際收支赤字。中央銀行為彌補此赤字，乃向市場拋售外匯，並取回同等價值的本國貨幣。國內貨幣供給量減少後，物價下跌、利率上升。物價下跌後，出口增加、進口減少，其結果使國際收支赤字改善；利率上升後，國外資金流入，亦使國際收支赤字改善。其整個過程如下：

匯率偏低 → 國際收支赤字 → 中央銀行拋售外匯 → 貨幣供給量減少

→ $\left\{ \begin{array}{l} 物價下跌 → 出口增加、進口減少 \\ 利率上升 → 國外資金流入 \end{array} \right\}$ → 國際收支赤字減少

由上列過程可看出，國際收支赤字能否改善的關鍵在於中央銀行

有無外匯存底可供拋售，如果沒有，則上列過程亦即自動調節機能即不可能產生。

匯率偏高的情形與此相似但相反，其過程如下：

匯率偏高 → 國際收支盈餘 → 中央銀行收購外匯 → 貨幣供給量增加

$$\rightarrow \begin{cases} 物價上漲 \rightarrow 進口增加、出口減少 \\ 利率下降 \rightarrow 本國資金外流 \end{cases} \rightarrow 國際收支盈餘減少$$

中央銀行放出本國貨幣收購外匯問題比較簡單，因此處理國際收支盈餘較處理國際收支赤字為容易。我國過去為發展經濟，鼓勵出口，將匯率訂得比較高，很自然地會使外匯累積，這是我國時至今日仍擁有龐大外匯存底的原因。

綜合以上所述，可知自動調節機能固能對國際收支不平衡的紓解有所貢獻，但仍有兩項困難不易克復，其一為中央銀行缺乏外匯存底時，對匯率偏低所產生的國際收支赤字無法紓解；另一為自動調節機能的進行過程迂迴曲折，不易立竿見影，舊問題尚未完全解決，新問題可能已接踵而來。因此之故，消解國際收支不平衡的方法除去自動調節機能以外，尚有人為的方法，茲逐步說明如下。

3. 消解國際收支赤字的對策 主要有三種對策，茲分述如下：

(1)貶值——所謂貶值是指本國貨幣相對於外幣貶值，其法是提高外匯的匯率。匯率提高會導致出口增加、進口減少，如此國際收支赤字即行消解。國際收支赤字的產生本來就是因為匯率偏低，如今將匯率提高使國際收支赤字消解，可說是一種對症下藥的治本之法。然而提高匯率雖然是一種治本的方法，但許多國家均不願採行，其原因有三：第一、貶值表示經濟有問題，許多國家為了面子，寧願苦撐待變，也不願意貶值。第二、貶值會導致國內物價上漲，使經濟產生變動。第三、貶值會使外債負擔加重。

(2)緊縮性的財政政策與貨幣政策——由第二十二章的說明知，緊縮性的財政政策與貨幣政策會導致國內物價下降與利率上升，同時也會使所得減少。物價下降將導致出口增加、進口減少，如此即可使國

際收支赤字獲得紓解；利率上升將導致外資流入，如此亦可使國際收支赤字獲得紓解；所得減少，消費能力下降，將更促使出口增加、進口減少，而使國際收支赤字作更進一步的紓解。由此可知，緊縮性的財政政策與貨幣政策確是消解國際收支赤字的有效工具，但是後遺症也很大。由第二十二章的説明知，緊縮性的財政政策與貨幣政策當景氣過熱的時候有降溫的效果，當景氣平平的時候則有萎縮的效果，如此將產生失業，問題相當嚴重。因此緊縮性的財政政策與貨幣政策雖然是消解國際收支赤字的有效工具，但各國均不敢貿然嘗試，除非經濟景氣特別好的時候才敢使用。

(3)貿易管制與外匯管制——此間所謂的貿易管制與外匯管制都是針對進口的，而非針對出口的，因為進口增多將加深國際收支赤字，出口增多將減輕國際收支赤字，因此欲消解國際收支赤字，只要管制進口即可，不需管制出口。在貿易管制方面，管制進口的方式有兩種，即課徵進口關稅與對進口設限，這兩種方式均可使進口減少，而使國際收支赤字獲得紓解。在外匯管制方面，首先要控制的是外匯，否則消解國際收支赤字的對策無法實施。控制外匯的方式是規定出口所獲得的外匯一定要由政府收購，政府有了外匯以後才能對進口加以管制。外匯管制的方式有兩種，其一是限制進口的項目與數量，只有合於政府規定的項目才准進口，同時其數量也有一定，如此即能控制外匯的需求，而達於消解國際收支赤字的目的。另一為實施差別匯率，即政府希望進口的物品其匯率較低，不希望進口的物品其匯率較高，如此亦能使進口減少，而使國際收支赤字獲得紓解。又貿易管制與外匯管制雖能消解國際收支赤字，但其後遺症也不少，包括國內物價上漲、降低國際貿易的經濟福利，以及扭曲資源的利用等。

綜合以上所述，可知三種消解國際收支赤字的方法可謂優劣互見，每種方法均有其效果，但也有其後遺症。世界上本來就沒有十全十美的事物，經濟政策也是如此。

4. 消解國際收支盈餘的對策　　國際收支盈餘與國際收支赤字是同

一個問題的兩面，因此適用於消解國際收支赤字的對策亦同樣適用於國際收支盈餘的消解，只不過每種對策均採取其反面措施而已。消解國際收支赤字所用的三種對策是貶值、緊縮性財政政策與貨幣政策、以及貿易管制與外匯管制，則消解國際收支盈餘的三個對策必定是升值、擴張性財政政策與貨幣政策、以及放鬆貿易管制與外匯管制。本國貨幣相對於外幣升值亦即降低匯率，將導致進口增加、出口減少，如此將減少國民生產，引發失業。擴張性的財政政策及貨幣政策將加大物價膨脹的壓力，使經濟趨於不穩。由於這兩種對策有很大的後遺症，因此多數國家均不願採用。至於放鬆貿易管制與外匯管制則缺點較少，除去能消解國際收支盈餘外，復能使資源利用扭曲的缺點改善，提高生產效率。因此之故，為消解國際收支盈餘，多數國家均以此一對策為主，然後再輔以激勵生產的措施如加強公共建設及增加投資等，以化解最後本國貨幣必須升值的不良後果。我國近年為消解國際收支盈餘所採的對策即是此一方法，一般說來是相當成功的。

摘　要

國　際　金　融

外　匯　與　匯　率　的　意　義　與　特　質		
國際支付工具	型式的演變	(1)1973年美國宣布停止美元與黃金的兌換關係。 (2)在此之前，黃金為國際貿易的媒介及國際清償的工具。為免時時搬動黃金，各主要國家將其貨幣與黃金訂出兌換比例，並承諾隨時可以兌取黃金，此種通貨稱之為可兌換通貨。其他國家平時即以此種可兌換通貨進行國際貿易，直至最後清償時才搬動黃金。 (3)1973年停止兌換以後，這些主要國家的可兌換通貨即成為不兌換通貨。
外匯	意義	外匯是指可以用作國際支付工具的外國通貨或其請求權。外匯存底是指一國保有外匯的數量。
	特質	外匯主要用作國際支付的工具，國內鮮少通用。

匯率	意義	匯率為本國貨幣與外國貨幣間的兌換比例。質言之，即以本國貨幣購買外國貨幣一單位的價格。
	變化	匯率上升則進口成本提高、出口收益增加；反之則否。

外匯的供需與均衡		
外匯需求	構成	(1)支付進口物品及勞務的價款，(2)支應赴國外旅遊、留學與接洽商務等費用，(3)短期資本外流，(4)對外長期投資及放款，(5)支付外人在我國投資的紅利及貸款的利息，(6)償還外債本金，(7)支應本國對外國的移轉性支付，(8)中央銀行為增加外匯存底而購進外匯。
	性質	在通常情況下，外匯的需求線具有負斜率。
外匯供給	來源	(1)出口物品及勞務的收入，(2)外人來我國旅遊、留學與接洽商務等費用收入，(3)短期資本流入，(4)外人對我國長期投資及放款，(5)國人在外投資的紅利及放款的利息收入，(6)外國償還我國的借款，(7)接受外國的援助及贈與，(8)中央銀行為減少外匯存底而出售外匯。
	性質	在通常情況下，外匯的供給線具有正斜率。
均　衡		根據外匯供需曲線的交點即可決定均衡匯率。
影響匯率的因素		(1)國內外景氣變化——本國景氣好轉，進口增加，匯率上升；反之則否。外國景氣好轉，我國出口增加，匯率下降；反之則否。 (2)國內外物價的相對變動——就我國而言，若國內對國外物價相對上升，則進口增加，出口減少，匯率上升；反之則否。 (3)國內外利率水準的變動——就我國而言，若國內對國外利率相對上升，則外國資金流入，匯率下降；反之則否。 (4)中央銀行的干預——買進外匯，匯率提高；賣出外匯，匯率下降。 (5)貿易政策與外匯管制——限制進口，匯率下降；限制出口，匯率上升。 (6)對匯率變動的預期——預期匯率下降，熱錢流入，趕緊出口，延後進口，如此將使匯率提早下降；反之則否。

國際收支平衡表		
意　義		國際收支平衡表為一個國家在某一期間內與其他國家所發生經濟關係金融面的彙總表。
編製目的		根據此表可預估未來情勢，而能及早採取適當對策。
內　涵		包括經常帳、資本帳及官方準備交易帳三本帳。
經常帳	意義	經常帳為除去國際資本流動及國際清償等特定項目外，其他經常發生項目的國際收支帳。
	項目	(1)包括商品進出口價款、勞務代價及投資所得。 (2)無償性移轉。
	意義	資本帳為我國資本流向外國及外國資本流向我國的帳目。

資本帳	項目	(1)直接投資與其他長期資本。 (2)短期資本流動。
官方準備交易帳		官方準備交易帳亦稱之為國際清償帳,其目的在根據前兩本帳計算國際收支餘額。 國際收支餘額＝經常帳餘額＋資本帳餘額
資料來源		通常經由銀行體系估算而得。

匯　率　制　度		
意　　義		一個國家為維護其本身的利益,衡酌自己的經濟情勢,對其匯率所採取的管制方式,稱為匯率制度。
種　　類		(1)固定匯率制度——在某一時期內維持固定不變的匯率制度。 (2)純粹浮動匯率制度——政府不加干預,純粹根據外匯供需變化而變化的匯率制度。 (3)管理浮動匯率制度——基本上採取浮動匯率,必要時由中央銀行干預的匯率制度。
固定匯率制度	特質	匯率固定,非必要時不加變更。
	優缺點	優點——①減少進出口商的風險,②國際清償時比較方便。 缺點——①中央銀行需時時進場干預,②國內物價受外國物價波動的影響。
	匯率偏高所產生的問題	直接問題——①出口多,進口少,外匯累積;②出口增加可促進經濟成長,但若已達充分就業時,即無此作用。 間接問題——①貿易對手產生國際收支赤字,易遭報復。②引起國內物價上漲,其原因為進口品價格偏高;出口多,總合需求線右移,所得及物價均提高;國際收支盈餘使通貨發行增加。③進口品價格提高,出口品價格降低,使貿易條件惡化,降低福利。
	政策涵義	匯率偏高可促進出口、抑制進口,如此可使資本累積,促進經濟成長。
浮動匯率制度	特質	匯率完全由外匯供需決定,瞬息萬變。
	優點	主要優點——減輕外國經濟變動對本國經濟的衝擊。其情形如下: (1)國外物價上漲,我國進口減少,出口增加;外匯需求減少,供給增加;其結果匯率下降,外匯供需量不變。反之,國外物價下降,其結果我國匯率上升,外匯供需量亦不變。 (2)國外經濟景氣惡化,我國出口減少,外匯供給減少,匯率上升;轉而使出口增加一些,進口減少一些;經往復調整,最後使進出口作小幅減少,而匯率無大變化。反之,國外景氣好轉,我國進出口作小幅增加,匯率亦無大變化。 次要優點——(1)外匯供需經常保持平衡,無國際收支盈餘或赤字。

管理浮動匯率制度		(2)匯率機動調整使經濟維持穩定，無需中央銀行干預。
	缺點	(1)匯率時時變動，增加進出口商的風險。 (2)匯率不固定,不能用作執行政策的工具。
	特質	匯率平時由外匯供需決定，情況特殊時由中央銀行出面干預。
	優點	(1)為達於某種經濟目標，中央銀行可在其能力範圍內調整匯率。 (2)管理浮動匯率較純粹浮動匯率穩定，減少進出口商風險。 (3)國外經濟情勢變化所帶來的衝擊可有某種程度的減輕。
	缺點	(1)中央銀行為干預外匯市場必須保有相當數量的外匯存底。 (2)雖中央銀行能進場干預，但匯率變動仍難免，影響經濟穩定。 (3)由於中央銀行具有若干干預外匯市場的能力，給予投機分子可乘之機。

國際收支不平衡的對策		
匯率制度與國際收支		(1)固定匯率制度——匯率偏高則有國際收支盈餘，匯率偏低則有國際收支赤字。 (2)浮動匯率制度——匯率決定於外匯供需，無國際收支不平衡的問題。 (3)管理浮動匯率制度——介乎兩者之間，問題雖有但不嚴重。
解決方式		(1)自動調節機能，(2)人為對策，亦即政策。
自動調節機能	減少國際收支赤字	匯率偏低 → 國際收支赤字 → 中央銀行拋售外匯 → 貨幣供給量減少 $\rightarrow$ $\begin{cases}物價下跌 → 出口增加、進口減少\\利率上升 → 國外資金流入\end{cases}$ → 國際收支赤字減少
	減少國際收支盈餘	匯率偏高 → 國際收支盈餘 → 中央銀行收購外匯 → 貨幣供給增加 $\rightarrow$ $\begin{cases}物價上升 → 進口增加、出口減少\\利率下降 → 本國資金外流\end{cases}$ → 國際收支盈餘減少
	限制	(1)中央銀行缺少外匯存底時，貿易赤字無法紓解。 (2)過程迂迴曲折，不能立竿見影。
消解國際收支赤字的對策	貶值	意義——是指本國貨幣相對於外幣貶值。 方法——提高匯率。 效果——此法為消除貿易赤字最有效的方法，立竿見影。 缺點——①貶值表示經濟有問題，有失面子。②導致國內物價上漲，產生經濟變動。③使外債加重。
	緊縮性財政政策及貨幣政策	直接效果——物價下降、利率上升、所得減少。 間接效果——①物價下降使出口增加，進口減少。②利率上升使外資流入。③所得減少，消費減少，使出口增加，進口減少。 最終效果——三種間接效果均使國際收支赤字獲得紓解。 缺點——此兩政策將使經濟萎縮，產生失業。

消解國際收支	貿易及外匯管制	特點——針對進口，因為減少進口可減少國際收支赤字。 貿易管制的方法——限制進口，包括進口課稅與進口限額政策。 外匯管制的方法——①限制進口項目。②限制進口數量。
盈餘的對策	對策	與上述消解國際收支赤字的方法相似但相反，即升值、擴張性財政政策及貨幣政策、以及放鬆貿易管制與外匯管制。
	缺點	(1)本國貨幣相對於外幣升值，亦即降低匯率，此為釜底抽薪之法，但將導致進口增加、出口減少，使生產萎縮、失業增加。 (2)擴張性的財政政策及貨幣政策將產生物價膨脹壓力，使經濟趨於不穩。

國 際 金 融

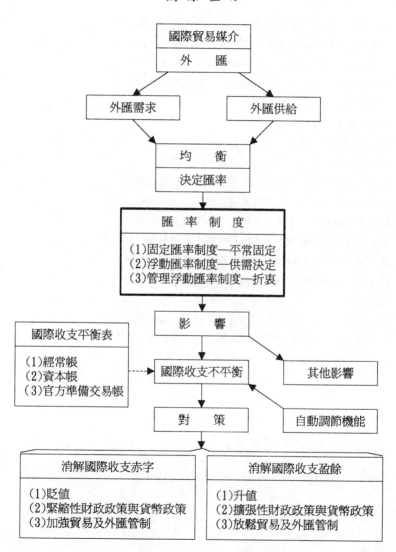

問 題

1. 國際支付工具型式的演變情形如何？為何有此演變？

2. 何謂外匯？何謂匯率？匯率變化對進出口貿易有何影響？

3. 影響匯率的因素有那些？其影響的結果如何？

4. 何謂國際收支平衡表？其內涵如何？編製的目的何在？

5. 何謂經常帳？包含那些項目？

6. 何謂資本帳？包含那些項目？

7. 何謂官方準備交易帳？其用途為何？

8. 何謂匯率制度？有那幾種不同的匯率制度？

9. 何謂固定匯率制度？其特質何在？有何優點與缺點？

10. 固定匯率制度下，如果匯率偏高將發生些什麼問題？

11. 何謂浮動匯率制度？其特質何在？有何優點與缺點？

12. 何謂管理浮動匯率制度？其特質何在？有何優點與缺點？

13. 匯率制度的不同對國際收支的餘絀有何影響？何故？

14. 試說明減少國際收支赤字的自動調節機能，有何限制？

15. 試說明減少國際收支盈餘的自動調節機能，有何限制？

16. 消解國際收支赤字的對策有那幾種？各有何效果與缺點？

17. 消解國際收支盈餘的對策有那幾種？各有何效果與缺點？

第拾貳篇

經濟成長與總體經濟學總論

　　總體經濟學的內涵主要可分為四套，第一套也是最基本的一套即是總合供需分析的架構，亦即是各家各派的總體經濟理論，這是總體經濟分析的基礎；第二套是開放經濟下的國際貿易理論，這是超越國界擴大分工與交換範圍所引發的問題與理論；第三套是經濟穩定問題的探討，包括問題的發生及其對策；第四套是經濟成長問題的探討，包括成長的理論及發展的策略。前三套在前面已討論完畢，下一章即第二十八章將討論總體經濟的最後一個主題亦即經濟成長。至此總體經濟學已全部介紹完畢，即可進一步加以綜合歸納，探討總體經濟學的整體架構及其基本原則，此即所謂的總體經濟學總論，將在第二十九章中說明之。

第二十八章　經濟成長

　　前在第一章中曾提及一個社會的經濟目標主要有四個，即效率、公平、穩定與成長，與總體經濟比較有關係的是穩定與成長。經濟穩定在前面各有關章節中已討論很多，現在再進一步討論經濟成長的問題，以作為總體經濟的總結。

一、經濟成長的意義與內涵

　　1. 經濟成長的意義　經濟成長（economic growth）是指一國的國民總生產在較長時間內不斷增長的過程。短時間內國民總生產的增加有可能是經濟循環的結果，因此經濟成長特別強調較長時間與不斷增長兩個概念。與經濟成長意義相類似的還有一個名辭即經濟發展（economic development），有人認為經濟發展的涵義比較廣，除去成長的涵義以外，尚包含觀念、制度以及經濟結構的改變等。事實上這兩個名辭的意義在本質上沒有什麼差異，因為經濟成長一定會帶動觀念、制度及經濟結構的改變，否則經濟無法成長。總之，不論是經濟成長或是經濟發展最後的結果都是一樣，即是國民總生產在較長時間內不斷增長，僅經濟成長未將為獲得此結果所需配合的條件予以特別強調而已。

　　2. 經濟成長的必要條件　經濟成長是透過資源生產力（productivity）的不斷提升而達成的。欲使資源的生產力能夠提升，除去有關配合措施以外，尚有兩個必要條件，即技術進步與資本累積。有技術進步才有可能在既有的資源之下生產更多更有價值的產品，資本累積使生產能量擴大才有能力生產更多更有價值的產品。由此可

知，技術進步與資本累積不但是經濟成長的兩個必要條件，同時也是互有關聯的。

　　技術包括三方面，即生產技術、銷售技術與管理技術，這三種技術都很重要，缺一不可。技術進步的來源有二：其一是靠自己研發，另一是由外面引進。一般說來，經濟發展初期所需的技術比較簡單，很容易由外面引進，不但省時省事，同時所費不多，沒有必要自己研發。等到經濟發展到相當程度以後，即需要較高水準的技術才能更上層樓，較高水準的技術世界上不一定有，就是有，擁有者也不一定會願意出售，此時就必須靠自己研發。又不論是引進或是研發，欲使新技術能在國內生根，勢必須有一套獎勵、推動及訓練的過程。

　　由第五章的說明知，資本是指生產工具，金錢只是其外衣而已。欲增加生產工具的數量及提高生產工具的品質，勢必須進行投資，投資需要資金，其來源有二：其一是國內的儲蓄，另一是外來的資金，包括外人直接來我國投資及向外國借債供國內投資等。一般說來，投資所需的資金是以國內的儲蓄為主，外來的資金為副。為充裕投資所需的資金，政府一方面必須有獎勵儲蓄與強迫儲蓄（實際是資金連本帶利的無償轉移）的措施，另一方面必須有吸引外資的措施。獎勵儲蓄的措施主要是提高存款利率；強迫儲蓄的措施主要是些偷天換日不公平的手法，將資金由一般弱勢團體手中無償移轉到投資者手中，個中巧妙手法很多，不能亦不願多所列舉。吸引外資的措施主要是改善投資環境，所謂改善投資環境即是給予外來投資者各種必要的優惠與方便。綜合以上所述，可知除去提高利率鼓勵儲蓄以外，其他大部分都是犧牲某部分人的利益以聚集或吸引資金供投資之用，其結果將產生貧富不均，當然這也可以算是經濟發展所必須付出的代價。

　　3. 經濟成長的配合措施　經濟成長除去必要的條件以外，尚有三個配合措施，即觀念、制度與經濟結構的改變。要做一件事情特別是要打破現狀進入另一個境界，觀念很重要，如果沒有觀念特別是進步的觀念，則根本想不到要去改變現狀，追求更美好的前景。經濟發展

也是如此，如果安於現實不求進步，則一切無從談起。此外，不但經濟開始發展的時候需要新的觀念來催生，同時在發展過程中也不斷需要新的正確的觀念以突破瓶頸邁向坦途。想像力（imagination）是產生新觀念的泉源，新觀念是進行創新（innovation）的原動力，而創新則是打破現狀進入新境界的張本。

　　人類為達於某種共同目的所設定的或自然形成的規範，稱之為制度（institution）。人類生活在制度之中，尤以現代人類為然，與人類生活有關的一切事務都有制度，包括政治制度、經濟制度及社會制度等。制度為達於某種目的，對人類的行動乃有所限制，經濟制度亦是如此，在既有的制度下，各種經濟活動均遵循著一定的規範在進行。經濟發展是從一種情況進入另一情況的過程，原有的制度當然不能配合，甚至會形成阻礙，因此在經濟發展的同時必須時時修改經濟制度以資配合。例如為獎勵投資必須修改租稅制度，為保護幼稚產業必須修改進出口制度等。

　　為配合經濟發展的進程，則經濟結構亦必須隨之改變，否則將阻礙經濟的發展。影響經濟發展最重要的經濟結構即是投入結構，假定經濟發展的重點是工業，則一部分原供農業使用的土地將轉供工業使用，一部分原供農業使用的勞動將轉供工業使用，一部分原供農業使用的資本將轉供工業使用。工業使用土地的方式與農業不同，必須加以改造，如此即需要進行各項基本建設以資配合。工業使用的勞動其專長與農業不同，必須加以輔導，如此即需要進行各項轉業訓練以資配合。工業所使用的資本與農業不同，必須設法進口或在國內生產，如此資本設備的生產及供應結構即需要改變以資配合。此外，工業化的結果很自然地會形成都市化，為發展經濟連都市建設都需要配合，遑論其他。因此有人說經濟發展是無所不包的，連晚上幾點鐘睡覺都與經濟發展有關。由此可知，經濟發展是一件脫胎換骨的大工程，全國上下都要為它在忙、在變。

　4. 經濟成長的衡量　　前述經濟成長是指國民總生產在較長時間內

不斷增長的過程，因此衡量經濟成長最基本的方法即是求算當年較前一年實質國民總生產亦即實質總產出的年增率，其計算方式如下：

$$實質總產出年增率 = \frac{Y_t - Y_{t-1}}{Y_{t-1}} \times 100\%$$

式中 Y_t 代表第 t 年的實質總產出，Y_{t-1} 代表第 $t-1$ 年的實質總產出。

實質總產出的年增率只能看出經濟發展成果的一個大輪廓，看不出一般人民的生活水準是否已經提高，因為人口數量可能發生變化。因此之故，乃有必要進一步求算每人平均實質產出的年增率，其計算公式如下：

$$每人實質產出年增率 = \frac{y_t - y_{t-1}}{y_{t-1}} \times 100\%$$

式中 $y_t = Y_t / N_t$，$y_{t-1} = Y_{t-1} / N_{t-1}$；$N_t$ 代表第 t 年的總人口數，N_{t-1} 代表第 $t-1$ 年的總人口數。

每人實質產出年增率雖已較實質總產出年增率更能正確顯示經濟發展的成果，但尚有一個問題未曾顧及，即所得分配的問題。如果所得分配不均，則雖每人實質產出增加了，但一般人民的生活水準提高有限，甚至反而降低。為彌補此一缺陷，除去上述兩種指標以外，尚須進一步求算表示所得分配的指標。其法為求算最高所得階層五分之一人口的平均所得，與最低所得階層五分之一人口平均所得之比亦即倍數，此倍數如果較小即表示所得分配均勻，如果較大即表示所得分配不均，詳見第十五章的說明。

以上三種指標都是從產出面來看經濟發展的成果，投入面則未曾觸及。經濟發展會使某些資源加速枯竭，如煤與石油；經濟發展也會使某些資源遭到破壞，降低其利用效率，如工廠附近的土地及水遭到污染而不能為農業所用。這些損害都應該從成果中扣除，如此才能正確顯示經濟發展的成果。

除去與生產有關的各項考慮以外，經濟發展對一般人的生活也有

很大的影響。經濟發展一方面帶給人們富裕，因為富裕而得到很多享受；另一方面也帶給人們很多不便甚至災難。例如環境的污染，青山綠水不再光潔；臭氧層的破壞及有毒物質的累積，危害人類的健康甚至生命；還有都市的擁擠、治安的敗壞、色情與毒品的氾濫等，在在均使生活品質惡化，這些都應該從經濟發展的成果中扣除。

　　經濟發展的成果經過上述各項扣除以後，所餘即遠較第一種指標所顯示的為低。經濟發展一方面讓我們得到很多，另一方面也讓我們失去很多，我們不能只看得到的部分，不看失去的部分，一定要把得失放在一起加以通盤的考量，得出一個最適當的經濟成長率，以免讓我們富裕於恐懼之中，用我們的生命與靈魂去換取一些物質享受。

　　5. 經濟發展與現代化　　所謂現代化（modernization），是指人類運用其知識與智慧，在既有的客觀基礎上，追求最大而持久的物質與精神幸福的過程。現代化的內涵由下而上順次包括三個層面，即技術（technology）、制度（institution）與意識（ideology）。現代化的第一步是運用技術建造各種硬體設施、生產各種產品，以使人類的物質生活幸福慾望獲得更多的滿足。衣食足而知榮辱，因此現代化的第二步是建立制度，規範人類的行為，以使技術進步所帶來的幸福能夠持久並作合理的分配。人為萬物之靈，知道必須順從天理、應合人性，亦即順天應人才能使技術與制度所帶來的幸福能夠最大而且持久，因此現代化的第三步即是意識形態的形成，其目的在導正現代化的方向，真正為人類帶來幸福。現代化的三個層面，技術的真諦是「真」，制度的真諦是「善」，意識的真諦是「美」。如果技術不悖離真、制度不悖離善、意識不悖離美，則現代化的努力必定會成功，真正為人類帶來最大而持久的幸福。經濟發展是現代化過程中的一部分，其三個層面也是技術、制度、意識，三個真諦也是真、善、美，違背此原則的經濟發展，只能帶給人類富裕，不能帶給人類幸福。

二、經濟成長理論簡介

前述經濟成長是一個大工程，進行這個大工程必須有一個計畫，欲使此計畫能言之成理、行之有效，勢必須有理論的依據才行。歷來有關經濟成長的理論很多，茲擇其重要者介紹如下：

1. 熊彼德的經濟成長理論　由於科學與技術的進步，使人類能脫離土地與資本的束縛，對經濟作進一步的發展。科技雖然是使經濟作進一步發展的原動力，但新的科技如何加以利用，使其真正發揮作用，則尚需一番努力。對此熊彼德氏（Joseph Schumpeter, 1883－1950）提出創新的概念，所謂創新（innovation）是指新產品的開發、新市場的拓展以及新企業組織的創立等，凡此均對經濟發展有很大的主導力量。創新與發明不同，發明（invention）純粹是科學研究的結果，而創新則是將發明結果付諸實施的過程，對人類的福祉產生實際的影響。創新顧名思義是創造新的事物，創造新事物有很大的風險，因此創新需要有前瞻、有魄力及有擔當的人來推動，這種人就叫做企業家，其所具有的特質稱之為企業精神（enterpreneurship）。又創新不是連續出現的，因此經濟發展的過程也是斷斷續續的，遇有重大發現時，經濟發展的速度即加快，新事物不斷出現。

2. 凱因斯的經濟成長理論　根據熊彼德的理論，只要有創新，經濟就能發展，但事實並非盡然。1930 年代發生世界性的經濟大恐慌，人們貧窮於豐富之中，此時縱有創新也不可能使經濟起死回生，因為人們口袋裏沒有錢去購買創新的成果也。由此可知，經濟發展除去創新這個必要的條件以外，還需要口袋裏有錢才行；換句話說，就是除去供給面以外，還需要需求面的配合才行。凱因斯的理論主要是在經濟不景氣的時候如何使其復甦的理論，其手段是設法增加有效需求，增加有效需求的方式一般均是增加公共投資，通過乘數的作用使所得作較大幅度的增加。根據簡單凱因斯模型，在均衡狀態下，所得

增量與投資增量間有下列關係：

$$\triangle Y = \frac{\triangle I}{1-c} = \frac{\triangle I}{s}$$

　　式中 $\triangle Y$ 代表所得的增量，$\triangle I$ 代表投資的增量，c 代表邊際消費傾向，s 代表邊際儲蓄傾向。通常情況下，$s<1$，如此所得增加的幅度即較投資增加的幅度為大。

　　凱因斯的理論雖然是經濟不景氣時設法使其復甦的理論，但若離充分就業的目標較遠，或在復甦的過程中因創新的加入而使充分就業的境界擴張，則上述增加投資使所得成倍數增加的理論即成為經濟成長的理論。

　　投資的增加一方面使有效需求增加，另一方面也使生產能量提高，兩者互相配合，使經濟復甦或經濟成長的目標能有效的達成。投資不但能使有效需求增加，同時也使生產能量提高，這種性質即為所謂的「投資的雙重性」。

　　3. 哈羅與多瑪的成長模型　　由於投資具有雙重性，能使經濟有效的復甦或有效的成長，於是哈羅（Sir Roy Harrod，1900－1978）及多瑪（Evsey Domar，1914－）二氏乃以凱因斯的理論為基礎，導出一種經濟成長的模型，稱之為哈羅—多瑪模型（Harrod－Domar model）。哈羅—多瑪模型是由三個假設誘導而出的，三個假設為：

　　(1)假設儲蓄為所得的一個固定比例——即

　　　　$S=sY$，（其中 s 固定）…………………………………①

　　式中 S 代表儲蓄，Y 代表所得，s 代表平均儲蓄傾向。現在假設 s 固定，如此邊際儲蓄傾向即等於平均儲蓄傾向。

　　(2)假設資本與所得有一定的關係——即

　　　　$\frac{K}{Y}=k$，（其中 k 固定）………………………………②

　　式中 K 代表資本，k 代表資本產出比。現在假設 k 為某一固定數

值。

(3)假設所有儲蓄均用於投資——即

$$I = S \cdots\cdots\cdots\cdots\cdots\cdots\cdots\cdots\cdots\cdots\cdots\cdots ③$$

式中 I 代表投資。

此三個假設兼顧投資的雙重性，茲說明如下：

(1)投資使資本存量增加——即

$$\triangle K = I \cdots\cdots\cdots\cdots\cdots\cdots\cdots\cdots\cdots\cdots\cdots ④$$

從而使生產能量提高。

(2)投資使總合需求增加——由②式得：

$$Y = \frac{K}{k} \cdots\cdots\cdots\cdots\cdots\cdots\cdots\cdots\cdots\cdots\cdots ⑤$$

以⑤式為基礎，當 K 增加為 $K + \triangle K$ 時，則

$$Y + \triangle Y = \frac{K + \triangle K}{k} \cdots\cdots\cdots\cdots\cdots\cdots\cdots ⑥$$

⑥式減⑤式得：

$$\triangle Y = \frac{\triangle K}{k} \cdots\cdots\cdots\cdots\cdots\cdots\cdots\cdots\cdots ⑦$$

代④式入⑦式得：

$$\triangle Y = \frac{I}{k} \cdots\cdots\cdots\cdots\cdots\cdots\cdots\cdots\cdots\cdots ⑧$$

由此可看出投資亦可使總合需求增加。此即所謂的投資的雙重性。

根據上述三個假設，即可決定經濟的成長率，其過程如下：

代①式入③式得：

$$I = sY \cdots\cdots\cdots\cdots\cdots\cdots\cdots\cdots\cdots\cdots\cdots\cdots ⑨$$

代⑨式入⑧式得：

$$\triangle Y = \frac{sY}{k} \cdots\cdots\cdots\cdots\cdots\cdots\cdots\cdots\cdots\cdots ⑩$$

移項得：

$$\frac{\triangle Y}{Y}=\frac{s}{k} \cdots\cdots\cdots\cdots\cdots\cdots\cdots\cdots\cdots\cdots\cdots\cdots\cdots⑪$$

$\triangle Y／Y$即為經濟成長率，決定於儲蓄率與資本產出比之商即$s／k$。例如一個社會的儲蓄率為20%，資本產出比為4，則此社會的經濟成長率即為5%。由此結果可看出，一個社會的儲蓄率愈高，則此社會的經濟成長率即愈高；一個社會的資本產出比愈低，則此社會的經濟成長率即愈高。因此欲提高經濟成長率，必須提高儲蓄率並降低資本產出比。一般說來，降低資本產出比比較困難，因此提高經濟成長率主要是從提高儲蓄率著手。由此知哈羅—多瑪模型特別重視儲蓄率對經濟發展的影響，而為該模型的一大貢獻。

哈羅—多瑪模型隱含著一個假設，即假設資本在任何情況下都是充分就業的，茲說明如下：

結合④、③及①三式得：

$$\triangle K=I=S=sY$$

即　　　$\triangle K=sY \cdots\cdots\cdots\cdots\cdots\cdots\cdots\cdots\cdots\cdots\cdots\cdots⑫$

代②式入上式得：

$$\frac{\triangle K}{K}=\frac{s}{k}=\frac{\triangle Y}{Y} \cdots\cdots\cdots\cdots\cdots\cdots\cdots\cdots⑬$$

由此結果可看出，資本增加率與經濟成長率是相同的，意指資本增加百分之幾，所得即增加百分之幾，資本永遠是充分就業的。其所以如此，是因為假設資本產出比k是固定不變的。事實上，資本能否充分就業，尚視勞動增加率的大小而定。如果勞動增加率亦等於經濟成長率$s／k$，則資本與勞動二者均能充分就業，但這種情況發生的機率太小，故模型所隱含的假設即任何情況下資本都是充分就業的假設不成立。如果資本不能充分就業，則由模型所導出的經濟成長率即不能達成，此為該模型的一大缺點。

4. 梭羅的新古典成長模型　一般說來，資本與勞動在某一限度以

內是可以互相替代的。為改進哈羅—多瑪模型的缺點,梭羅(Robert M. Solow,1924-)乃以資本勞動比可以調整的假設取代資本產出比固定不變的假設,同時假設勞動增加率為外生變數(exogenous variable);至於其他兩個假設即 $S=sY$ 與 $I=S$ 則維持不變。梭羅即根據此三個假設導出其成長模型,稱之為「新古典成長模型」。所獲得的結論是在均衡狀態下,經濟成長率、資本成長率及勞動成長率三者完全相等,均等於 s/k;同時資本與勞動隨時維持充分就業。獲得此結論最主要的原因當然是資本勞動比可以調整,當資本成長率超過勞動成長率時,為維持此二要素的充分就業,則經濟體系將提高資本勞動比;果爾,則資本的邊際生產力降低,從而使資本產出比(k)上升,其結果導致經濟成長率(s/k)下降,經過不斷調整,直至達於資本成長率、勞動成長率及經濟成長率三者相等時的均衡狀態為止。由此可知,梭羅的模型由於其假設資本勞動比可變,故無哈羅—多瑪模型資本與勞動脫節的現象,此為梭羅模型的一大貢獻。

梭羅模型雖然改進了資本與勞動脫節的缺點,但也產生了一個問題,即在均衡狀態下,勞動成長率與經濟成長率是一致的,意指勞動產出比是固定的;果爾,則勞動者的平均所得也是固定的,不隨經濟的成長而提高。此一結論一般說來是不合理的,因為經濟成長的目的即在提高每人的平均所得也。由於梭羅模型有此缺點,因此學者們乃群起研究,迄今雖已有可觀的成就,但尚未能提出一個大家都能接受的理論或模型,看來吾人只有繼續努力,希望有一天能有一個像樣的理論提出來。

5. 羅斯托的經濟發展史觀　以上各家的學說都是從經濟變數間的關係來探討經濟成長的途徑,除此而外,也有些學者從另外一個角度特別是從歷史演進的角度來探討經濟成長的途徑,其中較為世人所重視的有兩位經濟學家,即羅斯托與顧志耐。羅斯托(Walt Rostow, 1916-)根據歷史的觀點認為一個國家的經濟成長必須順次經歷五個階段,即「傳統社會階段」、「經濟起飛準備階段」、「經濟起飛階

段」、「成熟階段」及「高度消費階段」。五個階段中，羅氏認為最
重要的是經濟起飛階段，一個國家的經濟能夠起飛才能由未開發國家
進入已開發國家之林，如果不能突破這一關，則麻雀永遠不能變成鳳
凰。經濟能否起飛的關鍵，一般認為最重要的因素是技術進步，其次
是資本累積，還有就是政府周詳的計畫與推動的決心。例如我國在經
濟發展初期，曾為保護紡織業而受到各方責難，所幸當政者不為所
動，堅持到底，終於突破難關，邁向坦途。

　　6. 顧志耐的經濟紀元理論　顧志耐（Simon S. Kuznets，1901－
1985）與熊彼德一樣認為經濟發展的原動力是創新，因為不斷創新而
使經濟作較長時間的持續成長，如此即形成一個經濟紀元（econo-
mic epochs）。顧氏認為本經濟紀元是從工業革命開始，因為新技
術的不斷推出，使經濟發展產生動力；同時因為新大陸的發現，使新
技術有更多的用武之地；於是乃使經濟大幅快速成長，時至今日這種
趨勢仍方興未艾。顧氏對本紀元的經濟發展加以綜合歸納，認為其具
有下列六項特徵：

　　⑴人口、投資及每人平均所得的成長率均普遍提高。

　　⑵生產力大幅提升。

　　⑶經濟結構快速轉變，其重心由農業轉變為工業，再由工業轉變
為服務業。

　　⑷社會意識形態加速轉變，由農村型的意識形態轉變為都市型的
意識形態。

　　⑸經濟先進國家傾向於爭取其他國家的資源與市場。

　　⑹整個世界的經濟發展雖快速，但並不普遍，使先進國家與落後
國家間的貧富差距拉大。

　　由上面的六項特徵可以得到下列三點結論：

　　⑴經濟發展是一種「自助天助」的工作，如果自己不努力，別人
也幫不上忙。

　　⑵經濟發展一定會帶來很大的衝擊，包括經濟結構的轉變與意識

形態的轉變，必須未雨綢繆，使衝擊減至最小。

(3)經濟發展不但使人民的生活水準提高，同時也使國力增強，形成新的國際政經情勢，你爭我奪在所難免，兩次世界大戰即因此而發生。

三、經濟成長的型態與策略

1. 平衡成長與不平衡成長 產業（industry）依其生產與消費的層次分為三級，即初級產業（primary industry）、次級產業（secondary industry）與三級產業（tertiary industry）。初級產業包括農業與採集業，次級產業包括採礦業、製造業、營建業與水電煤氣業，三級產業包括商業、交通運輸業、金融保險業以及其他社會與個人服務業。所謂平衡成長（balanced growth），是指三類產業即初級、次級與三級產業齊頭並進的成長型態。這種成長型態的優點是利益均霑，不會發生偏枯而致所得分配不均的現象。缺點是力量分散，不能就某種關鍵性的產業先行發展，然後帶動其他產業發展來得快。不平衡成長（unbalanced growth）的意義與平衡成長的意義完全相反，是由各種產業中選擇一種或數種認為是關鍵性的產業，集中力量全力發展，至某一階段以後再擴及其他產業；當然其優缺點亦與上述平衡成長者完全相反。由此可知，平衡成長與不平衡成長是兩種互有優劣的成長型態，究應採取何種型態，端視一個國家的主客觀情勢而定，如果認為穩定比成長重要則採取平衡成長，如果認為成長比穩定重要則採取不平衡成長。

2. 不平衡成長的策略 上述三種層次的產業可概稱為農業、工業與服務業。在經濟開始發展的時候很少會先發展服務業，因為就民生需要而言，當所得水準比較低的時候，實物比服務來得重要。因此所謂不平衡成長的策略，實際即是「先農後工」的策略或是「先工後農」的策略。所謂先農後工的策略，顧名思義是指先發展農業，穩住

廣大農民的生計與糧食的供應，然後再汲取農業的剩餘以供工業發展之用。這種策略的優點是穩妥，後遺症較少；缺點是緩不濟急，經濟發展的時間會拉長。相反地，所謂先工後農的策略，顧名思義是指先集中力量發展工業，至某一階段以後再汲取工業的剩餘來發展農業。這種策略的優點是經濟發展的速度比較快，缺點是農業的問題越陷越深，不但不容易解決，同時會造成社會不安。我國與日本的經濟發展，所採取的策略均是先農後工的策略；而韓國則為求迎頭趕上採取先工後農的策略，如今農業問題不能解決，拖累工業，間接亦使工業發展受阻。

3. 經濟發展中的關鍵性產業　　前述在不平衡成長型態下，為求加快經濟發展的腳步，必須選擇一兩種關鍵性的產業集中力量先行發展，至某一階段以後再擴及其他產業。然而究竟那一種產業才是關鍵性的產業呢？此視一個國家的主客觀條件以及經濟發展的階段而定。就經濟發展初期而言，關鍵性產業的選取必須考慮下列各項因素：

(1)是否有充沛而廉價的勞力。

(2)是否有足夠的資金以供投資。

(3)是否在技術條件允許的範圍以內。

(4)原料的來源有無問題。

(5)產品有無市場。

(6)能否使所得水準作較大幅度的提升。

(7)能否帶動其他產業的發展。

例如我國的經濟發展，除去開始前對農業所作的改進以外，第一個選作關鍵性產業的是紡織業，其原因有五：第一、可以替代進口，國內有市場；第二、所需技術水準不高，易於取得；第三、所需資本不多，國內尚能供應；第四、勞力供應無問題，且工資低廉；第五、有美援棉花供應，無需外匯購買。因此之故，我國的紡織業很快就建立起來，為經濟發展打下良好的基礎。

至中期以後，為求經濟能作進一步的發展，此時重化工業即成為

關鍵性的產業。其原因有二：第一、重化工業的附加價值高，能使國民所得作較大幅度的提升；第二、重化工業為國防工業的基礎，維護國家的安全。重化工業的內涵甚廣，必須選取一兩種工業作為帶頭的工業，然後帶動其他工業的發展。作為帶頭的工業必須與其他有關工業間有緊密的聯繫，不但能向前聯繫（ forward linkage ），同時能向後聯繫（ backward linkage ），具有此種特性的工業一般均稱其為火車頭工業。就我國的情形而言，我國曾以汽車工業作為重工業發展的火車頭，不過很可惜的是因為其他種種原因使其不能發揮火車頭的作用。在化工業方面，我國目前是以石油化學工業作為火頭車工業，希望能由此向前帶動紡織業及成衣業的發展，向後帶動石油工業的發展。

綜合以上所述，可知在經濟發展初期資源秉賦是主要考慮的因素，發展後期技術水準是主要考慮的因素。例如我國經濟發展初期，勞力非常豐沛，適宜發展勞力密集的產業，包括紡織業、成衣業、塑膠加工業、皮革加工業、電子加工業及食品加工業等；發展後期，石化工業因技術及下游工業的配合無問題，有發展空間；資訊工業因能自行研發，亦可在國際市場中占有一席地位。

四、貧窮與富裕的成因

世界上任何一個富裕的國家都可以説是從貧窮中富裕起來的，為什麼有些國家可以，而另一些國家不可以，其原因何在？是有加以探討的必要，兹先説明貧窮的成因。

1. 貧窮的成因　貧窮的成因順次有下列五項：

(1)政治不安定──政治不安定，投資無保障，因而經濟不能發展。例如菲律賓，1950 年代其經濟發展的情況甚為良好，其後即因政治不安定使其經濟不能成長，以致迄今仍停留在低度開發的階段。

(2)政治經濟制度的限制──有些國家政治雖然很安定，但是其政

治與經濟制度限制了經濟的活力，因而使經濟不能作進一步的發展。過去多數共產國家的情形即是如此。

(3)缺乏經濟發展的人才與決心——有些國家政治很安定，制度也沒有什麼問題，但是缺少雄才大略的領導者，同時也缺少經濟發展的人才，致使經濟不能發展。過去國際交往不頻繁的時候，這種國家很多，現在即比較少。

(4)人口過多資本不易累積——人口過多，生產大部分供消費之用，儲蓄過少，致使資本不易累積，經濟因而難以發展。現在的印度與孟加拉即是如此，生產主要供國民消費，沒有餘力從事經濟發展。

(5)文化與風俗習慣阻礙經濟發展——過多的宗教與節日活動、舖張浪費的風俗習慣、以及貶工與貶商的情結，均足以阻礙經濟發展。

綜合以上所述，可知欲進行經濟發展，政治安定是最重要的因素，沒有政治安定，其他一切都免談。

2. 富裕的成因　富裕的成因除去沒有上述貧窮成因的各項拖累以外，還要加上下列兩個成因：

(1)人力資源的開發——一個國家縱有豐富的資源、充裕的資金、甚至可用的技術，如果沒有優秀的人力，則經濟雖亦能發展，但其成就是有限的。就以我國與印度的情況來比較，我國因國民義務教育普及，人力素質普遍較高，對新技術新方法的接受能力比較強，如此對生產效率的提升及產品品質的控制均有莫大的貢獻。反觀印度，半數以上的人口是文盲，一般勞動者的生產效率很低，當然更談不上什麼叫做精益求精了。印度的博士比我們多，但這些博士都坐在辦公室裡紙上談兵（paper work），一切構想均無法落實。由此可見教育普及的重要性，同樣是一個人，因為教育程度的不同，其生產力即不同。人力的培養靠教育，因此教育是一種投資，訓練有素的人力是一種資本，與其他實物資本一樣對生產有貢獻，因此經濟學家舒滋（T. W. Schultz, 1902－ ）稱這種訓練有素具有較高生產力的人力為人力資本（human capital）。

(2)技術進步的追求——前述經濟發展的原動力是創新,而創新的泉源則是技術進步,不但經濟開始發展的時候需要技術,同時發展到相當程度以後更需要技術,因為沒有新技術則經濟發展不能更上層樓,不能更上層樓則無法與別人競爭,立於不敗之地。因此之故,諸多先進國家無不集中精力開發新技術,時時為經濟注入活力,以使其立於不敗之地。為開發新技術,許多國家投入大量的人力物力,據估計有些國家用在研究發展方面的費用高達國民生產毛額的百分之五,我國亦約占百分之二左右。

綜合以上所述,可知一個國家要發展經濟,第一要有安定的政治,第二要有各方面的人才,第三要有不斷的技術創新。當然其他要配合的因素還有很多,但是以這三種因素為最重要。一個家庭也是如此,第一要家和萬事興,第二要有精明強幹的成員,第三要能日新又新,這樣才能使一個家庭興旺。

摘 要

經濟成長

經濟成長的意義與內涵	
意　義	經濟成長是指一國的國民總生產在較長時間內不斷增長的過程。
必要條件	(1)技術進步——可在既有資源下生產更多及更有價值的產品。技術包括三方面,即生產技術、銷售技術與管理技術。 (2)資本累積——使生產能量擴大,能夠生產更多及更有價值的產品。資本的來源有三:即國內儲蓄、外來投資及供國內投資的外來資金。
配合措施	(1)創新觀念——否則想不到也不知如何去進行經濟發展。 (2)建立制度——否則將阻礙經濟發展。 (3)改變經濟結構——否則將成為經濟發展的瓶頸。
經濟成長的衡量	(1)實質總產出年增率——只能顯示整體經濟的消長。 (2)每人實質產出年增率——進一步考慮人口增減的因素。 (3)最高及最低所得五分之一人口的所得比——進一步考慮所得分配。 (4)國內資源損耗指標——進一步考慮國內資源的損耗。 (5)國民精神生活指標——進一步考慮經濟發展對精神生活的影響。

經濟發展 與現代化	(1)現代化的意義——人類運用其知識與智慧，在既有的客觀基礎上，追求最大而持久的物質與精神幸福的過程。 (2)現代化的層次——順次為技術、制度及意識形態。技術的真諦是「真」、制度的真諦是「善」，意識的真諦是「美」。 (3)經濟發展——為現代化過程中的一部分，其三個層次也是技術、制度、意識，三個真諦也是真、善、美。

經 濟 成 長 理 論

熊彼德的經濟成長理論	(1)發展動力——創新。包括新產品的開發、新生產方法的採用、新市場的開拓、新企業組織的創立以及新管理技術的實施等。 (2)創新的意義——創新是將發明結果付諸實施的過程。 (3)企業家及企業精神——創新有風險，需要有擔當、有魄力的人來推動，這種人叫做企業家，其所具有的特質稱為企業精神。 (4)經濟發展——創新的出現是不連續的，因此經濟發展也是**斷斷續續**的。
	缺點——大恐慌時貧窮於豐富之中，此時雖有創新亦不能解決問題。
凱因斯的經濟成長理論	(1)發展動力——增加有效需求，主要增加公共投資。 (2)投資與所得的關係——$\triangle Y = \triangle I / s$，投資增加，所得成倍數增加。 (3)投資的雙重性——投資的增加一方面使有效需求增加，另一方面也使生產能量提高，使經濟加速復甦或成長。
	缺點——未考慮投資與儲蓄的關係。
哈羅與多瑪的成長模型	(1)假定——①$S = sY$（s固定），②$K / Y = k$（k固定），③$I = S$。 (2)投資雙重性——由此三假定可導出：①$\triangle K = I$，使生產能量提高；②$\triangle Y = I / k$，使總合需求增加。 (3)經濟成長率——由上列三假定可導出 $\triangle Y / Y = s / k$，即經濟成長率等於儲蓄率與資本產出比之商。儲蓄率愈高、資本產出比愈低，則經濟成長率愈高。 (4)隱含假定——由上列三假定可導出 $\triangle K / K = s / k$，資本成長率等於經濟成長率，意指資本經常充分就業。
	缺點——如果勞動不能充分就業，資本即不能充分就業，如此經濟成長率即不能達成（問題在資本勞動比是固定的）。
梭羅的新古典成長模型	(1)假定——①假定資本勞動比可以調整，②$S = sY$，③$I = S$。 (2)結論——由上列三假定可導出資本成長率、勞動成長率及經濟成長率三者相等的結論。
	缺點——勞動成長率等於經濟成長率，則經濟雖成長，但每人平均所得

	未增加，不合理。
羅斯托的經濟發展史觀	(1)觀點——由歷史演進的角度來看經濟成長。 (2)階段——順次為傳統社會階段、經濟起飛準備階段、經濟起飛階段、成熟階段及高度消費階段。一個國家的經濟能夠起飛才能進入已開發國家之林。 (3)關鍵——經濟能否起飛的關鍵主要是技術進步，其次是資本累積。
顧志耐的經濟紀元理論	(1)發展動力——與熊彼德一樣，認為經濟發展的原動力是創新。 (2)經濟紀元——經濟因不斷創新作較長時期持續成長，則此時期即稱為經濟紀元。本紀元自十九世紀工業革命開始起，至今仍方興未艾。 (3)特徵——①人口、投資及每人所得的成長率均提高；②生產力大幅提升；③經濟結構快速轉變，由農業而工業而服務業；④社會意識形態加速轉變，由農村型而都市型；⑤經濟先進國家傾向爭取資源與市場；⑥整個世界的經濟發展雖速，但國與國間的差異仍大。

經濟成長的型態與策略	
平衡成長與不平衡成長	(1)平衡成長——是指初級、次級及三級產業齊頭並進的成長型態。其優點是比較穩定，問題少；缺點是成長速度慢。 (2)不平衡成長——是指選取少數產業先行發展，至某階段後再帶動其他產業發展的成長型態。其優缺點與平衡成長相反。
不平衡成長下關鍵性產業的選取	(1)發展初期——選取關鍵性產業的主要考慮因素是資源稟賦，其次才是技術與資本。 (2)發展中期——選取關鍵性產業的主要考慮因素是技術水準，其次是附加價值的高低及其他產業間的聯繫。 (3)產業間的聯繫包括兩種，即向前聯繫與向後聯繫，合於此條件的產業稱為火車頭產業，對經濟發展有帶頭作用。

貧窮與富裕的成因	
貧窮的成因	(1)政治不安定。(2)政治經濟制度的限制。(3)缺乏經濟發展的人才與決心。(4)人口過多資本不易累積。(5)文化與風俗習慣所形成的障礙。其中以政治安定為最重要。
富裕的成因	無上述各種貧窮成因的拖累。另外再加兩項，其內涵如下： (1)人力資源的開發——經過培養的人力其生產效率較高，與物質資本一樣，故稱之為人力資本。人力資源的開發靠教育。 (2)技術進步的追求——技術進步不但可以提高資源的生產力，同時可以推出新產品或改進舊產品，凡此均可提高附加價值。

經濟成長

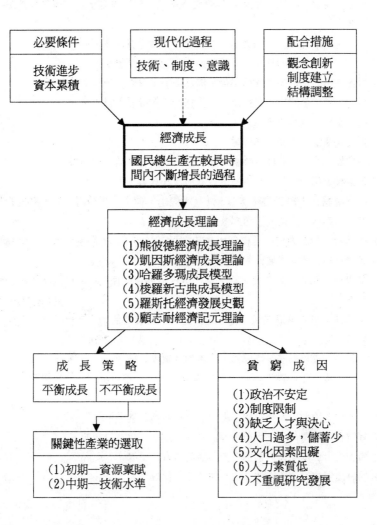

問 題

1. 何謂經濟成長？有何必要條件與配合措施？何故需要這些必要條件及配合措施？

2. 如何去衡量經濟成長的成果？有那幾種指標？為什麼需要這些指標？

3. 何謂現代化？其層次如何？為何須順次通過這些層次？

4. 略述經濟發展與現代化的關係？因此經濟發展有何特殊涵義與特質？

5. 略述熊彼德的經濟成長理論，熊氏認為經濟發展的動力為何？

6. 何謂創新？其內涵如何？

7. 何謂企業家？何謂企業精神？

8. 略述凱因斯的經濟成長理論，凱氏認為經濟發展的動力為何？

9. 何謂投資的雙重性？對經濟發展有何特殊意義？

10. 略述哈羅與多瑪的成長模型，其基本假定為何？主要結論為何？有何缺點？又該模型與凱因斯的總體經濟理論有何關聯？

11. 略述梭羅的新古典成長模型，其基本假定為何？主要結論為何？有何缺點？又該模型與哈羅多瑪模型的基本差異何在？

12. 略述羅斯托的經濟發展史觀，為什麼經濟能否起飛是進入已開發國家之林的關鍵？

13. 略述顧志耐的經濟紀元理論，顧氏認為經濟發展的動力為何？本經濟紀元的特徵為何？

14. 何謂平衡成長與不平衡成長？兩者的優缺點如何？

15. 不平衡成長下關鍵性的產業如何選取？發展初期與發展中期的選取方式有何不同？何故？

16. 何謂向前聯繫與向後聯繫？對經濟發展有何影響？

17. 貧窮的成因為何？其中最重要的是那一個？何故？試說明之。

18. 何謂人力資本？如何創造？對經濟發展有何影響？

19. 為發展經濟必須不斷地追求技術進步，何故？

第二十九章　總體經濟學總論

　　總體經濟學的內涵主要有四套，最基本的一套當然是各家各派的學說，其他三套依次為開放經濟下的國際貿易與國際金融問題，經濟景氣的變動及其對策，以及經濟發展的要件與策略。茲分別加以歸納說明如下：

一、總體經濟理論分歧的前因後果

　　前述總體經濟理論主要有四套，其中有完整體系的只有三套，即古典學派理論、凱因斯學派理論及理性預期學派理論，茲即以此三套理論為對象加以比較說明如下：

1. 時代背景　這三套理論產生的時代不同，其所面對的經濟環境不同，因而其基本假設與立論精神均有所不同。古典理論產生的時間最早，其時產業尚未高度發達，企業勾結並不普遍，同時亦無強勁的工會組織；加之學者們認為價格機能如同一隻不可見的手，不需任何外力幫助，就可以把事情處理得很好，於是乃主張自由放任；其結果市場機能得以充分發揮，致使當時的經濟社會無嚴重的經濟循環。

　　及至1930年代，其時產業已有相當程度的開展，懂得如何勾結以謀取壟斷利益；相對地一般勞工大眾也懂得如何團結組織工會以保護自己的權益。由於企業的勾結與工會的抗爭，致使市場機能受到阻礙，其結果引發嚴重的經濟蕭條，使人們貧窮於豐富之中。

　　1970年代美國發生停滯性膨脹的現象，亦即失業與物價膨脹同時發生的現象。產生這種現象的導因有二：其一為供給面的震撼，另一為人類的適應性預期心理。供給面震撼不常發生，因此產生停滯性

總體經濟理論分歧的前因後果

項 目		古典學派	凱因斯學派	理性預期學派
背景	基 態	產業尚未高度發達	產業發達、企業勾結、工會強勁。	人們有適應性預期心理
	市場機能	自由放任，因而有充分市場機能。	存有障礙，致使市場機能不完全。	效用極大化原則，系統性變化對實質變數無影響，因此理論上應該有充分市場機能。
	現 象	無嚴重經濟循環	貧窮於豐富之中	停滯性膨脹
理論	假 設	物價與工資具有完全伸縮性	物價與工資具有向下調整的僵固性	人是有理性的，因而有理性預期。
	理論架構	因為有賽伊法則，所以總所得完全決定於勞動市場；然後影響儲蓄與投資，由商品市場決定利率；最後基於貨幣的交易功能，在所得及利率的影響下，由貨幣市場決定物價水準。	凱派學者除去貨幣的交易功能外，尚注意其價值儲藏功能，如此商品市場與貨幣市場即有關聯，共同導出總合需求；總合供給單獨由勞動市場導出；最後總合供需的均衡亦即三市場的均衡共同決定所得、利率及物價。	根據三個基本假定，即勞動市場經常處於均衡狀態，人們對未來變化有理性預期、經濟社會資訊不完全，由此導出一種風險性的經濟循環模型。
	就 業	充分就業為常態	不充分就業為常態	理論上勞動可充分就業
	特 質	常衡理論	失衡理論	內在一致理論
政策	必需性	沒有問題，無需政策。	有效需求不足，需要政策。	為使理想成真，需有配合措施。
	政策或措施		擴張性財政及貨幣政策	重視市場機能，貨幣供給法則重在權衡。
	特 質	順其自然（無為）	遷就事實（實際）	正本清源（理想）

膨脹的原因主要是人們的適應性預期心理。所謂適應性預期，即是根據過去的趨勢不加推敲而直接延伸的預期方式，有的時候會與經濟動向背道而馳，因而產生停滯性膨脹。

2. 理論建立　建立理論的目的在說明一種現象的前因後果，並從而加以利用以解決問題。任何一套理論都是從一個或數個基本假設開始，應用邏輯向下推演，最後獲致若干結論。如果這些結論均能符合事實，則此理論即算成立。就古典學派的理論而言，其所隱含的基本假設為：「物價與工資均具有完全的伸縮性」，意即物價與工資均可漲可跌。這個假設主要是從當時的經濟情勢特別是具有充分市場機能的情勢引伸而出的。古典理論除去這個主要的假設外，尚有兩個次要的假設，即賽伊法則與貨幣的功能主要為交易功能的假設。在此三個假設下，古典學派導出其理論架構。由於這三個假設，古典學派不但導出充分就業為常態的結論，同時其理論架構成為所得、利率及物價順次單獨決定的型式。由於古典理論的結論是充分就業為常態，故古典理論是屬一種「常衡理論」，即經常處於供需平衡狀態的理論。

凱因斯學派的基本假設是：「物價與工資均具有向下調整的僵固性」，這個假設當然是從當時的經濟情勢特別是市場機能不完全的情勢引伸而出的。凱派理論除去這個主要假設外，尚有一個次要的假設，即假設貨幣除具有交易功能外，尚具有價值儲藏的功能。工資向下調整僵固性的假設通過勞動市場即可導出不充分就業為常態的結論。貨幣的價值儲藏功能的假設通過儲蓄與投資將貨幣市場與商品市場連在一起，共同導出總合需求，然後再與勞動市場所導出的總合供給會合，共同決定物價水準與所得水準。由於凱因斯學派強調貨幣的價值儲藏功能，因此能將三個市場結合在一起共同決定物價水準與所得水準，而符合經濟現象牽一髮動全身的特質。由於凱派理論的結論是不充分就業為常態，故此派理論是屬一種「失衡理論」，即經常處於供需不平衡狀態的理論。

理性預期學派的基本假設是：「人是有理性的」，由此可以導出

兩點初步結論，其一是物價與工資的僵固性違反效用極大化的原則，亦即違反人類有理性的假設，因此理論上應該有充分的市場機能，從而勞動市場應該經常處於均衡狀態，亦即勞動經常可以充分就業。另一是人們對未來的變化有理性預期。根據這兩個初步結論亦即根據這兩個次級假設，再加上經濟社會資訊不完全的假設，即可導出一種風險性的經濟循環模型。由於理性預期學派所強調的是人類的理性，一切推演均由此出發，因此其理論具有「內在一致性」，不會產生矛盾或不合理的現象。

3. 政策需要　古典學派認為充分就業為常態，沒有任何問題，因此不需要經濟政策來解決問題。綜觀古典學派所處的時代是一個環境單純、行動自由的時代，只要按照人類的理性去處理一切，就能達於充分就業為常態的理想境界。在此境界中，沒有嚴重的經濟問題，當然不需要勞動政府去執行什麼政策，一切順其自然就可以了。

　　凱因斯學派認為不充分就業為常態，其原因為社會的有效需求不足，因此政府需要有政策來增加有效需求，促進充分就業，如此即能提高資源的利用效率，而使社會大眾獲得更多的物質生活幸福。增加有效需求的方法主要是擴張性的財政政策與貨幣政策，當然執行政策是需要付出相當代價的。綜觀凱因斯學派所處的時代是一個企業勾結盛行與工會抗爭強勁的時代，使得市場機能不能充分發揮，因而產生貧窮於豐富之中的困境。為紓解此困境自必須動用經濟政策，結果是耗費不貲。由此可知，凱因斯的理論是一個遷就現實、設法解決問題的理論。當然最好是能正本清源，徹底解決問題，但這不是一蹴可幾的事，需要相當久的時間與很多人的智慧才行。

　　理性預期學派假設人是有理性的，根據這個假設所導出的結論是理論上應該有充分的市場機能，理論上勞動可以充分就業。當然這是理想，為使理想能夠成真，該學派提出兩點看法，其一是重視市場機能，另一是貨幣的供給應該法則重於權衡。如果這兩點看法能夠做到，則上列結論即可望達成，而可避免停滯性膨脹的發生。**理性預期**

學派的看法雖然能夠正本清源，徹底解決問題，但是這個世界上到底有多少人是有理性的，因此理性預期學派多少帶點理想化的色彩，是否真的能夠正本清源徹底解決問題，還要假以時日，以觀後效。

二、國際貿易與國際金融的要旨

1. 國際貿易的發生與福利　國際貿易簡言之即是國際間的分工與交換，其目的在提高全球資源的利用效率，從而提高全球人類的福祉。前在第一章中曾提及一項交易對雙方均有利時始能達成，有交換可能才有必要分工，國際貿易也是如此。國際貿易一開始的時候都是雙邊貿易，即你買我的東西，我買你的東西，如同物物交換，然後再擴大範圍形成多邊貿易。當然多邊貿易對全球資源的利用效率更高，因為產品可以集中在全球最有利的地方生產，同時產品可以運往全球最需要的地方去消費。兩個國家如果能進行雙邊貿易，多半均能參與多邊貿易，因此欲瞭解什麼情況下一個國家才能參與國際貿易，只要瞭解什麼情況下一個國家能夠參與雙邊貿易即可。為使説明簡單起見，雙邊貿易的範圍只涉及兩種產品。進行雙邊貿易的兩個國家對於兩種產品如果各有比較利益，即能進行國際貿易而使雙方蒙利。如果再進一步問是什麼原因使得進行雙邊貿易的兩國各有比較利益，現代的理論是因兩國各有資源稟賦之故。

　　上述兩國只要各有比較利益，進行貿易即能使雙方蒙利，但是這種利益在兩國之間到底是如何分配的，必須加以追究。兩國貿易利益的分配主要決定於兩種產品的貿易條件。所謂貿易條件，對某一國而言即是其出口品與進口品價格之比。如果貿易條件有利此國，則此國所獲貿易利益即較多；反之則否。出口品與進口品的價格各自決定於其國際市場的供需。

2. 國際貿易政策及其影響　由上面的説明知，國際貿易如果沒有障礙，純粹按照比較利益及貿易條件進行，這對大家都有利的。但是

國際貿易與國際金融

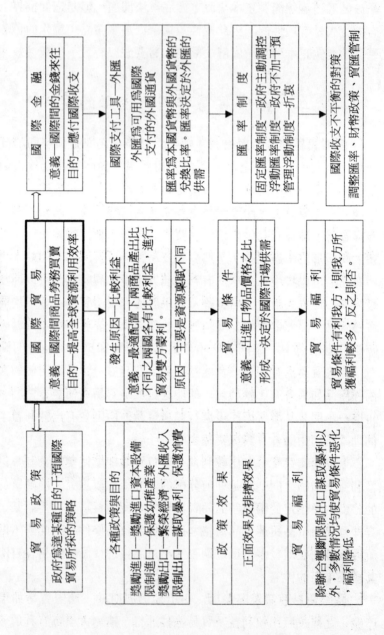

國際貿易

國　際　貿　易
意義─國際間商品勞務買賣
目的─提高全球資源利用效率

發生原因─比較利益
意義─最適配置下兩商品產出比不同之兩國各有比較利益，進行貿易雙方蒙利。
原因─主要是資源稟賦不同

貿　易　條　件
意義─出進口物品價格之比
形成─決定於國際市場供需

貿　易　福　利
貿易條件有利我方，則我方所獲福利較多；反之則否。

國際金融

國　際　金　融
意義─國際間的金錢來往
目的─應付國際收支

國際支付工具─外匯
外匯為可用為國際支付的外國通貨
匯率為本國貨幣與外國貨幣的兌換比率。匯率決定於外匯的供需

匯　率　制　度
固定匯率制度─政府主動調控
浮動匯率制度─政府不加干預
管理浮動制度─折衷

國際收支不平衡的對策
調整匯率、財特政策、貿匯管制

貿易政策

貿　易　政　策
政府為達某種目的干預國際貿易所採的策略

各種政策與目的
獎勵進口─獎勵進口資本設備
限制進口─保護幼稚產業
獎勵出口─繁榮經濟、外匯收入
限制出口─謀取暴利、保護消費

政　策　效　果
正面效果及排擠效果

貿　易　福　利
除聯合壟斷限制出口謀取暴利以外，多數情況均使貿易條件惡化，福利降低。

為什麼有些國家會干預國際貿易的進行呢？其原因為每個國家除去對國際貿易本身利益的考慮外，尚考慮國際貿易對國內經濟的影響。如果覺得國際貿易對國內經濟有所傷害，或是國內經濟改弦更張需要國際貿易配合的時候，則政府即會出面干預，如此即攪亂正常的國際貿易，而使國際分工與交換的效率降低。政府為達於某種目的干預國際貿易所採行的策略，稱之為國際貿易政策。一個國家所採行的國際貿易政策不外有四類，即第一、獎勵進口政策，其目的主要在獎勵新興產業進口資本設備。第二、限制進口政策，其目的主要在保護國內幼稚產業或基本產業。第三、獎勵出口政策，其目的主要在繁榮國內經濟或（及）增加外匯收入。第四、限制出口政策，其目的主要在保護國內消費者，甚或聯合壟斷以量制價謀取暴利。以量制價謀取暴利有一個先決條件，即這種產品的需求彈性必須較低，否則不能達到目的。實施政策的手段主要有兩類，其一為補貼或課稅，補貼用於獎勵進口或出口，課稅用於限制進口或出口；另一為限量，即限量進口或限量出口。限制進口或出口所用的手段不同（即課稅或限量），則實施的方式及政府與民間損益的分配即有所不同。

　　國際貿易政策的效果就政策目標而言可析為兩個成分，即正面效果與排擠效果。所謂正面效果即政策所直接達成的效果，例如限制進口保護幼稚產業，如果幼稚產業能因而成長茁壯，則謂之已達正面效果。至於排擠效果則來自貿易條件的惡化，使正面效果受到影響。例如獎勵出口增加外匯收入，其正面效果是外匯收入的增加，其排擠效果是因貿易條件惡化而使外匯收入增加的數額不如預期的多。以上是從政策目標的角度來看政策的效果，現在再從貿易福利的角度來看政策的效果。前述貿易福利的多寡與貿易條件的好壞直接有關，一種政策的實施對貿易條件的影響有三種情形，第一、進出口量在國際市場中不占重要地位，如此進出口量的變化即不會引起貿易條件的變化，而不影響其應有的貿易福利。第二、進出口量在國際市場中占有比較重要的地位，如此在通常情況下將使貿易條件惡化，而使貿易福利降

低。第三、進出口量在國際市場中占有相當甚至絕對重要的地位，如果貿易對手的供給或需求彈性又比較低，即可用以量制價的方式使貿易條件好轉，攫取較多甚至很多的貿易福利。這是兩個對手國之間貿易福利分配的情形，現在再看貿易政策對國內各方的影響，獎勵出口及限制進口將使生產者蒙利，消費者受害；反之，獎勵進口及限制出口將使消費者蒙利，生產者受害。這是一般的情況，如果獎勵或限制的對象不是消費品而是生產用品，則情況即有所不同。總之，任何一種貿易政策必將使國內有關各方產生所得重分配，殆無疑義。

3. 國際金融的內涵與問題　　國際金融是國際貿易衍生出來的問題，沒有國際貿易，國際金融即沒有太大的必要。國際交換亦如國內交換，需要有一個交換媒介，國際交換的媒介通常是經濟實力雄厚同時貿易數量龐大國家的貨幣，這種貨幣對採用其作為國際交換媒介的其他國家而言，即是所謂的外匯。本國貨幣對外匯的交換比例稱之為匯率，匯率的計算是以一單位外匯為準的。外匯與一般商品一樣，匯率的高低決定於外匯的供需。

匯率的高低對國內經濟有很大的影響，匯率偏高有利出口，不利進口；反之，匯率偏低有利進口，不利出口。為使匯率能配合國內經濟發展與穩定的需要，多數國家均加以管制，如此即形成所謂的匯率制度。通常開發中國家多採用固定匯率制度，同時將匯率訂得比較高一點，其目的在鼓勵外銷，促進經濟發展。已開發國家多採用管理浮動匯率制度，即匯率平時隨外匯的供需浮動，必要時加以管理。這是一種介乎固定匯率制度與浮動匯率制度之間的折衷制度，其目的在平時保持國際收支的平衡，情況特殊的時候加以管理，以免匯率的劇烈變動對國內經濟產生不良的影響。只有真正的經濟大國不畏匯率變動的衝擊，才會採用純粹的浮動匯率制度，匯率的高低完全決定於外匯的供需，如此即能時時保持國際收支平衡，而無貿易赤字或盈餘的問題。

除去純粹的浮動匯率制度以外，其他兩種制度均可能產生國際收

支不平衡的問題，尤以固定匯率制度為然。如果國際收支不平衡的數額不大，則問題尚不嚴重；如果很大，則問題即相當嚴重，必須謀求解決。因為一國的貿易盈餘將是他國的貿易赤字，反之亦然。具有貿易赤字的國家不但是一個債務國，同時對其經濟亦有不良的影響，將導致生產萎縮，失業增加；外匯枯竭，進口減少。這種情形對貿易赤字國家固然沒有好處，即對其對手國也是弊多於利，因其出口將因而減少也。因此國際收支一定要保持平衡，一時不能平衡，遲早一定要平衡，否則將引發貿易大戰，屆時沒有一個國家能夠倖免於難。解決國際收支赤字的對策是本國貨幣貶值、緊縮性的財政政策與貨幣政策、以及加強貿易與外匯的管制等，凡此均能增加出口、減少進口，如此即能使赤字減少。解決國際收支盈餘的對策與解決收支赤字的對策相似但相反，讀者可試自推論之，毋庸贅述。

　　綜合以上所述，可知國際貿易理論是闡明國際貿易前因後果最基本的道理；國際貿易政策是為維護本國利益運用理論機理所制定的策略；國際金融則是對應於實物交流所產生的貨幣面問題。這三部分內涵關係至為密切，互為因果。

三、經濟不穩定的成因與對策

　　經濟不穩定有兩種象徵，其一為物價膨脹，另一為失業。物價膨脹將使人們的真實所得減少，降低其生活水準；失業不但意味著生產的萎縮，同時也使一部分人沒有所得，生活發生問題。茲分別歸納說明如下：

　　1. 物價膨脹的成因與對策　所謂物價膨脹，是指物價在較長時期內持續上漲的現象。物價膨脹發生後如果對經濟結構沒有即時加以適當的調整，則將產生所得重分配，使某部分人的真實所得減少，降低其生活水準。

　　物價膨脹的成因很多，可歸為兩大類，即需求拉動與成本推動。

經濟不穩定的成因與對策

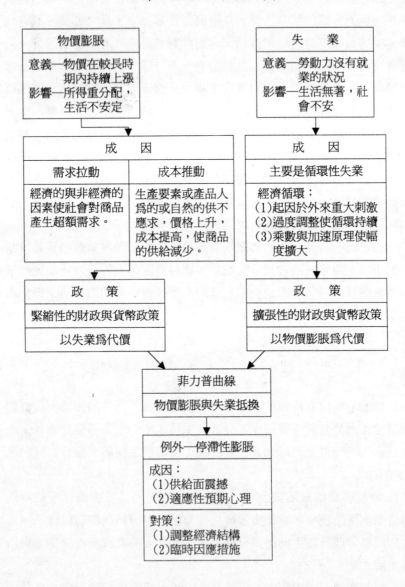

所謂需求拉動，是指經濟與非經濟的因素使社會對商品產生超額需求，導致總合需求線作增加的改變，促使物價上升。如果超額需求不斷的增加，總合需求線不斷的向右移，則物價即不斷的上漲，如此即形成物價膨脹。所謂成本推動，是指生產要素或產品人為的或自然的供不應求，價格上升，成本提高，使商品的供給減少，而使物價上漲。如果供不應求的現象持續惡化，則物價即不斷上漲，如此即形成物價膨脹。以上是需求拉動與成本推動單獨發生的情況，如果兩者同時發生，則物價膨脹的現象即更為嚴重。

　　抑制物價膨脹的方法一般均是採用緊縮性的財政政策或（及）貨幣政策，其結果將以失業的增加為其代價。

　　2. 失業的成因及其對策　　所謂失業，是指勞動力沒有就業的狀況。勞動力如果沒有就業，即無所得，無所得則生活即成問題。如果失業的人數很多，除非政府有失業救濟的制度，否則將造成社會不安。

　　失業的成因有三類，其所產生的後果亦有三類，即摩擦性失業、結構性失業與循環性失業，其中以循環性失業為最重要。所謂循環性失業，是指因經濟循環進入谷底所產生的失業，這種失業因為人數眾多，所以特別嚴重。經濟循環起因於外來的重大衝擊，如果經濟社會對此作過度的反應，再加上乘數與加速原理的推波助瀾，即會產生嚴重的經濟循環。當其進入谷底的時候，失業即成為一個嚴重的問題。

　　解決失業問題的對策，治標的方法是失業救濟，治本的方法是設法使經濟復甦。促使經濟復甦的方法一般均是採用擴張性的財政政策或（及）貨幣政策，其結果將以物價膨脹為其代價。

　　3. 菲力普曲線　　菲力普曲線最初是用來顯示貨幣工資上漲率與失業率間的抵換關係的，貨幣工資上漲率上升，失業率下降；反之，貨幣工資上漲率下降，失業率上升。其後學者們以物價膨脹率取代貨幣工資上漲率，形成現在所熟知的菲力普曲線。菲力普曲線所揭示的原則是在通常情況下物價膨脹率與失業率是互相抵換的，一種政策能抑

制物價膨脹，必將使失業增加；反之，一種政策能減少失業，必將使物價上升。過去甚至現在仍有許多國家是以菲力普曲線所揭示的原則為依據釐訂其經濟政策，以對抗物價膨脹與失業。

4. 停滯性膨脹　所謂停滯性膨脹，即是物價膨脹與失業同時發生。產生停滯性膨脹的原因有兩個，即供給面的震撼與人們的適應性預期心理。供給面的震撼不常發生，比較常發生的是人們的適應性預期心理。適應性預期的意義在前面已經提到過。適應性預期的結果有可能與未來的經濟動向背道而馳，雪上加霜的結果使得物價膨脹與失業同時發生，形成停滯性膨脹。解決停滯性膨脹的方法主要是調整經濟結構，糾正適應性預期所產生的誤導；其次就是臨時因應措施，什麼地方發生問題，即在什麼地方作局部的因應處理；如此即能逐漸消弭停滯性膨脹。

四、經濟成長的要件與策略

1. 經濟成長理論　有關經濟成長的理論或模型歷來有好幾套，每套理論均有其獨特的見解與貢獻。其中出現比較早的是熊彼德的經濟成長理論，熊氏認為創新是經濟成長的原動力，沒有創新，經濟即無法成長。創新是將發明付諸實施的過程，包括新產品的開發、新市場的開拓、以及新管理方法的應用等。其後就是凱因斯的經濟成長理論，凱氏認為投資具有雙重性，投資不但使有效需求增加，同時也使生產能量提高，兩者對經濟成長均有所助益。再其次即是哈羅與多瑪的經濟成長模型，該模型不但能顧及凱因斯所強調的投資雙重性，同時導出經濟成長率等於儲蓄率與資本產出比之商的結論，強調儲蓄的重要性，此為該模型的一大貢獻。哈多二氏模型隱含著一個問題，即如果資本不能充分就業，則模型所導出的經濟成長率即不能達成。為改進此缺點，梭羅以資本勞動比可變的假設取代資本產出比固定不變的假設，由此所建立的模型稱之為新古典成長模型。該模型最後導出

經濟成長的要件與策略

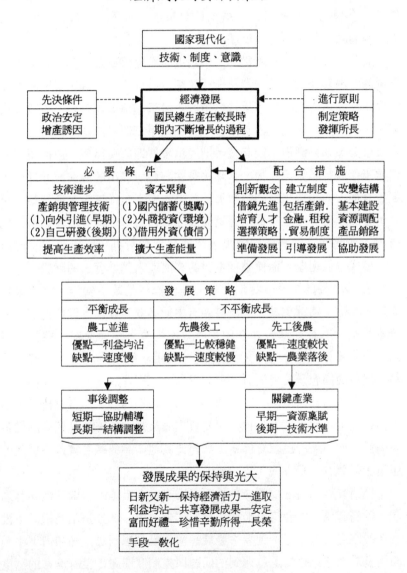

一個結論，即在均衡狀態下，經濟成長率、資本成長率與勞動成長率三者完全相等。在此結論下，經濟成長不能使勞動者的所得提高，顯然是不合理的。由此可知，截至目前為止，有關經濟成長的模型雖多，但尚無一個堪稱完美無缺。

此外，另有一批學者從另一個角度來看經濟成長，其中較為人所重視的有兩套理論，其一為羅斯托的經濟發展史觀，羅氏認為經濟發展須經歷五個階段，即傳統社會階段、經濟起飛準備階段、經濟起飛階段、成熟階段與高度消費階段。其中以第三個階段即經濟起飛階段為最重要，如果經濟不能起飛，則經濟發展即成功無望，前面所做的準備工作即付諸東流。另一套理論是顧志耐所提出的經濟紀元理論，顧氏是從大的趨勢來看經濟發展，認為本紀元是從工業革命開始，至今仍方興未艾。工業革命為經濟發展注入活力，經濟發展使影響空間擴大，如此即帶動有關國家加入經濟發展的行列，從而蔚成一股風氣，形成一個趨向，而使整個世界的經濟進入蓬勃發展的階段。

2. 經濟成長的要件　經濟發展的先決條件是政治安定，沒有政治安定，其他一切都免談。經濟發展有兩個必要的條件，即技術進步與資本累積。有技術進步才能使生產效率提高，從而使國民總生產增加。有資本累積才能擴大生產能量，利用新技術生產更多更好的產品。現在的問題是技術與資本如何得來，否則即成為空談。經濟發展初期因為所需技術簡單，可以向外引進；後期則必須靠自己研發，因為高級技術花錢也買不到也。至於資本，最基本的來源是國內的儲蓄與剩餘，如何使國民願意儲蓄，如何使其他產業的剩餘轉入待發展的產業，需要有一套方法。

經濟發展除去必要的條件外，尚需有配合措施，否則不能順利過關，於底有成。配合措施順次包括三部分，第一部分是創新觀念，沒有新的觀念，根本想不到要去發展經濟，就是想到也不知如何下手。經濟發展上路以後馬上遭遇到的問題即是制度問題，沒有適當的制度配合，經濟發展是不可能順順當當向前邁進的，這是第二部分。第三

部分也是最後一部分即是經濟結構的改變，包括投入結構與產出結構的改變，這不但是必然的，同時也是必要的，因為非如此即不能使各產業相互配合，集中力量向前邁進。當然這些道理說來很簡單，真正要去做就沒有那麼簡單了。

3. 經濟發展的策略　上面所講的是經濟發展的準備工作，當然準備工作是否做得很好也會影響經濟發展的成敗，但是影響成敗最大的還是發展的方向亦即發展的策略，如果發展的方向不對，輕則事倍功半，重則徒勞無功，甚至還會引發甚多的問題。發展的策略可分為兩大類，即平衡成長與不平衡成長。所謂平衡成長，是指農工並進的成長方式，其優點是利益均霑，缺點是速度較慢。所謂不平衡成長，是指先農後工或先工後農的成長方式。先農後工的成長方式其優點是比較穩健，缺點是速度較慢；先工後農的成長方式則相反。在此三種策略中，一般均是選擇先農後工的成長方式，因其優點較多，困難較少也。

發展策略選定了以後，剩下來的即是關鍵性產業的選取。不論是農業還是工業其範圍均相當的大，必須選取其中一種或數種關鍵性的產業先行發展，至某一階段以後再帶動其他產業發展，如此即能事半功倍。所謂關鍵性產業，即是能帶動其他相關產業亦步亦趨向前邁進的產業，這種產業通常均稱其為火車頭產業。關鍵性產業的選取，發展早期基於資源稟賦，後期基於技術水準，完全從當時的環境及發展的效果為著眼點選取的。

4. 發展成果的保持與光大　經濟發展成功以後，社會逐漸富裕起來，人們的生活水準是提高了，但是精神則反而感到空虛。如果不能在發展同時加強精神與文化建設，則很可能會產生不良的後遺症，諸如貧富不均、奢侈享樂、財大氣粗、目空一切、好逸惡勞、為非作歹、目無法紀、不守秩序，其結果整個社會的道德淪喪、正義蕩然。在這種社會中，衣食雖然豐足，但是內心空虛，缺乏安全感，活得並不愉快。因此在進行經濟發展的時候，我們不能只看經濟成長率的高

低，還要想到發展成功以後所可能產生的問題，未雨綢繆，以免富裕於恐懼之中。我們中國有一句老話，叫做「富不過三代」，如果我們能夠富而好禮，知福惜福，即能打破這種傳統，永遠保持繁榮與穩定，否則遲早會進入下一個輪迴。

摘　要

總體經濟學總論

總體經濟理論分歧的前因後果	
時代背景	(1)古典學派時期——產業尚未高度發達，市場機能充分，無嚴重經濟循環。 (2)凱因斯學派時期——產業高度發達，市場機能不充分，產生嚴重經濟循環。 (3)理性預期學派時期——適應性預期的結果有時與經濟動向背道而馳，產生停滯性膨脹。
理論建立	(1)古典學派——假設物價與工資具有完全伸縮性，加上賽伊法則，導出充分就業為常態的結論。貨幣功能僅及交易，致使古典理論成為所得、利率及物價順次分別決定的型式。 (2)凱因斯學派——假設物價與工資具有向下調整的僵固性，導出不充分就業為常態的結論。貨幣功能除交易外尚涉及價值貯藏，致使凱派理論成為三個市場共同決定所得與物價的型式。 (3)理性預期學派——假設人是有理性的，因此應該有充分市場機能，勞動應可充分就業。
政策需要	(1)古典學派——無嚴重經濟循環，不需任何政策。 (2)凱因斯學派——擴張性財政政策或貨幣政策，增加有效需求。 (3)理性預期學派——重視市場機能，貨幣的供給法則重於權衡，正本清源，維護經濟穩定。
國際貿易與國際金融	
國際貿易	(1)意義與目的——國際貿易為國際間的分工與交換，其目的在提高全球資源的利用效率，從而提高全球人類的福祉。 (2)發生——各有比較利益，產生原因主要為資源稟賦。 (3)利益分配——決定於貿易條件的好壞。
	(1)意義——貿易政策為政府為達於某種目的干預國際貿易所採的策略。 (2)種類與目的——獎勵進口主要為新興產業的資本設備；獎勵出口主要

貿易政策	在發展經濟與外匯收入；限制進口主要在保護幼稚產業及基本弱勢產業；限制出口主要在保護消費者。 (3)效果——正面效果是目標是否達成，排擠效果主因貿易條件惡化。 (4)所得重分配——獎勵進口與限制出口，消費者獲利，生產者受害。獎勵出口與限制進口則反是。
國際金融	(1)意義——國際金融為國際貿易貨幣面的內涵與問題。 (2)外匯與匯率——外匯為用作國際貿易媒介的外國貨幣。匯率為本國貨幣購買一單位外匯的價格。匯率通常決定於外匯的供需。 (3)匯率制度——固定匯率制度，有助經濟穩定與發展；浮動匯率制度，匯率完全決定於外匯供需，時時保持國際收支平衡；管理浮動匯率制度，為前兩者的折衷制度。 (4)國際收支不平衡對策——紓解赤字，本國貨幣貶值，緊縮性財政政策與貨幣政策，加強貿易與外匯管制。消解盈餘則相反。

經濟不穩定的成因與對策	
成因與後果	經濟不穩定的成因雖多，但其後果只有兩種，即物價膨脹與失業。
物價膨脹	(1)意義——物價在較長時期內持續上漲。 (2)成因——歸納為兩類，即需求拉動與成本推動。 (3)消解方法——緊縮性財政政策與貨幣政策，以失業為代價。
失　業	(1)意義——勞動力沒有就業的狀況。 (2)成因與後果——摩擦性失業、結構性失業、循環性失業，其中以循環性失業為最重要，在經濟循環跌入谷底時發生。 (3)消解方法——擴張性財政政策與貨幣政策，以物價膨脹為代價。
菲力普曲線	(1)意義——物價膨脹率與失業率互相抵換的曲線。 (2)應用——據以釐訂政策以對抗物價膨脹或失業。
停滯性膨脹	(1)意義——物價膨脹與失業同時發生。 (2)成因——主要是人們的適應性預期心理，其次是供給面震撼。 (3)對策——主要為調整經濟結構，局部為臨時因應措施。

經濟成長的要件與策略	
經濟成長理論	(1)熊彼德理論——創新為經濟發展的原動力。 (2)凱因斯理論——投資的雙重性助長經濟發展。 (3)哈羅多瑪模型——顧及投資雙重性，導出經濟成長率等於儲蓄率與資本產出比之商的結論，重視儲蓄。但若資本不能充分就業，則所導出的經濟成長率即不能達成。 (4)梭羅模型——為改正哈多二氏模型的缺點，假定資本勞動比可變。導

	出經濟成長率、資本成長率及勞動成長率三者相等的結論，此結論指出經濟雖成長，但勞動者所得未能提高，不合理。 (5)羅斯托理論——階段論，順次包括傳統社會、起飛準備、起飛、成熟及高度消費五個階段，其中以起飛階段為最重要。 (6)顧志耐理論——紀元論，本紀元自工業革命開始，技術進步產生動力，影響所及形成群起發展經濟的風氣，而形成一個紀元。
必要條件	(1)技術進步——提高生產效率。早期向外引進，後期自行研發。 (2)資本累積——擴大生產能量。來源主要為國內儲蓄，其次是引用外資。
配合措施	(1)創新觀念——想到與著手發展。 (2)建立制度——引導與規範發展。 (3)改變結構——協助與調合發展。
發展策略	(1)平衡成長——農工並進；利益均霑，但較慢。 (2)不平衡成長——先農後工；速度較慢，但較平穩。 　　先工後農；速度快，但困難亦多；包括資金來源及拖累等。
關鍵產業	(1)意義——能帶動相關產業發展的產業。 (2)目的——先發展關鍵產業，後帶動相關產業，速度較快。 (3)選取——早期基於資源稟賦，後期基於技術水準。
發展成果的 保持 與 光 大	(1)日新又新——保持經濟活力 (2)利益均霑——共享發展成果　手段——教化。 (3)富而好禮——珍惜辛勤所得

問　題

1. 總體經濟包括那些內涵？因何有這些內涵？

2. 總體經濟理論因何發生分歧？試比較說明之。

3. 古典學派理論有那些假設？因何有這些假設？如何由這些假設導出充分就業為常態的結論？

4. 凱因斯學派理論有那些假設？因何有這些假設？如何由這些假設導出不充分就業為常態的理論？

5. 理性預期學派理論的基本假設為何？因何有此假設？如何由此假設導出其內在一致性的理論？

6. 產生國際貿易的原因是什麼？一個國家要符合什麼條件才能參與國際貿易？

7. 國際貿易福利在國際間是如何分配的？其決定因素為何？

8. 國際貿易政策的效果就政策目標而言其情形如何？

9. 國際貿易政策對國內有關部門有何影響？試就不同類型的政策分別說明之。

10. 外匯為何需要管理？匯率制度有那幾種？各有何優點與缺點？其適用情況如何？

11. 國際收支不平衡會產生什麼不良影響？試說明之。

12. 物價膨脹的成因可歸納為那兩類？分別對經濟社會產生什麼影響？

13. 對抗物價膨脹一般是採用何種政策？其結果通常以失業的增加為代價，何故？

14. 失業的成因依其結果可歸納為那三類？其中以那一類為最重要？試說明之。

15. 對抗失業一般是採用何種政策？其結果通常以物價膨脹為代價，何故？

16. 停滯性膨脹因何產生？如何加以消解？

17. 試從經濟成長的各種學說與模型中歸納出影響經濟成長的各種因素，並分別說明其影響情形與後果。

18. 經濟成長的要件為何？為何需要這些要件？如何掌握這些要件？

19. 經濟成長的配合措施為何？為何需要這些措施？如何形成這些措施？

20. 經濟發展的策略可大別那幾種？各有何優點與缺點？如何採擇？

21. 何謂關鍵性的產業？其功能為何？如何加以採擇？

22. 經濟發展的成果如何加以發揚與光大？其目的為何？

第拾參篇

比 較 經 濟 制 度

　　經濟制度是一個大輪廓，所有經濟活動都是在這個大輪廓下進行的。經濟活動有者與個體經濟有關，有者與總體經濟有關，因此必須在個體經濟理論及總體經濟理論都討論完畢以後，才能進一步討論經濟制度。由此可知，經濟制度不但是所有經濟活動的規範，同時也是所有經濟理論的綜合。經濟制度不是只有一種，而是有許多種，孰優孰劣必須加以比較，故探討各種經濟制度的形成、特質與優劣的學問稱之為比較經濟制度，此將在下一章即第三十章中說明之。

第三十章　比較經濟制度

個體經濟學與總體經濟學都介紹完畢以後，才能談到比較經濟制度，因為比較經濟制度與這兩種經濟學都有關聯也。

一、經濟制度的成因與意義

1. 產生不同經濟制度的基本原因　前在第二章中曾提及經濟學最上層的公設一共有五個，即自然資源有限、人類慾望無窮、邊際效用遞減、邊際報酬遞減及人類理性行為。前四個公設不但是客觀事實，同時意義明確，沒有什麼文章可以做。最後一個公設即人類理性行為，雖然也是客觀事實，但意義不十分明確，可以大做文章，弄得天下大亂。人類的理性有兩種，其一為個人理性（individual rationality），簡言之即是所謂的「小我」；另一為社會理性（social rationality），簡言之即是所謂的「大我」。小我與大我之間有相當的矛盾，一個社會中如果每個人都獲得最大滿足，但整個社會並不一定能獲得最大滿足；反之，整個社會獲得最大滿足，但每個人並不一定能獲得最大滿足；其原因為各個人的財富、所得及需要均不盡相同也。一個社會如果崇尚小我，則此社會必定是自由放任，如此將形成資本主義社會社會（capitalistic society）；一個社會如果崇尚大我，則此社會必定是無個人自由，如此將形成共產主義社會（communistic society）。由此可知，因為個人理性與社會理性的不同，因而形成不同的經濟制度。

2. 形成不同經濟制度的手段　瞭解經濟制度的基本成因以後，即可進一步探討用什麼手段去達成大我或小我的目標。前在第一章中曾

提及經濟社會有五個經濟問題,即生產什麼及生產多少的問題、如何生產的問題、為誰生產的問題、如何維持經濟穩定的問題、以及如何促進經濟成長的問題。在此五個問題中,維持經濟穩定及促進經濟成長兩個問題一般都是由政府來主導的,雖與一般人民有關,但其影響不是直接的。其他三個問題即生產什麼及生產多少的問題、如何生產的問題以及為誰生產的問題,即與一般人民直接有關。在資本主義社會中,這三個問題很容易解決,一切聽從市場機能的指揮即可。在共產主義社會中,這三個問題即不容易解決,欲使一般人民聽從政府的指示以達大我的目標,即必須採取兩種強制的手段,其一為限制人民擁有財產的數量,另一為政府運用行政力量強制人民去遵從政府的指示從事各種經濟活動。前者是財產權歸屬的問題,是私有或是公有;後者是經濟決策權歸屬的問題,是自主或是聽命。孟子曰:「有恆產斯有恆心」,一個人如果沒有財產權,即不能為所欲為;一個人如果沒有經濟決策權,也只有聽命於人。由此可知,財產權的歸屬及經濟決策權的歸屬是達於大我或小我目標的兩個重要手段。因為財產權及經濟決策權歸屬的方向及程度的不同,因而形成不同的經濟制度。

3. 經濟制度的意義 由第二十八章的說明知,制度是一種規範,其目的在制約人們的行為以達於某種共同的目標。同理,經濟制度(economic system)也是一種規範,其目的在制約人們的經濟行為,以解決經濟問題,而達於某種經濟目標。

二、經濟制度的類型與特質

1. 經濟制度的類型 上述決定經濟制度的因素主要有兩個,即財產權的歸屬與經濟決策權的歸屬,茲即以該兩種權能歸屬的極端情況將經濟制度分為四種類型,其情形如下表。

茲分別說明如下。

2. 資本主義經濟制度 財產包含的範圍很廣,有些財產必須歸政

		經濟決策權歸屬	
		個體分權	中央集權
財產權歸屬	以私有為主	資本主義	法西斯資本主義
	以公有為主	社會主義	共產主義

府所有，如政府辦公廳舍、國防設施、重要交通設施、原始森林、國家公園以及其他私人不願與不能擁有的財產。因此此間所謂的財產，是指私人願意而且可以擁有同時與其經濟利益直接有關的財產，因為這些財產權的大小才與經濟制度有關也。經濟決策權包括範圍也很廣，一般說來與總體經濟有關的兩個經濟問題，即維持經濟穩定與促進經濟成長的問題，其決策是由政府來主導的。因此此間所謂的經濟決策權，主要是指與個體經濟有關的三個問題，即生產什麼及生產多少、如何生產、以及為誰生產三個問題的決策權。如果這些問題的決策權歸一般老百姓所有，則在私有財產制度下即能享有經濟自由。由第一章的說明知，經濟自由包括三方面，即企業自由、消費自由與就業自由。如果能享有這些自由，則每個人即能在其主客觀條件限制下追求其最大利益，如此即形成小我的社會，亦即資本主義的社會。

在資本主義社會中，由於財產權及經濟決策權可說全部歸私人所有，因此每個人均具有充分的自由去追求其可能最大的利益。在此情況下，整個經濟社會必定是自由放任，充滿活力，其結果經濟效率提升，社會日趨富有。然而由於各人所擁有的財產多寡不一，各人所具有的聰明才智也高低不同，有錢有才智的人占盡天時地利，無錢無才智的人只有任聽宰割，其結果社會財富日趨集中，貧富差距逐漸加大。由此可知，資本主義社會由於財產權及經濟決策權主要歸私人所有，因此整個經濟社會自由放任，其結果一方面使經濟效率提升，社會日趨富有；另一方面使財富集中，貧富差距加大。易言之，即資本主義社會是一個以小我為中心的社會，小我使得社會富有，小我也使得分配不均，因此資本主義社會的特徵是「富而不均」。此外，在資本主義社會中，經濟問題的解決主要是靠市場機能，因此資本主義經

濟亦稱之為「市場經濟」（market economy）。

3. 共產主義經濟制度　資本主義是一個極端，共產主義則是另一個極端。在共產主義社會中，一切財產權及生產資料均為公有，所謂公有即是歸政府所有，一般老百姓除去隨身的衣物之外，可說一無所有。沒有財產權很自然地就沒有經濟決策權，一切事務包括工作的分派及生活的安排均由政府一手包辦。在此情況下，一般人民只有聽命於政府，在政府的安排下工作，在政府的安排下生活。由於生產成果的多寡與一般人民無直接關係，因此生產效率不能提升；因為生活用品的分派與一般人民的需要不能完全配合，因此分派效率不能提升。由此可知，沒有財產權及經濟決策權，一般人民即不能發揮其自利心，以致經濟效率不能提升，而使整個社會日趨貧乏。又共產主義所崇尚的是大我，有衣大家穿，有飯大家吃，因此共產主義社會一般說來分配是比較均勻的，過去無衣無食的人，如今可以受到政府的照顧，而免於樂歲終生難飽、凶年不免於死亡的慘境。由此可知，共產主義社會的特徵是「均而不富」。

前述在資本主義社會中，經濟問題的解決是靠市場機能。在共產主義社會中，因為一般人民沒有財產權及經濟決策權，因此沒有經濟自由，從而不能產生市場機能。但是問題總是要解決的，否則資源不能變成產品，產品不能分派到一般老百姓手中。因為沒有市場機能，因此共產主義社會乃不得不代之以「計畫」，一切根據計畫行事。正因為如此，所以共產主義經濟亦稱之為「計畫經濟」（planned economy）。計畫經濟與經濟計畫（economic planning）不同，計畫經濟是指具有主導性及強制性的經濟制度，而經濟計畫則純粹是一種指導性及參與性的事前規劃。許多非共產國家為達於某種經濟目標，亦常有某種經濟計畫的制定。例如我國過去所實施的四年經建計畫，其目的即在對未來的發展作一種指導性的規劃，希望或誘導各方面配合，以共襄盛舉。對此計畫一般老百姓可以配合，也可以不配合，沒有強制性。在共產主義社會中其情形即不同，計畫由上面訂

定，下面必須一體遵從按照計畫行事，毫無選擇的餘地。

4. 法西斯資本主義經濟制度　在法西斯資本主義社會中，財產權與經濟決策權是分開的，財產權歸私人所有，經濟決策權歸政府所有。一般說來，擁有財產權的人很自然地就有經濟決策權，欲使財產權與經濟決策權分離，只有兩種可能，一種是獨裁政體，政府有絕對的權威享有經濟決策權；另一種是在戰時，為爭取勝利、共體時艱，政府必須暫時取得若干經濟決策權。這兩種情況雖然在取得經濟決策權上是一樣的，但在動機上則不盡相同。前一種情況是獨裁者為遂其個人意願掌握經濟資源，其目的在壯大自己、侵略別人，像第二次世界大戰前的德國一樣，故稱其為法西斯資本主義。後一種情況是政府在戰時為共體時艱所作的權宜措施，其目的在爭取最後勝利，因其動機與前一種情況不一樣，故稱其為戰時資本主義。由此可知，法西斯資本主義與戰時資本主義的特質是「財產權與經濟決策權分離」，財產權歸一般老百姓所有，經濟決策權歸政府所有。

前述擁有財產權的人很自然地就有經濟決策權，因此所謂經濟決策權歸政府所有，是指大策略大方針的經濟決策權歸政府所有，小策略小方針的經濟決策權仍然歸一般老百姓所有。在此情況下，政府所掌握的經濟決策權是資源的調配權，將資源優先用在某種特定的產業或某種特定的事業上。例如為了壯大軍事力量，將相當大的一部分資源用在整軍經武上。大方針確定了以後，一般人民再策劃如何進行生產、如何進行消費。由此可知，在法西斯資本主義社會中，就大方針而言是計畫經濟，就小方針而言是市場經濟，因此法西斯資本主義經濟是一種「混合型經濟」（mixed economy）。在這種經濟制度下，一般人民只能有限度的發揮其自利心，解決問題的方式特別是解決局部問題的方式雖仍是市場機能，但這種市場機能已受到很大的限制。因此法西斯資本主義社會只有局部的經濟效率，沒有整體的經濟效率，但國家能夠強盛，此為其特點。由此可知法西斯資本主義社會的特徵是「國家強盛、人民小康」。

戰時資本主義社會的情形與法西斯資本主義者可謂大體相似，大部分資源用在整軍經武上，小部分用在民生需求上。由於民生物資不足供應民生需求，於是乃實施配給制度，以防物價暴漲，影響安定。由此可知，戰時資本主義社會除去大部分資源用在軍事上外，同時民間消費也受到相當的限制，對經濟效率的影響更大。由此知戰時資本主義社會的特徵是「國家圖存、人民受困」。

5. 社會主義經濟制度 社會主義經濟制度與法西斯資本主義經濟制度相似但相反，相似之處是財產權與經濟決策權分離，相反之處是法西斯資本主義社會中，人民擁有財產權，政府擁有經濟決策權；社會主義社會中，政府擁有財產權，人民擁有部分經濟決策權。在社會主義社會中，財產權歸政府所有，在此情況下人民應該沒有經濟決策權，人民之所以有經濟決策權是政府給予的，其目的在提升經濟效率。在社會主義經濟制度下，大策略大方針的經濟決策權仍掌握在政府手中，政府所給予人民的是大方針下的局部經濟決策權。興辦何種事業是政府決定的，各個事業單位的經營則授權人民去辦理，經營者除獲得應有薪資外，尚根據盈餘的多寡配發獎金或紅利，所餘由政府取去用作政府的開支並興辦有關福利事業，以使所得分配儘可能的平均。由此可知，社會主義經濟制度也是一種混合型的經濟制度，世界上採行這種制度的國家為數不少，其中以共產主義解體前的南斯拉夫最具代表性。

在社會主義經濟制度下，因為人民擁有局部的經濟決策權，因此有局部的市場機能，從而有局部的經濟效率。然而由於政府擁有財產權，能控制一切，故而能使所得作某種程度的均勻化。由此可知，社會主義社會的特徵是「均中求富、稍具彈性」。

6. 各種經濟制度的比較 由上面的說明可以看出，資本主義與共產主義是兩個極端，在資本主義社會中，一般人民既有財產權又有經濟決策權，自由放任的結果使社會「富而不均」。反之，在共產主義社會中，一般人民既無財產權又無經濟決策權，處處受限的結果使社

會「均而不富」。法西斯資本主義與社會主義是兩種混合型的經濟制度，在法西斯資本主義社會中，一般人民擁有財產權，但經濟決策權則受到限制，尤其是大方向的經濟決策權，其目的是「以富換強」，即降低人民的福祉以換取國家的強盛。戰時資本主義在財產權及經濟決策權上雖與法西斯資本主義者大體相似，但因為要共體時艱，所以只能「以富換存」，即降低人民的福祉以換取國家的生存。在社會主義社會中，一般人民沒有財產權，但有局部的經濟決策權，這是政府給予的，其目的在「以均換富」，即犧牲若干平均以換取少量富有。綜合以上所述，可知世界上沒有一個十全十美的經濟制度，亦即沒有一個「既富且均」的經濟制度，所有的制度不是極端性的制度，就是混合型的制度；前者均與富只顧到一方，另一方即非常嚴重；後者均與富兩方皆能兼顧，但兩方都顧得不夠。為什麼世界上沒有既富且均的經濟制度呢？其主要原因是人們的自利心具有排他性，尤其當資源有限慾望無窮的時候則排他性更強，小我的意識高漲，大我的意識薄弱。名利心是社會進步的原動力，同時也是社會動亂的根源，必須加以適當的調適，才能真正為人類帶來幸福。經濟制度也是如此，其詳細情形將在第四大節中說明之。

三、經濟制度與經濟目標

上述世界上沒有絕對最佳的經濟制度，但有互有優劣的經濟制度，各種經濟制度就整體而言孰優孰劣，必須加以評判始能得知。前在第一章中曾提及一個經濟社會達於至善的目標一共有四個，即效率、公平、穩定與成長，茲即以此四個目標來評判上述四種經濟制度，其情形如下：

1. 經濟效率　經濟效率包括生產效率及分派效率兩方面。影響經濟效率的因素很多，現在僅就市場機能是否能充分發揮一項來加以討論，因其與經濟制度直接有關也。在資本主義社會中，因為一般人民

擁有財產權及經濟決策權，亦即擁有充分的經濟自由，如此不但有活潑的市場機能，同時通過市場機能每個人的自利心均能充分發揮，因此其經濟效率最高。

在共產主義社會中，因為一般人民沒有財產權及經濟決策權，沒有經濟自由的結果乃沒有市場機能。為解決經濟問題，乃不得不代之以計畫。然而由於資訊的不完全、數據的不可靠、考慮的不周詳、以及執行的不徹底等，在在均使計畫本身及執行均發生偏差，而使經濟效率降低。此外，在計畫經濟下，產量的多寡與生產者的關係不密切而使生產效率降低；物品的分配不能完全符合消費者的需要，而使分派效率降低。由此可知，在共產主義社會中，因為沒有市場機能，經濟問題不能獲得妥善的解決，因而經濟效率不能提升，此由共產國家生產與消費脫節以及產品品質粗劣的情況可以看出。

法西斯資本主義與戰時資本主義是兩種具有特殊目的資本主義，前者為求國家強盛，後者為求國家生存。為達於此兩目的，政府必須取得若干經濟決策權，特別是大方向大策略的經濟決策權，將相當大的一部分資源用在整軍經武上。這種做法在經濟上是降低整體的經濟效率，但在政治上則其效率即大得無法衡量。在法西斯資本主義及戰時資本主義社會中，雖然大策略大方針由政府訂定，但小策略小方針則仍由一般人民決定，因此具有相當程度的市場機能，從而有相當程度的經濟效率。

在社會主義社會中，因為一般人民沒有財產權，因而沒有經濟決策權。但政府為提高人民福祉，乃給予人民部分經濟決策權及若干獎勵以提升經濟效率。因為大策略大方針仍掌握在政府手中，因此整個社會只有局部的市場機能，從而只有局部的經濟效率。

綜合以上所述，可知從市場機能是否能充分發揮的觀點來看，資本主義經濟制度的經濟效率最高，法西斯資本主義經濟制度次之，社會主義經濟制度又次之，而以共產主義經濟制度的經濟效率最低。市場機能愈靈活，人們的自利心愈能充分發揮，則經濟效率愈高。財產

權與經濟決策權是經濟自由從而市場機能能否充分發揮的先決條件。

2. 經濟公平　由第一章及第十二章的説明知，經濟公平的衡量主要有兩種標準，其一是齊頭式的公平，即不論聖賢才智愚劣，亦不論其對社會貢獻的多寡，每個人均分得相同的份額。另一是立足點的公平，即每個人均站在同一個基礎上獲得其最低生活所需，然後再根據其對社會貢獻的多寡作適當的分配。齊頭式的公平對弱勢人口的照顧可説是相當的周到，但對強勢人口亦即有能力的人則有貶抑作用。人的自利心是與生俱來的，如果有能力的人不能得到適當的報酬，即不能人盡其才，將使整個社會處於貧困狀態。立足點的公平即無此弊，一方面弱勢人口可以得到適當的照顧，同時另一方面有能力的人也可以得到較多的報酬，如此經濟效率即能提升，而使社會能夠富裕起來。因此在評判各種經濟制度是否合於公平原則的時候，一般均是採用立足點的公平，因其較為合理也。

在資本主義社會中，由於財產權及經濟決策權均歸一般人民所有，自由放任的結果乃使富者更富、窮者更窮，嚴重時富者田連阡陌、貧者地無立錐，因此資本主義經濟制度一般説來是不合公平原則的，事實上這也是資本主義最為人所詬病的地方。

在共產主義社會中，由於財產權及經濟決策權均歸政府所有，沒有市場機能，因此一切生產成果均由政府來分配。此外，由於共產主義所標榜的是公平，同時由於對社會貢獻的大小很難衡量，因此多採取平頭主義，按人分配。這種分配方式表面上看起來好像很公平，但實際並不公平，因其只顧到分配的生活面，沒有顧到分配的貢獻面。沒有顧到貢獻面的後果是整個社會很窮，此時雖分配很均勻，但也只是共貧而已。由此可知，共產主義經濟制度多少有點矯枉過正，力求公平的結果反而不能達成真正的公平。

在法西斯資本主義社會中，財產權雖然歸一般人民所有，但政府擁有經濟決策權特別是大策略大方針的經濟決策權，市場機能在大方針下進行運作，其結果「富」受到限制，從而「均」即可獲得部分改

善，不像純粹資本主義社會的貧富不均那麼嚴重。戰時資本主義社會因為民生物資不足供應民生需求，為免物價波動影響社會安定，通常均實施配給制度，如此一般人民的生活雖苦，但分配則比較均勻。

在社會主義社會中，財產權及經濟決策權均歸政府所有，但為提升經濟效率，政府乃授予人民局部的經濟決策權，如此對社會有貢獻的人即能獲得較多的報酬，其結果一方面能使社會比較富有，另一方面在分配上也同時能兼顧生活面及貢獻面，故就一般而言，社會主義經濟制度的分配方式是比較能合乎公平原則的。

綜合以上所述，可知就立足點的公平而言，社會主義經濟制度因為財產權歸政府所有，但政府給予人民部分經濟決策權，故能同時顧及所得分配的生活面及貢獻面，因此一般說來是最能合乎公平原則的。其次是共產主義經濟制度，因為財產權及經濟決策權均歸政府所有，政府能主導一切；此外，由於共產主義所強調的是公平，因此難免會矯枉過正，偏向採取平頭式的分配方式，其結果所得分配多顧及生活面，少顧及貢獻面，難臻理想的境地。再其次是法西斯資本主義經濟制度，一般人民雖擁有全部財產權，但只有局部的經濟決策權，因此所得分配有相當程度的不均，但情形並不嚴重。最後是資本主義經濟制度，由於財產權及經濟決策權均歸一般人民所有，自由放任的結果乃使財富不斷的集中，而使所得分配極端的不均。

3. 經濟穩定　評判經濟是否穩定的標準有二：即物價膨脹與失業率。一個經濟社會如果物價緩慢上升，則對此社會非但無害，反而有益。因為緩緩上升的物價對企業經營者而言是一種美好的前景，願意維持生產甚或增加生產，而使社會更趨繁榮與穩定。因此此間所謂的物價膨脹是指比較嚴重的物價膨脹，因為這種膨脹才會影響經濟的穩定也。同樣情形，一個社會如果有輕微的失業，這也是一種正常的現象，因為任何時間都會有人開始進入勞動市場等待就業，同時任何時間也都會有人為轉就其他工作而暫時失業。因此此間所謂的失業是指比較嚴重的失業，因為這種失業也才會影響社會的安定也。此外，前

在第一章中曾提及價格機能是中性的，情況正常的時候會把事情處理得很好，情況不正常的時候就會助紂為虐，把事情弄得更糟。由此可知，價格機能亦即市場機能一方面能使經濟效率提升，另一方面也會使經濟趨於不穩，尤其是有問題的時候。

在資本主義社會中，由於財產權及經濟決策權均歸一般人民所有，自由放任的結果使經濟產生活力，情況不正常的時候即會產生嚴重的物價膨脹或失業；有的時候這兩個問題同時發生，稱之為停滯性膨脹，則情況更為嚴重。由此可知，資本主義經濟制度雖然其經濟效率很高，但也埋下不安定的因子，使經濟趨於不穩。

在共產主義社會中，由於財產權及經濟決策權均歸政府所有，一切生產與消費的事務均由政府來安排，因此表面上看起來好像是沒有物價膨脹與失業的問題，但骨子裡並不是那麼回事。事實上共產主義社會與其他經濟社會一樣，有天災人禍，也有外來的經濟衝擊，當天災人禍或外來衝擊來臨的時候，物資供不應求，產生膨脹壓力，雖然政府會以共貧的方式度過難關，但一般人民生活水準的下降以及黑市的猖獗與價格的暴漲等，其情形與物價膨脹的後果可說毫無二致，同樣為人民帶來痛苦與不安。至於失業其情形亦是如此，在共產主義社會中雖然人人都有工作，但很多機構都是人浮於事，這些過多的人員非但不能使生產力提升，反而可能使生產力下降。這些人表面上看起來好像是沒有失業，但實際上是有失業的，稱之為隱藏性失業（disguised unemployment）。所謂隱藏性失業，是指勞動者處於邊際生產力等於零的狀態，對生產毫無貢獻。由此可知，共產主義社會表面上看起來是沒有物價膨脹與失業的問題，但實際上是有，而且相當的嚴重。

在法西斯資本主義社會中，財產權雖然歸人民所有，但政府擁有大策略及大方針的經濟決策權。在此情況下，政府對整個經濟有相當的控制力量，因此雖有物價膨脹與失業的問題，但一般說來並不嚴重。戰時資本主義的情形則稍有不同，為了國家的生存，政府將大部

分資源用在軍事上，所餘用在民生需求上。由於民生物資不足供應民生需求，產生膨脹壓力，於是乃實施配給制度以資緩和。由此可知，戰時資本主義社會應該有相當嚴重的物價膨脹問題，但因實施配給制度，故能稍有緩和。

在社會主義社會中，財產權雖然歸政府所有，但政府給予人民若干經濟決策權，有局部的市場機能，因此乃可能產生局部的物價膨脹與失業問題。然而由於政府仍握有相當大的經濟決策權，能作適當的調整，而使問題不致過分嚴重。

綜合以上所述，可知就物價膨脹與失業的程度而言，社會主義經濟制度的情況最佳，因為民間只有局部的經濟決策權，縱有問題其情形並不太嚴重，加之有政府的協調，當亦能有所化解。次之為法西斯資本主義經濟制度及戰時資本主義經濟制度，由於大部分資源都用在軍事上，民生物資通常不足供應民生需求，可能會引起比較嚴重的物價膨脹。再其次是共產主義經濟制度，此制度下一切事務均由政府主控，因此表面上看起來似乎是沒有嚴重的物價膨脹與失業問題，但實際上是有，而且相當的嚴重，因為沒有市場機能，所以這些問題能隱而不顯。資本主義經濟制度因為有充分的市場機能，情況正常的時候沒有問題，情況不正常的時候即可能產生嚴重的物價膨脹與失業問題。由此可知，市場機能一方面使經濟效率提升，另一方面也會使經濟趨於不穩。此外，沒有市場機能的經濟社會也並不表示沒有物價膨脹與失業的問題，只是因為有制度的掩蓋，故能隱而不顯。

4. 經濟成長　　由第二十八章的說明知，經濟成長是指一國的國民總生產在較長時間內不斷增長的過程；經濟成長的必要條件有二：即技術進步與資本累積；經濟成長的配合措施有三：即觀念的改變、制度的改變與經濟結構的改變。茲即以此兩類標準去評判各種經濟制度是否能促進經濟成長，其情形如下。

在資本主義社會中，因為財產權及經濟決策權均歸一般人民所有，一般人民具有充分的經濟自由追求其最大利益，此一活力不但有

助於技術的進步及資本的累積，同時亦有助於觀念、制度及經濟結構的改變，而使經濟得以快速成長。當然這裡也隱含著一個假定，即假定政治安定、社會正常，不會阻礙經濟發展。

　　在共產主義社會中，因為人民沒有財產權及經濟決策權，沒有經濟自由，當然不會主動地去發展經濟，因此發展經濟的工作完全由政府來主導。由於政府對整個經濟有絕對的控制權，因此能決定經濟發展的策略、研發或取得有關技術、壓縮消費取得所需的資金。然而由於種種因素不但使經濟發展的方向偏頗，同時亦使經濟發展的幅度受限。在發展方向方面，一般共產國家都是重工輕農，在工業方面一般都是重視重工業、忽視輕工業，其目的在增強國力。也正因為如此，所以許多共產國家在經濟結構上發生很大的困難，問題不能解決。此外，在共產主義制度下，觀念及制度均形僵化，不能配合經濟發展的需要，而使經濟發展受到很大的限制，這是多數共產國家長期處於貧困狀態的主要原因。

　　在法西斯資本主義社會中，一般人民雖有財產權，但大策略大方針的經濟決策權則掌握在政府手中。由於法西斯國家的主要目標是增強國力，因此其發展的方向乃有相當程度的偏頗，特別重視重工業的發展。此外，由於人民擁有局部的經濟決策權，在財產私有的前提下有助於技術的進步與資本的累積。在配合措施方面，由於法西斯資本主義在經營層次上仍是以小我為中心，故能配合發展有限度的改變觀念、制度與經濟結構。由此可知，在法西斯資本主義制度下，經濟可有相當程度的發展。

　　在社會主義社會中，政府擁有全部的財產權，但給予人民局部的經濟決策權。由於大策略大方針均由政府訂定，因此經濟能否發展端視政府的策略是否可行，有關措施是否能有效配合而定，一般人民只是在既有的架構下對經濟效率略作貢獻而已。由此可知，在社會主義制度下，經濟有發展的可能，主要是看政府能否提出可行的計畫以及有關措施是否能有效的配合而定。

綜合以上所述，可知在四種類型的經濟制度中，資本主義經濟制度因為財產權及經濟決策權均歸一般人民所有，經濟充滿活力，因此最具發展潛力。次之為法西斯資本主義經濟制度，雖然大方針由政府訂定，但財產權歸一般人民所有，經濟仍具有相當的活力，故能作某種程度的發展。再次為社會主義經濟制度，由於人民沒有財產權，只有局部的經濟決策權，只能在政府的大方針下略盡棉薄，因此經濟發展主要是看政府的作為是否具有前瞻性及有效性而定。最後是共產主義經濟制度，由於一般人民沒有財產權及經濟決策權，缺乏經濟活力，加之制度與觀念的僵化，致使經濟難以發展。

5. 綜合說明　由上面的說明可以看出，各種經濟制度能否達成有關經濟目標，均與其基本成因即對大我與小我的看法，以及達成大我與小我的手段即財產權與經濟決策權的歸屬直接有關。在資本主義經濟制度下，由於財產權及經濟決策權均歸一般人民所有，一般人民具有充分的自由去追求其可能的最大利益，其結果一方面使經濟效率得以提升，經濟成長得能展開；同時另一方面也使所得分配不均，經濟情勢欠穩。

在共產主義經濟制度下，因為財產權及經濟決策權均歸政府所有，人民沒有經濟自由，因而沒有市場機能，一切經濟事務均由政府來策劃推動。因為沒有市場機能，因此經濟效率不能提升；因為制度與觀念的僵化，因此經濟成長難有顯著的成果；因為有制度的掩蓋，因此表面上看起來經濟甚為穩定，但事實並非如此。此外，由於共產主義所強調的是公平，因此難免矯枉過正採取平頭式的公平，多顧及分配的生活面，少顧及分配的貢獻面，而使社會長期處於貧困狀態。

在法西斯資本主義經濟制度下，一般人民擁有財產權，但政府擁有大策略大方針的經濟決策權。在大方針下人民擁有相當充分的經濟決策權，因而有相當充分的市場機能。正因為如此，所以經濟效率能有相當程度的提升，經濟成長亦可能有相當程度的成果。在所得分配方面，因為有大方針的限制，可能有某種程度的不均，但並不嚴重；

經濟穩定也是如此，可能有某種程度的波動，但並不嚴重。

在社會主義經濟制度下，政府擁有財產權，但政府給予人民局部的經濟決策權，因此有局部的市場機能，從而有局部的經濟效率。由於政府尚握有大策略及大方針的經濟決策權，因此尚能維護所得分配的公平。至於經濟穩定與經濟成長其情形與共產主義制度者頗為類似，但因人民擁有部分經濟決策權，故能稍有改進。

四、經濟制度的演變與修正

以上所討論的是四種典型的經濟制度，除此而外，在現實社會中尚有多種不同的經濟制度，這些制度由何而來，性質如何，是有進一步加以探討的必要，茲逐步說明如下。

1. 經濟制度的演變　自人類群居形成社會以後就有經濟制度，早期的經濟制度一方面很簡單，同時另一方面也不構成嚴重的政治及經濟問題。真正發生問題而備受人們關注的是從十九世紀工業革命開始，工業革命使生產力大增，社會財富日漸增多，此時即產生不患寡而患不均的問題。其後即愈演愈烈，終至形成嚴重的政治經濟問題。私有財產制度由來已久，人們有充分的自由去追求其最大利益，如此經濟效率即能提升，因此早期的經濟學者均大力鼓吹自由放任，認為政府應該管得越少越好。及至工業革命來臨，藉著自由放任的威力，氣勢如虹，一方面使社會財富快速增加，另一方面也使所得分配極端不均。不寧唯是，一些貪得無厭的資本家們尚利用各種手段壓榨一般勞苦大眾，種種罪惡層出不窮，於是乃引起舉世的關注，謀求改進之道。一個制度的形成有其歷史背景，制度形成了以後又有其惰性，因此要改變制度只有兩條路可以走，一條是革命，將原有制度徹底的摧毀，重建一個新的制度，共產主義制度就是這樣產生的。另一條路是修正，即對原有的制度加以修改，使不合理的部分減少，合理的部分則儘量保留。前一種方式能夠立竿見影，但是所付代價太大；後一種

方式比較溫和,不必付出太大的代價。前述世界上沒有十全十美的事物,經濟制度亦然。對一件事情人們常注意其缺點,忽視其優點,為了要消除缺點,於是乃矯枉過正,走向另一個極端,其結果缺點是消除了,但優點也一併被消除掉,形成另一種缺點,而使革命失敗。

綜合以上所述,可知經濟制度真正有問題的時候是從十九世紀的資本主義開始起,資本主義只能富不能均,為了求均有些國家乃矯枉過正走向另一個極端即共產主義,共產主義只能均不能富,均的問題解決了,又產生富的問題。資本主義與共產主義是兩個極端,富與均只顧到一方,另一方問題即非常嚴重。為使富與均都能兼顧,許多國家均採取修正的道路,在資本主義或共產主義的基礎上向中間修正,由於修正手段及程度的不同,乃形成多種不同的修正資本主義經濟制度或社會主義經濟制度,茲分別說明如下。

2. 資本主義的修正　資本主義修正的路線主要有兩條,一條是從調整所得著手,另一條是從調整財產著手。在調整所得方面其手段又分為兩類,一類是事先的防範,另一類是事後的補救。事先防範包括立法防止廠商獨占與勾結以消除其額外利得,立法保護勞動者的權益以使其不受虐待並獲得合理的報酬,立法保障消費者的權益以使其不受欺騙而免吃虧上當。事後補救包括兩方面,其一為採行累進稅制,包括所得稅、遺產稅、贈與稅及土地增值稅等的累進稅制,向有錢的人多收稅;另一為政府以此收入興辦社會福利事業幫助窮人。一個資本主義社會如果事先防範工作做得很好,同時事後補救工作也做得不錯,則所得分配不均的問題即能獲得相當程度的紓解。事先防範是「鋤強扶弱」,事後補救是「取富濟貧」,這兩種方法都是抑制強者、幫助弱者的方法,會不會因此而使經濟效率降低呢?一般說來有此可能,但問題不會太嚴重,因事先防範主要是在打擊不法,並不妨礙廠商的正常營運;事後補救對所得高的人會有影響,只要不太過分,即不會有太大的影響。當然稅負如果很重,則有錢的人會有所不滿,嚴重時會使企業出走。瑞典是有名的社會福利國家,對人民的照

顧可說無微不至，從奶粉到棺材樣樣都照顧到，所需經費當然是由所得高的人來負擔，如今因為稅負太重，很多有錢的人都想出走。由此可知，凡事都要適可而止，經濟制度亦是如此，如果修正得太厲害，一樣是行不通的。得到好處的一方也是一樣，如果社會福利太好，一方面遲早會將國家的財政拖垮，另一方面也會使國民養成依賴心理，不求上進。

　　在調整財產方面，主要有兩種手段，其一為平均地權，另一為節制資本，這是國父　孫中山先生在其手著三民主義中所揭櫫的兩個原則。土地不但是重要的生產要素，同時也是重要的財富，如果分配不均，即會影響所得分配。在人少地多的國家中，土地分配縱有不均，其問題亦不致太過嚴重。在人多地少的國家中，其情形即不同，尤其是當百業蕭條、農業獨秀的時候，土地的分配即相當重要。如果土地集中在少數人手中，農民沒有自己的土地，則農民即備受欺壓，其結果所得差距加大，嚴重時會搖動國本。我國早期的情況即是如此，於是乃在民國四十年左右實施土地改革，用和平的方式將土地由地主手中移轉到農民手中。農民有了自己的土地以後，生產誘因大增，如此一方面使農業生產增加，從而使社會更為富有；同時另一方面也使農民所得提高，從而使社會更趨公平。所謂節制資本是指節制私人資本、發展國家資本，易言之，即是政府創辦公營企業以制衡私人企業，不使其過度擴張導致所得分配不均。這種構想雖然很好，但是一般說來公營企業的經營效率不如私營企業，最後難免會被淘汰，除非政府給予其特權。我國的菸酒公賣即是一例，菸酒公賣的目的早期是為了財政收入，現在已不重要了，因此政府有意於適當時機開放民營。其他公營企業也是一樣，預料遲早也會走上這條路。由此可知，就平均所得的目的而言，平均地權較節制資本來得有效。當然這是社會比較窮困時的情形，等到社會比較富有的時候，則連平均地權亦沒有太大的必要。綜合以上所述，可知資本主義修正的兩條路線中，以調整所得的路線比較重要，目前世界上多數國家均是採取此一路線進

行修正的。

　　以上所談的是資本主義修正的方向亦即路線，至於修正的程度則各國不同，有者修正的程度較小，如美國與日本；有者修正的程度居中，如英國與瑞士；有者修正的程度較大，如上面所提到的瑞典。修正程度比較小的資本主義經濟制度一般均稱其為「準資本主義」（quasi－capitalism）經濟制度，修正程度比較大的資本主義經濟制度有些國家自稱其為社會主義經濟制度。當然這種社會主義與前述共產主義解體前南斯拉夫所採行社會主義不同，前者財產權仍以私有為主，只是向有錢的人多收稅多興辦社會福利事業而已；而後者則財產權主要歸政府所有，所得分配由政府來調控。

　　3. 共產主義的修正　　共產主義的修正只有程度與速度的問題，沒有方向的問題。共產主義修正的方向一定是市場經濟，否則富的問題不能解決。共產主義經濟制度最大的問題是沒有經濟效率，欲提升經濟效率，必須激發人們的自利心；欲激發人們的自利心，必須使有能力的人獲得較多的報酬；因此共產主義修正的第一步即是實施獎勵制度，特別是物質獎勵制度。欲使經濟效率作進一步的提升，必須給予人民部分經濟決策權，各個事業單位自負盈虧，有盈餘的單位可以分配紅利。欲使經濟效率作更進一步的提升，則必須給予人民財產權，如此人民即有經濟自由，從而產生市場機能，使經濟問題獲得妥善的解決。至此階段，政府必須及時建立各種經濟制度，包括財政、金融、租稅、市場、企業、勞工以及社會福利制度等，否則又會矯枉過正形成純粹的資本主義而進入下一個輪迴。

　　共產主義經濟制度與市場經濟制度有很大的差別，由共產主義經濟制度過渡到市場經濟制度是一件脫胎換骨的大工程，如同經濟發展一樣必定會帶動觀念、制度與經濟結構的改變，否則不能順利過關。觀念、制度與經濟結構的改變需要相當久的時間才能適應，如果操之過急，則將引起極大的困難，嚴重時會使整個經濟癱瘓，甚至崩潰。蘇聯及東歐共產國家的經濟改革即是一個最明顯的例子，聽從某先進

國家某知名經濟學者的建議，採用其自創的震盪療法，認為只要經過幾次休克就能從共產主義經濟制度直接跳到市場經濟制度，這種看法也未免太天真了些。共產主義經濟制度不是一天建成的，要改變它當然也不是短時間內就能為功的。做一件新衣服已經不簡單了，改一件舊衣服則困難更多，先要將衣服拆開、然後修剪、最後再把它縫起來，每個階段都要耗費相當多的時間與精力。

4. 結語　綜合以上所述，可知經濟制度是一個大輪廓，所有的經濟活動均在此大輪廓下進行，這個大輪廓如果不壞，則一般人民即能獲得較多的經濟幸福；如果不好，則一般人民即須承受較多的經濟苦難。影響經濟制度最基本的原因是大我與小我的觀念，達於大我或小我目標的手段則是財產權與經濟決策權的歸屬。一個經濟社會如果財產權及經濟決策權均歸私人所有，則此社會必定是自由放任，小我的意識高漲，大我的意識薄弱，如此將使社會「富而不均」。反之，一個社會如果財產權及經濟決策權均歸政府所有，則此社會必定是無個人自由，大我的意識高漲，小我的意識薄弱，如此將使社會「均而不富」。由此可知，小我能使社會「富」，大我能使社會「均」，因此欲使富與均皆能兼顧，必須在大我與小我之間取得適當的平衡才行。我們不必一味地去歌頌大我，也不必一味地去詛咒小我，大我與小我對社會都有貢獻，問題只在能否截長補短取得平衡。大我是理想，也是天理；小我是現實，也是人性；必須順從天理、應合人性，亦即「順天應人」才能生生不息，不但經濟現象是如此，其他各種自然及社會現象也都是如此。

摘　要

比較經濟制度

經 濟 制 度 的 意 義 與 成 因	
經濟制度的意義	經濟制度是一種規範，其目的在制約人們的經濟行為，以解決經濟問題，而達於某種經濟目標。
經濟制度的成因	人類的理性分為兩種，即個人理性（小我）及社會理性（大我）。 (1)一個社會如果崇尚小我，則此社會必定自由放任，形成資本主義社會。 (2)一個社會如果崇尚大我，則此社會必定無個人自由，形成共產主義社會。
達於大我或小我目標的手段	(1)財產權的歸屬——財產權歸私人所有，個人即有經濟自由；反之則否。 (2)經濟決策權的歸屬——經濟決策權歸私人所有，個人即有若干經濟自由，反之則否。 私人所擁有的財產權及經濟決策權愈多，則小我意識愈高漲；反之則否。

經 濟 制 度 的 四 種 基 本 類 型		
資本主義經濟制度	前提	財產權及經濟決策權主要歸私人所有。
	特徵	自由放任，有充分市場機能。
	影響	(1)效率——自利心能充分發揮，經濟效率高。 (2)公平——各人稟賦有異，財富集中，分配非常不均。 (3)穩定——市場機能活潑，經濟欠穩定。 (4)成長——自利心能發揮，促進經濟成長。
	結果	富而不均，經濟欠穩但能成長。
共產主義經濟制度	前提	財產權及經濟決策權主要歸政府所有。
	特徵	無個人自由，計畫經濟取代市場機能，政府控制一切。
	影響	(1)效率——無市場機能，自利心不能發揮，經濟效率低。 (2)公平——理想是各取所需，實際是各取等分，難稱公平。 (3)穩定——表面上沒有物價膨脹與失業，實際上是有。 (4)成長——自利心不能發揮，經濟難以成長。
	結果	真貧假均，經濟表面上穩定，同時難以成長。
	前提	財產權主要歸私人所有，政府握有大方針的經濟決策權。
	特徵	基本上是市場經濟，只是大方針由政府主控。

法西斯資本主義	經濟制度	影響	(1)效率——因基本上是市場經濟，故有相當程度的經濟效率。
			(2)公平——因大方針由政府主導，故能維持相當的公平。
			(3)穩定——因大方針由政府主導，故能維持相當的穩定。
			(4)成長——政府主導的產業發展較快，反之則否。
		結果	國家強盛，人民小康，經濟尚能穩定，經濟發展偏頗。
南斯拉夫社會主義	經濟制度	前提	財產權歸政府所有，但政府給予人民部分（小方針）經濟決策權。
		特徵	有局部市場機能，但大方針則仍是計畫經濟。
		影響	(1)效率——因有局部市場機能，故有局部經濟效率。
			(2)公平——大方針由政府主控，能維持經濟公平。
			(3)穩定——大方針由政府主控，能維持經濟穩定。
			(4)成長——只有局部市場機能，只能作有限度的經濟發展。
		結果	均中求富，稍具彈性，經濟能穩定，成長有限度。

經 濟 制 度 的 演 變 與 修 正		
經濟制度的演變		(1)經濟制度真正產生問題是始自十九世紀的工業革命，當時資本主義盛行，社會富而不均。於是某些國家乃矯枉過正，建立共產主義，其結果使社會均而不富。
		(2)資本主義與共產主義是兩個極端，富與均皆不能同時兼顧，必須加以修正，兩方均向中間修正。
資本主義的修正	策略	先富後均，其目的在富中求均。
	手段	(1)事先防範——包括立法防止廠商獨占與勾結、立法保護勞工及立法保護消費者。
		(2)事後補救——一方面實施累進稅制，包括所得稅、遺產稅、贈與稅及土地增值稅等的累進稅制，向有錢的人多收稅。另一方面政府以此收入興辦社會福利事業，幫助窮人。
	效果	所得分配不均的程度可以改善。
	結局	形成各種不同程度的準資本主義經濟制度。
共產主義的修正	策略	逐步開放，其目的在均中求富。
	手段	(1)第一步給予物質獎勵，提高生產效率。
		(2)第二步給予部分經濟決策權，提高經濟效率。
		(3)第三步給予部分財產權，進一步提高經濟效率。
	效果	社會逐漸富裕起來。
	結局	形成各種不同程度的社會主義經濟制度。

比較經濟制度

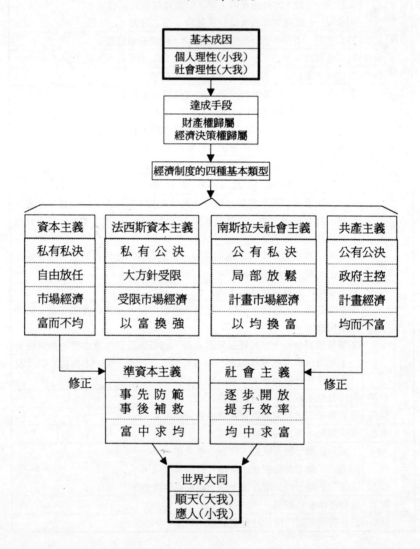

問　題

1. 何謂經濟制度？對整個經濟有何影響？

2. 產生不同經濟制度的基本成因為何？用什麼手段去達成此基本成因而形成不同的經濟制度？

3. 經濟制度有那幾種基本類型？其前提與特徵為何？

4. 資本主義經濟制度形成的前提為何？有何特徵？對各種經濟目標的達成有何影響？其結果又如何？

5. 共產主義經濟制度形成的前提為何？有何特徵？對各種經濟目標的達成有何影響？其結果又如何？

6. 法西斯資本主義經濟制度形成的前提為何？有何特徵？對各種經濟目標的達成有何影響？其結果又如何？

7. 南斯拉夫式社會主義經濟制度形成的前提為何？有何特徵？對各種經濟目標的達成有何影響？其結果又如何？

8. 略述自十九世紀工業革命以來經濟制度演變的情形，為何有此演變？

9. 資本主義經濟制度修正的方向為何？如何達成？其結局又如何？

10. 共產主義經濟制度修正的方向為何？如何達成？其結局又如何？

第拾肆篇

經濟學總論

　　至此個體經濟學及總體經濟學均已介紹完畢,現在可以把這兩部分合起來看看有什麼共通的原則貫穿其間,這就是經濟學的總論。不論是個體經濟學或是總體經濟學,與兩者都有關聯的共有五個項目,第一是建立理論的方法,無此方法,理論即建立不起來。第二是理論的體系,這是經濟學中最要緊的部分,因為其他一切均是由此體系引伸而出的。第三是經濟目標的達成,研究經濟學的目的就是為了達成某些經濟目標。第四是從形而上的觀點來看整個經濟學的體系,如此不但可以知其所自,同時亦可以知其所終。第五亦即最後是設法從雜亂紛紜的內涵中歸納出若干原則,以便執簡馭繁。茲分別順次說明如後。

第三十一章　經濟學總論

一、建立經濟理論的方法

1. 經濟現象的特質　理論是實際現象的一個模型，因此欲瞭解經濟理論的建立方法，必須先瞭解經濟現象的特質。自由經濟社會有兩個基礎，其一為分工與交換，另一為私有財產。分工的目的在提高生產效率，交換的目的在提高分派效率，生產效率與分派效率合為經濟效率，因此分工與交換的目的在提高經濟效率。有恆產斯有恆心，因此私有財產的目的在擁有經濟自由，有私有財產從而擁有經濟自由，人們才能運用其理性，追求自利；有分工交換從而產生經濟效率，人們才能發揮其理性，成全自利。由此可知，現代的自由經濟社會是在私有財產的基礎上，遵循分工與交換的通則而運作的，其目的在利用人們的自利心亦即所謂的理性，提高經濟效率，以使社會大衆在有限的資源之下獲得最大的滿足。

英雄有用武之地以後，下一步即是如何將資源化為產品從而消費以獲得滿足，如此即產生所謂的經濟活動。人們的經濟活動雖然是雜亂紛紜、繁複異常的，但是有一個過程是永遠不變的，即是「取得資源，進行生產，提供消費，獲得滿足」。同時由於很少有一種產品能讓人獲得永久的滿足，因此這個過程是一再重複進行着的。此外，在交換經濟社會中，每個人的身分都是雙元性的，消費者既購用產品也提供資源，生產者既出售產品也雇用資源，如此即使經濟活動過程首尾銜接而形成周流，稱之為經濟活動周流。最原始的經濟活動周流是市場周流，其中含有四個主體，順次為家戶、要素市場、廠商及產品

經濟現象與分析方法

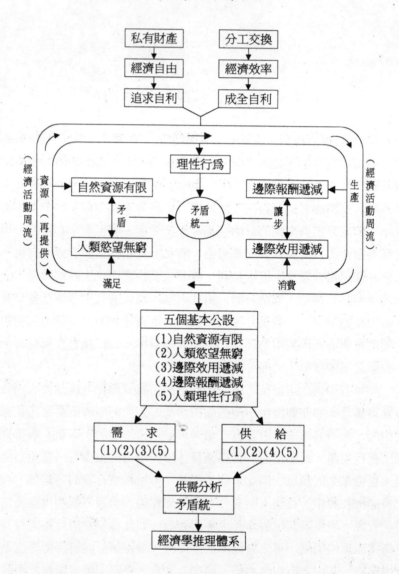

市場。市場周流中含有兩股周流，其一為實物周流，另一為貨幣周流，這兩股周流的流向是相反的，因為在交換經濟社會中，買東西要付錢，賣東西可收錢，這是天經地義的事。市場周流雖然是用來表示各種產品及各種要素的流動狀況的，但是要表示整個經濟的流動狀況，則必須將市場周流中的貨幣周流加以彙總，形成所謂的所得周流。由此可知，經濟社會的外在情勢是「周流不息」的。

　　經濟活動周流在正常情況下是傳承有致、不會出軌的，其中一定有一股力量能讓它保持平衡。前述經濟活動過程中含有四個項目，即資源、生產、消費與滿足，保持平衡的原動力必定是從這四個項目而來的。資源有限及慾望無窮使人們產生矛盾，邊際效用遞減及邊際報酬遞減使供求雙方均願意讓步。加之人類通常是有理性的，即人們通常具有理性行為（即最大滿足與最小犧牲的行為），因此經濟社會雖有矛盾，但能互相讓步而達於均衡。由此可知，經濟社會的內在情勢是「矛盾統一」的。

　2. 經濟學的基本公設　任何一套理論都是由幾個基本公設推演而出的，經濟學自不能例外。經濟學的基本公設必定是從經濟現象最原始及最基本的項目導出的，否則不能涵蓋全面而成為經濟學的基本公設。經濟現象最原始及最基本的項目即是經濟活動過程，無此過程，即無經濟問題，當然也就沒有經濟學了。經濟活動過程中包含四個項目，即資源、生產、消費與滿足，資源的基本特性是「資源有限」，生產的基本特性是「邊際報酬遞減」，消費的基本特性是「邊際效用遞減」，滿足的基本特性是「人類慾望無窮」，由此可獲得四個基本公設。此外，「人類的理性行為」是所有社會科學的普遍法則，人類如果沒有理性，則社會現象一定是亂七八糟，毫無規律可循，沒有規律當然就沒有學問，因為學問是宇宙現象的規律也。綜合以上所述，可知經濟學共含有五個基本公設，即

　　(1)自然資源有限（資源）

　　(2)人類慾望無窮（滿足）

(3)邊際效用遞減（消費）

(4)邊際報酬遞減（生產）

(5)人類理性行為（人性）

這五個基本公設能滿足建立經濟理論的需要，因其能同時滿足經濟現象的外在情勢即周流不息與內在情勢即矛盾統一的特質也。因此之故，由這五個基本公設即能導出經濟學的理論體系。

3. 簡化理論推導的方法 由上面的五個基本公設雖可導出經濟學的理論體系，但是過程太過複雜，因為公設的個數太多。其解決之法是從五條公設導出兩個中間項目即需求與供給，然後將五條公設拋開，直接根據需求與供給來進行推理，建立經濟學的理論體系。就產品的供需而言，根據第(1)、(2)、(3)及(5)四個基本公設可以導出產品的需求，根據第(1)、(2)、(4)及(5)四個基本公設可以導出產品的供給。由此可知，需求與供給能概括五條基本公設，因而不但能涵蓋經濟現象的外在情勢即周流不息，同時亦能顯示經濟現象的內在情勢即矛盾統一，因此需求與供給能取代五個基本公設進行推理，建立經濟理論。公設有五個，而需求與供給只有兩條曲線，因此在推理過程上可大為簡化。不論是個體經濟或是總體經濟，不論是產品市場或是要素市場，其推理過程都是一樣的，即先導出需求曲線，再導出供給曲線，最後根據供需決定價格與交易量或物價水準與所得水準，情形就是如此簡單。

4. 需求與供給的導出 茲仍以產品市場為例說明之。買賣雙方的利害是互相衝突的，不論是買方或是賣方為能立於不敗之地，均必須有一系列的價格與數量的組合，以便討價還價，最後達於均衡，決定雙方均認為滿意的價格與交易量。此一系列的價格與數量的組合對買方而言即是其需求表列亦即其需求曲線，對賣方而言即是其供給表列亦即其供給曲線。就產品的需求而言，需求曲線上每一點均能使買方在某特定價格下立於不敗之地，亦即需求曲線上每一點的價格與數量的組合均能使買方在其客觀限制條件下獲得可能的最大滿足。買方的

限制有二，其一為所得有限，是因為資源有限；另一為邊際效用遞減。買方的要求是能在此限制下獲得最大滿足，此要求當然是根據人類的理性行為引伸而出的。由此可知，產品需求曲線的導出牽涉到四個基本公設，即資源有限、慾望無窮、邊際效用遞減及理性行為。

　　產品供給的涵義及誘導與產品需求者大體相似，只需將邊際效用遞減的限制換成邊際報酬遞減的限制即可。此外，產品供給的誘導比需求多一個過程，即先由四個基本公設導出成本曲線，然後再由成本曲線導出供給曲線（只有完全競爭廠商才有供給曲線，因其所面對的產品需求線為水平線）。成本曲線因更換基準將縱橫坐標顛倒，因此所導出的供給曲線乃具有正斜率。

經濟理論的誘導方法

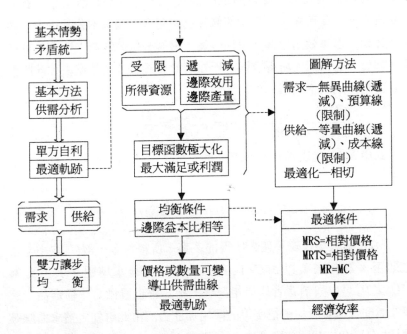

5. 產品供需的誘導與均衡條件　茲以產品需求曲線的誘導為例說

明之。消費者的所得有限，如何將其有限的所得分配在各種產品的消費上，以獲得最大滿足，在此有一個原則即：「一塊錢用在任一產品的消費上所獲邊際效用皆相等」。假定產品有 n 種，則上列原則可寫成下列形式：

$$\frac{MU_1}{P_1} = \frac{MU_2}{P_2} = \cdots\cdots = \frac{MU_n}{P_n}$$

式中 MU 代表邊際效用，P 代表產品價格。

此即所謂的消費者均衡，可用三段論法加以論證。

上列整個均衡條件代表消費者在某一所得水準（尚未固定）下獲得最大滿足。其中每一項均含有兩個成分，例如第一項含有 MU_1 及 P_1 兩個成分。MU_1 受制於第一種產品消費量 X_1 的多寡，同時尚受制於第一種產品消費的邊際效用遞減型式。P_1 是放棄其他產品消費的機會成本。由此可知，上列均衡條件已經包含三個基本公設在內，即慾望無窮、邊際效用遞減及理性行為。還有一個公設尚未明確的放進去，即資源有限因而所得有限。現在將此公設明確的放進去，此時消費者的均衡成為下列形式：

$$\frac{MU_1}{P_1} = \frac{MU_2}{P_2} = \cdots\cdots = \frac{MU_n}{P_n} = \frac{MU_m}{P_m}$$

式中 MU_m 代表貨幣的邊際效用，P_m 代表貨幣的價格。貨幣的價格 $P_m = 1$，則上式可簡化為下列形式：

$$\frac{MU_1}{P_1} = \frac{MU_2}{P_2} = \cdots\cdots = \frac{MU_n}{P_n} = MU_m$$

MU_m 的大小代表一個人所得的多寡，所得愈多，MU_m 愈小；反之則否。為什麼要以 MU_m 代表一個人的所得水準呢？其原因為 MU_m / P_m 可以與消費者均衡相配合，把貨幣也看做是一種商品，這樣才能配合消費者均衡把所得的限制加進去。由此可知，需求曲線雖然是由(1)、(2)、(3)及(5)四個基本公設導出的，但為顧及消費者購用的產品可能不只一種的情況，必須引用消費者均衡的條件將其他產品的

影響考慮進去。引用了消費者均衡的條件以後，所得的限制必須改變為 MU_m / P_m 的形式才能加進去。由此可知，任何一個項目的作成必定有其一定的步驟與道理，讀者一定要把每個步驟的道理弄清楚，才能對經濟學有徹底的瞭解。同時亦由此可知，做任何事情，人類只要面臨抉擇的時候，就會有一個均衡條件出現，因為宇宙現象都是矛盾統一的，非通過此均衡即不能在有限的資源之下獲得最大的滿足。

取上式的第一項與最後一項，其結果如下：

$$\frac{MU_1}{P_1} = MU_m$$

移項得：

$$\frac{MU_1}{MU_m} = P_1$$

所得已知，則 MU_m 即為已知，如此上式即成為 MU_1 與 P_1 的關係式。前述 MU_1 受第一種商品消費量 X_1 的影響，通過上式每決定一個 X_1 的數值，即決定一個 P_1 的數值，予以配對即得該消費者對第一種商品的需求表列亦即需求曲線。此曲線上每一點所代表的價格與需求量，都是該消費者在所得限制下，當價格為該一水準時的最適需求量，而使該消費者獲得可能的最大滿足。因為需求曲線具有這種特質，故能使消費者亦即產品的買方立於不敗地，與賣方討價還價，最後達於雙方均認為滿意的結果。

前述供給曲線的誘導過程與需求曲線者大體相似，只是其中多一個成本曲線的過程。因此之故，在供給曲線的誘導過程中引用了兩個均衡條件，其一為生產者均衡，另一為廠商均衡。引用生產者均衡的原因是為顧及廠商有多種產品或（及）多種要素可供選擇的問題，引用廠商均衡的原因是為顧及廠商除去生產面的問題以外，尚有銷售面的問題。

生產要素的供需是一種引伸供需，此時買賣雙方的身分對調，故其誘導過程及方法雖完全相似，但有關限制條件及最終目標則稍有改

變，不是互換，就是相反。因此只要對產品需求曲線的誘導過程有徹底的瞭解，其他即不難觸類旁通，豁然開朗也。

6. 供需均衡 前述買賣雙方的利害關係是對立的，表現在供需曲線上則是兩者的斜率不同，前者通常為正，後者通常為負。如此當價格高於均衡點時即會供過於求，迫使價格下降；當價格低於均衡點時即會求過於供，促使價格上升；最後達於均衡點亦即供需曲線的交點時即不再變動，此時所決定的價格及交易量雙方均認為滿意，亦即均能使雙方分別在其限制條件下獲得可能的最大滿足。其所以如此，當然是因為供需曲線能使供需雙方在任何情況下均立於不敗之地的緣故。供需在通常情況下能有均衡，是因為經濟現象的內在情勢亦即矛盾統一的情勢之故；供需在通常情況下能達於均衡，是因為人們多具有理性之故，因為不如此，對大家都沒有好處也。

綜合以上所述，可知供需分析法不但在理論上能夠滿足五條基本公設，同時在實務上亦能符合經濟現象的內在情勢與外在情勢，而成為一套建立經濟理論及分析經濟問題不可或缺的工具。讀者一定要把這套方法的來龍去脈弄清楚，這樣才能面對複雜的經濟現象及問題，而收事半功倍之效。

7. 多層次均衡模型的建立 一個複雜的模型常含有多個不同層次的均衡在內，其建立方法是先對某些變數假定其不變，導出局部性的均衡。然後放鬆假定，經過反覆回饋導出高一層次的均衡。然後按照同樣過程，繼續放鬆假定，經過反覆回饋再導出更高一層的均衡。如此繼續進行，直至導出全面性的均衡為止。例如凱因斯的總合供需模型，其建立過程是先假定所得與物價不變，導出貨幣供需亦即貨幣市場的均衡決定利率，從而決定投資。投資與其他支出結合形成總支出，總支出線與45°線相交，其作用即等於導出商品供需亦即商品市場的均衡，決定新的所得水準。然後放鬆所得不變的假定，由新的所得水準開始不斷地在貨幣市場與商品市場之間按照上列過程反覆回饋，最後使貨幣與商品兩市場同時達於均衡，這是高一層的均衡。然

後根據此高一層的均衡，放鬆價格不變的假定，通過上列回饋路線，即可導出總合需求線。

另一方面，先假定物價水準不變，根據勞動的市場供需在貨幣工資率具有向下調整僵固性的前提下決定勞動雇用量，通過總生產函數決定總產出亦即總所得，此為勞動市場的均衡。然後放鬆物價水準不變的假定，通過上列影響路線即可導出總合供給線。最後總合供給與總合需求會合決定一般物價水準及所得水準，此時三個市場即貨幣市場、商品市場及勞動市場同時達於均衡。

由此可以看出，一個複雜的模型是這樣建立起來的，三個市場是這樣結合起來同時達於均衡的，其過程不但是要分段進行，同時在進行過程中還要對某些變數先假定其不變，事後再予放鬆，這樣才有可能把複雜的模型建立起來，同時亦才有可能讓讀者瞭解從而加以利用。

8. 相對數的應用　相對數比絕對數重要，因為相對數能表示兩個變數間的關係，絕對數則否。表示兩個變數間關係的方法有三種，即表列、曲線與相對數。表列的優點是詳盡，缺點是解讀不易；曲線的優點是一目了然（看圖比識字容易），缺點是不夠具體；相對數的優點是簡單明瞭，缺點是涵蓋面小。這三種方法各有其優點，因此各有其用途，需要詳盡時用表列，需要易解時用曲線，需要簡單時用相對數。經濟學中所用的相對數可大別為三類，茲分別介紹如下：

(1)同質比例——所謂同質比例，即是單位相同兩相關變數數值之比，其目的在顯示一變數對另一變數的倍數。例如各種乘數、加速數及相對價格均是同質比例。

(2)異質比例——所謂異質比例，即是單位不同兩相關變數數值之比，其目的在顯示某一變數一單位下另一變數的所當值。例如邊際替代率（MRS）、邊際技術替代率（$MRTS$）、每一塊錢消費所能獲得的邊際效用（MU/P）、每一塊錢投入所能獲得的邊際產量（MP/P）等均是異質比例。

(3)相對數的相對數——相對數的相對數在經濟學中稱之為彈性係數，即是單位不同兩相關變數變化百分率之比，其目的在使其化為一個無單位的係數而便於比較。例如各種彈性係數包括需求的價格彈性係數、需求的所得彈性係數、需求的交叉彈性係數、供給彈性係數、進口彈性係數及出口彈性係數等均屬之。

以上所介紹的各種方法，讀者們如能徹底瞭解並掌握，即能使學習經濟學的困難大為減少。

二、經濟學的理論架構

1. 個體與總體的關係　個體經濟學與總體經濟學是一體的兩面，其所研究的對象是同一個東西亦即全部經濟現象，只是研究的角度不同而已，總體經濟學是大處著眼，個體經濟學是小處著手。一門學問要能成套一定要有一個基礎，而且這個基礎必須是這門學問研究對象最原始的環節才行。經濟現象最原始的環節即是經濟活動周流，最基本的經濟活動周流是市場周流，市場周流是以產品或要素為準的，一種產品可以形成一個市場，一種要素也可以形成一個市場。然而所謂的市場周流通常是包含所有產品及所有要素在內的周流，因為生產一種產品可能需要多種不同的要素，一種要素也可能用來生產多種不同的產品。儘管情況是如此，但是在進行研究的時候則仍以一種產品或一種要素為主體，因為這樣才比較簡單也。以市場周流為基礎，以一種產品或一種要素為研究對象所建立的經濟學即為所謂的個體經濟學。個體經濟學雖然最後有一個全面均衡將各種產品及各種要素綜合起來，但這是一種先蓋房子、後成社區的作法，看不出整體的構想。為彌補此缺陷，乃有總體經濟學的產生。同樣情形，要建立總體經濟學，必須有一個基礎才行，當然這個基礎也必須從經濟活動周流產生出來。事實上市場周流有兩股周流，其一是實物周流，另一是貨幣周流。實物周流因為各種產品及各種要素的單位不同不能加以彙總，貨

幣周流即無此問題，能夠加以彙總，其所形成的周流稱之為所得周流，總體經濟學即是以所得周流為基礎加以建立的。所得周流與市場周流最大的不同點，在於市場周流能分辨出市場、家戶及廠商等經濟單位，而所得周流則否。因此總體經濟學只能以總合經濟項目如物價、就業、支出及所得加以建立，探討其間的關係。

綜合以上所述，可知個體經濟學與總體經濟學雖然是一體的兩面，但因建立的基礎稍有不同，因而形成兩套互相補足的理論，既能大處著眼，又能小處著手，而使經濟學的體系更趨完整。

2. 個體經濟學的架構　前述個體經濟學是以市場周流為基礎建立的，市場周流中含有兩種市場，即產品市場與要素市場。就產品市場而言，產品市場的買方為消費者，賣方為廠商，一般先說明買方亦即消費者的行為，導出產品的需求曲線；再說明賣方亦即廠商的行為，導出產品的供給曲線；最後供需會合決定產品的價格及交易量。

影響消費者行為的因素雖然有好幾個，但其中與消費直接有關的則是邊際效用遞減法則。在此法則下，加上所得有限及最大滿足等考慮，即可導出消費者均衡。以消費者均衡為基礎，加上所得的限制，當價格或需求量改變時即可導出消費者的個別需求曲線，對各消費者的個別需求曲線予以水平相加，即得該產品的市場需求曲線。

同樣情形，影響廠商亦即生產者行為的因素亦雖然有好幾個，但其中與生產直接有關的則是邊際報酬遞減法則。在此法則下，加上資源有限及最大利潤等考慮，即可導出生產者均衡。以生產者均衡為基礎，當要素價格改變時即可導出成本曲線。由於已經加入多種要素選擇及最大利潤的考慮在內，故所導出的成本曲線為在固定生產規模下的「成本最低曲線」，意指曲線上任一點均是在某特定生產規模下及某特定產量下的最低成本。（由此可知，經濟學中所建立的模型通常都是最有效的模型，其原因有二：其一為最有效的模型是唯一的，不會產生分歧的論斷；另一為最有效的模型可用作評比的標準，以評判一種政策或措施是否有效）。與消費者不同，廠商所面臨的問題有兩

經濟學的理論架構（封閉經濟）

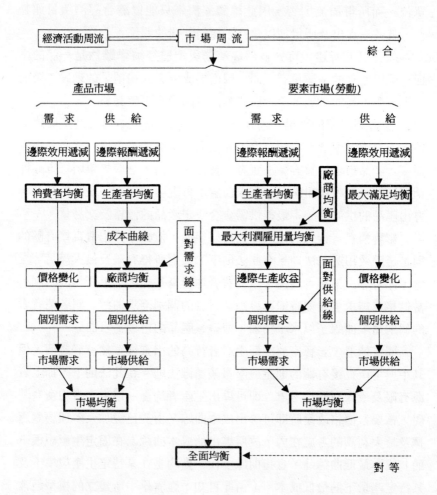

經濟學的理論架構（封閉經濟）（續）

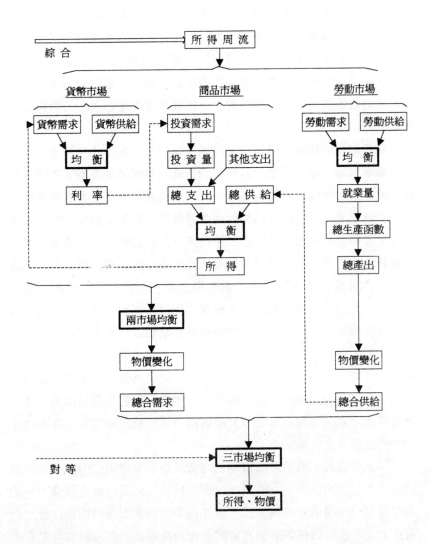

方面,其一是內在控制問題,即如何使生產成本為最低的問題;另一是外在控制問題,即如何面對產品的需求,決定最適當的產銷數量,以爭取最大利潤的問題。欲使成本為最低必須通過生產者均衡,同理欲使利潤為最大亦必須通過一個均衡,即 $MR=MC$ 的均衡,稱之廠商均衡。如果市場是完全競爭市場,則廠商所面對的產品需求線是一條水平線,當產品價格改變時即能導出廠商的個別供給曲線。對各廠商的個別供給曲線予以水平相加,即得該產品的市場供給曲線。最後市場供給曲線與市場需求曲線會合,達於均衡決定該產品的價格及交易量。

要素市場的理論架構與產品市場者相似但相反,此在第十三章個體經濟學總論中即已提及。其中比較特殊一點的即是要素需求誘導過程中的「最大利潤雇用量均衡」,此均衡是直接將生產者均衡及廠商均衡結合而成的,不像產品供給的誘導過程是順次分別加入的。其原因為要素需求是一種引伸需求,原始需求是社會對產品的需求,廠商為使其能在要素市場中立於不敗地,首先要在產品市場中立於不敗之地。生產者要在產品市場中立於不敗之地,由產品供給的誘導過程知,必須同時引用生產者均衡與廠商均衡兩個均衡條件。為便於進行下一個誘導過程,則此兩個均衡條件又必須加以巧妙的結合,如此即形成所謂的最大利潤雇用量均衡。事實上,經濟學中常有這種迂迴曲折的推理過程,能明其理,即無啥難處。至於其他有關項目,讀者可參閱第十三章的陳述,不再重複說明。要素市場也與產品市場一樣,最後導出要素的市場需求曲線及要素的市場供給曲線,兩相會合決定要素的價格及交易量。

以上所講的不論是產品市場的均衡或是要素市場的均衡都是局部性的,不是全面性的,其結果此一市場所決定的價格及交易量不一定能配合另一市場的需求與供給。因此在導出各別市場的均衡以後,尚有必要進一步探討整個經濟社會的全面均衡,其原因為經濟現象是牽一髮動全身的,互為因果。欲由局部均衡達於全面均衡,必須經過不

斷的調整與回饋，直至不需再調整時為止。實際現象就是如此，只要任何一個環節發生變化，就會引起一連串的調整與回饋，直至達於另一個全面均衡為止，這是經濟社會不停地在變動的原因。

3. 總體經濟學的架構　前述總體經濟理論比較重要的有三套，其中體系比較完整同時比較能符合現代經濟社會的應該是凱因斯學派的理論，茲即以此為例說明之。凱因斯學派的總體經濟學理論最後整合為「總合供需模型」。總合供需模型的建立方法前在第一大節第 7 小節中即已介紹過，不再重複說明，讀者可自行參閱前頁的系統圖，圖中實線代表影響路徑，虛線代表回饋路徑。該模型最後顯示貨幣、商品及勞動三個市場同時達於均衡，這個均衡就是整個經濟社會的全面均衡，與個體經濟學中所指的全面均衡是同一個東西。但是個體經濟學只告訴我們全面均衡是如何達成的，並沒有把全面均衡的具體形式與架構顯示出來，在這方面總體經濟學總算是建了一個大功。由此可知，個體經濟學與總體經濟學是相輔相成的。沒有個體經濟學就等於一個人沒有四肢，沒有總體經濟學就等於一個人沒有腦袋，四肢與腦袋同等重要，缺一不可。

三、經濟目標的達成

由第一章的說明知，一個國家或社會所追求的經濟目標一共有四個，即效率、公平、穩定與成長，其中以效率為最重要。因為如果沒有經濟效率，則大家都很窮，此時即無公平問題，至少是沒有嚴重的公平問題。如果沒有經濟效率，則經濟就好像是一泓死水一樣，不會引起波瀾，當然也就沒有穩定的問題。如果沒有經濟效率，則經濟即缺乏活力，當然無法成長。由於經濟效率在四個經濟目標中居於關鍵地位，因此率先予以探討，其他三個經濟目標則隨後會在一起說明，茲逐步說明如下。

1. 經濟效率的達成　影響經濟效率的因素可歸為三類，第一是本

質性的，所謂本質性的，是指因人的本性避凶趨吉所產生的經濟效率；第二是制度性的，是指因經濟制度的不同對經濟效率所產生的影響；第三是實質性的，是指因資源及技術水準的不同對經濟效率所產生的影響。三類因素中當然是以本質性的因素為最基本亦最重要，因為一個人如果不想追求經濟效率，則其他一切制度性的及實質性的助力均屬白費。

首先說明本質性因素所引起的經濟效率。為說明方便起見，假定經濟制度是自由經濟制度，市場為完全競爭市場，價格機能能夠充分運作，同時假定資源及技術水準不變，在這些假定下探討本質性因素所產生的經濟效率。追求經濟效率最基本的動力即是人類的理性，亦即所謂的理性行為，理性行為是最大滿足與最小犧牲的行為，簡言之即是自利的行為。光是有理性行為還不夠，還需要人們互相依存才能實現這種理性，經濟上互相依存的方式即是分工與交換，分工可以提高生產效率，交換可以提高分派效率。至於如何分工與如何交換，則又必須有市場機能；否則分工與交換只能及於比較小的範圍，使經濟效率的提升受到限制。有了市場機能以後，價格即成為解決經濟問題提升經濟效率的利器。

在產品的生產方面，首先要解決的問題是「生產什麼」，其答案當然是生產最有利的產品，產品是否最有利其衡量的標準是機會成本，如果產品的收益等於或大於其機會成本，則不但對生產者最有利，同時對消費者亦最有利，因其能符合消費者的需要也。對生產者及消費者均最有利的產品其經濟效率最高。生產什麼決定了以後，下一個問題即是「如何生產」才能使生產成本為最低，生產成本愈低則經濟效率愈高，生產成本最低的條件是生產者均衡。如何生產決定了以後，再下一個問題即是「生產多少」才能使廠商獲得最大的利潤或負擔最小的損失，利潤最大或損失最小是生產者銷售面的經濟效率是否為最高的指標，其條件為廠商均衡。一個生產者如果能把這三個問題都處理得很好，則生產面的經濟效率即能達成。

經濟效率的達成

（假定資源及技術不變）

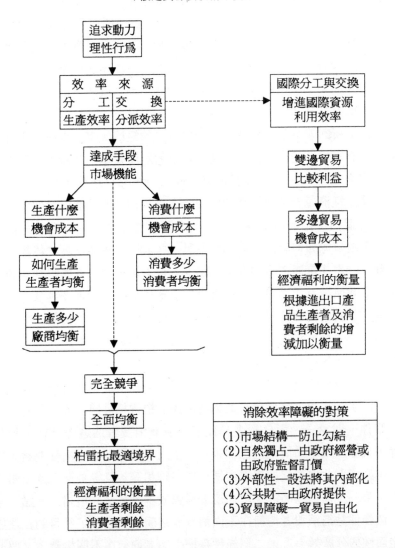

再就消費面來看，消費者首先要解決的問題是「消費什麼」，其答案當然是消費最有利的產品，對消費者最有利的產品是在同等耗費下獲得最多效用亦即最多滿足的產品，此最多效用或最多滿足即是消費者的機會成本。消費什麼決定了以後，下一個問題即是「消費多少」才能使消費者在所得的限制下獲得最大的滿足，為解決此問題必須引用消費者均衡，在顧及其他產品的競爭下決定最適當的消費量。一種產品如果生產面的效率及消費面的效率均為最高，則該產品的經濟效率即為最高。

此上所討論的是一種產品或一個市場的經濟效率，現在把所有產品或所有市場合起來探討整個經濟社會的經濟效率。此時仍然假定市場是完全競爭市場，同時假定市場機能能夠充分運作，在此兩假定下，整個經濟達於全面均衡的同時，亦達於柏雷托最適境界的經濟效率。所謂柏雷托最適境界，是指「在不影響某些人既得利益的前提下，不論資源如何調配，亦不能使另一些人獲得更多滿足的境界」。為什麼柏雷托最適境界要在前面加上一個不影響某些人既得利益的前提呢？其原因有二：其一為如果不加上這個前提，即涉及經濟公平的問題，如此情況即變得相當的複雜，而使經濟效率難以衡量。另一為柏雷托最適境界在通常情況下是存在的。尤其是後一點特別重要，一個標準如果無法衡量，則此標準即不具任何意義。正因為柏雷托最適境界有這兩種特質，所以該境界能用以衡量經濟效率所帶來的福利，但不能衡量經濟公平所帶來的福利。達於柏雷托最適境界必須滿足三個條件，即第一、對任兩產品而言，所有消費者的邊際替代率均相等，且等於兩產品價格之比；第二、生產一種產品使用兩種要素，所有生產者對此兩要素的邊際技術替代率均相等，且等於兩要素價格之比；第三、任何產品的生產均達於邊際成本等於產品價格之一點。第一個條件是把消費者均衡在不同消費者之間連貫起來，其目的在達成全面性的分派效率；第二個條件是把生產者均衡在不同生產者之間連貫起來，其目的在達成全面性的生產效率；第三個條件是強調完全競

爭，因為完全競爭市場的產銷效率最高。上列三個條件把生產效率及分派效率均發揮到最高點，故能達於柏雷托的最適境界，亦即在不涉及經濟公平的前提下使經濟效率為最高。

　　至於衡量的方法，經濟效率是根據生產者剩餘及消費者剩餘加以衡量的，剩餘愈多，則經濟效率愈高。就消費者而言，當其消費量較少的時候，願意以較高的價格買來消費，因此時其邊際效用較高，但是消費者所付的價格是供需均衡決定的價格，相對地較低，如此即產生消費者剩餘。生產者也是一樣，當其銷售量較少的時候，願意以較低的價格出售，因此時其邊際報酬較高，但是生產者所得的價格也是供需均衡決定的價格，相對地較高，如此即產生生產者剩餘。分工可以提升產品的生產效率，如此生產者即能夠在相同的價格下提供更多的產品，促使供給曲線右移，從而擴大生產者的剩餘。交換可以提升產品的分派效率，如此消費者即能夠在相同的購買量下支付較低的價格，促使需求曲線右移，從而擴大消費者的剩餘。由此可知，生產者剩餘及消費者剩餘可以用來衡量經濟效率。

　　以上所談的都是在封閉經濟下本質性因素所產生的經濟效率，現在再進一步探討在開放經濟下如何爭取經濟效率。國際貿易簡言之即是國際間的分工與交換，其目的在增進國際資源的利用效率，從而使參與者蒙利。國際貿易有一個問題即國際收支平衡的問題，為使此問題單純化，最簡單的辦法即是進行雙邊貿易。雙邊貿易的兩方必須各有比較利益，進行貿易才能使雙方蒙利。雙邊貿易不能使產品在世界上最有利的地方生產，同時也不能將產品送往世界上最需要的地方去消費，因此雙方的貿易福利雖能提升，但不是最高。為進一步提升國際資源的利用效率，必須將貿易的範圍擴大，由雙方貿易擴展為多邊貿易。如果國際間沒有任何貿易障礙，則產品的生產與消費必定是遵循機會成本的法則，使產品在最有利的地方生產，將產品送往最需要的地方去消費。如此即能使國際分工與交換的效率最高，而使參與者獲得更多的貿易福利。

前面一開始說明本質性因素對經濟效率影響的時候，曾提出若干假設，即假設經濟制度為自由經濟制度、市場為完全競爭市場、價格機能能夠充分運作、以及資源與技術水準不變等。如果這些假設不成立，則經濟效率即受到影響。如果經濟制度不是自由經濟制度，而是其他經濟制度，特別是共產主義經濟制度，因為沒有財產權及經濟決策權，以致沒有經濟自由而使人們不能發揮其自利心，其結果經濟效率受到很大的影響。詳細情形請參閱第三十章的說明。如果市場不是完全競爭市場，而是其他型態的市場，則生產者可以限制生產的方式以獲取超額利潤，其結果市價高於其邊際成本，在此情況下消費者不能獲得可能的最大滿足，而使經濟效率降低。價格機能不能充分運作稱之為市場失靈，市場失靈的成因有二：其一為經濟外部性，另一為公共財。外部經濟的私人利益低於社會利益，將導致生產不足而使經濟效率降低；外部不經濟的私人成本低於社會成本，將導致生產過多而使經濟效率降低。公共財則通常供應不足，有時使用率也有問題，凡此均降低其經濟效率。至於資本與技術水準，此與經濟發展有關。技術可以提升生產效率增益經濟效率，資本可以擴大生產能量助長經濟效率，兩者同等重要，對經濟成長有很大的影響。詳細情形請參閱第二十八章的說明。

2. 經濟目標的失落與對策 已知經濟目標有四個，即效率、公平、穩定與成長。其中以經濟效率為最重要，對此在前面已經討論很多，但為配合其他三種經濟目標，此處再給予扼要的說明。經濟效率是指在資源及技術均屬固定的條件下，生產更多的產品，並作合理的分派，以使社會大眾獲得更多滿足的動力。追求經濟效率的目的是在使「生活盡心」，亦即人們應該盡其所能地使自己的生活過好一點，在上述限制條件下，其不二法門即是提高經濟效率，包括生產效率及分派效率。經濟效率不能達成的原因至少有五個，其中最重要的即是經濟制度的限制，經濟制度是一個大輪廓，如果經濟制度限制了經濟效率，則其後果即非常嚴重。其次是缺少競爭，由前面的說明可以知

經濟目標的失落與對策

項目	經濟效率	經濟公平	經濟穩定	經濟成長
意義	在資源及技術均屬固定的條件下，生產更多產品，並作合理分派，以使社會獲得更多的滿足。	所得差距合理，兼顧生產誘因及所得低所得階層的生活水準。	物價膨脹及失業的程度容許範圍內，不影響經濟的正常運作與發展。	一國的國民總生產在較長時期內不斷增長的過程。
目的	生活盡心	生活安	生活安定	生活富裕
不能達成的原因	(1)經濟制度的限制 (2)缺少競爭 (3)市場機能不完全 (4)閉關自守 (5)自然與人為的障礙	(1)經濟制度的限制 (2)不平衡成長 (3)經濟機會不均等 (4)稅制不合理 (5)缺乏適當的社會福利制度 (6)偽私舞弊	物價膨脹方面： (1)需求拉動的物價膨脹 (2)成本推動的物價膨脹 失業方面： 主要是循環性失業，起因於經濟發生重大變化。	(1)經濟制度的限制 (2)政治不安定 (3)人口過多，資本不易累積 (4)缺乏觀念與人才 (5)缺乏策略與計畫 (6)人力素質低
後果	造成資源浪費，使社會不能獲得可能的最大滿足。	貧富不均，嚴重時搖動國本。	物價膨脹方面：(1)所得重分配，(2)生活不安。失業方面：(1)貧窮於豐富之中，(2)造成社會不安。	抱殘守缺，自甘貧窮落後。
對策	(1)修正經濟制度 (2)防止勾結與獨占 (3)強化市場機能 (4)門戶開放 (5)掃除各種障礙	(1)修正經濟制度 (2)稅制合理化 (3)建立社會福利制度 (4)普及教育 (5)打擊特權與不法	物價膨脹方面：緊縮性財政及貨幣政策 失業方面：擴張性財政及貨幣政策	(1)修正經濟制度 (2)促使政治安定 (3)適當控制人口 (4)培養人才、吸收新觀念 (5)制定策略、創造環境

道完全競爭市場的經濟效率最高,缺少競爭將使經濟效率降低。再其次是市場機能不完全,包括經濟外部性及公共財,如果不妥加處理,即會影響經濟效率。第四是閉關自守,一個國家如果有比較利益,即應從事國際貿易,否則將失去其可以獲得的貿易福利。第五是自然與人為的障礙,包括自然條件的變化以及政府政策所帶來的影響等,有可能使經濟效率降低。經濟效率不能達成的後果是造成資源浪費,使社會不能獲得可能的最大滿足。至於對策,在經濟制度方面,當然是加以修正,使其具有經濟活力;在市場結構方面,當然是設法維護自由競爭;在市場機能方面,可以課稅與補貼的方式使外部經濟內部化,同時注意公共財的數量及使用率,如此即能增進市場機能;在經濟開放方面,能參與國際貿易時即應打開門戶,不必將財神排拒在外;在掃除障礙方面,政府應該有決心同時也有辦法去掃除各種障礙,同時民間也應該加以配合。

經濟公平是指在兼顧生產誘因及低所得階層的生活水準下,使所得差距合理化。追求經濟公平的目的是在使「生活心安」,如果所得差距過大,則窮人因三餐不繼而終日發愁,富人因遭人忌恨而終日發愁。經濟公平不能達成的原因至少有六個,其中最重要的也是經濟制度,資本主義經濟制度能富不能均。其次是不平衡成長,成長較快的產業其從業人員的所得即較高,成長較慢的產業其從業人員的所得即較低。再其次是經濟機會不均等,自然條件良好且交通方便的地區經濟成長較快,所得較高,反之則否;高官巨富的子弟占盡便宜,所得較高,反之則否。第四是稅制不合理,間接稅將使貧富差距擴大,直接稅可使貧富差距縮小。如果一個國家的稅收以間接稅為主,則將使富者更富,貧者更貧。第五是缺乏適當的社會福利制度,不能作事後補救,去照顧那些走投無路、告貸無門的人。第六是營私舞弊,以不法手段斂財,使所得差距不合理的擴大。經濟公平不能達成的後果是貧富不均,嚴重時會搖動國本。至於對策,在經濟制度方面,當然也是加以修正,由純粹的資本主義修正為準資本主義或社會主義;至於

不平衡成長所造成的所得差距希望是一時性的，事後能夠補救；在稅制方面，加強直接稅的徵收，減少間接稅的比重；在經濟機會方面，可以做的事情很多，但最根本的還是普及教育；在社會福利方面，衡量政府及社會的財力，建立必要或急需的社會福利制度；在營私舞弊方面，政府應該鐵面無私打擊特權與不法。

經濟穩定是指物價膨脹與失業在容許範圍內，不影響經濟正常運作與發展的狀況。追求經濟穩定的目的是在使「生活安定」，物價膨脹使真實所得減少，失業即無所得，凡此均影響人們生活的安定。經濟穩定不能達成的原因，在物價膨脹方面主要有二，其一為需求拉動，另一為成本推動；在失業方面，主要是因經濟循環進入谷底所引起。經濟穩定不能達成的後果，在物價膨脹方面是所得重分配與生活不安定，在失業方面是貧窮於豐富之中，造成社會不安。至於對策，在物價膨脹方面一般均是採用緊縮性的財政政策與貨幣政策，在失業方面一般均是採用擴張性的財政政策與貨幣政策。

經濟成長是指一國的國民所得在較長時期內不斷增長的過程。追求經濟成長的目的是在使「生活富裕」。經濟成長不能達成的原因至少有六個，其中最重要的仍然是經濟制度，共產主義經濟制度因缺乏生產誘因，而使經濟難以成長。其次是政治不安定，這也是一個決定性的因素，政治不安定，沒有人願意投資增加生產。再其次是人口過多，資本不易累積，這個因素也相當重要，世界上許多落後國家就是因為這原因而欲振乏力。第四是缺乏觀念與人才，封閉社會常有此現象發生。第五是缺乏策略與計畫，這與上一個原因有關。第六是人力素質低，這與人口過多、國家太窮有關。經濟成長不能達成的後果是抱殘守缺，自甘貧窮落後。至於對策，在經濟制度方面，當然也是設法加以修正，其方向當然是市場經濟，其目的是提高生產誘因。在政治安定方面，這要看有理想有魄力的人是否能夠出得來主政，否則只好繼續貧窮落後下去。在控制人口方面，這方面可說是困難重重，控制人口主要靠教育，其次是靠行政力量。在培養人才吸收新觀念方

面，此事一般說來是比較簡單，只要下定決心去做就可以。在制定策略創造環境方面，必須借鏡先進、突破困難，包括制度上的困難、技術上的困難及財務上的困難等。

本大節的目的在使讀者瞭解各種經濟目標的基本特質與內涵，至於確切的問題與對策則不是三言兩語所能交代清楚的，有志者可參閱有關專著，俾能更上層樓。

四、經濟現象的本質與經濟學

宇宙中的各種現象雖然是雜亂紛紜的，但是均遵循著同一個基本道理，這個基本道理就是所謂的「天理」，否則整個宇宙一定是混亂不堪，毫無規律可循。如果宇宙現象沒有規律，即無由建立理論形成學問；沒有理論與學問，消極的即無法認識環境以滿足人類的好奇心，積極的即無法進行預測控制環境以增進人類的福祉。宇宙萬物都是由同一個根源演化而來的，宇宙的原始就目前的理論而言是真空能量，因時際會真空能量演化為各種基本粒子，包括夸克、輕子及膠子三類。然後又因時際會由夸克結合為中子及質子，中子與質子加上電子結合為原子，各種原子結合為分子，各種分子結合為體素，各種體素結合為器官，各種器官結合為生物，生物經過長久的演化產生有智慧的人類，人類運用其智慧認識環境，進而控制環境而產生所謂的精神文明，如此即形成今天的這個大千世界。

宇宙現象演化的過程，就前後而言是因果關係，就左右而言是均衡關係。如果無因果，即不可能向前演化；如果無均衡，即不可能每個階段有一個具體的形體出現。為什麼宇宙現象會同時具有因果關係與均衡關係呢？我們的老祖宗早就提出他們的看法，就是宇宙現象是「相生相剋」的，所以創出陰陽五行等理論出來。相生相剋就前後而言形成因果關係，相生產生正關係，相剋產生負關係。相生相剋就左右而言形成均衡關係，只有相生不可能產生均衡，只有相剋也不可能

經濟現象的本質與經濟學

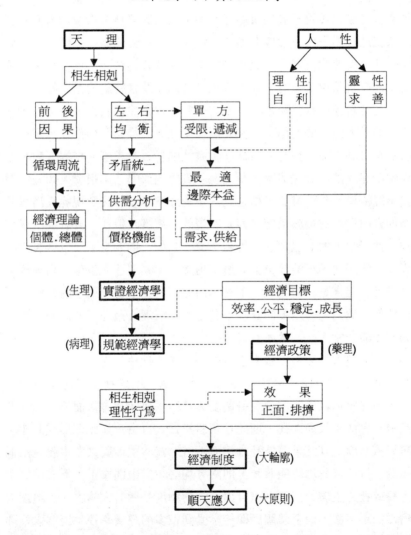

產生均衡，只有相生相剋同時聚在一起的時候才會旗鼓相當產生均衡。相生相剋不但產生均衡，同時也會打破均衡。如果相生的力量大過相剋的力量，或是相剋的力量大過相生的力量，均衡就會被打破。均衡被打破以後再通過因果關係，如果情況許可會再恢復均衡。此一現象就進行過程而言形成「循環周流」，就進行機制而言則是「矛盾統一」。循環周流與矛盾統一是宇宙現象的普遍情勢，不但社會現象有，同時自然現象也有，如二氧化碳的循環及食物鏈的循環等。

社會現象與自然現象稍有不同，社會現象除須服從天理以外，尚有一個「人性」的問題。人性有兩種屬性，一種是「理性」，理性的特質是自利；另一種是「靈性」，靈性的特質是求善。根據人類理性假定所建立的一套經濟學，稱之為「實證經濟學」；根據人類靈性對實證經濟學所作的修正，稱之為「規範經濟學」；按照規範經濟學所指的方向採行的補救措施，即是所謂的「經濟政策」。實證經濟學猶如一個正常人的「生理」，規範經濟學猶如一個人生了病以後醫生診斷的「病理」，經濟政策猶如醫生用藥的「藥理」。生理、病理與藥理三者合起來是一套，缺一不可，因此讀者在學習經濟學的時候，對於任何一個問題一定要同時瞭解其生理、病理及藥理三方面的內涵，如此始能登堂入室，於底有成。

天理與人性之中比較有爭議的是人類的理性，人類的理性有大我與小我之分。一個經濟社會如果崇尚小我，則此社會必定是自由放任，如此將形成資本主義經濟制度，其結果將使社會富而不均。一個經濟社會如果崇尚大我，則此社會將無個人自由，如此即形成共產主義經濟制度，其結果將使社會均而不富。資本主義與共產主義是兩個極端，欲使富與均均能兼顧，則兩方均必須向中間修正，形成準資本主義或社會主義。由此可以看出，經濟制度是個「大輪廓」，這個大輪廓如果不壞，則全體國民即能享受到較多的經濟幸福；這個大輪廓如果不好，則全體國民即需承受著較多的經濟苦難。天理是不能違背的，違背天理的後果是非常嚴重的。在人性方面，只顧小我是人性，

兼顧大我也是人性，而且是更高一層的人性。因此經濟學的最終原則是「順天應人」，應人是指應高一層次的人性。

五、經濟學的原則

最後將經濟學的要點亦即原則歸納為二十六個，茲列舉如下：

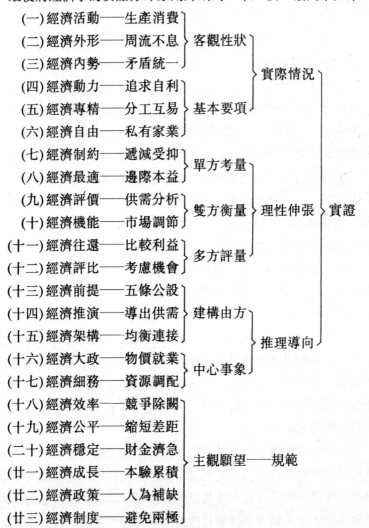

(一)經濟活動——生產消費
(二)經濟外形——周流不息　客觀性狀
(三)經濟內勢——矛盾統一
(四)經濟動力——追求自利
(五)經濟專精——分工互易　基本要項
(六)經濟自由——私有家業
(七)經濟制約——遞減受抑　單方考量
(八)經濟最適——邊際本益
(九)經濟評價——供需分析　雙方衡量
(十)經濟機能——市場調節
(十一)經濟往還——比較利益　多方評量
(十二)經濟評比——考慮機會
(十三)經濟前提——五條公設
(十四)經濟推演——導出供需　建構由方
(十五)經濟架構——均衡連接
(十六)經濟大政——物價就業　中心事象
(十七)經濟細務——資源調配
(十八)經濟效率——競爭除闕
(十九)經濟公平——縮短差距
(二十)經濟穩定——財金濟急
(廿一)經濟成長——本驗累積　主觀願望——規範
(廿二)經濟政策——人為補缺
(廿三)經濟制度——避免兩極

實際情況　理性伸張　實證　推理導向

(廿四) 經濟本質──生剋相因⎫
(廿五) 經濟顧慮──天理人性⎬ 整體構想──總結
(廿六) 經濟層次──生理病醫⎭

此二十六個原則可分為三部分，即實證部分、規範部分及總結部分。實證部分又可分為三部分，即實際情況、理性伸張與推理導向。在實際情況方面，有三個客觀性狀及三個基本要項。三個客觀性狀中，第一個是「經濟活動」，經濟活動的特質是生產消費不斷，其目的是在滿足社會不斷的需求，因為一種產品人們很少能獲得永久的滿足也。第二個客觀性狀是「經濟外形」，經濟外形的特質是周流不息，其原因是一方面因為經濟社會不斷重複著同一個經濟活動過程，即取得資源、進行生產、提供消費、獲得滿足；同時另一方面因為所有經濟單位均具有雙元性，即有進有出；因此經濟活動過程乃能首尾銜接而形成周流。第三個客觀性狀是「經濟內勢」，經濟內勢的特質是矛盾統一。資源有限而慾望無窮使人們產生矛盾，邊際效用遞減與邊際報酬遞減使雙方願意讓步，而理性行為則是在矛盾的情勢下使人們願意讓步而達於均衡的原動力。

三個基本要項中，第一個是「經濟動力」，經濟動力的來源是追求自利，人們如果不能或不願追求自利，則經濟就好像一泓死水一樣，毫無生氣。第二個基本要項是「經濟專精」，經濟專精的途徑是分工與交換，分工可以提高產品的生產效率，交換可以提高產品的分派效率。第三個基本要項是「經濟自由」，經濟自由主要是來自私有財產制度，有恆產斯有恆心，這是孟子所講的道理。沒有經濟自由就不能追求自利，沒有分工與交換就不能成全自利；無人追求自利，經濟就無法蓬勃起來。

伸張理性亦即追求自利的目的，消極的是保護自己的利益，積極的是提高經濟效率擴大自己的利益。欲達於此目的，必須順次通過三個過程，即單方考量、雙方衡量及多方評量。單方考量的目的是使自己立於不敗之地；雙方衡量的目的是旗鼓相當、互有斬獲；多方評量

的目的是良禽擇木而棲，不放棄任何更好的機會。這三個過程有一個共同的特點，就是能進的時候設法謀取更多的利益，不能進的時候設法保護自己的利益。達於這個目標的手段是「選擇」，選擇最有利的產品生產，選擇最有利的產品消費。在單方考量方面，不論是生產者或是消費者均會面對一些限制，亦即所謂的「經濟制約」，經濟制約的內涵是遞減受抑。生產者面臨資源有限的限制，並面對邊際報酬遞減的情勢；消費者面臨所得有限的限制，並面對邊際效用遞減的情勢。在此情況下，不論是生產者或是消費者均只能求最適（optimum），不能求最佳（best），最適是有條件的最佳（conditional best 或 second best）。求取最適亦即「經濟最適」的條件是必須符合多重選擇的均衡條件，多重選擇均衡條件對生產者而言即是各種要素的邊際本益皆相等，對消費者而言即是各種產品的邊際本益皆相等。通過此兩均衡所導出的供需曲線，即能使供求雙方立於不敗之地。

　　在雙方衡量方面，衡量的方法是供需分析，根據產品或要素的供需曲線達於均衡，以決定產品或要素的價格與交易量。供需分析的最大功能是對產品或要素進行評價，亦即所謂的「經濟評價」，評價的結果其高低將影響生產與消費，如此即產生市場機能，亦即所謂的「經濟機能」。市場機能可以調節各種經濟活動，使經濟效率得以提升。在多方評量方面，如果雙方是以物易物交換的方式進行交易，則雙方必須各有比較利益才能有所往還，亦即所謂的「經濟往還」，使雙方蒙利。如果產品有許多種、要素有許多種、交易對手有許多個，則此時即必須進行評比，亦即所謂的「經濟評比」，選擇最有利的產品消費、選擇最有利的要素投入、選擇最有利的對手進行交易，如此即能獲得最大的利益，從而使經濟效率提升。評比的標準是機會成本，對產品消費而言即是每一塊錢支出所能獲得的最高邊際效用，對要素投入而言即是每一塊錢投入所能獲得的最高邊際產量，對交易對手而言即是對方所能提供的最佳交易條件。

在推理導向方面，其內涵包括兩部分，其一為建構的方法，另一為研究的主題。在建構方法方面，順次包含三部分，第一部分是「經濟前提」，經濟理論的基本公設一共有五個，即自然資源有限、人類慾望無窮、邊際效用遞減、邊際報酬遞減及人類理性行為。第二部分是「經濟推演」，其法首先由五條基本公設導出供需兩條曲線，然後根據供需進行推演建立理論架構，如此即較為簡捷。第三部分是「經濟架構」，經濟架構是由許多均衡條件連接起來的，多重選擇均衡將多種不同的產品或（及）多種不同的要素連接起來，廠商均衡將產銷連接起來，市場均衡將買賣雙方連接起來，全面均衡將所有的產品、要素及經濟單位全部連接起來。在研究主題亦即中心事象方面，總體經濟學最關心的兩個問題是物價與就業，是屬「經濟大政」；個體經濟學最重視的問題是資源調配，是屬「經濟細務」。從問題的先後而言，應該是先有經濟大政，後有經濟細務，因為就業水準決定了以後才能進行部門間的資源調配工作。從學習的方便而言，應該是個體經濟在前，總體經濟在後，因為個體經濟是局部性的，比較單純；總體經濟是全面性的，比較複雜。

規範部分就廣義而言包括六個項目，即經濟效率、經濟公平、經濟穩定、經濟成長、經濟政策與經濟制度。其中前四個是經濟目標，在前面已經討論很多，此間僅作簡單的說明。與四個經濟目標都有關聯的是最後兩個項目，即經濟政策與經濟制度，經濟制度是大輪廓，影響在先；經濟政策是引水救火，影響在後。提升「經濟效率」的方法是競爭除閡，完全競爭的經濟效率最高，這是沒有問題的。除閡是除去市場失靈所帶來的問題，包括自然獨占、經濟外部性及公共財等，這樣就可以使經濟效率提升。維護「經濟公平」的方法是縮短差距，縮短差距的方法是取富濟貧，取富的方法主要是實施累進所得稅制度，濟貧的方法主要是建立社會福利制度。保持「經濟穩定」的方法主要是實施權衡性的財政政策與貨幣政策，物價上漲時採取緊縮性的財政政策與貨幣政策，失業增加時採取擴張性的財政政策及貨幣政

策。促進「經濟成長」的方法主要是技術進步與資本累積，技術進步早期靠引進、後期靠研發；資本累積主要靠國內儲蓄、其次靠引進外資。「經濟政策」的本質是人為補缺，通常是要付出相當代價的，只要政策成功所帶來的好處能彌補此代價，即值得推行。「經濟制度」的本質是避免兩極，純粹的資本主義只能富，不能均；純粹的共產主義只能均，不能富；兩者都有問題，而且嚴重時會搖動國本，因此必須加以修正。修正的方向當然是向中間修正，資本主義社會採取取富濟貧政策，共產主義社會採取市場經濟制度。

最後是整體構想，包括經濟本質、經濟顧慮及經濟層次三個項目。「經濟本質」亦即經濟現象的本質是生剋相因，事實上這是所有宇宙現象的通則，不過在經濟現象上特別顯著而已。正因為如此，所以經濟現象有循環周流、有矛盾統一、有最適而無最佳、有因果傳承、有均衡狀態、有選擇機會、也有經濟問題。「經濟顧慮」最基本的有兩個，即天理與人性。人不能逆天行事，否則惡果即跟踪而來。人要善用理性、培養靈性，在大我與小我之間取得適當的平衡，這樣才能風調雨順、國泰民安。風是指民風政風，雨是指時雨甘雨。「經濟層次」共有三個，即生理、病理與藥理，生理是實證經濟學，這是基準；病理是規範經濟學，這是診斷；藥理是經濟政策，這是整治。事實上，所有社會科學均包含這三種內涵，讀者一定要把經濟學的三理弄清楚，才能對經濟學有深入的瞭解，而能得心應手，蔚為大用。

摘 要

經濟學總論

建立經濟理論的方法		
經濟現象	經濟基礎	(1)私有財產助長經濟自由，如此即能追求自利。 (2)分工交換提升經濟效率，如此即能成全自利。
	經濟情勢	(1)經濟活動過程——資源→生產→消費→滿足。 (2)經濟周流——上列過程一再重複，同時經濟單位具有雙元性，因而形成周流。原始周流為市場周流，彙總周流為所得周流。 (3)內在情勢——資源有限慾望無窮產生矛盾，效用遞減報酬遞減願意讓步，理性行為促使矛盾統一的動力。
推理方法	基本公設	(1)由來——由經濟活動的外在情勢及內在情勢而來。 (2)公設——自然資源有限、人類慾望無窮、邊際效用遞減、邊際報酬遞減、人類理性行為。
	導出供需	(1)由上列(1)、(2)、(3)、(5)四個基本公設導出需求曲線。 (2)由上列(1)、(2)、(4)、(5)四個基本公設導出供給曲線。 (3)拋開五條公設，直接根據供需進行分析，較為簡捷。
	求取最適	(1)意義——在限制條件下求最適點或最適點的軌跡。 (2)最適軌跡——產品需求曲線的導出引用消費者均衡，產品供給曲線的導出引用生產者均衡及廠商均衡。（要素供給曲線的誘導相似但相反。）因此供需雙方在任何情況下均可立於不敗之地。 (3)最適點——供需均衡。
多層次均衡模型的建立		(1)過程——由局部均衡逐步導出高層次的均衡。 (2)方法——事先假定某些變數固定不變，事後逐步放鬆，經過反覆回饋逐步導出高層均衡。
相對數的應用		(1)同質比例——單位相同兩相關變數數值之比。表示兩者倍數。 (2)異質比例——單位不同兩相關變數數值之比。表示單位增量。 (3)相對數的相對數——單位不同兩相關變數變化百分率之比。表示相對變化率，其結果稱為彈性係數。
經濟學的理論架構		
個體與總體的關係		(1)個體經濟學與總體經濟學均是以全部經濟現象為研究對象，只是前者是小處著手，後者是大處著眼，兩者形成互補。 (2)個體經濟學以市場周流為基礎，以經濟單位為研究主體。 (3)總體經濟學以所得周流為基礎，以經濟項目為研究主體。

個體經濟學的架構	(1)產品需求——根據邊際效用遞減法則,在所得限制下，通過消費者均衡導出個別需求，予以水平相加即得市場需求。 (2)產品供給——根據邊際報酬遞減法則，在資源限制下，通過生產者均衡導出成本曲線。與面對需求線會合，通過廠商均衡導出個別供給，予以水平相加即得市場供給。 (3)產品市場均衡——市場供需會合決定產品價格及交易量。 (4)要素的供給與需求，其誘導過程與產品者相似但相反。 (5)全面均衡——通過各產品及各要素的供需，經過調整回饋達成。
總體經濟學的架構（總合供需模型）	(1)假定物價與所得不變,貨幣市場均衡決定利率,從而決定投資。 (2)投資與其他支出結合形成總支出，與45°線會合,達於商品市場均衡,決定新的所得水準。 (3)放鬆所得不變的假定，經過不斷調整回饋，貨幣商品兩市場同時均衡。 (4)放鬆物價不變的假定，導出總合需求。 (5)在貨幣工資向下調整僵固性的假定下，假定物價水準不變，通過勞動市場決定勞動雇用量，再通過總生產函數決定總所得。 (6)放鬆物價不變的假定，導出總合供給。 (7)總合供需會合決定物價水準及所得水準，此時貨幣、商品及勞動三市場同時達於均衡。

經濟目標的達成		
經濟效率的達成	地位與影響因素	(1)在四個經濟目標中,經濟效率居於關鍵地位。 (2)影響經濟效率的因素可歸為本質性、制度性及實質性三類，其中以本質性因素為最基本，本質性因素來自人類的理性。
	來源	分工增進生產效率，交換增進分派效率。
	國內	(1)生產面——機會成本決定生產什麼、生產者均衡決定如何生產、廠商均衡決定生產多少。 (2)消費面——機會成本決定消費什麼，消費者均衡決定消費多少。
	國際	雙邊貿易看比較利益，多邊貿易看機會成本。
	全面均衡與經濟效率	(1)達成——假定市場為完全競爭及市場機能能充分發揮,則達於全面均衡的同時,亦達於柏雷托最適境界的經濟效率。 (2)柏雷托最適境界——在不影響某些人既得利益的前提下，不論資源如何調配，亦無法使另一些人獲得更多滿足的境界。柏雷托最適境界只能用以衡量經濟效率，不能衡量經濟公平。 (3)條件——任兩產品各消費者的邊際替代率均相等且等於兩產品價格之比。任兩要素各生產者的邊際技術替代率均相等且等於兩要素價格之比。任何產品的生產均達於邊際成本等於市價之一點。

	衡量	根據生產者剩餘及消費者剩餘的多寡加以衡量。
	不能達成原因	(1)經濟制度——不為純粹資本主義經濟制度。 (2)市場結構——不為完全競爭,包括勾結與自然獨占。 (3)市場機能不完全——包括外部性、公共財與貿易障礙。
其他經濟目標	經濟公平	(1)目的——生活心安。 (2)不能達成原因——主要是經濟制度,其次是不平衡成長。 (3)對策——修正經濟制度、普及教育。
	經濟穩定	(1)目的——生活安定。 (2)不能達成原因——物價膨脹、失業。 (3)對策——對抗物價膨脹採用緊縮性的財政政策或(及)貨幣政策。對抗失業採用擴張性的財政政策或(及)貨幣政策。
	經濟成長	(1)目的——生活富裕。 (2)不能達成原因——主要是經濟制度不佳及政治不安定,其次是人口過多。 (3)對策——修正經濟制度、促使政治安定、適當控制人口。

經 濟 現 象 的 本 質 與 經 濟 學	
上層道理	(1)天理——相生相剋,其前後是因果關係,產生經濟周流;其左右是均衡關係,產生矛盾統一。 (2)人性——理性自利;靈性求善,衍生經濟目標。
中層架構	(1)天理與理性形成實證經濟學(生理)。 (2)配合經濟目標修正實證經濟學形成規範經濟學(病理)。 (3)根據規範經濟學配合經濟目標釐訂經濟政策(藥理)。
基本原則	(1)經濟制度(大輪廓)——兼顧均富。 (2)施政原則——順天應人(大原則)。

問　題

1. 在經濟社會中，人們如何能夠追求自利？追求自利除對自己有好處外，對社會有何好處？

2. 為什麼經濟活動會形成周流？為什麼經濟情勢是矛盾統一的？

3. 經濟學的基本公設有那幾個？這些公設由何而來？能否滿足建立經濟學的需要？何故？

4. 如何由五條基本公設導出供需兩條曲線？為什麼供需能夠取代五條基本公設進行推理建立經濟學？

5. 為什麼經濟現象中只有最適，沒有最佳？

6. 產品個別需求曲線為消費者在不同價格水準下最適需求量的軌跡，如何得來？其目的為何？

7. 產品個別供給曲線為生產者在不同價格水準下最適供給量的軌跡，如何得來？其目的為何？

8. 消費者均衡、生產者均衡、廠商均衡及市場均衡各有何特質及用途？何故？

9. 多層次均衡模型是如何建立起來的？如果不如此建立，有沒有其他方法可以建立？何故？

10. 貨幣的邊際效用可以代表一個人的所得水準，何故？運用此技巧可解決什麼問題？

11. 個體經濟學與總體經濟學建立的基礎有何不同？因而其建立方式及結果有何不同？

12. 在四個經濟目標中，為什麼經濟效率居於關鍵地位？影響經濟效率的因素可歸為那幾類？其中以那一類為最重要？何故？

13. 就產品而言，決定生產面及消費面經濟效率的條件為何？試逐一說明其能影響經濟效率的原因。

14. 為什麼柏雷托的最適境界只能衡量經濟效率所產生的經濟福利，不能衡量經濟公平所產生的經濟福利？

15. 為什麼達於全面均衡的同時亦達於柏雷托最適境界經濟效率的結論，必須在完全競爭市場及市場機能充分運作的假定下才成立？試說明其理由。

16. 何故經濟制度與政治是否安定是達成各種經濟目標的重要關鍵？試分別說明之。

17. 為什麼天理與人性是經濟學的上層道理？天理與人性的屬性如何？將產生何

種影響？

18.由於人性內涵的不同對經濟理論有何影響？

19.經濟制度是個大輪廓，對各種經濟目標的影響情形及程度如何？

20.任何社會問題的解決都要順天應人，何故？

索　引

五　　畫

九　　畫

經濟學原理／陳超塵編著. -- 初版. -- 臺北市
：臺灣商務，1996[民85]
面 ； 公分. --（大學叢書）
含索引
ISBN 957-05-1248-2（平裝）

1.經濟

550   85001340

大學叢書
經濟學原理

定價新臺幣 750 元

編 著 者	陳 超 塵
責 任 編 輯	王 林 齡
校 對 者	鍾嘉惠　陳寶鳳　許素華
發 行 人	郝 明 義
出 版 者 印 刷 所	臺灣商務印書館股份有限公司

臺北市重慶南路 1 段 37 號
電話：（02）23116118・23115538
傳眞：（02）23710274
郵政劃撥：0000165—1 號
出版事業
登 記 證：局版北市業字第 993 號

• 1996 年 4 月初版第一次印刷
• 1999 年 1 月初版第二次印刷

版權所有・翻印必究

讀者回函卡

感謝您對本館的支持，為加強對您的服務，請填妥此卡，免付郵資寄回，可隨時收到本館最新出版訊息，及享受各種優惠。

姓名：＿＿＿＿＿＿＿＿＿＿＿＿ 性別：□男 □女

出生日期：＿＿年＿＿月＿＿日

職業：□學生 □公務（含軍警） □家管 □服務 □金融 □製造
　　　□資訊 □大眾傳播 □自由業 □農漁牧 □退休 □其他

學歷：□高中以下（含高中） □大專 □研究所（含以上）

地址：□□□＿＿＿＿＿＿＿＿＿＿＿＿＿
　　　＿＿＿＿＿＿＿＿＿＿＿＿＿＿＿＿

電話：（H）＿＿＿＿＿＿＿＿（O）＿＿＿＿＿＿＿

購買書名：＿＿＿＿＿＿＿＿＿＿＿＿＿＿＿

您從何處得知本書？
　　　□書店 □報紙廣告 □報紙專欄 □雜誌廣告 □DM廣告
　　　□傳單 □親友介紹 □電視廣播 □其他

您對本書的意見？（A/滿意 B/尚可 C/需改進）
　　　內容＿＿＿＿ 編輯＿＿＿＿ 校對＿＿＿＿ 翻譯＿＿＿＿
　　　封面設計＿＿＿ 價格＿＿＿ 其他＿＿＿＿＿＿＿＿

您的建議：＿＿＿＿＿＿＿＿＿＿＿＿＿＿
　　　　　＿＿＿＿＿＿＿＿＿＿＿＿＿＿＿
　　　　　＿＿＿＿＿＿＿＿＿＿＿＿＿＿＿

🐦 臺灣商務印書館

台北市重慶南路一段三十七號　電話：（02）23116118．23115538
讀者服務專線：080056196　傳真：（02）23710274
郵撥：0000165-1號　E-mail：cptw@ms12.hinet.net

100臺北市重慶南路一段37號

臺灣商務印書館　收

對摺寄回，謝謝！

傳統現代　並翼而翔

Flying with the wings of tradition and modernity.